Jahrbuch Schulleitung 2015

Stephan Gerhard Huber (Hrsg.)

Jahrbuch Schulleitung 2015

Befunde und Impulse zu den Handlungsfeldern des Schulmanagements

Carl Link

Bibliografische Informationen der Deutschen Nationalbibliothek

Die Deutsche Nationalbibliothek verzeichnet diese Publikation in der Deutschen Nationalbibliografie; detaillierte bibliografische Daten sind im Internet über http://dnb.d-nb.de abrufbar.

ISBN 978-3-556-06751-2

www.wolterskluwer.de
www.schulverwaltung.de

Satz: Satz-Offizin Hümmer GmbH, Waldbüttelbrunn
Umschlagkonzeption: Martina Busch, Grafikdesign, Fürstenfeldbruck
Druck: Williams Lea & Tag GmbH, München

Gedruckt auf säurefreiem, alterungsbeständigem und chlorfreiem Papier

Inhalt

Liebe Leserin, lieber Leser,

mit dem Jahrbuch Schulleitung 2015 liegt mittlerweile der vierte Band dieser Reihe vor. Wir hoffen, es ist uns auch diesmal wieder gelungen, hilfreiche und interessante Beiträge für Sie zusammenzustellen. Autorinnen und Autoren aus Wissenschaft, Politik, Verwaltung und Aufsicht, dem Unterstützungssystem sowie der Schul(leitungs)praxis lassen uns an ihren Erkenntnissen und Erfahrungen komprimiert teilhaben.

Das Jahrbuch Schulleitung 2015 ist Prof. Dr. Rolf Dubs zum 80. Geburtstag gewidmet. Die wissenschaftlichen, bildungspolitischen und schulpraktischen Arbeiten des Schweizer Bildungsforschers sind vielfältig. Besonders möchten wir hier seine Rolle und Bedeutung für und in der Professionalisierung von Schulleitungen und zum Qualitätsmanagement von Schulen hervorheben. Er hat die Fachdiskussion maßgeblich bereichert.

Teil I des diesjährigen Jahrbuchs Schulleitung, »**Befunde und Impulse zu den Handlungsfeldern des Schulmanagements**«, ordnet die Beiträge entlang dieser Handlungsfelder.

Eröffnet wird der erste Teil mit dem Kapitel **Führung und Management von Schule**. Darin beschäftigen wir uns zunächst mit den aktuellen Herausforderungen der Schule, die zugleich Herausforderungen an die Schulleiterinnen und Schulleiter sind. Entwickelt wird ein systemisches Berufsbild Schulleitung, aus dem eine Curriculummatrix abgeleitet wird. Sie enthält Vorschläge dazu, was zu tun ist, um dem strukturellen Wandel von Schule und ihrer Steuerungssysteme gerecht zu werden. Der zweite Beitrag dieses Kapitels stellt das Konzept der »Führung aus dem Hintergrund« vor – ein hochprofessionelles Konzept, das emotionale Agilität erfordert, Achtsamkeit für die Befindlichkeiten und Anliegen Anderer und die Fähigkeit, die eigenen Vorschläge und Ideen ein Stück zurückzuhalten, um den Geführten, die selber auch zu Führungskräften werden, die Chance für eigene Überlegungen und Aktivitäten zu geben. Schließlich wird in sechs Lösungsansätzen beschrieben, wie es Schulleiterinnen und Schulleitern gelingen kann, trotz vielfältiger Belastungsfaktoren für sich selbst und ihre Gesundheit sorgen zu können.

Der **schulischen Erziehung** ist das zweite Kapitel gewidmet. Darin beschäftigen wir uns in diesem Jahr vorrangig mit Konflikten und der Frage, wie damit umgegangen werden kann. Im Trainingsraum beispielsweise, dessen Konzept und Implementierung vorgestellt werden, erfahren Schülerinnen und Schüler Anleitung zu eigenverantwortlichem Handeln. Damit soll es ihnen besser gelingen, im Unterricht erfolgreich mitzuarbeiten. Außerdem wird aufgezeigt, wie eine Schule durch den aktiven Einbezug aller Beteiligten systematisch ein Konfliktmanagement in die Schulkultur integrieren kann. Es wird dargestellt, wie mediative Kompetenzen an Schulen gefördert werden können. Das Konzept kann an die jeweilige Situation und Schulform angepasst und ins Schulprogramm integriert werden.

Auf **Lernen** und **Unterricht** geht das dritte Kapitel ein, das eröffnet wird mit einem Beitrag zum Konzept des Service-Learning. Es umfasst eine Form projektorientierten Unterrichts, bei dem ein gesellschaftliches Engagement – ein Service – mit der Schulung fachlicher und überfachlicher Kompetenzen – dem Learning – verbunden wird. Das Modell eröffnet Schulen vielfältige Möglichkeiten, auf aktuelle Ansprüche einzugehen und soziales Lernen produktiv und kreativ zu schulen.

Im Unterrichtsalltag von Schulen kommt Zensuren teilweise immer noch eine sehr große Bedeutung zu. Der zweite Beitrag dieses Kapitels fasst die Ergebnisse eines Forschungsprojekts zum Alltag schulischer Leistungsbewertung zusammen und nimmt die Praktiken, die im Unterrichtsalltag für die Leistungsbewertung angewendet werden, in den Blick. Im dritten Beitrag wird die Frage diskutiert, ob Lernende auf allen Stufen des Bildungssystems zum »Bildungsmanager in eigener Sache« werden und angeleitetes Lernen mit Selbstlernen verbinden sollen. In Analogie zur Arbeitsforschung wird ein Modell des Lernenden als »Lernkraft-Unternehmer« entwickelt und die Konsequenzen daraus für das Bildungssystem insgesamt werden ausgelotet.

Das Kapitel **Organisation** skizziert Grundsätze des Informationsmanagements für neue Schulleitungen, formuliert Hinweise zur Gestaltung und Organisation der schulischen Schriftgutverwaltung und gibt Anregungen zur Bearbeitung der ein- und ausgehenden Post. Zudem ist ein Aktenplan als Vorlage zur individuellen Anpassung vorgestellt (siehe Teil »Praxishilfen«).

Das Fortbildungs- und Beratungsangebot für Schulleitungen ist groß und vielfältig: Doch wie wählt man ein Angebot aus, das zum eigenen aktuellen Entwicklungsbedarf und zu den persönlichen Entwicklungszielen passt? Im fünften Kapitel, **Personal,** werden verschiedene Instrumente vorgestellt, wie man auf pragmatische Weise für sich als Führungskraft oder als Schulleitungsteam diese Selbstklärung vornehmen kann. Außerdem wird ein innovatives Konzept einer kompetenzorientierten, differenziert gestalteten Fortbildung von Führungskräften präsentiert.

Kooperationsformen wie die in Schulnetzwerken oder in Bildungsregionen bzw. Bildungslandschaften zeigen **Kooperation**, das Thema des sechsten Kapitels, in unterschiedlichen Ausprägungen. In einem ersten, grundlegenden Beitrag wird unter anderem die Frage beantwortet, welche Befunde es zu den Effekten von Schulkooperationen in Netzwerken und in Bildungsregionen bzw. Bildungslandschaften gibt und was Hemmnisse und Gelingensbedingungen für die verschiedenen Formen der Zusammenarbeit sind. Der zweite Text dieses Kapitels skizziert – aus der Sicht eines externen Coaches und Beraters – einige dysfunktionale Kooperationsbeziehungen an der Schnittstelle zwischen Schulaufsicht/ Schulträger und Einzelschule und bietet Vorschläge zur Veränderung in Richtung einer vertrauensvollen Zusammenarbeit. Der letzte Beitrag schließlich fokussiert die kommunikative Kooperation von Schule und Eltern und beschreibt Qualitätsmerkmale gelingender Elterngespräche. Werden sie in Anerkennung der Gleichwürdigkeit auf Augenhöhe geführt, sind sie eine große Hilfe für Schulen, ihren Bildungs- und vor allem ihren Erziehungsauftrag erfüllen zu können.

Im Kapitel **Qualitätsmanagement** diskutieren wir zunächst die Frage, wie sich Schulen in der dynamischen Komplexität zwischen den Erfahrungen aus der Vergangenheit und der entstehenden Zukunft entwickeln lassen. Die ambitionierte Schulentwicklung einer Grundschule, die sich über mehrere Jahre zur Ganztagsschule gewandelt hat, steht im Zentrum des zweiten Beitrages in diesem Kapitel. Eine externe Organisationsberaterin beschreibt, wie große Schritte der Veränderung gelingen können.

Pädagogische Tage ermöglichen dem Kollegium, innezuhalten, um sich der Qualität und Wirksamkeit der pädagogischen Arbeit zu vergewissern, neue Herausforderungen zu identifizieren, sich die Kompetenzen für ihre Bewältigung anzueignen und die Zukunftsstrategie der Schule zu entwerfen. Der dritte Beitrag stellt Qualitätsstandards für Pädagogische Tage vor und beschreibt Voraussetzungen für deren nachhaltige Wirksamkeit. Schließlich nehmen wir das Feld externer Schulentwicklungsberatung in den Blick und beschreiben, was einen guten Berater/eine gute Beraterin ausmacht.

Das letzte Kapitel dieses ersten Teils widmet sich dem Thema **Inklusion**. Ein Autorenteam beschreibt einleitend Schulleitungen als Gestaltende einer inklusionsfähigen Schule, nimmt eine Begriffsklärung vor und analysiert den Stand der Forschung. In einem zweiten Beitrag wird die Arbeit ausgewählter Schulen mit Moderatoren im Rahmen von InPrax (vgl. Jahrbuch Schulleitung 2014) analysiert und ausgewertet. Deutlich wird dabei: Jede Schule verfügt bereits in unterschiedlichem Grad über Strategien, wie sie einer wachsenden Heterogenität der Schülerschaft begegnet. Wichtig ist, diese Strategien offenzulegen, an sie anzuknüpfen und sie weiterzuentwickeln. Ein weiterer Text analysiert die Prozesse um die Herausbildung einer inklusiven Schule und einer inklusionssensiblen Lehrerbildung. Es wird gefragt, inwiefern angehende Lehrkräfte auf diese Prozesse zurzeit vorbereitet werden bzw. inwiefern die Umgestaltung der Lehrerbildung im Sinne inklusiver Bildungsreformen vollzogen werden kann. Im letzten Beitrag schließlich wird individuelle Förderung aus zwei Sichtweisen erörtert: zum einen vor dem Hintergrund ihrer Definition, zum anderen vor dem Hintergrund des Jakob Muth-Preises für inklusive Schule, der seit 2009 Schulen auszeichnet, die inklusive Bildung beispielhaft umsetzen und so allen Kindern die Möglichkeit eröffnen, an hochwertiger Bildung teilzuhaben und ihre individuellen Potenziale zu entwickeln.

Teil **II** des Jahrbuchs Schulleitung beschäftigt sich in diesem Jahr mit dem **»Schwerpunkt: lernwirksam unterrichten und fördern«**, einem Thema, das schon immer intensiv diskutiert wird, spätestens seit John Hatties »Visible Learning« aber ganz besondere Aufmerksamkeit bekommen hat. In einem Grundlagenbeitrag werden lernwirksame Merkmale des Unterrichtshandelns beschrieben und Werkzeuge und Prozeduren evidenzbasierter Methoden der Unterrichtsdiagnostik vorgestellt, anhand welcher die skizzierten Merkmale in der Praxis zum Zwecke der Unterrichtsentwicklung analysiert und reflektiert werden können.

Kinder sind verschieden in Bezug auf ihre schulischen Lernvoraussetzungen und dennoch sind sie alle gleich darin, das Recht auf eine faire Beurteilung und bestmögliche schulische Förderung zu haben. Der zweite Artikel geht den Fragen nach, welche Schulstrukturen einen möglichst optimalen Umgang mit Heterogenität ermöglichen, was guten Unterricht im Hinblick auf den Umgang mit Heterogenität auszeichnet und wie Lehrpersonen in dieser anspruchsvollen Aufgabe unterstützt werden können.

Das Entwicklungsprogramm für Unterricht und Lernqualität – E. U.LE. ist Thema des dritten Beitrages. Es zielt darauf ab, Lehrerinnen und Lehrer darin zu schulen, das Lernen der Schülerinnen und Schüler immer besser verstehen und fördern zu können. Das dreijährige berufsbegleitende Fortbildungsprogramm schließt ab mit dem Erwerb der Qualifikation des »Beraters für Verständnisintensives Lernen«.

Das Lehrverhalten beeinflusst entscheidend das Lernverhalten der Schülerinnen und Schüler. Wenn es Lehrkräften gelingt, zu erfahren, wo die einzelnen Schüler gerade im Lernprozess stehen, welche Herausforderungen sie zu bewältigen versuchen, können sie schnell reagieren und ihr Lehrverhalten entsprechend ausrichten. Welche Instrumente hier wirksam sind, wird in einem Beitrag zum Feedback ausführlicher vorstellt.

Die Förderung von Schülerinnen und Schülern ist auch Thema des nachfolgenden Beitrags. Versucht wird, zur Förderung geeignete Unterrichtskonzepte vorzustellen und voneinander abzugrenzen. Allerdings wird davor gewarnt, diese Konzepte an sich als gut oder weniger gut einzuschätzen, denn die Frage der Qualität und der Wirkung zeigt sich bei allen Konzepten im Detail und in der Rahmung durch die jeweilige Unterrichts- und Schulkultur.

Ein weiterer Text diskutiert die direkte Instruktion – im Gegensatz zu schlichtem Frontalunterricht – als eine lernwirksame Unterrichtsmethode, die den Lernprozess vom Erwerb neuen Wissens bis hin zur festen Verankerung des Wissens im Langzeitgedächtnis strukturiert.

Ein letzter Text widmet sich überfachlichen Kompetenzen, die wichtige Bedingungen für den fachlichen Lernerfolg bereitstellen und die generell zum Zielkatalog schulischer Fördermaßnahmen gehören. Vorgestellt wird ein Modellversuch an bayerischen Realschulen und gezeigt, welche Kompetenzen hier relevant sind und wie sie sich fördern lassen.

Teil III des Jahrbuchs, »Praxishilfen«, greift die vorgestellten Inhalte nochmals auf und bietet ausgewählte Anregungen an, mit denen individuell an den vorgestellten Themen weiter gearbeitet und darüber reflektiert werden kann.

Teil IV schließlich stellt zentrale Befunde aus den Bildungsberichten Deutschland (2014) und Schweiz (2014) vor und beschreibt ausgewählte Ergebnisse.

Wir hoffen, es ist uns Autorinnen und Autoren auch diesmal gelungen, Ihre anspruchsvolle schulische Führungstätigkeit mit einigen Befunden und Impulsen zu bereichern.

Eine interessante und anregende Lektüre wünscht

Ihr

Prof. Dr. Stephan Gerhard Huber

Teil I: Befunde und Impulse zu den Handlungsfeldern des Schulmanagements

I.I Führung und Management von Schule

1. Systemisches Schulleitungshandeln – Umgang mit Komplexität

Uwe Hameyer

Leitungstätigkeit wird angesichts langfristiger Transformationsprozesse von Schule immer komplexer. Teilzeitarbeit nimmt zu; neue Beteiligungsformen und Marktmechanismen beeinflussen die Schule als Organisation; öffnen soll sie sich und ihr Umfeld stärker einbeziehen; interne und externe Steuerungsmodelle kommen auf den Plan. Neue Programme und pädagogische Praxen werden evaluiert. Schulen sollen an Wettbewerben und internationalen Programmen mitmachen. In vielen Bundesländern werden Zielvereinbarungen geschlossen, Qualitätsstandards entwickelt und umgesetzt. Bildungsstandards werden zu einer stillen Leitwährung im Curriculum.

Zugleich wird öffentlich darüber diskutiert, ob »die« Qualität pädagogischer Arbeit reicht und die Schulen wirklich »gut« sind. Eltern, Presse, Öffentlichkeit, Parlamente und Politik, Forschung und Praxis streiten in dieser Debatte miteinander. Die Schule ist *öffentlicher* und transparenter geworden. Zugleich haben viele *stille* Schulen tragfähige Transformationsleistungen vorzuweisen – *ohne* Presseecho. Sie arbeiten an stetigen Innovationsbemühungen für bessere Lehr- und Lernformen. Schulen müssen erhebliche Belastungen und Aufgabenverdichtungen meistern, um pädagogische Antworten für das Lernen unter veränderten Bedingungen des Aufwachsens von Kindern und Jugendlichen auszuarbeiten. Die Innovationsbemühungen kommen nicht nur aus der Schulpraxis, sondern entstehen vielfach in Verbindung mit landesweiten Programmen – in fast allen Bundesländern ist das so.

Die Modelle und Ergebnisse wurden in den Bundesländern dokumentiert. Leider werden sie längst nicht ausreichend wahrgenommen und ausgewertet, wie es notwendig wäre, um insgesamt besser einschätzen zu können, was Schule in ihren Teilgebieten leistet – und nicht nur was sie *nicht* leistet.

Die irritierte Öffentlichkeit sollte bei allem Gebot einer Diskussion der Qualität von Schule und Unterricht auch die Ergebnisse kontinuierlicher Innovations- und Entwicklungsleistungen unserer Schulen – und der Schulleitungen – zur Kenntnis nehmen (s. Hameyer 2015). PISA ist eben nur einer unter vielen gleichwertigen Blickpunkten für eine *systemische* Betrachtung von Schule und Lernleistungen der Kinder und Jugendlichen. Damit soll PISA nicht heruntergespielt werden; es geht vielmehr um die Einordnung von Forschungsbefunden in das Gesamtgefüge dessen, was wir über Unterrichts- und Schulentwicklung wissen. Dieses Ziel muss noch eingelöst werden – mit der notwendigen Besonnenheit und in Kenntnis des gegenwärtigen Wissensstands über Schule, Schulforschung, Schulentwicklung und Lernprozesse. Der professionelle Fortschritt im Schulfeld wird leicht vergessen, wenn von »schwacher« Schulqualität in Deutschland die Rede ist. Dabei können sich Bundesländer mit ihren Schulnetzwerken und Unterstützungssystemen durchaus international sehen lassen. Das hat wesentlich mit der Qualität und Organisation der Schulleitungen zu tun. Die Schulleitung ist immer noch der entscheidende Faktor im Qualitätsentwicklungsprozess kleiner wie großer Schulen.

Im vorliegenden Beitrag werde ich auf diesem Situationshintergrund einen Rahmenvorschlag für eine Curriculummatrix zur Qualifizierung und Weiterqualifizierung von Schulleitungen mit Blick auf ein erweitertes Berufsbild unterbreiten.

1.1 Exponentieller Aufgabenzuwachs

Manche Schulleiterinnen und Schulleiter sehen in der neuen Situation exponentiell erhöhte Belastungswerte für die Leitung von Schule, andere weisen in erster Linie auf den Aufgaben- und Verantwortungszuwachs hin – neue Pflichten sind entstanden, ohne dass alte entfallen. Diese *epochale Aufgabenverdichtung und -diversifikation in der Schulleitungstätigkeit* befreit die Schulleitungen nicht von der Pflicht, für die Qualität von Schule *und* Schulentwicklung einzustehen. Zugleich ist aus unzähligen Studien bekannt, dass Schulinnovationen und ihre Protagonisten *gegen* Schulleitung wenig ausrichten können. Im Umkehrschluss bedeutet das, dass sich eine aufgeschlossene, umsichtige Schulleitung mit allen modernen Ansätzen der Erneuerung von Schule nicht nur auseinandersetzt, sondern sich in den zentralen schulischen Innovationsfeldern auskennen muss, um sich wie in einer lernenden Organisation vorausblickend zu verhalten. Von modernem Schulmanagement wird erwartet, dass es Initiativen und neue Ideen aufnimmt, begleitet, unterstützt, sichert und die pädagogische Arbeit durch Personalentwicklung und Wissensmanagement auf eine kompetente Basis zu stellen versteht.

Der Differenzierungsprozess von Schule hat durchaus einen Gestaltungsvorteil mit sich gebracht. Die Schule kann in vielen Angelegenheiten entscheiden, die früher Sache des Staates und übergeordneter Behörden gewesen sind. Praktisch ist dieser Vorteil jedoch nur dann von Gewicht, wenn die Umsetzungspraxis den Differenzierungs- und Umverteilungsprozess auch meistern kann. Anders ausgedrückt: Die »neuen« Freiheiten müssen kompetent eingelöst werden können, Folgeprobleme sind zu beachten und zu bearbeiten.

Dabei ist nicht alles Gold, was glänzt. Manche Gestaltungsfreiheit hat eingebaute Bremsen, so etwa dadurch, dass sich die Schule in den letzten Jahren auf viel zu viele gleichzeitig laufende Projekte eingelassen hat oder hat einlassen müssen. Das führt zu erheblicher Unzufriedenheit – nicht wegen der Projektthemen, sondern wegen der dünnen Personaldecke. Andere Gründe mögen hinzukommen. Da entsteht manche Unzufriedenheit, weil persönliche – und externe – Qualitätsstandards nicht immer eingehalten werden können. Allein wegen der multiplen Aufgabenbindung schulischen Personals – auch des Schulleitungspersonals – geht das kaum noch. Zudem stehen nicht alle strukturellen Bedingungen von Schule für die neuen Freiheiten Spalier (die Amalgamierung von Beurteilungs- und Beratungsgespräch in einer Person wird als strukturell und sachlich hinderlich für Entwicklungsprozesse in der Schule angesehen; Regelbeurteilungen in ähnlicher Weise).

1.2 Strukturelle Professionalisierung

Eine strukturelle Aufgabenverdichtung und eine Erweiterung von Schule berühren die Schulleitungstätigkeit und das Tätigkeitsspektrum. Dieses Spektrum hat nicht nur eine strukturelle Ursache in der veränderten Situation von Schule, sondern auch in neuem Wissen über Schule als einer lernenden, professionellen Organisation. Dies sei durch Stichworte über neue Aufgabengebiete einer modernen Schule und damit einer modernen Schulleitungstätigkeit angedeutet [die Liste der Aufgaben- und Tätigkeitsgebiete spiegelt natürlich nicht vollständig das wider, was Schule gegenwärtig insgesamt zu leisten hat]:

• Schulentwicklung
• Schulprogrammarbeit
• Projektmanagement
• Personalentwicklung
• Mitarbeitergespräche
• Qualitätsevaluation
• Qualitätssicherung
• Weiterqualifizierung
• Netzwerkeinbindung
• neue Lehr- und Lernformen

Diese Liste an Stichworten markiert Professionalisierungsfelder, die der Schule als lernende Organisation innerhalb weniger Jahre zugewachsen sind. Nicht alles ist neu, was die Fachsprache kennzeichnet. Doch ist eines sicher: die mit solchen Gebieten verbundenen Qualifizierungserfordernisse können unmöglich innerhalb von wenigen Wochen angelernt und trainiert werden. Mit Blick auf andere europäische Länder muss darüber nachgedacht werden, wie die Neubestimmung eines modernen Berufsbilds Schulleitung aussehen kann, welche Zeit- und Qualifizierungserfordernisse notwendig sind und wie insgesamt dieser *systematische* Strukturwandel – der einschneidendste seit der Weimarer Republik, so Rosenbusch – zu bewältigen ist.

1.3 Erweitertes Tätigkeitsfeld von Schulleitung

Die Aufgabenverdichtung im Schulleitungsamt führt zur Erkenntnis, dass Schulleitung ein *eigenständiges erweitertes Berufsprofil* voraussetzt und – wie bei anderen Berufen auch – einen genuinen Qualifizierungsprozess verlangt, der nicht unter Tagesdruck und schon gar nicht beiläufig stattfinden kann nach der Devise, wer Zeit und Interesse hat, der bilde sich gern aus eigenen Stücken an Wochenenden weiter. Rosenbusch spricht vom *neuen* Beruf mit organisationspädagogischen Führungsqualitäten im Zentrum. Für diesen neuen Beruf werden die in der Praxis stehenden Schulleitungen zu wenig vorbereitet, und wer Schulleiter werden möchte, muss sich seine Qualifizierung über die obligatorischen Einführungskurse hinaus weitgehend nach eigenem Gutdünken zusammenstricken. Neue Modelle sind in einigen Bundesländern unterwegs, aber von einer systematischen Qualifizierung wie etwa in den Niederlanden oder in Schweden kann nur begrenzt die Rede sein – zum Beispiel von den Möglichkeiten, die ein die Kontinuität sicherndes Stufenmodell über alle Phasen von der Vorbereitung auf die Schulleitungstätigkeit bis zur komplementären Weiterqualifizierung in unterschiedlichen Phasen beruflicher Schulleitungsabschnitte bietet.

Die Herausforderungen der Schule sind zugleich Herausforderungen an die Schulleiterinnen und Schulleiter. Da bekannt ist, dass Innovationen in der Schule und Qualitätsentwicklungen nur selten ohne die Schulleitungen möglich sind, müssen allein aus dieser Überlegung heraus die Qualifizierungsfragen neu gestellt werden. Folgende Blickpunkte stehen im Zentrum; sie markieren Wege zu einer konkreten, produktiven Auseinandersetzung mit dem Strukturwandel von Schule und Schulleitungstätigkeit:

Blickpunkt 1 – Unterstützungssysteme

Unterstützungssysteme von Schule wurden in den letzten Jahren ausgebaut oder umstrukturiert. Auch wenn sich Regionen und Länder in diesem Punkt unterscheiden, so ist es doch bemerkenswert zu sehen, dass die Schule verstärkt auf Beratungs- und Informationssysteme zurückgreifen kann. Heute müssen sich Schulen viel intensiver als vor einem Jahrzehnt um Unterstützung und Ressourcen kümmern, die sich die Schule nicht aus den eigenen Rippen schneiden kann. So entsteht eine sehr spannende, gelegentlich jedoch auch ambivalente Situation, weil die Finanzierung von Unterstützungsleistungen stillschweigend zu einem Private-Public-Mischmodell geworden ist. Das ist nur möglich, wenn die Ressourcen der Schule partiell umverteilt werden, auch wenn über das Sponsoring manche Schule neue Quellen erschlossen hat. Das jedoch ist nicht allen Schulen gelungen, was sicher auch mit den Standortbesonderheiten zu tun hat.

Blickpunkt 2 – Schulaufsicht

Nicht ganz geklärt scheint die Frage zu sein, welche Rolle die Schulaufsicht in einer modernen Schulentwicklung übernimmt. Von einigen wird die Auffassung vertreten, dass Schulaufsicht stärker *gestaltende* und *unterstützende* Funktionen übernehmen solle. Als fragwürdig wird darüber hinaus das System der *Regelbeurteilung* angesehen, das inzwischen in einigen Ländern wieder abgeschafft wurde. Insgesamt könnten in diesem Feld Gestaltungsressourcen gewonnen werden, wenn andere Formen der Beratung und Schulaufsicht in den Vordergrund treten.

Blickpunkt 3 – Innovationen

Interessant ist der Zuwachs an *Wissen über gelungene Innovationen und »best practices«.* Verschiedentlich sprechen sich Akteure dafür aus, innovative Beispiele aus der Praxis besser zugänglich zu machen und darin die vorhandenen Unterstützungssysteme einzubeziehen. Auch besteht die Möglichkeit, *Personalaustausch über den Zaun einer Schule hinaus* in Betracht zu ziehen. Wer sich anderswo ansehen kann, wie unter normal schwierigen Bedingungen Probleme gelöst und neue Formen des Lehrens und Lernens realisiert werden, der erhält direkte, einsichtsvolle und damit motivierende Impulse zum Transfer von Wissen und Ideen in der eigenen Schule.

Blickpunkt 4 – Schulübergreifende Zusammenarbeit

In der deutschsprachigen Schullandschaft entstanden in den zurückliegenden Jahren zahlreiche regionale Netzwerke, die sich für schulübergreifende Zusammenarbeit auch von Schulleitungspersonal anbieten. Dies bedeutet auch, dass beispielsweise drei oder vier Schulen einer Region sich zu einem Verbund im Rahmen einer Zielvereinbarung zusammen tun, um gemeinsame Interessen- oder Aufgabengebiete einzulösen. Durch solche Formen standortübergreifender Zusammenarbeit können wichtige Erfahrungen gewonnen und synergetische Effekte genutzt werden.

Blickpunkt 5 – Schulentwicklungsberater

Schulentwicklungsberater als Teil vorhandener Unterstützungssysteme können die Schulleitungstätigkeit erleichtern, auch wenn die Rolle der Schulaufsicht in der Schulentwicklung insgesamt noch zu wenig einbezogen zu sein scheint. Interessant ist zum Beispiel das Modell, dass Schulaufsichtspersonen an einer Schule über einige Tage einen Schulentwicklungsprozess von innen begleiten, diesen dadurch besser zu verstehen in die Lage versetzt werden und eigene Beiträge zu Prozessentwicklung leisten.

Blickpunkt 6 – Elternarbeit

Elternarbeit hat in der modernen Schulentwicklung an Bedeutung gewonnen. Dies zeigt sich beispielsweise darin, dass Eltern in Teams einbezogen werden, Feedbacks von Eltern systematisch abgefragt werden und Schulprogramme gemeinsam mit Eltern beraten oder teilweise auch realisiert werden.

Blickpunkt 7 – Teamentwicklung

Die zukünftige Schule wird stärker eine Teamschule sein, ohne dadurch den Einzelnen unter Druck zu setzen oder Einzelleistungen nicht mehr zu beachten und wertzuschätzen. Stärkere Zusammenarbeit innerhalb der Schule scheint das Gebot der Stunde zu sein. Gelingende Teamarbeit führt nicht nur zu interessanteren, vielfältigeren Ideen, sondern kann auch Entlastung bewirken, sofern klare Zielvereinbarungen für die Teams bestehen und die Absprachen transparent sind.

1.4 *Inductive leadership* – Grundriss für ein systemisches Berufsbild Schulleitung

In diesem Abschnitt zeichne ich einen noch fragmentarischen Grundriss für ein modernes, systemisches Berufsbild von Schulleitung. Der Grundriss beruht auf der in der *leadership*-Debatte betonten Fähigkeit zu systemischem Denken. Das bedeutet beispielsweise, eine Situation im eigenen Tätigkeitsfeld von unterschiedlichen Blickwinkeln aus einzuschätzen, mehrere Lösungen für ein Problem zu entwickeln und zu vergleichen, die Wirkungen und Nebenwirkungen rechtzeitig in die Reflexion einzubeziehen, Formen klassischer Praxis neu zu denken.

Schulleiterinnen oder Schulleiter ebenso wie Schulleitungsteams müssen nicht alles selbst tun und systemisch beraten oder entscheiden, im Gegenteil. Im Sinne eines *inductive leadership* bieten sie Anlässe und setzen Impulse (vgl. Abb. 1). Dabei steht »*inductive*« für folgende Tätigkeiten:

- Kolleginnen und Kollegen zu neuem Denken veranlassen und dafür die Rahmenbedingungen herstellen;
- Interesse an Unterrichts- und Schulqualität wecken,
- vorhandene Motivation und Modelle zur Schul- und Unterrichtsentwicklung unterstützen,
- andere für gemeinsame Ideen begeistern und gewinnen,
- Anreize schaffen.

Inductive leadership ist kein Durchsteuerungsmodell, sondern ein Muster, andere zu gewinnen oder zu veranlassen, sich für neue oder ungewöhnliche Ziele und Innovationen einzusetzen, ohne sie unter Druck zu setzen. Es geht eher um das Ziehen, das Unterstützen von Ideen und Querdenken, die Anbahnung neuer

Arbeitsformen. Das Systemische dabei ist das Ausloten und Vergleichen von Handlungsoptionen oder Lösungen, das Umdenken von Routine, die Einbeziehung des Bislang-so-noch-nicht-Gesehenen in die Weiterentwicklung bisheriger Praxis bis hin zu ihrer Restrukturierung.

Solche Ziele und Muster setzen Systeme der Kommunikation voraus. Dazu zählen kollegiales Feedback, kompetente Reflexionsprozesse, kollegiale Fallberatung, Zunkunftswerkstätten und dergleichen. Durch systemische Sichtweisen werden etablierte Lösungen in der Praxis im Wissen um alternative Lösungsstrategien überdacht. *Inductive leadership* setzt dabei auf Reflexions- und Gestaltungsprozesse, nutzt dazu Methoden des Wissensmanagement und multiprofessionelle Teamarbeit. Schule wird zu einem kreativen und zugleich produktiven Ideen- und Lösungsraum, in dem die Schulleitungen die Nutzung von Methoden des Umdenkens und professionellen Wissens fördern.

Personalentwicklung bekommt dadurch eine andere Wertigkeit, ebenso die Kommunikation quer durch alle Abteilungen und Entscheidungsebenen. Nach der Idee des *inductive leadership* belastet nicht die wachsende Komplexität der schulischen Aufgabenfülle, sondern das Fehlen von Strategien, mit Komplexität kreativ und effektiv umzugehen. Berufsidentität, Arbeitsplatzzufriedenheit, Zuversicht und Zutrauen, Gelegenheit zum Transfer neuen Wissens und dergleichen gewinnen dadurch in einem modernen, *systemischen Berufsbild Schulleitung* an Gewicht.

Schulentwicklung verankern
Ziele, Fokus, Schwerpunkte bilden
ökonom. Zeitmanagement aufbauen
Schwerpunkte und Projekte fördern
Erfolge kommunizieren und verankern
Mehrwert des Neuen klären lassen
Feedback quer im System ausbauen
sich mit Schulpartnern vernetzen
Ressourcenmanagement gewährleisten

Interesse wecken
Kollegium für *new practices* gewinnen
stakeholder der Schule einbinden
Verantwortung übernehmen | teilen
Einsatz von Engagierten wachhalten
multiprofessionelle Teams fördern
Methoden der Ideenfindung einsetzen
Querdenken gestatten | fördern
Wissensmanagement ausbauen

Qualitätsstandards einhalten
eindeutige Mittelfristziele erarbeiten
Erfolgsindikatoren bestimmen
interne & externe Standards abgleichen
von Qualitätsleistungen lernen
(Monitoring, andere Schulen, datenbasierte Analyse, *story telling*,
Evaluationen u.a.)

Systemdenken fördern
Probleme & Lösungen vergleichen
Routinepraxis für Neues öffnen
Ideenwerkstätten ansetzen
Lösungsvarianten vergleichen
Reflective Teams einrichten
kollegiale Fallberatung einsetzen
Kommunikation aller fördern

inductive leadership

Stufenmodelle anwenden
Prozessphasen planen und verbinden
Zeitphasierungen transparent halten
Phasenabschlüsse markieren
Prioritäten bilden
Pilotierungen ansetzen
Projektmanagement nutzen

Komplexität steuern
Entwicklungen kohärent halten
Belastungen einschränken
Zahl der Extraprojekte begrenzen
Steuerungsprozesse effektiv gestalten
Arbeitsergebnisse austauschen
Briefingmethoden einsetzen
Kompetenzteams unterstützen

Personalentwicklung verstärken
Kompetenzförderung ermöglichen
zielgenaue Zusammenarbeit unterstützen
Lernteams im Kollegium einrichten
Coaching & andere Beratungsformen vorhalten
durch Personalentwicklungsgespräche motivieren
rotierendes Teamdesign einsetzen
Personalaustausch mit Partnerschule ermöglichen

Abb. 1:   Kompetenzfelder von Schulleiterinnen und Schulleitern

Vor allem wird deutlich, was der professionelle Beruf eines Schulleiters oder einer Schulleiterin auf der Ebene des Wissens und der Kompetenzen braucht, um die modernen Leitungs- und Managementtätigkeiten wahrzunehmen, die in den Feldern »Leiten« und »Gestalten« genannt sind. Natürlich werden dadurch die Verwaltungsaufgaben nicht kleiner.

1.5 Curriculummatrix »Qualifizierungsgebiete für Schulleitungen«

Erfahrungsverdichtung und Aufgabenzuwachs sind Kennzeichen gegenwärtiger Schulleitungstätigkeit. Im Blick auf das, was zukünftig zu tun ist, kann ich mir eine einfache, inhaltliche Curriculum- oder Suchmatrix vorstellen, aus der heraus Vorschläge erwachsen können, was zu tun ist, um dem strukturellen Wandel von Schule und ihrer Steuerungssysteme gerecht zu werden. Die Curriculummatrix kann dazu dienen, *mittelfristige Schwerpunkte struktureller Schritte auszuweisen, vorzubereiten und umzusetzen.* Zu diesem Zweck habe ich in der Abbildung 2 eine solche Matrix zu entwickeln versucht.

Die Matrix ist nicht vollständig. Sie hat eine Impulsfunktion, und nicht alles, was sie aufnimmt, wird realisierbar sein. Eine Diskussionsanregung kann sie sein, ein Wegweiser vielleicht. In der linken Spalte der Matrix werden Prozesse aufgelistet, die wir als zentrale, vielfach neu hinzu gekommene Aufgabenfelder der Schulleitungen betrachten können. Die Aufgabenfelder können wir unter verschiedenen Gesichtspunkten betrachten: Welches Wissen braucht die Schulleitung, um die Aufgaben in den Feldern zu lösen? Wie können sie das Wissen lernen und ihre Kompetenzen erweitern? Wo schließlich ist das möglich, in welchen Weiterbildungssettings?

	Wissen ... Was lernen?	Lernformen ... wie lernen?	Realisationsidee ... wo lernen?
Initiierung Innovationen, Projekte, Kooperation mit Umfeld, Teamarbeit, Qualitätssicherung, neue Programme, Visionen, u. a.	Projektmanagement moderne Personalführung Kreativtechniken Moderationsmethoden Gesprächsführung Qualitätsanalyse Systemisches Denken	> durch Coach begleitet werden > Skills und Techniken üben > an Trainings teilnehmen > Wissen-Updates durcharbeiten > Transfersituationen herstellen > ...	> Universität, Weiterbildung > berufsbegleitende Qualifizierungsmodule > Lernen im Verbund [Einrichtungen in Bayern, Medien, Hospitationen, Kritische Freunde] > Weiterbildung – Masterkurse > Planungswerkstatt

	Wissen ... Was lernen?	Lernformen ... wie lernen?	Realisationsidee ... wo lernen?
Steuerung selbstregulativer Prozesse, Projektmanagement, vertikale u. horizontale Zusammenarbeit, situative und langfristige Entscheidungen, Qualitätsentwicklung und Qualitätssicherung, Informationspolitik, Personalentwicklung, u. a.	Steuerungsmodelle Organisationstheorie Schulentwicklung Gruppendynamik Evaluation Schultheorie Management Innovationswissen Wirksamkeitsforschung	> Simulationsmodelle einsetzen > in Planspielen lernen > Evaluationspläne erstellen > Qualitätsanalysen durchführen > Fallstudien auswerten > Projekte planen und auswerten > Realsituationen lösen	> multimediale Module > Universität, Weiterbildung > Chat Room > Weiterbildung – Masterkurse > Fernstudiumelemente
Rückkopplung Erfahrung, Supervision, Austausch, Vernetzung, Coaching, Informationsfluss, Wissen nutzen, Best Practices, Dokumentation und Präsentation	Feedbackmethoden Vernetzungssysteme Kommunikationstheorie Motivationspsychologie Kollegialberatung Moderation Wissensmanagement	> in Skill-Trainings üben > Vernetzungsideen umsetzen > Innovationsanalysen erstellen > präsentieren lernen > rhetorische Regeln anwenden > Realsituationen lösen	> Settings für Training > Settings für Coaching > im Netzwerk > standortgebunden
Verständigung im Kollegium, zwischen Schule und Umfeld, zwischen Kollegium und Schulleitung, zwischen Schülern über alle Klassen, in Projekten, in Schulprogrammarbeit, u. a.	Interventionsmethoden Gruppenkommunikation Interaktionsverhalten Systemisches Denken	> Realsituationen lösen > Prozesse beobachten > systemische Methoden anwenden > sich coachen lassen	> standortgebunden > Hospitation > als Coach on-site > Trainingslaboratorium > Weiterbildung – Masterkurse > Fallberatung über Videokonferenz
Problemlösung interpersonale Konflikte, binnensystemische Konflikte, Konflikte zwischen Schule und Umfeld, Kreativitätsmethoden zur Problemlösung, Problemlöseprozesse unterstützen, u. a.	Systemisches Denken Konfliktmoderation Problemlösungstheorien Entscheidungstheorien Interventionstechniken	> Realsituationen lösen > Probleme benennen können > Prozesse beobachten > systemische Methoden anwenden > Konfliktfälle moderieren > Kreativitätsmethoden trainieren und transferieren	> standortgebunden > schulexterne Felder > Moderationskurs > Kreativitätsmodul > Trainingslaboratorium > Microteaching > Weiterbildung – Masterkurse > multimediale Bausteine

	Wissen ... Was lernen?	Lernformen ... wie lernen?	Realisationsidee ... wo lernen?
Strukturbildung binnensystemische Differenzierung, darunter Qualitätsgruppen oder -zirkel, Ideenwerkstätten, Frühwarnsysteme, abteilungs- und fachübergreifende Kooperationssysteme, formale und informale Strukturen der Zusammenarbeit	Systemtheorie Systemwissen Innovationsstrategien und -modelle Strukturwandel Organisationsentwicklung Prozessmodelle	> Innovationspläne erstellen > Projektmanagement planen > in Realsituationen anwenden > Frühwarnsysteme einrichten > Kooperationssysteme aufbauen	> standortgebunden > Laborsituation > Weiterbildung – Masterkurse > multimediale Bausteine
Qualifizierung Personalentwicklung, Beratung von Lehrpersonen, Beratung von Gruppen/Teams, vertikale und horizontale Führungsmanagement, Mitarbeitergespräche, kollegiale Qualitätsentwicklung	Personalentwicklungsmodelle Gesprächsführung Mitarbeitergespräche Portfoliomethode Lerntechniken Coaching Kompetenztraining	> mit Coach lernen > an Training teilnehmen > Supervision veranlassen > am Modell lernen > internetgestütztes Lernen > Interviewtechnik > ...	> Masterkurse – Ausbildung zum Master [ähnlich wie bei S. E. T., Realschulen Bayern] > On-Site-Learning > Planungswerksatt > Fernstudiumelemente
Planung Projektmanagement, Budgetierung, Personalplanung, betriebswirtschaftliche Planung und Implementation, Netzwerkarbeit, EFQM-Modell, andere Q-Modelle	Projektmanagement betriebswirtschaftliche Inhalte und Methoden Netzwerktheorie	> Fallstudien erstellen > on-site beraten werden > am Arbeitsplatz begleitet > Praxis an anderen Schulen explorieren > EFQM-Methoden anwenden > Kontrastfeedback einholen	> standortgebunden > Trainingslaboratorium > Weiterbildung – Masterkurse > Planungswerkstatt > EFQM-Training mit Zertifikat > multimediale Bausteine

Abb. 2: Curriculummatrix für die Formulierung von Qualifizierungsangeboten mit Blick auf ein erweitertes Berufsbild »Schulleitung«.

1.6 Ausblick

Solche Überlegungen, die an dieser Stelle als Fragmente und Impulsideen nur angerissen werden, erfordern einen *bildungs- und professionspolitischen Diskussions- und Umsetzungsprozess.* Ein erweitertes Berufsbild Schulleitung entsteht schließlich nicht allein dadurch, dass man es fordert und darüber spricht. Ein struktureller Grundentscheid ist notwendig in Kombination mit der Ausarbeitung flexibler Stufenmodelle hin zu einem kompetenzbasierten Curriculum, das die Aus- und Weiterbildungsmodule strukturell verbindet. Qualifizierungsprozesse »verdunsten« durch punktuelles Lernen; Nachhaltigkeit entsteht, wenn über mittelfristige Zeiträume gelernt und trainiert wird. Jeder muss sich auf neue Herausforderungen und Aufgabengebiete gründlich vorbereiten und wiederholt einlassen können.

Kompetenzentwicklung ist ein Schlüsselwort in diesem Kontext. Ohne kompetentes Schulleitungspersonal machen alle Ideen von guter Schule und Schulqualität keinen Sinn. Daher ist es höchste Zeit, Programme in Ergänzung zu solchen vorzubereiten, die in einigen Bundesländern verabschiedet sind und in der Praxis eingesetzt werden. Vernetzte Angebote sind möglich, bei denen einige Komponenten regional, andere überregional oder auch über Fernlehrangebote abgefragt werden. Universitäten und andere Ausbildungsinstitutionen können verstärkt zusammenarbeiten. So lassen sich Verbundsysteme wie in den Niederlanden, in Finnland oder vor allem in Schweden aufbauen: Wissen wird nicht einfach nur zur Verfügung gestellt, sondern in Transfersituationen »getestet« und in Trainings, teils auch in dafür ausgearbeiteten Trainingslaboratorien und Microteaching, berufsfeldspezifisch umgesetzt. Kompetenzentwicklung wird mit Beratungsanlässen, Coaching und Supervision gekoppelt. Systematischer Erfahrungsaustausch und Feedback sind Grundsätze eines Schulleitungscurriculum (vgl. Huber 2013).

Ziel wäre es dabei, Schulleitenden eine erweiterte Kompetenzbasis und ein entsprechendes Gütezeichen zuzuschreiben, mit dem sich jede Schule und jedes Land sehen lassen kann. Einiges können wir diesbezüglich vom Ausland lernen, anderes läuft bereits in einigen Bundesländern. Es geht also nicht darum, mal wieder etwas gänzlich Neues zu erfinden, sondern im Anschluss an leistungsfähige, systemische Modelle Weiterentwicklungen anzusteuern und vor allem ganz konkret Qualifizierungsbausteine zu unterbreiten, die methodisch und professionell geeignet sind, die Schulleitungen oder Personen, die eine Leitungsaufgabe ansteuern, für Qualifizierungsangebote zu gewinnen.

1.7 Literatur

Hameyer, U. (2015). Transformation der Schule. Stuttgart: Klett & Kallmeyer 2015 (im Druck).
Huber, S. G. (2013). Lernmodelle für Erwachsene. SchulVerwaltung spezial 3/2013, S. 4–7.
Rosenbusch, H. (2002). Schulleitung als Beruf. Hintergründe einer historischen Zäsur. *schulmanagement* (1), pp. 20–22.

2. Leading from Behind – Führung aus dem Hintergrund

Hans-Günter Rolff

Leading from Behind ist ein aktuelles Führungskonzept, das viel praktiziert, aber wenig analysiert wird. Es gibt wenig bis keine Literatur, sieht man einmal vom Titel eines neueren Buches über Barack Obama ab (Miniter 2012). Doch hier wird ein eher kritischer bis negativer Begriff eines Leading from Behind verwendet. In der Werbung bei Amazon zu diesem zum Bestseller avancierten Buch heißt es: »Der investigative Journalist Richard Miniter präsentiert das erste Buch, das die Führungsfähigkeiten von Präsident Obama untersucht, indem er neue Details zu dessen größten Erfolgen und Fehlschlägen ausgräbt. Die Untersuchung basiert auf exklusiven Interviews und nie zuvor publiziertem Material ... Im Gegensatz zu den Verlautbarungen aus dem Weißen Haus, die darauf abzielen, aus Obama einen visionären Führer zu machen, entlarvt dieses Buch einen Präsidenten, der unentschieden, launisch und oft durch miteinander in Wettstreit liegenden politischen Einschätzungen paralysiert ist.«

Vielleicht ist diese abwertende Konnotation von »Leading from Behind« mit dafür verantwortlich, dass sich dieser Begriff bisher nicht etabliert hat, obwohl er durchaus goutiert wird, wenn er in Gesprächen auftaucht.

Der Appendix »from Behind« ist keineswegs eindeutig und klar. Er könnte – negativ konnotiert – auch »hinterrücks« oder »aus dem Hinterhalt« meinen. Zudem können sich manche der älteren Generation noch an ein Buch von Hermann Mostar erinnern, das in den sechziger Jahren nicht nur viel gelesen, sondern auch als Fortsetzungsroman monatelang im Radio zu hören war. Es hieß »Weltgeschichte ganz privat« und es breitete die These aus, dass es nicht die mächtigen Männer, sondern Frauen hinter ihnen (von Marc Aurel bis Bill Clinton) waren, die die Weltgeschichte bestimmten, auf subtile, intelligente und einfühlende oder auch aggressive Art, durch Liebe, Intrige und Klatsch, in jedem Fall so unsichtbar wie möglich. Um Klarheit zu schaffen, was »Leading from Behind« tatsächlich meint, ist es angebracht, zunächst einmal den Begriff und das Konzept differenzierter zu betrachten.

2.1 Der Begriff – eine Annäherung

Wenn man die oben skizzierten – um im Bild zu bleiben – Hintergedanken beiseite lässt, kann man »Leading from Behind« übersetzen als »Führung aus dem Hintergrund« und damit ein höchst zeitgemäßes Führungskonzept veranschaulichen. Führung aus dem Hintergrund entpuppt sich dann als kunstvolle und sensible Art, die »Geführten« im Schulbereich wertschätzend als Menschen und respektvoll als Professionelle zu verstehen und auch zu »behandeln«.

Aus dem Hintergrund führen, ist dann keine Führung aus dem Verborgenen, sondern ist eher ein Führungsverständnis, das auf übermäßige Kontrolle, Misstrauen und einsame Entscheidungen verzichten kann. Schulleiterinnen und Schulleiter würden dann ein Führungsverständnis leben, das dem neuen »lernseitigen« (Schratz) pädagogischen Grundverständnis entspricht, welches die Schülerinnen und Schüler aktivieren, deren Selbstständigkeit und Selbstverantwortung stärken und den Unterricht durch deren Augen sehen (Hattie) will. Dann würde sich Führung aus dem Hintergrund von Führung auf dem Vordergrund unterscheiden. Abbildung 1 macht deutlich, wie sich die grundsätzlichen Unterschiede in einer Gegenüberstellung von Haltungen, Einstellungen, Handlungen und Perspektiven darstellen. Führung aus dem Hintergrund wäre dann positiv konnotiert.

Führung aus dem Hintergrund	Führung aus dem Vordergrund
Fragehaltung	Bescheidwisser-Haltung
Begleiter	Ratgeber
innovativ	bewahrend
Fehler als Chance	Fehler als Probleme
reduzierte Kontrolle	erhöhte Kontrolle
Feedback einholen	sich selbst einschätzen
herausfinden, was die Geführten wollen	auf eigene Lösungen drängen
gemeinsam explorieren	an bewährten Lösungen festhalten
Chancen zeigen	Gefahren betonen
für Transparenz sorgen	Informationen zurückhalten
partizipativ handeln	hierarchisch handeln
Forschergeist	Vorschriftenorientierung
Fokus auf Möglichkeiten	Fokus auf Lösungen

Abbildung 1: Vergleich der Führungspolaritäten, Rolff 2014

2.2 Versionen des Führens aus dem Hintergrund

Man kann mindestens drei Versionen des positiv konnotierten Führens aus dem Hintergrund unterscheiden: eine taktische, eine funktional-wirkungsorientierte und eine demokratisch-humanistische:

- Die taktische Version kommt ins Spiel, wenn man als Führungskraft nicht in Konflikten verbrennen will, die im Grunde nur die Geführten betreffen. Dann macht man keine Lösungsvorschläge, sondern lässt die Betroffenen den Konflikt unter sich bearbeiten und regeln. Das heißt nicht, dass einem Konflikte im Kollegium egal sind. Es macht vielmehr deutlich, dass nicht jeder Konflikt notwendigerweise von der Schulleitung bearbeitet werden muss, sondern die Beteiligten bzw. Betroffenen dazu ermuntert werden, eigene Lösungen zu finden. Dazu kann man unter Umständen professionelle Unterstützung von außen anbieten. Das spart auch Energie. Hier ist ein deutlich positives Verständnis von Taktik angesprochen, und ein Verhalten, das auch taktvoll ist.

- Bei der funktional-wirkungsorientierte Version ordnet die Leitung bei sensiblen Fragen die Lösungswege nicht an, sondern erwirkt Vorschläge aus dem Kollegium, um sie in einen Gesamtrahmen zu stellen und dann gemeinsam mit den Betroffenen nach Realisierungsmöglichen zu suchen. Ein aktuelles Beispiel ist die Unterrichtsentwicklung. Sie hat eine Tiefenstruktur, die u. a. aus »Glaubenssätzen« (beliefs) zum Lernen, aus Werten und Haltungen besteht. Wer den Unterricht in der Tiefenstruktur nachhaltig entwickeln will, der muss sich auch selbst entwickeln – z. B. bei mehr Schüleraktivitäten die eigenen Aktivitäten zurücknehmen. Das kann Schulleitung nicht erzwingen, sondern nur anregen und ermöglichen. Das ist auf mehrerlei Weise realisierbar, durch Ermunterung, durch Organisation von Professionellen Lerngemeinschaften oder durch Besuche in Schulen, die so etwas bereits praktizieren.
- Die demokratisch-humanistische Version beruht auf Überzeugungen der Leitung, z. B. mehr Eigenaktivität und Verantwortungsübernahme von Mitarbeitern zu bewirken. Sie lässt sie deshalb erst einmal »machen« und greift nur ein, wenn rechtliche oder moralische Grenzen überschritten werden.

2.3 Formen und Finessen

Es werden bereits eine Vielzahl von Formen der Führung aus dem Hintergrund praktiziert, allerdings ohne dass sich die beteiligten Akteure dessen voll bewusst sind. Etabliert sind seit langem die Organisationsformen der Schule: Klassen, Jahrgänge, Stufen und Fächer. Diese führen die Bildungsbiografien und rahmen die Inhalte aus dem Hintergrund, ohne dass das ausdrücklich thematisiert wird.

Besonders bedeutsam für die Schulentwicklung ist die Einsetzung einer Steuergruppe, die Prozesse führen, aber auch initiieren kann. Die Steuergruppe hat in den Schulgesetzen, wenn sie überhaupt auftaucht, keine formalrechtliche Entscheidungsbefugnis. Ihr Mandat beruht allein auf einem Beschluss des Kollegiums und der Bestätigung der Einsetzung durch die Schulleitung. Sie führt dann aus dem Hintergrund, wenn ihr Kompetenzen und Verantwortung übertragen werden und wenn klar ist, welche Rolle die Schulleitung darin spielt. Entscheidend für die Führung via Steuergruppe ist, welche Kompetenzen diese hat und welche Rolle die Schulleitung darin spielt. Viele Varianten sind möglich, aber die Schulleitung sollte weder den Vorsitz übernehmen noch die Steuergruppe als reines Diskussionsgremium betrachten: Das wäre Führung von vorn bzw. aus dem Vordergrund.

Ebenso bedeutsam ist die Personalführung. Sie harmoniert allerdings erst dann mit dem Konzept der Führung aus dem Hintergrund, wenn die richtigen Personen an die richtigen Stellen gelangen, z. B. als Stufen- oder Fachleiter, und dorthin die nötigen Zuständigkeiten und Verantwortungsbereiche verlagert werden. Konsequente Delegation ist also auch eine Form von Führung aus dem Hintergrund.

Wichtig sind auch die Kompetenzen von Konferenzen und Gremien. Die Gesamtkonferenz basiert die Führung aus dem Hintergrund, die Fachgruppen könnten inhaltlich führen, sie beschränken sich bisher allerdings eher auf administrative Dinge. Die Schulleitung würde die Fachgruppenarbeit aus dem Hintergrund führen, wenn sie regelmäßig, etwa alle halbe Jahre, eine Fachgruppen-Vorsitzenden-Konferenz einberiefe und sich dort von den Aktivitäten zur Unterrichtsentwicklung berichten ließe sowie die Grundlinien der Unterrichtsentwicklung bespräche und vereinbarte.

Man muss nicht jede Sitzung selber leiten. Wenn man anwesend ist, was man auch möglichst sein sollte, und man nicht leiten, also ununterbrochen auf den Ablauf konzentriert sein muss, dann hat man Zeit für strategische Überlegungen. Und wenn man den Sitzplatz frei wählen kann, dann kann man sich so setzen, dass man den ganzen Raum überblickt. Wenn man nahe der Tür sitzt, kann man auch ziemlich unbemerkt für ein Telefonat nach draußen gehen, vielleicht auch einen Gesprächspartner für ein Strategiegespräch nach draußen bitten. Wenn man zudem Einfluss auf die Auswahl der zur Leitung bestimmten Person nehmen kann, ist Leitung aus dem Hintergrund noch wirksamer.

Wenn das Leitbild von der Schulgemeinde gemeinsam erarbeitet wird und es die Schulleitung zum Leben bringt, ist das auch eine Form der Führung aus dem Hintergrund. Das Leitbild sollte mit dem ganzen Kollegium und möglichst auch mit Schüler- und Elternvertretern erarbeitet und verabschiedet werden und könnte z. B. zum Leben gebracht werden durch Ausrufung einzelner Leitsätze zum Jahresmotto oder durch regelmäßige Selbst- oder auch Fremd-Evaluation des Leitbildes, die die Schulleitung nicht selber durchführt, aber aus dem Hintergrund steuert, u. a. indem sie Bereiche und Akteure der Evaluation bestimmt.

Auch Symbole können Führung aus dem Hintergrund bewirken, z. B. Schuluniformen oder Zertifikate (wie gesunde Schule) oder auch die Teilnahme an Wettbewerben.

2.4 Unsichtbare Präsenz der Schulleitung

So viele Formen und Finessen der Führung aus dem Hintergrund es geben mag, die Schulleitung verschwindet dabei nicht, schon gar nicht aus der Letztverantwortung. Sie ist allerdings nicht immer und auch nicht bei jeder Gelegenheit präsent. Sie arrangiert aus dem Hintergrund die Arbeitsstrukturen und Entscheidungssituationen so, dass gewissermaßen Handlungskorridore entstehen, in denen sich die Akteure frei, aber innerhalb von zuvor entwickelten und verinnerlichten Grenzen verbleibend bewegen. Solche Grenzen sind Satzungen, Geschäftsordnungen, Kooperationsnotwendigkeiten und -gebote oder auch Entwicklungspläne. Über diese Handlungsgrammatiken ist die Führung kontinuierlich präsent, aber nicht kontinuierlich sichtbar. Fast unverzichtbar ist in diesem Zusammenhang, dass die Führung Visionen oder Ideale vertritt, welche klar, verständlich, authentisch, realisierbar und menschlich sind, kurz: eine Führung, die begeistert.

2.5 Führen bei Unsicherheit

Führung von vorn, also mit eindeutigen und eins zu eins umsetzbaren Zielen, ist nicht zu perfektionieren und schon gar nicht zu garantieren. Wir leben in einer Welt mit unvermeidlicher Unsicherheit und unvorhersehbarer Zukunft; Management des Informellen und Unerwarteten ist gefragt (vgl. dazu Böhle 2012). Unsicherheit ist unvermeidlich. Unsicherheit ist also führungsrelevant und wird es immer mehr. Wir können Führung bei Unsicherheit also nicht umgehen, aber wir können lernen, mit ihr zu leben. Zumindest muss Führung aus unsicherer, aber vorstellbarer Zukunft konzipiert werden. Es muss in Alternativen geführt und für relevante Fälle ein Plan B in petto sein. Führung ist nicht Sache einer vorne stehenden Gallionsfigur, sondern Aufgabe eines Steuermanns, der die Richtung kennt und die Wege sucht, der zumeist hinten steht und von dort alle Untiefen und Stürme erkennt und entsprechend navigiert. Leading from Behind passt mithin eher zu starken als zu schwachen Führungspersonen.

2.6 Fazit

Führung aus dem Hintergrund ist zweifellos ambivalent: Es ist anfällig für Strippenzieherei, Kungelei und Verschleierung, aber andererseits auch eine nützliche und wirksame Angelegenheit. Sie unterstützt Lehrkräfte, die das Lernen intensivieren und die Erziehung vitalisieren wollen, sie fördert Selbstständigkeit, Eigenaktivität und Verantwortungsbewusstsein, sie unterstützt Personalentwicklung und partizipative wie kooperative Arbeitsformen und wenn sie gelingt, entlastet sie die Führungskräfte.

Führung aus dem Hintergrund, wie ich sie empfehle, ist also weder eine hinterhältige noch eine auf die leichte Schulter zu nehmende Angelegenheit. Führung aus dem Hintergrund ist vielmehr ein hochprofessionelles Konzept, das emotionale Agilität erfordert, Achtsamkeit für die Befindlichkeiten und Anliegen anderer und die Fähigkeit, die eigenen Vorschläge und Ideen ein Stück zurückzuhalten, um den Geführten, die selber auch zu Führungskräften werden, die Chance für eigene Überlegungen und Aktivitäten zu geben. Wenn dabei Fehler passieren, sollten sie als Lernchancen begriffen werden.

Wer keine Fehler machen will, kann sich nicht entwickeln. Das hat schon Aristoteles gewusst.

2.7 Literatur

Böhle, F., Bürgermeister, M. & Porschen, S. (2012) (Hrsg). Innovation durch Management des Informellen. Berlin: Springer/Gabler.

Miniter, R. (2012). Leading from Behind – The reluctant President and the advisors who decide for him. New York: St. Martins Press.

Mostar, H. (1960). Weltgeschichte ganz privat. Stuttgart: Goverts, 4. Auflage.

Anmerkung:

Dieser Beitrag stammt aus dem »journal für schulentwicklung«, H. 2, 2014

3. Salutogene Selbstführung – als Schulleitung arbeiten und gesund bleiben

MAJA DAMMANN

Der Gesundheitszustand von Lehrkräften ist schon länger Gegenstand der Forschung. In den letzten beiden Jahren gibt es nun auch aktuelle Untersuchungen zur gesundheitlichen Lage der Schulleitungen. Der vorliegende Artikel beschreibt die Belastungssituation und macht praktische Handlungsvorschläge, wie Schulleitungen selbst für sich und ihre Gesundheit sorgen können.

3.1 Forschungsergebnisse zur gesundheitlichen Belastungssituation von Schulleitungen

Dadaczynski (2012) kommt in seinem Aufsatz zur Gesundheit schulischer Führungskräfte zu dem Ergebnis, dass aufgrund der begrenzten Studienlage kaum valide Aussagen zur Gesundheit der Berufsgruppe der Schulleitungen möglich seien. Huber (2013) stellte auf dem Deutschen Schulleiterkongress im März 2013 seine noch unveröffentlichte Studie über Belastungsfaktoren von Schulleitungen dar. Danach empfanden sich 16 Prozent der Befragten als hoch belastet, 42 Prozent als mittel stark belastet und 42 Prozent als wenig belastet. Als besonders belastend wurden Organisation und Verwaltung empfunden, als wenig belastend Unterricht und Erziehung.

Ältere Untersuchungen heben hervor, dass es um die Gesundheit von Schulleitungen besser bestellt ist als um die Gesundheit von Lehrkräften (Harazd et al. 2009). Schulleitungen seien emotional seltener erschöpft und wiesen ein höheres Wohlbefinden auf als Lehrkräfte. Die Untersuchung von Warwas (2009) stellt einen Zusammenhang zwischen beruflichem Selbstverständnis und beruflichen Beanspruchungen her. Schulleitungen mit hohem Selbstanspruch im Bereich Leadership, Kollegialität und Verwaltung klagen über hohen Druck und zu seltene Erfolgsrückmeldungen. Schulleitungen, die sich demgegenüber nicht als Führungskraft, sondern eher als Teamleiter mit hohem Fokus auf Kollegialität verstehen, seien im Durchschnitt zufriedener. Angesichts des bundesweiten Wandels hin zur pädagogischen Führungskraft stimmen diese Ergebnisse nicht optimistisch für die Zukunft.

3.2 Belastungsfaktoren im Schulleitungsalltag

Gegenwärtig werden folgende Belastungsfaktoren im Schulleitungsalltag erkennbar:

Ständig wechselnde bildungspolitische Vorgaben

Aus diesem Umfeld stammt eine ganze Reihe von Belastungsfaktoren. In Zeiten des parteipolitischen Reformwettbewerbs im Feld der Schulpolitik ist das Tempo von Veränderungen rasant – und es steht im Widerspruch zum langsameren Tempo, das pädagogische Veränderungen benötigen, um solide an die jeweilige schulische Situation angepasst zu werden. Man kann direkt von einer Unvereinbarkeit von politischer und pädagogischer Zeit sprechen. Die Schulleitungen aber sitzen an der Scharnierstelle und müssen das hohe Tempo der politischen Vorgaben weitergeben, ggf. mit aller Kraft drosseln – eine Herkulesaufgabe. Dazu kommt, dass die zentralen Vorgaben eine hohe Inkonsistenz aufweisen, nach jeder Wahl ändert sich die Richtung (wenn nicht ein mehrjähriger parteiübergreifender Schulfriede vereinbart wurde, wie z. B. in Bremen und Nordrhein-Westfalen).

Zu den von Schulleitungen immer wieder beklagten hohen Stressoren gehört auch die Unklarheit hinsichtlich der schulischen Selbstverantwortung. Schulleitungen beklagen fehlende Klarheit hinsichtlich ihrer Entscheidungskompetenzen und möglicher Delegation. Nicht wenige erleben eine massive Zunahme von Regulierung im Kleinen und Kontrolle, aller Selbstverantwortlichkeit zum Trotz.

Stress bereitet Schulleitungen in vielen Bundesländern auch, dass die Rolle der Schulaufsicht zwischen hierarchischer Weisung und Beratung nicht geklärt ist. Rollenunklarheit auf beiden Seiten kostet Zeit und Nerven.

Wachsende Anforderungen an innerschulische Kommunikation

Die Fülle und Komplexität verordneter Veränderungen erhöht den Kommunikationsbedarf mit Mitarbeiterinnen und Mitarbeitern erheblich. Immer wieder müssen neue Sachverhalte dargestellt, nicht selten Widersprüchlichkeiten erläutert, Volten und Wendungen vermittelt werden. Auch hier geht es um eine belastende Scharnierstelle – längst nicht alle verordneten Veränderungen halten Schulleitungen für sinnvoll. Reformmüde Kollegien zu überzeugen kostet viel Kraft.

Dazu kommt gegenwärtig ein stark erhöhter Personalentwicklungsbedarf aufgrund der fehlenden Passung des Qualifikationsstands der Lehrkräfte für die neuen Lernformen und Erziehungsanforderungen. Hier sind Schulleitungen massiv gefordert.

Auch Eltern, die nicht nur durch die notorisch schlechten Schulleistungsergebnisse in Deutschland, sondern auch durch die Wirtschaftskrise tief verunsichert sind und die deshalb der schulischen Entwicklung ihrer Kinder eine immer existenziellere Bedeutung zumessen, zeigen häufig Unverständnis gegenüber manchen Neuerungen und fordern mehr als früher Zeit und Nerven von Schulleitungen. Nicht selten werden bildungspolitische Auseinandersetzungen auch in die Schulen hineingetragen, wie die Auseinandersetzung zwischen G 8 und G 9.

Neue Managementaufgaben

Immer mehr und neue Managementaufgaben werden auf die Schule übertragen – u. a. die Organisation des Ganztagsangebots, die Kooperation mit freien Trägern, die ausgehandelt wurden muss, die Auswahl von Honorarkräften und der Abschluss von Honorarverträgen, die Organisation der Mittagsversorgung mit allen damit verbundenen Fachfragen. Qualifizierung für diese anspruchsvollen Aufgaben: im Regelfall Fehlanzeige! Das belastet Schulleitungen erheblich.

Eine massive Arbeitsverdichtung für Schulleitungen durch die Verlagerung von Managementaufgaben an die Schule ist die Folge, denn ganz überwiegend erfolgt diese Verlagerung ohne entsprechende zusätzliche Zeitressource.

Individuelle Disposition der Schulleitung

Nicht zu unterschlagen ist hier aber auch, dass manche Stressoren ihre Ursache in der individuellen Disposition der jeweiligen Schulleitung haben. Im Coaching von Schuleiterinnen und Schulleitern tauchen folgende Erscheinungsformen häufiger auf:

Schulleitungen unterscheiden nicht oder nicht ausreichend zwischen Person und professioneller Rolle. Statt z. B. Kritik als legitimen Ausdruck der Unzufriedenheit von Mitarbeiterinnen und Mitarbeitern mit den Rahmenbedingungen oder auch mit dem Agieren der Schulleitung in diesen Rahmenbedingungen zu verstehen und einen reflexiven Abstand zu dieser Kritik zu halten, die es ermöglicht, sie sachlich weiter zu verfolgen, nehmen diese Schulleiterinnen und Schulleiter die Kritik als persönliche Vorhaltung wahr und reagieren auch persönlich, nämlich verstimmt, deprimiert, aggressiv, je nach persönlichen Mustern. Damit kann die Kritik nicht bearbeitet werden, die Konflikte wachsen.

Ein anderer persönlicher Stressor ist eine psycho-soziale Disposition zum Perfektionismus. Angesichts starker zeitlicher Belastung und häufig inkonsistenter Vorgaben ist die Wahrscheinlichkeit perfekter Ergebnisse gering. Wer diese anstrebt, erlebt ganz häufig selbst verursachte Misserfolge und Unzufriedenheit. Auch die Schwierigkeit, sich abzugrenzen und mal Nein zu sagen, stellt in Zeiten ständig wachsender Anforderungen einen bedeutenden Stressor dar.

Schließlich ist bei Schulleitungen nicht selten ein wenig effizientes Selbstmanagement anzutreffen. So wirkt sich der unreflektierte Umgang mit Störungen und Arbeitsunterbrechungen als erheblicher Stressor aus.

3.3 Salutogene Selbstführung

Im Folgenden soll nun aufgezeigt werden, was Schulleitungen tun können, um die geschilderten Stressoren einzudämmen.

Erster Lösungsansatz: Das eigene Kohärenzgefühl stärken

Schulleitungen bleiben dann gesund, wenn sie in ihrer Tätigkeit möglichst oft ein Kohärenzgefühl haben, eine allgemein positive Erwartungshaltung gegenüber dem, was zu tun ist (vgl. Antonovsky 1997). Sie entwickeln dieses Kohärenzgefühl, wenn sie

- die Dinge und Vorgänge in ihrem professionellen Umfeld verstehen und so ein Gefühl von Verstehbarkeit entsteht,
- das Gefühl haben, dass sie die Vorgänge bewältigen und
- den Vorgängen eine Bedeutsamkeit beimessen können.

Als Schulleiterin/als Schulleiter können Sie aktiv daran arbeiten, dass sich für Sie im beruflichen Kontext möglichst oft ein Kohärenzgefühl einstellt, indem Sie sich die relevanten Fragen immer wieder stellen, wenn Ihnen neue Vorgänge auf den Schreibtisch flattern (s. Checkliste »Kohärenzgefühl schaffen« im Abschnitt Praxishilfen des Jahrbuchs).

Sie werden sehen: Wenn Sie sich diese Fragen ein paar Mal gestellt haben, dann entwickelt sich daraus eine Routine – und Sie verbinden sich in Zukunft selbst leichter aktiv mit neuen Vorgängen, versuchen diese gründlich zu verstehen und zu hinterfragen, ihre Bedeutsamkeit auszuloten und sie für sich handhabbar zu machen. Die Vorgänge regieren nicht Sie – sondern Sie sind Akteur.

Zweiter Lösungsansatz: Strategisch denken

Mit strategischem Denken ist hier ein zielorientiertes ganzheitliches Vorgehen in der Schulentwicklung gemeint, ein langfristiger Plan, im Gegensatz zur kurzfristigen Taktik als Teil einer Strategie.

Eine Strategie setzt Schwerpunkte und zeigt, auf welche Art und Weise eine Aufgabenstellung zu erfüllen bzw. die Vision zu erreichen ist.

Wenn Sie strategisch denken, machen Sie sich ein Stück unabhängig von den wie zufällig auf Sie einprasselnden Vorgaben: Sie haben einen eigenen Kompass, eine eigene Seekarte und Sie steuern Ihr Schiff. Das reduziert den Stress von Beginn an: Sie als Experte für Ihre Schule verfolgen langfristige Ziele, mit der Schulöffentlichkeit abgestimmt – und haben damit eine solide Basis, von der aus Sie auf alles Unvorhergesehene reagieren können. Ihr schulisches Schiff und Sie selbst treiben nicht führungslos im Meer!

Was brauchen Sie, um fundiert strategisch zu agieren?

Zum einen ist strategisches Wissen über das Schulumfeld und über bildungspolitische Trends nötig. Wie entwickeln sich die Schülerzahlen in Ihrer Region? Wie ist die demografische Entwicklung in Ihrem Einzugsbereich? Welche Angebote können Sie machen, die attraktiv für Schülerinnen und Schüler sind?

Zum zweiten ist strategisches Wissen über die Leistungsfähigkeit Ihrer Schule erforderlich. Sie gewinnen dieses Wissen durch regelmäßige Selbstevaluation und systematische Auswertung externer Evaluationsquellen. Denn schließlich müssen Sie wissen, was Sie Ihrer Crew auf dem Törn zumuten können, was noch Herausforderung ist, was aber auch Überforderung sein könnte.

Zum dritten ist das Verständnis von Schulentwicklung als selbst gesteuertem Prozess wichtig, ein Verständnis, das immer wieder kommuniziert werden muss. Die Ziele der strategischen Entwicklung, die zugrunde liegenden Werte müssen in der Schule dauerhaft präsent sein.

Strategische Führung in diesem Sinne schafft Raum und Ruhe in der Schule durch gemeinsames Wissen.

Strategische Führung setzt zudem Prioritäten:

- für unsere strategische Ausrichtung: Welches Personal benötigen wir? Passen eventuell neue Vorhaben mit der selbst verantworteten Schulentwicklung überein? Wenn nicht, wie können wir sie passend machen?
- mit unseren Zielen vor Augen: Was kann ich/was können wir lassen, weil es uns im Sinne unserer Orientierung nicht weiterführt? Wer kann uns auf unserem Weg unterstützen?

Strategische Führung hilft, den Schulleitungsalltag zu »entstressen«: Schulleitung ist gut informiert und aufgestellt, hat einen roten Faden und damit immer wieder Entscheidungshilfen.

Dritter Lösungsansatz: Reflexionsroutinen schaffen

Jetzt wird es persönlich. Salutogene Selbstführung heißt auch: am eigenen Arbeitsstil ansetzen.

Führungskräfte werden herausgehoben besoldet – nicht, damit sie den Kollegen die Arbeit abnehmen, Schlüssel verwalten oder für Kaffee sorgen: Sie werden fürs Nachdenken bezahlt – und dafür gilt es Raum zu schaffen.

Wenn man Schulleitungen zu Stressoren befragt, dann nennen sie immer wieder den Erledigungsdruck – zu viele Tätigkeiten prasseln auf sie ein, sie sind abends wie gerädert, haben während des Tages kaum das Büro verlassen, haben einfach nur versucht Dinge wegzuschaffen.

Salutogene Selbstführung heißt: Raus aus diesem Abarbeitungsmodus – und hinein in den Reflexionsmodus!

Je hektischer Ihr Alltag ist, je voller Ihr Schreibtisch – umso wichtiger ist es, dass Sie sich mehrfach am Tag Zeit nehmen, um einmal mit Abstand zu schauen: Machen Sie die richtigen Dinge in der richtigen Reihenfolge?

Je stärker Sie sich in Vorgängen verstricken, umso wichtiger ist die Frage: Haben Sie alle wichtigen Perspektiven auf den Vorgang berücksichtigt? Oder sind Sie schon im berühmten Tunnel, nur noch Ihre Wahrnehmung zählt?

Wenn Sie Schulentwicklung gestalten: Denken Sie wirklich komplexe dynamische Prozesse – oder verengt der Stress Ihr Denken auf Linearität?

Reflexionsroutinen zwischendurch, das könnte bedeuten: Aufstehen, herumgehen, mit Abstand auf das Bearbeitete schauen; bei Vorgängen regelhaft reflektieren, welche Akteure mit welchen vermuteten Perspektiven wohl beteiligt sein könnten; am Ende des Arbeitstages, am Ende der Woche auf Ihre persönliche Bilanz schauen: Was ist Ihnen warum und wie gut gelungen?

Reflexionsroutinen entstressen Ihren Alltag – und sie helfen zudem, Kurzschlüsse und Verengungen, Einseitigkeiten im Denken zu vermeiden.

Vierter Lösungsansatz: Zügiges Entscheiden

Aus Studien über die Lehrerpersönlichkeit wissen wir, dass die Entscheidungsfreude im pädagogischen Feld eher unterakzentuiert ist. Typisch sind eher kreis- oder gar spiralförmige Diskussionen, eher geringe Ziel- und Lösungsorientierung im Agieren. Vielleicht haben Sie diese Haltung aus Ihrer Zeit als Lehrkraft noch nicht gänzlich abgelegt? Eine einfache Probe: Wenn Sie sich entscheiden, in den Ferien eine Korrektur zu machen: Wie viel Zeit verlieren Sie dann damit, sich selbst zu bedauern (es sind ja schließlich Ferien!), aus dem Fenster zu schauen, vom Schreibtisch aufzuspringen und andere Dinge zu tun? Oder gehören Sie zu den Personen, die sich entscheiden und es dann durchziehen?

Schulleitungen neigen häufig dazu, Vorgänge, die entschieden werden müssten, »anzuarbeiten« und dann liegen zu lassen.

Wenn Sie Entscheidungen verschieben, ohne damit gezielt Zeit zu gewinnen, um noch eine andere Meinung einzuholen, sondern einfach, weil Sie sie noch ein wenig »ablagern« wollen, dann bedenken Sie: Verschieben bedeutet, dass Sie sich erneut hineindenken müssen, – das ist Zeitvergeudung. Wenn alle Informationen vorhanden sind: Entscheiden Sie!

So reduzieren Sie die Fülle der Vorgänge auf Ihrem Schreibtisch und reduzieren den Stress. Das Treffen von Entscheidungen reduziert die Komplexität im schulischen Alltag – für Ihre Mitarbeiterinnen und Mitarbeiter und für Sie!

Fünfter Lösungsansatz: Arbeitsphasen strukturieren

Der Schulleitungsalltag ist eine Aneinanderreihung von Unterbrechungen. Um den Stress im Alltag zu reduzieren, ist es wichtig, störungsfreie Arbeitszeiten zu setzen. Gerade weil der Anteil komplexer Managementaufgaben wie Erstellen von Statistiken, Lesen von juristischen Texten, Haushaltsplanung, Personalplanung mit IT-Tools zunimmt, benötigen Schulleitungen Zeit, um diese störungs- und damit fehlerfrei zu bearbeiten. In Zeiten der Ganztagsschule gibt es nicht mehr den störungs- und publikumsfreien Nachmittag für Schulleitungen. Schreibtischarbeit muss während der Schulzeit eingeplant werden und zwar zur sogenannten persönlichen Prime-Time. So nennen Chronobiologen die Zeiten, zu denen das Individuum geistig besonders leistungsfähig ist. Diese sind interindividuell sehr verschieden, deswegen müssen Sie sie für sich identifizieren und für Schreibtischarbeit reservieren. Argumentieren Sie offensiv in der Schulöffentlichkeit, wie wichtig diese ungestörten Arbeitsphasen für eine erfolgreiche Schulleitung sind!

Geplante Erreichbarkeit ist der Zwilling der störungsfreien Arbeitszeit. Natürlich misst die Schulöffentlichkeit die Qualität der Schulleitung auch und vor allem an ihrer Erreichbarkeit. Mit diesem Faktor gilt es offensiv umzugehen, ihn zu berücksichtigen und keinesfalls zu negieren. Wann sind Sie sicher im Haus? In welcher großen Pause sind Sie sicher im Lehrerzimmer? Wann erledigen Sie Routinearbeit und lassen die Zimmertür offen, als Signal für niedrigschwellige Zutrittsmöglichkeit?

Das geplante Umgehen mit Erreichbarkeit senkt den Stresspegel erheblich. Das Kollegium empfindet es als Wertschätzung, wenn es Ihre Zeitplanung kennt und die nervigen Situationen, in denen Ihnen quasi unangemeldet »aufgelauert« wird, nehmen ab.

Zur Strukturierung Ihrer Arbeitsphasen gehört eine weitere Grundregel effektiven Arbeitens: das Prinzip des einmaligen Anfassens von Vorgängen.

Gewöhnen Sie sich an, alle Vorgänge, die Sie angefangen haben, auch sofort zu beenden. Wenn das nicht möglich ist, weil noch Informationen fehlen oder Beteiligung erforderlich ist: Gewöhnen Sie sich an, den Bearbeitungsstand zu vermerken und für jeden Vorgang einen Aktendeckel anzulegen mit Titel (z. B. mit Klebezettel) bzw. sich in Ihrem PC entsprechende Marker zu setzen. Die unproduktive mehrfache Wiederaufnahme von Vorgängen gehört zu den größten Zeitfressern und Stressoren.

Sechster Lösungsansatz: Hinweise der Arbeitsmedizin beachten

Aus der Arbeitsmedizin (vgl. Abb. 1) gibt es eine Fülle sinnvoller Hinweise, wie Führungskräfte am Arbeitsplatz gesund bleiben können. Sie sind sehr einfach umzusetzen – wenn Sie sich dazu entscheiden!

Dazu gehört ausreichendes Trinken von Wasser und Säften und das Einnehmen kleiner ernährungsphysiologisch wertvoller Snacks – eine Provokation für die vorzugsweise Kaffee und Süßigkeiten konsumierende Schulleiterklientel!

Das systematische Einplanen kleiner Pausen für Bewegung oder aus dem Fenster schauen; die kurzzeitige Bewegung an frischer Luft (Tageslicht steuert ihre innere Uhr!) – all das ist jederzeit möglich und wird doch selten praktiziert.

Genauso wichtig: das regelhafte Abschließen der Tätigkeit – und Platz schaffen für Anderes: Sport, Chor, Lesen, Familie und Freunden Zeit schenken – die aktive Erholung spielt eine große Rolle. Viel Spaß bei der Umsetzung!

---

10 Tipps aus der Arbeitsmedizin

1. Ausreichend Flüssigkeit zu sich nehmen, ernährungsphysiologisch wertvolle Snacks mehrmals am Tag
2. Pausen systematisch einplanen
3. Entspannungsübungen systematisch einplanen
4. Abwechslung in den Tätigkeiten planen
5. Sich aktiv erholen, neue Ressourcen tanken
6. Sich aussprechen und erleichtern
7. Kompetent delegieren
8. Sich von nicht lösbaren Problemen distanzieren
9. Sachverhalte nicht zerreden, sondern offensiv bearbeiten und lösen
10. Soziale Unterstützung suchen

Abb. 1: Tipps aus der Arbeitsmedizin

Noch ein letzter Hinweis: Pausen entstehen nicht von allein, Zeit wird Ihnen von niemandem geschenkt. Bitte verankern Sie diese Phasen aktiv in Ihrer persönlichen Zeitplanung – in Ihrem Outlook steht z. B. jeden Tag um 13 Uhr: 30 Minuten Spaziergang. Auch regelmäßige private Termine stehen auf Ihrer dienstlichen Agenda – sonst mogelt sich doch wieder eine Elternratssitzung auf Ihren Chorabend.

3.4 Literatur

Croos-Müller, C. (2011).Kopf Hoch, Das kleine Überlebensbuch. München: Koesel.

Dadaczynski, K. (2012). Die Rolle der Schulleitung in der guten gesunden Schule. In Handbuch Lehrergesundheit, DAK-Gesundheit & Unfallkasse NRW (Hrsg.), Köln: Wolters Kluwer, S. 197–228.

Harazd, B., Gieseke, M. & Rolff, H.-G. (2009). Gesundheitsmanagement in der Schule. Köln: Wolters Kluwer.

Huber, S. G. (2013). Forschung zu Belastung und Beanspruchung von Schulleitung. In S. G. Huber (Hrsg.): Jahrbuch Schulleitung 2013. Köln: Wolters Kluwer, S. 222–240.

Warwas, J. (2009). Berufliches Selbstverständnis und Beanspruchung in der Schulleitung. Zeitschrift für Erziehungswissenschaften, 12, 475–498.

I.II Schulische Erziehung

1. Der Trainingsraum – Förderung des selbstbestimmten Handelns

Gabriele R. Winter

Das eigene Handeln verändern zu können setzt die Reflexion darüber voraus. Im Trainingsraum werden Schülerinnen und Schüler zu eigenverantwortlichem Handeln angeleitet, damit es ihnen besser gelingt, im Unterricht erfolgreich mitzuarbeiten. Das Konzept nimmt dabei Lehrkräfte und Schülerinnen und Schüler gleichermaßen in die Pflicht und setzt ein gemeinsames pädagogisches Verständnis voraus. Auch mit relativ geringen Ressourcen lässt sich das Programm an Schulen umsetzen und trägt letztlich dazu bei, das Schulklima insgesamt zu verbessern. Im folgenden Beitrag werden das Konzept des Trainingsraums und wichtige Erfahrungen aus dem Implementierungsprozess dargestellt.

1.1 Ein Bündnis für Erziehung

Gemeinsame Regeln und Werte sind die Grundvoraussetzungen für eine gute Schule. Lehrkräfte, Schülerinnen, Schüler und Eltern brauchen dazu ein Bündnis der Erziehung. Ziel dabei ist es, dass Kinder und Jugendliche ein Verantwortungsbewusstsein für sich und andere entwickeln und Kompetenzen erlangen, um sich in schwierigen Situationen angemessen verhalten zu können. In der Schule gestalten diesen Prozess Schülerinnen, Schüler und Lehrkräfte gleichermaßen. Sie haben Rechte, für deren Einhaltung sie sich einsetzen und engagieren müssen. Sie haben dabei aber auch die Pflicht, die Rechte des anderen zu akzeptieren.

Im Unterricht prallen dabei nicht selten die Ansprüche beider Seiten aufeinander. Schülerinnen und Schüler reagieren dann häufig mit Störungen. Emotionale Reaktionen der Lehrkraft, teilweise aus einer Ohnmacht heraus, führen meist zur Eskalation der Situation und beeinträchtigen letztlich die Qualität des Unterrichts für die gesamte Lerngruppe.

Das Trainingsraumprogramm, ursprünglich von Edward Ford, einem Sozialarbeiter in den USA, 1994 entwickelt, zeigt für Lehrkräfte, Schülerinnen und Schüler Strategien auf, in Konfliktsituationen innerhalb des Unterrichts angemessen und sachlich reagieren zu können. Lehrkräfte können sich dadurch in ihrer täglichen Unterrichtsarbeit entlasten, der Unterricht wird effektiver und Schülerinnen und Schüler entwickeln langfristig eine eigenverantwortliche Persönlichkeit. Das ist umso erfolgreicher, je besser es gelingt, Eltern bei dem Erziehungsprozess mit ins Boot zu holen.

1.2 Die Wahrnehmungskontrolltheorie als Ansatz des Modells

Dem Trainingsraummodell liegt unter anderem die Wahrnehmungskontrolltheorie von William Powers zugrunde. Das Verhalten einer Person ist danach nicht die Reaktion auf die Umwelt, sondern das Ergebnis von Impulsen zur subjektiven Veränderung der Umwelt, so dass sie den Bedürfnissen und Wünschen der Person entspricht. In der Klasse haben Lehrkräfte sowie Schülerinnen und Schüler oft unterschiedliche Ziele und Wünsche. Es muss dadurch zwangsläufig zu Störungen kommen, wenn es nicht gelingt, das eigene Verhalten durch Regelverpflichtungen und Verantwortungsbewusstsein zu steuern. Das Trainingsraumprogramm leistet dabei einen Beitrag, damit die Schülerinnen und Schüler ihre Entscheidungen bewusster treffen und sie Konsequenzen daraus abwägen können. Durch Druck verändert sich das Verhalten nur kurzfristig, der eigene Wille dagegen ist Voraussetzung für eine Nachhaltigkeit.

1.3 Drei Regeln braucht der Trainingsraum

Um mit dem Trainingsraumkonzept arbeiten zu können, braucht es nicht ein umfassendes Regelwerk, es basiert lediglich auf drei Grundregeln:

1. Jede Lehrerin/jeder Lehrer hat das Recht, ungestört zu unterrichten, und die Pflicht, für einen guten Unterricht zu sorgen.
2. Jede Schülerin/jeder Schüler hat das Recht, guten Unterricht zu bekommen, und die Pflicht, für einen störungsfreien Unterricht zu sorgen.
3. Alle müssen die Rechte der anderen akzeptieren und ihre Pflichten erfüllen.

Verabredet werden darüber hinaus maximal zehn gemeinsame Klassenregeln für ein erfolgreiches Zusammenarbeiten im Unterricht. Diese sollten jeweils für eine Schulstufe als verbindlich gelten und dem Entwicklungsstand der Schülerinnen und Schüler angepasst sein. In allen Unterrichtsräumen hängen diese gut sichtbar für alle aus.

Der Schüler entscheidet, ob er den Unterricht verlassen muss

Kommt es zu Unterrichtsstörungen, so spricht die Lehrkraft die Schülerin/ den Schüler auf sein Verhalten an. Mit der Frage »Was tust du gerade?« wird der Fokus auf das eigene Verhalten gelenkt. »Die anderen haben aber auch ...« oder »Der ... hat mir meinen Stift weggenommen.« und ähnliche Ablenkungsmanöver werden von der Lehrkraft nicht akzeptiert.

Die Schülerin/der Schüler wird nun gefragt, ob sie/er die Regeln kennt und welche Entscheidung sie/er treffen möchte. Sie/er kann den Unterrichtsraum verlassen und im Trainingsraum über ihr/sein Verhalten nachdenken oder ihr/sein Störverhalten aufgeben und in der Klasse bleiben.

Kommt es in der Unterrichtsstunde zu einer weiteren Störung, muss der Trainingsraum besucht werden. Dort wird zunächst zusammen mit der Trainerin/dem Trainer in einem Gespräch die Situation geklärt, die zum Verlassen des Unterrichtsraumes geführt hat. Dies stellt an die Trainingskraft hohe Anforderungen hinsichtlich ihrer Gesprächskompetenz. Wertungen und Stellungnahmen sind dabei nicht erlaubt. Oft sind die Schülerinnen und Schüler auch zu Beginn emotional sehr belastet, und es braucht Zeit, bevor eine Gesprächsbereitschaft besteht.

Reicht die Zeit zu einer Klärung in der Unterrichtsstunde nicht aus, so ist es sinnvoll, dass die Schülerin/der Schüler auch einen Teil der folgenden Stunde im Trainingsraum bleibt, um zu einer vollkommenen Klärung zu kommen.

Am Anfang des Gesprächs wird die Schülerin/der Schüler meist versuchen, bei den anderen Gründe zu finden, warum sie/er im Unterreicht stören musste. »Der Unterricht ist langweilig. Alle stören. Nur ich werde immer ermahnt.« Es geht aber um ihr/sein Verhalten in schwierigen Situationen, d. h. wie meistere ich den Unterricht, der langweilig ist, wie verhalte ich mich in einer Klasse, in der viele laut sind, warum werde ich ermahnt?

Nach der Situationsklärung werden gemeinsam Strategien überlegt, damit in einer ähnlichen Situation das Verhalten besser gelingt. Die Schülerin/der Schüler schreibt zum Schluss dazu einen Plan, in dem die Ergebnisse festgehalten sind. Diesen übergibt sie/er nach ihrer/seiner Rückkehr in den Unterricht der Lehrkraft, die mit einer Unterschrift erkennen lässt, ob sie den Plan so akzeptiert. Sie legt ihn anschließend in das Postfach des Trainingsraumes, damit er dort in der Dokumentation abgeheftet werden kann. Ein Exemplar des Planes behält die Schülerin/der Schüler.

Wie sieht es nun mit der Verpflichtung der Lehrerin/des Lehrers aus, einen guten Unterricht anzubieten?

Die Lehrkraft reflektiert ihren Unterricht

Die Lehrkraft geht mit dem Konzept explizit und »öffentlich« die Verpflichtung für einen guten Unterricht ein. Das wird meist in der ersten Euphorie darüber, nun endlich eine Möglichkeit zu haben, Störer im Unterricht loszuwerden, nicht gesehen. Auch in der dazu erschienenen Literatur wird darauf nicht eingegangen.

Es gehört zwar zu den vorrangigen Zielen des Modells, mit den wenigen Störern zu arbeiten, damit die anderen erfolgreich lernen können und die Lehrerin/der Lehrer dadurch entlastet wird, aber der Erfolg kommt nicht dadurch, dass man die unangenehmen Schülerinnen und Schüler loswird und die Verantwortung dafür abgibt.

In der Dokumentation des Trainingsraumes wird sehr schnell deutlich, aus welchen Lerngruppen häufig Schülerinnen und Schüler kommen. Das sind hochsensible Informationen für die Trainer. Durch den Trainingsraum wird schneller als sonst in der Schule deutlich, wo Hilfe und Unterstützung für Lehrkräfte im Unterricht notwendig ist. Im schlimmsten Fall kann dies so weit eskalieren, dass geäußert wird: »Bevor ich in Ihrem Unterricht bleibe, gehe ich lieber in den Trainingsraum«, wohl wissend, dass der häufige Besuch dort durchaus Konsequenzen und Maßnahmen nach sich zieht.

Aber die Schülerinnen und Schüler sehen auch sehr bewusst hier die Möglichkeit, dass ihnen zugehört und sie mit ihren Problemen wahrgenommen werden.

Wer und wann spricht also in diesen Fällen die Lehrkraft an? Wie sieht eine Unterstützung aus?

Deutlich daran wird, dass das Trainingsraumkonzept in einer Schule nicht isoliert sein kann. Ein vertrauensvoller Umgang miteinander und eine gute Feedbackkultur sowie Unterstützungsangebote in der pädagogischen Arbeit der Lehrkräfte gehören unbedingt dazu. Ist dies nicht gewährleistet, so werden Lehrkräfte sich zurückziehen und einigeln, die Probleme im Unterricht verschweigen und keine Schülerinnen und Schüler den Trainingsraum besuchen lassen.

1.4 Das Programm umsetzen: Eine Bestandsaufnahme machen

Der Trainingsraum passt in ein pädagogisches Schulkonzept, das sich aus vielen Bausteinen zusammensetzt und einen gemeinsamen Grundkonsens voraussetzt. Dazu gehören ein gut ausgebautes Konfliktbearbeitungsprogramm, z. B. Mediationsverfahren, eine Schlichtungsstelle oder Konfliktmoderatoren, wobei Schülerinnen, Schüler und Lehrkräfte gleichermaßen Verantwortung übernehmen. Verzahnt wird dies mit Unterstützungsangeboten für Lehrkräfte, Schülerinnen, Schüler und Eltern in Krisensituationen in Zusammenarbeit mit externen Beratungseinrichtungen. Daneben sind auf einander aufbauende, präventive Maßnahmen in allen Schulstufen Teil des pädagogischen Gesamtkonzeptes. Die Persönlichkeit stärken und eigenverantwortliches Handeln fördern gehört dabei zu den Leitgedanken, die im Schulprogramm verankert und durch Erziehungsvereinbarungen zwischen Eltern, Schülerinnen, Schülern und Lehrkräften besiegelt werden.

Mit welchem Baustein in der Entwicklung angefangen wird, ist letztlich nicht entscheidend. Je enger jedoch die Bausteine verknüpft sind, desto eher entwickelt sich daraus der gemeinsame Grundkonsens. Eine Auflistung aller bereits vorhandenen Projekte und Maßnahmen bringt Klarheit und macht deutlich, wo der größte Handlungsbedarf ist. Geeignet ist der Trainingsraum für die Jahrgangsstufen 5 bis 9, in denen durch den Umbruch in der Pubertät die Anzahl der schwierigen Schülerinnen und Schüler am höchsten ist.

1.5 Die Prüfung der vorhandenen Ressourcen

Idealerweise ist der Trainingsraum in allen Vormittagsstunden besetzt. Schulsozialarbeiter/-innen können diese Aufgabe übernehmen, aber auch pädagogisch geschulte externe Mitarbeiterinnen und Mitarbeiter sind dafür geeignet. Der Vorteil dabei ist, dass sie das Unterrichtsgeschehen aus der Distanz wahrnehmen und nicht im Kollegium als Lehrkraft verankert sind. Doch in den meisten Fällen ist dies in Schulen nicht leistbar. Es ist aber durchaus möglich, dass ein Team aus fünf bis sechs Lehrkräften die stundenweise Betreuung des Trainingsraumes übernimmt.

Die Arbeit der Trainer erfordert Qualifikationen

Voraussetzungen für eine erfolgreiche Arbeit sind eine Grundausbildung in Gesprächsführung und regelmäßige Reflexionssitzungen sowie ein Supervisionsangebot für das Team bzw. zumindest kollegiale Fallberatung, da die Tätigkeit als Trainerin/Trainer und Lehrkraft schnell zu Rollenkonflikten führen kann.

Ob Schulleitungsmitglieder ebenfalls dem Trainerteam angehören können, hängt von dem Verhältnis der Schulleitung zum Kollegium ab. Erfahrungen zeigen, dass die mittlere Führungsebene dort durchaus mitarbeiten kann und auch akzeptiert wird, wenn der wertschätzende Umgang in der Schule zu den Grundregeln gehört. Die im Trainingsraum gearbeiteten Stunden werden 1 : 1 auf die Stundenverpflichtung angerechnet, dadurch wird die hohe Priorität des Konzeptes betont; dies verlangt aber einen Konsens im Kollegium, da dann an anderer Stelle vielleicht Abstriche gemacht werden müssen.

Es empfiehlt sich, zunächst die Stunden im Trainingsraum zu besetzen, die besonders hohes Konfliktpotenzial beinhalten. Das sind erfahrungsgemäß Montag und Freitag sowie jeweils die fünfte und sechste Stunde.

Anforderungen an den Raum

In den Schulen fehlt es meist an geeigneten Räumen. Wichtig ist jedoch, dass der Raum nur als Trainingsraum genutzt wird. In den Köpfen der Schülerinnen und Schüler verbindet sich mit dem Raum das Trainingsprogramm, und es sollte nur das sein. Eine Doppelnutzung auch für andere Projekte stört diese Identifikation erheblich. 15 bis 20 Quadratmeter sind als Größe ausreichend. Zur Ausstattung gehört möglichst ein runder Tisch mit Stühlen, der eine offene

Gesprächsatmosphäre ermöglicht. Die Pläne können von den Schülerinnen und Schülern per Hand mit Durchschlag geschrieben werden.

Wenn finanzielle Mittel vorhanden sind, ist ein Kopierer hilfreich. Die Ausstattung mit PC und Drucker ist insgesamt komfortabler, aber nicht zwingend erforderlich. Für die Aufbewahrung der Dokumentation wird aber unbedingt ein verschließbarer Schrank benötigt. Die Regeln des Trainingsraumes hängen als Plakat im Raum.

Sinnvoll ist es, ein bis zwei Einzelarbeitsplätze in einer abtrennbaren Ecke einzurichten, wenn mehrere Schülerinnen und Schüler gleichzeitig im Trainingsraum arbeiten, was erfahrungsgemäß aber selten der Fall ist.

Den Trainingsraum finanzieren: Prioritäten setzen

Die Besetzung des Trainingsraums in allen Unterrichtsstunden kann durch Lehrkräfte abgedeckt werden, aber auch durch externe Mitarbeiterinnen und Mitarbeiter, die mit einem Honorar vergütet werden. Die Bereitstellung der dafür notwendigen finanziellen Mittel verlangt etwas Kreativität. Wenn die Schule jedoch ihre Priorität in das Trainingsraumprogramm setzt und die Überzeugungsarbeit für seinen Nutzen offensiv geleistet wird, ist die Verwendung von finanziellen Mitteln für das Programm unproblematisch. Es sind dabei auch Kooperationen mit externen Beratungseinrichtungen zum gegenseitigen Nutzen denkbar.

1.6 Die Organisation und Durchführung

Wenn im Trainerteam gearbeitet wird, verlangt dies eine enge Koordination der Arbeit, d. h. die Verantwortlichkeiten für die Bearbeitung der Fälle muss eindeutig geklärt sein.

Mit einem Tagesprotokoll, das in einer Mappe im Trainingsraum ausliegt, kann jedes Teammitglied schnell die aktuelle Situation erfassen. Dort werden auch die Pläne der Schülerinnen und Schüler namentlich abgeheftet. In gemeinsamen regelmäßigen Reflexionssitzungen werden die aktuellen Ereignisse besprochen und gemeinsam über weitere Maßnahmen beraten. Dazu gehören Elterngespräche, Klassenkonferenzen oder die Beantragung von Erziehungshilfe in besonders schwierigen Fällen.

Schülerinnen und Schüler, die in den Trainingsraum kommen, bringen eine kurze Mitteilung aus dem Unterricht mit. Sie dient der Trainerin/dem Trainer als Vorinformation. Dazu gibt es vorgefertigte Formulare, um die Lehrkraft zu entlasten und den Unterrichtsfluss der übrigen Lerngruppe nicht durch langes Schreiben der Mitteilung zu stören. Rückinformationen an die Lehrkraft werden ebenfalls mit einem Formular geregelt, das die Schülerin/der Schüler bei der Rückkehr in den Unterricht mitnimmt.

In einigen Fällen kann es passieren, dass sich die Schülerin/der Schüler weigert, in den Trainingsraum zu gehen. Sie oder ihn dann im Unterricht abzuholen, ist kontraproduktiv. Es erfolgt stattdessen eine Mitteilung an die Eltern über den Vorfall und in einem gemeinsamen Gespräch mit den Eltern und der/dem Schülerin/Schüler wird eine Klärung herbeigeführt. Ebenfalls werden die Eltern darüber informiert, wenn sich die Besuche im Trainingsraum in kurzer Zeit häufen. Der Kontakt und die Zusammenarbeit mit den Eltern sind dann für eine Verbesserung der Situation besonders wichtig. Nach dem amerikanischen Modell müssen Schülerinnen und Schüler nach dreimaligem Besuch von den Eltern in der Schule abgeholt werden. Das scheitert aber meist an der Realität, weil gerade auffällige Schülerinnen und Schüler oft in schwierigen häuslichen Situationen leben und die Eltern dies gar nicht leisten können.

1.7 Transparenz als Garant für einen dauerhaften Erfolg

Die Informationen, die in dem Trainingsraum über Schülerinnen, Schüler und Lehrkräfte gesammelt werden, sind sensibel und können Ängste besonders bei den Lehrkräften auslösen. Daher ist es unbedingt erforderlich, alle Betroffenen gleich von Anfang an in die Lösung mit einzubeziehen und ausreichend zu informieren.

Vor der Einrichtung eines Trainingsraumes an der Schule müssen alle Entscheidungsgremien ausführlich über das Konzept informiert werden. Sinnvoll ist es außerdem, eine Beschlussfassung herbeizuführen. Das kostet Zeit, aber eine unzureichende Mitbestimmung rächt sich spätestens in der Praxis, wenn z. B. Gerüchte in der Elternschaft über die zwangsweise Einweisung ihrer Kinder in den Trainingsraum kursieren und die Presse dies willig aufgreift.

Die Ausbildung der Trainerinnen und Trainer und die sorgfältige inhaltliche Vorbereitung, eventuell auch mit einem Pädagogischen Tag, dauert ungefähr ein halbes Jahr.

Information und Kommunikation verankern das Modell in den Köpfen

Regelmäßige Informationen über die Arbeit im Trainingsraum helfen, die pädagogischen Grundsätze bei allen zu festigen. Eine anfängliche mehrheitliche Zustimmung bedeutet noch lange nicht, dass das Programm auch gelebt wird. Die Reflexionssitzungen der Trainerinnen und Trainer werden am Konferenzbrett angekündigt und enthalten immer einen öffentlichen Teil, an dem jede interessierte Lehrkraft, aber auch Eltern, Schülerinnen und Schüler teilnehmen können.

Schulzeitungen, die Homepage und die regionale Presse bieten darüber hinaus die Möglichkeit, das Modell auf eine breite Plattform zu stellen. Für neue Schülerinnen, Schüler und Eltern gibt es ein Informationsschreiben über die Arbeit im Trainingsraum und in Elternbeiratssitzungen sowie in Schülervertretungsstunden wird dazu Aufklärungsarbeit geleistet.

1.8 Die Schulleitung koordiniert und unterstützt

Wie in jedem Entwicklungsvorhaben der Schule nimmt die Schulleitung eine Schlüsselrolle bei der Implementierung ein. Ohne eine Gesamtkoordination hat das Vorhaben wenig Erfolgschancen. Die Reflexionssitzungen der Trainerinnen und Trainer z. B. können durch die Schulleitung gesteuert werden. Dies ermöglicht eine regelmäßige Information über den Stand der Arbeit, gibt Einblick in die Situation schwieriger Schülerinnen und Schüler an der Schule und bringt frühzeitig Kenntnisse über Probleme im Unterricht einzelner Lehrkräfte, sodass eine schnelle Unterstützung möglich ist. Voraussetzung dafür ist allerdings eine vertrauensvolle Zusammenarbeit aller. Sichergestellt muss auf jeden Fall sein, dass der Trainingsraum ein datengeschützter Raum bleibt.

Das in dem Beitrag dargestellte Trainingsraumprogramm wurde an unserer Schule nach zwei Jahren evaluiert. Daraus ging hervor, dass ein Drittel der Schülerinnen und Schüler nur einmal den Trainingsraum besucht hat und danach im Unterricht nicht mehr auffällig war. Für ein weiteres Drittel mussten nach mehreren Besuchen weitere Maßnahmen und Unterstützung gegeben werden.

Das letzte Drittel waren Schülerinnen und Schüler, die bereits durch Gutachten festgestellte Erziehungshilfe bekamen und schon gesonderte Fördermaßnahmen besuchten. Die dort zur Verfügung gestellten Ressourcen waren jedoch bei weitem nicht ausreichend, um eine Verbesserung des Verhaltens erzielen zu können, und es kam trotzdem oft zu massiven Unterrichtsstörungen. Für diese Schülerinnen und Schüler wurde daraufhin beschlossen, dass sie stunden- und auch tageweise mit festen Arbeitsaufträgen im Trainingsraum arbeiten können. Darüber wird immer zunächst in einer Klassenkonferenz abgestimmt und mit den Eltern das Verfahren geklärt.

Die laufende Kontrolle der Tagesprotokolle durch die Trainerinnen, Trainer und auch durch die Schulleitung beugt Missbrauch vor. Mit ganzen Schülergruppen sollte nur im Notfall im Trainingsraum gearbeitet werden. Auf keinen Fall ist der Trainingsraum Aufbewahrungsort für Schülerinnen und Schüler, die ohne Arbeitsmaterialien oder Sportkleidung in die Schule kommen.

Eine immer wiederkehrende umfassende Information für alle Schülerinnen und Schüler über die Ziele und Verfahren des Trainingsraumes in Klassenlehrerstunden – das schließt auch ein Kennenlernen des Raumes für neue Schülerinnen und Schüler ein – ist zwingend notwendig, wenn das Programm längerfristig zu Äderungen des Verhaltens führen soll. Nach anfänglichem Misstrauen der Lehrkräfte gegenüber den Gesprächen im Trainingsraum wird das Programm als Entlastung der Unterrichtssituation positiv bewertet und hat den Austausch über schwierige Schülerinnen und Schüler verbessert, so dass schneller Hilfsmaßnahmen ergriffen werden können.

1.9 Literatur

Simon, E. (2013). Die Trainingsraum-Methode. Weinheim: Beltz.

2. Konfliktmanagement und Mediation als Basis einer präventiven Schulkultur

Susann Bongers

An Schulen vergeht kein Tag ohne Konflikte. Landen sie bei der Schulleitung, ist bereits eine Eskalationsstufe erreicht, die das niederschwellige Lösen schwierig macht. Im Folgenden wird aufgezeigt, wie eine Schule durch den aktiven Einbezug aller Beteiligten systematisch ein Konfliktmanagement in die Schulkultur integrieren kann. Es wird ein Konzept dargestellt, wie mediative Kompetenzen an Schulen, insbesondere weiterführenden Schulen, gefördert werden können. Das Konzept kann an die jeweilige Situation und Schulform angepasst und ins Schulprogramm integriert werden. Zunächst wird dargelegt und erläutert, wie ein mediatives Verfahren funktioniert.

2.1 Schulen und ihre Konfliktfelder

An vielen Schulen in der Schweiz, Österreich und Deutschland ist konstruktives Streiten und Konfliktlösen seit längerem ein Thema und wird erfolgreich praktiziert. Walker (2001) beispielsweise beschreibt, wie im Raum Berlin Mediation und Peer-Mediation umgesetzt wird. Auch das Bensberger Mediationsmodell wird an vielen Schulen aller Stufen gelehrt und gelebt, vor allem in Nordrhein-Westfalen. Basierend auf diesen wertvollen Erfahrungen und Praktiken soll an dieser Stelle vor allem für Schulleitungen aufgezeigt werden, wie eine bewusst gelebte Schulkultur in die übrigen Managementprozesse integriert und wie darauf aufgebaut werden kann.

Konfliktfeld Schülerinnen und Schüler – Lehrpersonen – Eltern

Schulen sind Systeme mit einem starken Machtgefälle. Die Schülerinnen und Schüler müssen gewisse Normen erfüllen, die sich einerseits auf die schulischen Leistungen, andererseits aber auf ihr Verhalten und damit auch auf ihre Persönlichkeit beziehen. Sie müssen sich in eine Gruppe einfügen, die von verschiedenen Lehrpersonen unterschiedlich geführt wird. Im Hintergrund beeinflussen die Eltern die jeweiligen Erwartungen sowohl im Bereich der Leistung als auch im Bereich der Integration in das System Schule. Oft liegen die Zielsetzungen und Werte in Elternhaus und Schule sehr weit auseinander und das Verhalten der Jugendlichen ist ebenso diskrepant. Es kann sein, dass Jugendliche, die zu Hause sehr unauffällig sind, in der Schule zu den ›Problemfällen‹ gehören und umgekehrt. Mit der Diskrepanz zwischen den Vorstellungen der Schule und des Elternhauses schwinden die Einflussmöglichkeiten auf die Jugendlichen. Klaffen die Werte auseinander, ist eine Zusammenarbeit schwierig.

Der Fokus der Jugendlichen ist vor allem während der Pubertät auf die Peergroup gerichtet. Ihr Selbstfindungsprozess findet in diesen Kreisen und Räumen statt und ist mit zahlreichen inneren und äußeren Konflikten verbunden. Konflikte sind ein integraler Bestandteil der Selbstfindung.

Die Lehrpersonen, welche mit den Jugendlichen in Kontakt sind, haben einen klaren Leistungsauftrag. Sie sind Individuen, die sich mit ihrem Beruf identifizieren und die ihre Wertvorstellungen in das Klassenzimmer einfließen lassen. Die Jugendlichen sind dadurch oft mit sehr verschiedenen Persönlichkeiten und Vorgehensweisen konfrontiert. Das kann man zwar als Lebensschule betrachten – in einer persönlichen Krise (und als solche lässt sich die Pubertät bezeichnen) schafft es allerdings Desorientierung. Hinzu kommt, dass die Schülerinnen und Schüler erfolgreich sein müssen. Vor allem im Gymnasium wird das Verhalten gerne auch an die schulische Leistung der Jugendlichen gekoppelt. Gerade in Ländern wie die Schweiz, die eine sehr niedrige Maturaquote und den mit der Maturität verbundenen prüfungsfreien Hochschulzugang (ca. 22%, in manchen Kantonen weit weniger) aufweisen, wird diese ›elitäre‹ Haltung gestützt.

Durch das beschriebene Machtgefälle werden Konflikte ausgelöst, die bei den Jugendlichen zu Opposition führen können. Die Lehrpersonen verstärken den Konflikt, indem sie auf der eigenen Machtposition beharren. So entsteht ein Teufelskreis, zu dem die Eltern manchmal verstärkend, manchmal auch entlastend beitragen.

Konfliktfeld Lehrperson – Lehrperson

Die oben beschriebene, besonders im Gymnasium auslebbare Individualität der Fachlehrpersonen kann zu Diskrepanzen mit anderen Lehrpersonen führen. Auch wenn Teamarbeit an Schulen gefördert wird, verstehen sich Lehrpersonen aufgrund ihrer zumindest zeitweise alleinigen Zuständigkeit für die Klasse als Einzelkämpfer. Die Diskrepanzen werden in der Konfliktdynamik mit persönlichen und interpersönlichen Konflikten verstärkt. Oft geht es in diesen Konflikten an der Oberfläche darum, wie man das Klassenzimmer verlässt, wie unterrichtet wird, welche Anforderungen gestellt werden etc. Innerhalb der Fachschaften spielen fachliche und didaktische Fragen eine Rolle. Dahinter stehen die Interessen und pädagogischen Haltungen, die besonders an öffentlichen Schulen weit auseinander klaffen.

Konfliktfeld Lehrpersonen – Schulleitung

Nicht nur externe Berater, auch Schulleitungen empfinden die Organisation Schule als ein anspruchsvolles und auch anspruchsvoll zu führendes System, das im Schraubstock der verschiedenen Ansprüche der an Schule Beteiligten und ihres Umfeldes steckt. In Schulen gibt es im Gegensatz zur Privatwirtschaft kaum

›echte‹ Teams, die sich dadurch kennzeichnen, dass sie an einem gemeinsamen Produkt bzw. Ziel arbeiten und sich dafür gegenseitig zuarbeiten. An Schulen gibt es vor allem themenorientierte Arbeitsgruppen, deren Resultate noch von anderen begutachtet und umgesetzt werden müssen. Ein weiteres Konfliktfeld liegt in der Tatsache, dass die Vorgesetzten der Lehrpersonen nicht direkt mit ihnen zusammenarbeiten (mit Ausnahme der Arbeitsgruppen) und sich Schulleitungen manche Information nur indirekt, über andere Wege, beschaffen müssen, was bei den Lehrpersonen als ›Spionage‹ bzw. Grenzüberschreitung wahrgenommen werden kann.

Andererseits kann man sich in vielen Fällen gut aus dem Weg gehen, was dazu führen kann, dass Konflikte verschleppt oder kalt ausgetragen werden und das darin liegende Entwicklungspotenzial nicht ausgeschöpft wird.

Konfliktfeld Öffentlichkeit und Behörden

Auch hier steckt viel Konfliktpotenzial, Einflüsse aus diesem Raum können Konflikte evozieren oder schwelende Konflikte zum Vorschein bringen. Die Zusammenarbeit zwischen Schulleitung und Ämtern ist durch die verschiedenen Anspruchsfelder und Sichtweisen in der Regel erschwert. Die Schulleitungen befinden sich in einer Sandwichposition – sie müssen einerseits für das Wohl der Schule sorgen und andererseits den Anforderungen der Öffentlichkeit und der Behörden genügen und deren Vorgaben erfüllen. Nicht immer sind diese beiden Felder kongruent.

Und dennoch gibt es viele Beispiele von Schulen, die einen Turnaround geschafft und eine Schulkultur entwickelt haben, in der jedes Individuum in seinen Bedürfnissen ernst genommen und respektiert wird – eine wichtige Grundlage für mediative Verfahren, wie ich im Folgenden aufzeigen werde.

2.2 Konfliktlösung und Konfliktlösekompetenzen

Ein großer Teil der Konflikte an Schulen wird niederschwellig und erfolgreich durch die Schülerinnen und Schüler selber, die Lehrpersonen, die Eltern oder bei höher eskalierten Konflikten durch die Schulleitung gelöst. Das ist ein Aspekt, der nicht unbeachtet bleiben sollte. Für nicht sofort lösbare Probleme und Konflikte haben Schulen in der Regel Beratungsunterstützung zur Seite, beispielsweise von den schulpsychologischen Diensten, der Schulsozialarbeit und Vertrauenslehrpersonen.

Diese Dienste stehen der Schülerschaft und den Eltern zur Verfügung. Sie werden unter Umständen auch genutzt, ohne dass die Schule davon erfährt. Treten größere Konfliktsituationen auf und verweist die Schule auf die Beratungsdienste, so stellt sich jedoch nicht selten heraus, dass trotz mehrfacher Anläufe der Konfliktbearbeitung das Problem sich nicht gelöst hat. Meistens handelt es sich um persönliche/familiäre Probleme, die sich in Konfliktsituationen in der Schule äußern. Viele Schulen kooperieren in diesen Fällen mit privaten Psychologen, Laufbahnberatern und manchmal auch mit Mediatoren.

Die meisten Schulen verfügen über eine Abmachung bzw. Vorgabe, wer in welchen Konfliktsituationen angesprochen werden kann. Diese Abmachungen sind zum Teil Bestandteil des Leitbilds bzw. basieren darauf. Es besteht eine Kaskade von Ansprechpersonen, die im Konfliktfall durchlaufen werden muss oder sollte (vom direkt Betroffenen bis hin zur Schulleitung). Diese vorgegebene Kaskade bremst die Konfliktlösung oft mehr, als sie zu einer Konfliktlösung beiträgt und viele geben nach den ersten Versuchen auf. Aus der Perspektive der Eltern oder der Schülerinnen und Schüler entsteht oftmals der Eindruck einer Konfliktvermeidungs- oder -abwälzungsstrategie. Ist die Lehrperson selber Teil des Konflikts, ist es schwierig, den Konflikt mit ihr zu lösen. Von den Jugendlichen und Kindern wird eine Konfliktlösekompetenz erwartet, die nirgends gelehrt und im schlimmsten Fall vom Lehrkörper bis hin zu Schulleitung nur in Ansätzen erfolgreich praktiziert wird. Zudem überfordert man Jugendliche (und auch Erwachsene) damit, in einer Machthierarchie die ersten Schritte der Konfliktlösung möglichst frühzeitig und vorausschauend zu tun. Häufig werden Konflikte erst zum Thema, wenn die Eskalation bereits fortgeschritten ist und von den Betroffenen alleine nicht mehr gelöst werden kann.

2.3 Was ist Mediation?

Mediation ist ein möglicher Weg, Konflikte zu lösen, aber nicht in jedem Fall der einzige und beste. Ziel der Mediation ist es, für alle Beteiligten eine Win-win-Situation zu schaffen. Keiner geht als Verlierer.

Mediation ist ein strukturiertes und freiwilliges Verfahren zur nachhaltigen Beilegung eines Konflikts. Die Konfliktparteien (Medianden) werden durch einen überparteilichen Mediator durch das Verfahren geleitet. Sie wollen zu einer gemeinsamen Vereinbarung gelangen, die ihren Interessen und Bedürfnissen entspricht. Der Mediator ist verantwortlich für den Prozess und die Medianden für den Inhalt.

Im Mediationsgespräch wird den Medianden mitgeteilt, dass die Mediation freiwillig ist und jederzeit, ohne Angabe von Gründen, abgebrochen werden kann.

Es gilt stets das Gebot der Verschwiegenheit. Der Mediator ist allparteilich (für den einen, als auch für den anderen). Er ist den Streitenden in gleichem Maß zugewandt. Verliert der Mediator seine Allparteilichkeit, muss die Mediation abgebrochen werden.

Der Mediationsprozess basiert auf fünf Phasen (Von Hertel 2008, S. 36 ff.).

Phasen der Mediation	
Phase 1: Den Auftrag klären	Die Mediationsregeln werden festgelegt. Weiterhin wird der Auftrag geklärt und die Liste der zu besprechenden Themen zusammengestellt.
Phase 2: Die Liste der Themen besprechen	Die Medianten tragen die Konfliktgeschichte nacheinander vor und beschreiben ihre Sicht der Dinge. In dieser Phase sorgt der Mediator dafür, dass sich die Kontrahenten zuhören und sich nicht gegenseitig anfeinden und beschuldigen.
Phase 3: Die Positionen auf dahinterliegende Interessen untersuchen	Diese Phase ist für das Gelingen der Mediation die wichtigste aller Phasen, aber auch die schwierigste. Es gilt die Anliegen und Bedürfnisse der Medianten hinter den Positionen zu erarbeiten:»Warum ist Ihnen das wichtig?«
Phase 4: Kreative Ideensuche	Hier ist Kreativität erforderlich, um Ideen in alle Richtungen zu entwickeln und nicht die Frage zu stellen, ob die Idee im Nachhinein durchführbar ist. Es dürfen Wünsche geäußert werden. Anschließend wird die Machbarkeit geprüft.
Phase 5: Abschlussvereinbarung	Aus dem Ideenpool wird eine Vereinbarung getroffen, an die sich beide Parteien halten. In der Regel wird dies schriftlich festgehalten und eine Frist zur Überprüfung der Einhaltung (Evaluationsgespräch) vereinbart. Sollte etwas nachzubessern sein oder sogar der Wunsch zur Fortsetzung der Mediation bestehen, ist auch dies möglich.

Abb. 1:   Phasen der Mediation

Die Darstellung der fünf Phasen in Abbildung 1 bietet nur einen groben Überblick über den Mediationsprozess. Eine klare Abtrennung der einzelnen Phasen ist in der Praxis häufig nicht möglich, da der Prozess lebt und im Besonderen die Phasen 2 und 3 zum Teil mehrmals durchlaufen werden. Gerade in diesen Phasen wird das Verständnis für den jeweils anderen gefördert und Vertrauen aufgebaut. Das Entwickeln von gemeinsamen Lösungsvorschlägen hat in der Regel eine hohe Akzeptanz bei den Parteien und ist die Basis für eine kraftvolle und nachhaltige Umsetzung. Durch die Schlussvereinbarung gewinnen beide Parteien an Selbstvertrauen, denn sie haben diesen schwierigen Prozess gemeinsam gemeistert und den Konflikt beigelegt. Die Kunst des Mediators liegt darin, nicht Teil des Konflikts zu werden und die Anliegen hinter den Positionen herauszuarbeiten. Selbst wenn die Mediation ohne Vereinbarung endet, verbessert sie das Miteinander der Konfliktparteien, weil innerhalb der Mediation jeder Mediant Einsicht in die Wahrnehmung des anderen erlangt hat.

2.4 Mediation an Schulen: einen mediativen Kulturwandel einleiten

Für Schulen gibt es verschiedene Möglichkeiten, Mediation einzusetzen:

- Ein externer Mediator wird im Konfliktfall geholt.
- Lehrpersonen (oder auch die Schulleitung) sind als Mediatoren ausgebildet.
- Schülerinnen und Schüler sind als Mediatoren (Konfliktlotsen) ausgebildet und machen eine sogenannte Peer-Mediation.

In Deutschland ist das Bensberger Konzept ›Mediation an Schulen‹ in den 90er-Jahren in Berlin und Nordrhein-Westfalen entstanden und hat sich über Hamburg, Hessen und Sachsen in der Bundesrepublik verbreitet (Rademacher 2013, S. 30). Das Bensberger Mediationsmodell zeigt, wie Mediation und Konfliktlösung an Schulen erfolgreich eingeführt werden kann.

Für viele Schülerinnen und Schüler ist die Ausbildung und die Arbeit als Streitschlichter eine wichtige schulische Zusatzqualifikation, die auch für ihre spätere Ausbildung und Berufspraxis nutzbar ist. Einige der Schlichter haben später ihre Erfahrungen in juristischen, sozialen und pädagogischen Bereichen anwenden können.

Betrachtet man Schule als lernende Organisation, so sollte ihr bewusst sein, dass das Umsetzen eines Konfliktmanagementsystems ein sich permanent weiterentwickelnder Prozess ist: Die Gemeinschaft Schule begibt sich auf einen Lernweg und alle können voneinander lernen. Dieser Kulturwandel braucht Zeit und die betroffenen Personengruppen müssen die nötigen Haltungen und Kompetenzen für diesen Wandel entwickeln. Auf diesen Lernprozess lege ich im Folgenden den Fokus. Es soll eine mediative Haltung an der gesamten Schule Fuß fassen können, die besagt: »Wir mögen Konflikte, da wir sie rechtzeitig angehen und nutzen, um besser zu werden!« und die zeigt, dass die Schule selbstbewusst mit Konflikten umgeht.

Die natürliche Reaktion auf Konflikte ist entweder Flucht, Aggression oder Lähmung. Doch es gibt auch alternative Verhaltensmöglichkeiten. Wieso nicht einmal die Dynamik eines Konfliktes offen legen? Das schafft Transparenz, Offenheit, Vertrauen, Augenhöhe und Respekt. Eine solche Lehrperson oder Schulleitung haut man nicht in die Pfanne. Diese innere Haltung ermöglicht den Jugendlichen, sich bewusst für eine Strategie zu entscheiden und Verantwortung für sich selbst zu übernehmen, mitsamt den Konsequenzen, die sich daraus ergeben. Im Folgenden werde ich die verschiedenen Ebenen beschreiben und Vorgehensweisen vorschlagen, wie Modelle einer mediativen Konfliktlösung etabliert werden können.

2.4.1 Mediationskompetenz auf der Ebene der Schulleitungen

Nachdem ich als Rektorin eines Schweizer Gymnasiums meine Mediationsausbildung begonnen hatte, wurde mir rasch klar, dass die mediative Kompetenz ein sehr wichtiges Tool in dem anspruchsvollen Berufsbild eines Schulleiters ist. Deswegen finde ich, dass jeder Schulleiter und jede Schulleiterin in seiner bzw. ihrer Ausbildung einen nicht unerheblichen Teil der Ausbildung dem Lösen von Konflikten widmen sollte, förderlich wäre es, einen spezielle Ausbildung/ CAS in dem Bereich zu absolvieren, idealerweise eine Mediationsausbildung. Zudem sind letztendlich die Schulleitungen der Motor und auch das Vorbild, wie Konflikte angegangen und als was sie zunächst betrachtet werden (dramatisierend, leugnend etc.). Sie sollten in letzter Instanz darum besorgt sein, dass Maßnahmen und Mittel für eine Mediation an Schulen bereit gestellt werden. Schließlich ist hierfür auch eine Bereitschaft der vorgesetzten Ämter nötig.

2.4.2 Mediationskompetenz auf der Ebene der Lehrpersonen

In der Lehrerausbildung ist Konfliktlösekompetenz ein wenig bis nicht berücksichtigter Teil der Ausbildung, auch wenn in den letzten Jahren das Angebot im Weiterbildungssektor deutlich gestiegen ist. Deswegen wäre es sinnvoll, das Thema Konfliktlösung zum Bestandteil der Ausbildung werden zu lassen bzw. umfangreichere Seminare (CAS) dafür zu entwickeln. Es könnten auch umfangreichere Programme für schulinterne Weiterbildungen entwickelt werden, die sich über einen längeren Zeitraum erstrecken.

Zunächst ist es aus meiner Erfahrung heraus wichtig, eine Gruppe von Verantwortlichen zu bilden, die das Projekt mitgestalten und vorantreiben. Für eine ›Schlichtungsstelle‹ bzw. ein Mediationsbüro in der Schule und das Weitertragen des Themas Mediation wäre es sinnvoll, wenn für eine Schule von ca. 50 Lehrpersonen zwei bis drei Lehrpersonen (die Kerngruppe) zu Mediatoren ausgebildet würden.

Diese Kerngruppe sollte auch über gewisse Kenntnisse in Projektmanagement, Organisationsentwicklung und Schulentwicklung verfügen. Sie ist in erster Instanz Ansprechpartner für alle Personen in der Schule, die mit einer Konfliktsituation konfrontiert sind. Die Mediatoren können auch diverse Weiterbildungskurse für das Kollegium und die Schülerschaft durchführen, beispielsweise in Zusammenarbeit mit Mediationstrainern. Lehrpersonen, die für dieses Mandat berufen werden, sollten eine hohe Konflikt- und Kommunikationskompetenz mitbringen, eine hohe Anerkennung im Kollegium, der Schülerschaft und der Schulleitung besitzen und in einem angemessenen Rahmen für diese Aufgabe freigestellt werden.

Das Kollegium sollte durch regelmäßige Weiterbildungen (schulintern) ein Grundwissen über Konfliktdynamiken und Lösungsmöglichkeiten sowie kommunikative Methoden erwerben, damit über Konflikte in einer wertfreien und wertschätzenden Haltung gesprochen werden kann und sich ein gewisser Grundkonsens dazu entwickelt.

Dies ist ein aufwändiger und zeitintensiver Prozess, der sich über mehrere Jahre erstrecken wird, dessen sollte man sich bewusst sein. Viele andere Schulentwicklungsthemen fordern ebenfalls Aufmerksamkeit und die Ressourcen sind begrenzt. Deswegen wäre es wichtig, Konfliktmanagement zu einem Teil des Qualitätsmanagements zu machen.

2.4.3 Mediationskompetenz auf der Ebene der Schülerinnen und Schüler

Mediation zwischen Gleichen wird auch Peer-Mediation genannt und funktioniert bei Jugendlichen besonders gut, da sie gerade in dieser Lebensphase das Bedürfnis haben, sich abzugrenzen von den für sie verantwortlichen Personen. Deswegen ist es für Schulen besonders förderlich, wenn die Schülerinnen und Schüler eine Mediations- bzw. Streitschlichtungskompetenz erwerben können. Viele Schulen, die zum Teil auch mit Gewalt konfrontiert sind, haben Streitschlichter bzw. sogenannte Peacemaker ausgebildet.

Ich habe aus meiner Zeit als Lehrerin und Schulleiterin Formen subtiler psychischer Gewalt gefunden, die tiefe seelische Verletzungen hervorrufen können und hervorgerufen haben. So ranken viele Konflikte in den Klassen um die Thematik ›Ausgrenzung‹ und die Frage, wer welche Maßstäbe in der Klasse setzt, ob eine Leistungs- oder Verweigerungskultur gilt etc.

Die Jugendlichen und oft auch ihre Lehrpersonen sind sich der Werte, welche eine Klassengemeinschaft vertritt, nicht bewusst. Die aktive Entwicklung einer gemeinsam gewählten Klassenkultur ist selten umgesetzt, in der Regel werden die Wertvorstellungen der Lehrpersonen/Schule vorgegeben und die Jugendlichen sehen sich dazu berufen, sie entweder zu sabotieren oder mitzutragen.

Sehr viele oft wenig bearbeitete Konflikte betreffen Klassen und einzelne Schülerinnen und Schüler mit Lehrpersonen. In solchen Fällen geht es lang, bis etwas passiert und meist werden solche Konfliktfälle per Machteingriff der Schulleitung gelöst.

Um die oben beschriebenen Konfliktsituationen nachhaltiger und effektiver lösen zu können, sollten die Schülerinnen und Schüler (bzw. ein Teil von ihnen) befähigt werden, ihre Konflikte untereinander bzw. mit anderen Gruppen der Schule frühzeitig und konstruktiv angehen zu können. Dies zeigt eine Breitenwirkung, die auf die Lehrpersonen und auch die Eltern ausstrahlt. Wichtig ist es allerdings auch hier, einen Teil der Schülerinnen und Schüler als Mediatoren auszubilden und ein gewisses Grundwissen über Konfliktdynamik und Konfliktlösung zu vermitteln. Beides muss kontinuierlich getan werden, da die Schülerinnen und Schüler nach einiger Zeit die Schule mit ihrem Know-how wieder verlassen. Der Aufbau des generellen Wissens sollte über die Schuljahre hinweg kontinuierlich erfolgen. Wichtig ist zudem, dass dies durch Lehrpersonen geschieht, die ein gutes Grundlagenwissen haben und auch durch externe Experten.

Aufbau eines Peer-Mediatoren-Pools

Der Aufbau eines solchen Pools ist zeitaufwändig und darüber hinaus sollten regelmäßig Inputs und Supervisionen mit den Lehrpersonen stattfinden.

Ein geeignetes Fenster hierfür wären die an fast allen Schulen stattfindenden Projektwochen. Auch wenn diese Ausbildung nicht in das Konzept der jeweiligen Sonderwochen passen sollte, wäre es wichtig, für die interessierten Schülerinnen und Schüler eine Ausnahme zu bilden, da sie für die Schule einen besonderen Dienst erbringen. Die Ausbildung sollte unbedingt durch externe Trainer erfolgen. Die weiteren Inputs und Supervisionen könnten in Form eines Freifachs belegt werden.

Die Gruppe wäre selbstverständlich altersdurchmischt.

Kontinuierlicher Aufbau einer Konfliktkompetenz für alle Schülerinnen und Schüler (Lehrplan)

Dies ist mit Sicherheit sowohl organisatorisch als auch in der Umsetzung das anspruchsvollste Vorhaben, hängt dies doch zum größten Teil von den Lehrpersonen, die in den Klassen unterrichten bzw. dort Klassenlehrer sind, ab.

Im deutschsprachigen Raum wird intensiv an kompetenzorientierten Lehrplänen gearbeitet (z. B. für die Volksschulen der Schweiz im Rahmen des Lehrplans 21), in welchem die Konfliktlösekompetenz auch zu den überfachlichen Kompetenzen gehört. Ingrid Rauner hat in einem Artikel in ›Spektrum der Mediation‹ dargelegt, dass Konfliktfähigkeit zu den basalen Kompetenzen gehört und in den Bildungsplänen für die Elementarstufe integriert ist (Rauner, S. 8 ff.). Aus meiner Sicht sollte das für alle Schulformen gelten. Es gibt Fächer, die sich für das Nachdenken über Konflikte hervorragend eignen, wie z. B. die literarischen Fächer (Deutsch, Fremdsprachen) und Geschichte. Hier können gewisse Grundlagen über Konfliktdynamik behandelt werden. Darüber hinaus sind sogenannte Klassenstunden, Klassenfahrten und Sonderwochen geeignete Gefäße, um die Konfliktkompetenz der Schülerinnen und Schüler zu stärken, sei es durch Inputs, sei es durch Rollenspiele.

2.4.4 Ebene der Eltern/Öffentlichkeit

Es ist für Schulen zunehmend wichtig, sich innovativ und positiv in den Medien und der Öffentlichkeit zu präsentieren. Das beginnt bei den wichtigsten Stakeholdern, den Eltern. Die sollten über das Projekt ›Mediation‹ gut informiert sein und es wäre sehr empfehlenswert, Elternkurse anzubieten, wie Konflikte auch im Elternhaus mediativ gelöst werden können. Hier könnten sogar die Schülerschaft bzw. die Peer-Mediatoren als Trainer eingesetzt werden. Das bezieht die Eltern in die schulische Erziehungsarbeit ein und macht sie zu Partnern. Es wäre auch zu empfehlen, mit Elternorganisationen zu kooperieren und diese Kurse evtl. gemeinsam anzubieten. Für die Lehrpersonen kann es ein sehr interessantes Projekt sein, mit den Eltern gemeinsam an Erziehungsfragen zu arbeiten. Hier spielen dann auch Elternräte eine zentrale Rolle. Sie sollten unbedingt in einer Planungsgruppe vertreten sein.

2.4.5 Zeitliche Strukturierung (Grobkonzept) – Aufbau

Beginnen sollte man zunächst im Herbst eines Schuljahres. Das Projekt sollte am Ende des Schuljahres so aufgegleist sein, dass im darauffolgenden Schuljahr das Mediationsbüro starten kann.

Eine Kerngruppe, bestehend aus Lehrpersonen, Vertretern des Schülerrats, der Schulleitung und Elternvertretern wird gebildet, um das Detailkonzept und die Informationsveranstaltungen zu konzipieren und durchzuführen. Folgendes Schema kann zugrundegelegt werden:

- Informationsveranstaltung für Lehrpersonen
  Konzept vorstellen, Lehrpersonen als Mediatoren auswählen, Weiterbildungen für alle und für einzelne Gruppen (Klassenlehrer) ankündigen, evtl. Q-Gruppen bilden
- Infos an Elternabenden
  Konzept Elternkurse vorstellen, Konzept allgemein besprechen
- Informationsveranstaltung für Schülerinnen und Schüler (mehrfach, auch über Klassenlehrer)
  Auswahl Peer-Mediatoren über Bewerbungsverfahren, Information über Konzept allgemein, Mediationsbüro
- Thementag durchführen zur Sensibilisierung für das Thema
- Beginn der Mediatoren-Ausbildung (für die Lehrkräfte evtl. früher)
- Pädagogischer Tag/SCHILF zum Thema für alle
- Weiterbildung intern für interessierte Lehrpersonen/Klassenlehrkräfte
- Einführung der verschiedenen Pflicht- und Wahlangebote in allen Jahrgängen gleichzeitig

2.5 Schlusswort

Das oben beschriebene Grobkonzept kann der jeweiligen Schule angeglichen und detailliert ausgearbeitet werden. Als Zeitraum vom Start der Kerngruppe bis zur Umsetzung bzw. dem Punkt, an dem das Konzept spürbar in der Schulkultur verankert ist, muss man mit ca. fünf Jahren rechnen. Aber auch wenn sich die

Schulkultur geändert hat und sich die mediative Haltung in allen Bereichen niederschlägt, müssen immer wieder Mittel bereit gestellt werden, nachfolgende Schülerinnen und Schüler und Lehrpersonen-Generationen zu schulen.

Die Ansätze eines solchen Modells stammen zwar aus Schulen, die dem Thema Gewalt Einhalt bieten wollten und sich in sozialen Brennpunkten befinden, allerdings bin ich überzeugt, dass ein souveräner Umgang mit Konflikten heute auch im Hinblick auf die sonstigen Herausforderungen im Alltag und in der Berufswelt dringend erforderlich ist. Kinder sollten bereits in den Kinderkrippen lernen, dass wir Situationen unterschiedlich wahrnehmen und bewerten und wie wir unsere Gefühle benennen und beschreiben können.

2.6 Literatur

Rademacher, G. (2013). Mediation in Hessen. In Mediation und Bildung, 2013.

Rauner, I. (2013). Mediation in Schule und Bildung. In Spektrum der Mediation, Ausgabe 49, 1. Quartal 2013.

Schwarz, G. (2010). Konfliktmanagement. Wiesbaden: Gabler.

Von Hertel, A. (2008). Professionelle Konfliktlösung – Führen mit Mediationskompetenz. Frankfurt/New York: Campus.

Walker, J. (Hrsg.) (2001). Mediation in der Schule. Konflikte lösen in der Sekundarstufe I. Berlin: Cornelsen.

I.III Lernen und Unterricht

1. Service-Learning: Wenn Schulen gesellschaftliches Engagement mit dem Unterricht verknüpfen

Ursula Huber

Service-Learning, auf deutsch »Lernen durch Engagement«, ist ein Lern- und Lehrkonzept aus Nordamerika. Es bietet eine praxisorientierte Möglichkeit, bildungspolitische und gesellschaftspolitische Ziele zukunftsweisend in der Unterrichts- und Schulentwicklung zusammenzuführen. Was heißt das konkret? Service-Learning umfasst eine Form projektorientierten Unterrichts, bei dem ein gesellschaftliches Engagement – ein Service – mit der Schulung fachlicher und überfachlicher Kompetenzen – dem Learning – verbunden wird. Service-Learning ist für alle Schulstufen geeignet, vom Kindergarten bis zur tertiären Ausbildung.

Drei schulische Beispiele zeigen die Vielseitigkeit von Service-Learning: Eine dritte Primarklasse übt sich im Lesen, gleichzeitig gestaltet sie Vorlese-Nachmittage für Kinder im Kindergarten. Eine fünfte Klasse vertieft ihre Computerkenntnisse und organisiert einen Computerkurs für Seniorinnen und Senioren. Eine Oberstufenklasse behandelt das Thema Biodiversität und baut eine Trockenmauer. »Das Erfreulichste am Service-Learning-Projekt war, dass wir das Projekt mit der ganzen Klasse machten und dass wir selber schrieben und auch telefonierten. Wir haben in Mathe viel dazu gelernt, auch im Deutsch. Es war kein Projekt, das nichts mit dem Lernen in der Schule zu tun hat!«[1] So bringt eine Mittelstufenschülerin Service-Learning auf den Punkt.

Service-Learning entstand in Nordamerika entlang der beiden Dimensionen Service und Learning. »Service« legt den Fokus auf demokratie-pädagogische Bildungsziele, das heißt, die zivilgesellschaftliche Verantwortung von Kindern und Jugendlichen soll geweckt und gefördert werden. Das »Learning« entwickelte sich auf der Suche nach effektiveren Unterrichtsmethoden und orientiert sich an konstruktivistischen und erfahrungsbasierten Lerntheorien (vgl. Seifert 2011, S. 22).

Die curriculare Anbindung ist denn auch das zentrale Merkmal, das Service-Learning vom sogenannten Community Service und von Sozialpraktika unterscheidet. Community Service beinhaltet einen gemeinnützigen Dienst in der

---

1 Sämtliche Zitate von Schülerinnen und Schülern sowie von Lehrpersonen stammen aus der Prozessevaluation der Pilotklassen des Schweizer Zentrums Service-Learning (Maurer et al. 2010) oder den Begleitfilmen, die zu den Service-Learning-Pilotprojekten erstellt wurden (aufgeschaltet unter www.servicelearning.ch).

Gemeinde, der Community, ist aber nicht direkt mit dem Unterrichtsstoff verbunden. Beim Sozialpraktikum stehen neben dem freiwilligen Engagement berufliche Aspekte im Vordergrund.

1.1 Service – das zivilgesellschaftliche Engagement

Die Zivilgesellschaft zielt darauf ab, herkömmliche Leistungssysteme zu ergänzen und zu verbessern. Als Praxisform gesellschaftlicher Selbstorganisation stehen Aktivitäten außerhalb des Staates oder der Wirtschaft im Vordergrund. Ohne die Zivilgesellschaft könnten moderne Demokratien kaum existieren. Es ist deshalb zentral, dass die Bürgerinnen und Bürger demokratischer Gesellschaften freiwillig tätig sind und sich der Gemeinschaft gegenüber verantwortlich fühlen. Nachwachsende Generationen müssen darin geschult werden, diese Verantwortung zu übernehmen und deren Bedeutung für die gesellschaftliche und politische Weiterentwicklung, für den sozialen und intergenerationellen Zusammenhalt und für die eigene Biografie zu kennen.

Das ist notwendiger denn je, wie eine deutsche Studie offenlegt. Demnach weisen Schülerinnen und Schüler erhebliche Wissensdefizite im Bereich ehrenamtliches/bürgerschaftliches Engagement auf (Aktive Bürgergesellschaft e. V. 2012, S. 2).

Trotzdem ist freiwilliges Engagement bei Jugendlichen gut verankert. In Deutschland waren von den 14- bis 24-Jährigen im Zeitraum von 1999 bis 2009 mehr als ein Drittel gemeinnützig tätig. Dieser Anteil blieb über die Jahre recht konstant (37% bzw. 35%) (Picot 2011, S. 6). In der Schweiz hingegen ist ihr Anteil in den letzten 10 Jahren gesunken, von 35% im Jahr 2004 auf 27% im Jahr 2013 (BFS, 2013). Es stellt sich allerdings die Frage, inwieweit veränderte, zum Beispiel punktuelle Engagement-Formen ihren Ausdruck in der Statistik finden und ob Jugendliche ihr Engagement auch als Freiwilligenarbeit einschätzen, insbesondere dann, wenn das freiwillige Engagement Lust und Spaß bedeutet.

Sicher aber ist, dass sich gemeinnützig tätige Jugendliche als Erwachsene eher freiwillig engagieren als Jugendliche, die in ihrer Kindheit und Jugendzeit keine Freiwilligenarbeit übernehmen. In einer Längsschnittstudie aus den USA beispielsweise wurden College-Studierende kurz nach ihrem Abschluss und neun Jahre später befragt. Es zeigt sich, dass 44 Prozent der Studierenden, die sich schon während des Studiums gemeinnützig betätigen, auch zum neun Jahre späteren Befragungszeitpunkt noch immer gemeinnützige Arbeit leisten. Hingegen sind von den Studierenden, die sich weder während des Studiums noch kurz danach gemeinnützig engagieren, nach neun Jahren nur 19 Prozent ehrenamtlich tätig (Astin, Sax & Avalos, 1999, zit. n. Lerner et al. 2007, S. 34).

Gemeinnützige Arbeit eröffnet zusätzliche Bildungschancen

Gemeinnützig tätige Jugendliche stammen eher aus bildungsnahen und einkommensstarken Familien (Reinders 2014, S. 153). Dies hat sich in vergangenen Jahren akzentuiert: 1999 betrug der Anteil engagierter Jugendlicher mit Hauptschulabschluss in Deutschland 35%, von den Jugendlichen mit Abitur oder Fachhochschulreife waren 40% freiwillig tätig, wie eine Spezialauswertung der deutschen Freiwilligen-Surveys belegt. Zehn Jahre später ist die Anzahl engagierter Jugendlicher aus der Hauptschule auf 19% gesunken, während die Jugendlichen mit hohem Bildungsstatus ihren Anteil sogar steigern konnten, nämlich auf 44% (Picot 2011, S. 19).

Gesellschaftliches Engagement eröffnet Jugendlichen zusätzliche Lern- und Bildungschancen, die sich ihnen im konventionellen Schulalltag nicht erschlossen hätten (Düx et al. 2008 in Hartnuss 2013, S. 70). Jugendliche profitieren also von gemeinnütziger Tätigkeit: Sie entwickeln ihre Persönlichkeit weiter, verbessern ihr Wissen, schulen ihre Kompetenzen und sammeln wichtige Kontakte und Erfahrungen für ihr späteres Berufsleben. Und sie erfahren sich als selbstwirksam.

Angesicht der ungleichen Beteiligung an gemeinnütziger Tätigkeit von Schülerinnen und Schülern der Hauptschule und des Gymnasiums droht allerdings eine Zementierung sozialer Ungleichheiten. (Hartnuss 2013, S. 73). Mit Methoden wie Service-Learning kann die Schule ausgleichend wirken, da hier sämtliche Jugendliche angesprochen werden können – im Gegensatz zur außerschulischen Jugendarbeit zum Beispiel. Das ist nicht nur für Jugendliche selbst zentral, sondern auch für die Weiterentwicklung der Zivilgesellschaft: Wer Jugendliche beim Einstieg in gemeinnützige Tätigkeiten unterstützen möchte, erreicht sie – zumindest in der Adoleszenz – nicht in erster Linie über die Eltern oder allenfalls die Geschwister, sondern vorrangig über die Gleichaltrigen, wie Reinders in seiner Studie »Jugend – Engagement – Politische Sozialisation« nachweist (Reinders 2014, S. 133).

Drei Motivbündel für gemeinnützige Arbeit

Speck et al. erkennen drei Motivbündel für gemeinnützige Tätigkeit von Jugendlichen: Gemeinwohlorientierung, Interessensorientierung (inhaltliche und auf den späteren Beruf bezogene) sowie Geselligkeitsorientierung (Spaß haben) (Speck 2013, S. 13). Reinders identifiziert altruistische Motive (z. B. Solidaritätsempfinden), Gestaltungsmotive (z. B. gesellschaftliche Mitgestaltung) und instrumentelle Motive (z. B. Selbstentfaltung, aber auch Karriereorientierung) (Reinders 2014, S. 54).

Die verschiedenen Motive für freiwilliges Engagement sind Hinweise auf die Variationsbreite gemeinnütziger Arbeit. Indes ist diese nicht naturgegeben, sondern nur »kulturwüchsig« zu erreichen. »Sie wird in einer komplexen Folge von Entwicklungs- und Bildungsphasen einzelner Menschen und ganzer Generationen jeweils wieder neu erzeugt und gesichert werden müssen« (Mader 2000 zit. n. Jakob 2011, S. 1). Die Erfahrungen zivilgesellschaftlicher Verantwortung und gemeinnützigen Engagements gehören deshalb zu den Grundlagen für das Demokratie-Lernen und die nachhaltige Weiterentwicklung der Gesellschaft.

1.2 Learning – die Verbindung mit dem Unterricht

Viele Schulen sind bereits gemeinnützig tätig, allerdings häufig mit Extra-Aufwand und ohne direkte Beziehung zum eigentlichen Unterrichtsstoff. So wird das Engagement für andere zu einer zusätzlichen Belastung, was die Schulen angesichts der komplexen Ansprüche oft überfordert. Dabei hätte der Einbezug zivilgesellschaftlichen Engagements[2] das Potenzial, viele Ansprüche einzulösen. Um bloß einige Stichworte zu nennen: Öffnung der Schule nach außen, Etablierung neuer interner und externer Kooperationsformen, Kompetenzorientierung, Inklusion, Begabungsförderung und Umgang mit Vielfalt, altersdurchmischtes Lernen und erfahrungsorientierte und ko-konstruktive Stoffbehandlung.

Eine produktive Verbindung von gesellschaftlichem Engagement und der Schule, wie sie das Lehr- und Lernkonzept Service-Learning vorsieht, gelingt aber nur, wenn beide Bereiche in einem ausgewogenen Verhältnis stehen. Sie glückt, wenn sowohl der Service (die gemeinnützige Tätigkeit) und das Learning (der Einbezug in die curricularen Anforderungen involvierter Fächer) gleich gewichtet sind. Um diese Qualität zu gewährleisten, müssen bestimmte Qualitätskriterien erfüllt sein.

1.3 Service-Learning – die Qualitätsstandards

Das Lehr- und Lernkonzept Service-Learning entstand dezentral, in unterschiedlichen Kontexten und auf der Basis verschiedener Intentionen. In einem langen Aushandlungsprozess entwickelten Fachpersonen aus der Praxis und der Forschung gemeinsam Standards für wirksames Service-Learning. Bereits 1989 wurden an einer Konferenz in Wingspread (USA) erste Prinzipien definiert, die eine gute Praxis der Verknüpfung von gemeinnützigem Engagement und dem schulischem Lernen gewährleisten (Whea 2007, S. 1). Diese Prinzipien wurden in der Folge auf der Basis von Forschungsergebnissen und Praxiserfahrungen mehrfach überarbeitet. Sie mündeten schließlich 2008 in acht evidenz-

---

2 Dabei geht es in diesem Zusammenhang um das Erlernen von gesellschaftlicher Verantwortung und das Erfahren der Bedeutung von gemeinnütziger Tätigkeit, verstanden als »(...) Handlungsanreiz, eigene Ressourcen zur Verfügung zu stellen, um den Zustand einer Person, einer Gruppe oder eines Objekts zu verbessern« (Reinders 2014, 19). Im Rahmen der Schule kann nicht von *freiwilliger* Arbeit gesprochen werden.

basierte und breit ausgehandelte Qualitätsstandards.[3] Zu den Standards wurden auch Indikatoren formuliert, eine deutsche Übersetzung findet sich in Seifert 2011, S. 57 f.

Im deutschsprachigen Raum priorisieren das Netzwerk Service-Learning Deutschland, getragen von der Freudenberg-Stiftung, und das Schweizer Zentrum Service-Learning, getragen vom Migros-Kulturprozent, fünf der acht Standards.[4]

Realer Bedarf als Ausgangspunkt

Das Engagement reagiert auf einen realen Bedarf/ein reales Problem des Umfelds, der Stadt oder Gemeinde oder wird im Zusammenhang mit einem Unterrichtsthema entwickelt. Die Schülerinnen und Schüler können eine sinnvolle und vom Umfeld gewünschte Aufgabe übernehmen, die ihrem Alter und Entwicklungsstand entspricht. Das Engagement basiert auf ihren persönlichen Interessen und zeigt erreichbare und sichtbare Ergebnisse.

»Ich erwarte, dass es mit solchen Projekten für Schülerinnen und Schüler selbstverständlich wird, sich für andere zu engagieren. Dass sie merken, dass man selber auch profitiert, man ist selber viel zufriedener, man bekommt Freude, wenn man sich für andere engagiert, und: Es tut einem gut!« Lehrerin, 5. Schuljahr

Einbezug in den Unterricht

Das Projekt ist Teil des Unterrichts und wird mit Unterrichtsinhalten verknüpft. Dazu gehören klare Lernziele, die den regulären Schulstoff betreffen. Dazu gehören auch Formen angewandten und praktischen Lernens, das für die Schülerinnen und Schüler die Relevanz des Stoffes erkennbar macht und fachliche wie überfachliche Kompetenzen schult.

Mit Service-Learning kann man *»(...) schulische Inhalte einfach viel besser verpacken (...). Die Schülerinnen und Schüler können eine Vielfalt von Fähigkeiten erfahren, sie sehen, was sie eigentlich auch noch können, das nützt der Berufswahl. Sie entdecken sich selber und haben mehr Spaß am Unterricht.«* Lehrer, 9. Schuljahr

Partizipation der Schülerinnen und Schüler

Die Schülerinnen und Schüler werden in die Auswahl und Planung ihres Engagements mit einbezogen und setzen das Projekt möglichst selbstständig um.

---

3 http://www.nylc.org/sites/nylc.org/files/wisl/index.html#mainNavLinks=2, Zugriff 20. August 2014.
4 www.servicelearning.de, www.servicelearning.ch, Zugriffe 20. August 2014. Beide Institutionen unterstützen Schulen bei der Umsetzung und Implementation von Service-Learning mit Netzwerken, Praxismaterialien, Beratung und Begleitung (Angebote auf der jeweiligen Webseite).

Lehrpersonen verstehen sich als »Mitarbeitende«; sie bieten Unterstützung und Hilfe an, abgestimmt auf die Bedürfnisse der Schülerinnen und Schüler.

»Es gibt durchaus Schüler, die bereit sind, Verantwortung zu übernehmen, wenn ich als Lehrer bereit bin, diese abzugeben. Ich muss nicht immer alles im Griff haben, damit etwas Konstruktives geschieht.« Lehrer, gemischte Oberstufe

Außerschulische Kooperation

Das Projekt findet in Zusammenarbeit mit außerschulischen Kooperationspartnerinnen und -partnern statt. Die Schule öffnet sich nach außen, die Projekte werden wenn möglich mit Einbezug außerschulischer Lernorte realisiert.

»Mein Höhepunkt: Dass uns der Gemeindepräsident ernst nahm und unsere Ergebnisse toll fand.« Schüler, 8. Schuljahr, Projekt »Location Scouts« (entwickelten im Auftrag des Gemeinderates Vorschläge für neuartige Nutzungen bestehender Gebäude)

Reflexion

Schülerinnen und Schüler werten ihre Erfahrungen regelmäßig und geplant aus und reflektieren ihre Lernfortschritte. Fehler gehören zu den produktiven Teilen des Lernprozesses.

»Es ist (...) so, dass Reflexion für Schülerinnen und Schüler kein Lieblingsthema ist, dass sie nicht unbedingt gerne über Sachen nachdenken und reden, die vergangen sind, die vielleicht nicht so gut gelaufen sind. Aber eigentlich wissen sie auch, dass es für ihre Zukunft etwas bringt, dass sie damit eine persönliche Entwicklung machen können.« Lehrer, 9. Schuljahr

Der Qualitätsstandard »Reflexion« gehört zu den zentralen Standards von Service-Learning, er symbolisiert gleichsam den Bindestrich zwischen dem Service und dem Learning.

1.4 Wirkungen für Schüler und Schülerinnen

Eine Lehr- und Lernmethode ist nur so gut, als intendierte Outcomes auch nachgewiesen werden können. Was man heute über die Wirkungen von Service-Learning weiß, stammt vorwiegend aus nordamerikanischen Studien. Im deutschsprachigen Raum steht die Forschung erst am Anfang. Untersuchungen beschränken sich fast ausschließlich auf Praxisberichte und Handreichungen zu Service-Learning. Empirische Daten liegen im Wesentlichen nur zur Implementation und zur Zufriedenheit mit einzelnen Programmen vor (vgl. Speck et al. 2013).

Eine Wirkungsstudie der Aktiven Bürgerschaft e. V. schließt diese Forschungslücke wenigstens teilweise. Im Rahmen der Initiative »sozialgenial – Schüler engagieren sich« wurden 2012 rund 2000 Schülerinnen und Schüler der 8. und 9. Jahrgänge zu zwei Messzeitpunkten befragt, vor und nach ihrem Service-Learning-Projekt (davon 1200 in einer Interventionsgruppe und 800 einer Kontrollgruppe). Die Befunde zeigen, dass Service-Learning unter anderem das Wissen über das zivilgesellschaftliche Engagement verbessert und sich positiv auf die Empathiefähigkeit und auf die Lernstrategien von Schülerinnen und Schülern auswirkt.

Im Weiteren weist Seifert 2011 in ihrer Studie zu Service-Learning mit Schülerinnen und Schülern in Risikolagen nach, dass Service-Learning als Strategie zur Resilienzförderung dienen kann und dass Risikoschülerinnen und -schüler mit Service-Learning in ihrer ganzheitlichen Entwicklung und in ihrer Widerstandskraft gegenüber den widrigen Lebenslagen gestärkt werden (Seifert 2011, S. 261 ff.[5]).

Die Studien aus Nordamerika zeigen zudem positive Wirkungen bezüglich schulischer Leistungen, der grundsätzlichen (Lern-)Motivation von Schülerinnen und Schülern, der Beteiligung am bürgerschaftlichen Engagement, der Ausbildung demokratischer Einstellungen und staatsbürgerlichen Bewusstseins und der beruflichen Entwicklungen (vgl. Furco in Sliwka 2004, Seifert 2011).

Allerdings sind die Studien nur bedingt vergleichbar. Das liegt unter anderem an den unterschiedlichen Erhebungsmethoden und der konzeptuellen Unschärfe von zentralen Begriffen wie »gesellschaftliches Engagement«. Ein weiterer Grund: die unterschiedlichen Intentionen und Umsetzungen von Service-Learning. So gibt es auch Ergebnisse, die den oben erwähnten Wirkungen von Service-Learning widersprechen. Eine zentrale Gemeinsamkeit ist aber allen inne: Service-Learning wirkt dann, wenn qualitativ hochstehende Projekte realisiert werden: »It is the way in which service-learning is implemented that makes a difference. In short, quality matters (...)« (Billig 2007, S. 1).

1.5 Nutzen für die Schule

Schulen sind zu entwickelnde Lernorte. Oft sind sie losgelöst vom Gemeinwesen und stellen keinen sozialen Ort des lokalen Raums dar. »Schulen sind eigene kleine, abgeschottete Sonderwelten in der großen Welt, sind spezialisierte Lernräume, in denen Schüler/innen den Schulen eher über ihre Leistungen als über ihre Lebens- und Sozialräume zugeordnet werden.« (Rauschenbach in Hartnuss 2013, S. 37).

---

5 Die Datenerhebung erfolgte in den USA; im Ausblick diskutiert Seifert die Relevanz der Ergebnisse für den deutschen Kontext.

Das ändert sich, sobald Schulen Service-Learning-Programme realisieren und mit außerschulischen Partnerinnen und Partnern zusammenarbeiten. Allerdings werden in dieser Kooperation Lernfelder mit unterschiedlicher Ausrichtung miteinander verknüpft, was für die Schule wie die außerschulischen Partnerinnen und Partner eine Herausforderung darstellt. Rauschenbach benennt unter anderem folgende gegensätzliche Strukturmerkmale: Plicht versus Freiwilligkeit, Lernwelt versus Lebenswelt, Abstraktion versus Verwertbarkeit, Selektion versus Kooperation, Fremdbestimmung versus Selbstbestimmung oder Künstlichkeit versus Ernsthaftigkeit (Rauschenbach in Hartnuss et al. 2013, S. 30 f.).

»Engagement ist eigensinnig. Diese Einsicht sollte prägend für die Kooperation mit Partnern sein« (Meinhold-Henschel in Wondratschek 2010, S. 20). In einer gelingenden Kooperation verändern sich beide, müssen sich beide verändern – die Schule und die Partnerinnen und Partner. Service-Learning bietet demnach für die Schule die Chance, Entwicklungsprozesse auf unterschiedlichen Ebenen auszulösen.

Unterricht

Die erfolgreiche Umsetzung von Service-Learning ist abhängig von der gewohnten Unterrichtspraxis. So gelingt Service-Learning am ehesten in Schulen, in denen projektartiges Arbeiten, kooperative Unterrichtsformen, Kompetenzorientierung und selbstorganisiertes und altersdurchmischtes Lernen Tradition haben. In diesem Sinn unterstützt Service-Learning die Weiterentwicklung des Unterrichts.

Lehrperson

Service-Learning-Projekte können nur in Kooperation mit anderen realisiert werden – sie öffnen die Schulzimmertüren. Neue Kontakte werden geschaffen und gepflegt, sowohl im Schulhaus wie auch außerschulisch. Das ist ein zentrales Motiv für Lehrpersonen, Service-Learning-Projekte zu realisieren, wie eine amerikanische Studie zeigt. Zudem, so die Studie, nimmt Service-Learning die persönliche Betroffenheit von Lehrpersonen (»Resonation in the Heart of the Teacher«) auf und stellt die richtige Passform für die eigene Lehrphilosophie und den individuellen Lehrstil dar. Die Implementierung von Service-Learning dient demnach der Stärkung von Lehrpersonen (»Energizing«) und vertieft die Beziehungen im Kollegium (Krebs 2006, S. 180 ff.)

Schule

Service-Learning-Programme bedingen und fördern die interdisziplinäre Zusammenarbeit. Zeitliche und organisatorische Freiräume in Verbindung mit veränderten Lern- und Tagesstrukturen unterstützen neuartige Gestaltungen von Unterricht.

Schließlich bietet Service-Learning neben dem Aufbau außerschulischer Kooperationen ausgezeichnete Gelegenheiten, mit guter und kontinuierlicher Kommunikation eine positive öffentliche Außenwahrnehmung zu formen.

1.6 Wirkungsrelevante Faktoren

»Quality matters!« Service-Learning entfaltet positive Wirkungen, wenn die Projekte und Programme qualitativ hochstehend sind. Das heißt, sie müssen entlang der Qualitätsstandards entwickelt und umgesetzt werden (Speck et al. 2013, S. 73 f.).

Wirkungsrelevant sind zunächst einmal Art und Dauer des gesellschaftlichen Engagements. Schülerinnen und Schüler engagieren sich für andere, wenn sie Verantwortung übernehmen können, wenn Projekte sie interessieren und wenn sie wie Erwachsene und mit Respekt behandelt werden. Auch die zeitliche Dauer des Engagements hat einen direkten Einfluss auf die Qualität. »It is likely that when students are engaged in service activities where they have some control' and are ›really making a difference‹, the overall educational outcomes of the projects will be greater and more positive in all domains« (Furco in Sliwka 2006, S. 174).

Wirkungsrelevant ist darüber hinaus die Verknüpfung mit dem Unterrichtsstoff. Dabei muss die richtige Schnittmenge aus dem realen Bedarf von Zielgruppen, dem Bildungsauftrag der Schule und den Unterrichtszielen gefunden werden. Dies zeigt die Studie zu den Gelingensbedingungen von Service-Learning im Rahmen der sozialgenial-Initiative (vgl. Aktive Bürgerschaft e. V. 2012, S. 17 f.).

Wirkungsrelevant ist schließlich die regelmäßige Reflexion der Lernerfahrungen auf der Basis transparenter Ziele.

1.7 Fazit

Die Einbindung von zivilgesellschaftlichem Engagement in das Unterrichtshandeln eröffnet Schulen vielfältige Möglichkeiten, auf aktuelle Ansprüche an Schulen einzugehen und Herausforderungen produktiv und kreativ zu meistern.

»Mit Service-Learning gegen außen zu treten, hat mich dazu gebracht, über das Schulzimmer und über den persönlichen Horizont hinauszudenken.«
(Lehrer, 3. Schuljahr)

1.8 Literatur

Aktive Bürgergesellschaft e. V. (Hrsg.) (2012). Faktenblatt: Wirkungsstudie. http://www.aktive-buergerschaft.de/schulen/sozialgenial_-_die_service_lear ning-initiative/wirkungsstudie Zugriff 25.7.2014.

Aktive Bürgerschaft e. V. (Hrsg.) (2013). Wirkungsstudie Service Learning. Wie lassen sich Unterricht und Bürgerengagement verbinden? Zentrale Ergebnisse aus sozialgenial-Schulprojekten und Handlungsempfehlungen. Berlin: Aktive Bürgerschaft e. V.

Backhaus-Maul, H. & Roth, C. (2013). Service Learning an Hochschulen in Deutschland. Ein erster empirischer Beitrag zur Vermessung eines jungen Phänomens. Wiesbaden: Springer VS.

BFS Bundesamt für Statistik (2013). Freiwilligenarbeit, Beteiligung der Bevölkerung in %. Neuenburg. http://www.bfs.admin.ch/bfs/portal/de/index/the men/03/06/blank/key/freiwilligen-arbeit/informelle.html, Zugriff 20.8.2014.

Billig, Shelley H. (2007). Unpacking What Works in Service-Learning. Promising Research-Based Practices to Improve Students Outcomes. National Youth Leadership Council (Hrsg.) Saint Paul.

Drucks, S., Özmut, I. E., Schröder, G. & Souhil, Y. (2013). Gelingensbedingungen von Service-Learning in Schulen. Forschungsbericht zu den Fallstudien über sozialgenial-Schulprojekte. Projektleitung: Bauer, Ullrich und Drucks, Stephan. Essen: Zentrum für Prävention und Intervention im Kindes- und Jugendalter.

Edelstein, W., Frank, S. & Sliwka, A. (Hrsg.) (2009). Praxisbuch Demokratiepädagogik. Sechs Bausteine für Unterrichtsgestaltung und Schulalltag. Reihe Pädagogik praxis. Weinheim und Basel: Beltz Verlag.

Hartnuss, B., Hugenroth, R. & Kegel, T. (Hrsg.) (2013). Schule der Bürgergesellschaft. Bürgerschaftliche Perspektiven für moderne Bildung und gute Schulen. Schalbach/Ts: Wochenschau Verlag.

Jakob, G. (2011). »Keine Zeit!« – Veränderungen im Bildungswesen und Auswirkungen auf freiwilliges Engagement. Beitrag zur Dokumentation der Fachkonferenz »Potentiale nutzen. Förderung des ehrenamtlichen Engagements Jugendlicher«. Berlin.

Krebs, M. (2006). Service-Learning: Motivations for K-12 Teachers. Dissertation. http://eric.ed.gov/?id=ED498642, Zugriff 20. August 2014.

Lerner R. M., Alberts, A. E. & Bobek, D. L. (2007). Engagierte Jugend – lebendige Gesellschaft. Möglichkeiten zur Stärkung von Demokratie und sozialer Gerechtigkeit durch positive Jugendentwicklung. Expertise zum Carl Bertelsmann-Preis 2007. Aus dem Amerikanischen von Dr. Janina Gatzky. Gütersloh: Bertelsmann-Stiftung.

Maurer, M., Gerber, J.-P. Riesen Müller, J. (2010). Evaluationsbericht Service-Learning 2009/10. Prozessevaluation im Auftrag des Migros-Genossenschafts-Bundes, Direktion Kultur und Soziales. Zürich: Migros-Kulturprozent (unpubliziert).

Picot, S. (2011). Jugend in der Zivilgesellschaft. Freiwilliges Engagement Jugendlicher von 1999 bis 2009. Kurzbericht im Auftrag der Bertelsmann Stiftung (Hrsg.). Gütersloh.

Reinders, H. (2014). Jugend – Engagement – Politische Sozialisation. Gemeinnützige Tätigkeit und Entwicklung in der Adoleszenz. Wiesbaden: Verlag Springer Fachmedien.

Schweizer Zentrum Service-Learning – Lernen durch Engagement (Hrsg.) (2012). Service-Learning – Lernen durch Engagement. Ein Leitfaden mit Praxistipp. Zürich: Migros-Kulturprozent.

Seifert, A. (2011). Resilienzförderung an der Schule. Eine Studie zu Service-Learning mit Schülern aus Risikolagen. Schule und Gesellschaft, Band 52. Wiesbaden: VS Verlag für Sozialwissenschaften.

Seifert, A., Zentner, S. & Nagy, F. (2012). Praxisbuch Service-Learning. »Lernen durch Engagement« an Schulen. Mit Materialien für Grundschule und Sekundarschule I + II. Reihe Pädagogik praxis. Weinheim und Basel: Beltz Verlag.

Sliwka, A., Diedrich, M. & Hofer, M. (Hrsg.) (2006). Citizenship Education. Theory – Research – Practice. Münster: Waxmann Verlag.

Sliwka, A., Petry, C. & Kalb, P. E. (Hrsg.) (2004). Durch Verantwortung lernen. Service Learning: Etwas für andere tun. 6. Weinheimer Gespräch. Weinheim und Basel: Beltz Verlag.

Speck, K., Ivanova-Chessex, O. & Wulf, C. unter Mitarbeit von Benten, K. und Langerfeldt, A. (2013). Wirkungsstudie Service Learning in Schulen. Forschungsbericht über eine repräsentative Befragung von Schülerinnen und Schülern aus sozialgenial-Schulprojekten in Nordrhein-Westfalen. Oldenburg: Carl von Ossietzky Universität, Fakultät I, Bildungs- und Sozialwissenschaften.

Whea, W. (2007). Toward Research-Based Standards for K-12 Service-Learning. National Youth Leadership Council (Hrsg.). Saint Paul.

Wondratscheck, K. (Hrsg.) (2010). Freiwillige an Schulen. Grundlagen und Perspektiven für die Arbeit mit regionalen Bildungsnetzwerken. Weinheim und München: Juventa Verlag.

2. Zensuren: Anwendungsgebiete, Risiken und Nebenwirkungen

Georg Breidenstein

2.1 Das Projekt »Leistungsbewertung in der Schulklasse«

Im Folgenden wird zusammenfassend von Ergebnissen eines Forschungsprojektes berichtet, das über mehrere Jahre hinweg den Alltag schulischer Leistungsbewertung beobachtet hat. Das Forschungsinteresse richtete sich darauf, die ungeheure und unübersehbare Bedeutung zu ergründen, die den Zensuren im Unterrichtsalltag deutscher Schulen zukommt. Um zu verstehen, was hier vor sich geht, so die Ausgangsüberlegung des Projektes, muss man die Praktiken selbst, die sich im Unterrichtsalltag um die Leistungsbewertung ranken, in den Blick nehmen. Welche Eigendynamik und Selbstläufigkeit entwickeln diese Praktiken? Welche Inszenierungen, Routinen und Rituale knüpfen sich an die alltägliche Handhabung der Zensuren? Die zentrale Untersuchungsfrage, zu der erstaunlicherweise noch kaum Forschung vorliegt, lautete: Was leisten die Praktiken der Bewertung für den Unterrichtsalltag selbst?

Die genannten Fragestellungen erforderten die Beobachtung, Aufzeichnung und Analyse des unterrichtlichen Geschehens selbst. Bei den Praktiken und Ritualen, die die Noten im Schulalltag in Szene setzen, handelt es sich um Routinen des alltäglichen Handelns, die der Reflexion nur zum Teil zugänglich sind und über die die Teilnehmer auch nicht etwa im Interview berichten könnten. Insofern bestand unsere zentrale Methode in der *teilnehmenden Beobachtung*. Gegenstand der Beobachtung waren die alltäglichen Situationen schulischen Bewertens: Tests, Klassenarbeiten, mündliche Prüfungen – und vor allem die Rückgabe von Arbeiten, die Besprechung von Zensuren und schließlich Zeugnisausgaben. Das Feld der teilnehmenden Beobachtung bestand aus zwei Schulklassen in zwei kontrastierenden Schulen, einem Gymnasium und einer Sekundarschule (in Sachsen-Anhalt eine Schulform, die Haupt- und Realschulzweig umfasst). Unsere Erhebungen haben zu Beginn der 5. Klasse eingesetzt und führten bis ins 7. Schuljahr hinein.[1]

---

1 Das Projekt wurde von der Deutschen Forschungsgemeinschaft finanziert und von 2005–2010 unter meiner Leitung am Zentrum für Schul- und Bildungsforschung in Halle durchgeführt. Die gymnasiale Schulklasse wurde von Michael Meier und die Sekundarschulklasse von Katrin Zaborowski in mehreren Phasen teilnehmender Beobachtung langfristig begleitet. Wer sich für Details und vor allem für Dokumentation konkreter Szenen der Leistungsbewertung und -rückmeldung interessiert, sei auf die monographische Darstellung des Projektes (Zaborowski/Meier/Breidenstein 2011) und auf eine ausführliche Fallanalyse zu einer »Zeugnisnotenbesprechung« (Breidenstein 2012) verwiesen.

2.2 Befunde: Die Legitimierung von Noten in der schulischen Praxis

Was lässt sich auf der Basis unserer Analysen über das grundlegende Funktionieren, über die Eigenlogik der Praxis der Notengebung sagen? Fast alle der beobachteten Praktiken beziehen sich auf Probleme der *Legitimierung* der zu vergebenden Noten. Dabei geht es weniger um die Legitimität von Noten an sich, die scheint kaum zur Debatte zu stehen, sondern darum, dass die konkret von der Lehrerin oder dem Lehrer vergebenen Noten von den Betroffenen in der Situation als »gerecht« anerkannt werden. Der Aufwand, den Lehrkräfte in der Begründung von Noten betreiben, verweist auf erhebliche Legitimationsprobleme. Dass »Objektivität« im Kontext schulischer Leistungsbewertung nicht erreichbar ist, weil diese vielfältigen »Verzerrungen« und Erwartungseffekten unterliegt, ist allen Beteiligten (mehr oder weniger) bewusst – Schülerinnen und Schüler der fünften Klasse haben bereits die unterschiedlichen Bewertungsmaßstäbe unterschiedlicher Lehrpersonen kennen gelernt; die Lehrkraft hat möglicherweise nicht die entsprechenden Befunde der empirischen Forschung präsent, aber sie weiß zumindest intuitiv, wie prekär die Aufgabe der Zensurengebung ist.[2] Für die Legitimität der Notengebung scheint die Beschwörung der Fiktion einer neutralen und objektiven Bewertung umso unverzichtbarer zu sein.

Mathematisierung

Eine entscheidende, überaus weit verbreitete Praxis der Legitimierung der Noten stellt die *Mathematisierung* der Notenvergabe dar. Die Note wird gefunden, indem sie »errechnet« wird: Sie wird als Durchschnitt aus vielen Einzelnoten gebildet. Dieses Verfahren ist zwar aus Sicht der statistischen Theorie äußerst fragwürdig, denn die Zensuren bilden eine Ordinalskala (Werte werden sortiert) und verrechnen dürfte man nur Werte aus einer metrischen Skala (die tatsächlich zu messen in der Lage ist), aber dieses Problem wird bis in die Erlasslagen hinein ignoriert, zu wichtig scheint die Suggestion der Objektivierung qua Mathematisierung zu sein, als dass die Praxis darauf verzichten wollte. Die (scheinbare) Mathematisierung der Zensurengebung stellt eine (im Effekt) überzeugende Rhetorik der »Objektivität« zur Verfügung, die im Gefüge der Praktiken der Legitimierung von Noten eine zentrale Rolle spielt.

Quantität der Produktion an Einzelnoten

Der Versuch, die Objektivität der Notengebung vorwiegend mathematisch abzusichern, hat noch einen weiteren Effekt, der den schulischen Alltag sehr stark zu prägen vermag. Die Rede ist von der *Quantität* der Produktion an Einzelnoten. Es liegt hier eine Logik des Je-mehr-desto-Besser vor: Je mehr Einzel-

---

2 Die empirischen Befunde zur mangelnden »Objektivität« schulischer Noten sind eindeutig und seit Jahrzehnten stabil (vgl. Ingenkamp 1977, Schrader/Helmke 2001), in der schulischen Praxis und im Bewusstsein der Lehrer allerdings scheint dieses Wissen eher entproblematisiert zu werden (vgl. Terhart 2000, 2013).

noten in die Berechnung der Zeugnisnote eingehen, desto präziser erscheint diese. Zusätzlich gewonnene Noten verringern das Gewicht der einzelnen Note. Die Gesamtnote erscheint auch besser legitimiert, je mehr Einzelnoten in sie eingehen: Die Schüler haben mehr »Chancen« erhalten, die Leistungen sind kontinuierlicher und umfassender überprüft worden, der Spielraum für Fehleinschätzungen erscheint kleiner.

Tatsächlich haben wir ein verblüffendes Ausmaß der Notenproduktion beobachtet. Es verging kaum ein Tag, an dem nicht Zensuren vergeben oder verkündet wurden. Mit der Permanenz der Bewertungen wird auch der Bewährungsdruck auf Dauer gestellt: Schüler können sich nie sicher sein, ob nicht schon wieder die nächste Leistungsüberprüfung naht und mit ihr neue Zensuren vergeben werden. Andererseits entwickeln Schüler eine große Routine im Umgang mit Leistungsbewertungen, wobei schließlich eine Inflationierung des Wertes einzelner Zensuren unvermeidlich scheint: Wie soll bei einer Zahl von Hundert oder mehr Benotungen im Halbjahr für jeden Schüler der einzelnen Zensur noch Bedeutung verliehen werden? Die Prüfung wird so sehr zum Bestandteil des Unterrichtsalltages, dass der »Leistungsdruck« zwar auf Dauer gestellt wird – sich aber möglicherweise gerade darin auch wieder bricht.

Einbeziehung der Schüler

Eine andere Praxis der Legitimierung besteht in der *»Einbeziehung« von Schülern in die Notenfindung*: Schülerinnen und Schüler sollen sagen, was für eine Note sie sich »selbst geben würden«. Diese Einbeziehung stellte letztlich in allen beobachteten Fällen nur eine Pseudo-Einbeziehung dar, denn das Lehrerurteil wurde immer auch gegen abweichende Selbsteinschätzungen aufrechterhalten – in vielen Fällen wurde aber eben doch erreicht, dass die Schüler der Bewertung öffentlich zustimmten und sie dadurch legitimierten.

Alleinige Verantwortung der Schüler für die erbrachten Leistungen

Das vermutlich folgenreichste Problem im Rahmen der Legitimierung von Noten besteht darin, *dem Schüler oder der Schülerin die bewertete Leistung vollständig zuzurechnen*. Dies ist keineswegs trivial, wenn man sich klarmacht, dass jede schulische Leistungsbewertung den *Unterrichts*erfolg überprüft, der sich aus der Qualität der Vermittlung und den Aneignungsbemühungen bzw. -kapazitäten zusammensetzt. Gerade bei schlechten Noten muss aber gewährleistet werden, dass nicht etwa der Unterricht daran (mit-)schuldig ist. Es muss klar gestellt werden, dass die gemessene Leistung nicht etwa darin begründet liegt, dass die Erklärung des in Frage stehenden Sachverhaltes im Unterricht mangelhaft war oder die unterrichtlichen Lerngelegenheiten ungünstig waren. Die Note muss voll und ganz dem betreffenden Schüler oder der Schülerin zugerechnet werden können, denn die Note soll den je spezifischen und individuellen Leistungsstand ausdrücken. Noten erscheinen als Urteile über Schülerleistungen nur dann legitim, wenn diese ohne Abstriche für ihr Zustandekommen verantwortlich gemacht werden.

Die Stabilität von Noten, v. a. bei guten Noten, reduziert den Begründungsbedarf, denn hier ist die Verbindung zwischen Note und Person etabliert und unproblematisch. Verbesserungen von Noten können genutzt werden, um Erfolgsgeschichten zu inszenieren. Das eigentliche Erklärungsproblem werfen offensichtlich *Verschlechterungen* von Noten auf, denn in diesen Fällen ist dokumentiert, dass die jeweilige Schülerin oder der Schüler »eigentlich« mehr kann und ihr oder sein »Leistungsvermögen« diesmal nicht abgerufen hat. Diese Fälle scheinen besonders prekär für die Lehrkraft, denn es muss der Verdacht ausgeräumt werden, dass ihr Unterricht diesen (eigentlich guten) Schülern die Sache nicht vermitteln konnte. Hier finden sich jedenfalls die ausführlichsten Kommentierungen und Begründungen von Noten, die sich auf das (Fehl-)Verhalten des betreffenden Schülers beziehen, wahlweise aber auch auf seine Persönlichkeit oder sein soziales Umfeld. Das Dementi des eigenen Anteils bzw. das Insistieren auf der alleinigen Verantwortung der Schüler für die erbrachten Leistungen zieht sich in frappierender Konsequenz durch unsere sämtlichen Beobachtungen von Szenen der Zensurenbekanntgabe. Wir haben keine einzige Situation beobachtet, in der eine Lehrerin oder ein Lehrer klassenöffentlich in Erwägung gezogen hätte, dass der eigene Unterricht für enttäuschende Leistungen von Schülern mitverantwortlich sein könnte.

2.3 Zensuren: Objekte der Distanzierung, der Auseinandersetzung und des Kampfes um Anerkennung

Ich will noch einmal zusammenfassen. In der Analyse des Alltags der Leistungsbewertung lassen sich mindestens drei aufeinander bezogene Praktiken der Legitimierung von Noten heraus arbeiten: Die Noten werden als Ergebnis mathematischer Berechnungen präsentiert; es wird ein Verfahren etabliert, das die öffentliche Zustimmung der Betroffenen zu ihren Noten hervorbringt; und der Unterricht der Lehrperson wird von seinem Anteil an der bewerteten Leistung vollständig entlastet. In der Kombination dieser drei Praktiken wird die Note als objektivierte Bewertung einer individuellen Schülerleistung etabliert. Um es aber ganz deutlich zu sagen: Die beschriebenen Praktiken bringen zwar objektivierte Noten hervor, aber die »Objektivität« dieser Noten ist auch genau in diesen sozialen Praktiken erzeugt und keineswegs unabhängig davon gegeben. Kurz: Schulische Zensuren sind »objektiv«, insoweit sie in komplexen sozialen Praktiken *objektiviert* worden sind. – Dieser Zusammenhang darf den Beteiligten allerdings nicht bewusst sein, sonst könnte die Objektivität der Zensuren kaum beansprucht werden. Die Praxis schulischer Leistungsbewertung muss also ihre eigene Konstruktionsleistung in der Etablierung objektivierter

Noten gegenüber den Beteiligten abdecken und verdunkeln. Sie muss glauben machen, dass objektive Noten unabhängig von der sozialen Konstruktion ihrer Objektivität möglich sind – wenn dies nicht gelingt, bricht die Legitimität schulischer Zensuren in sich zusammen. Die Beobachtung des Unterrichtsalltages zeigt allerdings eine erstaunliche Stabilität der Legitimität von Zensuren sowohl bei Lehrpersonen als auch bei Schülern. Die sozialen Praktiken, die sich auf die Objektivierung der Zensuren richten, schaffen es also in bemerkenswerter Weise, nicht nur die Objektivität von Zensuren zu erzeugen, sondern auch ihren eigenen Anteil an diesem Prozess unsichtbar zu machen.

Es ist nun insgesamt ein Kennzeichen der beobachteten Unterrichtspraxis, dass Zensuren in das Zentrum der Auseinandersetzung um die *Anerkennung der Bedeutung des Schulischen* durch die Schüler rücken. Die Notengebung wird mobilisiert, um wenigstens ein Mindestmaß an Engagement von den Schülern zu erzwingen, aber auch weiterreichendes Engagement und bedeutendere Leistungen von Schülerinnen oder Schülern werden in erster Linie durch gute Noten honoriert. Das Engagement von Schülerinnen und Schülern im Rahmen des Unterrichts wird wesentlich durch die Zensurengebung aufrechterhalten – allerdings zugleich auch begrenzt.

Denn die Etablierung der Noten im Kern des Unterrichtsgeschehens als zentrales Mittel der Sanktionierung und Motivierung funktioniert zwar fast unhinterfragt und erscheint doch ausgesprochen prekär. Unsere Beobachtungen zeigen, wie empfindlich und letztlich hilflos Lehrpersonen agieren, wenn die Anerkennung der Relevanz der Zensur gefährdet erscheint. Die Zensurengebung ist darauf angewiesen, dass die Schülerinnen und Schüler die Bedeutsamkeit der Noten anerkennen. Diese Anerkennung muss durch passende Reaktionen demonstriert werden: Freude über gute Noten und Zerknirschung bei schlechten Noten. Dabei steht viel auf dem Spiel: Da mit der Note über die Sinnhaftigkeit und Bedeutsamkeit des Schulischen schlechthin verhandelt wird, geht es ums Ganze. Ihre Brisanz erhält die Auseinandersetzung um das Ernstnehmen der Zensuren durch ihren öffentlichen Charakter: Die Auseinandersetzung spielt sich zwar zwischen einzelnen Schülern und der Lehrperson ab – aber immer vor dem Publikum der Mitschüler. Das macht die Sache zusätzlich heikel, denn jeder Einzelfall ist potenziell verallgemeinerbar, die Verweigerung eines einzelnen Schülers kann jederzeit für die Verweigerung einer größeren Gruppe oder gar der ganzen Klasse stehen.

Wir haben vor allem an der Sekundarschule gesehen, wie Lehrerinnen sich komplexe Rituale ausdenken, um Kindern die Bedeutsamkeit von Zensuren zu vermitteln; wie dünnhäutig Lehrer reagieren, wenn die angemessen zerknirschte Reaktion auf eine schlechte Note ausbleibt und insgesamt wie umkämpft die Anerkennung der Relevanz der Zensuren ist. Dieser Kampf um die Anerkennung des Schulischen mit Hilfe der Zensurengebung stellt sich als sich selbst verstärkender Prozess dar: Das Streben nach guten Noten wird mit guten Noten belohnt und die Geringschätzung schlechter Noten wird mit noch härteren Noten bestraft. Die Praxis der Zensurengebung entwickelt in diesem Prozess eine ungeheure Dynamik: Zensuren symbolisieren zwar schulische Anforderungen, haben aber inhaltlich kaum noch Bezug zu diesen. Zensuren lösen sich auch von der Funktion der Leistungsrückmeldung und erscheinen als reines Mittel zum Zweck, wobei der Zweck in der Aufrechterhaltung (eines Minimums) von Unterrichtsbereitschaft und in der Vermittlung des Ernstcharakters von Unterricht liegt. Dieser Zweck allerdings wird selbst wiederum gefährdet, wenn er sich nur noch mit dem Mittel der Zensurengebung erreichen lässt. Denn letztlich ist zu vermuten, dass sich mit der Fokussierung schulischen Unterrichts auf die Zensurengebung auch auf Seiten der Schüler das Interesse am Unterricht auf dessen »Ergebnisse« in Form von Zensuren reduziert.

Zensuren werden in unmittelbarer und sehr gegenständlicher Art und Weise zum Objekt der Distanzierung, der Auseinandersetzung und des Kampfes um Anerkennung. Im Zuge einer größeren Streuung der Noten und mit zunehmender Dauer der schulischen Sozialisation entwickeln sich notwendigerweise Praktiken der *Distanzierung* von Noten. Mindestens diejenigen, die regelmäßig schlechte Noten bekommen, entwickeln Formen, sich von diesen zu distanzieren: die Noten nicht so ernst zu nehmen und schlechte Noten den Lehrern, ungünstigen Umständen oder der Irrelevanz des Themas zuzurechnen. Vor allem schwächt sich die Identifikation von Schülern mit Noten mit der schieren zeitlichen Dauer des Leistungsbewertungsgeschehens ab. Je länger Schülerinnen und Schüler schulischer Leistungsbewertung in Form von Zensuren ausgesetzt sind, desto unwahrscheinlicher wird, dass sie diese im Sinne einer »Leistungsrückmeldung« ernst nehmen.[3] Das heißt nicht, dass Zensuren bedeutungslos würden. Wenn beispielsweise die Versetzung gefährdet ist, wird von Schülern sehr genau gerechnet und wenn es auf das Abitur zugeht, sind die Punktestände durchaus im Fokus der Aufmerksamkeit. Aber der Umgang mit den Noten insgesamt ist als zunehmend *pragmatisch* und instrumentell zu beschreiben. So legen Schüler mit zunehmender Erfahrung ein ausgesprochen *ökonomisches* Kalkül in der Dosierung ihres Einsatzes an den Tag und investieren nur dort, wo sich noch eine Verbesserung der Zensur erreichen lässt.[4]

Wenn man versucht, Sinnprobleme schulischen Unterrichts mithilfe der Zensurengebung zu bearbeiten, handelt man sich weit reichende Folgeprobleme ein. In der Analyse der alltäglichen Praxis jedenfalls zeigt sich, wie der Kampf um die Anerkennung des Sinns von Schule und Unterricht groteske Formen annehmen kann. Zu befürchten ist, dass die Schule, indem sie immer unvermittelter und

---

3 Fend (1998) berichtet über Längsschnittuntersuchungen, die zeigen, dass die Entwicklung des generellen Selbstwertgefühls sich im Laufe der Adoleszenz vollständig von der Entwicklung der Noten abkoppelt. Das verweist darauf, dass es Jugendlichen durchaus gelingt, sich psychologisch von der Wirkung der Noten frei zu machen.
4 Diese Pragmatik ist im Rahmen der Analysen zum »Schülerjob« beschrieben (Breidenstein 2006).

verzweifelter auf Zensuren als letztes Mittel in diesem Kampf setzt, sich in eine Auseinandersetzung verwickelt, die sie nicht gewinnen kann.

2.4 Konsequenzen: regelmäßige Reflexion der Praktiken, Distanz schaffen

Der hier skizzierten Effekte, etwa der weit reichenden Zuschreibung von Leistungsvermögen und Charaktereigenschaften an Schüler oder der Verschiebung von Sinnproblemen des Unterrichts auf die Noten, ist man sich im Handeln nicht bewusst und erst recht hat sie keiner gewollt. Es handelt sich um *nicht-intendierte* Effekte, die sich in der Eigenlogik des praktischen Vollzugs der Zensurengebung herstellen und die sich nur der detaillierten Beobachtung und Analyse dieses Vollzugs erschließen. Abschließend will ich fragen, welche Hinweise sich der Analyse für die praktische Handhabung der Zensurengebung entnehmen lassen – wenn ich davon ausgehe, dass die Notengebung in weiten Teilen zumindest des staatlichen Schulwesens auf absehbare Zeit noch Bestand haben wird. Ich will drei Überlegungen thesenartig zur Diskussion stellen.

Es scheint erstens angeraten, die Bedeutung der Noten in der alltäglichen unterrichtlichen Kommunikation bewusst zu *begrenzen*. Wenn man sieht, wie die Praxis der Notengebung dazu neigt, sich zu verselbstständigen und die Kommunikation zwischen Lehrpersonen und Schülern zu dominieren, muss man sich dieser Dynamik wohl bewusst widersetzen. Das System der Ziffernnoten übt eine eigene Anziehungskraft und Faszination auf alle Beteiligten, Lehrer, Schüler und Eltern aus, der man sich vermutlich nur entziehen kann, wenn man diese als solche reflektiert und thematisiert. Die Bedeutung der Noten zu begrenzen hieße z. B. explizit »notenfreie« Räume im Unterricht zu etablieren und sowohl in der Kommunikation mit den Schülern als auch mit den Eltern andere Formen der (Leistungs-)Rückmeldung zu entwickeln.

Zweitens wird es darauf ankommen, *reflexiv* mit der Fiktion der »Objektivität« der Noten umzugehen. Zwar ist diese Fiktion für die Legitimierung der Zensuren konstitutiv und unvermeidbar, man muss sich zumindest der Idee verpflichten, möglichst objektive Noten zu geben. Andererseits zeitigt der Versuch der Objektivierung der Noten so problematische Effekte wie eine auf Dauer gestellte Benotung, den Pseudo-Einbezug von Schülern in die Notengebung und die vollständige Schuldzuweisung an die Schüler bei schlechten Noten. Diese Effekte lassen sich wohl nur begrenzen, wenn man auch zu der Idee der Objektivität der Noten so viel Distanz entwickelt, dass man einzuräumen bereit ist, dass man die gebotene Objektivität der Noten auch bei bestem Bemühen immer wieder verfehlen wird. Dieses Eingeständnis, das Schülern wie Eltern gegenüber zu artikulieren wäre, würde Spielräume für einen reflexiveren und distanzierteren Umgang mit der Praxis der Notengebung eröffnen.

Schließlich scheint es geboten, insbesondere *pädagogische* Ambitionen, die sich an die Notengebung knüpfen, kritisch zu reflektieren. Wie die Analyse von Szenen der Begründung von Noten zeigt, ist es gerade der Versuch, den Schülern anhand der Noten und über die Noten hinaus individuelle, erzieherisch wirksame Rückmeldungen zu geben, der zu weit reichenden und entgrenzenden Zuschreibungen führt. Es kommt wohl nicht zuletzt darauf an, sich der Risiken des diagnostizierenden Blicks bewusst zu bleiben, der auch bei Wohlwollen Schüler immer zugleich auf bestimmte Charaktereigenschaften, Positionen in der Klasse und Leistungsvermögen festschreibt.

Vermutlich besteht der beste Schutz vor den problematischen Effekten einer sich verselbstständigenden Praxis der Zensurengebung darin, sich diese, die eigene Praxis, gelegentlich vor Augen zu führen und auf ihre Effekte zu reflektieren. Vielleicht sollte man ab und zu das Geschehen aufzeichnen, wenn man eine Klassenarbeit zurück gibt oder mit Schülern über Zensuren spricht. Die subtilen Praktiken der Zuschreibung, Identifizierung und auch Stigmatisierung jedenfalls zeigen sich zu großen Teilen erst der nachträglichen und detailgenauen Analyse. Bei einer solchen Analyse der eigenen Praxis käme es auch darauf an, sich die Situation der Bewerteten vor Augen zu führen: Welche konkreten Handlungsoptionen haben die Schülerinnen und Schüler? Welche (auch psychologischen) Reaktionen legt die Praxis der Notengebung den einzelnen Schülern oder Schülerinnen nahe? Bleibt ihnen etwas anderes übrig, als sich von dieser Art des Bewertet-Werdens zu distanzieren?

2.5 Literatur

Breidenstein, G. (2006). Teilnahme am Unterricht. Ethnographische Studien zum Schülerjob. Wiesbaden: VS Verlag für Sozialwissenschaften.

Breidenstein, G. (2012). Zeugnisnotenbesprechung. Zur Analyse der Praxis schulischer Leistungsbewertung. Opladen: Budrich.

Fend, H. (1997). Der Umgang mit Schule in der Adoleszenz. Aufbau und Verlust von Lernmotivation, Selbstachtung und Empathie. Bern: Hans Huber.

Ingenkamp, K. (1977). Die Fragwürdigkeit der Zensurengebung. Texte und Untersuchungsberichte. Weinheim/Basel: Beltz.

Schrader, F.-W. & Helmke, A. (2001). Alltägliche Leistungsbeurteilung durch Lehrer. In: F. E. Weinert (Hrsg.), Leistungsmessungen in Schulen (S. 45–58). Weinheim/Basel: Beltz.

Terhart, E. (2000). Schüler beurteilen – Zensuren geben. Wie Lehrerinnen und Lehrer mit einem leidigen aber unausweichlichen Element ihres Berufsalltags umgehen. In: S. Beutel & W. Vollstädt (Hrsg.) (2000), Leistung ermitteln und bewerten, S. 39–50. Hamburg: Bergmann und Helbig.

Terhart, E. (2011). Die Beurteilung von Schülern als Aufgabe des Lehrers: Forschungslinien und Forschungsergebnisse. In: E. Terhart, H. Bennewitz & M.

Rothland (Hrsg), Handbuch der Forschung zum Lehrerberuf, S. 699–717. Münster: Waxmann.

Zaborowski, K., Meier, M. & Breidenstein, G. (2011). Leistungsbewertung und Unterricht. Ethnographische Studien zur Bewertungspraxis in Gymnasium und Sekundarschule. Wiesbaden: VS Verlag für Sozialwissenschaften.

3. Schüler als Lernkraft-Unternehmer?! Warum Schulen zu pädagogischen Dienstleistungseinrichtungen werden müssen

Klaus Hurrelmann

Durch Veränderungen der Qualifikations- und Berufsanforderungen verschieben sich in den hoch entwickelten Gesellschaften auch die Bildungsanforderungen. Im Zuge der Individualisierung von sozialen Strukturen ergibt sich für Lernende auf allen Stufen des Bildungssystems die Notwendigkeit und Chance, zum »Bildungsmanager in eigener Sache« zu werden und angeleitetes Lernen mit Selbstlernen zu verbinden. In Analogie zur Arbeitsforschung kann eine Entwicklung vom Lernenden zum »Lernkraft-Unternehmer« konstatiert werden. Dazu allerdings ist ein Bildungssystem notwendig, das sich am Konzept des »lebenslangen Lernens« orientiert und ein gut aufeinander aufbauendes Programm von Bildungsangeboten über den gesamten Lebenslauf hinweg anbietet, eng mit den übrigen Lebensbereichen, einschließlich der Arbeitswelt, verbunden ist und sich der Möglichkeiten moderner interaktiver Kommunikationstechniken bedient. Auf dem Weg dahin stellen sich viele Herausforderungen.

3.1 Der Trend zum Arbeitskraft-Unternehmer

Die Qualifikations- und Arbeitsmarktforschung ist sich einig: Durch die Intensivierung des globalen Waren- und Güterverkehrs und die Neuordnung der internationalen ökonomischen Wettbewerbsbedingungen kommt es zu einer tief greifenden Umstrukturierung der Erwerbsarbeit. Der Boom der digitalen Informations- und Kommunikationstechniken, vor allem die Verschmelzung von Telekommunikations- und Informationstechniken, hat stark zu einer Veränderung der Qualifikationsanforderungen am Arbeitsplatz beigetragen. Neue technische Fertigkeiten und soziale Kompetenzen sind gefragt, um mit den informationstechnischen Anforderungen umgehen und die durch sie ausgelösten veränderten Arbeitsabläufe bewältigen zu können.

Insgesamt sind die Qualifikationsanforderungen an Erwerbstätige in den hoch entwickelten Ländern deutlich angestiegen und in der Folge hat sich der berufliche Qualifikationsdruck erhöht. Schon die Berufseinsteiger spüren diese Veränderungen, weil viele Schulabgänger mit einem niedrigen formalen Bildungsniveau kaum noch Chancen haben, überhaupt in den Erwerbssektor hineinzukommen. Auch Berufstätige müssen zunehmend auf eine Anpassung ihrer Handlungskompetenzen achten, um ihren Arbeitsplatz sichern zu können.

In der soziologischen Arbeitsforschung werden diese Veränderungen als Trend vom »verberuflichten Arbeitnehmer« zum »verbetrieblichten Arbeitskraft-Unternehmer« bezeichnet (Pongratz & Voß, 2003). Mit dem Bild vom

Arbeitskraft-Unternehmer ist gemeint, dass zunehmend ein individualisiertes Qualifikationsprofil von Erwerbstätigen verlangt wird, das mit einer permanenten Anpassungsbereitschaft an veränderte Arbeitsbedingungen und mit der Bereitschaft zur Selbstkontrolle der eigenen Arbeitsleistung verbunden ist.

Pongratz und Voß sehen in dieser Entwicklung einen neuen Arbeitstypus der Erwerbstätigkeit, nämlich eine gesellschaftliche Form der Arbeitskraft, bei der Arbeitende nicht in erster Linie ihr Arbeitsvermögen im Rahmen von vorstrukturierten Arbeitsplätzen anbieten (»verkaufen«), sondern sowohl innerbetrieblich als auch außerbetrieblich vorwiegend als Auftragsnehmer für im Einzelnen vereinbarte Arbeitsleistungen handeln.

Arbeitskraft-Unternehmer müssen den täglichen Arbeitsablauf selbstständig planen und strukturieren. Das gilt für die zeitliche Ebene ebenso wie für die räumliche, wobei in beiden Fällen ein hohes Ausmaß von Flexibilität charakteristisch ist. An welchem Ort und zu welcher Zeit die vereinbarte Arbeitsleistung erbracht wird, das liegt in der Entscheidung des Arbeitenden. Entsprechend hoch müssen die Fähigkeit zur Selbstmotivation und die Bereitschaft zur fachlichen Flexibilität sein, verbunden mit einer hohen Sensibilität für sich abzeichnende Veränderungsprozesse im Arbeitsablauf, auf die mit eigener Qualifikation reagiert wird.

Arbeitskraft-Unternehmer werden gewissermaßen zu aktiven Maklern der eigenen Fähigkeiten und individuellen Qualifikationen. Die eigene Arbeitskraft wird permanent am wirtschaftlichen Nutzen und am spezifischen Bedarf des Unternehmens orientiert, zwangsläufig verbunden mit einer hohen Bereitschaft zur beruflichen Weiterbildung. Hierzu gehören die Verfügbarkeit und der Einsatz von privaten Organisations- und Kommunikationsmitteln. Typischerweise hat der Arbeitskraft-Unternehmer gegenüber dem klassischen Typus des abhängig Erwerbstätigen viel größere zeitliche und räumliche Freiräume und ein deutlich höheres Ausmaß von Autonomie in der Gestaltung seiner Arbeitsabläufe, er sieht sich allerdings durch die starke Selbstrationalisierung einem hohen Leistungsdruck ausgesetzt und ist gezwungen, die Fähigkeit des selbst organisierten Arbeitens und Lernens in den Vordergrund seiner Lebensexistenz zu rücken.

Soll dieser Balanceakt gelingen, ist eine stabile körperliche und psychische Konstitution Voraussetzung. Das gilt erst recht dann, wenn man durch ungünstige Entwicklungen zwischen vorübergehender Erwerbstätigkeit, beruflichen Weiterbildungsphasen und drohender oder tatsächlicher Arbeitslosigkeit hin und her pendeln muss (Arens, Gangoin & Treumann, 2007; Plath, 2000).

3.2 Auf dem Weg zum selbstständigen »Lernkraft-Unternehmer«

Meine These ist, dass es analog zu den geschilderten Veränderungen am Arbeitsmarkt auf allen Stufen von Lernprozessen im Lebenslauf zu einer Verstärkung der Individualisierungstendenzen bei der Bildung kommt. Verlangt wird ein sich verstärkendes Selbstmanagement bei der Gestaltung der eigenen Bildungslaufbahn.

Dem Arbeitskraft-Unternehmer entspricht der »Lernkraft-Unternehmer«, der mit einer hohen Bereitschaft zur Selbstkontrolle der eigenen Lernleistung zu einem Makler der eigenen Fähigkeiten und Kompetenzen wird und die eigene Lebensführung konsequent auf einen Erfolg im Bildungsprozess ausrichtet. Der Lernkraft-Unternehmer wird zum zukünftigen Prototyp des Lerners, auf dem sich das Bildungssystem einzustellen hat. Jeder Schüler wird, bildhaft ausgedrückt, zum Bildungsmanager in eigener Sache.

Wie die letzten Shell Jugendstudien (Shell Deutschland 2006, 2010) demonstrieren, gelingt es der Mehrzahl der Jugendlichen und jungen Erwachsenen, sich auf diese neue Lage einzustellen. Trotz der realistisch eingeschätzten schwierigen Ausgangsbedingungen herrscht eine auffällig pragmatische Grundstimmung bei der Mehrheit der Jugendlichen im Blick auf ihre eigene persönliche Zukunft vor. Die gesellschaftliche, insbesondere wirtschaftliche und sicherheitspolitische, Entwicklung wird von den Befragten als kritischer als vor 10 oder 20 Jahren eingestuft, die persönlichen Möglichkeiten zur Bewältigung dieser Situation durch individuelle Anstrengung und konzentrierte Lebensführung aber werden mehrheitlich dennoch positiv gesehen.

Diese konstruktive Grundstimmung ergibt sich vor allem aus der hohen schulischen Leistungsmotivation. Durch einen hohen Bildungsgrad wollen Jugendliche sich eine günstige Position auch im beruflichen Sektor erschließen. Die Mehrheit von ihnen ist überzeugt, diesen Aufstieg über das Schulsystem auch tatsächlich bewerkstelligen zu können. Sie spüren zugleich, wie schwierig für sie der Übergang in den Beruf geworden ist. Jugendarbeitslosigkeit und Konjunkturprobleme scheinen inzwischen überwunden zu sein, aber die kritischen Erfahrungen der letzten 15 Jahre stecken ihnen noch in den Kleidern und machen sie vorsichtig.

Es lässt sich eine meinungsführende Gruppe von selbstbewussten Machern und pragmatischen Idealisten identifizieren. Sie bildet zwei Drittel der Jugendpopulation und zeichnet sich durch eine Synthese von »alten« und »neuen« Werten aus. Die Werte Fleiß und Ehrgeiz, Macht und Einfluss sowie Sicherheit erleben in dieser Gruppe eine Renaissance, sie werden mit den Selbstverwirklichungswerten Kreativität, Unabhängigkeit, Lebensgenuss und Lebensstandard kombiniert. Die »Macher« sind eine aufstiegsorientierte Gruppe von gleich vielen jungen Frauen und jungen Männern, die eine unbefangene Kombination von materialistischen und postmaterialistischen Orientierungen praktiziert. Die selbstbewussten Macher verbindet, dass sie keine Schwierigkeiten damit haben, über Fleiß und Disziplin zu materiellem Reichtum und Lebensgenuss zu kommen. Sie sind Nutzenkalkulierer, selbstbezogene und bedürfnisorientierte Umweltmonitoren, die man auch als »Egotaktiker« bezeichnen kann.

Für diese große Mehrzahl der Jugendlichen gilt: Der Schwerpunkt ihrer Zukunftswünsche liegt im Erfolg in der Leistungsgesellschaft, also überwiegend im beruflich-wirtschaftlichen Komplex. Sie sind im engsten Sinne des Wortes »produktive Verarbeiter ihrer inneren und äußeren Realität« (Hurrelmann, 2012; Hurrelmann & Quenzel, 2012), kommen mit verhältnismäßig wenigen Fremdimpulsen der Strukturierung ihrer Lernprozesse aus und verfügen über ein hohes Maß von Selbstkontrolle und Selbstdisziplin, um erfolgreich zu sein. Wir haben es mit einer interessanten, aber auch sehr eigenwilligen jungen Generation in Deutschland zu tun. Alle sind hoch leistungsmotiviert. Vor allem die jungen Frauen fallen durch ihren Ehrgeiz der Lebensplanung auf. Sie wollen Beruf und Karriere ebenso wie Familie, Partner und Kinder miteinander verbinden. Die jungen Männer ziehen nur zum Teil und nur zögerlich mit, sie kleben noch ängstlich an alten Geschlechtsrollen, glauben, ihnen stünde ein beruflicher Erfolg per Tradition ohnehin zu. Dadurch verschlechtern sie ihre Lage ungewollt immer mehr.

3.3 Das Konzept des lebenslangen Lernens wörtlich nehmen

Was wir nun brauchen, ist ein Bildungssystem, das den Anforderungen der modernen Welt und den Wünschen der jungen Generation gerecht wird. Die internationalen Bildungsorganisationen OECD und UNESCO haben hierfür vor 40 Jahren den Begriff des »Life Long Learning« in die fachliche Diskussion eingeführt. Nach dieser Vorstellung ist es in hoch entwickelten Gesellschaften unvermeidlich, während des gesamten Lebens zu lernen. Einer der Kernsätze des Faure-Berichtes lautet: »Bildung muss auf vielfältige Weise erworben werden können. Wichtig ist nicht, welchen Weg das Individuum wählt, sondern was es gelernt hat« (Faure et al. 1973, S. 251). Die OECD hat 1996 eine ähnliche Orientierung vorgeschlagen (OECD, 1996).

Das Konzept des lebenslangen Lernens entspricht den Erkenntnissen der interdisziplinären Sozialisations- und Entwicklungsforschung, die von einer aktiven und prozesshaften, »produktiven« Verarbeitung der inneren und der äußeren Realität während der gesamten Lebensspanne ausgeht (Hurrelmann, 2012).

Für ein optimales Bildungssystem ergibt sich aus dieser Erkenntnis die Anforderung, die Bereiche des Bildungssystems von der Elementar- und Grundbildung bis zur Weiterbildung in ein enges Verhältnis zueinander zu bringen. In sozialisationstheoretischer Perspektive muss ein Bildungssystem der Tatsache Rechnung tragen, dass Bildungsprozesse nur dann erfolgreich sein können, wenn sie auf den erreichten persönlichen Entwicklungsstand eingehen und aus einer Kombination von professionell angeleiteten und selbst induzierten Impulsen bestehen. Lebenslanges Lernen verlangt nach einer Verzahnung von Grundbildung und Weiterbildung.

Es geht um grundlegende Strukturierungen von Lern- und Entwicklungsfähigkeiten und den Aufbau von »Schlüsselqualifikationen«, die einen Menschen in die Lage versetzen, das nötige Rüstzeug zu erwerben, um sich aus eigenem Antrieb auf neue Herausforderungen und Lebenssituationen einzustellen und die dafür notwendigen Qualifikationen zu erschließen. Durch anregende Impulse schon in den ersten Lebensjahren kann die Voraussetzung dafür geschaffen werden, auch in den anschließenden Lebensabschnitten den persönlichen und sozialen Entwicklungsaufgaben gewachsen zu sein (Bildungskommission NRW 1995).

Meist wird zwischen beruflicher und allgemeiner Weiterbildung unterschieden. Die berufliche Weiterbildung kann in die berufliche Fortbildung und Umschulung, die allgemeine Weiterbildung in die Erweiterung der Grundbildung und die politische Bildung unterteilt werden (Weisser, 2002, S. 37). In allen Bereichen ist die Kombination von »Selbstlernen«, dem im Faure-Bericht sogenannten »autodidaktischen Studium« und angeleiteten Lernen typisch (Europäische Kommission, 1995).

Die Unterscheidung von beruflicher und allgemeiner Weiterbildung macht unter den veränderten Umständen keinen Sinn mehr. Grundbildung, Allgemeinbildung, Berufsbildung, berufliche Weiterbildung und Fortbildung gehen ineinander über. In allen Bereichen wird die Kombination von »Selbstlernen«, dem im Faure-Bericht so genannten »autodidaktischem Studium« und angeleitetem Lernen typisch. Im Zuge der wachsenden Selbstständigkeit im beruflichen Leben muss auch das Bildungssystem dieser Tendenz zur Professionalisierung Rechnung tragen. Die Qualifikationsbedürfnisse einer Wissensgesellschaft verlangen, dass die traditionelle Vorstellung der Allgemeinbildung und der davon getrennten Berufsbildung überwunden wird. Die breit gefasste Berufsbildung, besser vielleicht sogar Professionsbildung, ist die Allgemeinbildung der Zukunft. Die Lernzeiten dienen nicht mehr mechanisch der Vorbereitung auf das Arbeits- und Berufsleben, sondern verbinden sich mit dem Berufsleben.

3.4 Lernangebote individualisieren, flexibilisieren und an den Teilnehmenden orientieren

Lernen, Arbeiten und Leben schachteln sich immer mehr ineinander, und ein modernes Bildungssystem hat auch hierauf zu reagieren. Wer glaubt, die Phase des Lernens umfasse in einer individualisierten Gesellschaft lediglich die Zeiten der schulischen und beruflichen Ausbildung, der schätzt die Entwicklung falsch ein. Würde man das alte Lebensrhythmusmodell auf heute übertragen, so hieße dies, einer 30-jährigen Periode der Qualifizierung zur Vorbereitung auf den Beruf folge die Ausübung ebendessen über weitere 30 Jahre, um das restliche Drittel des Lebens im Ruhestand zu verbringen. Ein solches Nacheinander der Lebensbereiche ist jedoch weder in sich stimmig noch bezahlbar. Stattdessen bedarf es einer Erneuerung des Lebensrhythmus hin zu einer Lebensgestaltung, die sich durch ein Miteinander von Leben, Lernen, Arbeiten, Produzieren und Reproduzieren auszeichnet.

Der Bildungserfolg der Kinder hängt nach wie vor sehr stark von der familiären Herkunft ab. Das liegt an der mangelnden Flexibilität des Bildungssystems. Wir leisten uns auf allen Stufen des Bildungssystems, die mit unterschiedlichen Phasen im Lebenslauf korrespondieren, stark untergliedert und sektoral voneinander abgeschottete Strukturen mit einer Vernachlässigung des Vorschul- und des Weiterbildungsbereiches. Im vorschulischen Bereich benötigen wir nach internationalem Vorbild ein flächendeckendes Netz von Einrichtungen zur Ergänzung der Familienerziehung und zur Vorbereitung auf die Grundschule. Das Fachpersonal in diesen Einrichtungen sollte eine akademische Ausbildung haben, um den hohen Anforderungen an Lernimpulsen in den ersten Lebensphasen gerecht zu werden. Die Verzahnung der Elementarausbildung mit der Grundschulausbildung sollte schnellstens hergestellt werden, um einen in sich stimmigen und harmonisch aufeinander aufbauenden Bildungsprozess in den ersten zehn Lebensjahren zu ermöglichen. Starke Elemente des Selbststudiums sind in dieser frühen Entwicklungsphase von großer Bedeutung, wie die moderne Lern- und Sozialisationsforschung zeigt.

Im weiterführenden Schulbereich, den Sekundarstufen I und II, ist die Flexibilisierung von Lernangeboten zu beschleunigen. Durch die Ausweitung des Schulangebotes in den Nachmittag (»Ganztagsschulen«) bieten sich Kooperationen mit außerschulischen Anbietern von Bildungsprogrammen an. Wichtig wird auch eine Beruhigung der völlig zersplitterten Organisationsstruktur des Sekundarschulsystems in Deutschland und eine schrittweise Integration der Bildungsgänge. Die Hauptschule sollte endgültig aufgelöst werden, so dass eine übersichtliche »Zweigliedrigkeit« des Schulsystems in der Sekundarstufe erreicht wird. Ideal wäre ein »Zwei-Wege-Modell« mit gleichberechtigten Gymnasien und integrierten Sekundarschulen im Anschluss an die Grundschule, die jeweils alle Bildungsabschlüsse anbieten, dafür aber unterschiedliche pädagogische und didaktische Wege einschlagen.

Im Hochschulsystem geht es ebenfalls darum, flexibel auf die Nachfrage von Studierenden und den Bedarf des beruflichen Bereiches einzugehen. So schnell wie möglich sollten die praxisbezogenen Fachhochschulen zu dualen Hochschulen ausgebaut und im Sinne des Zwei-Wege-Modells als Alternative zu den Universitäten etabliert werden. Alle Hochschulformen sollten in eine einheitliche, differenzierte und flexible Hochschulstruktur überführt werden. Die wissenschaftliche Weiterbildung sollte zum selbstverständlichen Bestandteil der Hochschulangebote werden. Je nach konkretem Zusammenhang ist Weiterbildungspolitik nicht nur Bildungspolitik, sondern auch Arbeitsmarkt-, Sozial- und Personalpolitik. So flexibel wie kaum ein anderer Sektor verlangt der Weiterbildungsbereich nach einem Zusammenspiel von staatlichen und privaten Trägerschaften und Initiativen. Vieles spricht dafür, dem Staat eine überwiegend fördernde und regulierende Rolle zuzusprechen, sodass dann private Initiativen in dem so gesetzten Rahmen Trägerschaft und Angebot übernehmen. Die Verzahnung mit allen Bereichen des Schul- und Hochschulsystems ist einzuleiten.

Lebenslanges Lernen ist nur möglich, wenn in jeder einzelnen Phase des Sozialisationsprozesses maßgeschneiderte Lernangebote unterbreitet werden. Solche Angebote sind nur möglich, wenn der jeweils erreichte Entwicklungsstand eines Lerners durch ein genau passendes Angebot von Lernimpulsen aufgenommen und eine individualisierte Bildungsberatung angeboten wird.

Es ist also eine präzise Eingangsdiagnose der Fähigkeiten und Fertigkeiten des Lernenden notwendig, um hierauf abgestimmte differenzierte Angebote für Lernprozesse zu unterbreiten. Im Wesentlichen geht es bei der Teilnehmerorientierung von Bildungsangeboten darum, die heute vorherrschende starre Angebotsorientierung von Lernprogrammen in eine Nachfrageorientierung umzuwandeln. Angebotsorientierung heißt: Eine bestehende Schulform ist zum Beispiel in ihrer Programmatik fixiert und nimmt nur diejenigen Schülerinnen und Schüler auf, die nach ihrem Lernprofil dieser Programmatik entsprechen. Gelingt es einem Schüler oder einer Schülerin nicht, dem Lernprofil (etwa des Gymnasiums) zu entsprechen, dann wird er oder sie von dieser Schulform verwiesen. Die Angebotsorientierung regt kaum Aktivitäten im didaktischen und fachlichen Bereich an, die auf eine Förderung von Schülerinnen und Schülern mit Lernschwierigkeiten gerichtet sind.

Soll das Schulsystem aber seine Klientel je nach individuellen Kompetenzen optimal fördern, ist eine Nachfrageorientierung notwendig, bei der jede Schule eine genaue Bestandsaufnahme darauf hin vornimmt, mit welchen Voraussetzungen Schülerinnen und Schüler in den Bildungsgang jeweils eintreten und welche individuell zugeschnittenen Unterstützungen und Förderungen sich hieraus ergeben. Dieser pädagogische Paradigmenwechsel, der in der Weiterbildung schon vollzogen ist, steht den anderen Einrichtungen des Bildungssystems erst noch bevor.

3.5 Dienstleistungsunternehmen im Sektor Bildung schaffen

Eine weitere Anforderung ist die Stärkung der Selbstständigkeit der einzelnen Bildungsinstitutionen vom Kindergarten über die Grundschule bis zur weiterführenden Schule, der Hochschule und der Weiterbildungseinrichtung. Bildungseinrichtungen sollten zu pädagogischen Dienstleistungseinrichtungen und Produktionsstätten werden.

Lebenslange Lernmöglichkeiten verlangen nach einer unkomplizierten Zugänglichkeit verschiedener Bildungseinrichtungen je nach Bedarf des Lernenden. Deshalb ist diejenige Einrichtung für den Lernenden am interessantesten, die sich flexibel auf seine direkten Wünsche und Interessen einstellen kann und ihm ein gezieltes Lernprogramm anbietet. Das gelingt einer selbstständigen Einrichtung am besten.

Das höchste Ausmaß an Selbstständigkeit ist in Deutschland heute im Quartärbereich, dem Sektor der Weiterbildung gegeben. Die Trägerschaft der Einrichtungen der Weiterbildung ist sehr pluralistisch. Von Arbeitgebern und Betrieben über Volkshochschulen, private Institutionen, kirchliche Einrichtungen, Verbände, Berufsverbände, Akademien, nicht-kirchliche Wohlfahrtsverbände über Kammern, Gewerkschaften, Arbeitgeberverbände, Berufsgenossenschaften, Parteien und Fernlehrinstitute bis hin zu Fachschulen, Fachhochschulen und Universitäten ist alles vertreten. Jede einzelne Einrichtung ist stark klientenorientiert. Damit ist der Weiterbildungsbereich in Deutschland ein Vorreiter in der organisatorischen Flexibilisierung.

Nur eine selbstständige, autonom pädagogisch handlungsfähige Bildungsinstitution ist in der Lage, den veränderten Lebensbedingungen von Kindern und Jugendlichen gerecht zu werden. Wenn es für die Angehörigen der jungen Generation notwendig ist, ein hohes Ausmaß von Selbstständigkeit zu entwickeln, um mit den Lebensanforderungen zurechtzukommen, dann brauchen sie auch eine Schule mit hoher Selbstständigkeit, die ihnen auf ihren Wegen in das Erwachsenenalter Anregungen und Hilfestellung bietet. Leistungsfähig sind Kinder und Jugendliche nur dann, wenn sie mit ihren alltäglichen Lebensanforderungen zurechtkommen, also ihre altersspezifischen Entwicklungsaufgaben bewältigen können.

Es ist ein altes Credo der pädagogischen Arbeit, dass gutes kognitives Lernen nur möglich ist, wenn es auf das engste mit sozialem Lernen verbunden ist. Leistungs- und Kompetenzförderung bilden eine untrennbare Einheit, sie bauen wechselseitig aufeinander auf. Die Schulen einseitig nur darin zu unterstützen, die Leistungsfähigkeit der Schüler durch gezieltes Training und präzise Tests zu stärken, das ist nicht ausreichend. Schulen müssen auch in der Lage sein, das gesamte Spektrum sozialer Kompetenzen einschließlich der emotionalen, kommunikativen und interaktiven Fähigkeiten mit in ihr Förderprogramm aufzunehmen.

Die traditionelle Schulorganisation in Deutschland ist hierfür nicht geeignet. Das Schulsystem in Deutschland trägt immer noch das Muster alter militärischer Organisation aus dem vorvorigen Jahrhundert, konzipiert nach der Idee, dass die pädagogische Arbeit mit Kindern und Jugendlichen ein reglementierbarer Akt sei, der staatlich überwacht und gesteuert wird. Nur durch eine grundlegende Umstellung des deutschen Schulsystems auf eine Eltern- und Schülerorientierung lässt sich diese Fehlentwicklung stoppen. Wenn man es auf ein Motto bringen will, geht es darum, Schulen zu »pädagogischen Dienstleistungseinrichtungen« zu machen, die sich um ihre Klientel, also die Eltern und die Schüler, bemühen und sich auf sie einstellen.

3.6 Fazit

Die Aufgabe der Schule ist es, jeweils flexibel auf die Ausgangssituation einzugehen, die die Schülerinnen und Schüler mit sich bringen, wenn sie die Institution betreten. Es geht also um nicht mehr und nicht weniger, als das an einem starren Angebot orientierte Schulsystem in Deutschland auf die flexible Nachfrage-Orientierung umzustellen.

Die Rolle des Staates wird dadurch nicht überflüssig, aber sie verändert sich deutlich. Die Schul- und Bildungsministerien sind nicht mehr die Kommandozentrale für die Steuerung der pädagogischen Abläufe in den einzelnen Bildungseinrichtungen, sondern die Rahmensetzer und fachlichen Aufseher. Eine selbstständige, eigenverantwortliche Schule braucht rechtliche Sicherheit, zum Beispiel im Blick auf die Qualität und die Anerkennung, die sie ihren Schülerinnen und Schülern verleiht. Sie braucht einen finanziellen Rahmen, der berechenbar und dauerhaft ist. Sie benötigt Beratung und Begleitung durch Fachleute in Organisations- und Personalfragen. Die selbstständige Schule ist also nach wie vor auf den Staat angewiesen, aber nicht auf seine obrigkeitsstaatliche angemaßte Bevormundung, sondern seine Rahmen setzende und Prozesse strukturierende Hand.

3.7 Literatur

Arens, M., Gangoin, S. & Treumann, K. P. (2007). Arbeitskraft-Unternehmer als E-Learner in der beruflichen Bildung. In: J. Mansel & H. Kahlert (Hrsg.), Arbeit und Identität im Jugendalter. Weinheim: Juventa, S. 201–217.

Autorengruppe Bildungsberichterstattung (Hrsg.) (2012). Bildung in Deutschland. Bielefeld: W. Bertelsmann Verlag.

Arnold, R. (1995). Weiterbildung. München: Vahlen.

Bildungskommission NRW (Hrsg.) (1975). Zukunft der Bildung – Schule der Zukunft. Denkschrift der Kommission Zukunft der Bildung. Neuwied: Luchterhand.

Deutscher Bildungsrat (Hrsg.) (1971). Strukturplan für das Bildungswesen. Stuttgart: Klett.

Deutscher Bildungsrat (Hrsg.) (1975). Umrisse und Perspektiven der Weiterbildung. Stuttgart: Klett.

Deutsches PISA-Konsortium (Hrsg.) (2001). PISA 2000. Basiskompetenzen von Schülerinnen und Schülern im internationalen Vergleich. Opladen.

Dewe, B. (1994). Grundlagen nachschulischer Pädagogik. Bad Heilbrunnn: Klinkhardt.

Diemer, V. & Peters, O. (1998). Bildungsbereich Weiterbildung. Weinheim: Juventa.

Europäische Kommission (Hrsg) (1995). Lehren und Lernen. Auf dem Weg zur kognitiven Gesellschaft. Weißbuch zur allgemeinen und beruflichen Bildung. Luxemburg: EU.

Faulstich, P., Teichler, U., Bojanowski, A. & Döring, O. (1991). Bestand und Perspektiven der Weiterbildung. Weinheim: Deutscher Studienverlag.

Faure, E. et al. (1973). Wie wir leben lernen. Der UNESCO-Bericht über Ziele und Zukunft unserer Erziehungsprogramme. Reinbeck: Rowohlt.

Hurrelmann, K. (2012). Sozialisation. Das Modell der produktiven Realitätsverarbeitung. Weinheim: Beltz.

Hurrelmann, K. & Quenzel, G. (2012). Lebensphase Jugend. Eine Einführung in die sozialwissenschaftliche Jugendforschung. Weinheim: Beltz Juventa (11. Auflage).

Hurrelmann, K., Quenzel, G. & Rathmann, K. (2011). Bildungspolitik als Bestandteil moderner Wohlfahrtspolitik. Zeitschrift für Soziologie der Erziehung und Sozialisation 31, S. 313–327.

Nuissel, E. (2000). Einführung in die Weiterbildung. Neuwied: Luchterhand.

OECD (Hrsg.) (1996). Lifelong Learning for All. Paris: OECD.

OECD (Hrsg.) (1973). Recurrent Education. A strategy for Lifelong Learning. Paris: OECD.

Plath, H. E. (2000). Arbeitsanforderungen im Wandel. Mitteilungen aus der Arbeitsmarkt- und Berufsforschung 33, S. 583–591.

Pongratz, H. J. & Voß, G. G. (2003). Arbeitskraft-Unternehmer. Erwerbsorientierungen in entgrenzten Arbeitsformen. Berlin: Edition Sigma.

Schiersmann, G. (2007). Berufliche Weiterbildung. Wiesbaden: VS.

Seufert, S. & Mayr, P. (2002). Fachlexikon E-Learning. Bonn: Mayr.

Shell Deutschland (2006). 15. Shell Jugendstudie. Frankfurt: Fischer.

Shell Deutschland (2010). 16. Shell Jugendstudie. Frankfurt: Fischer.

Weisser, J. (2002). Einführung in die Weiterbildung. Weinheim: Beltz.

I.IV Organisation

1. Wer soll, wer darf was wie wissen? – Grundsätze des Informationsmanagements für Schulleitungen

Maja Dammann

Die Art des Umgangs mit schulspezifischen Informationen stellt Weichen für Schulkultur und Schulentwicklung. Insbesondere neue Schulleitungen sollten deshalb ihre handlungsleitenden Prinzipien und die von ihnen bevorzugten Formen des Informationsmanagements reflektieren und zügig entsprechend agieren.

Überflüssige Such- und Orientierungsanstrengungen sind – nicht nur für neue Schulleitungen – sehr aufwändig. Ziel sollte sein, hier Standards für eine auch organisatorisch gute Einarbeitung zu setzen, die die schnelle Orientierung am neuen Arbeitsplatz erleichtern. Bewährt hat sich in diesem Zusammenhang ein Kompass, in dem alle zentralen Informationen der Schule zugänglich sind. Einen Vorschlag für einen solchen Kompass ist im Anhang zu diesem Beitrag wiedergegeben.

1.1 Weitergabe struktureller Informationen

Die Formen der Informationsweitergabe werden sich erheblich unterscheiden, je nach Größe und Organisation der Schule. Ein Prinzip sollte aber unbedingt handlungsleitend sein: schnelle und gründliche Information, Transparenz möglichst vieler Vorgänge allen Beteiligten gegenüber! Ein solches Vorgehen spart langfristig viel Zeit und trägt erheblich zu einer Kultur des Vertrauens an der Schule bei. Nicht rechtzeitig oder nicht vollständig übermittelte/weitergereichte Informationen erweisen sich immer wieder als Sand im Getriebe. Zum einen wird damit ja tatsächlich Kolleginnen und Kollegen, Eltern oder Schülerinnen und Schülern möglicher Einfluss oder Mitgestaltung verwehrt. Vor allem aber resultiert aus einem restriktiven Umgang mit Informationen nicht selten der (meist nicht berechtigte!) Vorwurf einer absichtlichen Unterschlagung – und die daraus entstehenden zwischenmenschlichen Verwerfungen müssen mühsam bereinigt werden.

Deswegen gilt die Grundregel: großzügige Weitergabe aller strukturellen Informationen! Allerdings gilt dieses Prinzip nicht uneingeschränkt. Im Einzelfall gilt es zwei Aspekte zu prüfen.

Prüfaspekt Zuverlässigkeit

Ist die Information zuverlässig, ist sie schon vollständig – und wird sie Bestand haben?

Ist dies ein kluger Zeitpunkt für die Weitergabe der Information, sollten alle – und wirklich alle umfassend informiert werden?

Dieser erste Prüfaspekt zielt auf die Tatsache, dass in Zeiten des ständigen bildungspolitischen Umbruchs nicht selten fehlerhafte, unvollständige oder unausgegorene Informationen, Texte und Konzepte an die Schulen kommen. Ein rückversichernder Anruf beim Absender oder bei Schulleitungskollegen vor der Weiterleitung an die Lehrkräfte macht hier durchaus Sinn – bevor die Weitergabe einer Information womöglich desorientiert, weil sie sich später als unvollständig oder falsch erweist.

Prüfaspekt: Form der Informationsweitergabe

Der zweite Prüfaspekt akzentuiert die Rolle der Führungskraft als Informationsmanager. Manche Nachrichten sollten persönlich übermittelt werden, weil sie weitreichende Auswirkungen auf die betroffenen Individuen haben. Deswegen sollte gleich die Möglichkeit der Nachfrage gegeben sein. Andere Informationen lösen strukturelle Veränderungen aus, die (in der Schulleitungsgruppe) bedacht sein sollten, bevor sie kommuniziert werden. Hier besteht die Aufgabe der Führungskraft in einer Art Übersetzungsleistung für die Schulöffentlichkeit, die umso wichtiger ist, je komplexer sich der zugrundeliegende Sachverhalt darstellt.

Die »Übersetzungsleistung« kann z. B. aus Folgendem bestehen:

- einer ersten Reduktion umfangreicher Texte (Richtlinien, Gesetze) in verdaulichere Zusammenfassungen
- einer klugen Planung einer Informationskaskade; d. h. der Überlegung, in welcher Reihenfolge welche Teilgruppen der Schulöffentlichkeit informiert werden sollen
- einer Auslegung und Interpretation der Information, in der zunächst die mögliche Bedeutung und evtl. Konsequenzen für die Schule dargestellt werden, um Aufmerksamkeit zu wecken, wenn die Texte in den schulischen Umlauf kommen.

1.2 Umgang mit persönlichen Informationen

Der Grundsatz der Offenheit und Öffentlichkeit findet natürlich dort eine Grenze, wo die persönlichen Belange Einzelner betroffen sind. Schulleitungen können gar nicht sorgfältig genug mit Informationen umgehen, die sie über Personen an ihrer Schule erfragen/erhalten – manchmal auch zugespielt bekommen. Personalia, so interessant und herausfordernd sie auch im Einzelnen sein mögen, sind absolut tabu. In dieser Hinsicht ist es auch von essenzieller Bedeutung, dass sich Schulleitungen auf die Verschwiegenheit ihres Leitungsgremiums verlassen können. Gerade als neue Schulleitung muss hier höchste Aufmerksamkeit walten. Bei schlechten Erfahrungen dürfen dann in der Konsequenz delikate Informationen in diesem Gremium nicht mehr veröffentlicht werden.

Diese grundsätzliche Verschwiegenheit kann Schulleitungen, die eine offene, kommunikationsfreudige Persönlichkeit besitzen und womöglich zudem spontan sind, schwerfallen, besonders in der Transitionsphase von der Lehr- zur Führungskraft. Denn das freundschaftliche Gespräch über Persönliches gehört zur Kultur in vielen Schulen, die Übergänge zum Tratschen und Klatschen sind fließend – und eine strikte Abstinenz wird womöglich als Unnahbarkeit verbucht. Deswegen kann es richtig sein, wenn neue Schulleitungen ihre Haltung in solchen Fällen ihrem Gegenüber erklären. Jedwede Bemerkung über nicht anwesende Dritte ist kritisch. Schon die Tatsache, dass Schulleitungen kurzfristig und ungeplant ihrer Verärgerung oder Begeisterung über Personen gegenüber Dritten Ausdruck geben, kann in der Rezeption und Weitergabe zu groben Verzerrungen führen – schließlich hat die Schulleitung geredet, nicht die Person.

1.3 Gute Verteiler erleichtern das Leben

Informationen erreichen die Schule über drei Wege:

- in Papierform, persönlich adressiert oder an die Schule
- als Mail an die Schulleitung
- als Mail oder Fax an das Schulbüro.

Neue Schulleitungen sollten überprüfen, welche Routinen an der Schule bisher im Umgang mit diesen Informationen existieren – und diese so schnell wie möglich den eigenen Bedürfnissen anpassen. Bewährt haben sich folgende Verabredungen:

- Das Büro ist befugt, Briefe zu öffnen, die allgemein an »Die Schulleitung« gerichtet sind – in den meisten Fällen verbergen sich hinter solchen Briefen Werbematerialien und das Büro könnte diese ggf. aussortieren. (Bei Unklarheiten könnte es eine Verabredung geben, alle entsprechenden Vorgänge einen Monat lang durch das Büro sammeln zu lassen – und sie dann einmal detailliert durchzusprechen, damit das Büro ein klares Verständnis der Kriterien der Schulleitung bekommt.)
- Es versteht sich von selbst, dass alle namentlich adressierten Schreiben nicht geöffnet, sondern direkt weitergeleitet werden.
- Es gibt für die Schulleitung einen persönlichen Mail-Account, auf den nur sie Zugriff hat. Das elektronische Postfach für das Schulbüro wird von diesem gepflegt, nach den gleichen Regeln wie für die Papierpost.

- Es existieren Verteilerlisten für möglichst alle Bereiche, als Mailverteiler und als Verteiler für eingehende Papierpost.
- Es werden Kürzellisten für die entsprechenden Bereiche angelegt – mit den Kürzeln, die schulintern für die Kollegen verwenden und mit denen auch die kollegialen Postfächer gekennzeichnet sind. Solche Verteilerlisten sind nützlich, um z. B. den Erhalt von Informationen gegenzeichnen zu lassen. Mit den jeweiligen Adressatengruppen wird geklärt, ob Schulleitungsinformationen per Papier oder als Mail verteilt werden sollen.
- Falls noch die Papierform vorherrscht: Es werden Adress-Etiketten für die Vertreter in Eltern- und Schülergremien angelegt.

1.4 Übersicht über mögliche Verteilerlisten

Auch wenn neue Schulleitungen viele dieser unten aufgeführten Verteiler schon vorfinden, sollte eine vorsorgliche Nachfrage der Aktualisierungsroutine gelten: Wer überarbeitet wann?

- Klassenlehrer
- alle Lehrkräfte eines Faches
- Fachvertreter/-leiter
- schulischer Beratungsdienst/Schulpsychologen/Schulsozialarbeiter
- Hausmeister/Hausarbeiter
- Elternrat und ggf. getrennt Liste der Elternvertreter
- Ausbildungsbetriebe und die dortigen Ausbildungsbeauftragten
- Schülerrat und ggf. getrennt Liste der Klassensprecherinnen u. -sprecher
- Schulkonferenz
- Vertrauensausschuss bzw. schulischer Personalrat
- Liste spezieller Funktionsträger unterhalb der Schulleitung wie z. B. Krisenteam, Sicherheitsbeauftragter, Internationales/Austausch
- Stadtteilverteiler
- Presseverteiler
- Verteiler für kooperierende Schulen

1.5 Sorgfältiger Umgang mit Protokollen

Neue Schulleitungen verschaffen sich im Regelfall auch anhand unterschiedlicher Protokolle einen ersten Überblick über die Arbeit an ihrer Schule. Dabei wird auch zu erkennen sein, wie sorgfältig mit diesen Protokollen umgegangen wird, wie gut der Zugriff auf die dort gesammelten Informationen möglich ist – und wie effektiv eine Beschlusskontrolle erfolgt. Sollte es hier Veränderungsbedarf geben, so können folgende Standards hilfreich sein:

- Klärung, dass Protokolle schulischer Gremien (Fachkonferenzen, Lehrerkonferenzen, Schulkonferenz, Elternrat, Schülerrat, Schulbeirat etc.) für das

Kollegium, den Vorstand des Elternrates und die Schulsprecher zugänglich sind. Das jeweils aktuelle Protokoll der jeweiligen Gremien hängt an einem festen Ort im Lehrerzimmer oder anderswo; die Protokolle des laufenden Schuljahres werden in zugänglichen Ordnern im Lehrerzimmer aufbewahrt.

- Die Pflege dieser Verabredung übernimmt das Schulbüro.

- Wenn die elektronische Kommunikation an der jeweiligen Schule verbindlich und flächendeckend gepflegt wird, gibt es ein schulisches Intranet mit entsprechenden digitalen Ordnern.

Ein offener Umgang mit den Protokollen stellt eine schulinterne Transparenz her für alle Beteiligten. Jeder kann nachlesen, welche Themen mit welchen Ergebnissen in den Gremien verhandelt wurden. Und wenn Unklarheit über die Beschlusslage besteht, gibt es die Möglichkeit, sich unbürokratisch zu informieren. Dazu empfiehlt sich zudem, eine alphabetisch sortierte, fortlaufende Beschlussübersicht zu führen, in die jeweils nach Vorlage des Protokolls die Beschlüsse übernommen werden.

Eine entsprechende Verzahnung des Protokollwesens ist die Grundlage für eine effektive Beschlusskontrolle – und die wiederum ist ein wichtiges Mittel, um mit der Zeit aller am Schulleben Beteiligten sorgfältig umzugehen.

1.6 Übermittlung von Informationen an das Kollegium

Drei unterschiedliche Wege der Übermittlung von Informationen an die Mitarbeiter bieten sich an Schule an:

- das Mitteilungsbuch (vgl. nächster Abschnitt)
- die mündliche Information auf Konferenzen
- das Schulleitungs-Informationsblatt, in Papierform oder als Mail.

Die mündliche Information sollte nur zwei Kategorien von Informationen vorbehalten bleiben: Entweder die Informationen sind von so großer Brisanz, dass sie am besten persönlich und vor allen Beteiligten zur gleichen Zeit weitergegeben werden, um Nachfragen zu ermöglichen und Gerüchte durch Missverständnisse zu minimieren, oder die Informationen müssen unter großem Zeitdruck weitergegeben werden. Alle anderen Informationen gehören in ein Leitungsinfo-Blatt. Dieses Instrument lohnt sich auch an kleinen Schulen relativ regelmäßig, da damit alle Kollegen zum gleichen Zeitpunkt mit den gleichen Informationen versehen werden – und da manche Information schriftlich einfach besser nachzuvollziehen ist. Die Kollegen können z. B. Neuerungen noch einmal nachlesen.

Was auf den ersten Blick wie unnötige Mehrarbeit aussieht, kann langfristig deutlich entlasten – denn Sachverhalte müssen nicht zehnmal im Gespräch dargestellt werden, ein Verweis auf die Info genügt.

Wenn das Info-Blatt der Schulleitung ein bestimmtes Erscheinungsbild hat, z. B. eine eigene Farbe, ein Logo etc., so erhöht das die Wahrnehmungswahrscheinlichkeit: »Aha, es gibt ein neues Schulleitungsinfo-Blatt!«

Die Einladung zur nächsten Lehrerkonferenz kann ins Schulleitungsinfo-Blatt – und gleichzeitig liefert dieses Info-Blatt alle Informationen, die sonst üblicherweise mündlich auf der Konferenz vorgetragen werden und dort den Kollegen die Zeit stehlen. Auf der Konferenz gibt es dann keinen ellenlangen Tagesordnungspunkt »Mitteilungen der Schulleitung« mehr – sondern nur noch Nachfragen zu den schriftlichen Informationen.

Eine komplette Umstellung des Leitungsinfo-Blattes auf elektronische Versendung sollte nur dann erfolgen, wenn wirklich sicher ist, dass damit alle Lehrkräfte erreicht werden. Eine »Übergangskultur«, in der beide Informationsformen parallel bestehen, hat sich nicht bewährt. Die Erfahrung zeigt, dass dies die Verbindlichkeit der Information nicht erhöht.

1.7 Das Mitteilungsbuch – eine echte Fundgrube!

An vielen Schulen ist es Brauch, die vielen kleinen alltäglichen Informationen in einem Mitteilungsbuch zu erfassen. Dieses Buch liegt an prominenter Stelle, wenn man in das Lehrerzimmer kommt – und es gilt die Verabredung, dass jeder Kollege bei Dienstantritt jeden Morgen einen Blick auf den Vertretungsplan und einen Blick ins Mitteilungsbuch werfen muss. Deswegen macht es Sinn, das Buch auf einem Stehpult o. Ä. direkt unter dem Vertretungsplan zu deponieren.

Im Mitteilungsbuch werden aktuelle Informationen von Schulleitung und Kollegium festgehalten. Dabei gibt es keine scharfe Trennung von dienstlichen und privaten Mitteilungen. So haben hier die freudige Nachricht, dass eine Kollegin Nachwuchs bekommen hat, ebenso Platz wie der Hinweis, dass am kommenden Tag wegen Abnahme der Fahrradprüfung ein Teil des Lehrerparkplatzes gesperrt sein wird. Wichtig ist nur die Vereinbarung, dass jeder Eintrag mit Datum und lesbarer Unterschrift versehen wird, für mögliche Nachfragen – und um Desorientierung zu vermeiden.

Eine eifrige Nutzung des Mitteilungsbuches kann viel zur Schaffung eines guten kollegialen Klimas beitragen – wenn sich die Kollegen daran gewöhnen, dass sie eine Bringpflicht hinsichtlich bestimmter Informationen haben und z. B. einige Tage vorher notieren, dass sie in der kommenden Woche mit Klasse X am Mittwoch einen Museumsbesuch machen – oder dass die Klasse Y plant, eine Theatergruppe einzuladen und noch andere Klassen(-lehrer) sucht, die dabei mitmachen.

Auch die Schulleitung kann das Mitteilungsbuch außer für kurze aktuelle Informationen als atmosphärisches Instrument nutzen – z. B. für öffentliches Lob und öffentlichen Dank, wenn die nächste Gelegenheit, dies auf der Konferenz zu tun, noch zu weit in der Zukunft liegt, für kleine Sprüche, Zeitungsartikel etc., die Stoff für kollegiales Nachdenken/Schmunzeln darstellen können.

Das Mitteilungsbuch in elektronischer Fassung kann die geschilderte Funktion nur erfüllen, wenn der Zugriff auf ein entsprechendes schulisches Portal von überall aus möglich ist – und wenn ein ständig aktiver Bildschirm eine dominante Position im Lehrerzimmer hat.

1.8 Schriftliche Informationen für Schüler und Eltern

Ebenso ist zu überlegen, wie Schülerinnen und Schüler, Eltern oder Ausbildungsbetriebe informiert werden. Gibt es eine Schulzeitung? Gibt es Informationen für bestimmte Zielgruppen? Regelmäßige, ca. zwei- bis viermal im Jahr erscheinende schriftliche Mitteilungen an die Eltern oder andere Adressatengruppen können die Identifikation mit der Schule erheblich steigern. Die Empfänger schauen damit über den Tellerrand ihres eigenen begrenzten Erfahrungsausschnitts mit der Schule. Attraktiv nach innen und außen kann auch eine gemeinsam von Eltern, Schülern und Lehrern erstellte Schulzeitung sein. Im idealen Fall kann diese interessante Ergebnisse des Unterrichts und ein aktives Schulleben einfangen und dokumentieren – sowie darüber hinaus Forum sein für Positionen und Kontroversen an der jeweiligen Schule. Eine neue Schulleitung ist nicht selten die Initialzündung für entsprechende Aktivitäten.

Aber auch die regelhafte Information der Schülerinnen und Schüler sollte gewährleistet sein. Informieren die Klassenlehrer zuverlässig die Schüler – oder sollten die Klassensprecher direkt informiert werden? Gibt es einen Vertrauens-/ Verbindungslehrer, der die Information der Schülervertreter zuverlässig übernimmt? An kleineren Schulen mag es möglich sein, dass die Schulleitung selbst ab und zu in die Klassen geht, wichtige Punkte mit den Schülern bespricht und so eine gute Gelegenheit wahrnimmt, viele Schüler und die Atmosphäre der Diskussion in den Klassen kennenzulernen. In größeren Schulen sollte pro Klasse ein Postfach neben dem Sekretariat eingerichtet werden. Die Klassensprecher haben die Aufgabe, dort regelmäßig die Materialien für die Klassen abzuholen und an die Mitschüler weiterzugeben bzw. zu berichten. In diesen Fällen ist auch eine schriftliche Information der Schulleitung und/oder der Verbindungslehrer an die Klassensprecher möglich.

1.9 Ein schulinterner Kompass für neue Kolleginnen/Kollegen

Wenn Kollegen neu an eine Schule kommen, müssen sie mit einer Vielzahl von Rahmenbedingungen und Regeln bekannt gemacht werden. Bewährt hat sich – um diese Informationen kompakt, aktuell und schnell zugänglich vorhalten zu können – eine schulinterne Informationsmappe mit allen wichtigen Daten über ihre Schule. Die Erstellung dieser Mappe kostet Zeit, aber wenn sie erst einmal im PC vorliegt, ist die jährliche Aktualisierung ein Kinderspiel.

Die Checkliste versteht sich als Anregung, mit der ich auf Fortbildungsveranstaltungen mit Schulleitungen gute Erfahrungen gemacht habe. Hier sind alle Aspekte aufgeführt, die sich in Schulen verschiedener Schulformen finden ließen. Auf dieser Basis lässt sich eine Auswahl treffen und entscheiden, welche Informationen verschriftlicht werden sollten und welche vielleicht, besonders bei kleineren Schulen, viel einfacher über eine Patin, einen Paten mündlich zu kommunizieren sind.

Anregungen zur Auswahl von A–Z

A

- Abschlussprüfungen, zentrale (In welchen Jahrgängen und Fächern gibt es sie? Wann liegen die Termine? Welche Aufgabenformate gibt es? Sind dafür Handreichungen vorhanden?)
- Alarm (Signal, Fluchtpläne)
- Ämterliste (Who is who der Ämter)
- Anrechnungsstunden, schulinterne
- Anschaffungen (An wen müssen sich neue Kolleginnen und Kollegen wenden, wenn sie noch kleine Anschaffungen für ihre Klasse machen wollen? Wie wird abgerechnet?)
- Anträge (Welche Antragsformulare sind wichtig? Wo gibt es diese?)
- Attestregelung, schulinterne, für Schülerinnen und Schüler
- Audiovisuelle Medien (Welche gibt es, wo lagern sie, welche Ausleihmodalitäten?)
- Aufsichten (Wie viele müssen gemacht werden, wie sind die Aufsichtsbereiche abgegrenzt, was wird in der jeweiligen Aufsicht Besonderes erwartet?)

- Arbeitszeitregelungen, schulinterne

B

- Beratungslehrer
- Berichtszeugnisse
- Betriebspraktikum (Gibt es feste Termine im Jahresterminplan dafür? Welche Materialien gibt es dafür an der Schule, welche Verabredungen hinsichtlich der Besuche bei den Schülerinnen und Schülern/Freistellung der Kolleginnen und Kollegen gibt es dafür?)
- Beurteilung des Arbeits- und Sozialverhaltens, Kommentare in Zeugnissen (Welche Verabredungen gibt es hierfür an Ihrer Schule – Fristen, Formulare, Umfang, Textsorte?)
- Verbilligte Fahrscheine für Schülerinnen und Schüler (Gibt es sie, wer verwaltet sie, wie rechtzeitig muss man sie vor Ausflügen bestellen?)
- Büro (Personen, Öffnungszeiten, Zuständigkeiten, welche Gepflogenheiten gibt es?)

C

- Computer (Computerräume, PCs in Klassenräumen, PCs für Stillarbeit für Lehrer, Internetzugang für Schülerinnen und Schüler, im Unterricht, in Freistunden ...)

E

- Elternabende (Welche Gepflogenheiten gibt es an der Schule?)
- Elternvertretung (Liste der Vertreter; wo kann man die Protokolle nachlesen?)
- Elternsprechtag (Wann liegt er, was wird von den Kolleginnen und Kollegen erwartet?)
- Energie (Gibt es Energiesparprogramme an Ihrer Schule?)
- Erste Hilfe (Wo ist entsprechendes Material? Wo ist der Erste-Hilfe-Raum in der Schule? Wer ist ausgebildeter Ersthelfer?)

F

- Fachvertreter/-innen, Fachleiter/-innen (Für welche Fächer gibt es sie? Liste, Aufgabenbeschreibung)
- Förderung (innerschulische Zuständigkeiten für Sprachförderung, Begabtenförderung, Förderung bei Rechtschreibschwäche, Dyskalkulie etc.)
- Formulare im Umgang mit Eltern und Schülern (Welche sind an Ihrer Schule gebräuchlich, z. B. zur Rückmeldung über Fehlstunden von Fachlehrerin/Fachlehrer an Klassenlehrerin/Klassenlehrer oder zur Rückmeldung an Eltern bei nicht gemachten Hausaufgaben etc.)

- Fortbildung (Welche schulinternen Angebote gibt es? Welche Gepflogenheiten herrschen bezüglich Beurlaubung für Fortbildung während der Schulzeit?)
- Funktionen (Für welche Aufgaben gibt es schulinterne Regelungen?)

G

- Ganztagsschule (Welchen Planungsstand gibt es an Ihrer Schule? Welche Konsequenzen hat das für die neuen Kolleginnen/Kollegen?)
- Gebäude (Lageplan, besondere Schließungen, besondere Nutzungsregelungen)
- Geburtstage, Geburtstagskalender (Wie ist das an Ihrer Schule – werden Geburtstage ignoriert, registriert, zelebriert?)
- Gewalt (Schulinterne Verabredungen)

H

- Hausmeister und Hausarbeiter (Erreichbarkeit, welche Kompetenzen haben sie?)
- Hofdienst
- Hospitation durch die Schulleitung (Welches übliche Verfahren gibt es an Ihrer Schule dafür?)

I

- Informationen (Wie kommen Informationen der Schulleitung, einzelner Fachbereiche, der Fortbildungsinstitute etc. zu den neuen Kolleginnen/Kollegen? Gibt es bestimmte schwarze Bretter, gibt es regelmäßige Mitteilungsblätter der Schulleitung, gibt es ein Mitteilungsbuch ...?)

J

- Jahresterminplan

K

- Kaffee und Tee (Kaffeekasse?)
- Kammerprüfungen (nur für Berufliche Schulen, Termine, Verfahren und Zuständigkeiten)
- Klassenarbeiten (Gibt es einen zentralen Plan?)
- Klassenbuch (Wo lagert es, sammelt die Schulleitung es regelmäßig ein?)
- Klassenreisen
- Klausurenpläne (Gibt es einen zentralen Plan? Wie ist das Nachschreiben geregelt?)
- Kommentarbögen zu Zeugnissen
- Konferenzbeschlüsse (Welche wichtigen Konferenzbeschlüsse müssen neuen Kolleginnen und Kollegen bekannt sein?)
- Konferenzen (Welche Konferenzen gibt es? Bei welchen gilt Anwesenheitspflicht? Bei wem melden sich neue Kolleginnen/Kollegen gegebenenfalls ab? Gibt es einen Konferenztag?)
- Kopieren (Kontingentierung der Kopien? Kopierkarte? Wer repariert? Wo ist Nachschub für Papier oder Farbe?)
- Krankmeldung (Verfahren beschreiben)
- Kurse (Welche Niveaus gibt es, was ist bei Kursen zu beachten – z. B. regelmäßige Rückmeldung von Fehl stunden an Tutor/Klassenlehrer)
- Kursheft

L

- Lehrerbücherei
- Lehrerzimmer (Gibt es bestimmte Sitzordnungen? Gibt es einen Stillarbeitsraum?)
- Lehr- und Lernmittelverwaltung (Wer ist zuständig?)

M

- Materialien für den Unterricht (Wo gibt es Materialsammlungen, Handreichungen, Kopiervorlagen etc. – gibt es Fachsammlungen, gibt es ein didaktisches Zentrum, wie sind die Austauschgepflogenheiten unter den Kolleginnen und Kollegen?)
- Mentor (Wie erfolgt die Zuordnung von Referendaren, was wird von Mentoren an dieser Schule erwartet, gibt es einen koordinierenden Mentor? Vgl. dazu auch Checkliste 75 50 05)
- Müll(trennung) (Konsequenzen für Klassenlehrer)

N

- Nachmittagsunterricht an Halbtagsschulen
- Neigungskurse (Nachmittagskurse) an Halbtagsschulen

O

- Öffentliche Verkehrsmittel (Gibt es verbilligte Karten für Lehrer?)

P

- Pädagogische Jahreskonferenz (Wann, Thema?)
- Polizei (zuständige Wache, Telefonnummer, Name des bürgernahen Beamten)

- Post/Postfach
- Präsenztage in den Sommerferien (Welche Gepflogenheiten gelten dafür an Ihrer Schule?)
- Projektwochen
- Protokolle (Wo hängen die Protokolle der Gremien zum Nachlesen?)

R

- Rauchverbot (Existenz, Umsetzung an Ihrer Schule)
- Referendarinnen/Referendare (Wer in der Schulleitung ist zuständig?)
- Reinigung der Klassenräume (Modus, ggf. Verantwortlichkeiten der Fach- und Klassenlehrer)

S

- Sammlungen
- Schlüssel
- Schülerbogen/Schülerakte
- Schülerrat/Schülervertretung
- Schularztstelle, Schulzahnärztin
- Schulbeirat
- Schulbücher (Wo kann der Bestand eingesehen werden? Gibt es eine Kostenbeteiligung der Eltern, wie ist sie an Ihrer Schule geregelt? Wer ist Ansprechpartner für alle Fragen in diesem Zusammenhang?)
- Schulkonferenz
- Schulleitung (Aufgabenverteilung/Zuständigkeiten)
- Schulordnung/Hausordnung
- Schulprogramm
- Schulpsychologischer Dienst (Zuständigkeit, Erreichbarkeit, Verfahren der Einschaltung)

- Schulrecht (Wo ist die Sammlung der einschlägigen Regelungen einsehbar?)
- Schulsprecherin/Schulsprecher
- Schulzeitung
- Schwimmen (Aufsichtsvorschriften, Bezahlung durch Eltern)
- Sonderurlaub
- Sozialamt
- Sport (Vorschriften hinsichtlich der Unfallvermeidung, der Aufsicht und des Treibens von Sport an Tagen mit hohen Ozonwerten)
- Stadtteilkooperationen (mit welchen Institutionen im Stadtteil kooperiert die Schule?)
- Stundentafel (ggf. Abweichungen)

U

- Unfallmeldung für Unfälle von Schülerinnen und Schülern (Wo liegen die Formulare? Formblatt für das korrekte Ausfüllen)

V

- Verbindungs-/Vertrauenslehrer
- Vergleichsarbeiten (In welchen Jahrgängen und zu welchem Zeitpunkt werden an Ihrer Schule Vergleichsarbeiten geschrieben, welche davon sind zentrale, welche schulinterne Arbeiten?)
- Verkehrserziehung
- Vertrauensausschuss
- Vertretungsunterricht (schulinterne Regelungen; gibt es eine Sammlung mit Vertretungsmaterialien, gibt es Hinweise des zu vertretenden Kollegen – und ist es üblich, dass solche Hinweise vorbereitet werden müssen?)

W	Z
• Wartung technischer Geräte (Gibt es einen Laboranten? Wer wartet sonst die Geräte in den Fachsammlungen? Was wird mit defekten Geräten gemacht?) • Wettbewerbe (Wo findet man Informationen dazu? Gibt es schulische Traditionen der Beteiligung?)	• Zeugnisse (Welche Zeugnisformulare gibt es? Schreiben die Kolleginnen und Kollegen die Zeugnisse, werden diese zentral ausgedruckt, werden sie vom Büro erstellt [Abschlusszeugnisse])? • Zeugniskonferenzen (Wer bereitet sie vor, welche Aufgabe haben Klassenlehrerin/Klassenlehrer bzw. Tutorin/Tutor in der Vorbereitung?)

1.10 Fazit

Neuen Schulleitungen wird ein möglichst offener, dabei in Form und Ablauf sorgfältig reflektierter Umgang mit strukturellen Informationen empfohlen. Dagegen bedürfen persönliche Informationen der Verschwiegenheit und der Zurückhaltung in der Kommentierung gegenüber Dritten. Instrumente wie Verteilerlisten, klare Absprachen zur Nutzung von Protokollen und die möglichst weite Verschriftlichung von Informationen sind Kennzeichen effektiven Informationsmanagements.

2. Aktenablage: mit Schriftgut effizient und ökonomisch umgehen

HELMUT LUNGERSHAUSEN

Kaum jemand, dem die Leitung einer Schule übertragen wird, ist ein geschulter Verwaltungsmensch. In der Regel findet man eine Büroorganisation vor, die »sich entwickelt« hat. Die Vorgänge laufen nach »Schema F« und die Sekretärin kennt sich (hoffentlich) aus. Probleme gibt es erst, wenn Unterlagen verloren gehen, Schriftstücke nicht zu finden sind oder das Personal im Sekretariat wechselt.

Da die Schulleiterin/der Schulleiter die Verantwortung für die laufenden Verwaltungsgeschäfte trägt, sollte sie/er für eine zweckmäßige und effiziente, aber auch wirtschaftliche Gestaltung dieses Bereichs sorgen.

Sie erhalten in diesem Beitrag grundlegende Informationen zum Dokumenten-Management, Hinweise zur Gestaltung und Organisation der Schriftgutverwaltung und Anregungen zur Bearbeitung der ein- und ausgehenden Post.

2.1 Bedeutung der Schriftgutverwaltung an Schulen

Die zunehmende Eigenverantwortlichkeit der Schulen ist mit einer Zunahme von Akten, Dokumenten und Unterlagen verbunden: Das Qualitätsmanagement muss erfasst und dokumentiert werden, Konzepte zu Förderungsmaßnahmen, zum Arbeitsschutz, zur Beratung etc. müssen formuliert und kommuniziert werden, Maßnahmen der Schulleitung, wie Unterrichtsbesuche oder Mitarbeitergespräche, müssen belegt werden und für die schulinterne Evaluation zur Verfügung stehen. Für die Schulbehörde müssen Statistiken und Kennzahlen erarbeitet werden und die Schulinspektion erfordert die Bereitstellung von Unterlagen in größerem Umfang.

Für die Schulleitung stellt sich das Problem, wie mit diesem Schriftgut umgegangen werden kann und muss, denn die Organisation der Schriftgutverwaltung muss so angelegt sein, dass die Unterlagen

- dem Verwaltungszweck entsprechend organisiert sind,
- in kurzer Zeit auffindbar und greifbar sind,
- vollständig nachgewiesen werden können,
- nach rechtlichen Vorschriften vorgehalten werden und
- wirtschaftlich erfasst, bearbeitet und archiviert werden können.

Untersucht man die Aufgaben der Schulleitung einer eigenverantwortlichen Schule, so lassen sich diese drei verschiedenen Handlungsebenen zuordnen (Abb. 1).

Im Zusammenhang mit zunehmender Schulautonomie und größeren Gestaltungsräumen der Schulen wurde dabei der Fokus auf die Aufgaben im oberen Teil (Führung, z. T. Management) gerichtet. Das ist erforderlich, weil es sich um ganz oder teilweise neue Aufgabenfelder für die Schulleitung handelt. Dabei besteht aber auch die Gefahr, dass Fragen der »laufenden Verwaltung« von Schule aus dem Blick geraten oder weniger wichtig genommen werden. Eine Schule lässt sich jedoch nur gut führen und managen, wenn die Büroorganisation auf einem guten Stand ist. Wenn Unterlagen fehlen oder nicht zu finden sind, gerät der Erfolg von Führung und Management in Gefahr. Werden Unterlagen lückenhaft oder nicht den Vorschriften gemäß aufbewahrt und vernichtet, kann der Schulleiterin/dem Schulleiter als verantwortlicher Person für die laufenden Verwaltungsgeschäfte Fahrlässigkeit oder grobe Fahrlässigkeit vorgeworfen werden.

Schule führen	✓ Visionen entwickeln ✓ Ideen vorantreiben ✓ Initiativen ergreifen ✓ Partner gewinnen ✓ Ressourcen erschließen ✓ Veränderungen planen und gestalten
Schule managen	✓ Qualität der Schule sichern ✓ Unterrichtspläne auf den Weg bringen ✓ Unterrichtsversorgung sichern ✓ Prozesse definieren und gestalten ✓ Projekte initiieren und begleiten ✓ Abläufe regeln und organisieren ✓ Investitionen/Beschaffungen durchführen ✓ Neuregelungen umsetzen
Schule verwalten	Verwaltungsabläufe regeln und erfassen ✓ Schülerverwaltung ✓ Gebäude, Inventar ✓ Personalmaßnahmen ✓ Finanzen, Statistik Schriftgut/Unterlagen verwalten ✓ Ablage, Archivierung, Sicherung ✓ Präsenz, Zugriff, Kommunikation ✓ Bearbeitung, Evaluation

Abb. 1: Handlungsebenen der Schulleitung

2.2 Dokumentenmanagement

In der Theorie ist das Problem der Verwaltung von Unterlagen gelöst. Es lassen sich DV-gestützte Dokumentenmanagement-Systeme konstruieren, die alle Aufgaben erfüllen können. Sämtliche Unterlagen werden elektronisch erfasst, gespeichert und in einer Datenbank verwaltet. Wesentliche Eigenschaften sind visualisierte Ordnungsstrukturen, Checkin/Checkout-Kontrolle, automatische Versionierung sowie eine Metadatenverwaltung zur indexgestützten Dokumentensuche.

So gekennzeichnete Dokumente sind über mehr Informationsfelder recherchierbar, als sie ein Dateisystem zur Verfügung stellt. Im Dateisystem kann der Anwender nur über Dateiname, ggf. Dateiendung, Größe oder Änderungsdatum suchen. Beim Dokumentenmanagement stehen beliebige Felder zur Verfügung wie z. B. Schülernummer, Zeugnisdatum, Klassenlehrer usw. Eine wesentliche Anwendung des Dokumentenmanagements im engeren Sinn ist die elektronische Akte, in der aus verschiedenen Quellen alle zusammengehörigen Informationen zusammengeführt werden. Geschieht dies dynamisch gesteuert durch Berechtigungen, Statusmerkmale und Auswertung der Attribute der Dokumente, spricht man von der »virtuellen Akte«, die dynamisch zur Laufzeit als Sicht generiert wird.

Ein solch umfassendes Dokumentenmanagementsystem dürfte in absehbarer Zeit in den Schulen nicht zur Anwendung kommen. Zu unterschiedlich sind die zu erfassenden Dokumente. Der finanzielle Aufwand für das System und die Systembetreuung sowie der Zeitbedarf für die entsprechenden Umstellungsarbeiten sind hoch und die Frage der Lebensdauer elektronischer Speichermedien ist noch nicht für längere Zeiträume gelöst. Ankündigungen wie »Zeiten schwerer Leitz-Ordner sind vorbei« (Hering-Haas/Fath 2008, S. 2) sind deshalb mit Vorsicht zu genießen. Die vorgestellten Datenbankprogramme sind meistens nur geeignet, einen Teilbereich des schulischen Schriftgutes zu erfassen.

2.3 Schriftgutverwaltung in der Schule

In der Schule haben wir es mit Unterlagen unterschiedlicher Bedeutung zu tun:

- Manche können direkt in den Papierkorb geworfen werden, andere sind 50 Jahre lang aufzubewahren (z. B. Abschluss- und Abgangszeugnisse, die Fristen regeln Länder-Erlasse wie »Aufbewahrung von Schriftgut in Schulen«).
- Die Mehrzahl ist von geringem Belang, andere haben rechtliche Bedeutung.
- Viele sind der Schulöffentlichkeit zugänglich oder werden offen ausgehängt, andere sind vertraulich und unter Verschluss zu nehmen.
- Immer mehr Unterlagen liegen als elektronische Datei vor, andere werden in Papierform erstellt und zugestellt.
- Einige werden nur ein einziges Mal gebraucht, auf andere muss ständig oder häufig zurückgegriffen werden.

Auch die Art der Dokumente bzw. das Format der Dateien ist unterschiedlich: Texte, Bilder, Prüfungsarbeiten, Statistiken, Karteien/Datenbanken u. a. gehören zu dem Schriftgut einer Schule. Zunächst ist es hilfreich, sich alle wesentlichen

Dokumente, die an der Schule vorhanden sein sollten oder müssten, in das Bewusstsein zu rufen. Dabei kann eine Checkliste helfen, die für die jeweilige Schulform angefertigt wird.

Die Überprüfung der Unterlagen nach dieser Checkliste verschafft nicht nur einen guten Gesamtüberblick, sondern ermöglicht auch ein Urteil über die Qualität der Büroorganisation an der Schule.

Fehlen wichtige Unterlagen, ist die Übersicht erschwert, kennt sich nur die Sekretärin aus oder dauert es lange, bis bestimmte Dokumente herausgesucht sind, so besteht Handlungsbedarf. Für das weitere Vorgehen bietet sich der folgende Dreier-Schritt an:

- Organisation der Aktenablage verbessern,
- Aktenplan erstellen und »verschlagworten«,
- Prozessbeschreibungen formulieren.

Organisation der Schriftgutablage

Das klassische Ablagesystembesteht in der Regel aus Leitz®- oder ähnlichen Ordnern, in denen die gelochten Unterlagen abgelegt werden. Inzwischen wurden Ablagesysteme entwickelt, die Raum sparender sind, eine Ablage ohne Lochung erlauben und eine bessere Übersicht über den Inhalt gewährleisten, z. B. die Hängeregistratur oder das Mappei®- bzw. Classei®-System. Letztere bieten auch die Möglichkeit, über Tabs zusätzlich mehrere Ordnungsprinzipien optisch umzusetzen. Außerdem können Sie damit die Brücke zur Datenverarbeitung schlagen. Direkt von Ihrer EDV kann per Datentransfer individuell jede Codierung automatisch generiert und die Aktenkennzeichnung ohne Lücken und Fehler produziert werden.

Das Ganze geschieht entweder bei Ihnen vor Ort oder bei dem Systemanbieter. Alle Akten sind dann fertig beschriftet und in richtiger Reihenfolge sortiert. Durch die Farbcodierung werden Ablage und Suchzeiten drastisch gesenkt und Falschablagen verhindert. Außerdem wird Ihr Archivraum optimal genutzt.

Mit entsprechender Software können sowohl digitale wie auch analoge Akten erfasst werden. Auf diese Weise lässt sich das gesamte Schriftgut einer Schule am PC verwalten (www.mappei.de oder www.classei-shop.de).

Die Wahl des Systems hängt ab von den räumlichen Möglichkeiten, der DV-Organisation, der Ausstattung an Büromobiliar sowie der ergonomischen Arbeitsplatzgestaltung und ist nur in diesem Zusammenhang sinnvoll zu verbessern. Bei der Planung einer Neuorganisation ist es hilfreich, zunächst im Internet zu recherchieren (Stichworte »Ablagesysteme«, »Aktenablage« etc.) und sich dann von einem Fachausstatter beraten zu lassen. Hierbei ist die Zusammenarbeit mit dem Schulträger unerlässlich.

Eine einfache Überarbeitung kann zunächst darin bestehen, die vorhandenen Aktenordner zu sichten und zu bereinigen, sie mit aktuellen Aufklebern zu versehen und die Standorte den Bedürfnissen anzupassen.

Schließlich sollten Sie sich noch um das Archiv kümmern. In den meisten Schulen ist das ein verstaubter Raum, in dem Papier aufbewahrt wird, was teilweise längst entsorgt sein sollte. Lassen Sie die unwichtigen Papierstapel vernichten und sorgen Sie dafür, dass bei Anfragen ehemaliger Absolventen die Zeugnisunterlagen schnell zu finden sind.

Aktenplan

Ein Aktenplan ist die Regelung der systematischen Ordnung des gesamten Schriftgutes einer Verwaltung. Ziel des Aktenplans ist die übersichtliche, nachvollziehbare und wirtschaftliche Ordnung des Schriftgutes. Der Aktenplan besteht aus einer numerischen Gliederung, der alle erforderlichen Bereiche zugeordnet sind. Zur optischen Unterscheidung werden zusätzlich Farben (z. B. Rückenschilder der Ordner) eingesetzt.

Bei der Erstellung von Aktenplänen ist es hilfreich, sich an Vorlagen zu orientieren. Im Internet sind Musteraktenpläne zu finden, wenn Sie unter dem Stichwort »Aktenplan« recherchieren. Es werden auch entsprechende Programme für die Gestaltung des eigenen Aktenplans z. T. kostenfrei angeboten (»Aktenplan-Outliner«).

Sinnvoll ist es, den Umfang des Aktenplans und die Zahl der Gliederungsebenen möglichst überschaubar zu halten. Bei den meisten Schulen dürfte man mit 10 Gruppen (0–9) und einer einstelligen Untergliederung (X.0–X.9) auskommen. Eine Praxishilfe als Vorlage findet sich in Teil III, Praxishilfen. Sie kann nach Ihren Bedürfnissen umgestaltet werden.

Als Bearbeiter von eingehenden Schriftstücken können Sie das Sekretariat entlasten, wenn Sie die Unterlagen mit einem Stempel »Ablage unter . . .« versehen und die jeweilige Nummer eintragen. Damit ist zunächst nur gewährleistet, dass die Schriftstücke an der richtigen Stelle abgelegt werden. Damit das Auffinden leicht gemacht wird, ist ein Schlagwortverzeichnis anzulegen. Dies wird am besten als MS-Word-Datei geführt. Neue Schlagworte werden nach Absatzschaltung angehängt und über das Menu »Tabelle« und den Befehl »Sortieren/Text« alphabetisch sortiert. Auf diese Weise verfügen Sie über ein aktuelles Stichwortverzeichnis für Ihren Aktenplan, der das Auffinden von Unterlagen wesentlich erleichtert und beschleunigt. Eine Kopie des Aktenplans gehört auf den Schreibtisch aller Personen, die mit den Akten arbeiten.

Die Umstellung der Akten nach einem Aktenplan sollten Sie gemeinsam mit den Mitarbeiterinnen im Sekretariat in Schritten planen und am besten in der unterrichtsfreien Zeit umsetzen.

Prozessbeschreibungen

Vorgänge, die sich häufiger oder regelmäßig wiederholen, sollten in Prozessbeschreibungen erfasst werden. Das gilt nicht nur für Verwaltungsvorgänge, sondern ist sinnvoll für alle schulischen Prozesse. In der Prozessbeschreibung wird in nachvollziehbaren Schritten der Ablauf festgehalten, wobei die Darstellung frei gestaltet werden kann, aber einheitlich erfolgen sollte. Es müssen dann nicht zu den entsprechenden Anlässen erneut Papier oder Dateien produziert werden.

Prozessbeschreibungen bieten mehrere Vorteile: Der Vorgang ist durch die Beschreibung definiert und standardisiert. Dadurch entfallen Missverständnisse, mündliche Erläuterungen und Rückfragen. Ein zusätzlicher Nutzen liegt darin, dass die Verwaltung transparent und nachvollziehbar wird, ein Effekt, der neben dem Nutzen für alle Schulangehörigen bei der Schulinspektion oder bei einer Zertifizierung positiv bewertet wird.

Die Prozessbeschreibungen sind allen Betreffenden zugänglich zu machen, z. B. durch die Einstellung in das Intranet der Schule oder durch die Auslage eines Ordners im Lehrerzimmer kleinerer Schulen.

Posteingang und -ausgang

Auch wenn die Schriftgutablage reformiert wurde, der Aktenplan steht und Prozessbeschreibungen das Vorgehen definieren, können Probleme auftreten. In der Regel wird heute zu viel gespeichert oder aufbewahrt. Dabei werden Raum bzw. Speicherplatz, Zeit und Arbeitsmittel eingesetzt, also Ressourcen verschwendet. Deshalb gilt das Prinzip: Alles wegwerfen oder löschen, was

- nicht von Bedeutung ist,
- an anderer Stelle greifbar ist,
- zentral archiviert/abrufbar ist.

Umgekehrt gilt es, die Vorschriften für die Aufbewahrung von Schriftgut zu beachten und die Fristen einzuhalten. Heften Sie eine Kopie des entsprechenden Erlasses hinter Ihren Aktenplan oder bringen Sie einen Fristvermerk auf der Akte an.

Beachten Sie, dass Schriftgut, welches z. B. 50 Jahre aufbewahrt werden muss, bei elektronischer Speicherung erhebliche Probleme verursacht: Erstens gibt es die entsprechenden Lesegeräte dann nicht mehr und zweitens halten die Datenträger nicht so lange. Die Dateien müssten also regelmäßig auf aktuelle Datenträger überspielt werden.

Über die voraussichtliche Lebensdauer von Speichermedien wird spekuliert. Die im Internet zu findenden Angaben liegen z. T. weit auseinander: z. B. Festplatten bis 20 Jahre, Magnetbänder bis 30 Jahre, selbst gebrannte CDs bis zu zwölf Jahre, USB-Sticks bis zehn Jahre. Kopien auf Papier sind dagegen nahezu unbegrenzt haltbar.

Bei der Bearbeitung der eingegangenen Post sollten Sie als Erstes überprüfen, ob etwas davon weggeworfen oder gelöscht werden kann. Dann entscheiden Sie, was weitergeleitet werden kann. Nur der Rest wird von Ihnen bearbeitet. Nach der Bearbeitung kann wiederum jeweils ein Teil weggeworfen, delegiert oder zu den Akten genommen werden.

Ein entsprechendes Schema kann als Grundlage einer Prozessbeschreibung »Posteingangsbearbeitung« genutzt werden (vgl. Teil III, Praxishilfen).

Post, die per E-Mail oder Fax eingeht, erhält automatisch einen datierten Eingangsvermerk. Alle Unterlagen, die als Papier auf dem klassischen Postweg kommen, sollten unmittelbar nach Öffnung mit einem Eingangsstempel versehen werden. Bei Fristsachen ist auf diese Weise nachweisbar, wann die Post in der Schule angekommen ist.

Mit zunehmender Eigenverantwortlichkeit oder Teilautonomie bearbeitet die Schule Unterlagen mit Rechtsfolgen (z. B. Personalangelegenheiten), bei denen auf Nachfrage oder Anforderung der Nachweis des Versands erfolgen muss. Zu diesem Zweck wird ein Postausgangsbuch geführt, in dem die ausgehende Post, welche von entsprechender Bedeutung ist, erfasst wird. Das Postausgangsbuch kann auch Adressaten bezogen geführt werden (z. B. Postausgangsbuch Landesschulbehörde). Eingangsstempel und Postausgangsbücher sind im Bürofachhandel erhältlich.

Ein Teil des Schriftgutes kann nicht sofort abschließend bearbeitet werden, da Fristen abzuwarten sind. In diesen Fällen wird mit der Wiedervorlage gearbeitet.

»Der Begriff der Wiedervorlage (Abkürzung Wv. oder Wvl.) kommt aus dem Bereich der rechtsanwendenden Berufe (Richter, Rechtsanwalt) und der Verwaltung. Mit dem Begriff wird eine Frist, bis zu der eine Akte oder ein Vorgang wieder vorgelegt werden soll, im Voraus festgesetzt. Wiedervorlagefristen werden in einen Fristenkalender eingetragen, damit eine Akte nicht völlig in Vergessenheit gerät« (Stichwort »Wiedervorlage« bei www.wikipedia.org vom 15. 11. 2014).

Beispiele für Wiedervorlage in der Schule:

- Der Schulleiter hat einen Auftrag für einen Kollegen terminiert und möchte am Morgen des Fälligkeitstages den Eingang überprüfen.
- Die Schulleiterin muss Angaben für den Schulträger zusammenstellen, die gegenwärtig noch nicht vorliegen. Wiedervorlage drei Tage vor der Deadline.
- Zu einem bestimmten Termin muss eine Beurteilung abgegeben werden. Eine Woche vorher soll die Wiedervorlage sichern, dass der Termin eingehalten wird.

- Die Einladung und das Programm für eine Tagung sollen einen Tag vor der Abreise griffbereit sein.
- Die Anmeldung zu einem Seminar kann erst ab einem bestimmten Termin erfolgen. Wiedervorlage am Morgen dieses Tages.

Die Wiedervorlage kann manuell erfolgen. Dazu gibt es spezielle Wiedervorlage-Mappen, die nach Monaten oder Tagen gegliedert sind. Der Vorteil liegt darin, dass alle Unterlagen im Original gleich vorliegen. Kritiker der Mappen bemängeln, dass in diesem Fall Vorgang und Unterlagen nicht getrennt sind, d. h. die Unterlagen befinden sich bis zur Wiedervorlage nicht im zuständigen Ordner und sind evtl. für andere Personen nicht verfügbar.

Die Wiedervorlage kann auch elektronisch erfolgen, z. B. über MS Outlook® oder andere Software. Zwar müssen dann die Originale der Unterlagen jeweils herausgesucht werden, aber die Termine können auch auf den persönlichen Planer überspielt werden.

Die Wiedervorlage macht es erforderlich, dass die Mappe oder der Zeitplaner jeden Morgen eingesehen werden. Für personelle Ausfälle muss (z. B. in einer Prozessbeschreibung) geregelt sein, wer für die Wiedervorlage im Vertretungsfall sorgt.

2.4 Maßnahmen zur Verringerung des Schriftgutes

Auf die Erstellung von Prozessbeschreibungen und ihren Beitrag zur Verringerung des anfallenden Schriftgutes wurde weiter oben schon eingegangen. In vielen anderen Fällen lässt sich ein mehrstufiger Prozess bei der Produktion von Schriftgut vermeiden. Das gilt insbesondere für selbst erstellte Protokolle und ähnliche Unterlagen. Hier sollten Sie ökonomisch vorgehen und prüfen, ob auf Bearbeitungsstufen verzichtet werden kann. An Unterlagen, die anschließend weniger oft/selten/nie gebraucht werden, können weniger hohe Ansprüche hinsichtlich der Form gestellt werden. Am Beispiel eines Protokolls (Abb. 2) wird deutlich, dass ein Vordruck mit lesbarer Eintragung den meisten Ansprüchen an die Funktion und Form genügen kann. Er ersetzt drei Arbeitsschritte und die Einschaltung der Sekretärin. Entsprechend gestaltete Vordrucke sparen auf diese Weise zeitraubende Arbeitsschritte und Papier.

Protokollierung eines Unterrichtsbesuchs mit anschließender Beratung	
1. Mitschrift während des Unterrichts und der Beratung (Notizen)	Lesbare Eintragung während des Unterrichts und der Beratung in einen speziellen Vordruck
2. Anfertigung des Entwurfs/Konzepts am Schreibtisch	
3. Übertragung des Konzepts/Erfassung in Datei und Ausdruck	
Ablage	

Abb. 2:   *Verzicht auf Bearbeitungsstufen*

Als Schulleiter habe ich mit diesem Verfahren auch gute Erfahrungen bei Beschwerden gemacht. Ich lasse den Beschwerdeführer (Eltern, Schüler, Ausbilder) seinen Beschwerdeanlass notieren und benutze den Vordruck zur weiteren Bearbeitung gemäß den Schritten des Beschwerdemanagements.

Bei vielen Schriftstücken lässt sich die Verweildauer auf dem Schreibtisch verkürzen, wenn diese sofort bearbeitet werden. Das wird durch Stempel oder Vordrucke erleichtert. Auf dem Vordruck eines Kurzbriefes können Sie einen Bearbeitungsvermerk vornehmen und den Vorgang sofort weiterleiten bzw. zur Post geben.

Mit entsprechend gestalteten Stempeln oder Vordrucken können Sie sofort auf Vorschläge reagieren, schnell Rückmeldung geben, Hinweise zur weiteren Bearbeitung geben oder an Termine erinnern. Auf diese Weise unterstützen Sie ohne großen Aufwand den verbindlichen Umgang miteinander, leisten einen Beitrag zur Verlässlichkeit und verringern die Papierstapel auf Ihrem Schreibtisch.

2.5 Qualifikation des Personals im Schulsekretariat

Wenn Sie feststellen, dass Ihre Sekretärin(nen) nicht oder nicht ausreichend qualifiziert ist (sind), sollten Sie das Gespräch mit den Betroffenen und der Personalabteilung des Schulträgers suchen. Durch Fortbildungen und DV-Schulungen können Defizite ausgeglichen werden. Veranlasst der Schulträger eine Neuorganisation der Schriftgutverwaltung, so ist darauf zu achten, dass eine entsprechende Einarbeitung der Sekretariatsmitarbeiterinnen vertraglich festgelegt wird.

Bei der Neueinstellung von Personal für das Schulsekretariat sollten Sie darauf dringen, bereits bei der Vorauswahl und den Vorstellungsgesprächen beteiligt zu werden. Lehnen Sie Bewerber ab, die nicht über einschlägige Erfahrungen verfügen und sich einarbeiten wollen. Machen Sie eine entsprechende Ausbildung

in Büroberufen oder eine mehrjährige Tätigkeit in der Verwaltung zu unabding-
baren Voraussetzung.

Gerade kleine Schulen, denen nur wenige Sekretärinnenstunden zugewiesen
werden, erhalten dabei oft Aushilfskräfte ohne ausreichende Fachkenntnisse
und Büroroutine. Weisen Sie darauf hin, dass diese Kräfte völlig auf sich allein
gestellt sind und keine Kolleginnen haben, die man um Rat fragen kann. Ein Engagement an dieser Stelle kann Ihnen in der Folgezeit viel Arbeit und Ärger er-
sparen.

2.6 Literatur

Engel-Ortlieb, D. (2008). Perfekt im Office. Moderne Büroorganisation für Pro-
fis, 3. Aufl., München: Redline-Wirtschaft.
Hering-Haas, H. & Fath, H. (2008). Schulleiter gewinnt Zeit durch Filemaker-
Datenbank. Zeiten schwerer Leitz-Ordner sind vorbei. In: SchulVerwaltung
SchulTrends, Sonderausgabe 2, S. 2.
Kurz, J. (2013). Für immer aufgeräumt. Zwanzig Prozent mehr Effizienz im Bü-
ro. 7. Aufl., Offenbach: Gabal.
Lungershausen, H. (2014). Vom Chaos zum Wohlfühl-Schreibtisch. Briefe,
Mails, Dateien und Dokumente auffindbar, vollständig und übersichtlich or-
ganisieren. Die BASS von A bis Z. Frechen: Ritterbach.
Umland, R. (2005). Den Schreibtisch im Griff. Checklisten von Ablage bis Zeit-
planung, Bielefeld: Bertelsmann.

I.V Personal

1. Systematische »Selbst-Diagnose«: Welche Fortbildung bringt mich wirklich weiter?

CARMEN KLOFT

Das Fortbildungs- und Beratungsangebot für Schulleitungen ist groß und vielfältig: Es gibt Angebote der Landesinstitute, der Universitäten und vieler freier Träger. Wirkung und Nutzen für die Praxis hängen nicht nur von der Qualität des Angebots ab, sondern auch entscheidend davon, dass man ein Angebot wählt, das zum eigenen aktuellen Entwicklungsbedarf und zu den persönlichen Entwicklungszielen passt. Der Beitrag stellt verschiedene Instrumente vor, wie man auf pragmatische Weise für sich als Führungskraft oder als Schulleitungsteam diese Selbstklärung vornehmen kann.

1.1 Ein ganzheitliches Führungsmodell als Rahmen

Führung zielt immer auf Wirkung! Um seine Wirkung als Führungskraft oder Leitungsteam zu verbessern, kann man – nach dem in Abbildung 1 vorgeschlagenen Führungsmodell – auf vier Ebenen ansetzen und dabei auf jeder Ebene die »Sach-Seite« (Anforderungen) mit der »Person-Seite« in Beziehung setzen.

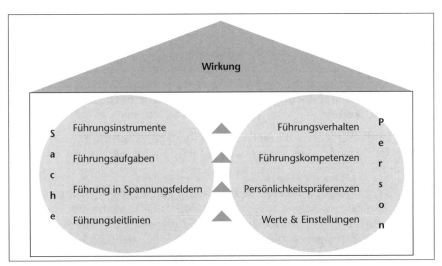

Abb. 1: Ganzheitliches Führungsmodell
(in Anlehnung an das Führungsmodel von Goll Consulting GmbH)

101

- **Führungsinstrumente & Verhalten:**

In welchen Anforderungssituationen als Schulleitung fühle ich mich verhaltenssicher, wo stoße ich an Grenzen? Welche Führungsinstrumente wende ich an und wie gut beherrsche ich sie? Wo habe ich Lücken?

- **Führungsaufgaben & Kompetenzen:**

Wo liegen meine Stärken und Schwächen? Welche Führungsaufgaben fallen mir entsprechend leichter, was liegt mir nicht? Welche Stärken will ich ausbauen, welche Schwächen kompensieren?

- **Führung in Spannungsfeldern & Persönlichkeitspräferenzen:**

Wozu neige ich als Persönlichkeit im Spannungsfeld von Kontinuität und Veränderung sowie von Nähe und Distanz? Welche Führungsanforderungen kann ich entsprechend gut erfüllen: Wo liegen meine Potenziale und Grenzen? In welche Richtung will ich mich entwickeln?

- **Führungsleitlinien & Werte:**

Welche Werte leiten mich, was ist mir wichtig – beim Führen der eigenen Person, beim Führen von anderen, bei der Gestaltung und Steuerung der Organisation? Was davon gelingt mir in der Alltagspraxis, wo liegen meine Stolpersteine?

Sie können entscheiden, auf welcher Ebene Sie ansetzen möchten. Meist liegt man intuitiv mit seiner Einschätzung richtig, wo »es klemmt« oder auf welcher Ebene die Chance für den größten Effekt bzw. Entwicklungsimpuls liegt.

Im Folgenden wird für jede Ebene ein Analyseinstrument vorgestellt. Voran zu stellen ist natürlich die Frage nach der Wirkung des eigenen Führungshandelns. Wichtige Hinweise dazu geben die externe Evaluation im Rahmen der Schulinspektion und die Vorgesetzten-Rückmeldung als interne Evaluation.

1.2 Repertoire an Führungsinstrumenten – Frage nach den Handlungsmöglichkeiten

Die Handlungssicherheit und Gestaltungskraft als Schulleitung gründet sich nicht zuletzt ganz konkret darauf, welche Führungsinstrumente sie anwenden kann, um ihre Ideen in die Praxis umzusetzen.

Um sich hinsichtlich des eigenen Repertoires an Führungsinstrumenten einschätzen zu können, ist es – angesichts der Fülle von Instrumenten – hilfreich, eine Kategorisierung zugrunde zu legen. Die hier vorgeschlagene Einteilung der Führungsinstrumente orientiert sich an den vier wichtigsten Rollen einer Führungskraft; sie sind in der Abbildung 2a kurz skizziert:

- Vorgesetzter/Entscheider
- Unterstützer/Berater
- Moderator
- Fachexperte.

In der Abbildung 2b sind diesen vier Rollen einer Führungskraft mehrere Instrumente zugeordnet – ohne Vollständigkeit beanspruchen zu können.

Fachexperte:	Vorgesetzter/Entscheider:
• bringt inhaltliche Vorstellungen, konzeptionelle Ideen ein	• gibt Ziele bzw. Rahmen/Korridor für Zielvereinbarungen vor
• verfügt über führungsrelevante Sachkenntnisse (Recht, Wirtschaft, Management)	• beauftragt mit Aufgaben
• hat Erfahrung und Routine	• überprüft Zielerreichung
• verfügt über Problemlösekompetenz	• äußert Anerkennung und bei Bedarf Kritik und Änderungsverlangen
• vermittelt Zuverlässigkeit und Sicherheit	• gibt Orientierung

Unterstützer/Berater:	Moderator:
• unterstützt Mitarbeiter bei Lösungssuche	• unterstützt Team bei Problemlösungen
• begleitet individuelle Entwicklung	• strukturiert Arbeitsprozesse stellt Arbeitsmethoden zur Verfügung
• gibt Feedback als Anregung	• achtet auf die Beteiligung aller
• bietet Qualifizierung, Reflexion etc. an	• vermittelt bei Konflikten
• fördert die Eigenverantwortung	• stiftet Konsens und Verbindlichkeit

Abb. 2a: Die vier Rollen einer Führungskraft

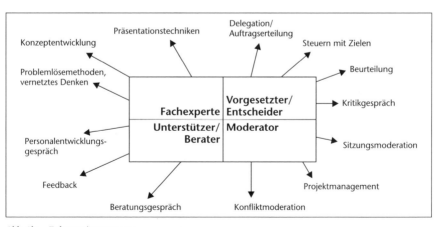

Abb. 2b: Führungsinstrumente

Aus diesem einfachen Rollenmodell ergeben sich drei interessante Fragen zur Selbstklärung hinsichtlich der Stärken und des Entwicklungsbedarfs:

- *Inwieweit gelingt es mir, in den verschiedenen Führungssituationen klar zu erkennen und anderen deutlich zu machen, in welcher Führungsrolle ich agiere?*

Besonders wichtig ist die deutliche Trennung zwischen der Rolle des Entscheiders, der von den Mitarbeitern und Mitarbeiterinnen bestimmte Leistungen einfordern darf und ggf. muss, und der Rolle des Beraters, der ergebnisoffen Mitarbeiter/innen bei der Suche nach einer Lösung u. Ä. unterstützt. Rollenvermischungen können – meist ungewollt – zu Konflikten führen und das Vertrauen beeinträchtigen.

- *In welchen der vier Rollen bin ich häufiger gefragt und welche der Rollen liegen mir mehr bzw. fallen mir schwerer?*

Bei den als »schwieriger« eingestuften Rollenanforderungen stellt sich die Frage, ob entsprechende Aufgaben z. B. an Mitglieder des Schulleitungsteams delegiert werden können (insbes. Moderationen, fachliche Stellungnahmen). Meist nicht delegierbar ist hingegen die Aufgabe des Entscheiders – hier ist ggf. angesagt, durch die Schärfung des Rollenbewusstseins und das Erlernen von Instrumenten handlungssicher zu werden.

- *Welche Instrumente beherrsche ich bereits, um in den vier Führungsrollen professionell, also systematisch gesteuert, zu handeln? Welche Methoden würden mir weiterhelfen, um die jeweilige Rolle effektiver als bisher wahrzunehmen?*

1.3 Kompetenzprofil – Frage nach den Stärken und Schwächen

Wenn es nicht nur darum geht, für einzelne wiederkehrende und somit planbare Führungssituationen Instrumente als Orientierungshilfen auf der Verhaltensebene zu erlernen, sondern die persönliche Handlungskompetenz für das breite Aufgabenspektrum von Schulleitung zu erweitern, lohnt es sich, das eigene Kompetenzprofil zu ermitteln. In Teil III, Praxishilfen, ist ein Selbsteinschätzungsbogen abgelegt zu den Führungskompetenzen, die im Hessischen Berufsbild Schulleitung und im Personalentwicklungskonzept für das Hessische Kultusressort aufgeführt sind. Dieser Selbsteinschätzungsbogen zeichnet sich dadurch aus, dass die Kompetenzbegriffe knapp definiert und anhand mehrerer Verhaltensindikatoren konkretisiert sind. Selbstverständlich kann man sich mithilfe dieses Bogens auch eine differenzierte Fremdeinschätzung einholen, z. B. im Rahmen eines Peer-Reviews.

Das Ergebnis ist ein Profil persönlicher Stärken und Schwächen entsprechend der Selbst- und/oder Fremdbeobachtung. Kurzschlüssig wäre es, aus Schwächen direkt Fortbildungsbedarf abzuleiten. Zum einen gibt es Kompetenzen im personalen Bereich, wie etwa emotionale Kompetenz und Initiative, die sich besser im Rahmen eines persönlichen Coachings bearbeiten lassen.

Und zum zweiten ist es häufig viel effektiver, sich im Schulleitungsteam in den Stärken zu ergänzen und deshalb diese gezielt auszubauen. Dies gilt insbesondere für Kompetenzen wie Planungs- und Organisationsfähigkeit, Motivationsfähigkeit und Mitarbeiterförderung sowie strategische Kompetenz. Das bedeutet, die eigene Weiterentwicklung nicht defizit-, sondern ressourcenorientiert zu denken. Schwächen gilt es, im Sinne der »Schadensbegrenzung« zu kompensieren – mit Fortbildung erzielt man hier unter viel Mühe allenfalls Mittelmaß.

1.4 Verortung in den Spannungsfeldern von Führung – Frage nach den Persönlichkeitspräferenzen

Führung bedeutet vor allem Gestaltung der Organisation und Führung des Personals. Organisationsentwicklung vollzieht sich im Spannungsfeld zwischen den Polen Kontinuität und Veränderung, Personalführung (Beziehungsgestaltung) im Spannungsfeld von Nähe und Distanz.

Idealerweise gelingt es einer Schulleitung, ihr Handeln in diesen beiden Feldern ausschließlich an den *situativen* Erfordernissen auszurichten: Steht in der Schule eher eine Phase der Konsolidierung an oder benötigt die Schule dringend Entwicklungsimpulse? Besteht in der Schule Handlungsbedarf eher im Bereich der Teamentwicklung und Klimaverbesserung oder eher im Bereich Zielorientierung und Qualitätsüberprüfung?

Realistischerweise aber ist das Handeln als Führungskraft nicht nur von den Erfordernissen, sondern häufig nicht unmaßgeblich von den eigenen Persönlichkeitspräferenzen mitbestimmt. Es lohnt sich daher, eine »Verortung« der eigenen Person auf den beiden Dimensionen »Kontinuität versus Veränderung« und »Nähe versus Distanz« vorzunehmen (vgl. Abb. 3). In Anlehnung an das Leadership-Kompetenz-Modell von Schley & Schratz (2007) lassen sich den vier Feldern dieses Koordinatensystems bestimmte Führungsqualitäten zuordnen.

Eine realistische Selbsterkenntnis der eigenen Persönlichkeitspräferenzen ist der wichtigste Schritt, um die Wahrnehmung für die situativen Erfordernisse zu öffnen bzw. zu schärfen und um personbedingte Grenzen im Führungshandeln zu erweitern. Dies gelingt sicher nicht in klassischen Fortbildungsseminaren, die auf den Erwerb von Wissen und Instrumenten zu einzelnen Themen abzielen.

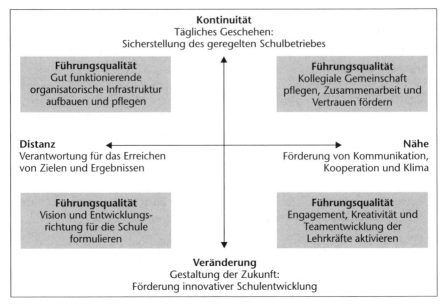

Kontinuität
Tägliches Geschehen:
Sicherstellung des geregelten Schulbetriebes

Führungsqualität
Gut funktionierende
organisatorische Infrastruktur
aufbauen und pflegen

Führungsqualität
Kollegiale Gemeinschaft
pflegen, Zusammenarbeit und
Vertrauen fördern

Distanz
Verantwortung für das Erreichen
von Zielen und Ergebnissen

Nähe
Förderung von Kommunikation,
Kooperation und Klima

Führungsqualität
Vision und Entwicklungs-
richtung für die Schule
formulieren

Führungsqualität
Engagement, Kreativität und
Teamentwicklung der
Lehrkräfte aktivieren

Veränderung
Gestaltung der Zukunft:
Förderung innovativer Schulentwicklung

*Abb. 3: Führung in Spannungsfeldern – Navigationssystem für Schulleitungen
(In Anlehnung an: Leadership-Kompetenz-Model von Schley & Schratz, 2007, auf der Grundlage von
Riemann, 1962, und Ulrich, 2000)*

Will man seine Handlungs- und Wirkmöglichkeiten als Führungspersönlich-keit erweitern, sind sog. person- und prozesszentrierte Fortbildungsformate för-derlich. Diese zeichnen sich dadurch aus, dass die Teilnehmer/-innen eine Vision für ihre Schule und ihre Führungsarbeit entwickeln, ihr Führungshandeln syste-matisch analysieren (z. B. durch 360°-Feedback), individuelle Entwicklungsziele formulieren, neue Handlungsstrategien erarbeiten und diese zunächst im Semi-nar, dann in der Schule erproben und sich schließlich der Wirkung ihres Han-delns durch Feedback vergewissern. Eine solche angeleitete persönliche Ver-änderungsarbeit erfordert eine hohe Bereitschaft zur Selbstreflexion und zur Annahme von Feedback sowie den Mut, Neues auszuprobieren.

Ziel ist, die eigene Leadership-Kompetenz zu erhöhen – verstanden als die Kunst, aus dem gesamten Repertoire der Führungsqualitäten schöpfen und diese gezielt einsetzen zu können.

1.5 Reflexion der Führungsleitlinien – Frage nach den Werten

Die – mehr oder weniger bewusste – Basis des täglichen Führungshandelns sind die persönlichen Werte und Einstellungen. Für die eigene Sinnerfüllung im Beruf und als Orientierung für die Mitarbeiter/innen lohnt es sich, diese Werte als Führungsleitlinien aufzuschreiben. Es geht um die Frage des Wozu:

Was ist mir besonders wichtig? Was hat für mich hohe Bedeutung? Wozu möchte ich einen sinnvollen Beitrag leisten?

Als Strukturierungshilfe kann das Modell der Themenzentrierten Interaktion von Ruth Cohn dienen, das in Abbildung 4 mit Leifragen zur Exploration der eigenen Werte ergänzt wurde. Dabei geht es um schöpferische Werte (Aufgabe/Thema), soziale Werte (Gruppe) und Einstellungs- bzw. ideelle Werte (Ich).

Sich die eigene Wertebasis bewusst zu machen und sich des Sinns der eigenen Arbeit zu vergewissern, beispielsweise in einem Coaching oder auch in einer kollegialen Supervision, ist besonders dann wichtig, wenn erste Anzeichen von Burnout auftreten, wie schnelle Erschöpfung, Lustlosigkeit, häufige Gereiztheit. Eine gute Prävention gegen »Ausbrennen« liegt darin, dem hohen Maß an (Dauer-)Beanspruchung als Schulleitung ein starkes Gegengewicht erlebter Sinnhaftigkeit und Bedeutsamkeit des eigenen Tuns bewusst entgegen zu setzen.

Abb. 4:   Welche Werte leiten mein Führungshandeln?

1.6 Fazit

Wenn man bedenkt, wie zeitintensiv und zum Teil kostspielig die Teilnahme an Fortbildungen oder Coachings ist, ist eine strukturierte Klärung dessen, was man für die eigene Praxis tatsächlich benötigt und wohin man sich als Führungskraft entwickeln will, gut investierte Energie.

1.7 Literatur

Schley, W. & Schratz, M. (2007). Leadership-Kompetenz aufbauen: Zwei Workshop-Einheiten. In: journal für schulentwicklung 11 (2007) 1, S. 54–59.

2. Kompetenzorientierte Fortbildungen: ein innovatives Konzept in der Führungskräftefortbildung

UTE GLATHE & CHRISTIANE HARTIG

Die an Fortbildungen Teilnehmenden unterscheiden sich hinsichtlich ihrer Vorerfahrungen, ihres Lernbedarfs und ihrer Interessen zum Teil erheblich voneinander. Sie haben unterschiedliche Erwartungen an Inhalte, Dauer sowie die methodisch-didaktische Gestaltung der Angebote. Jedoch eint sie die Erwartung, dass Fortbildungen dem Erhalt, der Aktualisierung, der Anpassung und Weiterentwicklung der vorhandenen beruflichen Kompetenzen dienen.

2.1 Ein Gedankenausflug

Wir laden Sie zu einem Gedankenausflug ein. Lassen Sie uns einmal folgende Erwartungen aufstellen:

- Fortbildungen sollen entsprechend der Fortbildungsbedarfe der Teilnehmerinnen und Teilnehmer konzipiert werden.
- Fortbildungen sollen mit maßgeschneiderten Angeboten auf die Heterogenität der potenziellen Teilnehmerinnen und Teilnehmer hinsichtlich ihrer Erfahrungen, ihres Wissens und ihrer Kompetenzen reagieren.
- Fortbildungen sollen dynamisch auf die permanenten gesellschaftlichen Veränderungsprozesse und die damit notwendigerweise einhergehenden Entwicklungen im schulischen Kontext reagieren.
- Fortbildungen sollen einen Beitrag zur Kompetenzentwicklung der Teilnehmerinnen und Teilnehmer leisten.
- Fortbildungen sollen Räume für den Transfer wissenschaftlicher Erkenntnisse sowie die Reflexion eigenen Handelns ermöglichen und damit Nachhaltigkeit erzeugen.

Wie müssten Fortbildungen dann gestaltet werden? Welche Kriterien und Indikatoren müssten der Planung dieser Fortbildungen zugrunde gelegt werden? Wie könnte es gelingen, ein einheitliches Verständnis bei den Organisatoren von Fortbildung, den Fortbildnerinnen und Fortbildnern sowie den Teilnehmerinnen und Teilnehmern zu erzeugen?

Der nachfolgende Artikel beschreibt die Antwort, welche am Sächsischen Bildungsinstitut (SBI) gefunden wurde, und liefert Ergebnisse einer ersten empirischen Untersuchung über die Analyse der eingesetzten Evaluationsbögen.

2.2 Der Ausgangspunkt oder: Am Anfang war die Herausforderung

Das Sächsische Bildungsinstitut hat den Auftrag, Fortbildungsveranstaltungen für schulische Führungskräfte sowie Lehrerinnen und Lehrer mit besonderen Aufgaben zu konzipieren, zu planen und zu organisieren sowie letztlich zu evaluieren. Dieser kontinuierlich anstehende Auftrag unterliegt einer permanenten Veränderung.

Folgende vier Prämissen bilden den Ausgangspunkt für die Weiterentwicklung der Fortbildungsmaßnahmen:

1. Eine der großen Herausforderungen für Führungskräfte allgemein besteht heute darin, der hohen Komplexität und Dynamik der zu gestaltenden Prozesse und Strukturen mit Rollensicherheit und klar reflektierten Management-, Entscheidungs-, Verhaltens- und Kommunikationsstrategien zu entsprechen. Dies trifft ebenso auf die schulischen Führungskräfte zu. Ihre Aufgaben werden vielfältiger und anspruchsvoller.
2. Fortbildungen unterstützen die schulischen Führungskräfte bei der Professionalisierung ihres Führungshandelns.
3. Permanente gesellschaftliche Veränderungsprozesse erfordern ein adäquates Fortbildungsprogramm.
4. Im Bildungsbereich nehmen die Themen Differenzierung, Kompetenzentwicklung sowie kompetenzorientierter Unterricht für den schulischen Kontext eine wichtige Rolle ein.

Ziel einer kompetenzorientierten sowie differenziert gestalteten Fortbildung muss deshalb die Weiterentwicklung von Handlungskompetenz auf der Basis von vorhandenem und elaboriertem Wissen im Sinne des lebenslangen Lernens sein. Der Aufbau und die Erweiterung von Kompetenzen vollziehen sich generell in einem kumulativen, dreischrittigen Prozess:

- Aufbau von Wissen,
- Entwicklung von Fähigkeiten, die Handeln ermöglichen, sowie
- bewusste Reflexion.

2.3 Auf das Ziel kommt es an oder: Die Wahl des Fortbildungsformates

Die o. g. Prozessschritte werden in der Führungskräftefortbildung über verschiedene Veranstaltungsformate – **Forum, Workshop, Reflexionsworkshop** – abgebildet, die den Kompetenzerwerb bei den Teilnehmerinnen und Teilnehmern in unterschiedlicher Ausprägung unterstützen. Im Folgenden werden die drei Formate näher vorgestellt und die Frage beantwortet: Wann ist welches Format das richtige?

- **Forum (F): Theorie bereitet Praxis vor**
  Die Teilnehmerinnen und Teilnehmer lernen Neues kennen und erwerben Kenntnisse. Sie stellen den Bezug zum eigenen Arbeitskontext her.
  Beispiele für Themen:
  Konfliktmanagement als Führungsaufgabe: Konflikte erkennen, verstehen, schlichten und lösen
  Erkenntnisse der Hirnforschung: Wie Schüler heute lernen – Was die Hirnforschung darüber sagt
  Individualisierung und Differenzierung

- **Workshop (WS): Theorie trifft Praxis**
  Die Teilnehmerinnen und Teilnehmer setzen sich mit Handlungsstrategien, Ablaufplänen sowie Konzepten aktiv auseinander und übertragen diese auf den eigenen Handlungskontext.
  Beispiele für Themen:
  Konfliktmanagement als Führungsaufgabe: Mit Spannungen respektvoll umgehen – Konflikte schlichten und lösen
  Konfliktmanagement als Führungsaufgabe: Prävention und Intervention
  Erkenntnisse der Hirnforschung: Wie Unterricht gestaltet werden soll – Neurodidaktische Grundlagen des Lernens
  Differenzierung im Unterricht

- **Reflexionsworkshop (RWS): Praxis steht auf dem Prüfstand**
  Die Teilnehmerinnen und Teilnehmer reflektieren eigene Handlungsstrategien, Verfahren und Konzepte hinsichtlich der Implementierung, Etablierung sowie Optimierung in ihrem Arbeitskontext.
  Beispiele für Themen:
  Konfliktmanagement als Führungsaufgabe: Konfliktmanagement – Potenzial und Grenzen in der Diskussion
  Gruppendynamische Prozesse

Die Wahl des Fortbildungsformates erfolgt in zwei Stufen auf zwei verschiedenen Ebenen.

Zunächst gilt für das Sächsische Bildungsinstitut, bei der Planung des Fortbildungsprogramms entsprechende Überlegungen anzustellen und differenzierte Angebote zu entwickeln. Schließlich planen die potenziellen Teilnehmerinnen und Teilnehmer ihre Fortbildungen individuell entsprechend dem Vorwissen und dem Fortbildungsbedarf. Das impliziert, dass die Teilnehmerinnen und Teilnehmer mehr Eigenverantwortung bei der Einwahl in die Angebote übernehmen sollen.

2.4 Die Formate im Kontext der Fortbildungsplanung

Stehen die Fortbildungsinhalte für neues Wissen, das als Handlungsmuster noch nicht in Schule etabliert ist, bietet sich das Format **Forum** (8 Unterrichtseinheiten mit bis zu 80 Teilnehmerinnen und Teilnehmern) an. Hier findet eine Annäherung an die jeweilige Thematik statt. Die Wissensvermittlung steht im Fokus. Erste Überlegungen widmen sich der Fragestellung, inwiefern die Inhalte mit der eigenen Schule in Zusammenhang stehen und wie der Transfer in den schulischen Kontext aussehen könnte. Impulse werden gegeben.

Im Idealfall führt dies dazu, dass bei den Teilnehmerinnen und Teilnehmern der Wunsch nach Vertiefung geweckt wird. Diese erfolgt im **Workshop** (16 Unterrichtseinheiten mit bis zu 25 Teilnehmerinnen bzw. Teilnehmern). Hier steigen der Aktivitätsgrad der Teilnehmerinnen und Teilnehmer ebenso wie der Konkretisierungsgrad bezogen auf die Inhalte. Die Teilnehmerinnen und Teilnehmer haben im Rahmen des Workshops die Möglichkeit, Handlungsstrategien, Ablaufpläne und Konzepte für ihren Handlungskontext zu prüfen und zu variieren. Ziel ist es, dass sie am Ende ein »Produkt« erarbeitet haben.

Als Beispiel sei hier ein Einblick in den Workshop »Kompetenzorientiertes Unterrichten« gegeben. Die Ziele des Workshops lauten:

Die Führungskräfte haben den Leitfaden für kompetenzorientiertes Unterrichten, Einsatzmöglichkeiten desselben sowie Konzepte für pädagogische Tage zu dieser Thematik kennen gelernt.

Die Teilnehmer/-innen haben Methoden und Instrumente zur weiteren Implementierung des kompetenzorientierten Unterrichtens erprobt.

Sie haben über ihre Aufgabe als Führungskraft im Prozess diskutiert und reflektiert.

Sie haben den Einsatz von Methoden und Instrumenten zum weiteren Ausbau des kompetenzorientierten Unterrichtens im eigenen schulischen Kontext angedacht.

Das zuletzt aufgeführte Ziel findet im Workshop Umsetzung, indem die Teilnehmerinnen und Teilnehmer in einer längeren Arbeitsphase die Möglichkeit erhalten, einen pädagogischen Tag bzw. eine Dienstberatung zum Thema kompetenzorientiertes Unterrichten für ihre Schule zu planen.

Im Anschluss soll dieses Produkt in der Praxis erprobt werden oder anders gesagt: Es erfolgt die Phase der Performanz. Die Teilnehmerinnen und Teilnehmer haben die Möglichkeit, ohne Belegung des entsprechenden Forums auch gleich in einen Workshop als Veranstaltungsformat einzusteigen. Voraussetzung ist, dass bereits Grundkenntnisse – bezogen auf die Inhalte der Fortbildung – vorhanden sind.

In einem nachfolgenden **Reflexionsworkshop** (8 bis 16 Unterrichtseinheiten mit bis zu 25 Teilnehmerinnen und Teilnehmern), der in einem größeren zeitlichen Abstand zum Workshop angeboten wird, steht die Reflexion im Mittelpunkt. Dieses Format wird gewählt, wenn die Inhalte bereits im Schulalltag ihren Platz gefunden haben. Die Fortbildnerin bzw. der Fortbildner übernimmt jetzt die Funktion des Lernbegleiters, organisiert den Rahmen, in dem die Teilnehmerinnen und Teilnehmer ihre Erfahrungen hinsichtlich der Gelingensbedingungen und der eventuell aufgetretenen Stolpersteine reflektieren und an der Optimierung der Handlungsstrategien, Verfahren und Konzepte arbeiten. Der Reflexionsworkshop wird von den Praxiserfahrungen der Teilnehmerinnen und Teilnehmer getragen und bietet eine Plattform für ein partizipatives Miteinander.

Unser kompetenzorientiertes Fortbildungskonzept sieht vor, dass nicht jeder Inhalt in allen drei Formaten abgebildet werden muss. Auf der Hand liegt, dass zum Beispiel Themen wie »Nonverbale Kommunikation«, »Mit Reden motivieren und initiieren« sowie »Unterrichtsbeobachtungen« bei den Teilnehmerinnen und Teilnehmern vor allem dann einen Mehrwert erzeugen, wenn sie im Rahmen eines Workshops angeboten werden.

2.5 Die Wahl der Fortbildung durch die Teilnehmerinnen und Teilnehmer

Werden die Inhalte in verschiedenen Formaten angeboten, haben die potenziellen Teilnehmerinnen und Teilnehmer die Wahl, sich in Eigenverantwortung entsprechend ihrer Kompetenzen für ein bestimmtes Format anzumelden. Die Ausschreibungen zu den Fortbildungen dienen hierbei als Entscheidungshilfe. Es ist durchaus möglich, dass die Teilnehmerinnen und Teilnehmer, obwohl ein Forum und ein Workshop angeboten werden, sich nur in den Reflexionsworkshop einwählen, da sie als erfahrene Führungskräfte bereits die Inhalte in ihrer Schule praktisch umsetzen und es für sie einzig und allein wichtig ist, intensiv in die Reflexion und den Austausch mit anderen Kollegen einzutreten. Das heißt, Fortbildungen, die in verschiedenen Formaten angeboten werden, sind nicht mehr als klassische Bausteinreihe zu verstehen, die sukzessive und aufeinander folgend belegt werden muss.

Mit den verschiedenen Formaten wird eine Passung von Erwartungen und Angeboten angestrebt oder anders gesagt: Das Ziel bestimmt die Wahl des Formates.

2.6 Die Matrix – kompetenzwirksam fortbilden

Grundlage für die Konzeption sowie Gestaltung der Fortbildungen bildet eine Kompetenzmatrix. In dieser sind die fünf Kriterien, die wir eingangs als Erwartungen bereits skizziert hatten, und die entsprechenden Indikatoren für kompetenzorientierte Fortbildungen allgemein beschrieben (vgl. Abb. 1). Des Weiteren bietet die Gesamt-Matrix eine spezifizierte Beschreibung jedes Indikators für alle drei Formate.

Kriterien	Indikatoren
Zielorientierung	Zielabgleich, Teilnehmererwartungen, Themenvorwissen, Strukturiertheit, Klarheit, Zielüberprüfung
Teilnehmerinnen- und Teilnehmerorientierung	Flexibilität, Zielgruppenbezug, Dialogisches Prinzip, Selbstkonzeptstärkung
Prozessorientierung	Vernetzung, selbst organisiertes Lernen, Prozessreflexion
Handlungsorientierung	Aktivierung, Autonomieunterstützung, Variabilität
Praxisorientierung	Anwendungsbezug, Transfer

Abb. 1:   Allgemeine Kompetenzmatrix

Abbildung 2 zeigt einen Ausschnitt aus der Gesamt-Matrix für das Kriterium Zielorientierung. »Muss« und »Kann« sind Anzeiger dafür, inwieweit die Anforderungen vom Fortbildner bzw. der Fortbildnerin (F.) umzusetzen sind, sodass für den Teilnehmer bzw. die Teilnehmerin (TN.) am Ende ein kompetenzorientiertes Lernarrangement entsteht.

Ein Forum, ein Workshop, ein Reflexionsworkshop werden erst dann zu kompetenzorientierten Fortbildungen, wenn sie methodisch-didaktisch entsprechend angelegt sind. Sie müssen die verschiedenen Schritte der Kompetenzentwicklung unterstützen, damit es zum Aufbau und zur Erweiterung von Kompetenzen kommen kann. Dies bedeutet in der Konsequenz, dass auch ein einzelnes Forum eine kompetenzorientierte Fortbildung ist, wenn es den methodisch-didaktischen Kriterien entspricht.

Inhaltliche Untersetzung der Indikatoren	Forum (F)	Workshop (W)	Reflexionsworkshop (RW)
	Kriterium Zielorientierung		
	Indikator: Zielabgleich/Teilnehmerinnen- und Teilnehmererwartungen		
Die in der Ausschreibung beschriebenen Kursziele werden vorgestellt.	Muss F. stellt Kursziele vor	Muss F. stellt Kursziele vor	Muss F. stellt Kursziele vor

Inhaltliche Untersetzung der Indikatoren	Forum (F)	Workshop (W)	Reflexionsworkshop (RW)
	Kriterium Zielorientierung		
	Indikator: Zielabgleich/Teilnehmerinnen- und Teilnehmererwartungen		
Die Teilnehmerinnen- und Teilnehmererwartungen werden mit den Kurszielen abgeglichen.	Kann F. regt entsprechende Phase an, sodass → TN. Abgleich durchführen können	Muss F. plant Phasen ein (gibt eventuell zusätzlich entsprechende Impulse), sodass → TN. Abgleich durchführen können	Muss Grundlage für die Gestaltung F. plant Phasen ein, sodass → TN. Abgleich durchführen können
Die Teilnehmerinnen und Teilnehmer erhalten die Möglichkeit, ihre persönlichen Ziele auf der Grundlage der Kursziele zu präzisieren.	Kann F. regt entsprechende Phase an, sodass → TN. Präzisierung durchführen können	Muss F. plant Phase ein, sodass → TN. Präzisierung durchführen können	Muss F. plant Phase ein, sodass → TN. Präzisierung durchführen können
	Indikator: Themenvorwissen		
Die Teilnehmerinnen und Teilnehmer werden angeregt, ihr Vorwissen zu aktivieren.	Kann F. regt Aktivierung des allgemeinen Vorwissens an, sodass → TN. Zusammenhänge herstellen können	Muss F. plant Phase im Workshop zur Aktivierung speziellen Vorwissens ein, sodass → TN. Zusammenhänge erkennen und daran anknüpfen können	Muss Intelligentes, anwendungsbereites Wissen ist Voraussetzung für RW F. regt den Prozess an und moderiert ihn, sodass → TN. Vorwissen und Erfahrungen im RW diskutieren und darüber reflektieren
	Indikator: Strukturiertheit		
Die Fortbildung ist systematisch gegliedert.	Muss F. strukturiert Fortbildung, sodass → TN. im Teil 1 die Möglichkeit des Erkenntnisgewinns und im Teil 2 des Nachdenkens über einen Transfer gegeben wird	Muss F. plant W systematisch, sodass → TN. die Möglichkeit des Erkenntnisgewinns und eines beispielhaften Transfers auf den schulischen Kontext gegeben wird	Muss F. strukturiert den Prozess, sodass → TN. Handlungsstrategien, Ablaufpläne und Konzepte hinsichtlich der Optimierung sowie weiterer Implementierung und Etablierung in den eigenen Arbeitskontext reflektieren

Inhaltliche Untersetzung der Indikatoren	Forum (F)	Workshop (W)	Reflexionsworkshop (RW)
	Kriterium Zielorientierung		
	Indikator: Zielabgleich/Teilnehmerinnen- und Teilnehmererwartungen		
Wesentliches wird hervorgehoben.	**Muss** F. strukturiert seine Veranstaltung entsprechend, sodass → TN. Wesentliches erkennen können	**Muss** F. strukturiert und moderiert seine Veranstaltung, sodass → TN. Wesentliches erkennen können	**Kann** F. regt den Prozess an und moderiert ihn, sodass → TN. Wesentliches zur Optimierung ihres bisherigen Arbeitsprozesses erkennen können
	Indikator: Klarheit		
Schwierige Sachverhalte werden verständlich dargestellt.	**Muss** Teil 1 F. plant entsprechend Darstellung des Gegenstands des Forums, sodass → TN. Gegenstand des Forums nachvollziehen können	**Muss** F. plant Methoden und Sozialformen ein, sodass → TN. schwierige Sachverhalte so verstehen, dass sie damit weiter arbeiten können	**Muss** F. moderiert den Prozess, sodass → TN. sich schwierige Sachverhalte gegenseitig verständlich darstellen können
Präzise Formulierungen werden verwendet.	**Muss** F. achtet insbesondere im Teil 1 darauf, gibt Raum für Nachfragen	**Muss** F. achtet darauf, gibt Raum für Nachfragen	**Muss** F. achtet darauf, gibt Raum für Nachfragen
	Indikator: Zielüberprüfung		
Die Teilnehmerinnen und Teilnehmer werden angeregt, am Ende der Veranstaltung das Erreichen der persönlichen Ziele zu reflektieren.	**Kann** Teil 2 F. regt entsprechende Phase an und moderiert sie gegebenenfalls, sodass → TN. die Möglichkeit haben, das Erreichen der persönlichen Ziele zu reflektieren	**Muss** F. plant entsprechende Phase im Workshop ein, sodass → TN. die Möglichkeit haben, das Erreichen der persönlichen Ziele zu reflektieren	**Muss** F. regt den Prozess an und moderiert ihn, sodass → TN. die Möglichkeit haben, das Erreichen der persönlichen Ziele zu reflektieren

Abb. 2: Kompetenzmatrix für das Kriterium Zielorientierung

2.7 Von der Matrix zu einem Leitfaden für kompetenzorientierte Fortbildung

In einem nächsten Schritt wurde der Leitfaden für kompetenzorientierte Fortbildung erarbeitet, in welchem die beschriebene Matrix als Kernstück enthalten ist. Der Leitfaden soll das Verständnis von kompetenzorientierter Fortbildung

115

am SBI sowie bei den Fortbildnerinnen und Fortbildnern und nicht zuletzt bei den potenziellen Teilnehmerinnen und Teilnehmern schärfen. Er geht folgenden Fragen nach:

- Was sind Kompetenzen und wie werden sie aufgebaut bzw. erweitert?
- Was ist das Ziel kompetenzorientierter Fortbildung?
- Durch welche Veranstaltungsformate kann die Kompetenzentwicklung gefördert werden?
- Durch welche Kriterien und Indikatoren ist kompetenzorientierte Fortbildung gekennzeichnet?

Die Matrix bildet des Weiteren die Grundlage sowohl für die Ausschreibungstexte zu den einzelnen Fortbildungen als auch für die Gespräche des SBI mit der Fortbildnerin bzw. dem Fortbildner. Darüber hinaus wurden die Evaluationsbögen entsprechend angepasst.

2.8 Der Praxistest – Evaluation der Veranstaltungen

Im Rahmen der amtsbegleitenden Qualifizierung schulischer Führungskräfte werden seit dem Fortbildungszeitraum 2011/12 alle Fortbildungen auf der Grundlage der Kompetenzmatrix konzipiert. Neben Einzelveranstaltungen gibt es thematisch zusammenhängende Fortbildungen, die die verschiedenen Formate nutzen.

Am Beispiel des Themas »Konfliktmanagement als Führungsaufgabe« wird dies im Folgenden veranschaulicht:

Im Forum werden grundlegende Theorien des Konfliktmanagements dargestellt und im Kontext Schule verortet. Strategien zur Konfliktprävention und zur Konfliktlösung werden vorgestellt. Des Weiteren wird Raum gegeben, den Transfer auf den eigenen schulischen Kontext anzudenken.

In zwei sich nach thematischen Schwerpunktsetzungen unterscheidenden Workshops haben die Teilnehmerinnen und Teilnehmer die Möglichkeit, in wechselnden Sequenzen des theoretischen Inputs mit Trainingsphasen und Reflexionsangeboten sich anhand von Fall- und Praxisschleifen der Thematik praxisorientiert zu nähern. Es werden praktische Handlungsstrategien entwickelt.

Der Reflexionsworkshop bietet Raum, in den Erfahrungsaustausch zu treten, sowie anhand von Fallbeispielen und Beispielen aus dem eigenen schulischen Kontext das Führungshandeln weiter zu professionalisieren. Dabei stehen folgende Fragen im Mittelpunkt: Wie sehen die Erfahrungen aus dem Arbeitsalltag aus? Welche Widerstände traten auf? Welche Strategien und Instrumente des Konfliktmanagements führten zum Erfolg? Welche Lösungsansätze bewährten sich in der Praxis? Inwiefern leistet Konfliktmanagement und Konfliktkultur einen Beitrag zur Schulkultur und Qualitätsentwicklung an der Schule?

Zur weiteren Veranschaulichung sei hier auf den Veranstaltungskalender für Führungskräfte hingewiesen: http://www.lehrerbildung.sachsen.de/10496.htm.

Im Katalogzeitraum 2012/13 wurde neben der Qualifizierung schulischer Führungskräfte mit der Umsetzung der kompetenzorientierten Fortbildung in den Formaten Forum, Workshop und Reflexionsworkshop im gesamten Fortbildungsbereich des SBI begonnen. In diesem Zeitraum wurden für die schulischen Führungskräfte und Lehrerinnen sowie Lehrer mit besonderen Aufgaben 14 Foren, 225 Workshops und vier Reflexionsworkshops angeboten. Diese Veranstaltungen wurden mit speziellen, für die Anforderungen des jeweiligen Veranstaltungsprofils zugeschnittenen Rückmeldungsbögen evaluiert.

Teilnahmegründe

In der Evaluation wurden die Teilnehmerinnen und Teilnehmer zu den Gründen der Anmeldung befragt und dazu, wofür sie die Ergebnisse der Fortbildung nutzen wollen. Abbildung 3 gibt eine Übersicht über die prozentualen Angaben aus allen drei Veranstaltungsformaten. Dabei bezeichnet das »n« die Anzahl der ausgewerteten Evaluationsbögen.

Worauf beruht Ihre Teilnahme hauptsächlich?			
	Forum (n = 344)	Workshop (n = 3078)	Reflexionswork-shop (n = 54)
Individuelle Zielvereinbarung	6,8	7,9	14,0
Funktionsbezogene Qualifizierung	60,8	52,0	51,5
Persönliches Interesse	29,1	36,7	33,8
Sonstiges	4,4	3,3	0,0
Wofür sollen die Veranstaltungsergebnisse genutzt werden?			
Individuelles Aufgabenfeld	44,4	63,8	82,1
Multiplikation innerhalb meines Kollegiums	26,7	25,9	12,5
Multiplikation außerhalb meines Kollegiums	23,7	6,1	0,0
Sonstiges	5,1	4,3	5,4
Wie haben Sie von der Veranstaltung erfahren?			
Online-Katalog	29,7	42,0	55,8
Schulleiter/Vorgesetzter	37,8	27,8	11,5
Kollegen	5,8	9,2	5,8
Sonstiges	26,7	21,0	26,9

Abb. 3: Teilnahmegründe 2012/13 in %

Unter Beachtung der geringen Anzahl der Reflexionsworkshops und bewerteten Foren ist zu erkennen, dass bei allen drei Formaten die Teilnahme aus Gründen der funktionsbezogenen Qualifizierung überwiegt. Bei den Workshops und Reflexionsworkshops macht dieser Teilnahmegrund ca. die Hälfte aus, bei den Foren sogar ca. 60%. Zu etwa einem Drittel wird als Teilnahmegrund das persönliche Interesse genannt.

Bezüglich der geplanten Nutzung der Fortbildungsinhalte wird deutlich, dass vor allem die Angaben zur Verwendung im persönlichen Aufgabenfeld überwiegen. Die Rückmeldungen der Teilnehmerinnen und Teilnehmer aus den Reflexionsworkshops lassen darauf schließen, dass vor allem in diesem Format der individuelle Nutzen am stärksten eingeschätzt wird (82,1%), was dem Anliegen und dem Charakter der Reflexion entspricht. Die Ergebnisse werden allenfalls innerhalb des Kollegiums kommuniziert (12,5%). Die Nutzungsmöglichkeiten der Ergebnisse der Foren lassen vermuten, dass hier die Inhalte breiter gestreut werden. Auch dies ist aufgrund des höheren Wissensanteils dieses Veranstaltungsformates nachvollziehbar.

Die Teilnehmerinnen und Teilnehmer erfuhren aus dem Online-Katalog bzw. vom Vorgesetzten von den Veranstaltungen. Unter Beachtung der geringen Veranstaltungszahl lässt sich für das Forum ableiten, dass die Vorgesetzten ein größeres Interesse an der Vermittlung der Fortbildung haben als bei den anderen Formaten.

Insgesamt kann davon ausgegangen werden, dass die Fortbildungsveranstaltungen vor allem nach den Aufgabenfeldern bzw. der Funktion ausgewählt und genutzt werden. Zielvereinbarungen oder Multiplikation innerhalb oder außerhalb des Kollegiums spielen eine untergeordnete Rolle.

Einschätzung der Fortbildungsveranstaltung

Die Rückmeldebögen der einzelnen Formate unterscheiden sich je nach Anliegen der Veranstaltungsformate in den Fragen bezüglich der Einschätzung der Fortbildungsveranstaltung. Aufgrund der schon erwähnten geringen Anzahl der Reflexionsworkshops und Foren erfolgt keine vollständige Analyse aller Fragestellungen. Die acht vergleichbaren Fragestellungen für alle drei Formate werden jedoch gegenübergestellt, um erste Vergleichstendenzen herauszuarbeiten. Die Beantwortung der Fragen erfolgte auf einer vierstufigen Skala von »trifft voll zu« über »trifft meist zu« und »trifft kaum zu« bis hin zu »trifft nicht zu«. Erfasst wurden in den folgenden Auswertungen ebenfalls die Anzahl der Teilnehmerinnen und Teilnehmer, die sich zu einer entsprechenden Frage nicht äußern konnten und die Rubrik »keine Angabe möglich« wählten.

Vergleichende Einschätzung der Formate 2012/13 in %

In der Fortbildung ...

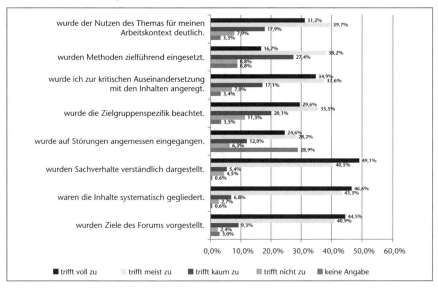

Abb. 4: Rückmeldungen für die Foren

In der Fortbildung ...

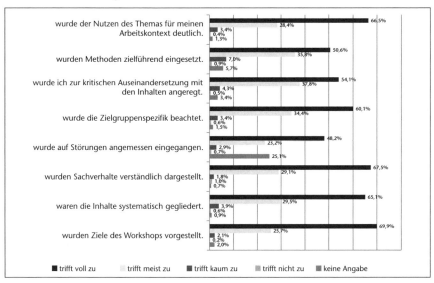

Abb. 5: Rückmeldungen für die Workshops

In der Fortbildung ...

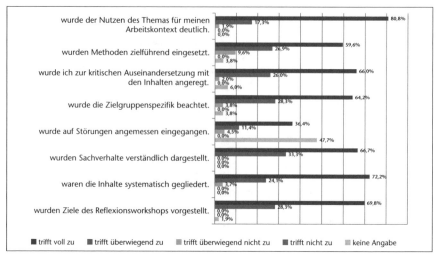

Abb. 6: Rückmeldungen für die Reflexionsworkshops

Im Vergleich der Ergebnisse fällt auf, dass sich die Angaben der Teilnehmerinnen und Teilnehmer aus den Workshops und den Reflexionsworkshops in der Verteilung der Antwortmöglichkeiten sehr ähneln. In beiden Formaten überwiegt die Antwort »trifft voll zu«. Selten wird die Rubrik »keine Angabe möglich« bedient. Eine Ausnahme bildet in beiden Formaten der Aspekt »In der Fortbildung wurde auf Störungen angemessen eingegangen.« Dies liegt daran, dass 25% der Workshop-Teilnehmerinnen und Teilnehmer sowie 48% der Teilnehmerinnen und Teilnehmer aus den Reflexionsworkshops keine Angabe machen konnten. Vor allem in der Auswertung der Reflexionsworkshops gab es sehr selten die Rückmeldung »trifft nicht zu«. Am positivsten wurden in allen drei Formaten die Aspekte zum Nutzen der Fortbildungsinhalte, der Verständlichkeit, der systematischen Gliederung und der Vorstellung der Ziele eingeschätzt.

Die Rückmeldungen zu den Foren fallen im Vergleich zu den Workshops und Reflexionsworkshops, bezogen auf die vorliegenden Fragestellungen grundsätzlich kritischer aus. Hier zeichnet sich eine breitere Streuung der Ergebnisse ab. Vor allem die Antwortmöglichkeit »trifft kaum zu« wurde deutlich öfter gewählt. Besonders kritisch wurde der zielführende Einsatz der Methoden bewertet. Hier entschieden sich beispielsweise 36% der Teilnehmerinnen und Teilnehmer für die Antworten »trifft kaum zu« bzw. »trifft nicht zu«. Auch das Eingehen auf die Zielgruppenspezifik wurde in 31% der Rückmeldungen kritisch gesehen und mit »trifft kaum zu« bzw. »trifft nicht zu« bewertet.

Zusammenfassend kann festgestellt werden, dass die Workshops und Reflexionsworkshops die Erwartungen der Teilnehmerinnen und Teilnehmer sowie die Forderungen der Kompetenzorientierung am stärksten erfüllen. Tendenziell zeichnet sich eine kritischere Einschätzung der Foren ab, die vermutlich auch in der Anlage des Veranstaltungsformates begründet ist. Hier könnte einerseits Entwicklungspotenzial bezüglich des zielführenden Einsatzes von Methoden, dem Eingehen auf die Zielgruppe und dem Nutzen bzw. der Relevanz des Themas für den Arbeitskontext der Zielgruppe bestehen. Andererseits könnten die kritischen Einschätzungen in einer abweichenden Erwartung an die Veranstaltung begründet sein, da eher von einem klassischen Fortbildungsformat ausgegangen wurde. Das Fortbildungsformat wird zwar in den Veranstaltungsausschreibungen genannt und illustriert. Eine Thematisierung des spezifischen Charakters des Formates zu Beginn der Veranstaltung könnte jedoch zu einer zusätzlichen Klärung führen.

Mit der Volleinführung bzw. Umsetzung der kompetenzorientierten Fortbildungsformate im Schuljahr 2014/15 werden die Evaluationsergebnisse diskutiert. In diesem Zusammenhang wird beispielsweise erneut auch der Frage nachgegangen werden, wie in den Rückmeldebögen noch spezifischer die Anliegen der einzelnen Formate abgebildet werden können.

Die positiven Ergebnisse in den Rückmeldungen der Teilnehmerinnen und Teilnehmer zu den Workshops und Reflexionsworkshops machen deutlich, dass sowohl die Themen an sich, als auch die methodische Umsetzung den Erwartungen entsprechen. Bezüglich der Foren scheint eine klarere Abgrenzung des Formats entweder für die Teilnehmenden, und/oder für die Fortbildnerinnen und Fortbildner nötig zu sein. Um das Bewusstsein für die Abgrenzung bzw. die unterschiedlichen Anliegen der drei Formate herzustellen, sollte im Veranstaltungskatalog künftig eine Erläuterung zu den drei Formaten erfolgen. Des Weiteren wird angestrebt, in der Vorbereitung der Veranstaltungen gemeinsam mit den Fortbildnerinnen und Fortbildnern deutlicher auf das zu erbringende Format einzugehen.

I.VI Kooperation

1. Kooperation in und zwischen Schulen sowie mit anderen Bildungseinrichtungen: Wirkungen und Gelingensbedingungen

Stephan Gerhard Huber

Kooperationsformen wie die in Schulnetzwerken oder in Bildungsregionen bzw. Bildungslandschaften zeigen Zusammenarbeit in unterschiedlichen Ausprägungen. Kooperation ist zu verstehen als eine intentionale und kommunikative Form der Zusammenarbeit, die Vertrauen und ein gewisses Maß an Autonomie voraussetzt und der ein gemeinsames Ziel oder eine gemeinsame Aufgabe zugrunde liegt (Spieß, 2004). Welche Befunde gibt es zu den Effekten von Schulkooperationen in Netzwerken und in Bildungsregionen bzw. Bildungslandschaften? Was sind Hemmnisse und was sind Gelingensbedingungen für die verschiedenen Formen der Zusammenarbeit?[1]

1.1 Kooperation: Ausprägungen und Modelle

In der bisherigen empirischen Bildungsforschung wird konstatiert, dass der professionellen Zusammenarbeit von Akteuren, z. B. der Lehrkräfte, der Bildung von (Schul-)Netzwerken und dem Auf- und Ausbau von Bildungslandschaften im Alltag bei den Handelnden noch wenig Bedeutung beigemessen wird und daher systematische, zielgerichtete und ressourcenschonende Zusammenarbeit von Einzelnen und Institutionen bislang in nur geringem Maße vorkommt (Terhart & Klieme, 2006; Gräsel, Fussnagel & Pröbstel, 2006; Huber, 2011a, 2012a,b). Seit einigen Jahren ist jedoch eine Zunahme zu beobachten. In vielen Ländern, darunter auch im deutschsprachigen Raum, werden Kooperationen in den Schulen zielorientierter angelegt, Schulnetzwerke gegründet und regionale Bildungslandschaften aufgebaut (Huber, Ahlgrimm & Hader-Popp, 2012; Huber & Wolfgramm, 2013; Huber, Kilic, Schwander & Wolfgramm, 2014). Es entstehen vielfältige Kooperationen in Schule und Bildungsbereich. Über die unterschiedlichen Formen informeller Kooperationen von Schulleiterinnen und Schulleitern, Lehrkräften und Steuergruppenmitgliedern hinaus entwickeln sich formalisierte Ausprägungen schulischer und außerschulischer Zusammenarbeit bzw. Kooperationen zwischen dem formalen und dem informellen Bildungsbereich.

---

[1] Dieser Beitrag ist eine v. a. um die Ausführungen zu System Leadership gekürzte Fassung des Beitrages Huber (2014) im Buch »Kooperative Bildungslandschaften. Netzwerke(n) im und mit System«.

Die Möglichkeiten der Kooperation unterscheiden sich hinsichtlich ihrer Funktionen und Ziele, der zugrundeliegenden Konzeptionen und Designs, der Formate bzw. Modi und der Intensität der Zusammenarbeit. Dabei haben fast alle als zentrales Anliegen, die Professionalität der Akteure zu fördern, sie bei der Bewältigung von beruflichen Herausforderungen zu unterstützen und damit die Qualitätsentwicklung der Schulen bzw. des Bildungsangebots für Kinder und Jugendliche insgesamt zu stärken (Huber & Krey, 2006, 2007; Lohmann & Rolff, 2007; Solzbacher & Minderop, 2007; Stern & Vaccaro, 2007; Huber & Schneider, 2009; Huber & Lohmann, 2009; Berkemeyer, Manitius, Müthing & Bos, 2009; Luthe, 2009; Muijs, West & Ainscow, 2010).

Steinert et al. (2006) entwickelten auf der Grundlage einer empirischen Studie vier Niveaustufen der Kooperation an Schulen. Eine Zunahme der Stufen bedeutet in diesem Modell eine »Zunahme des systematischen, wechselseitig adaptiven und integrierten Lehrerhandelns durch Lehrerkooperation im Kollegium« (Steinert et al., 2006), also der Qualität bzw. Intensität der Kooperation:

- Stufe 0 *Fragmentierung*: isoliertes Handeln der einzelnen Lehrpersonen
- Stufe 1 *Differenzierung*: Es findet eine arbeitsteilige Zusammenarbeit statt, die eine Zielklarheit voraussetzt.
- Stufe 2 *Koordination*: Es findet eine Koordination des fachbezogenen Unterrichts statt, die schulweite Transparenz erfordert.
- Stufe 3 *Interaktion*: Es findet nicht nur eine fach- und jahrgangsübergreifende Kooperation statt, sondern es können auch Ansätze von Teamarbeit und Professionalisierung identifiziert werden.
- Stufe 4 *Integration*: systematisch und wechselseitig abgestimmtes und transparentes Lehrerhandeln in Fragen der Organisations-, Personal- und Unterrichtsentwicklung.

Es zeigte sich, dass sich Schulen regional und abhängig vom Schultyp hinsichtlich ihres Kooperationsniveaus unterschieden. Das ist insofern nicht überraschend, als die Rahmenbedingungen, die der jeweiligen Kooperation zugrunde lagen – sie spielen eine entscheidende Rolle –, sich sehr unterschiedlich darstellten (Steinert et al., 2006).

Andere Stufenmodelle, wie das nach Gräsel et al. (2006), fokussieren stärker den Modus oder die Art der Kooperation. Sie unterscheiden »Austausch« auf der ersten Stufe von »Arbeitsteilung« auf der zweiten Stufe und »Ko-Konstruktion« auf der dritten Stufe. Auch dieses Modell konnte empirisch bestätigt werden. Je höher die Kooperationsstufe, desto höher ist auch der erforderliche Einsatz. Aus diesem Grund ist je nach Anforderungen der Aufgabe die passende Kooperationsform zu wählen, höher bedeutet nicht in jedem Fall besser.

Die vorgestellten Stufenmodelle scheinen geeignet, um auch die Kooperation von schulischen mit außerschulischen Akteuren zu beschreiben und zu untersuchen. Zu untersuchen wäre, ob sich eines der Stufenmodelle empirisch begründet um eine zusätzliche Stufe der Kooperationen mit außerschulischen Akteuren im Rahmen von Bildungslandschaften erweitern ließe.

1.2 Netzwerke und Bildungslandschaft

Obwohl die Konstrukte »Netzwerk« und »Bildungslandschaft« Gemeinsamkeiten und Überschneidungen aufweisen, lassen sie sich doch voneinander abgrenzen. Eine knappe Auseinandersetzung mit diesen Konzepten sowie dem Konzept der »Bildungsregion« oder der »Bildungslandschaft« soll in den folgenden Abschnitten erfolgen (auch Weyer, 2000; Czerwanski, Hameyer & Rolff, 2002; Bastian, 2008; Huber & Lohmann, 2009).

Netzwerke stellen eine besondere Form von Zusammenarbeit oder Kooperation dar. Nicht jede zufällige, situativ entstehende und gelegentliche Zusammenarbeit zwischen Personen kann als Netzwerkarbeit bezeichnet werden. Nur die systematische und geregelte, auf gemeinsame Ziele hin gerichtete Kooperation stellt Netzwerkarbeit dar. Im Netzwerk sollen vielfältige Fragestellungen gemeinsam mit Partnern geklärt werden, die im komplexen Geschehen des Alltags einer Institution oft nicht beantwortet werden können.

Viele schulische Netzwerke entstehen im Rahmen von Modellvorhaben. Die Schulen arbeiten für eine begrenzte Zeitdauer zusammen, werden durch verschiedene Träger unterstützt, gelegentlich werden auch Aspekte der Zusammenarbeit im Netzwerk wissenschaftlich evaluativ untersucht. Auch schließen sich Schulen für gegenseitige Hospitationen zusammen, um auf diese Weise Anregungen und Feedback für die eigene Schulentwicklung zu erhalten. Was diese Schulen eint, sind gemeinsame pädagogische Grundüberzeugungen und der Wille, Schulentwicklung als gemeinsam-kooperativen Prozess vieler unterschiedlicher Schulen zu begreifen. Ihre Strategie besteht darin, ihre beste Praxis quasi als Norm zu setzen, damit sich die Debatte um die Gestaltung der inneren Schulqualität daran orientiert. Diese Praxis ist aus Sicht des Teilnehmerkreises auch einleuchtend: Es sind Schulen, die es sich zur Aufgabe gemacht haben, Schule als ein gesellschaftliches Gemeinschaftswerk nicht nur zu verstehen, sondern auch zu praktizieren, indem sie sich das Ziel setzen, jedem Kind und Jugendlichen gerecht zu werden (Huber & Lohmann, 2009).

Ausführlichere Darstellungen dazu finden sich bei Sailmann (2005), Kirchhöfer (2004), Minderop und Solzbacher (2007), Huber und Krey (2012), West (2012), Järvinen, Manitius und Otto (2012), Huber und Schneider (2012) sowie Horstkemper, Killus, Gottmann und Carl (2012).

Der Begriff Bildungslandschaft oder Bildungsregion bezeichnet eine strategische Allianz verschiedener Behörden sowie öffentlicher und privater Einrichtungen zur Gestaltung von Bildungsbiografien, die in der Regel die Zeitspanne vom

Kindergartenalter bis zur Beendigung von Studium oder Berufsausbildung junger Erwachsener umfassen. Je nach Kooperationsanlass arbeiten die relevanten Einrichtungen in einer überschaubaren räumlichen Nähe zusammen (Huber, 2013).

In Deutschland z. B. sind es zunehmend Landkreise und kreisfreie Städte, die sich zu verantwortlichen Veranstaltern der kommunalen und regionalen Bildung erklären. Sie wollen ihre Bildungseinrichtungen zum Wohl der Adressaten stärker vernetzen (Weiß, 2009). Solche kommunalen oder regionalen Verantwortungsgemeinschaften entwickeln vielfältige formalisierte, institutionalisierte Netze als Austausch-, Qualifizierungs- und Kooperationsplattformen.

In Bildungsregionen bzw. Bildungslandschaften können grundsätzlich horizontale von vertikalen Kooperationen unterschieden werden (vgl. Huber, 2010a,b). Beim horizontalen Blickwinkel geht es um die Kooperation und Vernetzung verschiedener Institutionen, also z. B. von Schule, Jugendtreff, Verein und Familie. Bei vertikalen Verbünden geht es auf regionaler Ebene in der Regel um Allianzen von verschiedenen Schultypen in einer Kommune oder um Schulnetze mit einem bestimmten Vorhaben. Im Sinne eines guten Übergangsmanagements sollen die Übergänge zwischen den Bildungseinrichtungen durch verstärkte Kooperationen im Sinne einer bruchlosen Bildungskette optimal gestaltet werden, wozu eine verstärkte Kooperation der formellen Bildungsträger nötig ist, z. B. von Kindertagesstätte, Primarschule, Sekundarschule, Berufsbildung. Besonders wichtig erscheint dies – ebenso wie die horizontale Vernetzung – für Kinder und Jugendliche aus sozioökonomisch benachteiligten Familien, die leicht ins Hintertreffen geraten aufgrund der Fragmentarisierung der Bildungslandschaft und bei denen eine gewisse Kompensierung der geringen oder fehlenden familiären Unterstützung nötig ist.

Es lassen sich – theoretisch begründet nach Art und Grad der Vernetzung – folgende Qualitäts-Stufen unterscheiden (Huber & Lohmann, 2009; Lehmpfuhl & Pfeiffer, 2008; Lohre, 2007; Minderop & Solzbacher, 2007):

- **1. Stufe**: In einer Bildungsregion arbeiten mindestens zwei Partner bzw. Bildungseinrichtungen in der Kommune oder Region zeitlich begrenzt und ohne weitere Institutionalisierung der Kooperation zusammen, die bisher mehr oder weniger unvermittelt nebeneinander existierten.
- **2. Stufe**: Mehrere Partner bzw. Bildungseinrichtungen in der Kommune oder Region arbeiten systematisch über einen längeren Zeitraum als Netzwerk institutionalisiert zusammen und sind verbindlicher organisiert.
- **3. Stufe**: Die meisten oder alle Partner bzw. Bildungseinrichtungen in der Kommune oder Region, also Schulen und die kommunalen Dienstleister sowie die außerschulischen Bildungsanbieter und -angebote sind aufeinander bezogen und miteinander horizontal und vertikal vernetzt, um Bildungsbiografien optimal zu fördern. Da Bildungseinrichtungen je nach biografischem

Zeitpunkt von unterschiedlicher Bedeutung sind, helfen die Vernetzungen, horizontale und vertikale Übergänge zu schaffen, komplementäre Wirkungen zu entfalten und Friktionen zu reduzieren.

Aus der Perspektive der Kinder bzw. Jugendlichen lässt sich ihr Zusammentreffen mit institutionalisierten und individuellen Akteuren im Laufe ihrer Bildungsbiografie beispielsweise wie in Abbildung 1 dargestellt aufzeigen.

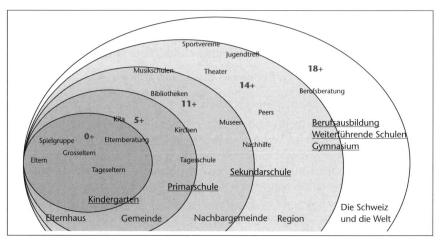

Abb. 1: Bildungsbiografien aus der Perspektive der Kinder und Jugendlichen (adaptiert nach Vorndran, 2008)

1.3 Wirkungen von Kooperation in Schulnetzwerken und Bildungslandschaften

Wie bereits betont, ist in der Schule als »Institution des Lernens« Kooperation Ziel, da liegt es nahe, auch die Zieltätigkeit von Schule – das Lernen – kooperativ zu gestalten, und zwar unter allen Beteiligten, Schülern, Kollegium und Schulleitung. Zusammenarbeit zwischen schulischen und/ oder außerschulischen Bildungsakteuren kann sowohl die Akteure selbst und deren Arbeit, somit auch die Qualität des Unterrichts und dadurch schließlich auch die Lernergebnisse der Adressaten, nämlich der Kinder und Jugendlichen, beeinflussen.

Einen zusammenfassenden Überblick über die Befundlage zur Wirksamkeit von schulischen Kooperationen auf die schulischen Akteure, auf Schulqualität und damit auch auf die Wirksamkeit von Unterricht wird in den folgenden Abschnitten gegeben.

Schulübergreifende Netzwerke verbinden Schulen untereinander und ermöglichen ihnen durch diese Vernetzung eine hierarchiefreie Unterstützung in einer Situation größerer Gestaltungsautonomie. Für die Akteure birgt schulübergreifende Netzwerkbildung sicher zunächst einen erhöhten Kommunikationsaufwand und erfordert den Umgang mit größerer Komplexität in Steuerungsprozessen und Entscheidungsfindung. Allerdings bringen Netzwerke auch spürbare Entlastungen: ein größeres Repertoire an Ideen und Problemlösungen, als es die Einzelschule erstellen könnte, Erfahrungsaustausch, Kennenlernen von »Best Practice«, Transfer, Beratung und Fortbildung (vgl. z. B. Wilbers, 2004; Behr-Heintze & Lipski, 2004, 2005; Bell, Jopling, Cordingley, Fith, King & Mitchell, 2006).

Eine besondere Qualität bekommen Netzwerke, in die z. B. Betriebe oder soziale Einrichtungen der Gemeinde oder der Region einbezogen werden. Hier werden für die Schülerinnen und Schüler Lernorte erschlossen, die die Beschäftigung mit »realen Problemen« in wesentlich stärkerem Maße ermöglichen, als dies die Schule allein je könnte. Es ist sogar eine Art »Service Learning« denkbar, wie es vielfach in den USA praktiziert wird: Schülerinnen und Schüler übernehmen in ihrer Gemeinde soziale, kulturelle oder ökologische Aufgaben, wenden Wissen in authentischen Situationen an, entwickeln Kompetenzen und erleben, dass sie gebraucht werden.

Die Gemeinsamkeit für die jeweiligen Partner in Kooperationen besteht in den Synergien für ihre eigene Arbeit mit Kindern und Jugendlichen und einem vertieften Einblick in die pädagogische Arbeit der anderen Einrichtungen.

Zusammengefasst lässt sich die Wirkung von Netzwerkarbeit und Kooperation laut Muijs, West und Ainscow (2010) so bündeln:

Empirisch nachweisen lassen sich Wirkungen nicht global, sondern nur in sehr unterschiedlicher Art, in sehr unterschiedlicher Stärke und auf sehr unterschiedlichen Feldern, und zwar

- am stärksten (aber immer noch mäßig), dass Kooperation das Spektrum der Möglichkeiten für die Förderung besonders bedürftiger Schülerinnen und Schüler vergrößert,
- mäßig, dass Kooperation dazu beiträgt, dass unmittelbar drängende Probleme gelöst werden können,
- mäßig bis schwach, dass Kooperation Wirkung auf eine positivere Haltung und mehr Zutrauen in die Leistungsfähigkeit der Schüler und Lehrer hat.

Konstatiert werden muss jedoch: Der derzeitige Stand der Forschung zu Schulnetzwerken und -kooperationen lässt nur sehr begrenzt Aussagen über Wirksamkeit und Nachhaltigkeit zu, empirische Belege für die Wirksamkeit von Bildungslandschaften müssen in Zukunft noch erbracht werden. Sie stellen ein klares Forschungsdesiderat dar.

1.4 Gelingensbedingungen und Hemmnisse für Zusammenarbeit

Wie bereits erwähnt, funktionieren Kooperationen nicht kontextunabhängig, sondern sind an günstige Rahmenbedingungen gebunden.

Huber (2011b) und Huber et al. (2009) extrahierten aus einer Reihe von Studien Gelingensbedingungen zu Kooperation. Diese können drei Bereichen zugeordnet werden, und zwar dem institutionellen, dem personellen und dem umfassenderen organisationskulturellen Bereich (Huber & Ahlgrimm, 2008; Huber & Ahlgrimm 2012, S. 207 ff.).

Als Gelingensbedingungen über alle drei Ebenen hinweg können u. a. folgende zentrale Aspekte stichpunktartig benannt werden:

- die Beteiligung des Kollegiums an Entscheidungs- und Gestaltungsprozessen, ein Führungsstil der Schulleitung, der dies aktiv anstrebt,
- das Vorhandensein (oder die Bildung) von Teamstrukturen im Lehrerkollegium, zum Beispiel Klassenteams (die gemeinsam für die Erziehungsarbeit in einer Klasse verantwortlich sind), Jahrgangsteams (bestehend aus Lehrkräften von Parallelklassen), Arbeitskreisen für die Projekte der Schulentwicklung etc.,
- ein »echtes Thema«, ein sinnvoller Anlass, der die Notwendigkeit und Zweckhaftigkeit der Zusammenarbeit erkennen lässt, eine konkrete, von allen Beteiligten akzeptierte Aufgabe, an deren erfolgreicher Bewältigung alle Beteiligten interessiert sind,
- ein erkennbarer Nutzen der Zusammenarbeit für alle Beteiligten,
- gemeinsam getragene Zielvorstellungen,
- Zielklarheit mit Transparenz,
- »Freiwilligkeit«,
- Anerkennung und Bewahrung der Autonomie des Einzelnen,
- Verbindlichkeit, klare Regeln der Zusammenarbeit,
- interne Unterstützung (etwa durch die Schulleitung), gegebenenfalls auch externe Beratung,
- Transparenz der Vorgehensweise (dazu gehört auch Aufgabenklarheit bzw. eine klare Rollenaufteilung, die von der zusammenarbeitenden Gruppe getragen wird),
- kommunikative und soziale Kompetenzen mit den dazugehörigen Fähigkeiten/Fertigkeiten und Einstellungen/Haltungen (z. B. die Kompetenz, Feedback zu geben und anzunehmen, Kritik konstruktiv zu formulieren und auch selbst zu akzeptieren, aber auch das Verfügen über Kooperationstechniken, Prozess- und Moderationskompetenzen etc.),
- die Bereitschaft zur Reflexion der eigenen Rolle,
- positive Einstellungen, Mut und Kreativität (und die Bereitschaft, anderen zu vertrauen),
- Initiative,

- ein professionelles Rollenverständnis im Kollegium,
- ein Klima der Unterstützung statt der Konkurrenz,
- eine solide Kritik- und Fehlerkultur sowie ein konstruktiver Umgang mit Konflikten im Kollegium,
- eine Führungskultur der Schatzsuche statt der Fehlerfahndung,
- gemeinsam getragene grundsätzliche Wert- und Zielvorstellungen über die Art kollegialer Arbeit,
- eine konstruktive Kultur der Kollegialität mit Respekt, Anerkennung und Vertrauen (gegenseitige Akzeptanz und Toleranz),
- ein Klima der Offenheit für Innovationen und der Veränderungsbereitschaft.

Eine große Rolle für das Gelingen von Kooperationen generell spielen Fragen der Machbarkeit. Diese Fragen lassen sich komprimieren auf vier Aspekte (Huber, 2009; 2011a,b), die einen Zusammenhang bilden (siehe Abbildung 2). Zu ihnen gehören zum einen Fragen des »Könnens«, der Kompetenzen, also das Wissen sowie die Fähigkeiten und Fertigkeiten (fachliche, methodische, kommunikative etc.). Ein zweiter Aspekt ist das »Wollen«, also die Motivation (wozu auch Haltungen und Einstellungen gehören). Einen dritten könnte man mit »müssen und dürfen« bezeichnen. Damit sind Entscheidungsbefugnisse gemeint, aber auch die (formale) Legitimation für das Handeln und Entscheiden und die (soziale) Akzeptanz bei den anderen Beteiligten. Ein vierter Aspekt beinhaltet die (zeitlichen, räumlichen, sächlichen, personellen) Ressourcen, die für die Arbeit nötig sind.

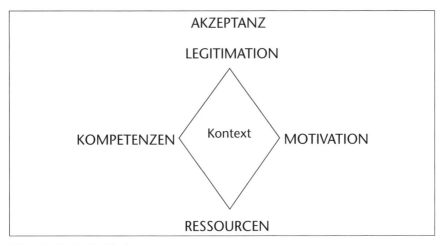

Abb. 2: Aspekte der Machbarkeit

129

Argumentiert werden kann nun folgendermaßen:

Wenn Akteure zwar motiviert sind zu kooperieren, jedoch aufgrund von Defiziten an fachlichen oder methodischen Kompetenzen nicht sinnvoll zusammenarbeiten können, dann werden die Bemühungen nicht erfolgreich sein. Wenn die Akteure hoch kompetent sind, aber nicht motiviert, wird ebenfalls kein Erfolg eintreten, das ist offensichtlich. Wenn nun Akteure hoch motiviert und sehr kompetent für ihre Arbeit sind, ihnen aber die Legitimation für ihre Arbeit fehlt, etwa in Form von Entscheidungsfreiräumen, dann ist der Erfolg ebenfalls gefährdet. Gerade damit kämpfen Akteure an manchen Einrichtungen. Wenn ihnen nun aber sogar Entscheidungsfreiräume eingeräumt sind, sie aber sozial im Kollegium/Team nicht akzeptiert sind, können sie die Entscheidungsspielräume auch nicht gut ausschöpfen. Es spielen folglich Fragen der Akzeptanz und Legitimation genauso eine Rolle wie Fragen der Kompetenz und Motivation.

Natürlich steht die Handlungs- und Organisationseinheit einer einzelnen Institution nicht im luftleeren Raum, sondern ist eingebettet in ein System, welches zusätzlich Bedingungen für das Gelingen bzw. die Machbarkeit von Zusammenarbeit schafft.

Als Gelingensbedingung lässt sich auch das Überwinden von Hemmnissen bezeichnen. Auf die Schule und ihr innerschulisches Handeln bezogen, stehen aus der Perspektive der Lehrkräfte kooperativen Strukturen eine Reihe von Hemmnissen entgegen (u. a. Rosenbusch, 1990; Kansteiner-Schänzlin, 2002; Esslinger-Hinz, 2003; Huber, 2009; Huber, Hader-Popp & Ahlgrimm, 2009), vor allem psychologische und strukturelle:

- die zelluläre Einteilung in Klassen- und Lerngruppen,
- ungünstige strukturelle Rahmenbedingungen (fehlende gemeinsame Zeitfenster vor Ort, eine ungünstige räumliche Gestaltung vieler Schulgebäude),
- ein strukturell und oft auch mental bedingter »kooperationsabträglicher Lehrerindividualismus« (Rosenbusch, 1990), das »Autonomie-Paritäts-Muster[2]« (Lortie, 1975; Altrichter & Posch, 1999) und dadurch bedingte psychologische Barrieren, so etwa
- bestimmte Befürchtungen und Missverständnisse im Zusammenhang mit dem Begriff Kooperation (etwa als Gleichmacherei, bloße Einschränkung der pädagogischen (und eigenen) Freiheit, Aufgeben des eigenen individuellen Stils oder viel Rederei mit wenig Ergebnis),
- »hands-off-Verhaltensweisen« (Feiman et al., 1989), also eine eher passive Grundhaltung,

---

2 Das für Schulen charakteristische »Autonomie-Paritäts-Muster« (Lortie, 1975; Altrichter & Posch, 1999) beruht auf der Annahme, dass alle Lehrenden gleich sind und Einmischung in die Arbeit eines anderen deshalb nicht geduldet wird.

- Furcht vor einer Störung des gewohnten Ablaufs, vor Ungewissheit, Unbestimmtheiten, Chaos,
- ein eher enges Verständnis von Schule im Sinn von »ich und meine Klasse«,
- eine mangelhafte Professionalisierung im Bereich Teamentwicklung,
- eine ungünstige Gestaltung der bereits vorhandenen Gremien (z. T. aufgrund fehlender Professionalisierung mit dem Ergebnis, dass die Arbeit als wenig effektiv und effizient erlebt wird).

Was speziell schulische Netzwerkarbeit betrifft, so geben Lohmann und Minderop (2004, S. 192 ff.) Folgendes zu bedenken:

1. »Gemeinsame Aktivitäten gleich zu Beginn der Netzwerkarbeit fördern nicht nur den Aufbau der Kommunikation, sondern helfen, die Netzwerkstruktur weiter zu knüpfen und zu pflegen« (ebd.). Dazu können vor allem gemeinsame schulübergreifende (und möglichst auch Schulverwaltungshierarchieebenen übergreifende) Fortbildungsangebote dienen, die dann Forum sind, geeignete zukünftige Netzwerkpartner zu finden. Am Ende einer solchen Fortbildungsveranstaltung sollten dann konkrete Vereinbarungen über die nächsten Schritte stehen.
2. Die Akteure sollten ihren Blick nicht mehr »nur« auf die Einzelschule richten, diese nicht mehr als »Einzelunternehmen« (ebd.) sehen, sondern als Teil einer gemeinsamen Entwicklungsrichtung. Die Chance dabei besteht darin, »quer zu den staatlichen Vorgaben, quer zur Schulaufsicht nach Wegen, Konzepten und Handlungsmöglichkeiten« (ebd.) zu suchen, gemeinsame Erfahrungen auszutauschen und Lösungen für Probleme zu erarbeiten.
3. Fortbildung wird anders sein (müssen) als in der vielleicht vertrauteren Teilnahme einzelner Lehrkräfte an Seminaren außerhalb der Schule. Der Fortbildungsbedarf der einzelnen Netzwerkpartner wird sich an dem unmittelbaren Problemzusammenhang orientieren. Weiterqualifizierung hat dann systemischen Charakter, bindet ganze Gruppen ein, findet an den Schulen statt, braucht externe Begleitung, antwortet aber auch direkt auf wahrgenommene Bedürfnisse und ist von daher erheblich motivierender und – hoffentlich – nachhaltiger.

Lohmann und Minderop (2004, S. 192 ff.) nennen als Voraussetzung für das Gelingen schulischer Netzwerke eine »Verständigung über folgende Kriterien für eine Arbeitskultur«:

- »Netzwerkarbeit bedeutet Investition in Beziehungen. Deshalb legen die Netzwerkpartner (Schulen, Unterstützer, Begleiter von Schulbehörden und Ministerium) gemeinsam ihre Kooperations- und Arbeitsfelder fest und verständigen sich auf Leitgedanken.
- Der Aufbau von Netzwerkarbeit ist Sozialmanagement. Es lebt von ehrlicher Kommunikation und Feedback-Kultur. Die Schulpartner verständigen sich deshalb darauf, dass sie die Umsetzung ihrer Entwicklungsarbeit und ihres

Schulprogramms untereinander offenlegen und mithilfe eines Logbuches dokumentieren.

- Netzwerke sind Lerngemeinschaften. Gegenseitige Schulbesuche und Hospitationen werden unbürokratisch und flexibel ermöglicht. Unmittelbarer Austausch braucht rasche Kommunikationswege: Die intelligente Nutzung der neuen Medien erleichtert die Verständigung über gemeinsame Lösungen und gestattet spontane Beiträge zur Gestaltung von Prozessen. Innovative Entwicklungsprozesse vollziehen sich dann in Lernschleifen, die für die Beteiligten jederzeit überschaubar sind und direkte Entscheidungen zulassen.
- Die Entwicklungsarbeit verläuft aufgrund der Verschiedenartigkeit der einzelschulischen Bedingungen unterschiedlich. Damit sich einzelne Partner in ihren Entwicklungsprozessen nicht abkoppeln, wird in zeitlich vereinbarten Abständen der Prozess offengelegt. Hierzu gehören neben den Schulbesuchen regelmäßige Reflexions- und Bilanzierungstagungen.
- Netzwerkarbeit bedeutet, voneinander, aber auch miteinander zu lernen. Deshalb verständigen sich alle Netzwerkpartner – je nach Bedarf der Schule – über ein gemeinsames Fortbildungs- und Coachingprogramm.
- Alle Partner legen Rechenschaft ab und dokumentieren ihre Prozesse durch Wanderausstellungen, Workshops für Außenstehende und landesweite Veröffentlichungen.
- Die Entwicklungsarbeit wird von Zeit zu Zeit selbst und zum Ende des Prozesses extern evaluiert.«

In verschiedenen Bildungslandschaftsprojekten in Deutschland konnten in den letzten Jahren Erfahrungen dazu gesammelt werden, unter welchen Bedingungen eine solche Zusammenarbeit gelingen kann (Huber, Kilic, Schwander & Wolfgramm, 2013). Beispielsweise zeigte sich bei der Evaluation des Projekts Lebenswelt Schule (Schubert, Rädler, Schiller & Schmager, 2011) als entscheidend, dass eine gut vernetzte, kompetente, handlungs- und entscheidungsfähige Steuergruppe eingesetzt wird, die die Partizipation der operativen Akteure gewährleisten kann (1). Weiter war in diesem Projekt zentral, dass alle Bildungsakteure, sowohl die schulischen als auch die außerschulischen, aktiv am Projekt beteiligt wurden und diese Beteiligung durch regelmäßige gemeinsame Anlässe und anerkennende Rückmeldungen längerfristig gesichert wurde (2). Darüber hinaus waren die regelmäßige (Selbst-)Evaluation und dadurch das Monitoring des Prozessfortschritts und eine kontinuierliche Fortbildung für Leitungspersonen und Teamentwicklung unabdingbar (3). Eine unabhängige Koordinationsstelle außerhalb der hierarchischen Verwaltungsstruktur war ein weiterer Schlüssel zum Erfolg (4). Zudem zeigte sich, dass der Wirkungsgrad der Bildungslandschaften erhöht werden konnte, indem die kommunalen Verwaltungsstrukturen entsprechend angepasst wurden, so dass schulische und außerschulische Bildungsakteure auch in der Verwaltung nicht isoliert voneinander behandelt werden (5). Darüber hinaus erwies sich als vorteilhaft, wenn die fachliche Planung der Bildungslandschaften mit der Gebietsplanung der Regionen verknüpft ist (6). Zudem zeigte sich, dass zur Sicherung von Nachhaltigkeit verbindliche Strukturen institutionalisiert und ein Qualitätsmanagement eingerichtet werden sollten, damit die Konzepte eingehalten, aber an künftige Anforderungen angepasst werden (7).

1.5 Fazit

Unsere Erfahrungen aus der Arbeit mit Lehrkräften und Schulleitungen zeigen, dass Lehrkräfte Kooperation als wichtig empfinden, auch gut Bedingungen für erfolgreiche Zusammenarbeit benennen können, aber nach ihren eigenen Aussagen über die bereits existierenden kooperativen Arbeitskontexte hinaus nicht unbedingt weitere Kooperationen suchen. Meist geben sie als Gründe dafür eigene »schlechte Erfahrungen« an, die bei genauerem Blick darauf allesamt im Zusammenhang stehen mit der Nichteinhaltung von Gelingensbedingungen für erfolgreiche Kooperation.

So ist Kooperation in einer Bildungslandschaft eine Voraussetzung, aber auch eine wünschenswerte Begleiterscheinung positiver Schulentwicklung in den beteiligten Schulen, dadurch dass sie sich auf die Arbeitsatmosphäre der Schulen und letztendlich auf die Mitarbeiterzufriedenheit auswirkt. Dadurch wiederum wird der oben aufgeführte Nutzen generiert: Effektivität und Effizienz bzgl. Prozessen und Produkten/Leistungen sowie die Modellfunktion speziell im pädagogischen Kontext.

Selbstverständlich ist, dass Vorschläge zur Verbesserung der Bedingungen für Zusammenarbeit je nach Situation ausgewählt, ggf. modifiziert und durch andere Maßnahmen ergänzt werden müssen. Hürden sind Strukturen und Prozessabläufe einerseits und Einstellungen und Verhalten der Bildungsakteure andererseits. Folglich ist die Arbeit am Professionsverständnis und an der Professionalität der Bildungsakteure sowie die Arbeit an Organisationsbedingungen, die sich auch auf die Organisationskultur auswirken, vonnöten.

Betont sei zweierlei:

1. Um mehr positive Erfahrung mit Kooperation zu ermöglichen, muss für die an der Kooperation beteiligten Personen ein persönlicher Nutzen der Zusammenarbeit sichtbar sein, »Die Zusammenarbeit muss etwas bringen!« Der Nutzen kann in einer Arbeitsentlastung bestehen, aber auch in einer größeren Zufriedenheit im eigenen Professionsfeld bzw. in dem Nutzen für die Kinder und Jugendlichen.

2. Kooperation in der Bildungslandschaft mündet – konsequent betrieben – in eine breite Verteilung von Verantwortung, auch von Führungsverantwortlichkeit, also in kooperative Führungsstrukturen. Sollen die die Bildungslandschaft

aktiv Gestaltenden eine lernende Organisation werden, impliziert dies die aktive, mitbestimmende und mitarbeitende Beteiligung aller.

1.6 Literatur

Altrichter, H. & Posch, P. (1999). Wege zur Schulqualität: Studien über den Aufbau von qualitätssichernden und qualitätsentwickelnden Systemen in berufsbildenden Schulen. Innsbruck: StudienVerlag.

Bastian, J. (2008). In regionalen Bildungsnetzwerken lernen. Fragen für die Praxis. Pädagogik, 60(7–8), 6–11.

Behr-Heintze, A. & Lipski, J. (2004). Schule und soziale Netzwerke. München: Dt. Jugendinstitut.

Berkemeyer, N., Manitius, V., Müthing, K. & Bos, W. (2009). Ergebnisse nationaler und internationaler Forschung zu schulischen Innovationsnetzwerken. Zeitschrift für Erziehungswissenschaft, 12(4), 667–689.

Czerwanski, A., Hameyer, U. & Rolff, H.-G. (2002). Schulentwicklung im Netzwerk. Ergebnisse einer empirischen Nutzenanalyse von zwei Schulnetzwerken. In H.-G. Rolff, H. G. Holtappels, K. Klemm, H. Pfeiffer & R. Schulz-Zander (Hrsg.), Jahrbuch der Schulentwicklung 12. Daten, Beispiele und Perspektiven (S. 99–130). Weinheim/München: Juventa.

Esslinger-Hinz, I. (2003). Kooperation ist nicht gleich Kooperation. Schul-Management, 2, 14–17.

Feiman, S., Nemser, S. & Floden, R. E. (1989). The Culture of Teaching. In M. C. Wittrock (Hrsg.), Handbook of Research on Teaching (S. 505–526). Chicago: MacMillan Reference Books.

Huber, S. G. & Ahlgrimm, F. (2012). Was Lehrkräfte davon abhält zusammenzuarbeiten. Bedingungen für das Gelingen von Kooperation. In S. G. Huber (Hrsg.), Jahrbuch Schulleitung. Befunde und Impulse zu den Handlungsfeldern des Schulmanagements (S. 207–216). Köln: Wolters Kluwer.

Huber, S. G., Ahlgrimm, F. & Hader-Popp, S. (2012). Kooperation in und zwischen Schulen sowie mit anderen Bildungseinrichtungen: Aktuelle Diskussionsstränge, Wirkungen und Gelingensbedingungen. In S. G. Huber & F. Ahlgrimm (Hrsg.), Kooperation: Aktuelle Forschung zur Kooperation in und zwischen Schulen sowie mit anderen Partnern (S. 323–372). Münster: Waxmann.

Huber, S. G. & Krey, J. (2006). Schulnetzwerke – Stand der Forschung und Praxis in den deutschsprachigen Ländern. Zug: IBB.

Huber, S. G. & Krey, J. (2012). Schulnetzwerke – empirische Untersuchungen. In S. G. Huber & F. Ahlgrimm (Hrsg.), Kooperation: Aktuelle Forschung zur Kooperation in und zwischen Schulen sowie mit anderen Partnern (S. 223–246). Münster: Waxmann.

Huber, S. G. & Lohmann, A. (2009). Systemische Schulentwicklung durch schulische Kooperation. Studienbrief für den Fernstudiengang Schulmanagement der Universität Kaiserslautern.

Huber, S. G. & Schneider, N. (2009). Netzwerk Erfurter Schulen (NES) – Professionalisierung Schulischer Akteure und Schulentwicklung durch Kooperation. In N. Berkemeyer, H. Kuper, V. Manitius & K. Müthing (Hrsg.), Schulische Vernetzung. Eine Übersicht zu aktuellen Netzwerkprojekten (S. 135–148). Münster: Waxmann.

Huber, S. G. & Schneider, N. (2012). Netzwerk Erfurter Schulen (NES) – Professionalisierung schulischer Akteure und Schulentwicklung durch Kooperation. In S. G. Huber & F. Ahlgrimm (Hrsg.), Kooperation: Aktuelle Forschung zur Kooperation in und zwischen Schulen sowie mit anderen Partnern (S. 283–297). Münster: Waxmann.

Huber, S. G. & Wolfgramm, C. (2014). Kooperative Bildungslandschaften – Theoretisches Rahmenmodell und methodologisch-methodische Überlegungen zu Forschungs- und Evaluationsdesigns. In S. G. Huber (Hrsg.), Kooperative Bildungslandschaften. Netzwerke(n) im und mit System (S. 57–67). Köln, Kronach: Wolters Kluwer.

Huber, S. G., Kilic, S., Schwander, M. & Wolfgramm, C. (2014). Bildungslandschaften – Übersicht über exemplarische Projekte und Evaluationen. In S. G. Huber (Hrsg.), Kooperative Bildungslandschaften. Netzwerke(n) im und mit System (S. 137–164). Köln, Kronach: Wolters Kluwer.

Huber, S. G. (2009). Spannungsfelder, Machbarkeit und Gelingensbedingungen von Steuergruppenarbeit. In S. G. Huber (Hrsg.), Handbuch für Steuergruppen. Grundlagen für die Arbeit in zentralen Handlungsfeldern des Schulmanagements (S. 35–43). Köln: Link-Luchterhand.

Huber, S. G. (2010a). System Leadership. In A. Bartz, J. Fabian, S. G. Huber, C. Kloft, H. Rosenbusch & H. Sassenscheidt (Hrsg.), PraxisWissen Schulleitung (90.26). München: Wolters Kluwer.

Huber, S. G. (2010b). System Leadership. Journal für Schulentwicklung, 2, 8–21.

Huber, S. G. (2011a). Kooperative Bildungslandschaften: Überlegungen zur Entwicklung der Bildungssysteme auf Basis von fünf Fallstudien in der Schweiz-Basel-Stadt, Bern, Waadt, Zug, Zürich-und eines internationalen Literaturreviews. Vortrag beim Jahreskongress der Schweizerischen Gesellschaft für Bildungsforschung (SGBF) vom 20.-22. Juni 2011, Basel, Schweiz.

Huber, S. G. (2011b). Kooperative Bildungslandschaften – Führung im und mit System. Vortrag beim Schulleitungssymposium 2011 vom, Zug, Schweiz.

Huber, S. G. (2012a). Von Kollegen lernen. Pädagogische Führung, 2, 54–57.

Huber, S. G. (Hrsg.). (2014). Kooperative Bildungslandschaften. Netzwerke(n) im und mit System. Köln, Kronach: Wolters Kluwer.

Huber, S.G. (2014). Kooperation in Bildungslandschaften: Aktuelle Diskussionsstränge, Wirkungen und Gelingensbedingungen. In S.G. Huber (Ed./

Hrsg.), *Kooperative Bildungslandschaften. Netzwerke(n) im und mit System* (S. 3-29). Kronach: Wolters Kluwer Deutschland.

Huber, S. G., Hader-Popp, S. & Ahlgrimm, F. (2009). Kooperation in der Schule. In S. G. Huber (Hrsg.), Handbuch für Steuergruppen (S. 211–239). Köln: Link-Luchterhand.

Horstkemper, M., Killus, D., Gottmann, C. & Carl, F. (2012). Wie kommen Innovationen in die Schule? – Schulinterne und schulübergreifende Transferstrategien im Schulnetzwerk »Reformzeit«. In S. G. Huber & F. Ahlgrimm (Hrsg.), Kooperation: Aktuelle Forschung zur Kooperation in und zwischen Schulen sowie mit anderen Partnern ($. 299–321). Münster: Waxmann.

Lehmpfuhl, U. & Pfeiffer, H. (2008). Regionale Schul- und Bildungslandschaften, Regionale Kooperations- und Unterstützungsstrukturen. In H.-G. Holtappels, K. Klemm & H.-G. Rolff (Hrsg.), Schulentwicklung durch Gestaltungsautonomie: Ergebnisse der Begleitforschung zum Modellvorhaben ›Selbstständige Schule‹ in Nordrhein-Westfalen (S. 195–224). Münster: Waxmann.

Lohmann, A. & Minderop, D. (2004). Führungsverantwortung der Schulleitung. Handlungsstrategien für Schulentwicklung im Reißverschlussverfahren. München: Wolters Kluwer/Luchterhand.

Lohre, W. (2007). Über das Netzwerk hinaus – Entwicklung und Steuerung lokaler Bildungslandschaften. In C. Solzbacher & D. Minderop (Hrsg.), Bildungsnetzwerke und Regionale Bildungslandschaften. Ziele und Konzepte, Aufgaben und Prozess (S. 43–50). Köln: Link-Luchterhand.

Lortie, D. (1975). Schoolteacher. A sociological study. Chicago: The University Press.

Luthe, E.-W. (2009). Kommunale Bildungslandschaften, Rechtliche und organisatorische Grundlagen. Berlin: Erich Schmidt Verlag.

Minderop, D. & Solzbacher, C. (2007). Ansätze und Dimensionen – eine Einführung. In C. Solzbacher & D. Minderop (Hrsg.), Bildungsnetzwerke und Regionale Bildungslandschaften. Ziele und Konzepte, Aufgaben und Prozesse (S. 3–13). Köln: Link-Luchterhand.

Muijs, D., West, M. & Ainscow, M. (2010). Why network? Theoretical perspectives on networking. School Effectiveness and School Improvement, 21(1), 5–26.

Rosenbusch, H. S. (1990). Die kommunikative Alltagspraxis als das Proprium erziehenden Unterrichts. In H. Hacker & H. S. Rosenbusch (Hrsg.), Erzieht Unterricht? Aktuelle Beiträge zu einem klassischen pädagogischen Thema (S. 71–88). Baltmannsweiler: Pädagogischer Verlag Burgbücherei Schneider.

Sailmann, G. (2005). Schulische Vernetzung – Slogan oder Schlüsselkonzept der Schulentwicklung? Berlin: Wiku Verlag.

Schubert, H., Rädler, M., Schiller, K. & Schmager, S. (2011). Abschlussbericht der externen Evaluation des Programms »Lebenswelt Schule« – Evaluationsphase 2010 bis 2011. Köln: Fachhochschule Köln.

Solzbacher, C. & Minderop, D. (2007). Bildungsnetzwerke und Regionale Bildungslandschaften. München: Luchterhand.

Spieß, E. (2004). Kooperation und Konflikt. In H. Schuler (Hrsg.), Enzyklopädie der Psychologie/ Organisationspsychologie (Band 4: Organisationspsychologie – Gruppe und Organisation, S. 193–250). Göttingen: Hogrefe.

Steinert, B., Hartig, J. & Klieme, E. (2008). Institutionelle Bedingungen sprachlicher Kompetenzen. In DESI-Konsortium (Hrsg.), Unterricht und Kompetenzerwerb in Deutsch und Englisch. Ergebnisse der DESI-Studie (S. 411–450). Weinheim: Beltz.

Steinert, B., Klieme, E., Maag Merki, K., Döbrich, P., Halbheer, U. & Kunz, A. (2006). Lehrerkooperation in der Schule. Konzeption, Erfassung, Ergebnisse. Zeitschrift für Pädagogik, 52(2), 185–204.

Stern, C. & Vaccaro, E. (2007). Das internationale Netzwerk innovativer Schulsysteme (INIS) als Motor für Schulentwicklung. In C. Solzbacher & D. Minderop (Hrsg.), Bildungsnetzwerke und Regionale Bildungslandschaften. Ziele und Konzepte, Aufgaben und Prozess (S. 98 ff.). Köln: Link-Luchterhand, Köln.

Terhart, E. & Klieme, E. (2006). Kooperation im Lehrerberuf: Forschungsprobleme und Gestaltungsaufgaben. Zeitschrift für Pädagogik, 52(2), 163–166.

Weiß, W. (2009). Kommunale Bildungspolitik – Entwicklungen, Begrifflichkeiten und Perspektiven. Deutsche Zeitschrift für Kommunalwissenschaften, 48(1), 11–36.

Weyer, J. (2000). Soziale Netzwerke. München: Oldenbourg.

Wilbers, K. (2004). Soziale Netzwerke an Berufsbildenden Schulen. Paderborn: Eusl.

2. Kooperation statt Hermetik: Vorschläge zur Weiterentwicklung der Zusammenarbeit zwischen Schulen und Schulaufsicht

Robert Erlinghagen

2.1 Zukunftsmusik?!

Szene 1

Frau K., Schulleiterin einer Gesamtschule, und Herr M., ihr zuständiger Schulamtsdezernent, treffen sich in der landeseigenen Fortbildungsakademie. Thema ist diesmal die Auseinandersetzung mit verschiedenen Führungsrollen und -aufgaben im Bildungssystem. Es ist nicht das erste Mal, dass sie sich gemeinsam mit einigen Kolleginnen und Kollegen Gedanken über die Führungskultur im Bildungsmanagement in ihrer Region machen. Das letzte Mal ging es um Kooperation und Kommunikation in Veränderungsprozessen. Davor um die Gewinnung von Nachwuchsführungskräften. Erst war es noch sehr ungewohnt, sich gegenseitig in die Karten schauen zu lassen. Aber inzwischen hat sich ein vertrauensvolles Verhältnis entwickelt: Beide verstehen immer besser, wieso sie manchmal unterschiedliche Positionen und Perspektiven einnehmen. Für heute beschließen sie, sich neben den Kollegen vom städtischen Schulverwaltungsamt zu setzen.

Szene 2

Das Regionale Bildungsbüro lädt zum Erfahrungsaustausch: Die Fortbildnerinnen und Fortbildner, die im Auftrag des Bildungsbüros mehrere Schulleitungen auf dem Weg zur inklusiven Schule beraten haben, werden gebeten, aus diesen Projekten zu berichten. Natürlich sind die beteiligten Schulen auch eingeladen. Die Dezernentin kann sich noch gut an die Zeit erinnern, als solche Fortbildungsmaßnahmen ausschließlich mit anonymisierten Ankreuz-Bögen evaluiert wurden. Man erteilte einen Auftrag und betrachtete die Angelegenheit damit als erledigt. Heute ist es eine Selbstverständlichkeit, dass die Dezernentin als Auftraggeberin persönlich informiert werden will, was gut funktioniert hat und was in Zukunft besser gemacht werden könnte. Inzwischen haben alle das Gefühl, an einem Strang zu ziehen, auch wenn es immer noch Interessenkonflikte gibt.

Szene 3

Herr L. ist zufrieden. Das war ein schwieriges Gespräch, aber es hat sich gelohnt. In seinem Zuständigkeitsgebiet der Schulaufsicht führt an der Fusion einiger Schulen im ländlichen Raum kein Weg vorbei. Begeistert ist von dieser Vorstellung niemand, aber lange Zeit wurden die Schulen und Eltern über die konkreten Planungen im Unklaren gelassen. Man traute sich nicht so recht, mit den geplanten

Veränderungen an die Öffentlichkeit zu gehen. Das hat für sehr viel Unruhe, Gerüchte, ja sogar Verschwörungsfantasien gesorgt. Deshalb fasste sich Herr L. ein Herz und lud die betroffenen Schulen zu einem Workshop ein, während dem er den Schulleitern reinen Wein einschenkte. Die Reaktion hat ihn überrascht: Natürlich waren die Schulvertreter nicht erbaut. Aber sie waren auch dankbar und erleichtert. Nun haben sie eine Planungsgrundlage – und jemanden, der ihnen für ihre Fragen zur Verfügung steht.

Szene 4

Seit im Schulamt Z die Dienstversammlungen umgestaltet wurden, gehen Schulleiterin A und B richtig gerne dorthin. Das hätten sie sich vor ein paar Jahren niemals vorstellen können, doch der Charakter dieser Termine hat sich wesentlich verändert. Das Schulamt hat es geschafft, die Formalia auf das notwendige Minimum zu reduzieren. Stattdessen steht nun die Kooperation im Mittelpunkt: In den Dienstversammlungen werden nicht mehr nur Entscheidungen verkündet, sondern Schulleiterinnen, Schulleiter, Dezernenten und Dezernentinnen entwickeln gemeinsam Strategien für die regionale, inklusive Bildungslandschaft, wozu natürlich auch andere Institutionen immer wieder eingeladen werden: Beratungszentren, Fortbildungsträger, Vereine, Unternehmen. Natürlich gibt es immer noch Konkurrenzen zwischen den Schulen und Berührungsängste gegenüber anderen Akteuren. Aber durch die gelungene Mischung aus gemeinsamen Planungsschritten und schulspezifischen Einzelgesprächen ist ein kreativer Arbeitsprozess entstanden.

Wie wirken diese Szenen auf Sie? Zukunftsmusik? Unrealistisch? Oder: nichts besonderes, schon jetzt selbstverständlich?

Aus der Perspektive eines externen Coachs, Trainers und Organisationsberaters sieht der Alltag im Verhältnis zwischen Schulen und Schulaufsicht/Bildungsverwaltung oft anders aus: Zwischen den verschiedenen Managementebenen – Ministerium und Schulaufsicht, Schulaufsicht und Schulträgern, Schulaufsicht/Schulträgern und Schulleitungen – herrscht oft ein wechselseitiges Unverständnis. Die einzelnen Ebenen wirken teilweise fast hermetisch voneinander isoliert. Natürlich gibt es auch das Gegenteil: gelingende Kommunikations- und Kooperationsprozesse, vertrauensvolle Zusammenarbeit. Doch ist diese in der Regel von den handelnden Personen abhängig: »Mit dem/der kann man gut arbeiten.« Die Bildungsverwaltung als System hat hingegen Mechanismen entwickelt, die einer offenen Zusammenarbeit eher im Wege stehen und Sprachlosigkeit produzieren. Für die Unterstützung zentraler schulischer Veränderungsprozesse – Inklusion, Förderung des individuellen Lernens, kompetenzorientiertes Unterrichten – ist dies fatal, weil all diese Prozesse eine verstärkte, multiprofessionelle und multiinstitutionelle Zusammenarbeit erfordern, die strukturell verankert ist.

Der vorliegende Text skizziert – aus der Sicht eines externen Coaches und Beraters – einige dysfunktionale Kooperationsbeziehungen an der Schnittstelle zwischen Schulaufsicht/Schulträger und Einzelschule und er bietet Vorschläge zur Veränderung in Richtung vertrauensvolle Zusammenarbeit.

2.2 Das Grundproblem: Institutionelle Abgrenzung

Aus der Vogelperspektive unterscheidet Helmut Fend bezüglich der Steuerung des Bildungssystems zwischen Partitur und Aufführung. Er differenziert dabei zwischen verschiedenen Steuerungsebenen (Fend 2008, S. 17, vgl. Abb. 1).

Regulierungsinstrumente »Partitur«	Empirisches Erscheinungsbild »Aufführung«
MAKROEBENE	
Verfassungsgesetze Schulgesetze Bildungspläne Bildungsgangregelungen Abschlussregelungen Zertifizierungen Schulverwaltung Instrumente der Qualitätssicherung	Kulturpolitik Bildungspolitik Lehrplanarbeit Bildungsverwaltung Personalmanagement: (Ausbildung, Fortbildung)
MESOEBENE	
Autonomieregelungen Leitungsgesetze	»Schul-policy« Faktische Schulführung Schulentwicklungsarbeit Kommunale Beteiligungen Schulkultur
MIKROEBENE LEHRER	
Regelungen zur Unterrichtsgestaltung Methodik und Didaktik Beratungsaufgaben Erziehungsaufgaben	Faktische Unterrichtsprozesse Unterrichtskultur Lehrerhandeln
MIKROEBENE SCHÜLER	
Leistungsstandards Prüfungsregelungen Zulassungsbedingungen Abschlussbedingungen Teilnahmeregelungen Disziplinregelungen	Faktisches Nutzungsverhalten Schulleitungen Persönlichkeitsentwicklung

Abb. 1:   *Steuerungsebenen des Bildungssystems*

Der folgende Beitrag konzentriert sich auf die Schnittstelle zwischen Makro- und Mesoebene, insbesondere zwischen Schulaufsicht und Schulleitung.

Auf der linken Seite, der Ebene der »Partitur«, der Regelungssysteme, wurden in den letzten Jahren – basierend auf Konzepten des New Public Management –

viele in sich schlüssige Instrumente und Steuerungsmechanismen entwickelt. Wenn auch mit regional unterschiedlichen Akzentsetzungen lassen sich für Deutschland einige Megatrends erkennen, die in den länderspezifischen Partituren ihren Niederschlag gefunden haben, z. B. Selbstständigkeit von Schule durch zunehmende Budgethoheit und Autonomieregelungen, Outputorientierung durch Bildungsstandards, Steuerung durch Zielvereinbarungen, Qualitätssicherung durch Inspektionseinrichtungen. Es sieht so aus, als sei alles wunderbar mit den Instrumenten des New Public Management geregelt. Im Großen und Ganzen ist alles an Steuerungsgrundlagen da, was es für eine reibungslose Aufführung braucht.

Nur: Auf der rechten Seite, bei der praktischen Umsetzung, der »Aufführung«, lassen sich vielfach Verwerfungen beobachten: Schulleiter und Schulleiterinnen, die die Schulaufsicht in erster Linie als »natürlichen Feind« betrachten. Kollegien, die – obwohl fest verbeamtet – aus Angst vor der Inspektion Potemkinsche Dörfer aufbauen. Schulaufsichtsbeamte, die vor unangenehmen Personalentscheidungen zurückschrecken. Zielvereinbarungen ohne Realitätsbezug ...

Nun könnte man sagen, das sei normal, menschlich halt, und liege an den handelnden Personen. Man könnte aber auch die Frage stellen, ob die Partitur nicht per se eine Planbarkeit von Bildungsprozessen suggeriert, die es so in der Realität gar nicht gibt. Lassen Sie uns diesem Gedanken nachgehen.

Die Einführung von Prinzipien des New Public Management setzt auf Regelungsmechanismen, die nicht allein technizistisch angewendet werden dürfen, sondern situationsspezifisch mit Sinn versehen werden müssen. Dennoch ist die Vorstellung verbreitet, dass mit dem Versand eines Erlasses, der Erteilung eines schriftlichen Auftrags, dem Unterschreiben einer Zielvereinbarung oder dem Schreiben eines Konzeptpapiers alles gesagt ist. Oft gibt es auf Seiten der Schulaufsicht die unbewusste Fantasie: Wir geben etwas bekannt, und dann ist doch alles klar. Auf Seiten der Schulen ist die Vorstellung verbreitet: Am besten geht es uns, wenn wir in Ruhe gelassen werden. Die Kombination aus beidem führt dazu, dass den formalen Anforderungen (linke Seite) Genüge getan wird, um sich nicht wirklich miteinander auseinandersetzen zu müssen (rechte Seite). Vielleicht ist es sogar eine Form der unbewussten sozialen Abwehr, die es allen Akteuren erlaubt,

- den Mythos der weitestgehenden oder gar vollständigen Planbarkeit von Lern- und Bildungsprozessen aufrechtzuerhalten,
- damit die Unsicherheit angesichts von Unwägbarkeiten einzudämmen und
- die Arbeit an der professionellen Beziehungsgestaltung, die immer auch schiefgehen kann und ein hohes Maß an kritischer Selbstreflexion erfordert, zu vermeiden.

Ich möchte versuchen, diese Thesen anhand einiger Symptome zu belegen, die ich als externer Berater beobachten kann:

- Schulaufsicht und Schulen sind als eigenständige Systeme institutionell deutlich voneinander abgegrenzt, mit eigenem Namen, eigenem Logo, eigener Adresse. Dies ist dem verfassungsmäßigen Auftrag der Schulaufsicht geschuldet, führt aber dazu, dass es eine starke Identifikation der Akteure mit ihrer jeweiligen institutionellen Heimat befördert – entweder Schule oder Schulaufsicht. Um die Wirkung dieser Spaltung zu veranschaulichen, ist vielleicht der Vergleich mit einem Konzern hilfreich: Innerhalb eines Konzerns gibt es eine oberste Führungsebene (vergleichbar mit dem Ministerium), eine zweite Führungsebene z. B. mit Regionalverantwortung (Schulaufsicht) und Betriebsstättenleitungen (Schulleitungen). Alle Führungsebenen haben ihre eigene Logik und ihre eigene institutionelle Perspektive, und doch ist es wichtiger Teil ihrer Identität, sich als Angehörige eines gemeinsamen Unternehmens und innerhalb des Unternehmens als Teil des Gesamtmanagements zu verstehen. Solche Konzerne führen gelegentlich auch Führungsklausuren durch, in denen sich Führungskräfte unterschiedlicher Managementebenen über Führungsverständnis und gemeinsame Aufgabenstellung verständigen.
- Wenn solche Klausuren (und nicht: Dienstversammlungen) fehlen, entwickelt sich in der Regel kein gemeinsamer Blick der verschiedenen Führungsebenen auf die Support- und Führungsprozesse innerhalb des Gesamtsystems und die Frage, wo diese Prozesse sinnvollerweise angesiedelt sein sollten. Es gibt zahlreiche Führungssituationen, bei denen eine engere Kooperation zwischen den einzelnen Führungsebenen ausgesprochen nützlich sein könnte, z. B. bei Stellenbesetzungen in einem Schulleitungsteam; bei der Frage zentraler oder dezentraler Aufteilung von Supportprozessen (Finanzen, Controlling, Honorarkraftverträge), Fusionsentscheidungen, Profilbildung in einer Bildungsregion. Solche wichtigen Führungsfragen sind z. T. vernünftigerweise aus verfassungsrechtlichen, gesetzlichen oder arbeitsrechtlichen Gründen, teilweise aber auch nur aufgrund machtpolitischer Erwägungen der getrennt agierenden Institutionen dem Dialog zwischen den Führungsebenen entzogen.
- Fortbildungen zu Managementthemen und Führungsfragen finden in aller Regel getrennt für Schulleitungen und Schulaufsicht statt: Es gibt Seminare zu Führungsfragen für Schulleitungen und solche für die Schulaufsicht, anstatt beide Perspektiven zugleich zu bearbeiten. Zum Teil ist diese Trennung sogar noch durch unterschiedliche Fortbildungsanbieter und getrennte Referentenpools institutionalisiert. Dahinter steckt auch die Vorstellung, durch diese Fortbildungen Einzelpersonen »fit zu machen« für ihr Führungshandeln. Viel erfolgversprechender ist jedoch, solche rollenbezogenen Lernprozesse auch als kollektiven Prozess anzulegen: Nicht Einzelpersonen, sondern mehrere Führungskräfte in bestehenden Kooperationsbeziehungen professionalisieren sich gemeinsam.

- Das »Fit-Machen« wird wiederum eigenständigen Akteuren übertragen: landeseigenen Fortbildungsakademien, die mit externen Coaches, Referenten, Fortbildnern arbeiten. Rückkopplungen aus dieser Arbeitsebene mit der Schulaufsicht oder auch Ministerien sind dabei keine Selbstverständlichkeit, sondern häufig mühsam.

- Bei Organisationsberatungsprozessen für Schulen oder Coachings für Schulleitungen treten Schulaufsichtsbeamte nur selten als Akteure in Erscheinung, selbst wenn sie diese Beratungsprozesse beauftragen und aus ihren Budgets finanzieren. Ich habe schon mehrfach erlebt, das keinerlei Interesse an Beratungsprozessen in Schulen seitens der Schulaufsicht erkennbar war. Gründe mögen Überlastung, vielleicht auch vornehme Zurückhaltung (»Das ist schulintern, das geht mich nichts an.«) oder tatsächliches Desinteresse sein.

Auch wenn Fend die in Abbildung 2 dargestellte Grafik mit einer anderen Darstellungsabsicht entwickelt hat, verdeutlicht sie doch die in diesem Beitrag aufgeworfene These: Die Schnittstelle zwischen Lehrer und Schüler als dem Dreh-

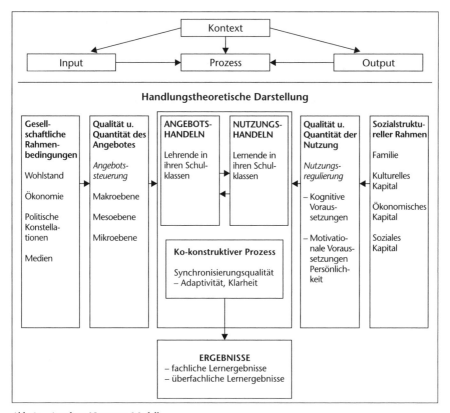

Abb. 2: Angebots-Nutzungs-Modell

und Angelpunkt aller Prozesse im Bildungssystem beschreibt Fend als Ko-Konstruktiven Prozess (Fend 2008, S. 22).

Dies unterstellt, dass alle Steuerungsimpulse, die in dieser Grafik von links
kommend auf diesen zentralen Prozess einwirken, sich im Einklang bewegen.
Doch genau das ist nicht der Fall: Auf dem Weg von den gesellschaftlichen
Rahmenbedingungen über die Makro-, Meso- und Mikroebene hin zum Ange-
botshandeln herrschen unterschiedliche Systemlogiken, Partialinteressen, Macht-
verhältnisse usw., so dass auch hier an den Schnittstellen viel mehr ko-konstruktive Prozesse notwendig wären: Lernen und Annäherung von Wahrnehmungs-
und Interpretationsmustern durch Zusammenarbeit.

2.3 Kulturelle Hürden

Bevor wir uns der Frage zuwenden, wo die Chancen für eine ko-konstruktive
Weiterentwicklung der Schnittstelle zwischen Schulaufsicht und Schule liegen,
nehmen wir einige weitere wichtige Dynamiken in den Blick.

Seit einigen Jahren gibt es eine Tendenz gemäß der Logik des New Public Management zur selbstständigen Schule und eine Transformation der Schulaufsicht von einer »Eingriffs-« zu einer »Beratungsaufsicht« (mit Unterstützung
von Schulleitungen »auf Anfrage«). Dies führt innerhalb der Schulaufsicht zu
Verunsicherungen über eine angemessene Führungsrolle und über die konkrete
Ausgestaltung der Aufsichtsfunktion – also dem Kerngeschäft (van Ackeren &
Klemm 2009, S. 109). In dieser Entwicklung von der Eingriffsaufsicht zur Beratungsaufsicht steckt eine Parallelität zum sich wandelnden Verständnis der Lehrerrolle vom Lehrer zum Lernbegleiter.

Für beide Institutionen wird das Spannungsverhältnis sich nicht auflösen. Die
Aufsicht wird weiterhin die Funktion der Kontrolle und des Dienstvorgesetzten
behalten; die Schule wird auch künftig die gesellschaftliche Funktion der Chan-
cenvergabe und Beurteilung sowie der Erziehung und sozialen Kontrolle beibehalten (Bott 2012[1]).

Obwohl es sich bei diesen Phänomenen ganz offensichtlich um parallele Prozesse handelt, werden die Debatten darüber völlig getrennt voneinander geführt.
Zwei Fragen, die sich an alle Führungsebenen des Bildungssystems gleichermaßen richten, lauten beispielsweise: Können Lehrer überhaupt zum Lernbegleiter
werden, wenn auf der Führungsebene mit ihrer Vorbildfunktion das hierar-
chische Konzept von Organisationsentwicklung und Aufsicht beibehalten bleibt?
Wie kann das Spannungsverhältnis zwischen Eingriff und Beratung, zwischen
Lernkontrolle und Lernbegleitung enttabuisiert werden ohne es aufzulösen?

---

1 Bott geht hier wird auch auf eine Debatte über die Besoldung von Schulleitern und Schulaufsicht ein mit der Frage, ob
aus einer niedrigen Besoldungsgruppe heraus überhaupt eine Aufsicht wahrgenommen werden kann. Er kommt zu
dem Schluss, dass dies mit Blick auf den »geordneten Verwaltungsaufbau« prinzipiell nicht geht.

Damit zusammen hängt die nach wie vor im Bildungssystem fest verankerte Kultur der Fehlervermeidung und Fehlerbestrafung. Diese Kultur hat ihren Ursprung in den Bewertungen der Schülerleistungen, spiegelt sich aber auch in den inneren Landkarten, Wahrnehmungsmustern und dem konkreten Handeln der meisten Akteure im Bildungssystem wider. Für das Verhältnis zwischen den verschiedenen Managementebenen ist es von elementarer Bedeutung, Fehler als Lernchance zu begreifen und nicht direkt mit Schuldzuweisungen zu reagieren, sondern mit der Frage nach produktiver Nutzung der neugewonnenen Erkenntnisse.

Beide Haltungen, Verunsicherung in der Rolle und Fehlerintoleranz, verstärken vorhandene Abschottungstendenzen massiv.

2.4 Die Lösung: Mehr Kooperation statt Hermetik

Im Folgenden skizziere ich einige Vorschläge, wie in die Gestaltung professioneller Beziehungen zwischen den verschiedenen Führungsebenen des Bildungssystems investiert werden kann, so dass diese mit der Unplanbarkeit gemeinsam besser umgehen und die vorhandenen Regelungsinstrumente sinnvoll – und nicht formalistisch – einsetzen können.

Grundlage ist das Konzept der Shared Leadership: Basierend auf der Annahme, dass in hochkomplexen Systemen und vielschichtigen Organisationsstrukturen niemand mehr allein die Führungsverantwortung übernehmen kann, baut Shared Leadership auf geteilte Verantwortung. Führung wird hier verstanden als eine Funktion innerhalb einer Organisation, zu deren Gelingen alle Beteiligten in unterschiedlichen Rollen beitragen. Führungsverantwortung verteilt sich aufgabenbezogen z. B. auf Führungstandems (Schulleiter und Stellvertreter oder Schulamtsdirektor und Schulleiter), Führungsteams (Schulleitungsteams, mehrere Schulleiter in einer Bildungsregion usw.) oder bezieht Folgende in die Verantwortung mit ein (Erlinghagen 2011).

Wenn wir – wie gesagt – Führung als sozialen, ko-konstruktiven Prozess begreifen, zu dessen Gelingen unterschiedliche Akteure in unterschiedlichen Rollen beitragen, dann ergeben sich folgende Ansätze zur Weiterentwicklung des gemeinsamen Führungshandelns auf der Makro- und Mesoebene:

- Innerhalb der formal geregelten Verfahren des New Public Management können Kooperationsprozesse verbindlich verankert werden. Eine Zielvereinbarung wird dadurch zu einem Prozess mit einer klaren Schrittfolge aus Gesprächen zwischen Schule und Schulaufsicht in unterschiedlichen Settings und unterschiedlichen Beteiligungsformen. Hierzu gibt es längst zahlreiche Beispiele, und doch begegnen uns immer wieder Schulen, bei denen der Zielvereinbarungsprozess sich auf einen Mailaustausch beschränkte. Ko-Konstruktion braucht den Dialog.

- Es kann sinnvoll sein, sich vom Mythos der Messbarkeit der Zielerreichung (Stichwort: smarte Ziele) hier und da zu verabschieden und stattdessen im Dialog zwischen Schule und Schulaufsicht sinnstiftende Visionen für die Schule zu entwickeln. Nichts gegen smarte Ziele, wenn diese wirklich Bedeutung und Substanz haben. Wenn sie jedoch nur abgearbeitet werden, um einem Verfahren Genüge zu tun, sollte man davon Abstand nehmen.

- An der Visionsentwicklung einer Schule kann die Schulaufsicht – genauso wie Schulträger oder andere schulspezifische »shareholder« und »stakeholder« – aktiv beteiligt werden, z. B. durch Präsenz bei Pädagogischen Tagen oder Einladung zu Klausuren. Für die Entwicklung einer schulspezifischen Vision braucht es natürlich kreativen Handlungsspielraum und manchmal auch geschützte Räume für Kollegien. Dennoch ist eine solche Vision kein »Privatvergnügen« der Schule. Darüber hinaus ist die Beteiligung an solchen Prozessen für die Schulaufsicht eine hervorragende Gelegenheit, die Motivationslage und kreative Kraft der Basis kennenzulernen.

- Voraussetzung für solche Formen der Kooperation zwischen Schulaufsicht und Schule ist ein differenziertes Aufsichtskonzept für Schulen als Lernende Organisationen. Hierfür kann ein Modell, das John Nisbet für die Evaluation von Schulen entwickelt hat, als Grundlage dienen (in Anlehnung an Nisbet 1990, S. 5) – vgl. Abbildung 3.

Abb. 3: Aufsichtskonzept für Schulen als Lernende Organisationen

Die Eingriffsaufsicht ist in diesem Koordinatensystem im Quadranten oben links (»Macht«) anzusiedeln, die Beratungsaufsicht im Quadranten oben rechts (»Dialog«). Die Verfahren des New Public Management bedienen häufig die Machtlogik und das Bedürfnis nach Sicherheit (durch Qualitätssicherung). Ausbaufähig ist die dialogische Seite, welche die Herausforderung der Ent-Sicherung beinhaltet. Und die beiden Führungsebenen aus Schulaufsicht und Schulleitung müssen sich jederzeit darüber verständigen, in welchem Quadranten sie sich gerade bewegen.

- Ein im Vergleich dazu kleinerer erster Schritt könnte die Verankerung von Kooperationsprozessen in Fortbildungs- und Coachingangeboten sein: die gemeinsame Planung von und Teilnahme an Personalentwicklungsmaßnahmen durch Führungskräfte der unterschiedlichsten Steuerungsebenen und Hierarchiestufen, gemeinsame Foren zu fachlichen Fragen der Führung und Steuerung von Bildungssystemen.
- Vergleichsweise unproblematisch ist auch eine stärkere Kooperation in der Zusammenarbeit zwischen Schulaufsicht, Schule und externen Coaches, Beratern und Trainern durch Abschluss von Dreiecksverträgen. Gerade dann, wenn die Schulaufsicht (oder der Schulträger) als Finanzierer von Organisations- oder Personalentwicklungsmaßnahmen auftritt, kann und sollte sie eigene Interessen und Absichten formulieren und eine Auftragsvergabe im Dreiecksverhältnis durchführen. Ansonsten verfestigt sich der Eindruck der Interessenlosigkeit oder Beliebigkeit.[2]

Über diese konkreten Anregungen hinaus ist dieser Beitrag ein Appell, dysfunktionale Abschottungstendenzen zwischen Schulen/Schulleitungen einerseits und Schulaufsicht/Ministerien andererseits zu reflektieren und zu überwinden. Das ist nicht einfach, weil alle Akteure des Bildungssystems unter besonderer Beobachtung einer hoch sensibilisierten und um den Bildungserfolg ihrer Jugend besorgten Gesellschaft stehen. Sich hier für Ent-Sicherung zu entscheiden, setzt auch ein gewisses Maß an Selbstvertrauen der handelnden Akteure voraus. Andererseits zeigt die Erfahrung, dass sich gerade durch Ent-Sicherung Selbst-Vertrauen gewinnen lässt. Insofern versteht sich dieser Beitrag auch als Zu-Mutung.

Anmerkung:

Viele der hier zusammengefassten Überlegungen basieren auf Erfahrungen in Beratungsprojekten mit den Kolleginnen und Kollegen Ullrich Beumer, Charlotte Dreschert, Ute Droste, Edeltrud Freitag-Becker, Dr. Jan Lohl und Doscha Sandvoß. Der Autor dankt für vielfältige Anregungen.

---

2 Es ist nicht zu leugnen, dass auch den externen Beratern solch komplexe Dreiecksverträge gerne lästig sind und sie nicht darauf pochen. Es ist alles viel einfacher, wenn es scheinbar nur einen Auftraggeber gibt.

2.5 Literatur

Bott, W. (2012). Zur Schulaufsicht in Deutschland. Anmerkungen zu aktuellen Veränderungen, in: SchulVerwaltung HE/RP 7–8 2012, S. 221–222.

Erlinghagen, R. (2013) Followership – geteilte Verantwortung von Führenden und Folgenden, in: PraxisWissen SchulLeitung, Loseblattsammlung, 35. Lieferung, München, August 2013: Carl-Link-Verlag.

Fend, H. (2006). Neue Theorie der Schule. Einführung in das Verstehen von Bildungssystemen. Wiesbaden: VS-Verlag.

Fend, H. (2008). Schule gestalten. Systemsteuerung, Schulentwicklung und Unterrichtsqualität, Wiesbaden: VS-Verlag.

van Ackeren, I. & Klemm, K. (2009). Entstehung, Struktur und Steuerung des deutschen Schulsystems. Eine Einführung. Wiesbaden: VS-Verlag.

Nisbet, J. (1990). Rapporteur's Report. In: The Evaluation of Educational Programmes: Methods, Uses and Benefits: Report of the Educational Research Workshop held in North Berwick (Scotland), 22–25 November 1988, Scottish Council for Research in Education (Hrsg.) [= European Meetings on Educational Research, Part 1, vol. 24], Amsterdam.

3. Schwierige Elterngespräche professionell führen

Adolf Bartz

Gespräche mit Eltern zu führen, erleben die Schulleitung und insbesondere die Lehrkräfte häufig als schwierig. Denn die Rollenbeziehung ist nicht so klar wie die zu den Schülerinnen und Schülern und der Kontakt ist eher punktuell. Das bietet Spielraum für wechselseitige Fantasien und Projektionen ebenso wie für Sorgen und Ängste. Die Folge kann dann sein, sich vor einem Elterngespräch innerlich aufzurüsten, statt die Gespräche in entwaffnender Gelassenheit zu führen. Der Schulleitung und den Lehrkräften muss klar sein: Sie haben die Verantwortung für die professionelle Gesprächsführung und können von den Eltern kein professionelles Gesprächsverhalten erwarten.

Die Verantwortung der Schulleitung beschränkt sich nicht nur auf die Gespräche, die sie selbst mit Eltern führt. Sie muss zugleich für eine gute Gesprächskultur an ihrer Schule sorgen. Das setzt voraus, dass den Lehrkräften die Qualitätserwartungen bei der Beziehungsgestaltung und Gesprächsführung mit Eltern klar sind und dass sie dabei unterstützt werden, Elterngespräche professionell führen zu können.

3.1 Die Elternsicht verstehen

Die Kommunikation mit Eltern gelingt nur dann, wenn die Lehr- und Leitungspersonen nicht unreflektiert aus ihrer Rolle und Sicht heraus agieren, sondern sich in die Perspektive der Eltern hinein versetzen. Das setzt Klarheit darüber voraus, in welcher Rolle die Lehrperson in Elterngesprächen agiert: Sie ist einerseits Gesprächsführerin und somit für eine professionelle Moderation des Gesprächs verantwortlich. Sie ist andererseits Gesprächspartei und als solche den Eltern gleichgestellt.

In der Rolle der Moderation muss sie den Gesprächsverlauf und die beiden Parteien – also die Eltern und sich selbst – im Blick haben und sie muss in der Lage sein, sich selbst aus der Sicht der Eltern wahrzunehmen. Diese Sicht der Eltern wird durch folgende Aspekte geprägt:

1) Indirekte Kenntnis des schulischen Umfelds
   Die Eltern kennen ihr Kind und sein Verhalten aus dem häuslich-familiären Umfeld, während sie das Umfeld von Klasse und Schule und das Verhalten ihres Kindes in diesem Umfeld nur aus dem erschließen können, was ihr Kind darüber erzählt. Das ermöglicht den Schülerinnen und Schülern, die Wahrnehmung der Schule und der Lehrkräfte durch ihre Eltern zu steuern – was einige ganz geschickt in ihrem Interesse ausnutzen. Umgekehrt kennt

die Lehrperson das Verhalten des Kindes in der Schule und im Unterricht aus der eigenen Beobachtung, weiß aber nicht, wie es sich zu Hause verhält.

2) Bündniskonstellationen

Für die Kommunikation zwischen den Eltern und den Lehr- und Leitungspersonen ist in der Regel charakteristisch, dass es weniger darum geht, miteinander zu sprechen, sondern über einen anderen, nicht anwesenden Dritten, das Kind. Das kann zu unterschiedlichen, in der Regel unbewussten Bündniskonstellationen führen. Unproblematisch ist ein Gespräch dann, wenn die Lehrkraft und die Eltern ein positives Bild des Kindes haben. Für das Kind wird es schwierig, wenn beide Parteien das Kind und sein Verhalten negativ beurteilen. Dann liegt es nahe, sich gemeinsam gegen das Kind zu verbünden. Für die Verständigung im Gespräch wird es schwierig, wenn ein positives Bild der Eltern und ein negatives Bild der Lehrkraft aufeinandertreffen. Dann kann es zu einem Bündnis der Eltern und ihres Kindes gegen die Lehrperson kommen, insbesondere dann, wenn die Eltern ihr Bild für das objektiv richtige halten, sodass das abweichende Lehrerbild nur falsch sein kann.

3) Mangelndes Verständnis der Lehrerprofessionalität

Anders als bei Professionen wie Arzt oder Handwerker haben Eltern in der Regel kein klares Bild, was die professionelle Expertise von Lehrkräften ausmacht. Was Erziehung und Beziehungsgestaltung angeht, beanspruchen sie, genauso gut wie die Lehrkräfte zu wissen, was für ihr Kind und die Klasse das Richtige ist. Je stärker die Unsicherheit über die Merkmale von Lehrerprofessionalität bei den Eltern, aber auch bei den Lehrpersonen selbst ausgeprägt sind, umso größer ist die Gefahr wechselseitiger Fantasien und Projektionen. Eskalieren diese wechselseitigen Fantasien, kommt es zur Entstehung von Feindbildern und zur Kommunikationsblockade mit unterschiedlichen Varianten:

a) Die Lehr- und Leitungspersonen sind allein für die schulische Bildung und Erziehung verantwortlich. Die Eltern sollen sich nicht in Schule und Unterricht einmischen.

b) Die Lehrkräfte sollen sich auf Unterricht beschränken und sich nicht in die (häusliche) Erziehung einmischen.

c) Die Eltern sind für Erziehung verantwortlich und sollen dafür sorgen, dass die Kinder die Verhaltensvoraussetzungen für Lernen und Unterricht mitbringen.

d) Die Lehrkräfte sollen für die Erziehung sorgen, weil die Eltern mit ihr nicht klar kommen. Sie sollen also für zu Hause liefern, dürfen sich aber nicht ins Zuhause einmischen.

4) Sorge um das Wohlergehen des Kindes
Häufig sind die Anlässe für Elterngespräche Schwierigkeiten, die das Kind hat oder macht. Gespräche über Schwierigkeiten können schnell zu schwierigen Gesprächen werden, wenn der Hinweis auf solche Schwierigkeiten von den Eltern oder den Lehrpersonen als Vorwurf und Angriff erlebt wird. Dann kann es passieren, dass sich beide Seiten für das Gespräch aufrüsten. Auf Seiten der Lehrkräfte kann das die Folge haben, ihre Schüler nur noch darauf hin zu beobachten, welche Leistungsdefizite sie aufweisen und welches Fehlverhalten sie zeigen. Auf Seiten der Eltern kann die Folge sein, dass sie ihr Kind ausfragen, um Vorwürfe gegen die Lehrkräfte zu sammeln.

5) Die Schule als feindliches Territorium
Das Gefühl, dass Aufrüstung nötig ist, wird dadurch verstärkt, dass die Eltern die Gesprächssituation als strukturell ungleich empfinden, weil die Elterngespräche in der Regel in der Schule stattfinden. Damit aber hat der Lehrer einen Heimvorteil, und je angespannter Eltern die Beziehung zu einer Lehrperson oder zur Schule insgesamt erleben, umso stärker werden sie das Gefühl haben, mit dem Schulraum feindliches Territorium zu betreten.

3.2 Kommunikationsblockaden meiden und für Gelingensbedingungen sorgen

Damit Elterngespräche gelingen, müssen die Leitungs- und Lehrpersonen akzeptieren, als die Professionellen dafür verantwortlich zu sein, dass die Gespräche professionell geführt werden. Sie müssen ihre Rolle der Gesprächsmoderation auch dann halten können, wenn die Eltern sich unprofessionell verhalten, hoch emotionalisiert Vorwürfe äußern, ultimative Forderungen stellen oder ihr Kind um jeden Preis auch bei schwerwiegendem Fehlverhalten verteidigen. Reagieren Leitungs- und Lehrpersonen auf ein solches unprofessionelles Elternverhalten ihrerseits mit Emotionen und Gegenvorwürfen, fallen sie aus der Rolle der Gesprächsführung – und weil dann niemand mehr das Gespräch führen und moderieren kann, muss es scheitern.

Um gerade auch die schwierigen Elterngespräche professionell zu führen, braucht es emotionale Gelassenheit. Sie wird gestützt durch die Gewissheit, dass ein Elterngespräch nicht scheitern kann, solange die Leitungs- oder Lehrperson ihre Moderationsrolle hält. Denn in dieser Rolle kann sie die Macht der Moderation einsetzen, um Gesprächsregeln durchzusetzen, bei Verstößen klare Grenzen zu setzen und im Notfall auch ein Gespräch abzubrechen, wenn die emotionale Erhitzung eine sinnvolle Weiterführung unmöglich macht. Denn auch bei einem Abbruch ist ein Gespräch nicht gescheitert – unter der Voraussetzung, dass der Abbruch mit einer Verfahrensregelung verbunden wird, ob, wann und wie das Gespräch zu einem späteren Zeitpunkt weitergeführt wird.

Die Gelassenheit erleichtert auch, Kommunikationsblockaden bei den Eltern abzubauen, indem die Leitungs- oder Lehrperson der mentalen Aufrüstung von Eltern entwaffnend begegnet, statt ihrerseits aufzurüsten. Wichtig dafür ist, ein Klima des Willkommens spürbar werden zu lassen. Das setzt eine inklusive Schulkultur voraus, die Teilhabe auch für die Eltern ermöglicht, die sich durch ihre kulturellen und sozialen Hintergründe von der Normgruppe unterscheiden. Hilfreich kann dafür sein, durch eine breite, verständliche und ggf. mehrsprachige Elterninformation Transparenz zu schaffen und sich der eigenen kulturellen Selbstverständlichkeiten und der Gefahr bewusst zu sein, dass sie für einen Teil der Eltern exklusiv wirken können.

Wichtig ist zudem, dass die Eltern ihre Positionen und Sichtweisen äußern können, angehört werden und sich ernst genommen fühlen. Deeskalierend wirkt auch, wenn man eigene Fehler zugesteht – sowohl im Hinblick auf ein Verhalten, das Anlass für eine Elternbeschwerde gewesen ist, als auch im Hinblick auf die Gesprächsführung, wenn man aus dem Ärger über das unprofessionelle und vielleicht sogar ungehörige Verhalten der Eltern agiert und damit die Allparteilichkeit in der Moderationsrolle aufgegeben hat.

Die Bedingungen, dass Elterngespräche gelingen, können zudem durch geeignete Interventionen gefördert werden. Beispiele dafür sind:

- Das Spiegeln:
  Die Lehrperson kann ihren Eindruck, wie das Gespräch bisher gelaufen ist, formulieren und dann die Eltern fragen, ob sie das ähnlich erlebt haben. Ist das nicht der Fall, erläutern die Eltern und der Schüler ihr abweichendes Bild vom Gesprächsverlauf. An diese Klärung schließt sich dann die Frage an:»Haben Sie eine Idee, wie wir jetzt unser Gespräch am besten weiterführen können?«

- Die Zielvergewisserung:
  Kommt es zu einem Machtkampf, dann wird das eigentliche Gesprächsziel durch das Ziel ersetzt, als Sieger aus dem Machtkampf hervorzugehen oder zumindest keine Niederlage zu erleiden. In einer solchen Situation kann eine Erinnerung an den Sinn und das Ziel des Gesprächs hilfreich sein. »Wir hatten zu Beginn des Gesprächs geklärt, was am Ende des Gesprächs erreicht sein soll. Ich habe den Eindruck, dass wir dieses Ziel aus den Augen verloren haben. Deshalb möchte ich nachfragen: Gilt aus Ihrer Sicht dieses Ziel noch und liegt Ihnen noch daran, dieses Gesprächsergebnis zu erreichen? Oder hat sich das Ziel verändert? Dann müssten wir klären, welches Ziel genau wir denn jetzt anstreben. Was sollte denn bis zum Ende unseres Gesprächs erreicht sein, damit Sie mit dem Gespräch zufrieden sind?«

- Die Erinnerung an grundlegende Gesprächsnormen:
Verletzen die Eltern Gesprächsnormen wie z. B. den Gesprächspartner ausreden zu lassen und ihn nicht herabzusetzen oder zu beleidigen, sollte die Lehrperson ein klares Stopp-Signal setzen:»Ich bin nicht bereit, das Gespräch mit Ihnen in diesem Ton weiterzuführen. Bitte entscheiden Sie, ob Sie das Gespräch weiterführen wollen. Wenn nicht, ist das in Ordnung. Dann sollten wir das Gespräch hier abbrechen, auch wenn wir zu keinem Ergebnis gekommen sind. Wenn ja, dann erwarte ich, dass Sie mich ausreden lassen und Beleidigungen unterlassen.«

- Das Innehalten:
Die Lehrperson unterbricht das Gespräch und klärt den Gesprächsstand.»Ich habe den Eindruck, dass wir hier nicht weiterkommen, und sehe die Gefahr, dass wir uns in der Sache festbeißen, statt zu einer Lösung zu kommen.« Das Innehalten kann auch dafür genutzt werden, den Konsens-Dissens-Stand zu markieren:»Bevor wir uns noch heilloser zerstreiten, möchte ich gern wissen: In welchen Punkten stimmen wir denn überein? Und in welchen Punkten sind und bleiben wir unterschiedlicher Meinung? Und worum genau geht es bei unserer Meinungsverschiedenheit?«

- Die Klärung einer Meinungsverschiedenheit:
Häufig spitzt sich der Streit zwischen den Beteiligten auf die Frage zu, wer recht hat. Dabei geht es einerseits um deskriptive Aussagen: Ist die Darstellung des Sachverhalts richtig? Ist ein Vorfall so passiert, wie ihn einer der Beteiligten geschildert hat? Andererseits geht es um normative Aussagen: Habe ich recht, dass das Verhalten des Lehrers gegenüber meinem Kind nicht vertretbar ist? Habe ich recht, dass die Leistungsnote nicht berechtigt ist? Schließlich geht es um Äußerungen über Empfindungen: Wie hat eine Lehreräußerung oder das Lehrerverhalten auf mich als Elternteil oder auf mein Kind gewirkt? Wie gefällt oder missfällt mir das?

3.3 Kritisches Feedback an Eltern äußern

Anders als gegenüber den Schülerinnen und Schülern sind die Leitungs- und Lehrpersonen den Eltern gegenüber nicht hierarchisch übergeordnet und deshalb nicht weisungsberechtigt. Das hat zur Folge, dass sie bei einem Elternverhalten, das aus der Sicht der Schule für die Kinder und ihre Entwicklung nicht förderlich ist oder das sogar das Kindeswohl gefährdet, kein verbindliches Änderungsverlangen äußern, sondern nur ein kritisches Feedback geben können. Ob und wie Eltern dieses Feedback dann akzeptieren und umsetzen, liegt in ihrer Entscheidung. Tun sie das nicht, bleibt der Schule nur die Möglichkeit, sich beim Verdacht auf Misshandlung oder Missbrauch an das Jugendamt zu wenden, das gegenüber Eltern Sanktionsmittel anwenden kann.

Eltern kritisches Feedback zu geben, ist immer eine schwierige Aufgabe und es gibt keine Gewissheit, ob dieses Feedback die angestrebte Wirkung hat oder umgekehrt die Situation durch eine Beziehungsstörung oder gar einen Beziehungsabbruch verschlimmert. Es ist aber notwendig, denn das nicht vertretbare Erziehungsverhalten von Eltern kann der Schule und den Lehrkräften unmöglich machen, ihren Bildungs- und Erziehungsauftrag zu erfüllen und den Schülerinnen und Schülern die bestmögliche Entfaltung ihrer Potenziale zu ermöglichen.

Damit es gar nicht erst zu solch schwierigen Situationen und Gesprächen kommt, kann die Schule bei der Aufnahme von Schülerinnen und Schülern darüber informieren, welche Erwartungen die Schule an die Eltern hat und welche gesetzlichen Pflichten sie haben. Sinnvoll ist deshalb, den Eltern das Schulprogramm und die geltenden (Schul-)Konferenzbeschlüsse zu überreichen, und sinnvoll ist zudem, auf der schulischen Homepage einen Elternbereich einzurichten, in dem u. a. über die Elternpflichten gemäß Schulgesetz und die Rechte der Kinder gemäß der UN-Kinderrechtskonvention informiert wird. Das erleichtert dann auch den Lehrkräften, ihr kritisches Feedback auf Rechtsnormen zu stützen.

Ziel des kritischen Feedbacks an Eltern sollte immer sein, zu einer Verständigung und Vereinbarung zu kommen. Diese Vereinbarung sollte dann auch als Grundlage der weiteren Zusammenarbeit und der Wiederherstellung der gestörten Beziehung zwischen den Eltern und den Lehr- und Leitungspersonen verbindlich dokumentiert werden.

Lässt sich der Dissens der Erziehungsvorstellungen zwischen Eltern und Schule nicht durch Verständigung und Vereinbarung auflösen, muss es zumindest zu einer Klärung kommen, wie mit dem Dissens umgegangen werden kann und soll. Grundlage dafür ist die klare Position, dass die schulischen Erziehungsgrundsätze auch dann für die Eltern und ihre Kinder verbindlich sind, wenn diese ihnen nicht zustimmen.

3.4 Kritisches Feedback durch Eltern annehmen

Kritisches Feedback durch Eltern ist für die betroffenen Leitungs- und Lehrpersonen gewiss nicht angenehm. Deshalb ist es wichtig, im Blick zu haben, dass es in vielen Fällen für die Lehr- und Leitungspersonen weniger schwierig und belastend ist, als es für Eltern ist, Kritik zu äußern. Denn das erfordert Mut und setzt Vertrauen voraus, dass die Schule das kritische Elternfeedback akzeptiert und nicht das eigene Kind darunter leiden lässt.

Mit Kritik an der eigenen Person angemessen umzugehen, sie also ernst zu nehmen, das eigene Verhalten zu überprüfen und da, wo die Kritik einsichtig ist, sie für die eigene professionelle Weiterentwicklung zu nutzen, fällt umso leichter, je gelassener und entspannter sich eine Lehrperson der Kritik von Eltern stellt. Dafür empfiehlt sich, die vier Ohren, mit der eine Kritik angehört werden kann (Schulz von Thun 1981, S. 44 ff.), achtsam und verantwortlich zu nutzen:

- Das Sachohr:
  Dieses Ohr ist wichtig, um zu klären, worum genau es geht. Es kann aber auch die Ursache für das Misslingen der Kommunikation sein, nämlich immer dann, wenn sich die Lehr- oder Leitungsperson nur auf der Sachebene auf eine Auseinandersetzung einlässt, das Problem aber auf der zwischenmenschlichen Ebene liegt.

- Das Beziehungsohr:
  Eine starke Ausprägung dieses Ohrs ist bei dem Umgang mit Kritik an der eigenen Person verhängnisvoll. Denn dann neigt die Leitungs- und Lehrperson, gegen die sich die Kritik richtet, dazu, sich angegriffen oder beleidigt zu fühlen und mit Rechtfertigung oder Empörung zu reagieren.

- Das Appellohr:
  Ist dieses Ohr beim Anhören einer Beschwerde stark ausgeprägt, kann das zu Überfürsorglichkeit führen. Statt die Eltern dabei zu unterstützen, wie sie Probleme selbst lösen können, nehmen die Leitungs- und Lehrpersonen ihnen die Problemlösung ab.

- Das Selbstbekundungsohr:
  Wenn die Leitungs- oder Lehrperson die Elternkritik vorrangig mit diesem Ohr hört, erleichtert ihr das, die Kritik anzunehmen und den Eltern zuzugestehen, dass sie Gefühle wie Ärger oder Empörung haben. Vorrangig mit diesem Ohr zu hören darf allerdings nicht dazu führen, dass man sich selbst von der Kritik gar nicht mehr betroffen fühlt.

Für einen gelassenen Umgang mit Kritik an der eigenen Person heißt das:

(1) Ich höre die Kritik zunächst mit dem Selbstbekundungsohr an und kläre auf diese Weise, was den anderen beschwert.

(2) Ich prüfe mit dem Beziehungsohr, ob ich die Kritik nachvollziehen und so annehmen kann, wie sie geäußert worden ist, oder ob ich im Hinblick auf die Form der Äußerung Grenzen setze.

(3) Ich prüfe mit dem Sachohr, welche Aspekte ich für zutreffend halte und bei welchen Aspekten ich eine Korrektur oder Sachklärung für erforderlich halte.

(4) Ich entscheide mit dem Appellohr, welche Konsequenzen ich aus der Beschwerde ziehe und welche Verhaltensweisen, Entscheidungen und Maßnahmen ich zu ändern bereit bin.

3.5 Den passenden Gesprächstyp wählen und die Elterngespräche strukturieren

Ob Gespräche gelingen oder scheitern, entscheidet sich häufig schon beim Gesprächseinstieg. Dabei geht es darum, dass allzu hohen Erwartungen von Eltern entgegengewirkt wird, was die Leitungs- oder Lehrperson für sie tun könne. Solchen überhöhten Erwartungen kann die Unkenntnis der schul- und dienstrechtlichen Vorschriften, aber auch die Überschätzung der Ermessensspielräume zugrunde liegen. Um solchen Missverständnissen entgegenzutreten, ist zu Beginn eines Gesprächs wichtig, über die Rahmenvorgaben zu informieren und deutlich zu machen, dass diese Vorgaben nicht verhandelbar sind. Auf dieser Grundlage können die Leitungs- und Lehrpersonen dann erläutern, welche Verhandlungs- und Klärungsspielräume es gibt und welches Ziel am Ende des Gesprächs erreicht werden kann.

Sollten die Eltern die Vorgaben nicht akzeptieren und nicht bereit sein, sich auf das Gesprächsziel einzulassen, ist es sinnvoll, das Gespräch bereits an dieser Stelle abzubrechen, weil es keine Möglichkeit der Klärung und Aushandlung gibt. Denn was die Eltern erwarten, kann die Leitungs- oder Lehrperson nicht erfüllen, und was die Leitungs- oder Lehrperson anbieten kann, ist für die Eltern nicht bedeutsam.

Kommt es zum Elterngespräch, wirkt eine klare Strukturierung störungspräventiv. Dabei geht es um vier Phasen:

(1) Die Orientierungsphase
    Sie dient der Herstellung oder Vergewisserung einer vertrauensvollen Beziehung, der Klärung des Themas und des Gesprächsziels sowie der Rahmenbedingungen.

(2) Die Klärungsphase
    Sie dient der Klärung der Situation und ihrer systemischen Zusammenhänge und kann in vier verschiedene Richtungen zielen: die Klärung der gegenwärtigen Situation, die Klärung, was in der Vergangenheit zu dieser Situation geführt hat, die Klärung möglicher Folgewirkungen, die sich in Zukunft aus der Situation ergeben können, und die Klärung des in der Zukunft angestrebten Zielzustands.

(3) Die Veränderungsphase
    In ihr geht es um eine Ideensammlung und -bewertung, welche Maßnahmen für eine positive Veränderung der Situation, die Lösung der Probleme und die Bewältigung zukünftiger Aufgaben und Anforderungen geeignet sind.

(4) Die Abschlussphase

In ihr geht es darum, das erreichte Ergebnis zu sichern und zu vereinbaren, was die nächsten Schritte sind und wie mit möglichen Störungen und Schwierigkeiten umgegangen werden soll.

Diese Phasen gelten für alle Gesprächstypen und sind spezifisch auf sie anzuwenden. Welcher Gesprächstyp zu einem Anliegen passt, hängt davon ab, ob die Leitungs- oder Lehrperson das Gespräch vorrangig in der Rolle der Orientierung oder in der der Unterstützung führt. Bei der Orientierung geht es darum, Verhaltenserwartungen und -anforderungen zu vertreten und bei Fehlverhalten klare Grenzen zu setzen. Dazu gehören als Gesprächstypen das Kritikgespräch oder das kritische Feedback und das Beurteilungsgespräch. Bei der Unterstützung geht es darum, den Gesprächspartnern zu ermöglichen, Lösungen für ihre Probleme zu finden und ihr Potenzial entfalten zu können. Dazu gehören als Gesprächstypen das Beschwerdegespräch und die Annahme kritischen Feedbacks, das Beratungs- und Schlichtungsgespräch sowie die Gespräche zur Leistungsentwicklung und Schullaufbahn.

3.6 Fazit: Der Aufwand für Elterngespräche lohnt

Wenn es gelingt, Elterngespräche in Anerkennung der Gleichwürdigkeit auf Augenhöhe zu führen, sind sie eine große Hilfe, dass die Schule ihren Bildungs- und vor allem ihren Erziehungsauftrag erfüllen kann. Denn dann ermöglichen sie eine Gleichsinnigkeit des erzieherischen Handelns als Grundlage einer klaren Verhaltensorientierung für die Schülerinnen und Schüler. Lassen sich Diskrepanzen zwischen den schulischen und den familiären Werten, Normen und Regeln nicht lösen und bleibt es bei einem Dissens, ermöglicht die Kommunikation zwischen den Lehrpersonen und den Eltern zumindest, diese Diskrepanzen auch für die Kinder transparent zu machen. Wichtig ist dann, dass beide Seiten diesen Dissens akzeptieren und deutlich machen, dass die schulischen Normen und Regeln auch dann gelten, wenn sie nicht den familiären Regeln entsprechen. Bei allen Unterschieden entsteht auf diese Weise trotz der Differenzen eine Gemeinsamkeit: Eltern und Lehrkräfte bzw. Schulleitung sind sich darin einig, dass das Kind den Dissens der Werte und Normen nicht dafür nutzen darf und kann, die Schule und das Elternhaus gegeneinander auszuspielen. Auf dieser Grundlage kann es einen noch weiter gehenderen Konsens darüber geben, dass sowohl die Schule als auch die Eltern gemeinsam das Kind bei der anspruchsvollen Aufgabe unterstützen, sich situativ passend in zwei unterschiedlichen Normensystemen verhalten und bewegen zu können.

Was auch immer das Ergebnis der Gespräche mit Eltern ist: Es sollte schriftlich dokumentiert werden, um die Verbindlichkeit der Absprachen zu gewährleisten. Dabei geht es nicht um ein Protokoll, sondern nur darum, den erreichten Stand der Verständigung zwischen Lehrkräften oder Schulleitung und Eltern festzuhalten. Er bezieht sich einerseits auf Entscheidungen und Maßnahmen: Was sagen die Lehrkräfte oder die Schulleitung und die Eltern als ihren Beitrag zur Lösung von Problemen zu? Was sollen die Schülerinnen und Schüler tun und wie werden sie dabei von den Lehrkräften und den Eltern unterstützt? Er bezieht sich andererseits auf Verfahren und Verfahrensverpflichtungen: Wie wird die Umsetzung der Absprachen überwacht und deren Wirkung überprüft? Wie soll mit Schwierigkeiten und Störungen bei der Umsetzung umgegangen werden?

Die Kommunikation zwischen den Lehr- und Leitungspersonen und den Eltern ist eine wichtige Voraussetzung dafür, dass den Schülerinnen und Schülern die Spielräume und Grenzen für ihr Handeln klar sind, dass sie durch eine klare Verhaltensorientierung Regelbewusstsein entwickeln und dass sie lernen, Regeln konstruktiv und situativ passend anzuwenden – und das ist auch die grundlegende Voraussetzung für die Bereitschaft, Verantwortung für sich, das eigene Handeln und die Handlungsfolgen zu übernehmen.

Ohne eine solche Verständigung hätten es nicht nur die Schülerinnen und Schüler schwerer, sondern auch die Lehr- und Leitungspersonen. Deshalb lohnt sich die Investition von Zeit, Aufwand und Energie. Denn auf lange Sicht ist der Nutzen, aufgrund einer klaren Kommunikation und Verständigung zwischen den Eltern, den Lehrkräften und der Schulleitung mit den Schülerinnen und Schülern klar kommen zu können, weitaus höher als der Aufwand für die Elterngespräche und die dadurch bewirkte Entlastung ist weitaus höher als die Belastung durch schwierige Elterngespräche.

3.7 Literatur

Bartz, A. (2014). Gespräche mit Schülern und Eltern führen. Frechen: Ritterbach.

Boettcher, W. & Mosing, G. (2013). Leitungskommunikation. In: H. Buchen & H. G. Rolff, Professionswissen Schulleitung, 3., erw. Aufl., Weinheim und Basel: Beltz, S. 870–991.

Hoegg, G. (2012). Gute Lehrer müssen führen. Weinheim und Basel: Beltz.

Nowak, C. (1997). Konfliktmanagement – Zum konstruktiven Umgang mit Konflikten, in: Schulleitung – eine psychologische Herausforderung?, Stuttgart, Berlin u. a.: Raabe.

Schulz von Thun, F. (1981). Miteinander reden 1. Störungen und Klärungen. Reinbek bei Hamburg: Rowohlt.

I.VII Qualitätsmanagement

1. Schule aus der entstehenden Zukunft entwickeln

Michael Schratz

Wenn ich aus meiner mehrere Jahrzehnte umfassenden Erfahrung in Theorie und Praxis von Schulentwicklung jene zentralen Erkenntnisse zusammentrage, die für mich von besonderer Bedeutung sind, stellen sich mir drei zentrale Fragen, die jedem Veränderungsprozess in der Institution Schule zugrunde liegen:

- Wie lassen sich Schulen in der dynamischen Komplexität zwischen den Erfahrungen aus der Vergangenheit und der entstehenden Zukunft entwickeln?
- Wie lässt sich am Musterwechsel zwischen Gestern und Morgen eine tragfähige Entwicklungsbeziehung unter den Betroffenen und Beteiligten herstellen?
- Wie kommt es zur wirksamen Beziehung zwischen Lehren und Lernen, damit Schüler und Schülerinnen bildende Erfahrungen machen können?

Diese Fragen stehen in einem übergreifenden Zusammenhang und sollen nachfolgend diskutiert werden.

1.1 Komplexe Prozesse eröffnen kreative Felder

Eine der wichtigsten Aufgaben von Schulleitung besteht heute darin, die Schule so weiterzuentwickeln, dass alle (Schüler/innen, Lehrer/innen) bestmöglich gefördert werden. Dies erfordert ein Zusammenspiel aller daran Beteiligten: »Gute Schulen setzen vielfältige diagnostische Mittel ein. Sie erfassen Lernen und Leistung aus mehreren Perspektiven; sie berücksichtigen dabei verschiedene Bezugskriterien ebenso wie die Blickwinkel und Urteile der Beteiligten – der Schülerinnen und Schüler selbst, ihrer Eltern und der Lehrerinnen und Lehrer. Sie schaffen Gelegenheiten, bei denen Kinder ihre Talente und Interessen entwickeln können« (Fauser/Prenzel/Schratz 2007, S. 10).

Entwicklungsprozesse lassen sich in der jeweiligen Situation allerdings nicht nach einem vorgefertigten (Master-)Plan umsetzen, da sie in einem komplexen Beziehungsgefüge zwischen (bekannter) Vergangenheit und (unbekannter) Zukunft erfolgen. Für das Bezugsfeld des Hier und Jetzt an diesem Angelpunkt eignet sich Claus Otto Scharmers »Presencing« im Kontext seiner »Theorie U« besonders für Schulentwicklung als Bezugstheorie. Er unterscheidet zwischen unterschiedlichen Formen von Komplexität und stellt darauf bezogen vier Ebenen von Veränderungsprozessen vor, die es zu berücksichtigen gilt (Scharmer 2009, S. 72).

Die erste Ebene ist das Reagieren auf der Basis von Routinen. Handlungen erfolgen habitualisiert, d. h. sie sind aus den Erfahrungen der Vergangenheit gespeist und weisen darauf aufbauend in die Zukunft.

Die zweite Ebene des Lernens in einem Veränderungsprozess schließt Prozesse und Strukturen mit ein. Scharmer spricht von einer dynamischen Komplexität, wenn Ursache und Wirkung nicht nahe beieinander liegen bzw. räumlich und zeitlich getrennt sind. Diese dynamische Komplexität zeigt sich in hohem Maße in der Schule, da sich der Outcome, d. h. die Ergebnisse von Bildungsprozessen, erst viel später auswirkt (z. B. in weiterführenden Schulen, an Universitäten, im Lebens- und Berufsalltag). Wenn Schülerleistungen als Output über Tests, Klassen- bzw. Vergleichsarbeiten u. Ä. »gemessen« werden, sind sie Momentaufnahmen überprüften Wissens bzw. bestimmter Kompetenzen. Je größer die dynamische Komplexität, desto stärker sind Teilkomponenten eines Systems miteinander vernetzt und beeinflussen sich gegenseitig, und desto wichtiger werden systemumfassende oder ganzheitliche Lösungsprozesse. Daher ist es eine wichtige Aufgabe von Schulleitung, die einzelnen Lehreraktivitäten (»Ich und mein Unterricht«) mit dem ganzheitlichen Bildungsauftrag (»Wir und unsere Schule«) zu verbinden, was üblicherweise über die Arbeit an gemeinsamen Visionen, Leitbildern und darauf aufbauenden Schulprogrammen sowie der schuleigenen Curriculumarbeit erfolgt (vgl. Schratz 2003, Schratz/Westfall-Greiter 2010).

Auf der dritten Ebene finden sich die Denkmuster (scripts), die dahinter liegen und das Handeln der Beteiligten und Betroffenen in hohem Maße bestimmen. Sie werden auch »Glaubenssätze« genannt, da Menschen daran glauben, das Richtige zu tun, worin sich der Sinn für menschliches Tun konstituiert. Scharmer spricht von der sozialen Komplexität, die sich aus den unterschiedlichen Deutungsmustern bzw. Glaubenssätzen im Miteinander von Menschen in sozialen Organisationen ergibt. Darauf nimmt H. v. Hentig (1993) Bezug, wenn er dafür plädiert, die Schule neu zu denken, d. h. unsere Annahmen über das, wie wir Schule sehen und gestalten, neu zu definieren. Für die Gestaltung von Veränderungsprozessen heißt das, je höher die soziale Komplexität, umso eher ist ein Prozess gefragt, »der die Beteiligten in die Problemlösung mit einbezieht und sie beteiligt, so dass alle relevanten Stimmen gehört« werden (Scharmer 2009, S. 80).

Scharmer hat in seiner Arbeit mit Veränderungsprozessen beobachtet, dass es Herausforderungen gibt, »die nicht durch eine Reflexion von Erfahrungen, also nicht durch eine Reflexion der Vergangenheit beantwortet werden können. Diese Herausforderungen sind komplex und schnelllebig, und will man auf sie eine Antwort finden, ist es notwendig, das in der Situation verborgene Zukunftspotenzial wahrzunehmen und damit auch die vierte Ebene in den Veränderungsprozess mit einzubinden« (ebenda). Die vierte Ebene ist für ihn die Quelle der Intention und Kreativität, das Lernen aus der im Entstehen begriffenen Zukunft. In Veränderungsprozessen geht es daher vielfach um eine emergente Komplexität, da die Problemstellungen durch nichtlineare Veränderungen gekennzeichnet sind, wodurch wir uns nicht auf die Erfahrungen aus der Vergangenheit verlassen können. Scharmer nennt den Prozess des Lernens aus der entstehenden Zukunft »Presencing«. Damit bezeichnet er »die Fähigkeit einzelner Menschen oder kollektiver Einheiten, sich direkt mit ihrer höchsten zukünftigen Möglichkeit zu verbinden und von dort aus unmittelbar zu handeln. Von einer zukünftigen Möglichkeit her handeln heißt von einer authentischen Präsenz des Augenblicks her handeln – aus dem Jetzt« (Scharmer 2009, S. 74).

Soll Führung Arbeit am System sein, um Schule neu zu denken und Möglichkeiten für deren Entwicklung zu entdecken, ist dieses »Presencing« für Schulleiter und Schulleiterinnen von großer Bedeutung. Grundlegende Veränderung braucht nach Kruse (2004, S. 62) »keine Vordenker einer neuen Lösung«, sondern »Veränderung entsteht in erster Linie aus der Bereitschaft der Träger der alten Ordnung, sich auf Instabilität einzulassen«.

Da Schule als gesellschaftlicher Ort der Reproduktion eher dem Typus des Bewahrens nahe steht (vgl. Schratz 2003, S. 8), wirkt sich Instabilität für viele als bedrohlich aus, was bei den Lehrpersonen vielfach über unterschiedliche Formen des Widerstands sichtbar wird (vgl. Schratz/Steiner-Löffler 1998, S. 63 ff.). Widerstand lässt sich nicht »brechen«, denn er ist der Ausdruck einer persönlichen (Wert-)Haltung. Schulleitung kann zwar Möglichkeiten schaffen, sie braucht aber die Bereitschaft der Lehrerinnen und Lehrer, »die von gemeinsamer emotionaler Resonanz getragen ist. Ansonsten bleibt ihr nur noch die Hoffnung auf die angeborene Risikobereitschaft der Mitarbeiter oder die Motivation durch Angst vor negativen Konsequenzen als mögliche Motoren der Veränderung« (Kruse 2004, S. 71).

1.2 Sicherheit in der Entwicklungsbeziehung schaffen

Neuorientierungen in der Schulentwicklung sind üblicherweise mit einem Musterwechsel verbunden, d. h. die gewohnten, z. T. lieb gewonnenen Routinen taugen für das Neue nicht mehr, neue Verhaltensweisen müssen erst entwickelt werden. In dieser Situation, die auch als »Inkubationsphase« verstanden werden kann, öffnet sich ein sog. »kreatives Feld« (Burow/Hinz 2005), über das Entwicklungsenergie freigesetzt wird, die für das (Er-)Finden neuer Lösungen besonders wichtig ist (vgl. Bruch/Vogel 2005). »Die Kunst liegt ... darin, die Spannung zwischen Arrangement und Improvisation zu nutzen und darin, ein kreatives Feld zu schaffen« (Schlippe/Schweitzer 2009, S. 16).

Das Verlassen der gewohnten Wege bringt Unsicherheit mit sich, die abgesichert werden muss, um die Offenheit für das Neue auch nutzen zu können.

Sicherheit kann durch Beratung, Führung oder Begleitung erfolgen, die durch die Herstellung einer konstruktiven Entwicklungsbeziehung emotionale Stabilität schaffen soll.

Schlippe und Schweitzer (2009, S. 17) zeigen auf, wie die Qualität der produktiven Spannung entsteht aus dem Zusammenspiel zwischen der Erzeugung von Metastabilität (ein Rahmen von Sicherheit, eine »sichere Basis«) und dem Schaffen von Instabilität durch Interesse, Neugier sowie Aufregung und Mut für das Einlassen auf die (neu) entstehende Zukunft.

Schlippe und Schweitzer (2009, S. 18) finden es wesentlich, »auf der Basis der stabilen Beziehung kritische Punkte anzuschneiden, mutig zu sein, durchaus auch provokative Fragen zu stellen und den Betroffenen zu helfen, sich mit Themen zu konfrontieren, die sie normalerweise vermeiden. Veränderungsrelevante Auseinandersetzungen sind mithin alles andere als ruhig und sachlich geführte Gespräche, denn es geht um affektiv hoch geladene Inhalte – umso wichtiger ist dabei das Bewusstsein, durch das Fundament des sicheren Rahmens getragen zu sein.«

Scharmer unterscheidet in Entwicklungsprozessen vier Ebenen des Dialogs (Abb. 1), die dem Verlauf in seiner »Theorie U« entsprechen. Auf der Ebene des Herunterladens (Stufe 1) kommen routinemäßig Worthülsen bzw. leere Phrasen zur Sprache. Die aktuelle Rhetorik (populär-)wissenschaftlicher Rheto-

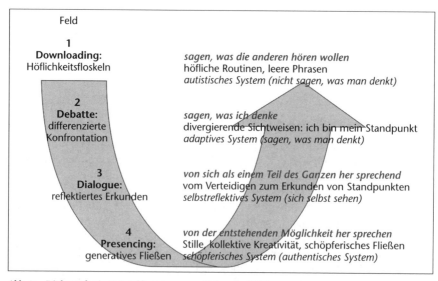

Abb. 1: Dialogstufen in Entwicklungsprozessen (Scharmer 2009)

rik wird »nachgebetet«, ohne dass sie handlungswirksam wird. So ist vielfach von Selbststeuerung, konstruktivistischem Lernen und dem Bemühen, die Potenziale der Schüler auszuschöpfen die Rede. Was damit eigentlich gemeint ist und wie sich das auswirken soll, bleibt vielfach unbeantwortet. Eine differenzierende Auseinandersetzung erfolgt auf Stufe 2, der Debatte. Hier werden die unterschiedlichen Standpunkte erkennbar, welche für die Gestaltung eines gemeinsamen Entwicklungsprozesses bedeutend sind. Nikolaus Harnoncourt (2005, S. 38) skizzierte diese aus der Sicht des Dirigenten folgendermaßen: »Ich muss die Kreativität von jedem einzelnen Musiker haben, auch dort, wo er von meiner Meinung abweicht. Ich habe 80 oder 100 Musiker vor mir, und jeder hat eine eigene Auffassung. Ich muss das kanalisieren und in eine Richtung bringen. Aber aufzwingen im diktatorischen Sinn hat überhaupt keinen Sinn.«

Die 3. Stufe repräsentiert den Dialog, der vom Verteidigen des eigenen Standpunkts Abschied nimmt und zum Erkunden von Neuem übergeht. So haben etwa die »Lerndesigner/innen« (Adorjan-Lorenz 2013) der »Neuen Mittelschule« in Österreich (Schley/Schratz 2013) in den einzelnen Fächern im Sinne des Lerndesigns begonnen, den Unterricht »vom Ende her«, also rückwärts, zu denken und zu entwickeln (vgl. Wiggins/McTighe 2005). Auf der 4. Stufe des »Presencing« sieht Scharmer den Ort der kollektiven Kreativität, des »schöpferischen Fließens«. Serena, Schülerin und Hauptfigur des Buches »Wie Menschen ihre Schule verändern« (Schratz u. a. 2002, S. 33) bringt es auf den Punkt: »Jeder von uns rennt umher und tut irgendetwas. Wenn wir gemeinsam darüber nachdenken würden, was wir tun, wie wir es tun und warum wir das tun, dann könnte unsere Schule besser werden.« Sie drückt in einfachen Worten aus, worum es geht, nämlich darum »wie Lernprozesse initiiert, verbessert und nachhaltig gemacht werden. Die Lernprozesse basieren auf einer Reflexion zurückliegender Erfahrungen« (Scharmer 2009, S. 71).

1.3 Die Wirkung des Lehrens auf das Lernen sichtbar machen

Seit dem Eindringen von John Hatties Veröffentlichungen in den deutschen Sprachraum (2013, 2014) hat eine verstärkte Sensibilisierung für die Wirksamkeit des Lehrens auf das Lernen der Schüler und Schülerinnen eingesetzt. Allerdings erfolgt diese vielfach aus einer »lehrseitigen« Perspektive (vgl. Schratz 2013) und es wird nicht das Lernen der Lehrer und Lehrerinnen gefördert, um sensibel für die Bildungsprozesse der Schüler und Schülerinnen zu werden. Ein diesbezüglicher Klärungsprozess lässt sich über das sogenannte Wissensaudit in Gang setzen. Mit seiner Hilfe können Defizite im Umgang mit dem an der Schule vorhandenen (Nicht-)Wissen zur Wirkung des Lehrens festgestellt und konkrete Maßnahmen zur lernseitigen Orientierung gesetzt werden. Es hilft jene Bereiche zu erschließen, die in der täglichen Unterrichtsarbeit nicht bewusst sind und dadurch blinde Flecken darstellen. Eine Möglichkeit des Wissensaudit kann auf Basis einer Vier-Felder-Systematik erfolgen, in der Bereiche des Wissens und Nicht-Wissens in Beziehung gesetzt werden (vgl. Abb. 2).

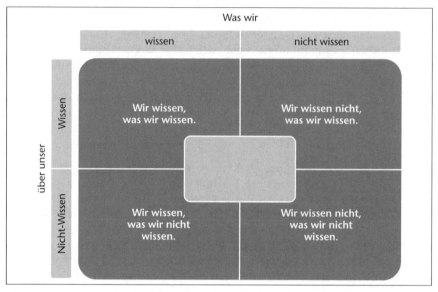

Abb. 2: *Wissensaudit als Vier-Felder-Matrix*

Zur Entwicklung von Schule und Unterricht ist es von zentraler Bedeutung, die Potenziale der verborgenen Schätze des Nichtwissens (in der Matrix die Quadranten »Wir wissen nicht, was wir nicht wissen«, »Wir wissen nicht, was wir wissen«) zu heben. Die Formen des Nichtwissens steuern die unterrichtlichen Handlungsmuster und lassen Schulen oft im Bereich der traditionellen Lehr-Lernformen stehen bleiben. Zur Erkundung im Wissensaudit wird das »Lernen der Schüler/innen« in das Mittelfeld geschrieben. Wird damit der Musterwechsel des Lernens von der Perspektive des Lehrers zur Perspektive des Lernens angestrebt (vgl. Schratz/Westfall-Greiter 2010, S. 156), ist eine Konfrontation mit dem eigenen (organisationalen) Nichtwissen unumgänglich. Dazu kann das Feld des blinden Flecks (»Wir wissen nicht, was wir nicht wissen«) interessante Möglichkeiten eröffnen.

Das Nachdenken über und das Suchen nach Evidenzen für die Beantwortung der offenen Fragen (blinde Flecken) sind wichtige Aktivitäten zur Anbahnung einer Neuperspektivierung. »Unsere Aufmerksamkeit muss bewusst umgelenkt und der Ursprungsort unserer Aufmerksamkeit muss bewusster werden, der blinde Fleck, aus dem heraus wir handeln« (Scharmer 2009, S. 78). Die neuen Impulse aus den Quadranten (vor allem denen des Nichtwissens) wirken als Blick auf die Hinterbühne des bisherigen Arbeitens.

Abbildung 3 zeigt die Ergebnisse eines Wissensaudits zum Thema »Lernen der Schüler/-innen« im Rahmen der Entwicklungsbegleitung der »Neuen Mittelschule« (Schley/Schratz 2013).

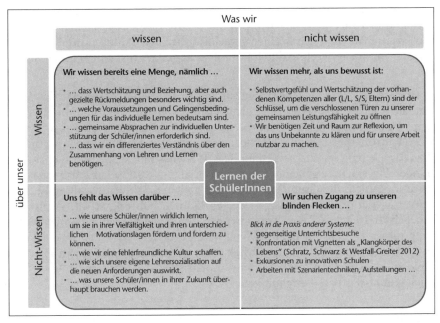

Abb. 3: Wissensaudit »Lernen der Schüler/innen« als Vier-Felder-Matrix

Mit dem Instrument des Wissensaudit kann die Schule die unterschiedlichen Ebenen von Komplexität an ihrem Standort erkunden. Die Auswertung in Abbildung 3 zeigt auf, dass der Schule u. a. Wissen darüber fehlt, wie ihre Schülerinnen und Schüler lernen und wie sich die eigene Lehrersozialisation auf die neuen Herausforderungen heterogener Schülerpopulationen auswirkt.

1.4 Ausblick

Die Auseinandersetzung mit Fragen des Nichtwissens, welche für eine Schulentwicklung aus der entstehenden Zukunft konstitutiv ist, soll nicht sosehr zu einer richtigen Antwort auf die anstehenden Fragen führen, sondern zu einer reflexiven Dialogkultur beitragen. In der »emergenten Komplexität« kommt das Neue über die Quellen der Intention und Kreativität im Sinne des »Presencing« ins System. Auf diesem Weg könnten nach Scharmer (2007, S. 112) Bildungsstätten wieder werden, was sie einst waren: »Orte, an denen man lernt, Lösungen und Handlungsimpulse aus sich selbst heraus zu entwickeln. Räume, in denen echte Begegnungen entstehen und die Geburtsstätten für das Neue sind.« Für die Führung einer Schule bedeutet dies, für eine wirksame Beziehung zu sorgen, die auf Resonanz baut, um schulbezogene Leistungsfähigkeit zu erreichen und damit die Bildungsprozesse der Schülerinnen und Schüler zu verbessern.

Schulleitung baut dazu auf die schöpferische Kraft des Neu-Denkens von Schule und Unterricht. Der Umgang mit der sozialen Komplexität erfordert die Bereitschaft aller, sich in einen gemeinsamen Entwicklungsprozess einzulassen, der im Musterwechsel durch kritische Phasen der Instabilität gekennzeichnet ist.

Leadership zeigt sich in der Fähigkeit, mit Unsicherheit souverän umzugehen und die eigene Risikobereitschaft glaubwürdig zu leben. Das Neue kommt über den Weg der unbewussten Inkompetenz zur bewussten Kompetenz ins System, wozu Führungspersonen die Möglichkeit schaffen, dass Lehrer und Lehrerinnen ihre Fähigkeiten erweitern können. Das Wissensaudit kann dazu dienen, die blinden Flecken im eigenen Kollegium zu erhellen. Dazu ist eine Vertrauenskultur erforderlich, die Grundlage jeder erfolgreichen Schulentwicklung ist. Vertrauen wiederum ist Grundlage jeder wirksamen Führungsarbeit. »Vertrauen führt« ist der Titel des Werks von Sprenger (2002), der die grundlegende Bedeutung dieser Dimension eindrucksvoll herausarbeitet. Vertrauen in die Kompetenz, verbunden mit Glaubwürdigkeit und Empathie sowie einem geringen Grad an Selbstbezogenheit schafft atmosphärische Voraussetzungen für erfolgreiche und belastbare Beziehungen.

1.5 Literatur

Adorjan-Lorenz, C. (2013). Schule neu »bauen«. Was können Lerndesigner und Lerndesignerinnen dazu beitragen? In: *Lernende Schule,* 16/63, S. 34–36.

Burow, O. A. & Hinz, H. (2005). Die Entdeckung des Kreativen Feldes – oder: Wie die Schule bzw. die Organisation laufen lernt. In: O.-A. Burow & H. Hinz (Hrsg.), *Die Organisation als kreatives Feld. Evolutionäre Personal- und Organisationsentwicklung.* Kassel: Kassel Univ. Press, S. 35–76.

Fauser, P., Prenzel, M., & Schratz, M. (Hrsg.) (2007). *Was für Schulen! Gute Schule in Deutschland: Der Deutsche Schulpreis 2006.* Seelze: Klett/Kallmeyer.

Harnoncourt, N. (2005). Interview in *Profil* 34, 22. Aug. 2005, S. 38.

Hattie, J., & Bewyl, W. (2014). *Lernen sichtbar machen für Lehrpersonen.* Baltmannsweiler: Schneider Verlag.

Hattie, J., Beywl, W., & Zierer, K. (2013). *Lernen sichtbar machen*: Überarbeitete deutschsprachige Ausgabe von Visible Learning. Baltmannsweiler: Schneider Verlag.

Hentig, H. v. (1993). *Die Schule neu denken.* München: Hanser.

Kruse, P. (2004). *Next practice – erfolgreiches Management von Instabilität: Veränderung durch Vernetzung. GABAL management.* Offenbach: Gabal.

Scharmer, C. O. (2007). *Theory U: Leading from the future as it emerges: the social technology of presencing.* Cambridge, Mass: Society for Organizational Learning.

Scharmer, C. O. (2009). *Theorie U: Von der Zukunft her führen. Presencing als soziale Technik.* Heidelberg: Carl Auer.

Schley, W. & Schratz, M. (2013). *Wie kann der Aufbau einer neuen Schule gelingen?* Erkenntnisse aus der Entwicklungsbegleitung der NMS in Österreich. In: *Lernende Schule,* 16/63, S. 7–11.

Schlippe, A. v. & Schweitzer, J. (2009). *Systemische Interventionen.* Göttingen: Vandenhoeck & Ruprecht.

Schratz, M. (2003). *Qualität sichern. Schulprogramme entwickeln.* Seelze: Kallmeyer.

Schratz, M. (2013). Beyond the Reach of Leading: Exploring the realm of leadership and learning. In: C. J. Craig, P. C. Meijer, & J. Broeckmans (Hrsg.), *From Teacher Thinking to Teachers and Teaching. The Evolution of a Research Community.* Bingley: Emerald, S. 339–356.

Schratz, M. & Steiner-Löffler, U. (1998). *Die lernende Schule: Arbeitsbuch pädagogische Schulentwicklung.* Weinheim u. a.: Beltz.

Schratz, M. & Westfall-Greiter, T. (2010). *Schulqualität sichern und weiterentwickeln.* Seelze: Kallmeyer.

Schratz, M., Jakobson, L., MacBeath, J. & Meuret, D. (2002). *Serena, oder: Wie Menschen ihre Schule verändern. Schulentwicklung und Selbstevaluation in Europa.* Innsbruck: StudienVerlag.

Sprenger, R. K. (2002). *Vertrauen führt: Worauf es im Unternehmen wirklich ankommt.* Frankfurt am Main: Campus.

Wiggins, G. P. & McTighe, J. (2005). *Understanding by design* (Expanded 2nd ed.). Alexandria VA: ASCD/Association for Supervision and Curriculum Development.

2. Ambitionierte Schulentwicklung:
Wie große Schritte der Veränderung gelingen

KERSTIN LENZ & BERNHILD SCHRAND

Dieser Artikel basiert auf Erfahrungen der Prozessbegleitung an der Bremerhavener Gorch-Fock-Grundschule, die sich über mehrere Jahre zur Ganztagsschule gewandelt hat. Der Prozess der Schule wurde begleitet durch eine externe Organisationsberaterin und Supervisorin. Die Schulleiterin, die Steuergruppe, das Team der Schule und die Supervisorin kooperierten in diesem Prozess sehr eng und nachhaltig. Die Kooperation stand unter dem Motto: Identifikation und Wir-Gefühl stärken, alle mitnehmen und eine gute Qualität des Lernens sichern.

Alle Beteiligten wussten: Veränderungsprozesse durchlaufen bestimmte Phasen, und wahrscheinlich treten Abwehrhaltungen sowie Ängste auf. Erst wenn das »Tal der Tränen« durchlaufen und die Akzeptanz für die Veränderung da ist, gibt es die Energie für das Neue und das Ausprobieren. In Zeiten der Veränderung braucht es eine Leitung, die den Prozess kommuniziert und für Transparenz und Dialog sorgt. Nimmt die Schulleitung ihre Aufgabe an und weiß sie, dass ihr Verhalten ein entscheidender Erfolgsfaktor bei der Umsetzung von Veränderungen ist, ist der Weg zu nachhaltiger Veränderung geebnet. Eine gute Leitung sucht immer wieder das Gespräch und ermutigt, Ängste und Sorgen auszusprechen. Sie gibt den Emotionen einen angemessenen Raum. Das kann sie nur dann, wenn sie auf ihre Aufgabe gut vorbereitet ist und sich beständig in ihrem Handeln reflektiert.

In unserem Beispiel hat die Schulleiterin eine Vision von guter Schule, über die sie gern mit der Steuergruppe und dem Team der Schule spricht. Neugierde und Leidenschaft für Kinder prägen ihr berufliches Selbstverständnis. Sie weiß, spürt und vertraut darauf: Jede Schule kann einen wirkungsvollen Beitrag dazu leisten, dass Schülerinnen und Schüler von der Faszination des gemeinsamen Lernens gepackt werden und dass sie diese Begeisterung für das Lernen ein Leben lang behalten.

Ein Leitgedanke in der Arbeit der Schulleiterin lautet: »Wer aufhört besser zu werden, hat aufgehört gut zu sein.« Sie hat erfahren, dass es ein weiter Weg sein kann vom Kopf eines Menschen zum Herzen der anderen. Doch sie scheut keine Anstrengung.

An ihrer Seite steht die Steuergruppe, die im Laufe ihrer Arbeit verstanden hat, wie wichtig es ist, immer wieder Fragen zu stellen und infrage zu stellen. Sie behält das Tempo des Veränderungsprozesses im Blick und achtet auf Momente der Überforderung.

Die Schulleiterin und die Steuergruppe haben in ihrem Schulentwicklungs-prozess erfahren, dass die Qualität der Ergebnisse ihrer Arbeit steigt, wenn sie sich ganz konsequent und regelmäßig die Unterstützung einer externen Organisationsberatung gönnen. Von der Organisationsberaterin haben sie gelernt, wie sich ihre Wahrnehmungsfähigkeit für Strukturen, Prozesse und Menschen steigern lässt, welcher Nutzen im Perspektivenwechsel liegt und welch großes methodisches Repertoire zur Gestaltung von Kommunikation, von prozessorientiertem Projektmanagement, von Teamentwicklung und Evaluation zur Verfügung steht. Durch die Zusammenarbeit mit der Organisationsberaterin haben sie sich persönlich weiterentwickelt und eine Qualifikation im Change Management erworben.

Die Organisationsberaterin ist eine respektvolle und versierte Strategin, die ihre Interventionen entsprechend den Reaktionen, die sie hervorruft und aufnimmt, jeweils zu orientieren und anzupassen weiß. Sie hat Freude am Wandel.

2.1 Um welchen Veränderungsprozess geht es nun konkret?

Eine zweizügige Bremerhavener Grundschule arbeitete bis zum Ende des Schuljahres 2009/2010 als verlässliche Grundschule von 8 bis 13 Uhr ohne Mittagstisch. Mit dem Schuljahr 2010/2011 startete sie als Ganztagsschule.

Die Grundschule liegt in einem Stadtteil, in dem sich die sozialen Bedingungen in den vergangenen Jahren gravierend verändert haben. Der Stadtteil hat sich von einem bevorzugten zu einem verarmten und sozial problematischen Wohngebiet gewandelt. Zahlreiche Schülerinnen und Schüler kommen aus sozial stark benachteiligten Familien. Die Schule sieht sich der Herausforderung gegenüber, ihre Arbeitsweise an das veränderte Umfeld anzupassen.

In ihrer Schulprogrammarbeit definiert sich die Bremerhavener Grundschule als eine Organisation, die sich beständig weiter entwickelt. Sie fördert die Teamarbeit der Kolleginnen und Kollegen, sie erarbeitet verschiedenste Lerninhalte in Zusammenarbeit mit Künstlerinnen und Künstlern und sorgt für öffentliche Präsentationen, sie nutzt den Raum als 3. Pädagogen und als Bestandteil der Lernkultur. Regelmäßige und zielorientierte Beratungen zur Schulentwicklung, Unterrichtsentwicklung und Qualitätsentwicklung gehören unabdingbar zum Selbstverständnis der Schule.

Alle Beteiligten haben in den letzten Jahren gelernt, dass der Prozess des Aufbaus einer Ganztagsschule den Abschied von dem handlungsleitenden mentalen Modell»Ich und meine Klasse« hin zur Etablierung des neuen Selbstverständnisses »Wir und unsere Schule« bedeutet.

Erfolgreiche Veränderung hängt von der Weiterentwicklung gemeinsamer mentaler Modelle ab. Die Arbeit mit mentalen Modellen erfordert die Fähigkeit,

»lernintensive Gespräche« zu führen, in denen die Lernenden ihre Art des Denkens zum Ausdruck bringen, ihre Überzeugungen formulieren und sich für neue Einflüsse öffnen. Am Anfang des Wandels sind diese »lernintensiven Gespräche« eher unbeliebt, im weiteren Verlauf setzt sich die Überzeugung von ihrem Nutzen durch. »Lernintensive Gespräche« helfen neuen Ideen auf die Sprünge, die so Eingang in die Praxis finden.

2.2 Einzelne Schritte des Veränderungsprozesses

Alle nachfolgend skizzierten Prozesse wurden begleitet durch Organisationsberatung.

Sich auf den Weg machen – Vorlauf und Einstieg

Mit Beginn des Schuljahres 2006/2007 findet nach 16 Jahren Kontinuität ein personeller Wechsel in der Schulleitung und im Kollegium der Gorch-Fock-Schule statt. Zu diesem Zeitpunkt startet in Bremerhaven Schulentwicklung. Schulprogrammarbeit und auch externe Schulinspektionen werden verbindlich eingeführt. Die Schulaufsicht entscheidet sich bei der Neubesetzung der Schulleitung für eine Bewerberin, die aus ihrer vorangegangenen Tätigkeit als Konrektorin einer anderen Bremerhavener Schule drei wichtige Eigenschaften mitbringt: Veränderungskompetenz, Erfahrungen im Umgang mit Abwehr und Widerstand und eigene Visionen.

Zunächst lösen die personellen Veränderungen und die Neuorientierung in der Arbeit eine heftige Krise aus. Das Kollegium befindet sich im Schockzustand. Das Neue wird verneint. Ängste, Trauer, Abwehr und Widerstand prägen das konfliktträchtige Miteinander. Gerade deshalb initiiert die neue Schulleiterin externe Beratung und Begleitung bei der Schulprogrammarbeit.

Ein wichtiges Lernfeld ist die Fallberatung. Unter Anleitung der Supervisorin erlernen und praktizieren die Lehrerinnen und Lehrer erstmals »kollegiale Beratung« und Fallsupervision als Methoden der pädagogischen Arbeit, um ihre persönlichen und sozialen Kompetenzen zu vervollkommnen. Die Kollegen nutzen auf freiwilliger Basis wechselseitige Hospitationen zum fachlichen Feedback.

Die Erarbeitung eines verpflichtenden Fortbildungsprogramms, das Bilden von themenbezogenen Arbeitsgruppen und die Bildung einer Steuergruppe treiben den Entwicklungsprozess der Schule entscheidend voran. Die Steuergruppe koordiniert und steuert seit ihrer Implementierung im Mai 2007 die Innovationen der Schulentwicklung und kommuniziert die Entwicklungsschritte im Kollegium.

Aufbruchstimmung – eine neue Qualität, die verbindet

Das Schuljahr 2007/2008 steht im Zeichen der Fortsetzung des eingeschlagenen Weges der Schulentwicklung. Dies bedeutet die Umsetzung und Implementierung vereinbarter Ziele (Teamarbeit, Raum als dritter Pädagoge, Ausbau des künstlerischen Profils), Evaluation von Ergebnissen sowie die Sicherung der erreichten Qualität. Zur Stabilisierung des Schulentwicklungsprozesses tragen die Weiterarbeit am Schulprogramm und die Steuergruppenarbeit bei.

2007/08 gestaltet das Kollegium eine schulinterne Fortbildung zum Thema »Schule mit Freude, Selbstbewusstsein und Kompetenz gestalten«. Alle lernen sich neu und anders kennen. Sie üben sich vorsichtig in Visionsarbeit. Daraus resultiert eine intensive Auseinandersetzung mit der vom World Vision Institut für Forschung und Innovation herausgegebenen Studie »Kinder in Deutschland 2007«. Das Kollegium analysiert sehr genau, was die eigenen Schülerinnen und Schüler brauchen, um klug, gesund und selbstbewusst zu werden und zu bleiben, und formuliert erstmals gemeinsam mit der Schulleitung das mittelfristige Entwicklungsziel: Aufbau einer Ganztagsschule. Die erarbeiteten Erkenntnisse werden »Bottom-up« der Schulaufsicht und dem Schuldezernenten vorgetragen und ein Thesenpapier »Kinder der Gorch-Fock-Schule 2007« überreicht. Vorerst erhält die Schule darauf keine Antwort.

Im Laufe des Schuljahres 2007/2008 initiiert die Steuergruppe eine geschlechterspezifische Befragung zu einem neuen Freiraumkonzept der Schule. Schülerinnen und Schüler formulieren, wie sie sich ihre Schule wünschen, wie ihre Freiräume aussehen sollen, was sie benötigen, um gut zu lernen und sich aktiv erholen zu können. Das von der Steuergruppe vorgelegte Freiraumkonzept wird mit den Eltern und im Kollegium diskutiert, auf der Homepage und im Schulgebäude veröffentlicht und mit den Verantwortlichen des Schulamtes, der Politik sowie des Stadtteils kommuniziert. Es dient als Vorlage für diverse Anträge, u. a. für ein europäisches Umbau-Projekt zur Aufwertung des Stadtteils.

Auf der Basis gemeinsamer Visionen, die im Rahmen einer Zukunftswerkstatt im Frühjahr 2008 entwickelt werden, arbeitet das Kollegium am Schulprogramm weiter und formuliert ein Leitbild. Verbindende Kräfte, starke Gefühle und Visionen lassen eine gemeinsame Zukunftsperspektive vorstellbar und greifbar werden.

Stabilisierung – Akzeptanz für den Entwicklungsprozess

2008 startet das Pilotprojekt »Integrative Förderarbeit«. Nachdem Teamarbeit in einem Jahrgang modellhaft etabliert ist, fasst das Kollegium den Beschluss, dem Entwicklungsschwerpunkt »Integrative Förderarbeit im Team« höchste Priorität einzuräumen und so die Unterrichtsqualität zu steigern. Schulinterne Ressourcen in Form von Doppelbesetzungen, Begleitung durch eine externe Beraterin, Präsenzzeiten für die Unterrichtsplanung und -entwicklung werden bereitgestellt. Schulübergreifende Ressourcen, beispielsweise Schulbesuche im In- und Ausland zur Ideensuche für gelingende integrative Arbeit im Team als auch eine längerfristige schulübergreifende Fortbildung können genutzt werden.

Zur Professionalisierung des Kollegiums wird von 2007–2009 eine schulinterne Qualifizierung »Kollegiale Beratung« als Methodentraining angeboten. Ergänzend findet eine schulübergreifende Fortbildung zum Erwerb von Beratungskompetenz statt.

Der Nutzen des neu erlernten Repertoires wird schnell deutlich: An der Schule erweist sich ein Schüler in seinem Verhalten als besonders schwierig. Die mit ihm arbeitenden Lehrerinnen und Erzieherinnen suchen im Rahmen einer kollegialen Beratung nach Lösungs- und Unterstützungsmöglichkeiten. Da sie vermuten, dass ein männliches Vorbild helfen könnte, positives Verhalten zu verstärken, entwickelt die Gruppe die Idee, den Hausmeister der Schule für dieses pädagogische Projekt als Mentor zu gewinnen. Dieser stimmt zu und so treffen sich Mentor und Schüler täglich vor Unterrichtsbeginn zum Gespräch. Der Schüler entwickelt viele Ideen, wie sie »als Männer« gemeinsam die Schule gut auf den Start in den Tag vorbereiten können. Entstandene Ideen werden umgesetzt, der Schüler geht emotional gestärkt in den Tag und hat Freude am Lernen. Der Hausmeister wird sich seiner Verantwortung und Vorbildrolle bewusst, auch er wird Teil des pädagogischen Handlungskonzepts. Andere Schülerinnen und Schüler registrieren dankbar, wie aufmerksam das System ihre Bedürfnisse und Interessen beachtet, die Identifikation mit dem Wandlungsprozess der Schule nimmt weiter zu.

Zu dieser Entwicklung passt der politische Beschluss, die Schule mittelfristig zur Ganztagsschule umzuwandeln. Schulleitung und Kollegium arbeiten zunächst intensiv an der Erfüllung der im Schulprogramm festgelegten Entwicklungsschwerpunkte weiter. Die Konzeptarbeit für eine Ganztagsschule soll erst zwei Jahre später, im Schuljahr 2010/2011 beginnen. Doch im Frühjahr 2009 wird die Schule von der Nachricht überrascht, dass sie bereits 2010 als Ganztagsschule arbeiten soll. Dafür fehlt es an jeglicher konzeptioneller Planung, an Personal und an Räumen. Diese Überraschung muss verarbeitet werden, bevor die Schule auf die Überholspur wechseln kann.

Zeit ist knapp: Die Umbauphase

Im Schuljahr 2009/2010 wird die Gorch-Fock-Schule bei laufendem Schulbetrieb in Abschnitten umgebaut. Personelle Veränderungen im Kollegium sowie der politische Beschluss und das Drängen der Schulaufsicht, die Schule bereits 2010 als Ganztagsschule starten zu lassen, ändern die Bedingungen der Schulprogramm- und Teamarbeit. Trotz aller erworbenen Routine in der Schulentwicklung erschweren der Umbau und viele kurzfristige Entscheidungen die

Arbeit aller. Die Nerven liegen blank. Prompt gibt es Irritationen, Machtkämpfe, Verletzungen, Abwehr, Resignation und Enttäuschungen innerhalb einiger Jahrgangsteams.

Die mangelnde Transparenz über das Budget des Umbaus führt zu Unmut und lässt Schul- und Teamentwicklung ins Stocken geraten. Die Schulleiterin und die Steuergruppe beraten, wie sie Halt gebend wirken können.

Im Frühjahr 2010 treffen sich zwei Jahrgangsteams mit der Schulleitung und der Steuergruppe zu einer Zwischenbilanz der Teamarbeit. Die Teammitglieder sind so gut vorbereitet und so überzeugend in ihren Rückmeldungen, dass dieses Treffen eine emotionale Stärkung aller Teilnehmenden zur Folge hat. Geleistete Arbeit erfährt Anerkennung. Es werden Verbindlichkeiten für die Fortsetzung der Arbeit vereinbart. Die Schulleiterin und die Steuergruppe sorgen dafür, dass die formulierten Erkenntnisse und Erfahrungen öffentlich werden. Den Teilnehmenden einer schulübergreifenden Fortbildung, dem Leiter des hiesigen Lehrerfortbildungsinstituts und der Schulaufsicht wird der Stand der Teamarbeit an der Gorch-Fock-Schule präsentiert. Die Teammitglieder erfahren Aufmerksamkeit und Bedeutung über ihre Schule hinaus, sie sind zufrieden und erfüllt.

Eine Kultur der Teilhabe nimmt immer mehr Gestalt an. So beteiligen sich alle Lehrerinnen und Lehrer an Schulbesuchen und Hospitationen im In- und Ausland und werten diese hinsichtlich der Organisation des Ganztagsschulbetriebes und der Integration lernbehinderter Kinder aus.

Bei aller Aktivität jedoch zehrt der starke Zeitdruck, unter dem die Schule in ihrem Wandlungsprozess steht, an den Kräften. Deshalb unterbreiten Schulleitung und Steuergruppe ein Angebot zum Erhalt der Motivation unter dem Motto: »Lasst uns gemeinsam etwas Schönes machen«. So wird im Schuljahr 2009/2010 ein Literaturprojekt ins Leben gerufen, das heute fester Bestandteil des Kulturprofils der Schule ist. Die künstlerische Arbeit und das Lernen mit den Mitteln der Kunst werden filmisch begleitet. In einer Talkrunde im Offenen Kanal der Stadt mit der Schulentwicklungsbegleiterin berichten Schüler, Lehrer, Künstler und die Schulleiterin über ihre Erfahrungen. Die Schule macht sich mehr und mehr einen guten Namen. Sie wird bekannt mit ihrer anspruchsvollen Arbeit und erhält zusätzliche finanzielle Zuwendungen.

Im Frühjahr 2011 sind die Schülerinnen und Schüler am Umbau ihrer Schule zu einer kindgerechten Ganztagsschule so stark beteiligt wie noch nie. Sie fragen bei Architekten, Vertretern des Schulamtes, des Gartenbauamtes und von Seestadt-Immobilien, dem Hausmeister und der Schulleiterin sehr genau nach, wie ihre Vorstellungen von einer kindgerechten Schule umgesetzt werden. Erwachsene antworten ernsthaft und zugewandt. Höhepunkt ist eine zutiefst bewegende Schülerpressekonferenz, die sich als Kraftquell für alle erweist und Ressourcen mobilisiert für das Aushalten und Weitermachen unter schwierigen Umbau-Bedingungen.

Endlich geschafft – Umsetzung

Anfang des Schuljahres 2010/2011 startet trotz baulicher Verzögerungen der Ganztagsschulbetrieb. Noch vor Schuljahresbeginn beschäftigt sich das gesamte Kollegium im Rahmen einer pädagogischen Konferenz mit dem Thema Teamarbeit. An einer Ganztagsschule begegnen sich unterschiedliche Professionen, und gute multiprofessionelle Zusammenarbeit braucht ein besonderes Augenmerk. Teamfähigkeiten sind womöglich noch schwieriger zu entwickeln als individuelle Fähigkeiten. Deshalb brauchen lernende Teams Zeit, Raum und Struktur, um ihre kollektiven Lernfertigkeiten auszubauen.

Im Rahmen des Ganztagsschulbetriebs formulieren multiprofessionelle Jahrgangsteams Teamaufträge für das laufende Schuljahr. Diese fassen Entwicklungsschritte und Arbeitsgrundsätze für einen Jahrgang zusammen. Die Teamaufträge werden der Steuergruppe vorgelegt, verhandelt und vom Kollegium beschlossen. Es gibt eine Zwischenbilanz und eine Jahresabschlussbilanz, die im gesamten Kollegium präsentiert werden.

Die Ganztagsschule wird von den Schülerinnen und Schülern als auch von den meisten Eltern begeistert angenommen. Das Kollegium jedoch leidet unter dem anfänglichen Chaos. Das schwer erträgliche Durcheinander, die fehlende Kompetenz für die »Logistik« der Kinder, der Aufbau einer völlig neuen Schulorganisation einschließlich der Mittagsverpflegung sowie die Gewinnung und Anleitung eines multiprofessionellen Teams sind eine große Belastung. Der Schule fehlen pädagogisches Personal, eine Verwaltungskraft und eine Software für die Verwaltung und Logistik der Schüler. Krisenmanagement ist angesagt. Kurzfristig werden Teile eines Ganztags-Konzeptes, u. a. Rhythmisierung, Teamarbeit, Mittagskonzept und Schulsozialarbeit überprüft, neu erarbeitet, beschlossen und unmittelbar umgesetzt.

Wie von selbst treten auch »Edelsteine« hervor: Menschen (der Hausmeister und die Erzieher/-innen), Produkte (der Film »Lernen ist Leben, Lernen ist Faszination, Lernen ist Zukunft«), Gefühle (»Unsere Schule ist cool!« »Wir sind stolz darauf, dass wir eine Ganztagsschule sind!«), wunderschöne offene, helle Räume. Es gibt zwei beeindruckende Einweihungsfeiern zur Eröffnung der Ganztagsschule im November 2010 und zur Fertigstellung des Freiraumes im Mai 2011 mit künstlerischem Programm und selbstbewusster Kinderbeteiligung. Schülerinnen und Schüler bekunden Dankbarkeit, die Gäste sind von ihren Worten sehr berührt.

Die Schule ist bei Kindern und Eltern hoch anerkannt, der Start ins Schuljahr 2011/12 läuft reibungslos. Das Kollegium ist zufrieden. Doch die nächsten Herausforderungen warten schon.

Eine verändert sich, die anderen machen weiter

Im Jahr 2011/12 verlässt die bisherige Schulleiterin die Gorch-Fock-Schule. Ihre Nachfolge ist geregelt und geht ohne Unruhe vonstatten. Mit der neuen Schulleiterin überarbeitet das Kollegium das Schulprogramm und schreibt die Schwerpunkte der Schulentwicklung fort: Entwickelt wird ein neues Konzept der Teamarbeit mit der gemeinsamen Planung der Lernzeit über den Unterricht hinaus. Dabei gilt es, alle Akteure für qualitätsrelevante Bereiche wie die Verzahnung oder die Rhythmisierung zu sensibilisieren. Als Organisationsstruktur werden Jahrgangsteams mit Lehrkräften und Erzieher/-innen gebildet, die Lernangebote planen und verlässlich und eigenverantwortlich die Lernzeiten gestalten. Die Qualität der Lernzeit wird verbessert.

Professionsübergreifende Teamzeiten werden als Bereicherung wahrgenommen. Dabei sprechen Lehrkräfte viel Wertschätzung aus und die Erzieher/-innen erfahren eine Aufwertung ihrer Arbeit und erleben ihre eigene professionelle Bedeutung.

Der Dezernent spricht öffentlich Anerkennung aus: »Was mache ich nur mit dieser Schule? Alle Eltern möchten ihre Kinder hier einschulen.«

Im Sommer 2014 weiht die Schule das maritime Kunstwerk »Mit der Gorch-Fock zu den sieben Kontinenten« ein. Endlich, denn beantragt wurde es schon 2007, und es steht damit symbolisch auch dafür, wie sehr diese Schule das »Dranbleiben« trainiert hat.

2.3 Fazit

Die Schulleiterin blickt zufrieden zurück auf den von ihr maßgeblich initiierten und gestalteten Wandlungsprozess von einer Grundschule zu einer modernen Ganztagsschule. Sie wusste um die Qualität der unterschiedlichen professionellen Mittel für Schulentwicklung und hat sich für Organisationsberatung und Prozessbegleitung stark gemacht. Damit wurden die Rahmenbedingungen für das Gelingen der Schulentwicklung an der Gorch-Fock-Schule geschaffen. In diesem Prozess hat auch sie sich persönlich weiterentwickelt und qualifiziert. Heute ist sie Prozessbegleiterin für deutsche Schulen im Ausland. Geblieben sind ihre Haltung der Neugier und ihre Leidenschaft für hohe Arbeitsqualität.

Die Organisationsberaterin weiß, was die entscheidenden Faktoren für den erfolgreichen Weg der Gorch-Fock-Schule sind:

Im Dialog bleiben

Im Dialog wird die gemeinsame Entwicklung kreiert und die Verbundenheit im Wir erzeugt. Ziele werden geklärt und die Richtung der Veränderung vereinbart. So gelingt eine Einheit von Kommunikation und Handeln, die Mut macht, Stellung zu beziehen und kreative Formen der Intervention zu entwickeln.

Reflexion

Einwände und Widerstände sind ein Sprungbrett für das Vorankommen. In allen Emotionen stecken Ressourcen. Alles, was im Prozess geschieht, ist Feedback und damit Angebot zur Weiterarbeit.

Strategien entwickeln und flexibel bleiben

Der Wunsch nach Wandel muss systematisch aufgebaut werden. Zielgerichtetheit und strategische Flexibilität sind miteinander zu verbinden. Die Verfügbarkeit von Ressourcen für erprobendes Verhalten sichert einen langen Atem und Beharrlichkeit.

Erfolge benennen und feiern

Für Anerkennung und Wertschätzung Sorge zu tragen erhält die Freude am Wandel und stärkt das Vertrauen in sich selbst, in die anderen und in das gemeinsame Projekt.

Externe Beratung einholen

Die Expertise von ausgewählter externer Organisationsberatung kann unschätzbare Dienste leisten. Sie führt zum größten Erfolg, wenn sie beständig und vertrauensvoll in Anspruch genommen wird und ihre Empfehlungen systematisch umgesetzt werden.

Die Qualität der Beratung lebt davon, dass die Organisationsberaterin selbst im Lernmodus ist und »dranbleibt«, bis der Erfolg gesichert ist.

Die ehemalige Schulleiterin und die Organisationsberaterin stellen fest, der Einsatz hat sich gelohnt! Es ist ein Schatz und zutiefst befriedigend, Schulentwicklung im engen Dialog mit professioneller Prozessbegleitung zu gestalten.

3. Pädagogische Tage für die Schulentwicklung nutzen

Adolf Bartz

Pädagogische Tage ermöglichen dem Kollegium innezuhalten, um sich der Qualität und Wirksamkeit der pädagogischen Arbeit zu vergewissern, neue Herausforderungen zu identifizieren, sich die Kompetenzen für ihre Bewältigung anzueignen und die Zukunftsstrategie der Schule zu entwerfen. Unterrichtszeit für den kollegiumsinternen Austausch und für kollegiumsinterne Fortbildung zu nutzen ist mit der Verantwortung dafür verbunden, dass die Pädagogischen Tage nachhaltig wirksam sind.

3.1 Die Interessen der Schülerinnen und Schüler sowie Eltern berücksichtigen

Ob und wann Unterrichtstage für die kollegiumsinterne Verständigung und Fortbildung erforderlich sind, das entscheidet die Schule – und das heißt: Nicht nur die Schulleitung und die Lehrkräfte, sondern auch die davon betroffenen Partner, insbesondere die Eltern und Schüler. Halten sie Pädagogische Tage für nötig, dann wird das in einem Beschluss der Schulkonferenz dokumentiert, in der neben den Lehrpersonen auch die Eltern und Schülerinnen und Schüler repräsentiert und vertreten sind. Der Beschluss sollte nicht nur regeln, welcher Tag für die kollegiumsinterne Fortbildung unterrichtsfrei sein darf, sondern auch die Inhalte, Ziele sowie die erwarteten Ergebnisse und Wirkungen beschreiben.

Das hat zur Folge: Eltern und Schülerinnen und Schüler können zu Recht fordern und erwarten,

- dass ihre Problemwahrnehmung und ihre Sichtweisen angehört und bei der Schul- und Unterrichtsentwicklung berücksichtigt werden;
- dass die Lehrkräfte die Nutzung von Entwicklungszeit ernst nehmen, z. B. indem sie bereit sind, weitere ganztägige Fortbildungen und Verständigungsphasen auch in der unterrichtsfreien Zeit, etwa in der letzten Woche der Sommerferien, durchzuführen;
- dass der Verzicht auf das Recht auf Unterricht mit einer Gegenleistung verbunden ist: der Verbesserung von Unterricht und Beziehungsgestaltung an der Schule.

3.2 Pädagogische Tage sind keine Inseln im Schulalltag

Pädagogische Tage dürfen keine Inseln sein. Sind sie einmalige Veranstaltungen, die nicht in den Kontext der Schul- und Unterrichtsentwicklung eingebunden sind, werden sie keine nachhaltige Wirksamkeit erreichen – selbst dann, wenn sie vom Kollegium als Highlight im Schulalltag erlebt werden, weil z. B. großartige Referenten beeindruckende Vorträge und Workshops durchgeführt haben. Denn wenn die kollegiumsinterne Verständigung und Fortbildung vom schulischen Arbeitsalltag isoliert sind, wird dieser sehr bald die positiven »Insel«-Wirkungen aufzehren. Werden die Alltagsroutinen für einen Tag unterbrochen, aber nicht aufgearbeitet und selbst zum Thema, setzen sie sich wieder durch, wenn die Lehrerinnen und Lehrer in ihren Alltag zurückgekehrt sind. Statt Innovation und Veränderung zu bewirken, wird dann – zumindest auf längere Sicht – wieder so weiter gearbeitet wie bisher.

Einen Unterrichtstag für eine ein- oder eineinhalbtägige Fortbildung zu nutzen, ist nur dann sinnvoll, wenn es um mehr als Information und die Verbesserung methodischer Kompetenzen geht. Pädagogische Ganztage sind nur dann zwingend erforderlich, wenn es in den Austausch- und Arbeitsprozessen auch um die Transformation von Professions- und Unterrichtsbildern sowie die Überprüfung der zugrunde liegenden Werte geht, weil diese nicht mehr zu veränderten Bedingungen passen.

Anlässe für Pädagogische Tage sind entsprechend:

- Veränderungen im Umfeld der Schule, z. B. die Veränderung der Voraussetzungen, die die Schülerinnen und Schüler mitbringen. Sich damit auseinanderzusetzen erfordert, dass sie als Problem wahrgenommen werden und sich in der Mehrheit des Kollegiums ein Bewusstsein der Dringlichkeit herausgebildet hat, mit den tradierten Weisen von Unterricht und Beziehungsgestaltung nicht mehr klar zu kommen.
- Strukturentscheidungen wie z. B. die Weiterentwicklung des Schulsystems in Richtung Inklusion. Sie verändern das Handlungsfeld, in denen sich die Lehrerinnen und Lehrer gestaltend bewegen, und sie erfordern neue Sichtweisen und Kompetenzen, z. B. im Umgang mit Diversität und Heterogenität.

In beiden Fällen wird deutlich: Es geht nicht nur um Optimierung, sondern es geht um Innovation. Es geht nicht nur darum, so wie bisher – aber besser – zu arbeiten, sondern darum, anders zu arbeiten. Und sich darüber zu verständigen, braucht Intensität des Austauschs und Zeit, damit die erforderliche Tiefe der kollegialen Verständigung erreicht werden kann.

3.3 Pädagogische Tage sind kein Wunschprogramm

Nicht selten werden Pädagogische Tage als Wunschprogramm gestaltet: Die Lehrpersonen werden eingeladen, Themenvorschläge zu machen, und ihre Vorschläge werden im Lehrerzimmer ausgehängt. Finden sich für ein Thema genügend Interessenten, werden geeignete Referenten gesucht. Ein solches Verfahren hat einen guten Sinn: Nur dann, wenn die Fortbildungsangebote an Pädagogischen Tagen den Bedürfnissen der Beteiligten entsprechen, werden sie für eine aktive Beteiligung motiviert sein. Was dann aber als Ertrag des Pädagogischen Tags transferwirksam wird, ist fraglich. Denn ein solches Wunschprogramm weist in der Regel eine bunte Fülle, aber keine Kohärenz auf. Aus ihm entwickelt sich deshalb keine Perspektive und Zielrichtung für die weitere gemeinsame Schul- und Unterrichtsentwicklung. Und ob die Wünsche dem entsprechen, was die Schule für die Bewältigung ihrer Herausforderungen und Probleme braucht, ist zweifelhaft.

Bloße Wünsche verlassen nicht die Komfortzone, innerhalb derer nicht befürchtet werden muss, sich Irritationen auszusetzen, die eine Transformation der tradierten Professions- und Unterrichtsbilder erfordern. Sie dienen eher der Bestätigung als der Infragestellung. Sollen Pädagogische Tage nachhaltig wirksam sein, brauchen sie als Vorlauf und Vorbereitung eine kollegiale Verständigung: Mit welchen Problemen und Herausforderungen kommen wir nicht klar und welche Zielzustände erscheinen uns besonders attraktiv und lohnend, um unsere Arbeit wirksamer und zufriedenstellender leisten zu können? Welche Probleme und Herausforderungen kommen in absehbarer Zukunft auf uns zu, auf die wir mit unseren Routinen und Arbeitsweisen nicht genügend vorbereitet sind?

Für eine solche vorlaufende Verständigung über Problemwahrnehmungen und angestrebte Zielzustände braucht es ein Austauschforum wie z. B. die offene Lehrerversammlung: An einem Nachmittag rechtzeitig vor dem Pädagogischen Tag haben die Lehrerinnen und Lehrer die Möglichkeit, sich auf freiwilliger Basis und ohne Beschlusszwang darüber zu verständigen, welche Themen und Probleme für die Weiterentwicklung der Schule besonders dringlich erscheinen, und erste Ideen für die Problemlösung zu sammeln. Sinnvoll ist zudem, als Vorbereitung des Schulkonferenzbeschlusses über die Termine, Themen und Ziele der Pädagogischen Tage die Problemsicht der Eltern und Schülerinnen und Schüler einzubeziehen. Dazu kann z. B. ein Lehrer-Eltern-Schüler-Ausschuss dienen, in dem die Vertreter/-innen der drei Gruppen nach vorheriger gruppeninterner Verständigung ihre Sichtweisen im Hinblick auf Probleme, Herausforderungen und Perspektiven der schulinternen Weiterentwicklung einbringen und sich auf eine Beschlussvorlage für die Schulkonferenz verständigen.

3.4 Pädagogische Tage in die Schul- und Unterrichtentwicklung integrieren

Wie Pädagogische Tage nicht genutzt und gestaltet werden sollten, macht deutlich: Sie müssen in den Gesamtprozess der schulischen Weiterentwicklung integriert und sie müssen mit den Energien verknüpft werden, die sich einerseits aus dem Bewusstsein der Dringlichkeit (Wir können nicht mehr so weiter arbeiten wie bisher) und andererseits aus der Attraktivität der angestrebten Zielzustände ergeben: Wenn wir anders arbeiten als bisher, werden wir wirksamer sein und unsere Arbeit als zufriedenstellender erleben.

Das setzt voraus, dass die Pädagogischen Tage sich nicht auf Information und den kollegialen Austausch auf der Ebene rationaler Argumentation beschränken, sondern zum gemeinsamen Erlebnis werden, um eine emotionale Basis für die weitere Entwicklung der Schule zu schaffen. Dafür können Filme, die zeigen, wie andere Schulen den angestrebten Zielzustand verwirklichen, hilfreich sein. Noch wirksamer ist die Verknüpfung Pädagogischer Tage mit der Hospitation des Kollegiums oder einer Teilgruppe an einer anderen Schule, die sich durch eine neue Unterrichts-, Lern- und Beziehungskultur auszeichnet (vgl. http://www.schule-im-aufbruch.de/). Denn durch eine solche Hospitation wird die Zukunftsvision konkreter und als machbar erlebt. Dieses Erleben führt zu einer emotionalen Verankerung und damit zu einer nachhaltigen Wirkung der Eindrücke aus der Hospitation.

Die Integration in die Schulentwicklung setzt voraus, dass der Pädagogische Tag durch eine vorlaufende Verständigung über die Problemwahrnehmungen und die unterschiedlichen Sichtweisen im Kollegium vorbereitet wird. Und sie setzt voraus, dass der Transfer des Ertrags und der Ergebnisse in den schulischen (Arbeits-)Alltag im Anschluss überprüft, reflektiert und gesichert wird. Einen Pädagogischen Tag zu planen, heißt deshalb immer auch zu klären, wann welche Austauschforen, Besprechungen und Konferenzen sowie Arbeits- und Projektgruppen für die Vorbereitung, Auswertung und Umsetzung des Pädagogischen Tags und seiner Ergebnisse und Wirkungen erforderlich sind. Denn nur dann werden Pädagogische Tage mehr als »nice to have«-Angebote sein und die Weiterentwicklung der Schule wirksam unterstützen und fördern. Dabei geht es vor allem um vier Aspekte, für die Pädagogische Tage genutzt werden können: Für die Initiierungs-, die Reflexions- oder die Implementierungsphase schulischer Innovation (Bartz 2013) oder für die Kompetenzentwicklung.

Der Pädagogische Tag in der Phase der Initiierung von Innovationen

Er dient dem Austausch von Sichtweisen und Problemwahrnehmungen sowie dem Sammeln von Ideen für die Lösung der Probleme.

Dafür sind Austauschforen sinnvoll, die dem Eigensinn Raum geben, sich zu äußern, und die zugleich durch den Austausch und die Klärung der individuell unterschiedlichen Sichtweisen zu einer tragfähigen gemeinsamen Perspektive und Prioritätensetzung führen. Auf diese Weise kann ein Pädagogischer Tag dazu beitragen, die im Kollegium vorhandenen Energien und Motivationen für die Weiterentwicklung der Schule zu nutzen und vorhandene Blockierungen dieser Energien aufzulösen. Bei der Gestaltung eines solchen Pädagogischen Tages wird es sinnvoll sein, nach einer gemeinsamen Austauschphase mit dem gesamten Kollegium Problemlösungsgruppen zu bilden. Sie sammeln zu den

Schwerpunkten, die sich im Austausch der Sichtweisen als Prioritäten herausgebildet haben, Ideen. Zum Abschluss werden diese Ideen präsentiert und es wird vereinbart, in welcher Weise und in welchen Arbeitsstrukturen und -gruppen aus diesen Ideen die (Projekt-)Planung für die Umsetzung in Schulentwicklungsmaßnahmen entsteht. Als Ergebnis sollte dann klar sein: Es geht weiter und es ist klar, wer was mit wem bis wann macht.

Der Pädagogische Tag in der Reflexionsphase

Er dient dazu, die vorher in Austauschforen entwickelten Ideen zu bewerten und dem Innovationsprozess eine Gestalt zu geben.

Dabei geht es um Fragen wie z. B.: Lassen sich die Ideen mit einem angemessenen Aufwand aussichtsreich umsetzen? Beziehen sie sich auf Stellhebel der Schulentwicklung, sodass eine größtmögliche Wirkung erwartet werden kann? Zudem geht es um die Prüfung, ob die Ideen eine gemeinsame Zielrichtung aufweisen und im Interesse einer stimmigen und kohärenten Schulentwicklung gemeinsam umgesetzt werden können. Und es geht um eine Folgewirkungsabschätzung: Welche systemischen Folgen kann die Umsetzung der Ideen in der Wechselwirkung von Strukturen, Prozessen und Menschen in der Schule und ihrem Umfeld haben? Welche Risiken sind zu beachten, um sie möglichst vermeiden zu können? Das Ergebnis der Reflexionsphase ist die Planung von Schulentwicklungsvorhaben und -maßnahmen. Sie sollte deshalb den Schwerpunkt des Pädagogischen Tags bilden, der folgende Ablaufstruktur aufweist:

(1) Gesamtkollegium: Präsentation der Ideen → Bewertung und Prioritätensetzung → Aufträge für die Kleingruppen,
(2) Kleingruppen: (Projekt-)Planung einzelner Vorhaben und Maßnahmen,
(3) Plenum: Präsentation der Planungen und Absprache, wie es weitergeht.

Der Pädagogische Tag in der Phase der Implementierung einer Innovation

Er bietet den Raum für die Durchführung des Projektmanagements. Das setzt als Stand der Schulentwicklung voraus, dass Ideen gesammelt und bewertet sind und ihre Umsetzung beschlossen ist. Dann geht es um die Planung, wie die Vorhaben in der Erprobungsphase umgesetzt werden können und wie mit den Erfahrungen und Ergebnissen der Erprobung so umgegangen wird, dass über ihre Institutionalisierung entschieden werden kann. Zu den geplanten Vorhaben werden Kleingruppen gebildet, die die Planung in Arbeitspakete umsetzen, diese bearbeiten und einen Terminplan für die Implementierung festlegen. Typische Gruppen für diese Schulentwicklungsphase sind die Arbeitszusammenhänge wie (Jahrgangsstufen-)Teams oder Fachgruppen sowie themenbezogene Lehrerarbeitsgruppen. Auch hier sollte auf eine knappe Präsentation der anstehenden Vorhaben im Gesamtkollegium eine (intensive) Kleingruppenarbeit folgen, deren Ergebnisse dann im Plenum präsentiert werden.

3.5 Pädagogische Tage für die Kompetenzentwicklung nutzen

Schulentwicklung ist nur dann erfolgreich, wenn Müssen – das Bewusstsein der Dringlichkeit –, Wollen – die Attraktivität des Zielzustands – und Können zusammenkommen. Fehlen zwingend erforderliche methodische oder didaktische Kompetenzen, wird das Entwicklungsvorhaben scheitern. Ein Pädagogischer Tag mit dem Schwerpunkt »Kompetenzentwicklung« hat deshalb zum Ziel, für die erforderlichen Kompetenzen zu sorgen, um Schulentwicklungsvorhaben aussichtsreich umsetzen zu können. Dies setzt voraus, dass das Kollegium geklärt hat, welchen aktuellen und zukünftigen Herausforderungen sich die Schule stellen muss, welche Kompetenzen für die Bewältigung im Kollegium vorhanden sind und welche Kompetenzen fehlen (Eikenbusch 2005). Dabei kann es um einen gemeinsamen Schwerpunkt, z. B. die gemeinsame Weiterentwicklung des Unterrichts im Sinne kooperativen Lernens oder die Erarbeitung kompetenzorientierter schulinterner Lehrpläne, gehen. Die Kompetenzentwicklung und das Kompetenztraining können sich aber auch auf unterschiedliche Aufgabenbereiche beziehen.

3.6 Die Leitung und Moderation Pädagogischer Tage

Vom Zweck des Pädagogischen Tages im Rahmen der Schul- und Unterrichtsentwicklung hängt ab, wie die Leitung und Moderation gestaltet und ob externe Experten mit der Moderation beauftragt werden. Während es in der Initiierungs-, der Reflexions- und der Implementierungsphase um Experten für die Prozessmoderation geht – dafür stehen inzwischen in einer Reihe von Regionen Schulentwicklungsbegleiter, u. a. auch die Schulpsychologinnen und -psychologen, zur Verfügung –, sind bei der Kompetenzentwicklung Fachexperten für den jeweiligen Kompetenzbereich erforderlich. Wichtig ist hier, dass die Schulleitung oder der Fortbildungsbeauftragte ein Kontraktgespräch führen. Denn der Auftrag an die externen Moderatorinnen und Moderatoren muss so geklärt werden, dass sie den Stellenwert und den Zusammenhang des Pädagogischen Tages mit der Gesamtheit der Schul- und Unterrichtsentwicklung kennen und berücksichtigen können. Dabei ist zudem zu vereinbaren, welche Verantwortung und welche Anteile bei der Leitung des Pädagogischen Tages die Schulleitung und welche die externen Referentinnen und Referenten übernehmen. Zudem muss hier festgelegt werden, ob sich der Auftrag an die Externen auf den Pädagogischen Tag beschränkt oder ob er sich auch auf die Gruppenprozesse bei der Vorbereitung sowie der Auswertung und Umsetzung bezieht.

Nur wenn der Auftrag gut geklärt ist, ist gewährleistet, dass die externe Moderation und Fachexpertise genau das bieten, was das Kollegium braucht, um den Pädagogischen Tag transferwirksam zu gestalten. Denn wie für Schülerinnen und Schüler gilt auch für Lehrerinnen und Lehrer (als Lernende): Das Lehren ist nicht erfolgreich, wenn der Lernende dem Lehren auf der Spur sein muss, sondern nur dann, wenn der Lehrende dem Lernenden auf der Spur ist.

3.7 Pädagogische Tage durch die nachhaltige Wirksamkeit ihrer Ergebnisse legitimieren

Pädagogische Ganztage, für die Unterrichtszeit in Anspruch genommen wird, sind mit einer besonderen Verantwortung verbunden: Die Bereitschaft der Anspruchsgruppen, insbesondere der Schülerinnen und Schüler und Eltern, auf die Dienstleistung Unterricht zu verzichten, lässt sich nur erreichen und die Nutzung von Unterrichtszeit für die kollegiale Verständigung und Fortbildung lässt sich nur rechtfertigen, wenn die Pädagogischen Tage die Qualität von Unterricht und Beziehungsgestaltung an der Schule mit nachhaltiger Wirksamkeit verbessern. Das setzt voraus, dass Pädagogische Tage in den Gesamtprozess von Schul- und Unterrichtsentwicklung integriert sind. Das setzt zudem Klarheit darüber voraus, für welche Phasen schulischer Innovation der Pädagogische Tag genutzt werden soll. Und es setzt die Klärung voraus, welche Kompetenzen die Schule braucht, um ihre aktuellen und zukünftigen Probleme und Herausforderungen bewältigen und die Qualität der schulischen Arbeit verbessern zu können.

3.8 Literatur

Der Beitrag beruht auf Bartz, A.: Pädagogische Tage wirksam gestalten, SchulVerwaltung NRW 1/2013, Wolters Kluwer, Köln, S. 2–4.

Bartz, A. (2013). Innovationen an Schulen gestalten. In: S. G. Huber, Jahrbuch Schulleitung 2013, Wolters Kluwer, Köln, S. 185–198.

Eikenbusch, G (2005). Fortbildungsplanung unterstützt die Qualitätsentwicklung und sorgt für eine individuelle Weiterentwicklung. In: A. Bartz u. a. (Hrsg.), PraxisWissen SchulLeitung, Wolters Kluwer, Köln, 2005, Beitrag 75.21.

4. Schulentwicklungsberatung durch externe Experten – empirischer Überblick und praktische Empfehlungen

MARTIN GOECKE & KLAUS-JÜRGEN TILLMANN

Wer das Feld der Schulentwicklung sorgfältig beobachtet, der hat in den letzten Jahren immer häufiger festgestellt: Viele Schulen betreiben ihre Schulentwicklung nicht mehr nur allein aus eigener Kraft, sondern sie engagieren zusätzlich Experten »von außen«, um sich beraten zu lassen (vgl. Arnold & Reese 2010). Das bedeutet zugleich: Immer mehr Menschen (mit ganz unterschiedlichen Ausbildungen) bieten sich den Schulen als Schulentwicklungsberaterinnen und -berater an. Hier ist inzwischen ein Markt entstanden, auf dem nicht nur staatliche Einrichtungen (z. B. Fortbildungsinstitute), sondern auch kommerzielle Unternehmensberatungen als Anbieter auftreten.

Auch für dieses Feld der Schulentwicklungsberatung gilt, dass es zwar viele konzeptionelle und praxisanleitende Literatur gibt, aber viel zu wenig Forschung. Diese von Rolff schon 1998 geübte Kritik hat nach wie vor ihre Berechtigung. Wir haben dieses Forschungsdefizit zum Anlass genommen und in den Jahren 2008 bis 2012 an der Universität Bielefeld ein DFG-gefördertes Forschungsprojekt durchgeführt, um einen ersten empirischen Überblick über das Tätigkeitsfeld der Schulentwicklungsberatung und über seine internen Strukturen zu erhalten (vgl. Dedering, Tillmann, Goecke & Rauh 2013). In diesem Pilotprojekt wurden in Nordrhein-Westfalen zunächst alle Schulleitungen im Sekundarbereich (N = 2.042, Rücklauf 47%) mit einem standardisierten Instrument befragt, um davon ausgehend an sechs Schulen (zwei Gymnasien, zwei Gesamtschulen, je eine Hauptschule und eine Realschule) qualitative Fallstudien durchzuführen. Vor diesem Hintergrund geben wir im Folgenden einen empirisch fundierten Überblick über dieses Arbeitsfeld – und leiten daraus einige Empfehlungen für eine erfolgreiche Beratungsarbeit ab.

4.1 Ein erster Überblick

Die Ergebnisse unserer Schulleitungsbefragung machen zunächst deutlich, dass es sich bei der externen Schulentwicklungsberatung inzwischen um eine weitverbreitete Arbeitsform handelt: Etwa 46 Prozent aller Schulen sind in den letzten fünf Jahren vor der Befragung (2011) durch eine nicht zum Kollegium gehörende Person in ihrer Entwicklungsarbeit unterstützt worden. Dieser Anteil liegt in allen Schulformen etwa gleich hoch.

64 Prozent der Schulen finanzieren diese Beratungen aus ihrem Fortbildungsbudget, 26 Prozent aus überregionalen Fortbildungsmitteln – und 17 Prozent erhalten dazu Gelder von Stiftungen oder Projekten. Die meisten externen Bera-

tungen sind mittel- oder langfristig angelegt: 43 Prozent der Beratungen dauern zwischen einem halben und zwei Jahren, 37 Prozent sogar länger als zwei Jahre. Einmalige Beratungen sind mit 19 Prozent relativ selten. Insgesamt wird der Nutzen von Beratungsprozessen von den schulischen Akteuren recht positiv eingeschätzt: 85 Prozent der befragten Schulleitungen bewerten die Ergebnisse der Beratungsarbeit an ihrer Schule mit »sehr gut« oder »gut«. Dabei wird festgestellt, dass in den allermeisten Fällen das vorab formulierte Ziel der Schulentwicklung (z. B. Implementierung eines Methodencurriculums, Installierung eines Teammodells) im Zuge der Beratung auch erreicht wurde. Besonders positiv wird der Nutzen bei Beratungsprozessen bewertet, die länger als zwei Jahre dauern.

4.2 Verschiedene Beratungstypen

Die Beraterinnen und Berater, die dabei tätig werden, stammen aus ganz unterschiedlichen beruflichen Bereichen: Viele von ihnen sind selbst als Lehrkräfte oder in der Lehrerausbildung tätig, oft haben sie eine Zusatzqualifikation erworben. Wir bezeichnen diese Akteure als »schulnahe Beraterinnen bzw. Berater«. Etwa 40 Prozent der Beraterinnen und Berater sind jedoch hauptberuflich *nicht* im Schulsystem beschäftigt – dazu gehören z. B. Mitarbeiterinnen und Mitarbeiter von Unternehmensberatungs-Firmen, freiberufliche Berater, aber auch Hochschullehrerinnen und -lehrer. Wir bezeichnen sie als »schulferne Beraterinnen bzw. Berater«. Während die schulnahen Berater vor allem bei Projekten der Unterrichtsentwicklung tätig werden, konzentrieren sich insbesondere die Unternehmensberater auf Probleme der Organisationsentwicklung und auf die Managementqualifizierung von Schulleitungen. Vor diesem Hintergrund lassen sich drei unterschiedliche Beratungstypen ausmachen.

1. *Beratung als Fortbildung für das Gesamtkollegium:* Sie beinhaltet meist eine Abfolge von Fortbildungsveranstaltungen, an denen alle Mitglieder des Kollegiums teilnehmen. Die Fortbildungen beziehen sich vor allem auf konkrete Probleme der Unterrichtsentwicklung und werden von schulnahen Beraterinnen bzw. Beratern (Lehrkräften anderer Schulen, Mitarbeiter von Fortbildungseinrichtungen) durchgeführt.
2. *Beratung als systematische Kommunikation mit ausgewählten Mitgliedern des Kollegiums* (z. B. der Leitung, der Steuergruppe). Hier bezieht sich der unmittelbare Kontakt mit dem/der Beratenden nur auf eine Minderheit des Kollegiums. In solcher Weise arbeiten vor allem Unternehmensberaterinnen und -berater, die sich insbesondere auf ökonomische und soziologische Wissensbestände beziehen und die vor allem auf eine Schulmanagement-Qualifizierung des Leitungspersonals zielen.
3. *Beratung als Kombination beider Ansätze,* etwa als Verknüpfung einer Kollegiumsfortbildung mit dem Coaching in bestimmten Jahrgängen oder Fä-

chern. Es handelt sich hier um besonders komplexe Vorhaben, bei denen organisatorische *und* pädagogische Veränderungen gleichzeitig angestrebt werden. Zum Einsatz kommen Beraterinnen und Berater, die sich auf pädagogische und außerpädagogische Erfahrungen und Kompetenzen beziehen können.

Insgesamt findet sich somit ein deutlicher Zusammenhang zwischen dem Inhalt der Beratung, der beruflichen Herkunft der Berater und den o. g. Beratungstypen: Lehrkräfte (als Beraterinnen und Berater), die Unterrichtsentwicklungen begleiten, sind im ersten Typ anzutreffen. Unternehmensberaterinnen und -berater, die Managementkompetenzen stärken wollen, setzen auf den zweiten Typ. Komplexere Kompetenzen, die eine eindeutige Zuordnung zu »schulnah« oder »schulfern« erschweren, finden sich bei den Beratungen des dritten Typs.

4.3 Was macht einen guten Berater/eine gute Beraterin aus?

Je nach Beratungstyp sind die kommunikativen Anforderungen an die Beratenden deutlich unterschiedlich. Im Typ 1 sind vor allem didaktische Kompetenzen gefragt, hier ergibt sich schon aus der Lehrertätigkeit der Beratenden ein erhebliches Maß an Akzeptanz bei den Klienten. Bei diesem Beratungstyp sind sich Berater und Klienten besonders ähnlich, das wirkt sich offensichtlich positiv auf den Verlauf und die wechselseitige Wertschätzung des Beratungsprozesses aus. Damit entsteht eine tendenziell harmonische Situation, die man allerdings auch kritisch betrachten darf: Denn schulnahe Beraterinnen und Berater, die oft nur die Schule als Handlungs- und Kommunikationsfeld kennen, können keine außerschulische Sicht einbringen. Ihre Vorschläge sind immer schulisch vorgeprägt – und damit in gewisser Weise konventionell. Weil sie in ihren Anforderungen die Klienten meist nicht überfordern (Beispiel: Erweiterung des Methodenrepertoires), sondern lediglich innovative Anstrengungen in einer bekannten Linie einfordern, wird ihre Beratungs- und Fortbildungsarbeit als besonders praxisrelevant angesehen und deshalb besonders positiv bewertet. Die hohe Akzeptanz und die große Zufriedenheit mit dieser Form der Schulentwicklungsberatung spiegeln damit möglicherweise aber auch wider, dass der Innovationsgrad hier bescheiden und die Anforderungen an die Lehrkräfte deshalb nicht allzu hoch sind.

Im Typ 2 stellt sich diese Situation hingegen deutlich anders dar: Beratende, die meist keine pädagogische Berufslaufbahn aufweisen, werden von Lehrkräften prinzipiell skeptisch betrachtet. Diese Vorbehalte verstärken sich, wenn es sich um Unternehmensberaterinnen bzw. -berater handelt, die sich auf soziologische und ökonomische Wissensbestände und auf Praxiserfahrungen in der freien Wirtschaft beziehen. Der Verdacht, dass damit eine »Ökonomisierung der Pädagogik« betrieben werde, steht dann (ausgesprochen oder unausgesprochen) im Raum. Wenn sich diese Berater in ihrer Arbeit aber auf die Managementprobleme großer Schulen beziehen, schwinden diese Vorbehalte sehr bald. Denn hier können sie zeigen, dass sie kompetente und methodisch angeleitete Herangehensweisen an Probleme der Steuerung, des Managements und der Personalführung einbringen können und dass dies die Entwicklungsarbeit in Schulen erheblich unterstützen kann (vgl. auch Holtappels et al. 2008). Lehrkräfte, die solche Qualifizierungsprozesse durchlaufen (i. d. R. die Funktionsträger), erkennen die Vorteile dieser Konzepte und die Bedeutung ihres Kompetenzerwerbs – und legen ihre Vorbehalte gegen schulfremde Beraterinnen und Berater weitgehend ab. Damit bleibt aber das Problem bestehen, dass das Klientensystem Schule in seiner Bewertung gespalten ist: Die »normalen« Lehrkräfte, die mit solchen Beraterinnen und Beratern oft gar nicht in Kontakt kommen, bleiben bei ihrer Skepsis, während das Personal in Leitungsfunktionen eine neue Wertschätzung von Managementverfahren erworben hat. Wie sich dies mittelfristig auf Innovationsprozesse in solchen Schulen auswirkt, halten wir für eine spannende Frage.

Typ 3 ist nicht so klar konturiert wie die beiden anderen, deshalb lassen sich hierfür die Perspektiven nicht so eindeutig entwickeln. Klar ist zunächst einmal, dass es hier oft um besonders anspruchsvolle Innovationsvorhaben geht, bei denen durchgängige Veränderungen der Schulorganisation mit der pädagogischen Qualifizierung von Lehrkräften verkoppelt werden sollen. Dabei zeigt die Auswahl der Beraterinnen und Berater in unseren drei Fallstudien dieses Typs zunächst einmal ein buntes Bild: ein Universitätsprofessor, ein Unternehmensberater, ein Gesamtschullehrer. Bei genauerem Hinschauen stellt sich aber heraus, dass alle diese Berater »doppelt qualifiziert« sind, dass sie sowohl schulische als auch nicht-schulische Kompetenzen einbringen: Der Professor ist zugleich Waldorfpädagoge mit Schulerfahrung, der Unternehmensberater verfügt über eine Lehramtsausbildung und der Gesamtschullehrer hat viele Jahre an der Universität Schulentwicklungsforschung betrieben. Auch in dieser Konstellation bringt die Unterrichtserfahrung der Berater deutliche Akzeptanzvorteile, die im Verlauf der Beratung dann verstärkt werden oder verloren gehen können.

Die Strategie, sich mit einigen Veranstaltungen an das ganze Kollegium, mit anderen gezielt an bestimmte Lehrergruppen (Jahrgänge, Fächer, Leitung) zu wenden, wird von den meisten Lehrkräften als eine sinnvolle Form erlebt: Alle Lehrkräfte können sich ein Bild von dieser Beratung machen, und zugleich werden spezifische Probleme (etwa: Heterogenität im Englischunterricht) auch spezifisch behandelt. Bei dieser Form der Beratung sind aber zwei Problemzonen auszumachen:

- Erstens stößt der/die Beratende bei einem solchen differenzierten Vorgehen leicht an die Grenzen der eigenen Kompetenzen (etwa durch die Vielzahl der Unterrichtsfächer).

- Zweitens werden theoretische Orientierungen der Beraterinnen und Berater (z. B. konstruktivistische Vorstellungen von Unterricht) von den Klienten leicht als überfordernd und »praxisfern« wahrgenommen.

In beiden Punkten stellt sich die Frage, wie Berater und Klienten mit diesen Problemlagen umgehen: Können unterschiedliche Kompetenz- und Kenntnisstände fruchtbar gemacht werden, oder bilden sie den Ausgangspunkt für Konflikte? Für alle drei Typen lassen sich somit deutlich Kompetenzprofile beschreiben. Gleichzeitig ergeben sich bei allen drei Typen kritische Fragen, die es bei der Beraterwahl und der Konzeption des Beratungsprozesses zu berücksichtigen gilt.

4.4 Die Auswahl der Berater

Der Start eines Beratungsprojekts beginnt in der Regel damit, dass sich Schulleitung und Kollegium (weitgehend) einig sind: Ein konkreter Aspekt der eigenen pädagogischen Praxis ist defizitär – und es soll zur Bearbeitung des erkannten Problems auf externe Unterstützung und Beratung zurückgegriffen werden. Anders formuliert: Schulen suchen in der Regel keine allgemeine »Prozessberatung«, sondern eine »Fachberatung« für ein umgrenztes Problem (vgl. Schein 2000). In den meisten Fällen tritt die Schulleitung (eventuell gestützt durch die Steuergruppe) in die Suche nach einem externen Berater bzw. einer externen Beraterin ein. Hierzu werden Informationen aus dem regionalen Netzwerk herangezogen: Kompetenzteams, Regionale Bildungsbüros, Schulaufsicht, Nachbarschulen, laufende Projekte werden kontaktiert. Auf der Basis dieser Informationen trifft die Schulleitung dann eine Vorauswahl. In vielen Fällen stellen sich potenzielle Beraterinnen und Berater im Kollegium vor, dort erfolgt dann die Auswahl. Allerdings gibt es in unserer Studie einige Schulen, in denen nicht das Kollegium, sondern die Schulleitung die Beraterauswahl vorgenommen hat.

Wenn bei der Auswahl eines Beraters die Schule nicht alleine agieren kann, weil sie in (über)regionale Netzwerke (z. B. in einen Modellversuch) eingebunden ist, ist die Situation wesentlich komplexer. Wir konnten dies bei mehreren Schulen analysieren, die zugleich Mitglied im Modellversuch »Selbstständige Schule« (Bertelsmann Stiftung) waren (vgl. Lohre 2004). In solchen Fällen verläuft die wechselseitige Abstimmung zwischen Schule und Netzwerk relativ problemlos, wenn die leitenden Werte und Ziele der Akteure übereinstimmen. Im Falle einer solchen Deckungsgleichheit kann die erweiterte Perspektive für alle Seiten gewinnbringend sein. So haben in den von uns analysierten Fällen die Schulen von ihrer Netzwerk-Einbindung bei der Vermittlung passender Berater und Beratungskonzepte, bei der Organisation der Beratungsveranstaltungen und bei der Finanzierung profitiert.

Zu erheblichen Problemen kann es jedoch kommen, wenn die im Netzwerk vertretenen Vorstellungen von Schulqualität und von sinnvollen Beratungsansätzen von einer Schule nicht geteilt werden – wenn diese Schule also eigene, abweichende Konzepte realisieren will (vgl. Fallstudie Schilftal in Dedering et al. 2013). Modellversuche und Netzwerke sind klug beraten, in solchen Fällen auch »Abweichungen« einzelner Schulen zuzulassen. Damit stellt sich aber auch die Frage: Wie sinnvoll ist es, sich als Schule in solche Abhängigkeiten zu begeben – etwa über eine Teilnahme an Modellversuchen, in denen der Träger (z. B. eine Stiftung) seine spezifischen Vorstellungen von Schulqualität und Schulentwicklung übernommen wissen möchte?

4.5 Sieben Empfehlungen für gelingende Beratungsprozesse

Was den Einsatz von externen Beraterinnen und Beratern in Schulen angeht, muss man wohl von einem steigenden Bedarf ausgehen. Denn viele der anstehenden oder bereits angelaufenen Innovationen – so etwa die Verarbeitung der Ergebnisse von Lernstandserhebungen, der Ausbau von Ganztagsschulen oder die Umgestaltung zu einer inklusiven Schule – schaffen auf der Ebene der Einzelschule erhebliche Beratungsbedarfe. Damit stehen viele Schulen vor der Frage, ob und mit welchen Beratungen sie demnächst arbeiten sollen. Können unsere Forschungsergebnisse den Schulen helfen, solche Beratungsprozesse erfolgreich zu gestalten? Um diese Frage zu beantworten, haben wir auf der Basis unserer Daten die förderlichen (und die hinderlichen) Bedingungen für eine gelungene Beratung identifiziert: Je besser es einer Schule gelingt, eine Beratung in solch förderliche Bedingungen einzubetten, desto größer dürften die Erfolgschancen sein. Hierzu formulieren wir Empfehlungen sowohl für die Seite der Schule wie auch für die Seite der Beraterinnen und Berater.

1. *Problemdefinition durch die schulischen Akteure:* Für den Einstieg in die externe Schulentwicklungsberatung ist es wichtig, dass Probleme der eigenen pädagogischen Praxis in der Schule selbst erkannt und als bearbeitungsbedürftig angesehen werden. Dieses Problem ist möglichst präzis und umfassend zu beschreiben, um es dann dem potenziellen Berater bzw. der potenziellen Beraterin vorzutragen. Nur wenn der potenzielle Berater sich eingehend auf dieses Problem einlässt, dazu Erfahrungen anführen und plausible Arbeitsvorschläge formulieren kann, sollte die Schule ihn bzw. sie engagieren.

2. *Problemlösungsbereitschaft der schulischen Akteure:* Wenn Schulleitung und Kollegium die Defizite der eigenen Praxis einvernehmlich identifiziert haben, sollten sie sich auch darüber einig sein, dass zur Bearbeitung des erkannten Problems auf externe Unterstützung zurückgegriffen werden soll. Denn ein Berater bzw. eine Beraterin kann nur erfolgreich arbeiten, wenn sie/er von der Schulleitung und der großen Mehrheit des Kollegiums erwünscht ist. Dabei ist es hilfreich, wenn die Schule sich bereits Gedanken darüber gemacht hat, welche Richtung bei der Problemlösung eingeschlagen werden sollte und wie Lösungsansätze aussehen könnten. Dabei sollte die Bereitschaft zu

innovativen Lösungen und zu eine Offenheit gegenüber den Vorschlägen des/ der Beratenden bestehen. Dazu ist es erforderlich, dass das Kollegium sowohl bei der Formulierung des Beratungsauftrags als auch bei der Auswahl des Beraters bzw. der Beraterin beteiligt wird. Gewarnt werden muss vor allen Versuchen, ein im Kollegium umstrittenes Entwicklungsziel (z. B. Umbau zur Ganztagsschule) mit Hilfe eines externen Beraters oder einer externen Beraterin durchsetzen zu wollen.

3. *Adressatenorientierung des/der Beratenden:* Der Berater bzw. die Beraterin muss die schulischen Vorgaben und Erwartungen ernst nehmen und sich bemühen, seine Arbeit daran auszurichten. Zu Beginn informiert sich der Berater bzw. die Beraterin sehr genau über die Situation in der Schule und entwirft von dort aus ein Arbeitskonzept, das er/sie der Schule präsentiert. Dabei werden die Zielvorstellungen der Schule berücksichtigt und ggf. konkretisiert. Sofern die schulischen Wünsche und Vorstellungen zu Beginn des Beratungsprozesses noch vage sind, übernimmt der Berater bzw. die Beraterin eine klärende Rolle. Die Beratungsaktivitäten erscheinen hier als Aushandlungsprozess zwischen den Beteiligten. Dabei sollten die schulischen Akteure offen sein für Vorschläge des Beratenden – zugleich sollte der Berater bzw. die Beraterin nicht versuchen, den schulischen Akteuren ein Konzept »überzustülpen«.

4. *Professionelle Kompetenz des/der Beratenden:* Der Berater bzw. die Beraterin muss aufgrund von Ausbildung und Erfahrungen in der Lage sein, ein systematisches und konsistentes Konzept der Beratung zu entwerfen und dies auch sichtbar durchzuhalten. Dabei muss er/sie mit der eigenen Fachkompetenz (z. B. bei der Unterrichtsentwicklung), aber auch mit der Fähigkeit zur Anleitung von Prozessen (z. B. beim Coaching von Lehrergruppen) überzeugen. Der Beratungsprozess wird wesentlich erleichtert, wenn die schulischen Akteure den Berater als kompetent, lösungsorientiert und handlungsstark wahrnehmen.

5. *Initiierende und unterstützende Schulleitung:* Eine weitere Bedingung für gelingende Beratungsprozesse stellt die Schulleitung und deren Verhalten dar. Die Schulleitung sollte sich an der Problemdefinition und der Diskussion über die Richtung der angestrebten Problemlösung engagiert beteiligen und die Beratungsaktivitäten bis zu deren Abschluss deutlich unterstützen. In jedem Fall ist es notwendig, dass die Schulleitung von der Wichtigkeit der Beratungsaktivitäten überzeugt ist und dies auch dem Lehrerkollegium immer wieder vermittelt.

6. *Initiierende und unterstützende Steuergruppe:* Für den Ablauf der Beratung und Schulentwicklung erweist es sich als sehr hilfreich, wenn eine gut funktionierende Steuergruppe das Vorhaben unterstützt, im Idealfall sogar organisiert und auf schulischer Seite koordiniert. Dabei ist die wechselseitige Verlässlichkeit – was Absprachen, Termine und Ergebnisdarstellungen angeht – eine Grundbedingung gelingender Kooperation zwischen Schule und Bera-

ter. Sofern nur bestimmte Lehrkräfte oder Lehrergruppen in die Beratungs-aktivitäten einbezogen werden, fungiert die Steuergruppe außerdem als Rückkopplungsinstanz zwischen den an der Beratung Beteiligten und dem Gesamtkollegium.

7. *Regionale Einbindung der schulischen Beratungsaktivitäten:* Schließlich kommt auch der Einbindung der an den Schulen stattfindenden Beratungs-aktivitäten in ein regionales Netzwerk eine erhebliche Bedeutung zu. So ist es von großem Vorteil, wenn Schulen bei der Suche nach einem passenden Berater bzw. einer passenden Beraterin auf die im Netzwerk vorhandenen Erfahrungen zurückgreifen können. Auch ein Austausch mit Schulen, die zur gleichen Zeit einen ähnlichen Beratungsprozess durchlaufen, kann sehr hilfreich bei der Einschätzung der eigenen Beratungssituation sein. Insgesamt gilt: Je dichter das Netzwerk ist, auf das sich eine Schule bei der finanziellen, organisatorischen und inhaltlichen Planung und Durchführung ihres Beratungsvorhabens stützen kann, desto größer ist die Wahrscheinlichkeit, dass Beratungsprozesse gelingen.

4.6 Fazit: günstige Bedingungen schaffen, vertrauensvoll und effektiv kooperieren

Diese Auflistung macht deutlich, dass der Erfolg externer Schulentwicklungsberatung zum einen von Faktoren abhängig ist, die Schulentwicklung generell befördern (z. B. eine unterstützende Schulleitung, eine gut funktionierende Steuergruppe, ein innovatives Kollegium). Hinzu kommen dann weitere Faktoren, die beratungsspezifisch sind. Dazu gehört vor allem die Bereitschaft von Schulleitung und Kollegium, sich auf externe Vorschläge und neue Sichtweisen einzulassen. Auf der anderen Seite sind die Kompetenzen und die Adressatenorientierung des Beraters bzw. der Beraterin, zu nennen, die – je nach Beratungstyp – variieren. Dabei sollten unterstützende Aktivitäten stets mit kritischen, auch konfrontierenden Rückmeldungen gegenüber dem Kollegium verknüpft werden.

Allerdings: Es kommt nicht nur auf den Kranz möglichst günstiger Bedingungen an, sondern auch auf die Fähigkeit und Bereitschaft der Akteure vor Ort, diese günstigen Bedingungen dann auch in eine vertrauensvolle und effektive Kooperation zu überführen.

4.7 Literatur

Arnold, E. & Reese, M. (2010). Externe Beratung. In: T. Bohl, W. Helsper, H. G. Holtappels & C. Schelle (Hrsg.), Handbuch Schulentwicklung. Bad Heilbrunn: Klinkhardt, S. 298–301.

Dedering, K., Tillmann, K. J., Goecke, M. & Rauh, M. (2013). Wenn Experten in die Schule kommen. Schulentwicklung – empirisch betrachtet. Wiesbaden: VS-Verlag.

Holtappels, H. G., Klemm, K. & Rolff, H.-G. (2008). Schulentwicklungsforschung und Gestaltungsautonomie. Ergebnisse der Begleitforschung zum Modellvorhaben »Selbstständige Schule« in Nordrhein-Westfalen. Münster: Waxmann.

Lohre, W. (Hrsg.) (2004). Verantwortung für Qualität. Band 1: Grundlagen des Projekts. Beiträge zur Selbstständigen Schule. Troisdorf: Bildungsverlag EINS.

Rolff, H.-G. (1998). Entwicklung von Einzelschulen: Viel Praxis, wenig Theorie und kaum Forschung. In: H. G. Rolff, K. O. Bauer, K. Klemm & H. Pfeiffer (Hrsg.), Jahrbuch der Schulentwicklung. Daten, Beispiele, Perspektiven, Bd. 10. Weinheim: Juventa, S. 295–326.

Schein, E. H. (2000). Prozessberatung für die Organisation der Zukunft: Der Aufbau einer helfenden Beziehung. Köln: Ed. Humanist. Psychologie.

I.VIII Inklusion

1. Schulleitungen als Gestaltende einer inklusionsfähigen Schule – Begriffsklärung und Stand der Forschung

Tanja Sturm, Andreas Köpfer & Stephan Gerhard Huber

Inklusion ist ein zentrales Thema in der Bildungspolitik der deutschsprachigen Länder. Integration, Inklusion, Umgang mit Vielfalt, Diversity Management, Heterogenität und Differenz sind bekannte Schlagwörter. Sie sind für alle Akteurinnen und Akteure im Bildungssystem relevant, besonders für Schulleitungen. Die Chancen von allen Schülerinnen und Schülern sollen dabei gefördert werden. Natürlich spielt dieses Thema auch in der Schweiz eine Rolle.

Im folgenden Beitrag wird zunächst auf Ergebnisse aus dem Stand der Forschung zu Schulleitung und deren Rolle verwiesen. Dann wird der Forschungsstand zu Inklusion umrissen, bevor spezifisch der zur Rolle von Schulleitung bei Inklusion fokussiert wird. Abschließend werden Forschungsdesiderate aufgezeigt.

Vor 15 Jahren warfen Bless und Kronig (1999) die Frage auf: »Wie integrationsfähig ist die Schweizer Schule geworden?« Ihr eher ernüchterndes Ergebnis war, dass sie, trotz Umsetzung diverser Integrationsbemühungen, in vielfacher Hinsicht durch Aussonderung geprägt und damit nur bedingt integrationsfähig ist. Diese Feststellung konnte, so argumentieren Lafranchi & Steppacher (2011), bis heute nicht widerlegt werden. Bless und Kronig greifen mit ihrer Frage jenen bildungspolitischen Perspektivenwechsel auf, der nicht (mehr) einzelne Schülerinnen und Schüler, sondern Schule und Unterricht als integrationsfähig oder -unfähig beschreibt und der sich in der menschenrechtlich gestützten Perspektive der UN-Behindertenrechtskonvention, kurz UN-BRK (UN, 2006), findet. Mit dem im April 2014 ratifizierten Dokument verpflichtet sich die Schweiz u. a., ein inklusives Schulsystem auf allen Ebenen zu gestalten. Die Ratifizierung der UN-BRK eröffnet die konsequente Weiterentwicklung politischer Bemühungen, die mit dem Behindertengleichstellungsgesetz (BehiG 2002) und den interkantonalen Vereinbarungen über die Zusammenarbeit im Bereich der Sonderpädagogik (EDK 2007) geschaffen wurden.

Damit ist eine grundlegende Schulentwicklungsaufgabe formuliert, die nach Slee und Weiner (2011) eine kulturelle Veränderung der Schule darstellt und sich an alle im Schul- und Bildungswesen agierenden Professionellen gleichermaßen richtet. Eine Schlüsselposition nehmen dabei Schulleitungen ein, haben sie doch seit einigen Jahren, neben der Bildungsadministration und -politik, eine zentrale Rolle in Schulentwicklungsaufgaben inne, folglich auch für die Entwicklung einer inklusionsfähigen Schule (vgl. Lanfranchi & Steppacher 2011).

Für die Schweiz liegen bisher weder Studien vor, die Auskunft über die Bereitschaft von Schulleitenden geben, diese Thematik in ihrer Schule aufzugreifen noch über Praktiken von Schulleitungen geben, die sich dieser Aufgabe bereits stellen. Dies leuchtet insofern ein, als die UN-BRK erst im Frühjahr 2014 ratifiziert wurde und die Umsetzung in rechtliche Rahmenbedingungen auf kantonaler Ebene noch am Anfang steht. Andererseits ist Integration bereits seit einigen Jahren fester Bestandteil des schulischen Alltags in den schweizerischen Schulen.

Ein Blick nach Deutschland zeigt, dass dort fünf Jahre nach der Ratifizierung der UN-BRK die Umsetzung von Inklusion forciert angegangen wird und den Schulleitungen dabei eine zentrale Rolle zukommt. Erste Untersuchungen, die überwiegend aus der Sonderpädagogik kommen, greifen v. a. Fragen zur Professionalisierung von Schulleitungen auf (vgl. Amrhein & Badstieber 2013; Walter-Klose 2012, S. 405). Theoretisch orientieren sie sich wesentlich am angloamerikanischen Diskurs (vgl. u. a. Hillenbrandt et al. 2013, Scheer et al. 2014, Amrhein 2014).

1.1 Rolle von Schulleitungen für die Entwicklung der Qualität von Schule

Die Bedeutung von Schulleitungshandeln für die Qualität und Entwicklung von Schulen und die Relevanz der Professionalisierung von Schulleitungspersonal sind wissenschaftlich gut gestützt: Umfangreiche empirische Bemühungen der quantitativ ausgerichteten Schulwirksamkeitsforschung – vorwiegend in Nordamerika, Großbritannien, Australien und Neuseeland, aber auch in den Niederlanden sowie den skandinavischen Ländern – ergaben, dass die pädagogische Steuerung von Schule durch die Schulleitung ein zentraler Faktor für die Qualität einer Schule ist. Auch Studien zu Schulentwicklung bzw. Schulverbesserung betonen die Relevanz von Schulleitung, besonders in Hinblick auf den angestrebten kontinuierlichen Verbesserungsprozess in einer jeden Schule (vgl. u. a. Hallinger & Heck 1998, 2010; Robinson 2007; Leithwood & Riehl 2003; Leithwood, Louis, Anderson & Wahlstrom 2004; Leithwood, Day, Sammons, Harris & Hopkins 2007; Marzano, McNulty & Waters 2005; Witziers, Bosker & Kruger 2003; Huber 2003, 2004, 2008a, 2008b, 2010a, b; Huber & Muijs 2010; Scheerens et al. 2003).

Zusätzliche Schwerpunkte im Aufgabenspektrum von Schulleitung ergeben sich aufgrund veränderter Strukturen im Bildungssystem, die unvermeidlich besonders starke Auswirkungen auf die Einzelschule und somit auf die Rolle von Schulleitung haben. Dezentralisierungstendenzen, also eine erweiterte Eigenverantwortung von Schule, und der eventuell einsetzende »Wettbewerb« zwischen Schulen (vgl. Bullock/Thomas 1997) können als Belastungen für Schulleiterinnen und Schulleiter interpretiert, aber ebenso auch positiv betrachtet als neue Aufgaben und Herausforderungen angegangen werden.

Schulleiterinnen und Schulleiter sehen sich angesichts der bildungspolitischen Entwicklungen, darunter vor allem der Verlagerung von Management- und Führungsaufgaben und Entscheidungskompetenzen auf die Einzelschule, neuen und erweiterten Anforderungen gegenüber (Oelkers 2009, Huber 2005a, 2011, 2013; Huber & Schneider 2007). In der internationalen Schulleitungsforschung gibt es bereits eine Vielzahl unterschiedlicher Klassifizierungsvarianten von Schulleitungsaufgaben, die Schulleitungshandeln in Aufgabenbereiche bündeln und diesen Verantwortlichkeiten sowie Tätigkeiten zuordnen (vgl. Huber 2003, 2004). Auch in Deutschland und der Schweiz wird der Kompetenzbereich von Schulleitungen immer wieder erweitert und ihnen werden zunehmend mehr Aufgaben übertragen, darunter die Verantwortung für Budgetierung oder Personalmanagement mit Lehrereinstellung, Beurteilung und Weiterbildungsplanung sowie andere Aspekte der Schulentwicklung. Damit geht eine stärkere Rechenschaftspflicht einher, die mit der Durchführung von internen und externen Evaluationen verbunden ist. Rolle und Funktion von Schulleitung haben sich also – seit ihrer Etablierung – deutlich gewandelt (Huber 2011) und werden sich weiter verändern. Das bringt mit sich, dass Schulleitende größere Handlungsspielräume haben und damit ihr pädagogisches Führungshandeln zunehmend an Komplexität gewinnt.

Mit einer erweiterten Selbstständigkeit steigen auch die Anforderungen an die Einzelschule. Schulen müssen verstärkt ihre eigene Entwicklung zielgerichteter und systematischer betreiben. Zugleich sind sie aufgefordert, verstärkt die Verantwortung für ihre Entwicklung zu übernehmen und Rechenschaft darüber abzulegen. Schulen benötigen somit ein erhöhtes Maß an Selbststeuerungspotenzial, um diesen Anforderungen gerecht zu werden und die zusätzlich gewährten Handlungsspielräume sinnvoll zu nutzen (vgl. Feldhoff, 2010; Feldhoff, Kanders & Rolff 2008).

Der Forschungsstand zu Aufgaben von Schulleitungen und Leitungsmodellen ist sowohl in nationaler als auch internationaler Hinsicht weitestgehend aufgearbeitet. Es kann konstatiert werden, dass sich unterschiedliche Schulleitungsmodelle herausgebildet haben. Dabei wird ein traditionelles Leitungshandeln als kritisch erachtet (vgl. Scheer et al. 2014, S. 148) und ein pädagogischer und kooperativer Führungsstil hervorgehoben (Harris 2004, Harris & Spillane 2008; Huber 2013).

Es zeigt sich, dass Inklusion primär als neue und herausfordernde Teilaufgabe im Sinne einer notwendigen Outputsteuerung von Schule verstanden werden kann, im Zuge derer adaptive Transformationsprozesse innerhalb der Schule stattfinden müssen, für die eine professionelle Rollengestaltung und Unterstützungs- und Qualifikationsbedarfe zu erwarten sind.

Aufgaben von Schulleitung gemäß Merz-Atalik (2014) sind in diesem Zusammenhang:

- an der Schulkultur und am Leitbild der Schule arbeiten,
- den Elternwunsch nach inklusiver Beschulung ernst nehmen,
- langfristig Strukturen für inklusive Kulturen an den Schulen schaffen,
- die Entwicklung von inklusiven Haltungen und Verankerung im Schulprogramm oder Leitbild,
- inklusionsorientiertes Schüler-Assessment und Lernbegleitung,
- Ressourcensicherung und Personalentwicklung.

1.2 Inklusion: Begriffsklärung und bildungspolitische Bedeutung

Inklusion hat sich in den letzten Jahren begrifflich in der erziehungswissenschaftlichen Fachdiskussion etabliert. Sie leitet sich terminologisch vom Lateinischen »inclusio« (Einschließung) ab und ist ein soziologisch geprägter Begriff. Inklusion steht in Relation zu Exklusion und wird theoretisch wie empirisch herangezogen, um Diskriminierungen und (soziale) Benachteiligungen, insbesondere jene, die sich auf gesellschaftlich etablierte Heterogenitätsdimensionen, wie z. B. ethnische Herkunft, sozio-ökonomische Lage, Geschlecht, (dis)ability etc. (vgl. Ainscow 2008, S. 241; Hinz 2009) beziehen, zu beschreiben, zu erkennen und zu reflektieren. Dabei ist es notwendig, Inklusions- und Exklusionsprozesse in ihrem »unlösbaren Zusammenhang zu reflektieren« (Dederich 2006, S. 11). Das heißt, diese stellen – systemtheoretisch betrachtet – relative Begriffe dar, mittels derer Teilhabe- bzw. Ausgrenzungsmechanismen beschrieben werden können, diese aber insofern verbunden sind, als mit Inklusions- zugleich Exklusionprozesse einhergehen (vgl. Feuser 2010).

Im Kontext von Schule und Unterricht wird der Begriff »Inklusion« in Deutschland, anknüpfend an den englischsprachigen Diskurs zu inclusive education (Allan/Slee 2008), seit etwa 10 Jahren verwendet, u. a. um auf einen Mangel an Teilhabe und Partizipation aufmerksam zu machen, die z. B. durch die Mehrgliedrigkeit und die Bestrebungen des Schulsystems zur Bildung homogener Lerngruppen entstehen. Historisch gesehen schließt Inklusion dabei an die bereits vor 100 Jahren angestoßene, sonderpädagogisch angelegte Diskussion der gemeinsamen Beschulung von Schülerinnen und Schülern mit und ohne sonderpädagogischem Förderbedarf/Sonderschulbedürftigkeit in Regelschulen an, die zunächst unter dem Begriff Integration geführt wurde (vgl. Ellger-Rüttgardt 2008). Die Integrationspädagogik wurde insbesondere seit den 1970er Jahren durch Schulversuche in deutschsprachigen Ländern erprobt und wissenschaftlich begleitet (vgl. Heyer et al. 1990; Haeberlin et al. 1990; Hinz et al, 1998), und ging einher mit der Entwicklung integrationspädagogischer Konzepte und Modelle (vgl. Feuser 1995).

In der Fachdiskussion wird zur Analyse von schulischen Inklusions- und Exklusionsprozessen überwiegend auf ein sozialwissenschaftliches Verständnis von Behinderung und Benachteiligung rekurriert, das – bezugnehmend auf den angloamerikanischen Fachdiskurs (vgl. Ainscow et al. 2012) – personenbezogene Behinderungszuschreibungen bzw. damit einhergehende Etikettierungen überwindet und abweichend davon eine situationsbezogene, sozial-konstruktivistische Perspektive auf Behinderungs- und Benachteiligungsprozesse einnimmt.

Dabei wurde Integration zunächst v. a. entlang des Begriffs »Behinderung« respektive der schulorganisatorischen Differenzkategorie des »sonderpädagogischen Förderbedarfs« (KMK, 1994, S. 2) diskutiert, deren soziale Konstruktion von Integrationsforschern und -forscherinnen zunehmend herausgestellt wurde (Feuser 2003). Heute hat sich ein Verständnis etabliert, in dem Behinderung selbst kaum noch personenbezogen aufgefasst wird. Vielmehr haben sich sozial-konstruktivistische Perspektiven durchgesetzt, die Behinderung zugleich situationsbezogen betrachten, aber auch überdauernde, sich wiederholende Formen der Behinderung von Teilhabe und Partizipation in den Blick nehmen. Für Schule und insbesondere Unterricht sind hierbei v. a. Formen behindernder und behinderter Lern- und Bildungsmöglichkeiten relevant, die sich gleichermaßen auf das soziale Miteinander wie auf das fachliche Lernen der Schülerinnen und Schüler beziehen (vgl. Wagner-Willi/Sturm 2012).

Im internationalen bildungspolitischen Diskurs hat sich Inklusion bzw. Inclusive Education u. a. durch die Salamanca-Erklärung (UNESCO 1994) und die UN-Behindertenrechtskonvention (UN 2006) etabliert (vgl. Ziemen 2011, S. 1). Inklusion wird zunehmend als Modell für den schweizerischen Bildungskontext diskutiert (vgl. Liesen 2007) und schließt dabei an bildungspolitische Entwicklungen zur Förderung der Gleichstellung von Menschen mit Behinderung (vgl. Behindertengleichstellungsgesetz, BeHig 2004) sowie integrative, interkantonal organisierte Maßnahmen mit dem Primat »Integration vor Separation« (vgl. Sonderpädagogikkonkordat der EDK 2007) an.

Wenngleich das deutsch-schweizerische Schulsystem ab der Sekundarstufe 1 in erster Linie eine leistungsorientierte Differenzierung der Schulstruktur vorsieht, haben sich seit den 1980er Jahren Formen integrativer Beschulung etabliert (vgl. Bless 1999, S. 414), die auf die Integration von Schülerinnen und Schülern mit »besonderem Bildungsbedarf« fokussieren und sukzessive in wissenschaftlichen Studien hinsichtlich ihrer Wirksamkeit untersucht wurden (vgl. Haeberlin 2005; Kronig 2000; Bless 1999). Der Grundtenor dabei ist, dass die Lernfortschritte von Schülerinnen und Schülern mit Lernschwierigkeiten in Regelklassen größer sind (vgl. Kronig 2000), ohne dass die Regelschüler durch die Integration von Kindern und Jugendlichen mit »besonderem Bildungsbedarf« hinsichtlich ihrer schulischen Entwicklung und Leistung gebremst werden (vgl. Dessemontet, Benoit & Bless, 2011, S. 299).

1.3 Gestaltungsmöglichkeiten von Schulleitungen bei der Umsetzung von Inklusion

Zur Systematisierung des im Folgenden überblickartig dargestellten Forschungsstandes zu Schulleitungen im Kontext von Inklusion wird auf Slee und Weiner (2011, S. 94) rekurriert. Diese unterscheiden in der Umsetzung von Inklusion zwei Herangehensweisen: Zum einen wird die Umsetzung als ein technisches Problem (»technical problem«) betrachtet, das Inklusion als Teilaufgabe von Schulleitungen versteht, die durch relativ kleine Veränderungen erfüllt werden kann. Andererseits wird sie als kulturelles Problem (»cultural problem«) und damit als grundlegende Veränderung von Schule und Unterricht, die soziale und schulische Themen in einer neuen Form miteinander verbindet, verstanden. Vor der Folie dieser Unterscheidung betrachten wir Studien und ihre Ergebnisse und nehmen eine erste grobe und sich bisweilen überlagernde Einordnung vor.

1.3.1 Die Umsetzung von Inklusion als »technisches Problem«

Innerhalb des Diskurses, der die Umsetzung von Inklusion als ein technisches Problem konzipiert, werden insbesondere Fragen nach Handlungs- und Leitungsmodellen angesprochen. In Studien, die an ein Verständnis von Schuleffektivität anknüpfen – mit Bezug zu Ansätzen der Organisationsentwicklung und Strukturtheorie – werden Handlungs- bzw. Leitungsmodelle für die Schulleitungen diskutiert, mit dem Ziel, besonders unterstützende Formen zu erkennen. Diese werden v. a. in distribuierenden Modellen gesehen, da sie im Gegensatz zu instruktivem, unidirektionalem Leitungshandeln kooperative Werte- und Visionsentwicklung zulassen (vgl. Übersichten in Magno 2013, S. 4 ff.; Scheer et al. 2014, S. 147 ff., Wissinger 2011, S. 108). Harris und Chapman (2002) konstatieren auf der Grundlage ihrer Untersuchung »Effective Leadership in Schools«, dass Beziehungspflege im Kollegium, die Möglichkeiten für Dialog und kooperative Personalentwicklung sowie ein demokratischer Führungsstil für die Entwicklung von Inklusion relevant sind (vgl. ebd., S. 6f.).

Untersuchungen, die an den Prämissen der Effektivitätsforschung anknüpfen, orientieren sich an einem Verständnis einer wirksamen, leistungsorientierten und inklusiven Schulentwicklung (vgl. Ainscow et al. 2006; 2012). Waldron u. a. (2011) gingen in einer Fallstudie der Frage nach: »What is the role of the principal in developing and sustaining a highly effective, inclusive school?« In einer Elementary School (K-4) in Florida/USA wurden im Schuljahr 2009–2010 Schulleitungen und Mitarbeitende der Administration interviewt sowie Unterrichtsbeobachtungen durchgeführt. Zentrales Ergebnis ist, dass Schulleitungen durch Steuerung von Informationen, durch Datenbereitstellung und Leitbildentwicklung erheblich zur Verbesserung der Arbeitsbedingungen für Lehrpersonen und zur Leistungsentwicklung von Schülerinnen und Schülern in einer inklusiven Schule beitragen können (ebd. S. 58 f.).

Ainscow und Kollegen (2013) bieten in ihrem Review einen Überblick zur internationalen Literatur über die Entwicklung von effektiven Inklusionsstrategien für Kinder und Jugendliche mit speziellem Förderbedarf. Fokussiert wird neben der Frage, welche »classroom practices« hilfreich sind und wie diese entwickelt werden können, die Rolle, die die Schulleitung dabei spielt. Dabei kommen sie zum Schluss, dass Inklusion weniger von der Einführung von bestimmten Techniken oder organisationalen Arrangements abhängt als von sozialen Lernprozessen. Eine zentrale Strategie in Bezug auf Letzteres ist die Ermutigung zum Ausprobieren von neuen Verfahren und zur Zusammenarbeit innerhalb der Schule. Inklusion sollte mit einer Analyse der existierenden Praxis an der Schule beginnen, und die vorhandene Expertise im Kollegium zur Unterstützung aller Schülerinnen und Schüler (nicht nur jener mit besonderem Förderbedarf) soll genutzt werden. Eine große Rolle spielt die Haltung der Lehrpersonen gegenüber Inklusion. Zentral ist die Förderung einer inklusiven Schulkultur. Eine entsprechende Einstellung und ein entsprechendes Verhalten aller in der Schule agierenden Professionellen sind Grundbedingung für bessere Leistungen, insbesondere jener Schülermilieus, die als gefährdet gelten, die Ziele und Erwartungen nicht zu erfüllen. Subjektive Theorien zu der Leistungsfähigkeit unterschiedlicher Gruppen von Schülerinnen und Schülern sollten zugänglich gemacht und kritisch hinterfragt werden (vgl. Ainscow et al., 2013). Und hier liegt wahrscheinlich die größte Herausforderung. Denn so eine Kultur lässt sich nicht von heute auf morgen herstellen. Sie braucht viel Zeit und viele verschiedene Maßnahmen. Rolf Dubs betont immer wieder, dass man die Kultur der Schule nur indirekt beeinflussen kann über Maßnahmen des Personalmanagements und der Organisationsentwicklung (Dubs 2005).

Die Rolle von Schulleitungen in integrativen Schulen wird von Joller-Graf und Tanner (2011) mit dem Fokus: »Was ist besonders relevant für die Akteure in Bezug auf die Integration von Kindern mit geistiger Behinderung?« untersucht. Sie befragten Eltern, Schulische Heilpädagogen/Heilpädagoginnen und Lehrpersonen im Rahmen einer qualitativen Interviewstudie in der Schweiz. Die von ihnen befragten Akteure messen der Rolle von Schulleitungen auf dem Weg zu einer inklusiven Schule ebenfalls eine zentrale Bedeutung zu, insbesondere in der nach außen gerichteten Kommunikation, bei der Bereitstellung von Ressourcen und durch eine offene Haltung hinsichtlich Integration (ebd. S. 86). Es ist also nicht nur das Wirken nach innen, in der Schule, sondern auch nach außen. Aber auch hier zeigt sich, dass es wohl eine Frage der Haltungen ist. Wie diese Studien gehen auch andere Untersuchungen den Einstellungen und Haltungen von Schulleitungen vertieft nach und greifen in gewisser Hinsicht Aspekte aus der Perspektive »technischer« und »kultureller« Transformationen in Bezug auf Schule auf, indem unklar bleibt, wie die Einstellungen bzw. die Bereitschaft zu verändern sind, ob dies durch »technische« Veränderungen oder eher durch gesamtgesellschaftliche Entwicklungsprozesse bzw. deren Reflexion erfolgt. Vergleichbare Untersuchungen gibt es auch für die professionelle Rolle von Lehrpersonen (vgl. Kullmann et al. 2014; Savolainen et al. 2012). So haben Kullmann u. a. (2014) in einer qualitativen Interviewstudie Lehrpersonen und Schulleitungen aus drei Schulen in Nordrhein-Westfalen zu Einstellungen bezüglich der gemeinsamen Beschulung von Schülerinnen und Schülern mit und ohne sonderpädagogischem Förderbedarf befragt. Die Auswertung mittels qualitativer Inhaltsanalyse ergab eine positive Einstellung zu Inklusion und das konkretisierte Ziel, auf »äußere Differenzierung in festgelegte Gruppen« (ebd. S. 10) sukzessive zu verzichten, um soziale Integration zu fördern.

1.3.2 Inklusion als gesamtgesellschaftlicher Transformationsprozess

Den zweiten Diskussionsstrang bilden Studien, die Inklusion als das Bildungssystem insgesamt betreffend verstehen und grundlegende Reformen untersuchen. Inklusion wird im Sinne einer »cultural policy« (Ainscow 2012a) gesehen; Studien nehmen den gesamten gesellschaftlichen, bildungspolitisch-normativen und sozio-ökonomischen Kontext in den Blick. Die Rolle von Schulleitungen wird nach diesem Verständnis in Relation zu den gesellschaftlich-normativen Rahmenbedingungen gesehen, die je konkrete Handlungsmöglichkeiten und -grenzen aufweisen. Letztere bergen Risiken für neue Formen der Exklusion. In der deutschsprachigen Diskussion ist dieser Forschungsstrang bisher punktuell aufgegriffen worden. Im Gegensatz zum angloamerikanischen Raum steht dabei weniger die sozio-ökonomische Benachteiligung im Fokus von Inklusion/ Exklusion, sondern die Schulstruktur bzw. die Mehrgliedrigkeit des Schulsystems und die darin enthaltenen Selektionsmechanismen (vgl. z. B. Maag Merki & Emmerich 2014; Hinz & Kruschel 2014), deren Untersuchung sich gerade in deutschsprachigen Ländern als notwendig erweist, da vertikal angelegte Schulsysteme systemimmanente Exlusionspraktiken evozieren können.

Richtungsweisende Studien im Rahmen des Projekts IQEA (Improving the Quality of Education for All) wurden von einem Forscherkollektiv um Mel Ainscow, David Hopkins und Mel West in den 1980/90er Jahren in Großbritannien durchgeführt (vgl. Ainscow et al. 2004; Ainscow et al. 2012, S. 17 ff.). Dazu sind dann auch weitere Forschende gekommen wie z. B. Alan Dyson. Als kollaboratives Forschungsprogramm angelegt, war es Ziel, Unterstützungsbedarfe im Kontext inklusiver und bildungsgerechter Schulentwicklung zu identifizieren. Sie kamen zu dem Ergebnis, dass die Einzelschule von unterschiedlichen Herausforderungen betroffen ist und die Notwendigkeit besteht, durch Schulleitung gesteuerte, frageorientierte Analysen des individuellen Schulentwicklungsprozesses zu initiieren (vgl. Ainscow et al. 2012a, S. 200). Diese Erkenntnisse stellen die Basis für die spätere Entwicklung des »Index for Inclusion« (vgl. Booth & Ainscow 2002, 2011) dar.

Die gleichen Autoren führten die Economic and Social Research Council-(ESRC-)Studie durch. Im Längsschnitt wurden Schulen untersucht, die Inklusion innerhalb sozial benachteiligter Räume umsetzen. Neben der Haltung von Schulleitungen »who are willing and able to drive collaboration forward« (ebd., S. 35) und ihren Beratungsmöglichkeiten wurde Kooperation zwischen Schulen als Erfolgsfaktor für an Inklusion orientierte Schulentwicklung erkannt. Als Ergebnis wird der schulinterne Umgang mit dem angeführten Spannungsfeld von normativen Standardisierungsprozessen und inklusiver Schulentwicklung wie folgt beschrieben: »[It] was neither the crushing of the schools' effort to become more inclusive by the government's policies for raising standards, nor the rejection of the standards agenda in favour of a radical, inclusive alternative. In most of the schools, the two agendas remained intertwined.« (Ainscow et al. 2012a, S. 201; vgl. Ainscow et al. 2006; Ainscow 2010; für USA/Australien: Slee 2012). Der Zielsetzung Inklusion stehen neoliberale Strukturen, die Exklusion befördern, gegenüber. Die gesellschaftlich-normativen Rahmenbedingungen, die überwiegend selektiv seien, werden durch die Akteur/-innen nicht reflektiert oder beeinflusst.

Im Rahmen der »City Challenges«-Studie (2008–2011) in drei städtischen Regionen Englands (Großraum Manchester, Black Country und London) wurden Schulpartnerschaften gebildet, um Schülerleistungen allgemein zu verbessern und speziell den Leistungsrückstand zwischen Lernenden mit sozio-ökonomisch benachteiligendem Hintergrund und ihren Peers zu verringern (Ainscow, 2010). Die Partnerschaften zwischen dem Bildungsministerium, regionalen Behörden, Schulen, Schulleitenden, Lehrkräften und weiteren Stakeholders zielten darauf ab, über die Bezirksgrenzen hinaus »Best Practices« zu teilen, Lerngemeinschaften zu bilden, Kompetenzen und Fachwissen zu maximieren und Ressourcen zu mobilisieren. Teil der umfassenden Intervention war einerseits eine »Leadership Strategy« mit beratenden Führungspersonen und ganzheitlicher Unterstützung für die Leitungsteams als leistungsschwach bezeichneter Schulen und anderseits die Identifikation von Lehr-Lernbarrieren sozio-ökonomisch benachteiligter Schülerinnen und Schüler und die Entwicklung von Unterstützungsprogrammen für diese. Allein im Großraum Manchester waren 600.000 Kinder und Jugendliche involviert (vgl. DfES, 2007). Die Evaluation von Hutchings und Kollegen (2012) zeigt, dass sich in den Gebieten der City Challenges der Anteil an guten Schulen vergrößerte und der Rückgang an Schulen mit unzureichenden Leistungen größer als in anderen Gebieten war. Die Leistungen von benachteiligten Schülerinnen und Schülern steigerten sich im Vergleich zu den Kennzahlen von Gesamt-England stärker und der Leistungsrückstand verkleinerte sich. Ainscow (2012) sieht die Gründe für diese Veränderungen in der verstärkten Zusammenarbeit innerhalb des Schulsystems und der aktiven Beteiligung der außerschulischen Partner.

Ryans (2012) Studie »Struggling for Inclusion«, die mit 30 Schulleitenden in einer nordamerikanischen Großstadt durchgeführt wurde, untersucht anhand von Einzelfällen das professionelle Handlungsdilemma von Schulleitungen, inklusive Praktiken innerschulisch bei den beteiligten Personengruppen (Lehrpersonen, Schülern, Eltern etc.) zu fördern und gleichzeitig ihnen gegenüber exkludierende gesetzliche Richtlinien – bedingt durch eine neoliberale und kapitalistisch geprägte Gesellschaftsform – durchzusetzen (ebd., S. 61).

Olga Lyras (2012) Studie »Führungshandeln und Gestaltungsverantwortung – Inklusive Bildungslandschaften und Theorie U« untersucht die Unterstützungsbereitschaft von Schulleitungen hinsichtlich der Umsetzung von Inklusion. Mittels Gruppendiskussionen und auf Basis des Prozesses der »Theorie U«[1] (vgl. ebd., S. 73; Scharmer 2007) zeigt sie, dass die Bereitschaft zur Gestaltung von Entwicklungsprozessen steigt, wenn die »Akteure im Bildungsbereich [...] in einen kollektiven Prozess der Gegenwartsgestaltung einbezogen werde« (ebd., S. 59). Für Schulleitungen bedeutet dies konkret, dass ihre Haltungen und ihr Gestaltungswille mit bildungspolitisch ermöglichten schulischen Gestaltungsspielräumen korrelieren.

In Deutschland gibt es Untersuchungen, die der Frage nach den potenziellen Gestaltungsmöglichkeiten in formaler Hinsicht und den konkreten Realisierungen innerhalb der ambivalenten Anforderungen an Schulleitungen nachgehen (vgl. Vergleich zwischen Baden-Württemberg/Südtirol: Merz-Atalik 2014a; Scheer et al. 2014; Amrhein & Badstieber 2014). In allen drei qualitativ ausgerichteten Projekten stellen (Expert/-innen-)Interviews mit Schulleitungen einen zentralen Bestandteil dar. Im schleswig-holsteinischen Projekt »IN-Prax« (Inklusion in der Praxis) (Hinz & Kruschel 2014, S. 288) werden Unterstützungssysteme zur Entwicklung inklusiver Schulstrukturen und Pädagogik entwickelt und mithilfe eines mixed method Designs unter theoretischer Perspektive der Educational Governance evaluiert. Ein Zwischenergebnis zeigt, dass in dem Entwicklungsprozess nicht nur unterschiedliche, zueinander relative professionelle Rollen, sondern auch »geteilte kulturelle Überzeugungen« (ebd., S. 294) des Ausfüllens der Rollen, vorliegen.

Für die Schweiz sind diese Fragen bisher nicht vergleichbar systematisch gestellt worden; allerdings wird hier – z. B. in der Studie von Maag Merki & Emmerich (2014) – das schulische Spannungsfeld von Selektion und Unterstützung thematisiert. In einer vergleichenden Fallstudie wird der Umgang mit diesem Spannungsfeld in Primarschulen in sozial benachteiligten Räumen des Kantons Zürich mittels der Dokumentarischen Methode der Interpretation rekonstruiert. Schulleitungen sind darin eine Akteursgruppe neben anderen und werden

---

1 Die Theorie U stellt eine von Carl Otto Scharmer (vgl. 2007) entwickelte Theorie der Bewusstwerdung, Infragestellung, Transformation und Neuentwicklung kollektiver Praktiken mittels eines von der Zukunft aus in die Gegenwart gerichteten Arbeitsprozesses dar, die theoretisch auf der Aktionsforschung nach Kurt Lewin fußt.

vornehmlich in Bezug auf ihre administrative Tätigkeit betrachtet. Eine grundständige Aufarbeitung der Rolle, der Handlungsspielräume und der Gestaltungsmöglichkeiten von Schulleitungen im Kontext inklusiver Schulentwicklung in der (deutschsprachigen) Schweiz steht noch aus.

Dieses Desiderat arbeiten Scheer u. a. (2014, S. 149) auch für Deutschland heraus ebenso wie die hohe Bedeutung, die der Rolle im Rahmen des inklusiven Transformationsprozesses von Bildungssystemen als Schlüsselfunktion bzw. als »Change Agents« für Reformprozesse zukommt – »wenn es darum geht, Entwicklungsprozesse auf der Ebene der Einzelschule nachhaltig und wirksam zu gestalten« (Amrhein 2014, S. 255; vgl. Huber 2009).

1.4 Forschungsdesiderata zum Handlungsfeld Inklusion und Schulleitung in der Schweiz

Vor dem Hintergrund des skizzierten Forschungsstandes zu Schulleitungen bei der Gestaltung einer inklusionsfähigeren Schule lässt sich resümieren, dass der Akteursgruppe eine zentrale Bedeutung in diesem Prozess zugeschrieben wird. Die konkreten Aufgaben innerhalb der Rolle legen die schulrechtlichen Rahmenbedingungen fest, die länderspezifisch/kantonal variieren; sie sind aber für den jeweiligen Schulkontext auszudifferenzieren. Dies lässt Gestaltungsmöglichkeiten innerhalb der Rollenzuweisung von Schulleitungen zu.

Es erscheint nötig, die Bereitschaft und die Einstellung der Schulleitungen gegenüber den zukünftigen Herausforderungen der Inklusion respektive bereits etablierte Praktiken dezidiert herauszuarbeiten bzw. zu rekonstruieren. Die Untersuchung der prinzipiellen Bereitschaft sowie der Kenntnisse von Schulleitungen zu Inklusion in den deutschsprachigen Ländern sowie eine systematische Analyse und Rekonstruktion der bisherigen Erfahrungen von Schulleitungen in der Gestaltung einer integrations- respektive inklusionsfähigen Schule stellen, in ihrem Zusammenspiel, den Kern des aktuellen Forschungsdesiderats dar. Forschungsbemühungen in diesem Bereich sind essenziell, um vor dem Hintergrund zu erwartender Entwicklung nicht zu riskieren, in jenes Integrationsverständnis zurückzufallen, in dem Schülerinnen und Schüler als integrations(un)fähig charakterisiert werden. Auch können auf Basis von Forschungsbefunden Maßnahmen der Unterstützung von Schulleitenden entwickelt werden.

1.5 Literatur

Ainscow, M., Dyson, A. & Weiner, S. (2013). From Exclusion to Inclusion. A Review of International Literature on Ways of Responding to Students with Special Educational Needs in Schools. In: BIBLID, H. 13, S. 13–30.

Ainscow, M., Dyson, A., Goldrick, S. & West, M. (2012). Developing Equitable Education Systems. London and New York: Routledge.

Ainscow, M., Dyson, A., Goldrick, S. & West, M. (2012a). Making schools effective for all: rethinking the task. School Leadership & Management: Formerly School Organisation, 32 (3), 197–213.

Ainscow, M. (2012). Moving knowledge around: Strategies for fostering equity within educational systems. Journal of Educational Change, 13 (3), 289–310.

Ainscow, M. (2010). Achieving excellence and equity: reflections on the development of practices in one local district over 10 years. In: School Effectiveness and School Improvement: An International Journal of Research, Policy and Practice, 21 (1), S. 75–92.

Ainscow, M. (2008). Teaching for Diversity. The Next Big Challenge. In: Connely, F. M., Fang, He, Phillion, J. (Hrsg.): The Sage Handbook of Curriculum and Instruction. Los Angeles/London/New Delhi/Singapore: SAGE Publications, S. 240–250.

Ainscow, M., Booth, T. & Dyson, A. (2006). Inclusion and the standards agenda: negotiating policy pressures in England. In: International Journal of Inclusive Education, 10 (4–5), S. 295–308.

Ainscow, M., Booth, T. & Dyson, A. (2004). Understanding and developing inclusive practices in schools: a collaborative action research network. In: International Journal of Inclusive Education, 8 (2), S. 125–139.

Allan, J., Slee, R. (2008). Doing Inclusive Education Research. Rotterdam: Sense Publishers.

Amrhein, B. (2014). Inklusive Bildungslandschaften: Neue Anforderungen an die Professionalisierung von Schulleitungen. In. S. G. Huber (Hrsg.): Jahrbuch Schulleitung 2014. Köln: Carl Link.

Amrhein, B. & Badstieber, B. (2013). Lehrerfortbildungen zu Inklusion in den Bundesländern – eine Trendanalyse. Eine Expertise im Auftrag der Bertelsmann Stiftung.

Bless, G. & Kronig, W. (1999). Wie integrationsfähig ist die Schweizer Schule geworden? Eine bildungspolitische Analyse über schulorganisatorische Massnahmen bei Normabweichungen. In: VHN, 68 (4), S. 414–426.

Booth, T. & Ainscow, M. (2002, 2011). Index for Inclusion: developing learning and participation in schools, Bristol, CSIE.

Buchen, H., Horster, L. & Rolff, H.-G. (2012). Managementwerkzeuge für Schulleitung und Schulentwicklung. Stuttgart: Raabe.

Buhren, C. et al. (Hrsg.) (2013). Das Handwerkszeug für die Schulleitung: Management – Moderation – Methoden. Weinheim: Beltz.

Bullock, A. & Thomas, H. (1997). Schools at the Centre? A Study of Decentralisation. London: Routledge.

Burke, R. J. (1988). Sources of managerial and professional stress in large organizations. In Cary L. Cooper & Roy Payne (Eds.), Causes, coping and consequences of stresses at work. Chichester: Wiley.

Dederich, M. (2006). Exklusion. In Dederich/Greving/Mürner/Rödler, Inklusion statt Integration? Heilpädagogik als Kulturtechnik. Gießen: Psychosozial, S. 11–27.

Dessemontet, R., Benoit, V. & Bless, G. (2011). Schulische Integration von Kindern mit einer geistigen Behinderung. Untersuchung der Entwicklung der Schulleistungen und der adaptiven Fähigkeiten, der Wirkung auf die Lernentwicklung der Mitschüler sowie der Lehrereinstellungen zur Integration In: Empirische Sonderpädagogik, H. 3/4, S. 291–307.

DfES (2007). City Callenges for world class education. Nottingham, United Kingdom: Department for Education and Skills.

Dubs, R. (2005). Die Führung einer Schule: Leadership und Management. 2. Aufl. Stuttgart: Franz Steiner.

EDK (2007). Interkantonale Vereinbarung über die Zusammenarbeit im Bereich der Sonderpädagogik. Online verfügbar unter http://www.edudoc.ch/static/web/arbeiten/sonderpaed/konkordat_d.pdf [Zugriff: 01.11.2014]

Ellger-Rüttgardt, S. L. (2008). Geschichte der Sonderpädagogik. Eine Einführung. München/Basel; Ernst Reinhardt Verlag,

Feldhoff, T. (2010). Steuerung durch Qualifizierung. Die Steuerungsfunktion und »-wirkung« von Qualifizierungsmaßnahmen am Beispiel schulischer Steuergruppen im Modellvorhaben »Selbstständige Schule«. In: Böttcher, W. Dicke, J. N., Hogrebe, N. (Hrsg.): »Evaluation, Bildung und Gesellschaft«. Münster: Waxmann. S. 193–207.

Feldhoff, T., Kanders, M. & Rolff, H.-G. (2008). Theoretisch basiertes Rahmenmodell der Begleitforschung: Grundkonzeption und Indikatorensysteme für Selbstständigkeit und Schulqualität. Verortung und empirische Operationalisierung erweiterter Selbstständigkeit. In: Holtappels, H. G., Klemm, K., Rolff, H.-G., Pfeiffer, H. (Hrsg.), Schulentwicklung durch Gestaltungsautonomie. Ergebnisse der Begleitforschung zum Modellvorhaben ›Selbstständige Schule‹ in Nordrhein-Westfalen. Münster: Waxmann. S. 47–61.

Feuser, G. (2010). Integration und Inklusion als Möglichkeitsräume. In A.-D. K. Stein, S. & Niediek, I. (Hrsg.), Integration und Inklusion auf dem Weg ins Gemeinwesen (S. 17–31). Bad Heilbrunn: Klinkhardt.

Feuser, G. (Hrsg.) (2003). Integration heute – Perspektiven ihrer Weiterentwicklung in Theorie und Praxis. Behindertenpädagogik und Integration: Bd. 1. Frankfurt/M.: Peter Lang.

Feuser, G. (1995). Behinderte Kinder und Jugendliche. Darmstadt: Wissenschaftliche Buchgesellschaft.

Haeberlin, U. (2005). Schulschwache und Immigrantenkinder in der Primarstufe – Forschungen zu Separation und Integration. In F. Heinzel & A. Prengel (Hrsg.), Heterogenität, Integration und Differenzierung in der Primarschule. Opladen: Leske & Budrich, S. 93–106.

Haeberlin, U., Bless, G., Moser, U. & Klaghofer, R. (1990). Die Integration von Lernbehinderten. Versuche, Theorien, Forschungen, Enttäuschungen, Hoffnungen. 9. Beiheft zur Vierteljahresschrift für Heilpädagogik und ihre Nachbargebiete. Bern, Stuttgart: Haupt.

Hallinger, P. & Heck, R. H. (1998). Exploring the principal's contribution to school effectiveness: 1980–1995. School Effectiveness and School Improvement, 9, 157–191.

Harris, A. (2004). Distributed Leadership and School Improvement: Leading or Misleading? In Educational Management Administration & Leadership, 32 (1), S. 11–24.

Harris, A & Chapman, C. (2002). Effective Leadership in School Facing Challenging Circumstances: Final Report. Nottingham: NCSL.

Harris, A. & Spillane, J. (2008). Distributed leadership through the looking glass. Management in Education, 22 (1), 31–34.

Heyer, P., Preuss-Lausitz, U. & Zielke, G. (1990). Wohnortnahe Integration. Gemeinsame Erziehung behinderter und nichtbehinderter Kinder in der Uckermark-Grundschule in Berlin. Weinheim, München: Juventa.

Hillenbrandt, C., Melzer, C. & Hagen, T. (2013). Bildung schulischer Fachkräfte für inklusive Bildungssysteme. In H. Döbert & H. Weishaupt (Hrsg.), Inklusive Bildung professionell gestalten. Situationsanalyse und Handlungsempfehlungen. Münster: Waxmann Verlag, S. 33–68.

Hinz, A. & Kruschel, R. (2014). Unterstützungssysteme für inklusive Schulentwicklung – ein Beispiel aus Schleswig-Holstein. In S. G. Huber (Hrsg.), Jahrbuch Schulleitung 2014. Köln: Carl Link, S. 350–364.

Hinz, A., Katzenbach, D., Rauer, W., Schuck, K. D., Wocken, H. & Wudtke, H. (1998). Die Integrative Grundschule im sozialen Brennpunkt. Ergebnisse eines Hamburger Schulversuchs, Hamburg: Hamburger Buchwerkstatt.

Hinz, A. (2009). Inklusive Pädagogik in der Schule – veränderter Orientierungsrahmen für die schulische Sonderpädagogik!? Oder doch deren Ende?? In: Zeitschrift für Heilpädagogik, 5, S. 171–179.

Huber, S. G. (2003). Qualifizierung von Schulleiterinnen und Schulleitern im internationalen Vergleich: Eine Untersuchung in 15 Ländern zur Professionalisierung von pädagogischen Führungskräften für Schulen. In der Reihe Wissen & Praxis Bildungsmanagement. Kronach: Wolters Kluwer.

Huber, S. G. (2004). Preparing School Leaders for the 21st Century: An International Comparison of Development Programmes in 15 Countries. In: J. Chrispeels, B. Creemers, D. Reynolds & S. Stringfield (Hrsg.). Context of Learning. London/New York: RoutledgeFalmer (Taylor & Francis).

Huber, S. G. (2005a). Anforderungen an Schulleitung: Überlegungen aufgrund der Veränderungen in den Bildungssystemen vieler Länder. In: A. Bartz, J. Fabian, S. G. Huber, C. Kloft, H. Rosenbusch, H. Sassenscheidt (Hrsg.) Praxis-Wissen Schulleitung (10.23). München: Wolters Kluwer.

Huber, S. G. & Schneider, N. (2007). Anforderungen an Schulleitung: Was wird in den Ländern von pädagogischen Führungskräften in der Schule erwartet? In: A. Bartz, J. Fabian, S. G. Huber, C. Kloft, H. Rosenbusch, H. Sassenscheidt (Hrsg.), PraxisWissen Schulleitung (10.24). München: Wolters Kluwer.

Huber, S. G. (2008a). Steuerungshandeln schulischer Führungskräfte aus Sicht der Schulleitungsforschung. In: R. Langer (Hrsg.) »Warum tun die das?« Governanceanalysen zum Steuerungshandeln in der Schulentwicklung (S. 95–126). Wiesbaden: VS.

Huber, S. G. (2008b). School Development and School Leader Development: New Learning Opportunities for School Leaders and their Schools. In: J. Lumby, G. Crow & P. Pashiardis (Hrsg.) International Handbook on the Preparation and Development of School Leaders (S. 173–175). New York: Routledge.

Huber, S. G. (2009). Schulleitung. In: S. Blömeke, T. Bohl, L. Haag, G. Lang-Wojtasik & W. Sacher (Hrsg) Handbuch Schule. Theorie – Organisation – Entwicklung. Bad Heilbrunn: Klinkhardt, S. 501–511.

Huber, S. G. (Hrsg.) (2010a). School Leadership – International Perspectives. Dordrecht: Springer.

Huber, S. G. (2010b) New Approaches in Preparing School Leaders. In: Peterson, P., Baker, E. & McGaw, B. (Hrsg.) International Encyclopedia of Education. Vol. 4 (S. 752–761). Oxford: Elsevier.

Huber, S. G. & Muijs, D. (2010). School Leadership Effectiveness The Growing Insight in the Importance of School Leader-ship for the Quality and Development of Schools and their Pupils. In: S. G. Huber (Hrsg.), School Leadership – International Perspectives. Dordrecht: Springer.

Huber, S. G. (2011). School Governance in Switzerland: Tensions between New Roles and old Traditions. Educational Management Administration Leadership, 39 (4), 469–485.

Huber, S. G. (2013). Zwölf Thesen zur guten Schulleitung. In S. G. Huber (Ed./Hrsg.), Jahrbuch Schulleitung 2013. Befunde und Impulse zu den Handlungsfeldern des Schulmanagements (S. 3–12). Köln: Wolters Kluwer Deutschland.

Joller-Graf, K. & Tanner, S. (2011). Integration geistig behinderter Sonderschülerinnen und – schüler in Regelklassen der Zentralschweiz. Luzern: Forschungsbericht Nr. 27 der Pädagogischen Hochschule Zentralschweiz, Hochschule Luzern.

KMK, Sekretariat der Ständigen Konferenz der Kultusminister der Bundesrepublik Deutschland (1994). Empfehlungen zur sonderpädagogischen Förderung in den Schulen in der Bundesrepublik Deutschland. Retrieved from http://www.kmk.org/fileadmin/veroeffentlichungen_beschluesse/1994/1994_05_06-Empfehl-Sonderpaedagogische-Foerderung.pdf.

Kronig, W. (2000). Die Integration von Immigrantenkindern mit Schulleistungsschwächen. Eine vergleichende Längsschnittuntersuchung über die Wirkung integrierender und separierender Schulformen.

Kullmann, H., Lütje-Klose, B, Textor, A., Berard, J. & Schitow, K. (2014). Inklusiver Unterricht – (Auch) eine Frage der Einstellung! In: Schulpädagogik heute, H. 10, verfügbar unter http://www.schulpaedagogik-heute.de/index.php/sh-zeitschrift-10–14.

Lafranchi, A. & Steppacher, J. (Hrsg.) (2011) Schulische Integration gelingt. Bad Heilbrunn: Klinkhardt.

Leithwood, K., Day, C., Sammons, P., Harris, A. & Hopkins, D. (2007). Seven strong claims about successful school leader-ship. DfES London and NCSL, Nottingham.

Leithwood, K., Louis, K. S., Anderson, S. & Wahlstrom, K. (2004). Review of research: how leadership influences student learning. Wallace Foundation. Downloaded from http://www.wallacefoundation.org/NR/rdonlyres/E3BCCFA5-A88B-45D3–8E27–973732283C9/0/ReviewofResearchLearningFromLeadership.pdf on December 19, 2007.

Leithwood, K. A. & Riehl, C. (2003). What do we already know about successful school leadership? AERA Paper Task Force on Developing Research in Educational Leadership.

Liesen, C. (2007). Inclusive Education – Ein Modell für die Schweiz? Nationale und internationale Perspektiven im Gespräch. Bern: Haupt Verlag.

Lyra, O. (2012). Führungskräfte und Gestaltungsverantwortung. Inklusive Bildungslandschaften und die Theorie U. Bad Heilbrunn: Verlag Julius Klinkhardt.

Maag Merki, K. & Emmerich, M. (2014). Context-sensitive school development: A case study on adaptive-compensatory strategies of primary schools. Vortrag im Rahmen der CESE-Conference in Freiburg vom 10.-13. Juni 2014.

Magno, C. S. (2013). Comparative perspectives on international school leadership. Policy, preparation, and practice. New York und London: Routledge.

Marzano, R. J., McNulty, B. A. & Waters, T. (2005). School leadership that works: from research to results. Alexandra, VA: Association for Supervision and Curriculum Development.

Merz-Atalik, K. (2014). »Den Hut aufsetzen..., auf der Hut sein... und alle unter einen Hut bringen!« Erwartungen an und Herausforderungen für Schulleitungen im Rahmen der inklusiven Schulentwicklung. In: Maring, Bianca/Bognar, Daniel (Hrsg.): Inklusion an Schulen. Carl Link Verlag: Kronach, S. 82–93.

Merz-Atalik, K. (2014a). Handlungsspielräume von Schulleitungen und Schulämtern im Hinblick auf die Professionalisierung der schulischen Praxis im Vergleich zwischen Südtirol (Italien) und Baden-Württemberg (Deutschland) (Laufend).

Oelkers, J. (2009). Führung und Management von Schulen. Vortrag gehalten am 25. September 2009, Waldau.

Robinson, V. M. J. (2007). The impact of leadership on student outcomes: making sense of the evidence. The Leadership Challenge: Improving Learning in Schools. Conference Proceedings of the ACER Research Conference 2007, ›The Leadership Challenge: Improving learning in schools‹, 12.–14. August, Melbourne, Australian Council for Educational Research (ACER), Camberwell, S. 12–16, www.acer.edu.au/research_conferences/2007.html.

Ryan, J. (2012). Struggeling for Inclusion. Educational Leadership in a Neoliberal World. Charlotte: Information Age Publishing.

Savolainen, H., Engelbrecht, P., Nel, M. & Malinen, O.-P. (2012). Understanding teachers' attitudes and self-efficancy in inclusive education: Implications for preservice and in-service teacher education. European Journal of Special Needs Education, 27, 51–68.

Scharmer, C. O. (2007). Theory U: Leading from the Future as it Emerges. The Society for Organizational Learning, Cambridge, USA.

Scheer, D., Laubenstein, D. & Lindmeier, C. (2014). Die Rolle von Schulleitung in der Entwicklung des inklusiven Unterrichts in Rheinland-Pfalz. Vorstellung eines Forschungsdesigns im Rahmen der Schulbegleitforschung. ZfH, 4, 147–155.

Scheerens, J., Glas, C. & Thomas, S. M. (2003). Educational Evaluation, Assessment and Monitoring. A systematic Approach. Lisse: Swets & Zeitlinger.

Slee, R. (2012). How do we make inclusive education happen when exclusion is a political predisposition? International Journal of Inclusive Education, iFirst Article, S. 1–13.

Slee, R. & Weiner, G. (2011). Education Reform and Reconstruction as a Challenge to Research Genres: Reconsidering School Effectiveness Research and Inclusive Schooling, School Effectiveness and School Improvement: An International Journal of Research, Policy and Practice, 12:1, 83–98.

UN-Behindertenrechtskonvention (2006). http://www.institut-fuer-menschenrechte.de/fileadmin/user_upload/PDF-Dateien/Pakte_Konventionen/CRPD_behindertenrechtskonvention/crpd_de.pdf. 30.10.2014.

UNESCO (1994). Die Salamanca-Erklärung und der Aktionsrahmen zur Pädagogik für besondere Bedürfnisse; angenommen von der Weltkonferenz »Pädagogik für besondere Bedürfnisse: Zugang und Qualität«. Salamanca, Spanien, 7.-10. Juni 1994.

Urton, K., Wilbert, J. & Hennemann, T. (2014). Der Zusammenhang zwischen der Einstellung zur Inklusion und der Selbstwirksamkeit von Schulleitungen und deren Kollegien. Empirische Sonderpädagogik, 6 (1), 3–16.

Wagner-Willi, M. & Sturm, T. (2012). Inklusion und Milieus in schulischen Organisationen. In: Inklusion online 4/2012. http://www.inklusion-online.net/index.php/inklusion/article/view/185/173 [Zugriff: 19.10.2014].

Waldron, N. L., McLeskey, J. & Redd, L. (2011). Setting the Direction: The Role of the Principal in Developing an Effective, Inclusive School. Journal of Special Education Leadership, 24 (2), 51–60.

Walter-Klose, C. (2012). Kinder und Jugendliche mit Körperbehinderung im gemeinsamen Unterricht. Befunde aus nationaler und internationaler Bildungsforschung und ihre Bedeutung für Inklusion und Schulentwicklung. Oberhausen: Athena Verlag.

Wissinger, J. (2011). Schulleitung und Schulleitungshandeln. In E. Terhart, H. Bennewitz & M. Rothland (Hrsg.). Handbuch der Forschung zum Lehrerberuf (S. 96–115). Münster: Waxmann.

Witziers, B., Bosker, R. & Kruger, M. (2003). Educational leadership and student achievement: the elusive search for an association. Educational Administration Quarterly, 39 (3), 398–425.

Ziemen, K. (2011). Inklusion. In: K. Ziemen (Hrsg.), Inklusion Lexikon. Online-Lexikon. Online verfügbar unter http://www.inklusion-lexikon.de/Inklusion_Ziemen.pdf

2. Unterstützung inklusiver Schulentwicklungsprozesse durch externe Moderation

Robert Kruschel & Andreas Hinz

Schulen in Deutschland stehen gegenwärtig vor der Herausforderung, zwei widersprüchlichen Ansprüchen gerecht werden zu müssen. Einerseits ist in Folge von PISA und anderen vergleichenden Studien eine zunehmend auf Evidenzbasierung zielende Bildungspolitik zu beobachten. Es gilt vermehrt Bildungsstandards zu erreichen, die u. a. durch länderübergreifende Vergleichsarbeiten überprüft werden. Mit dieser Entwicklung, auch bekannt unter dem Begriff ›Neue Steuerung‹ (vgl. Altrichter & Maag-Merki 2010, S. 35), ist verbunden, dass die Bildungspolitik von einer Input- zu einer Output- sowie Outcome-Steuerung übergeht, die den Schulen gleichzeitig mehr Autonomie zugesteht und dadurch die Entwicklungsfähigkeit der Einzelschule erhöht. Der Tendenz hin zu einer zunehmenden Standardisierung bei gleichzeitiger Erhöhung einzelschulischer Gestaltungsspielräume steht die Forderung nach einer verstärkten Offenheit für individuelle Bedarfe und Bedürfnisse und deren pädagogischer Berücksichtigung diametral entgegen. Sie wird unter anderem mit dem seit Inkrafttreten der UN-Behindertenrechtskonvention (UN-BRK) in Deutschland 2009 stärker in der Öffentlichkeit stehenden, sehr unterschiedlich gefüllten Begriff der Inklusion in Verbindung gebracht. Inklusive Bildung wird im schulischen Kontext verstanden als dreifache Herausforderung der Partizipation (vgl. Booth 2008):

- Alle Menschen haben das Recht auf diskriminierungsfreies Leben und Lernen in heterogenen Konstellationen, also in allgemeinen Einrichtungen, und werden nicht ausgeschlossen.
- Pädagogische Einrichtungen werden unterschiedlichen Bedürfnissen und Bedarfen der an ihnen Beteiligten in zunehmendem Maß gerecht.
- Pädagogische Einrichtungen reflektieren ihre Wertorientierung vor dem Horizont der Menschenrechte und entwickeln ihr Leitbild entsprechend.

Diese drei Perspektiven auf inklusive Pädagogik lösen bei vielen Menschen Befürchtungen und Ängste aus. Daher ist es nicht verwunderlich, dass im deutschen Diskurs deutliche Tendenzen der Uminterpretation und Verengung des Begriffs auf sonderpädagogische Aspekte zu beobachten sind, in deren Bereich gleichzeitig »inzwischen nahezu alles als Inklusion deklariert wird, was sich positiv und fortschrittlich darstellen möchte« (Hinz 2013, vgl. auch Wocken 2014, S. 101 ff.). Die Verpflichtung zur Entwicklung eines inklusiven Schulsystems, die die Bundesrepublik und die 16 Bundesländer mit der Ratifizierung der UN-BRK eingegangen sind, »bewegt sich in der Widersprüchlichkeit von Individualisierung und Standardisierung. Ihre Grundidee zielt im Wissen darum, dass Schülerinnen und Schüler nach Maßgabe ihrer individuellen Voraussetzungen und der Anregungspotenziale ihrer Lebenswelten unterschiedliche Zeitkontingente und unterschiedliche Unterstützungsbedarfe für ihre Kompetenzentwicklung benötigen, auf eine weitgehende Individualisierung unterrichtlicher Prozesse in der Gemeinschaft ihrer Lerngruppe« (Schuck 2014, S. 172). Die Aufgabe, dem skizzierten Dilemma zu begegnen, liegt letztendlich bei den Schulen – und bei Schulleitungen im Speziellen.

Im Zuge der neu gewonnenen größeren Autonomie der Einzelschule erhält damit Schulentwicklung eine größere Bedeutung. Sie ist nicht nur »in höherem Maße als früher einem politischen Verwertungsinteresse ausgesetzt« (Maag-Merki & Werner 2013, S. 296). Angesichts der Aussicht auf gleich bleibende oder u. U. knapper werdende Ressourcen bei steigenden Anforderungen ist sie auch ein zunehmend wichtiger werdender Bestandteil schulischen Lebens und Arbeitens. Hier ist neben dem politischen Engagement für eine Verbesserung der Bedingungen die Möglichkeit gegeben, dass Leitideen von den an der Einrichtung Beteiligten innerhalb bildungspolitischer Rahmenbedingungen entwickelt werden, alle Mitglieder der Schulgemeinschaft einbezogen werden können und so eine systematische Weiterentwicklung aller Bereiche einer Schule ermöglicht wird, die einerseits die individuellen Bedürfnisse achtet, aber sich auch andererseits an Standards orientieren kann (vgl. Brokamp & Platte 2010, S. 141 f.). Es scheint, dass die Unterstützung von Schulen bei diesen Prozessen eine Möglichkeit ist, sie in existierenden Widersprüchen des Systems dazu zu befähigen, sich selbst zu helfen.

2.1 Mit InPrax zu einem landesweiten Unterstützungssystem für inklusive Schulentwicklungsprozesse

Mit dem 2011 gestarteten Projekt *Inklusion in der Praxis* (InPrax) ging das Bundesland Schleswig-Holstein einen weiteren Schritt auf seinem bis dato bereits intensiv und über eine längere Zeit verfolgten Weg hin zu einem inklusiveren Schulsystem (vgl. Pluhar 2014; Hinz & Kruschel 2014). Hierbei wurden über einen Zeitraum von einem halben Jahr 30 interessierte Lehrkräfte und Schulleitungen durch Expertinnen und Experten der Montag Stiftung Jugend und Gesellschaft zu Moderatorinnen und Moderatoren für inklusive Schulentwicklungsprozesse qualifiziert. Diese standen anschließend über einen Zeitraum von zwei Schuljahren in je einem schulartübergreifenden Tandem mit Lehrkräften aus allgemeinen Schulen und Förderzentren jedem Kreis bzw. jeder kreisfreien Stadt des Landes zur Verfügung, um auf Anfrage Schulen bei ihrer Entwicklung in Richtung Inklusion zu unterstützen. Durch eine Erweiterung des Projektauftrags zur Mitte der Laufzeit hatten sie darüber hinaus die Möglichkeit, die Schulöffentlichkeit über schulische Inklusion zu informieren, sich an der Entwicklung regionaler Konzepte zur Unterstützung inklusiver Schulen beteiligen, regionale Netzwerke zum Thema Inklusion zu koordinieren und zu moderieren, Fortbildungsangebote zu ausgewählten Themen durchzuführen, regionale Fach- und Netzwerktage zu Inklusion zu organisieren oder an Veröffentlichungen wie z. B. Inklusionsbriefen mitzuarbeiten. Mit Beginn des Schuljahres 2014/15 wurden 14 weiterhin an dieser Aufgabe interessierte Moderatorinnen und Moderatoren an die Beratungsstelle Inklusive Schule (BIS) angegliedert, wo sie weiterhin auf Anfrage Schulen zur Verfügung stehen. Diese Kompetenzen wurde in einem im September 2014 veröffentlichten Inklusionskonzept des Ministeriums für Bildung und Wissenschaft als ein Baustein auf dem weiteren Weg Richtung Inklusion aufgeführt (vgl. Schleswig-Holsteinischer Landtag 2014, S. 10).

Während der Projektlaufzeit wurde InPrax von den Autoren dieses Beitrags wissenschaftlich begleitet. Dabei standen verschiedene Aspekte im Fokus des Forschungsinteresses. Der folgende Beitrag richtet den Blick auf Prozesse an vier ausgewählten Schulen und gibt im Anschluss daran Einschätzungen von Beteiligten wieder.

2.2 Inklusive Schulentwicklungsprozesse – punktuell und langfristig begleitet

Im Verlauf von InPrax zeigte sich, dass die ursprüngliche Intention des Projekts – Schulen bei inklusiven Entwicklungsprozessen längerfristig zu unterstützen – nur teilweise umgesetzt wurde. Ein größerer Teil der Einrichtungen, die Unterstützung der InPrax-Moderatorinnen und Moderatoren anforderte, wünschte sich Begleitung bei punktuellen Veranstaltungen wie Schulentwicklungstagen, Lehrerkonferenzen oder Informationsveranstaltungen. Im Folgenden wird exemplarisch an zwei Grundschulen gezeigt, welche Bedarfe von Seiten dieser Schulen existieren und wie die Schulleitungen bzw. verantwortlichen Personen die Begleitung durch die InPrax-Moderatorinnen und Moderatoren einschätzen. Anschließend werden wiederum exemplarisch zwei Begleitungsprozesse an zwei Schulen vorgestellt, die über einen längeren Zeitraum InPrax in Anspruch genommen haben; Einschätzungen der Verantwortlichen schließen auch diese Betrachtung ab.

Die Datengrundlage für diesen Beitrag bilden einerseits Dokumentationsprotokolle, die die Moderatoren und Moderatorinnen kontinuierlich für die Wissenschaftliche Begleitung anfertigten. Aus ihnen geht hervor, wann welche Themen mit welchen Beteiligten auf welche Art und Weise bearbeitet wurden. Zudem werden Interviews verwendet, die die Wissenschaftliche Begleitung mit einigen Verantwortlichen zufällig ausgewählter Schulen am Ende des Schuljahres 2013/14 geführt hat. Aussagen in Anführungszeichen sind wörtliche Zitate aus den Interviews, deren Quellenangabe auf die anonymisierten Interviews verweisen. Die verwendeten Namen der Schulen in diesem Beitrag sind fiktiv.

Zudem haben die Autoren zugunsten einer besseren Lesbarkeit eine sprachliche Anpassung und Glättung der Aussagen vorgenommen, wobei darauf geachtet wurde, den Bedeutungsgehalt des Originals nicht zu verfälschen.

2.2.1 Punktuelle Prozessbegleitung

Bei der ersten Schule handelt es sich um die Grundschule Apfelberg, die im ländlichen Raum liegt und von etwas mehr als einhundert Schülerinnen und Schülern besucht wird. Etwa einer Handvoll dieser Kinder wird sonderpädagogischer Förderbedarf zugeschrieben. Die Thematik Migrationshintergrund spielt an der Schule keine Rolle. Offene Unterrichtsformen, Doppelbesetzungen, Differenzierung, gegenseitiges Unterstützen und der Einsatz einer Förderschullehrerin werden bisher als Strukturen und Praktiken auf dem Weg zur Inklusion genutzt. Nach einer schriftlichen Kontaktaufnahme von Seiten der Schulleitung mit dem InPrax-Team folgte ein Treffen mit dem Kreis der dreiköpfigen Steuergruppe. Geplant wurde die Durchführung eines Schulentwicklungstages, der das Thema ›Umgang mit schwierigen Schülerinnen und Schülern‹ haben sollte. An diesem nahmen einige Zeit später alle Lehrkräfte sowie Vertreter der Elternschaft teil. Es wurde mit Hilfe vorher ausgewählter Indikatoren aus dem Index für Inklusion (vgl. Boban & Hinz 2003) besprochen, welche gemeinsamen Werte, Rituale und Regeln gelten sowie welche Präventionsmaßnahmen an der Schule existieren. Um sich gegenseitig zukünftig stärker zu unterstützen, wurde zudem die Thematik kollegialer Beratung diskutiert. In einem nachbereitenden Treffen mit der Steuergruppe wurden die Ergebnisse des Schulentwicklungstages im Beisein der Moderatorinnen und Moderatoren von InPrax aufgearbeitet. Von den zwei Schwerpunkten, die sich herauskristallisierten, wurde aufgrund zeitlicher Ressourcen nur ein Thema aus dem Bereich der Psychohygiene weiter bearbeitet. Da dieses nicht im orginären Aufgabenbereich der Moderatorinnen von InPrax liegt, wurde die Zusammenarbeit beendet.

Aus Sicht der Schulleitung »lagen dann andere Themen, andere Probleme erstmal näher und deswegen haben sie [die Zusammenarbeit] leider dann nicht mehr weiterführen können« (IC 090202, Z. 48 ff.), was aber prinzipiell »nicht an InPrax lag, sondern eher an der Struktur der Schule« – »in solche kleinen Schulen [...], da kommen ganz viele Probleme und Themen auf wenige Kollegen« (ebd., Z. 40 ff.). Dennoch bewertet sie diesen punktuellen Prozess als »sehr hilfreich in Hinsicht darauf, Regeln und Strukturen in der Schule zu schaffen« (ebd., Z. 19 f.). Im Anschluss hat die Schule noch »einen Schulentwicklungstag gemacht, allerdings ohne InPrax, und dort die Thematik nochmals intern aufgegriffen« (ebd., 25 ff.).

In dieser Schule wurden also Prozesse durch die Unterstützung der externen Moderatorinnen und Moderatoren von InPrax angestoßen, die sie dann allein weiter bearbeitete. Die Notwendigkeit der Auseinandersetzung mit einer Thematik wurde deutlich, die nicht mehr im Aufgabenbereich von InPrax lag, deren Bearbeitung nun weiter erfolgen konnte.

Auch bei der Kirschenschule handelt es sich mit rund 130 Schülerinnen und Schülern um eine relativ kleine Grundschule im ländlichen Raum, die sich im ›Speckgürtel‹ Hamburgs befindet. Sie versteht sich als Einrichtung, die Kinder mit sonderpädagogischem Förderbedarf integrativ beschult und soziales Lernen sowie Akzeptanz von ›Anderssein‹ fördert. Die Schulleitung richtete sich mit konkreten Vorstellungen für die Durchführung eines Schulentwicklungstages an die Moderatorinnen und Moderatoren von InPrax. Im Zentrum der Veranstaltung sollte die zukünftige Zusammenarbeit mit dem lokalen Förderzentrum liegen. Am Schulentwicklungstag nahmen alle Lehrkräfte der Schule sowie einige Pädagoginnen und Pädagogen des Förderzentrums teil. Nach einem Impuls durch die Mitarbeiter und Mitarbeiterinnen von InPrax, in dem sie inklusive Grundgedanken mit Blick auf Kooperationsmöglichkeiten und gesetzliche Grundlagen der sonderpädagogischen Förderung des Bundeslandes präsentierten, wurde zwischen den beiden Schulen ein Kooperationspapier sowie eine Zeitschiene der Zusammenarbeit entwickelt. Die Moderatorinnen und Moderatoren berichteten von einer sehr aufgeschlossenen Arbeitsatmosphäre, die dadurch gekennzeichnet war, dass alle Beteiligten zu Ergebnissen und Verabredungen kommen wollten.

Die Schulleitung, die eher zufällig von InPrax auf einer Schulleiterdienstversammlung im Gespräch mit einer Kollegin erfuhr (vgl. IC 070202, Z. 10 ff.), erwartete vor der Kontaktaufnahme mit den Moderatorinnen und Moderatoren »eine gute Moderation, eine gute Struktur durch den Tag, und es sollte als Ergebnis ein Kooperationspapier rauskommen, mit dem sie wirklich dann auch arbeiten können – und das ist auch passiert« (ebd., Z. 19 ff.). Durch dieses auf dem Schulentwicklungstag entworfene Papier ist nun »genau festgelegt, inwieweit die Kollegen vom Förderzentrum und der Grundschule Unterricht vor- und nachbereiten etc. – und wie sie im Unterricht eingesetzt werden« (ebd., Z. 28 ff.). Zurückblickend empfindet die Schulleitung, dass »das eine ganz runde Sache war und damit eigentlich abgeschlossen« (ebd., Z. 54 ff.). Von der Möglichkeit, über InPrax auch über einen längeren Zeitraum hinweg begleitet zu werden, wusste sie nichts – aber sie sieht auch keinen Bedarf an solch einer dauerhaften Unterstützung (vgl. ebd., Z. 42 ff.).

Die Ressource InPrax wurde in diesem zweiten Beispiel also als eine einmalige Unterstützung für einen konkreten Bedarf angefordert. Es galt nicht, mögliche Entwicklungen auszuloten oder die Schulsituation zu beleuchten, sondern im Zuge der Entwicklung von Inklusion eine Kooperation mit einer anderen pädagogischen Einrichtung zu etablieren.

2.2.2 Längerfristige Prozessbegleitung

Im Folgenden werden zwei Schulen in den Fokus gerückt, die die Unterstützung der InPrax-Moderatorinnen und Moderatoren über einen Zeitraum von mindestens einem Schuljahr in Anspruch genommen haben.

Die Regenbogenschule ist eine berufsbildende Schule mit mehreren tausend Schülerinnen und Schülern im ländlichen Raum, die nach eigenem Verständnis über eine sehr heterogene Schülerschaft verfügt. Über verschiedene pädagogische und didaktische Praktiken wie Kooperatives Lernen, Teamteaching, geöffnete Unterrichtsformen oder differenzierte Bewertung versucht sie dieser Herausforderung zu begegnen. Über den Zeitraum eines Jahres wurde die Schule auf Initiative ihrer Inklusionsbeauftragten von InPrax-Moderatorinnen und Moderatoren begleitet.

Bei einem ersten Treffen stellte die Moderation der Schulleitung und einigen Lehrkräften ihr Profil vor, gemeinsam wurden Erwartungen sondiert und Vereinbarungen über die weitere Zusammenarbeit getroffen. Einige Monate später wurde bei einem Steuergruppentreffen, zu dem neben einem Mitglied der Schulleitung und einigen Lehrkräften auch eine Schülerin, ein Vertreter eines externen Kooperationspartners sowie ein Mitglied des nicht pädagogischen Personals gehörte, durch eine vorher getroffene Auswahl von Indikatoren aus dem Index für Inklusion eine Prioritätensetzung für die Weiterarbeit vorgenommen. Diese Prioritäten wurden anschließend in kleineren Arbeitsgruppen vertiefend bearbeitet.

Mit diesem Treffen wurde ein längerfristiger Prozess angestoßen, der schließlich zwei Monate später auf einem Schulentwicklungstag unter der Thematik Inklusion mit dem Kollegium eines Teils der Schule fortgesetzt wurde. Neben einer Einführung in die Thematik Inklusion und die Vorstellung des Index für Inklusion als Schulentwicklungsinstrument wurde hier nach der Arbeit in der Steuergruppe einer größeren Gemeinschaft Zugang zu den bisherigen Überlegungen ermöglicht. Gemeinsam wurden in vertiefenden thematischen Arbeitsgruppen konkrete Herausforderungen erarbeitet und erste Handlungsansätze festgehalten. So wurde beispielsweise die Gestaltung eines bis dato konfliktreichen Fachunterrichts besprochen, sich über gegenseitige Wertschätzung im Allgemeinen ausgetauscht und die Verbesserung der Unterrichtsqualität in den Blick genommen. Aus diesem Tag nahm die Steuergruppe Ziele für das Schulprogramm mit, die sie einige Zeit später intern ausformulierte und weiterentwickelte. In einem Aktionsplan wurden konkrete Entwicklungsziele festgehalten und Aufgaben delegiert. Zum Ende des Schuljahres war der ›große‹ Schulentwicklungsprozess vorerst abgeschlossen, die Steuergruppe arbeitet jedoch kontinuierlich weiter, um die Schule auf dem Weg zu Inklusion voranzubringen.

Im Rückblick sieht die verantwortliche Person der Schule die mit der Kontaktaufnahme zu den InPrax-Moderatorinnen und Moderatoren verbundenen Erwartungen in der Schulgemeinschaft als unterschiedlich an: »Ein Teil der Kollegen hat erwartet, dass direkt Lösungen gegeben werden und ein anderer Teil hat erwartet, dass sie im Prozess begleitet werden, wie sie das in der Schule umsetzen können.« Überraschenderweise »wurden die Erwartungen dann auch im Grunde genommen sogar in beiderlei Hinsicht erfüllt« (IC 010701, Z. 38 ff.). Hier wird also die Kombination aus Information und Begleitung durch die InPrax-Moderatorinnen und Moderatoren, die erst durch die Erweiterung des Projektauftrags zur Mitte der Laufzeit möglich wurde (s. o.), als hilfreich betrachtet und die Arbeit mit dem Moderationsteam von InPrax als gewinnbringend bewertet. Die Moderatorinnen und Moderatoren haben »Prozesse angestoßen, Denkaufgaben gegeben«, während die Schule »inhaltlich komplett arbeiten konnte, so wie es ihr auch passte«, wodurch die Beteiligten »vom Ergebnis von InPrax total begeistert« (ebd., Z. 55 ff.) sind.

Anhand des Beispiels dieser Schule zeigt sich auch, dass es effektiv sein kann, mit einem kleinen Team Entwicklungsprozesse zu beginnen und diese später auf die Ebene eines Teils der Schulgemeinschaft zu vergrößern. Dort konnten alle eingebunden werden und die Steuergruppe »alles das aufnehmen, was sie als kleine Gruppe noch gar nicht erfassen konnten« (ebd., Z. 84 ff.). Auch wenn InPrax nicht, wie von Einigen erhofft, der ›Heilsbringer‹ mit einem Rucksack voller Ressourcen für die Entlastung der Lehrkräfte sein konnte, stellte es für dieses Kollegium eine Unterstützung dar, mit der sie »gucken konnten, wie sie mit den Dingen, die sie vor Ort haben, umgehen und Inklusion für sie lebendig machen können – und in dieser Hinsicht war das einfach passgenau, anders hätte es gar nicht funktionieren können« (ebd., Z. 181 ff.). Perspektivisch wünscht sich die Schule, »weil es sehr toll war, gerne noch nächstes Jahr InPrax weiter als Unterstützung« (ebd., Z. 95 f.).

Als zweites Beispiel für eine Schule, die im Rahmen von InPrax einen längeren Schulentwicklungsprozess gegangen ist, sei die Feldschule genannt. Bei ihr handelt es sich um eine städtische Grund- und Gemeinschaftsschule im sozialen Brennpunkt mit ca. 500 Schülerinnen und Schülern, von denen etwas mehr als ein Drittel über einen Migrationshintergrund verfügt und etwa jeder Zehnte sonderpädagogischen Förderbedarf zugeschrieben bekommen hat. Seit einigen Jahren existieren Integrationsklassen an der Schule und es gab auch bereits eine Fortbildung zum Thema Inklusion. Mit Strategien wie Binnendifferenzierung, Individualisierung und Doppelbesetzung wird versucht, der Heterogenität der Schülerinnen und Schüler sinnvoll zu begegnen. Über einen Zeitraum von fast eineinhalb Jahren wurde die Schule im Rahmen von InPrax begleitet; sie wünschte sich auch nach Abschluss des Projekts die Fortsetzung der Prozessbegleitung durch das Moderationsteam. Nachdem sich der Schulleiter zu Beginn der Begleitung vom InPrax-Tandem über deren Möglichkeiten und Ressourcen hatte informieren lassen, wurde bei einem Treffen mit der Steuergruppe der Schule, die aus einigen Lehrkräften besteht, anhand von Fragen aus dem Index für Inklusion mögliche Rahmenbedingungen eines Moderationsprozesses abgesteckt und erörtert, welche Themen für das Kollegium zukünftig von Bedeutung sind. Bei einem zweiten Treffen mit der Steuergruppe einigten sich die Beteiligten darauf, dass das Thema Inklusion im Rahmen einer freiwilligen Schulversammlung diskutiert werden sollte. Es wurde geplant, dass dort gemeinsam der Ist-Stand der Schule sowie das mögliche Entwicklungspotenzial erhoben werden sollen. Auf dieser einige Monate später stattfindenden Versammlung, zu der rund 20 Lehrkräfte erschienen, wurde das Kollegium über die bisher gegangenen Schritte im Prozess informiert. Gemeinsam wurde überlegt, was mit Blick auf heterogene Lerngruppen bereits gut läuft und wo es noch Baustellen gibt. Im Rahmen einer Dienstversammlung wurden die Ergebnisse schließlich dem Kollegium präsentiert und so sichergestellt, dass alle Lehrkräfte die Möglichkeit hatten, am Prozess zu partizipieren. Zudem wurden die Lehrkräfte zum nächsten Arbeitstreffen eingeladen. Für dieses zwei Monate später stattfindende Treffen stellte die Schulleitung die Thematik ›Teamentwicklung: Zugehörigkeit und Verbindlichkeit‹ ins Zentrum der Diskussion. Nach einem Impulsvortrag zum Thema nahmen die anwesenden Lehrkräfte eine Strukturanalayse vor, mit deren Hilfe sie herauskristallisierten, welche Strukturen für die Teamentwicklung in ihrem Kollegium wichtig und hilfreich sind. Diese Überlegungen sollten, so wurde vereinbart, im Rahmen einer Dienstversammlung fortgeführt werden und generell über Teamstrukturen im Hinblick auf inklusive Schule diskutiert werden. Inwiefern dies geschehen ist, kann aufgrund des Ausscheidens der verantwortlichen moderierenden Person aus InPrax nicht geklärt werden.

In diesem Prozess zeigt sich ein Wechselspiel zwischen den unterschiedlichen Ebenen der Schule. Ein von der Schulleitung angestoßener Prozess wird von einer Steuergruppe aufgenommen, vorbereitet und in einer größeren Arbeitsgruppe, die nur aus interessierten Mitgliedern besteht, aufgearbeitet. Die Ergebnisse wiederum werden mit dem gesamten Kollegium diskutiert, bevor der Handlungsimpuls anschließend wieder von der Schulleitung aufgenommen wird und sich ein neuer ähnlich aufgebauter Entwicklungszyklus entfaltet.

Der Schulleiter ging diesen Prozess anfangs nicht mit großen Erwartungen an. Da »Integration ein schwieriges bzw. großes Thema ist«, hoffte er »dieser Unzufriedenheit oder Unsicherheit begegnen zu können, indem man sich mit dem Thema beschäftigt [...], um dadurch Klarheit zu gewinnen« (IC 050401, Z. 20 ff.). Durch die Auseinandersetzung im Kollegium erwartete er zudem »gegenseitigen Respekt vor den verschiedenen Professionen, dass man sich im Team dann letzendlich dann auch unterstützt und gegenseitig Kompetenzen nutzt [...]. Das ist ja wirklich das Entscheidende: Teambildung, Zusammenarbeit, miteinander arbeiten, miteinander sprechen« (ebd., Z. 56 ff.). Zum Zeitpunkt des Interviews, ein Jahr nach dem ersten Kontakt mit den Moderatorinnen und Moderatoren, konnte er noch nicht abschätzen, welche Auswirkungen die Prozessbegleitung haben würde, da sie »erst relativ kurz dabei sind und es ja ein langfristiger Prozess ist«, aber er »denkt schon, dass das was bringt« (ebd., Z. 44 ff.).

Das Beispiel dieser zwei Schulen, die von InPrax über einen längeren Zeitraum begleitet wurden, zeigt beispielhaft, dass inklusive Schulentwicklung, über einen längeren Zeitraum angelegt, das Potenzial hat, sich nachhaltig zu entfalten. Außerdem wird an ihnen auch deutlich, dass eine Schulgemeinschaft nicht immer vollständig involviert sein muss. So wird der bereits arbeitsreichende Schulalltag nicht weiter übermäßig belastet und es kann stattdessen ressourcenorientiert vorgegangen werden.

2.3 Fazit: externe Experten sind »im Grunde unverzichtbar«

Aus den vorgestellten Beispielen und den Erfahrungen von InPrax insgesamt lassen sich einige Beobachtungen generalisieren. Auffällig ist die große Vielfalt der bearbeiteten Themen, die im Rahmen der von InPrax begleiteten inklusiven Schulentwicklungsprozesse beobachtet werden kann. Ist für die eine Schule die Entwicklung von Unterricht von Vorrang, beschäftigt sich die nächste mit Werten, Regeln und Strukturen und andere wiederum mit der Kooperation im Team oder mit der Zusammenarbeit mit anderen Bildungseinrichtungen. Da sich jede Schule auf dem ihr eigenen Stand der Entwicklung befindet und über individuelle Voraussetzungen, Ressourcen und Herausforderungen verfügt, ist dieser Aspekt logisch. Externe Moderatorinnen und Moderatoren, wie sie beispielsweise durch InPrax gestellt werden, haben aufgrund ihres breiten Aufgabenspektrums die Möglichkeit, auf diese unterschiedlichen Bedürfnisse einzugehen und Schulen von ihrem jeweiligen Entwicklungsstand aus zu begleiten. Dabei wird als klarer Vorteil gewertet, dass die inhaltliche Ausrichtung maßgeblich von der Schulgemeinschaft gesteuert wird. Das Moderationsteam kann nach Bedarf zusätzlich Impulse in Form von kurzen inhaltlichen Inputs vermitteln, die als Inspirationen aufgegriffen werden.

Dabei kann sich – je nach Konstellation von Personen und Haltungen, aber auch nach inhaltlichen Schwerpunkten – die Reflexion auf unterschiedliche Ebenen des Dialogs beziehen. In Anlehnung an den Kommunalen Index für Inklusion (MSJG 2011, S. 25 f.) können fünf Ebenen unterschieden werden:

1. Ich mit Mir: die Ebene der einzelnen Person
2. Ich mit Dir: die Ebene Mensch-zu-Mensch
3. Wir: die Ebene der einzelnen Schule
4. Wir und Wir: die Ebene der Vernetzung mit anderen Einrichtungen
5. Alle gemeinsam: die Ebene der Nachbarschaft oder des Sozialraums als Ganzes

Die vier skizzierten Beispiele machen deutlich, dass verschiedene Ebenen – vom Individuum bis zur kommunalen Bildungslandschaft und über den Bildungsbereich hinaus – in unterschiedlicher Gewichtung eine Rolle spielen; diese Systematik unterstützt gleichzeitig die Reflexion darüber, worauf die Aufmerksamkeit momentan gerichtet ist und was noch nicht im Fokus liegt.

Obwohl längerfristige Prozesse – sind sie erst einmal angeregt – auch ohne Moderation möglich sind, zeigt sich hier, dass eine dauerhafte Begleitung als hilfreich empfunden wird. Durch ein Projekt wie InPrax ist es möglich, Schulen sowohl eine punktuelle zielgerichtete Unterstützung zukommen zu lassen, als auch einen sicheren Reflexions- und Planungsrahmen für längerfristige Prozesse zu geben, ohne dass diese Ressource stetig neu beantragt werden muss.

Auf einen weiteren wichtigen Aspekt sei an dieser Stelle hingewiesen: Entwicklungsprozesse benötigen Zeit, gerade im schulischen Kontext. Am Beispiel der beiden Einrichtungen, die über einen längeren Zeitraum die Unterstützung der Moderatorinnen und Moderatoren von InPrax in Anspruch genommen haben, wird deutlich, dass zwischen den einzelnen Veranstaltungen manchmal mehrere Monate liegen können, in denen für den Betrachter von außen keine Aktivität erkennbar ist. Das ist jedoch die Zeit, in der in kleineren Arbeitsgruppen gearbeitet wird, Verabredungen getroffen werden – oder das Thema aufgrund anderer wichtigerer Dinge in den Hintergrund rückt. Es ist nötig und wichtig, Schulen diese Entwicklungszeit zuzugestehen und begleitende Prozesse dementsprechend flexibel zu planen.

Nach Einschätzung Beteiligter ist der Index für Inklusion in diesem Rahmen ein hilfreiches Instrument, das Orientierung gibt und Schulen als Anregung dient (vgl. Kruschel & Hinz 2015). Vielleicht könnte er auch als implizite Setzung von Standards dienen, die sich im Unterschied zu üblichen Definitionen direkt auf die Schule und nicht nur auf zu erzielende Kompetenzen von Schülerinnen und Schülern beziehen. So könnte der Index auch eine Antwort auf den eingangs aufgezeigten Widerspruch von Standardisierung und Individualisierung bieten (vgl. Boban & Hinz 2012).

Bei Betrachtung der Moderationstätigkeiten im Rahmen von InPrax ist ebenso feststellbar, dass Schulentwicklungsprozesse offenbar in ganz unterschiedlichen, mitunter auch wechselnden Konstellationen stattfinden können. So sind teilweise nur die Schulleitung und Lehrkräfte als Steuergruppe beteiligt, mitunter aber auch die gesamte Schulgemeinschaft bis hin zu externen Kooperationspartnern. Bei den vier Beispielen fällt auf, dass Schülerinnen und Schüler als kontinuierliche Partner im Schulentwicklungsprozess nicht auftauchen. Je nach üblichen Praktiken und Zielsetzungen des Entwicklungsprozesses scheinen hier also unterschiedlichste Formen und Grade von Partizipation gangbar und hilfreich zu sein – wichtig ist allerdings, dass stets alle Beteiligten informiert werden.

Die Arbeit mit den Moderatorinnen und Moderatoren im Rahmen von InPrax brachte den beteiligten Schulen eine wichtige, in vielen Fällen neue Perspektive: Mitunter hatten sie im Rahmen einer Bestandsaufnahme die Möglichkeit, auf ihre vorhandenen Ressourcen zu schauen und diese im Sinne des Index für Inklusion zu mobilisieren. Jede Schule verfügt bereits in unterschiedlichem Grad über Strategien, wie sie einer wachsenden Heterogenität der Schülerschaft begegnet. Es ist wichtig, diese Strategien offenzulegen, an sie anzuknüpfen und sie weiterzuentwickeln.

Eine größere quantitative Auswertung der vorliegenden Daten steht noch aus, allerdings zeigt sich doch, dass externe Begleitung im Rahmen von inklusiven Schulentwicklungsprozessen eine wichtige Unterstützung für Schulen ist, die Mitarbeitende aus dem eigenen System heraus so nicht leisten können. Brokamp (2012, S. 63 f.) führt zusammenfassend folgende Gründe auf, warum diese externen Expertinnen und Experten »im Grunde unverzichtbar« (ebd.) sind:

- »sie sehen sogenannte blinde Flecken einzelner Akteure sowie des Gesamtsystems;
- sie bieten neue Denkmuster an;
- sie nehmen andere Perspektiven ein;
- sie helfen bei Rollenunklarheiten;
- sie behalten eher den Blick aufs Ganze;
- sie kennen viele Systeme und können ihre Erfahrungen einbringen;
- sie können von außen individuelle Akteure und Einrichtungen ermuntern und ermutigen, Veränderungsprozesse zu initiieren;
- sie können den Index für Inklusion als Begleitinstrument einführen, ohne dass Interessen Einzelner dahinter vermutet werden oder die Gefahr besteht, dass die Arbeit mit dem Index auf Wenige delegiert wird;
- sie bieten durch ihre Unterstützung eine zusätzliche Ressource für die Schule;
- sie veranlassen die Übernahme gemeinschaftlicher und gemeinsam verantworteter Aufgabenbereiche.«

In diesem Sinne kann auch aus den Erfahrungen mit InPrax heraus empfohlen werden, externe Moderation zumindest phasenweise in die Schule zu holen. So können Schulen sich der dreifachen Herausforderung der Partizipation inklusiver Pädagogik stellen (s. o., vgl. Booth 2008), so können sich Schulgemeinschaften dabei unterstützen lassen, im Rahmen der ›Neuen Steuerung‹ teilautonom den Spagat zwischen inklusiver Ausrichtung auf die Bedürfnisse des Individuums und dem Druck der Standardisierung zu bewältigen. Schulleitungen stellen in diesem Prozess »das zentrale Bindeglied bei staatlichen Reformmaßnahmen und schuleigenen Veränderungsbemühungen [dar] und übernehmen als zentrale ›Change Agents‹ eine Schlüsselfunktion, wenn es darum geht, Entwicklungsprozesse auf der Ebene der Einzelschule nachhaltig und wirksam zu gestalten« (Amrhein 2014, S. 255 mit Bezug auf Huber 2009). Dass sie sich bei dieser Aufgabe zukünftig mehr Unterstützung suchen, ist nicht nur ratsam und wünschenswert, sondern auch professionell.

2.4 Literatur

Altrichter, H. & Maag Merki, K. (2010). Steuerung der Entwicklung des Schulwesens. In: H. Altrichter & K. Maag Merki (Hrsg.), Handbuch Neue Steuerung im Schulsystem. Wiesbaden: VS, S. 15–39.
Amrhein, B. (2014). Inklusive Bildungslandschaften: Neue Anforderungen an die Professionalisierung von Schulleitungen. In: S. G. Huber (Hrsg.), Jahrbuch Schulleitung 2014. Befunde und Impulse zu den Handlungsfeldern des Schulmanagements. Köln: Carl Link, S. 253–267.
Boban, I. & Hinz, A. (Hrsg.) (2003). Index für Inklusion. Lernen und Teilhabe in der Schule der Vielfalt entwickeln. Halle: Martin-Luther-Universität. Online unter: http://www.eenet.org.uk/resources/docs/Index%20German.pdf
Boban, I. & Hinz, A. (2012). Auf dem Weg zur inklusiven Schule – mit Hilfe des Index für Inklusion. In: V. Moser (Hrsg.), Die inklusive Schule – Standards für die Umsetzung. Stuttgart: Kohlhammer, S. 71–76.
Booth, T. (2008). Ein internationaler Blick auf inklusive Bildung: Werte für alle? In: A. Hinz, I. Körner & U. Niehoff (Hrsg.), Von der Integration zur Inklusion. Grundlagen – Perspektiven – Praxis. Marburg: Lebenshilfe, S. 53–73.
Brokamp, B. (2012). Qualifizierte Begleitung inklusiver Schulentwicklung. In: V. Moser (Hrsg.), Die inklusive Schule – Standards für die Umsetzung. Stuttgart: Kohlhammer, S. 62–70.
Brokamp, B. & Platte, A. (2010). Vielfalt gestalten. In: L. Schneider (Hrsg.), Gelingende Schulen. Gemeinsamer Unterricht kann gelingen. Schulen auf dem Weg zur Inklusion. Baltmannsweiler: Schneider Hohengehren, S. 3–27.
Hinz, A. (2013). Inklusion – von der Unkenntnis zur Unkenntlichkeit!? – Kritische Anmerkungen zu einem Jahrzehnt Diskurs über schulische Inklusion in Deutschland. Zeitschrift für Inklusion; Nr. 1. URL: http://www.inklusion-on line.net/index.php/inklusion-online/article/view/26/26
Hinz, A. & Kruschel, R. (2014). Unterstützungssysteme für inklusive Schulentwicklung – ein Beispiel aus Schleswig-Holstein. In: S. G. Huber (Hrsg.), Jahrbuch Schulleitung 2014. Befunde und Impulse zu den Handlungsfeldern des Schulmanagements. Köln: Carl Link, S. 284–298.
Kruschel, R. & Hinz, A. (2015). Die Rolle des Index für Inklusion beim Aufbau einer landesweiten Unterstützung für inklusive Schulentwicklungsprozesse. In: I. Boban & A. Hinz (Hrsg.), Inklusive Praxis in Kindertageseinrichtungen und Grundschulen. Erfahrungen in der Arbeit mit dem Index für Inklusion Bad Heilbrunn: Klinkhardt (in Vorbereitung).
Maag Merki, K. & Werner, S. (2013). Schulentwicklungsforschung. Aktuelle Schwerpunkte und zukünftige Forschungsperspektiven. In: Die Deutsche

Schule. Zeitschrift für Erziehungswissenschaft, Bildungspolitik und pädagogische Praxis 105, S. 295–304.

MSJG (Montag Stiftung Jugend und Gesellschaft) (2011). Inklusion vor Ort. Der Kommunale Index für Inklusion – ein Praxishandbuch. Berlin: Eigenverlag des Deutschen Vereins für öffentliche und private Fürsorge.

Pluhar, C. (2014). Überblick über inklusive Bildung in Schleswig-Holstein. In: Gemeinsam leben 22, S. 183–188.

Schleswig-Holsteinischer Landtag (2014). Bericht der Landesregierung. Inklusion an Schulen. Drucksache 18/2065. Kiel.

Schuck, K.D. (2014). Individualisierung und Standardisierung in der inklusiven Schule – ein unauflösbarer Widerspruch? In: Die Deutsche Schule. Zeitschrift für Erziehungswissenschaft, Bildungspolitik und pädagogische Praxis 106, S. 162–174.

Wocken, H. (2014). Im Haus der inklusiven Schule. Grundrisse – Räume – Fenster. Hamburg: Feldhaus.

3. Das Bielefelder Modell der integrierten Sonderpädagogik – Wege aus dem Dilemma des Aufbaus einer inklusionssensiblen Lehrerbildung

BETTINA AMRHEIN, BIRGIT LÜTJE-KLOSE & SUSANNE MILLER

3.1 Ein internationaler Blick auf inklusive Bildung

Angesichts eines zunehmend inflationär gebrauchten Begriffs der Inklusion sind eine deutliche Positionierung und ein tragfähiges Begriffsverständnis als Grundlage und Voraussetzung jedweder Überlegungen zum Aufbau einer inklusiven Lehrerbildung unabdingbar. Dabei gilt es, sich an den durch die UN-Konvention beschriebenen Menschenrechten als dem unverzichtbaren Bezugspunkt und an den im Zuge ihrer Herausbildung entstandenen nationalen wie internationalen Diskurslinien zu orientieren (UN-Konvention 2006).

Zwar ist mittlerweile Inklusion als bildungspolitscher sowie wissenschaftlicher Terminus allgemein akzeptiert, eine abschließende Verständigung über die begriffliche Bedeutung und die daraus zu folgernden Konsequenzen für Praxis und Wissenschaft sind jedoch bisher ausgeblieben. Wissenschaftlerinnen und Wissenschaftler im Bereich inklusiver Bildung verweisen auf den zunehmend inflationären Gebrauch des Begriffes Inklusion und die damit einhergehenden Problematiken für die Praxis sowie für Wissenschaft und Forschung (Wocken 2012, Wocken 2013, Amrhein 2011, Feuser 2014, Hinz 2013, Badstieber 2012, Löser et al. 2013).

Auf internationaler Ebene hat sich der Begriff der Inklusion zu einem bildungspolitischen Standardbegriff der UN und der UNESCO entwickelt (Ziemen 2012, S. 1). Bereits das Leitprinzip der Salamanca-Erklärung (UNESCO 1994) richtet sich nach einem umfassenden Begriff der Inklusion, der alle Differenzlinien in den Blick nimmt und fordert:

»[…] dass Schulen alle Kinder, unabhängig von ihren physischen, intellektuellen, sozialen, emotionalen, sprachlichen oder anderen Fähigkeiten aufnehmen sollen. Das soll behinderte und begabte Kinder einschließen, Straßen- sowie arbeitende Kinder, Kinder von entlegenen oder nomadischen Völkern, von sprachlichen, kulturellen oder ethnischen Minoritäten sowie Kinder anders benachteiligter Randgruppen oder Gebiete« (UNESCO 1994).

Unter Berücksichtigung der Verschiedenheit der Lernenden strebt Inklusive Pädagogik demnach die Bekämpfung jeglicher Form von Diskriminierung, die Schaffung wertschätzender Gemeinschaften, die Verwirklichung einer Pädagogik für alle im Sinne gleichberechtigter Teilhabe sowie Chancengleichheit und die Verbesserung der Qualität und Effektivität der Pädagogik für den Mainstream der Lernenden an (Lindmeier 2012, S. 38). Hilfreiche Unterstützung bei der begrifflichen Orientierung bieten hier u. a. auch die von der UNESCO veröffentlichen Leitlinien (UNESCO 2005, UNESCO 2009).

Ausgehend von diesem auf internationalen Standards und den Menschenrechten basierenden Verständnis von Inklusion bzw. von inklusiver Bildung (Reich 2012) zeigt sich, dass das deutsche selektive, segregierende und mitunter diskriminierende Erziehungs-, Bildungs- und Unterrichtswesen (Feuser 1995, Bos et al. 2010) hierzu in einem deutlichem Widerspruch steht. Die Ergebnisse der großen internationalen PISA-Vergleichsstudien (Baumert 2001, Prenzel 2004, Prenzel 2007) haben ebenso wie zahlreiche Bildungsexperten (Rösner 2007, Tillmann 2006, Berkemeyer et al. 2013, Jürgens & Miller 2013) zuvor auf die systematische Benachteiligung und die ungleiche Verteilung von Bildungschancen für bestimmte Personengruppen hingewiesen. Dies führt u. a. aktuell dazu, dass die Entwicklungsverläufe in der praktischen Ausgestaltung inklusiver Reformen ebenso wie die theoretische bzw. wissenschaftlich-empirische Auseinandersetzung zunehmend uneinheitlich und widersprüchlich sind (Badstieber 2012, S. 5, Amrhein 2014). Es zeigt sich eine enorme Diskrepanz zwischen Anspruch und Wirklichkeit inklusiver Bildungsreformen und ein komplexes Geflecht unterschiedlichster Zugänge zur Thematik.

3.2 Lehrerbildung für eine inklusive Schule

Nicht nur das bestehende Erziehungs-, Bildungs- und Unterrichtswesen, sondern insbesondere auch die Lehreraus- und -fortbildung stehen aktuell vor einschneidenden Reformen, um die Forderungen der UN-Konvention entsprechend umsetzen zu können.

Wenn die Prozesse um die Herausbildung einer inklusiven Schule so komplex sind, stellt sich die Frage, inwiefern angehende Lehrkräfte auf diese Prozesse zurzeit vorbereitet werden bzw. inwiefern vor dem Hintergrund bestehender Rekontextualisierungstendenzen die Umgestaltung der Lehrerbildung im Sinne inklusiver Bildungsreformen vollzogen werden kann (Amrhein 2011). Für Georg Feuser trägt die Lehrerbildung die größte Verantwortung für die zukünftige Entwicklung in Richtung eines inklusiven Schulsystems (Feuser 2013) – vor Überschätzung der Wirkungen von Lehrerausbildung muss u. E. aber auch gewarnt werden.

Allerdings setzen sich die zahlreichen ungelösten Probleme der Entwicklung von Inklusion im schulpraktischen Kontext aktuell im Bereich der Lehrerbildung fort. Problematisch erscheint dabei, dass hier kaum auf empirische Befunde zurückgegriffen werden kann. Obwohl in nie da gewesener Quantität über die Professionalisierung von Lehrkräften für Inklusion geschrieben wird (Amrhein & Badstieber 2013; Amrhein & Kricke 2013; Fischer et al. 2013; Feuser

2013; Heinrich, Urban & Werning 2013; Hillenbrand & Melzer 2013; Lindmeier 2009, 2014; Lütje-Klose 2011; Lütje-Klose et al. 2014), wissen wir nicht empirisch abgesichert, wie der Aufbau einer inklusionsorientierten Lehrerbildung gelingen kann.

Hinzu kommen auch in dieser Diskussion widerstreitende Zugänge zum Aufbau einer Lehrerbildung für Inklusion. Martin Rouse macht dabei auf zwei unterschiedliche Argumentationslinien im Kontext der Suche nach einer inklusionskompetenten Lehrerbildung aufmerksam (Rouse 2012, xviii). Zum einen wird argumentiert, dass es ganz spezifischer Kompetenzen zum Umgang mit ›special children‹ bedürfe und dass die aktuelle Lehrerbildung hier nicht ausreichend qualifizierende Programm vorhalte. Dies führe auch dazu, dass angehende Lehrkräfte nicht die nötigen Qualifikationen besitzen, um in »inclusive schools« bestehen zu können. Mit diesem Argument wird der Stellenwert sonderpädagogischer Expertise für die Inklusion hervorgehoben.

Das zweite Argument betont dagegen, dass inklusive Bildung nicht auf den Umgang mit sogenannten »behinderten« Schülerinnen und Schülern beschränkt bleiben dürfe, sondern dass Lehrkräfte dazu befähigt werden sollten, Lernbarrieren für *alle* Schülerinnen und Schüler aus dem Weg zu räumen. Aus dieser Perspektive wird der Abbau selektiver Strukturen und die Schaffung einer inklusiven Schule daran gebunden, dass Lehrkräfte mit unterschiedlicher Expertise sich gemeinsam als Lehrerinnen und Lehrer für alle Kinder verstehen und sich kompetent qualifiziert fühlen, diese Aufgabe zu übernehmen (vgl. Heinrich et al. 2013, Lütje-Klose et al. 2014).

Je nachdem, welche Argumentationslinie man verfolgt, ergeben sich sehr unterschiedliche Konsequenzen für die noch zu entwickelnden Programme. Die Frage danach, über welche Kompetenzen, Einstellungen und Bereitschaften Lehrkräfte mit unterschiedlicher Ausbildung in einer inklusiven Schule verfügen und in welchem Verhältnis sie zueinander stehen sollten, wird entsprechend kontrovers diskutiert (s. u.). Dabei geht es auch um die Frage, inwieweit in einer inklusiven Schule eher sog. »Generalisten« oder »Spezialisten« vonnöten sind und wie die Aufgaben und Rollen von Lehrkräften unterschiedlicher Disziplin verteilt sein sollten (Kretschmann 1993, Lütje-Klose & Neumann 2014).

3.3 Entwicklungsstände einer inklusionssensiblen Lehrerbildung

Nur wenige Standorte in Deutschland haben bereits vor vielen Jahren ihre Lehrerbildung auf den wachsenden Anspruch zum kompetenten Umgang mit Vielfalt in der Schule ausgerichtet.[1] Tendenziell gilt, dass das Fortbestehen der strukturellen Trennung der aktuellen Lehramtsausbildung in unterschied-

---

1 Zu nennen sind hier z. B. die Universitätsstandorte Bielefeld (Hänsel 2004) und Bremen (Seitz & Scheidt 2011).

liche Lehrämter in Deutschland nach wie vor in einem starken Widerspruch zur Entwicklung hin zu einem »inclusive school system at all levels« (UN-Konvention 2006) steht. Erst seit kurzem liegen erste Expertisen vor, die eine komplette Neuordnung der Lehramtsausbildung vorsehen und sich dabei für »Inklusion als Auftrag für alle Lehrämter« (Expertenkommission Lehrerbildung 2012, S. 9) stark machen, deren Empfehlungen aber bislang noch nicht umgesetzt sind.

Die Lehrerbildung befindet sich in Deutschland somit in einer erheblichen Schieflage (Winkler 2014, S. 115). Die momentane Ausbildungssituation nimmt Lehramtsstudierenden trotz dieser Entwicklungen häufig noch die Möglichkeit, über die engen Lehramtsgrenzen hinweg, Schule und ihre zukünftige Lehrerrolle in inklusiven Settings zu reflektieren. Bis heute gibt es in vielen Bundesländern im Rahmen der Erstausbildung an Universitäten nur wenige Gelegenheiten, sich für die anstehenden inklusiven Bildungsreformen im Land zu professionalisieren (Amrhein et al. 2014).

Nach wie vor werden an den meisten Hochschulen Lehrerinnen und Lehrer für spezifische Schulformen auf Basis einer vermeintlichen Unterschiedlichkeit der akademischen Leistungsfähigkeit der Schülerinnen und Schüler (Haupt-, Realschule und Gymnasium) bzw. nach den sonderpädagogischen Fachrichtungen für das Lehramt für sonderpädagogische Förderung ausgebildet. Damit bilden die inneren Strukturen in den Hochschulen (Fakultäten, Institute, Abteilungen) und Forschungseinrichtungen relativ ungebrochen die Schulstrukturen ab und bestimmen so die Wissenschafts-, Ausbildungs- und Studiengangsystematik in den Bildungswissenschaften (Merz-Atalik 2014). Kerstin Merz-Atalik stellt sehr richtig fest, dass dies als wenig zukunftsweisend im Hinblick auf die Anforderungen in einem inklusiven Bildungssystem erscheint. Es bleibt festzustellen: Wenn man tatsächlich eine geänderte Struktur und zunehmende inklusive Bildungsangebote bzw. gar inklusive Bildungssysteme ansteuert, ist es dringend erforderlich, auch in der Ausbildung auf die veränderten Strukturen der Zukunft vorzubereiten.

»Lehrkräfte heute zu fragen, welche Schülerinnen sie bevorzugt unterrichten wollen (dies impliziert die Frage nach dem spezifischen Lehramt in Abhängigkeit von einem akademischen Niveau oder einer spezifischen sonderpädagogischen Ausrichtung) widerspricht den Intentionen einer zunehmenden gemeinsamen Beschulung aller Kinder und Jugendlichen« (Merz-Atalik 2014, S. 31).

Tatsächlich kann man in der aktuellen Situation von einer erheblichen Krise in der Lehrerinnen- und Lehrerbildung sprechen. Deren Ausbildung läuft in den meisten gesetzlichen Rahmenvorgaben und an den meisten Standorten den aktuellen Entwicklungen zur Umgestaltung des Bildungssystems hinterher und die Lehrerfortbildung kann weder quantitativ noch qualitativ den aktuell hohen Bedarf an qualifizierenden Programmen decken (Amrhein & Badstieber 2013). Es zeigen sich für die Lehrerausbildung, neben zahlreichen weiteren, zusammenfassend besonders diese Problemlagen (Amrhein 2014):

(1) Eine erhebliche *Unklarheit in den Begrifflichkeiten* rund um schulische Inklusion macht die Konzeption einer inklusionssensiblen Lehrerinnen- und Lehrerbildung sehr komplex (Amrhein 2014).

(2) Eine nach wie vor fast durchgängig nach Ausbildungsgängen getrennte Lehrerinnen- und Lehrerbildung erschwert einen allgemeinpädagogischen Zugang zu inklusiver Bildung (Merz-Atalik 2014, Lütje-Klose et al. 2014).

(3) Trotz guter Ansätze kommt eine systematische Orientierung auf Inklusion in den Fachdidaktiken und Fachwissenschaften an den meisten Universitätsstandorten nur sehr langsam in Gang (Amrhein & Dziak-Mahler 2014).

(4) Folgt man Johannes König, so liegen nach wie vor *keine empirischen Belege* für die Wirkkette *Lehrerausbildung – Lehrerhandeln – Schülerleistung* vor (König 2014). Noch weniger wissen wir über die Wirksamkeit von Lehrerhandeln in Bezug auf die stark veränderten Anforderungen in einem »inklusiven« oder durch eine starke Heterogenität in den Lernausgangslagen der Schülerinnen und Schüler geprägten Lernumfeld (Merz-Atalik 2014, Löser et al. 2013).

(5) Hinzu kommt ein Mangel an positiven Beispielen für inklusive Praxis: So machen Lehramtsstudierende im Rahmen ihrer Schulpraktika häufig auch problematische Erfahrungen in Bezug auf den Umgang mit Vielfalt in der Schule. Nicht selten treffen sie auf Lehrkräfte, die Zielkonflikte im Unterricht (Trautmann et al. 2011) als problematisch erleben und häufig auch daran zu scheitern drohen (Amrhein & Kricke 2013). Dies kann zur Folge haben, dass Vorbehalte zum Umgang mit Vielfalt in der Schule bei Lehramtsstudierenden weiter zementiert werden (ebd.).

Aufgrund der skizzierten Herausforderungen einer inklusionssensiblen Lehrerbildung ist zuvorderst das Verhältnis von Sonderpädagogik und Regelschulpädagogik neu zu justieren, denn Inklusion ist – wie auch Hinz betont – »nicht als veränderte Fortsetzung von Sonderpädagogik zu verstehen, sondern im Rahmen der Allgemeinen Pädagogik zu verorten« (Hinz 2009, S. 172).

Dies bedeutet, wie es Preuss-Lausitz und Klemm (2011) in ihrer Expertise für das größte Bundesland Nordrhein-Westfalen fordern, dass die strikte Trennung zwischen (den sonderpädagogischen und) den anderen Lehrämtern in der Lehrerausbildung überwunden wird und sich Schulpädagogik und Sonderpädagogik nicht länger als voneinander getrennte Theorien verstehen, die zu unterschiedlichen Berufsverständnissen führen, sondern als Wurzeln einer gemeinsamen, zu entwickelnden Pädagogik der Vielfalt (vgl. Prengel 2007; Klemm, Preuss-Lausitz 2011, S. 32). Auch Jürgen Oelkers konstatiert die bisherige getrennte Zuständigkeit von Allgemeiner Pädagogik und Sonderpädagogik für verschiedene Themenfelder: Das Allgemeine sei bisher so gefasst worden, dass bestimmte Gruppen nicht dazugehörten (vgl. Oelkers 2013, S. 236). »Insofern stellt der Wandel des Diskurses über Erziehung auch den Wandel des pädagogischen Blickes dar. Der Blick überwindet seine historische Beschränkung, an die sich Generationen von Pädagoginnen und Pädagogen gewöhnt und mit der sich Arbeitsfelder pädagogischer Berufe verbunden haben« (ebd., S. 236).

Allerdings bleibt diese Forderung zu konkretisieren und umzusetzen. Problematisch ist, dass die Sonderpädagogik vielfach auch für die inklusive Lehrerbildung den Expertenstatus für sich verbucht und in Teilen ein Rollenbild für Förderlehrkräfte in inklusiven Schulen entwirft, das im Gegenüber zu dem der Regelschullehrkräfte gezeichnet wird und nicht selten einen Führungsanspruch erhebt (vgl. Hänsel & Miller 2014). Recht plakativ drückt dies Wocken in seiner kritischen Positionierung aus: »Die aktuelle sonderpädagogische Diskurslage lässt sich vereinfachend so beschreiben: Kaum ein Positionspapier sonderpädagogischer Provenienz verzichtet auf die Forderung, dass bei den anstehenden Inklusionsreformen der ›Standard der Sonderpädagogik‹ unbedingt zu erhalten sei. Die Regelpädagogik ist zu einer qualifizierten Inklusion nicht in der Lage und in hohem Maße veränderungsbedürftig. Die Sonderpädagogik dagegen bedarf dank ihres hohen Standards keinerlei Änderungen, sie ist so, wie sie ist, schon ›fertig‹, sie muss eigentlich nur noch in die Regelpädagogik importiert und implantiert werden« (Wocken 2011, S. 200).

Wenn es in der Inklusion aber um die Entwicklung einer inklusiven Schule geht, die für wirklich alle Kinder zuständig ist, gilt es diese Gegensatzkonstruktion zu überwinden und Lehrerinnen und Lehrer so auszubilden, dass nicht die sonderpädagogische Diagnose, die sonderpädagogische Förderung und die sonderpädagogische Beratung gegenüber der pädagogischen Förderung, pädagogischen Diagnose und pädagogischen Beratung für sich eine Überlegenheit beansprucht oder behauptet.

In der Überarbeitung der KMK-Standards für die Lehrerbildung (KMK 2014a) werden dementsprechend genau diese Tätigkeitsfelder für alle Lehrämter mit Blick auf alle Schülerinnen und Schüler benannt. Im Fachprofil Sonderpädagogik, das ebenfalls 2014 von der KMK (2014b) überarbeitet wurde, werden demgegenüber spezifische Aspekte und Problemlagen stark gemacht, die die einzelnen sonderpädagogischen Förderschwerpunkte betreffen.

Da es in Schule im Wesentlichen um das Unterrichten geht und es »keine Evidenz für eine spezielle Didaktik für inklusive Lerngruppen gibt« (Heinrich, Werning, Urban 2013, S. 83), ist es nur folgerichtig, wenn eine inklusive Lehrerbildung von der allgemeinen Erziehungswissenschaft und Schulpädagogik gedacht wird und dabei für spezifische (auch sonderpädagogische) Bereiche qualifiziert. Diese Perspektive wird auch in den Empfehlungen der Expertenkommission Lehrerbildung (2012) stark gemacht, deren Umsetzung aktuell in Berlin vorgesehen ist und die keinen eigenen Studiengang Sonderpädagogik mehr vorsehen: »Ein eigenständiger Studiengang ›Lehramt Sonderpädagogik‹ wird ersetzt durch die Einrichtung eines Studienschwerpunktes ›Sonderpädagogik/Rehabilitationswissenschaften‹ in den Studiengängen Lehramt an Grundschulen, Lehramt an ISS und Gymnasien sowie Lehramt an beruflichen Schulen. Die Kommission empfiehlt auch, dass für alle Lehrämter in den Bildungswissenschaften und in den Fachdidaktiken eine sonderpädagogische Grundqualifikation im Umfang von 12–15 LP aufgenommen wird« (ebd., S. 9). Sonderpädagogische Qualifikationen sollen somit zukünftig in die allgemeinen Lehrämter integriert und – neben der Grundqualifikation für alle – als eine neben anderen wählbaren Spezialisierungen in der Ausbildung verstanden werden.

3.4 Das Bielefelder Modell der integrierten Sonderpädagogik

Der Studiengang der Integrierten Sonderpädagogik an der Universität Bielefeld ist in o. g. Sinne einzuordnen. Er ist als Vorläufer der o. g. Überlegungen anzusehen und setzt eine solche integrierte Perspektive bereits seit 2002/03 um, er verfügt über ein entsprechend ausgearbeitetes Curriculum sowie über Evaluationsergebnisse[2].

Das zu der Zeit bundesweit einmalige und innovative Konzept wurde von der Schulpädagogin Dagmar Hänsel entwickelt. Die Studierenden können seither im Rahmen des Studiengangs der Integrierten Sonderpädagogik einen doppelten Lehramtsabschluss erwerben: einen Abschluss, der für die Grundschule oder für den Sekundarstufen-I-Bereich qualifiziert und einen für das sonderpädagogische Lehramt. Die Doppelqualifikation erfolgt durch eine institutionelle, curriculare und personelle Verschränkung des allgemein-erziehungswissenschaftlichen und sonderpädagogischen Studiums. Dem Prinzip der Subsidiarität entsprechend wird die sonderpädagogische Ausbildung mit dem allgemeinen erziehungswissenschaftlichen Studium verschränkt (vgl. Hänsel 2004, S. 84). Institutionell zeigt sich dies darin, dass die Sonderpädagogik nicht nur innerhalb der Fakultät verankert ist, sondern auch innerhalb einer Arbeitsgruppe, die den Namen »Schultheorie mit dem Schwerpunkt Grund- und Förderschulen« trägt und in der die Autorinnen als Grund- und Sonderpädagoginnen eng zusammenarbeiten, indem sie den Studiengang gemeinsam verantworten. Zukünftig wird die Sonderpädagogik noch eine sehr viel deutlichere Querstruktur in weiteren Arbeitsgruppen der Fakultät einnehmen, weil ein vom Land geplanter Ausbau von Studienplätzen für das Lehramt für sonderpädagogische Förderung auch eine Erweiterung der personellen Ausstattung zulässt.

---

2 Seit der Umstellung auf die konsekutiven Studiengänge in der Lehrerbildung im WS 2002/03 hat die Fakultät für Erziehungswissenschaft an der Universität Bielefeld gemeinsam mit der Hochschulleitung und mit Unterstützung des damaligen Zentrums für Lehrerbildung (heute Bielefeld School of Education) den Studiengang der Integrierten Sonderpädagogik eingeführt.

Strukturell wird die Doppelqualifikation dadurch erreicht, dass die Studierenden ein allgemeines Lehramt studieren und dabei innerhalb der bildungswissenschaftlichen Anteile sonderpädagogische Profilierungen studieren[3]. Die
Studierenden, die sich für beide Lehrämter qualifizieren möchten, schreiben
sich in den Studiengang »Grundschule mit integrierter Sonderpädagogik«
bzw. »Haupt-/Real-/Gesamtschule mit integrierter Sonderpädagogik« ein. Diese
Studierenden studieren dadurch Bildungswissenschaften als Vertiefungsfach,
d. h. die wählbare Vertiefung von 12 Leistungspunkten wird mit sonderpädagogischem Schwerpunkt studiert und den Bildungswissenschaften zugeordnet[4].
Auch die Bachelorarbeit wird mit einer Fokussierung auf Probleme des Lernens
und Verhaltens in Bildungswissenschaften geschrieben. Ansonsten entspricht
der Studiengang strukturell dem eines allgemeinen Lehramts für Grundschule
und umfasst dabei grundsätzlich für alle Studierenden Studienanteile, die den
pädagogischen Umgang mit Heterogenität insbesondere im Lernen und Verhalten in verschiedenen Modulen anbieten und für den sonderpädagogischen Studiengang anrechenbar sind. Das zehnsemestrige Studium beinhaltet ein Praxis-
semester, und die fachwissenschaftlichen und -didaktischen Anteile in ihren
Unterrichtsfächern/Lernbereichen werden im vollen Umfang studiert, genauso,
wie es für das allgemeine Lehramt vorgesehen ist. Wenn die Studierenden auch
das Lehramt für sonderpädagogische Förderung erwerben möchten, müssen
sie im Anschluss an den ersten einen zweiten, zweisemestrigen Master absolvieren, in dem ergänzende Studienanteile in den beiden angebotenen sonderpädagogischen Fachrichtungen Lernen und Emotionale und Soziale Entwicklung
studiert werden. Aufgrund der entsprechenden Profilierung des allgemeinen
Lehramtsstudiums müssen die Studierenden somit lediglich zwei Semester zusätzlich studieren, in denen dann ein sonderpädagogischer Schwerpunkt gesetzt
wird, selbstverständlich auch im Sinne der integrierten Sonderpädagogik, d. h.
in inhaltlicher Verschränkung mit der allgemeinen Erziehungswissenschaft.
An der Universität Bielefeld werden ausschließlich die sonderpädagogischen
Fachrichtungen Lernen und emotionale und soziale Entwicklung angeboten,
weil diese eine besonders hohe Übereinstimmung mit der sozialen Benachteiligung der Kinder und Jugendlichen haben und deren Ausbildungsinhalte besonders anschlussfähig sind zum sozialwissenschaftlichen Profil der erziehungswissenschaftlichen Fakultät in Bielefeld.

---

3 Die Struktur des Studiengangs wird hier in ihrer aktuell gültigen Form nach dem nordrhein-westfälischen Lehreraus-
bildungsgesetz von 2009 vorgestellt. Die ursprüngliche Konzeption auf der Basis der damals gültigen Rechtslage
konnte noch konsequenter entwickelt werden und ermöglichte den Doppelabschluss in der Regelstudien-
zeit von 10 Semestern, vgl. Hänsel, 2004, Lütje-Klose & Miller 2012.
4 Inhaltlich kann mit diesen zusätzlichen Leistungspunkten das Modul »Grundfragen der Sonderpädagogik und inklusiven Pädagogik« angeboten werden.

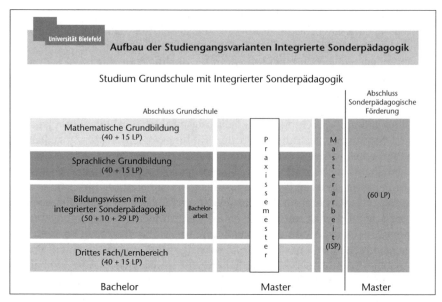

Abb. 1: Struktur des Lehramts Grundschule mit integrierter Sonderpädagogik

Wie in Abbildung 1 anhand der Struktur des Lehramts Grundschule mit integrierter Sonderpädagogik gezeigt wird, beinhaltet das Studium alle drei durch das LABG NRW vorgesehenen, fachlichen und fachdidaktischen Lernbereiche in vollem Umfang von je 55 LP und parallel dazu durch die bildungswissenschaftliche Profilbildung auch die beiden sonderpädagogischen Fachrichtungen Lernen und emotionale und soziale Entwicklung, die ebenso im vollen vorgesehenen Umfang von 50 und 55 LP studiert werden. Die Studierenden erwerben damit fachliche und fachdidaktische ebenso wie bildungswissenschaftliche und sonderpädagogische Kompetenzen und werden so für die Rollen und Aufgaben in der inklusiven Schule im vollen Umfang qualifiziert. Die bildungswissenschaftlichen und sonderpädagogischen Module sind in Abbildung 2 differenziert aufgeführt.

Durch die intendierte Mehrperspektivität werden darüber hinaus die Differenzen der fachlichen Perspektiven herausgearbeitet, vergleichend analysiert und reflektiert, dabei spielt auch die historische Entwicklung der Sonderschule eine zentrale Rolle. Die Studierenden sollen sich jeweils kritisch mit der sonderpädagogischen und der allgemein-schulpädagogischen Perspektive auseinandersetzen. In den bildungswissenschaftlichen Modulen der Bachelor- und Masterphase findet die Ausbildung der Studierenden sowohl in personeller Union von allgemeiner Erziehungswissenschaft und Sonderpädagogik als auch in curricularer Verschränkung statt, weil Probleme im Lernen und Verhalten jeweils immer mitbedacht werden.

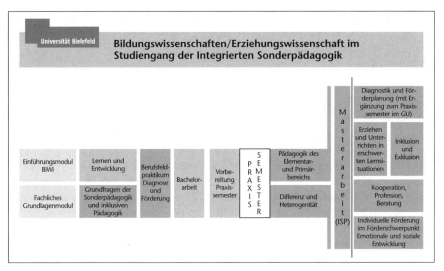

Abb. 2: Bildungswissenschaftliche und sonderpädagogische Module

Nach dem Abschluss des Bachelor- und Masterstudiums haben die Studierenden des Grundschullehramts mit der integrierten sonderpädagogischen Profilierung zwei Optionen: Sie können entweder ins Referendariat für das Lehramt Grundschule gehen oder sie können ihr Studium fortsetzen und innerhalb eines zweisemestrigen zweiten Masterstudiums die integrierte Sonderpädagogik weiter studieren.

Die bislang vorliegenden Evaluationsergebnisse, die auf einer Absolventenbefragung in zwei Kohorten im Vorläufermodell zum hier skizzierten, aktuellen Studiengang basieren, zeigen eine insgesamt hohe Zufriedenheit mit dem Studiengang zwei Jahre nach Studienabschluss. Zu 84% verstehen sie sich als Lehrkräfte, die für alle Kinder verantwortlich sind, und bei den offenen Antworten finden sich vielfach Aussagen wie diese, die auf die Vorteile der Ausbildung für inklusive Schulen verweist: »Die Doppelqualifikation ist ein klarer Vorteil im GU!« (Kottmann/Hofauer 2014, S. 4).

3.5 Ausblick

Über den Bedarf nach Weiterentwicklung der Ausbildungsstrukturen hin zu einer stärker inklusionssensiblen Lehramtsausbildung besteht im Zuge der Umsetzung der UN-Konvention über die Rechte von Menschen mit Behinderungen international ebenso wie national Konsens. Die anstehenden Veränderungen in den Ausbildungsstrukturen betreffen die allgemeinen Stufenlehrämter ebenso wie die sonderpädagogischen Fachrichtungen. Die Erfahrungen mit dem Bielefelder Studiengang der Integrierten Sonderpädagogik zeigen ebenso wie die aktuellen Empfehlungen von Expertenkommissionen, dass es gangbare Wege gibt, die bislang strikten disziplinären Grenzen zu überwinden und eine breite Qualifikation von Studierenden zu ermöglichen, die sich als Lehrkräfte für alle Kinder verstehen.

Einen besonderen Vorteil des Bielefelder Modells sehen wir auch darin, dass die für die Lehrerprofession so bedeutsamen fachwissenschaftlichen und fachdidaktischen Studienanteile ohne Abstriche studiert werden können. Durch den oben angesprochenen Ausbau an Studienplätzen im Bereich der integrierten Sonderpädagogik haben es sich die beteiligten Fächer zur Entwicklungsaufgabe gemacht, ihr Curriculum noch stärker als bisher an den Bedürfnissen eines Unterrichts in heterogenen und inklusiven Lerngruppen auszurichten. Die sonderpädagogische Qualifikation geht somit in Bielefeld in quantitativer Hinsicht nicht zulasten einer fundierten Ausbildung in den Unterrichtsfächern, sondern erfährt in Zukunft in qualitativer Hinsicht sogar im Vergleich zur Regelschullehrausbildung einen Vorsprung, Dies möchten wir hier auch deshalb betonen, weil ansonsten für eine inklusive Lehrerausbildung sehr häufig überwiegend auf die Einstellungen und Haltungen von Lehrkräften abgehoben wird. Für die Gestaltung eines adaptiven Unterrichts, der sich an den Lernvoraussetzungen der Kinder orientiert und für die Gestaltung anregender Lernarrangements mit einem hohen Grad an kognitiver Aktivierung ist die fachwissenschaftliche und fachdidaktische Ausbildung sehr zentral.

Daneben lohnt aber auch der Blick auf internationale Entwicklungen um eine an inklusiver Bildung ausgerichtete Aus- und Fortbildung von Lehrkräften. Der mit dem Bielefelder Modell angestrebte »holistische Blick«[5] auf eine inklusionssensible Lehrerbildung deckt sich mit Ergebnissen eines europäisch angelegten Projektes auf der Suche nach Leitlinien für eine inklusive Lehrerbildung: *Teacher Education for Inclusion (TE4I)*.[6] Als Grundlage für die Arbeit aller Lehrkräfte in der inklusiven Bildung wurden abschließend vier für Unterricht und Lernen zentrale Werte ermittelt:[7]

1) **Wertschätzung der Vielfalt der Lernenden** – Differenz der Lernenden wird als Ressource und Bereicherung für die Bildung wahrgenommen.
2) **Unterstützung aller Lernenden** – die Lehrkräfte haben hohe Erwartungen an die Leistungen aller Lernenden und unterstützen sie dabei, diese zu erreichen.
3) **Zusammenarbeit mit anderen** – Kooperation und Teamarbeit sind von zentraler Bedeutung für alle Lehrerinnen und Lehrer.

---

5 »Teacher education can provide a holistic view of diversity that allows teachers to develop critical inclusive pedagogies« (Forlin 2010, S. 650).
6 Im Rahmen einer dreijährigen Projektaktivität *Inklusionsorientierte Lehrerbildung* wurde von einer internationalen Projektgruppe untersucht, wie Lehrkräfte zu »inklusiven« Lehrkräften ausgebildet werden können. Fünfundfünfzig Expertinnen und Experten aus 25 Mitgliedsländern nahmen an dem Projekt teil.
7 Europäische Agentur für Entwicklung in der sondepädagogischen Förderung (o. J.), S. 8.

4) **Persönliche berufliche Weiterentwicklung** – Unterrichten ist eine Lerntätigkeit und Lehrkräfte übernehmen Verantwortung für ihr eigenes lebenslanges Lernen.

Sehr deutlich wird durch das Ergebnis dieser groß angelegten internationalen Zusammenarbeit die zukünftige Verantwortung für die Allgemeine (Schul-)Pädagogik. Demnach bedarf es im Kontext der Umsetzung inklusiver Reformen im deutschen Schulsystem der permanenten Einbindung der allgemeinpädagogischen Perspektive in inklusionspädagogische Fragestellungen. Das gilt gleichermaßen für die sonderpädagogische Perspektive und Verantwortung in einer auf Inklusion ausgerichteten Lehrerbildung, denn die Veränderung der Einstellungen und Entwicklung positiver Selbstwirksamkeitserwartungen von angehenden Lehrkräften ist – wie u. a. die Forschungsergebnisse von Forlin & Chambers (2010) zeigen – ein anspruchsvolles Unterfangen und neben dem positiven Kontakt zu Menschen mit Behinderungen in hohem Maße abhängig vom differenzierten Wissen über mögliche Problemlagen und pädagogische Handlungsmöglichkeiten. Insofern kommt der Mehrperspektivität und gemeinsamen Verantwortungsübernahme aller am Ausbildungsprozess beteiligten Disziplinen, wie sie in Bielefeld konsequent verfolgt wird, große Bedeutung zu. Damit wird abschließend deutlich, dass der am Standort Bielefeld eingeschlagene Weg der Integrierten Sonderpädagogik zukünftig weiterhin einen erheblichen Beitrag dazu leisten kann, ein Modell der inklusiven Lehrerbildung umzusetzen und weiterzuentwickeln. So steht die integrierte Ausbildung von Gymnasiallehrkräften als nächster Schritt auf der Agenda.

3.6 Literatur

Amrhein, B. (2011). Inklusion in der Sekundarstufe. Eine empirische Analyse. Bad Heilbrunn: Klinkhardt.

Amrhein, B. & Badstieber, B. (2013). Lehrerfortbildungen zu Inklusion. Verlag Bertelsmann Stiftung. Online unter: http://www.bertelsmann-stiftung.de/cps/rde/xbcr/SID-5992F865-F78BAB4A/bst/xcms_bst_dms_37966_37970_2.pdf. Zugriff: 10.10.2014.

Amrhein, B. & Kricke, M. (2013). Inclusion – Chancen portfoliogestützter Reflexionsarbeit in der Begleitung von Orientierungspraktika. In: D. Rohr, A. Hummelsheim, M. Kricke & B. Amrhein (Hrsg.), *Reflexionsmethoden in der Praktikumsbetreuung*. Münster: Waxmann.

Amrhein, B. (2014). Kumulative Habilitationsschrift: Inklusion als Mehrebenenkonstellation – Anforderungen an die Gestaltung inklusiver Reformen im deutschen Bildungssystem (unveröffentlichtes Manuskript).

Amrhein, B. (2014). Retrospektive Betrachtungen von Lehramtsstudierenden auf erlebte Unterrichtsqualität in der eigenen Schulzeit – Wege aus der »normativen Vernebelung« des Inklusionsbegriffs in der Lehrer/-innen(aus)bildung. In: T. Häcker & M. Walm (Hrsg.), *Inklusion als Entwicklung – Konsequenzen für Schule und Lehrerbildung*. Bad Heilbrunn: Klinkhardt (im Druck).

Amrhein, B. & Bongartz, C. (2014). Diversity and Inclusion in Second and Foreign Language Learning – Chancen für die LehrerInnenbildung. In: R. Bartosch & A. Rohde (Hrsg.), *Englischlernen inklusiv*. Trier: Wissenschaftlicher Verlag Trier.

Badstieber, B. (2012). Inklusion als Herausforderung des kommunalen Schulprozesses in Köln – Schriftliche Hausarbeit im Rahmen der Ersten Staatsprüfung. Universität zu Köln.

Baumert, J. (2001). PISA 2000. Basiskompetenzen von Schülerinnen und Schülern im internationalen Vergleich. Opladen: Deutsches PISA-Konsortium.

Berkemeyer, N., Bos, W., Manitius, V., Hermstein, B. & Khalabari, J. (2013). Chancenspiegel 2013 – Zur Chancengerechtigkeit und Leistungsfähigkeit der deutschen Schulsysteme mit einer Vertiefung zum schulischen Ganztag. Gütersloh: Verlag Bertelsmann Stiftung.

Bos, W., Mueller, S. & Stubbe, T. (2010). Abgehängte Bildungsinstitutionen. Hauptschulen und Förderschulen. In: G. Quenzel (Hrsg.), *Bildungsverlierer. Neue Ungleichheiten*. Wiesbaden: VS Verl. für Sozialwissenschaften.

European Agency for Special Needs and Inclusive Education (o. J.). Teacher Education for Inclusion. Online unter: http://www.european-agency.org/agency-projects/Teacher-Education-for-Inclusion Zugriff: 10.10.2014.

Expertenkommission Lehrerbildung (2012). Ausbildung von Lehrkräften in Berlin. Empfehlungen der Expertenkommission. Berlin: Senatsverwaltung für Bildung, Jugend und Wissenschaft. Online unter: http://www.berlin.de/imperia/md/content/sen-bildung/lehrer_werden/expertenkommission_lehrerbildung.pdf?start&ts=1408436475&file=expertenkommission_lehrerbildung.pdf: Zugriff: 11.10.2014.

Feuser, G. (1995). Behinderte Kinder und Jugendliche. Zwischen Integration und Aussonderung. Darmstadt: Wiss. Buchgesellschaft.

Feuser, G. (2013). Grundlegende Dimensionen einer LehrerInnen-Bildung für die Realisierung einer inklusionskompetenten Allgemeinen Pädagogik. In: G. Feuser & T. Maschke (Hrsg.), *Lehrerbildung auf dem Prüfstand. Welche Qualifikationen braucht die inklusive Schule?* Gießen: Psychosozial-Verlag.

Feuser, G. (2014). Inklusion heute = Inklusion morgen? In: Erziehung und Unterricht, 3–4/2014.

Fischer, C., Veber, M. & Rott, D. (2013). Inklusive Begabungsförderung als Aufgabe und Herausforderung – auch für Lehrkräfte für sonderpädagogische Förderung. In: Sonderpädagogische Förderung in NRW 51(2), S. 22–30.

Forlin, C. (2010). Teacher education reform for enhancing teachers' preparedness for inclusion. In: International Journal of inclusive Education. Vol. 14, No. 7, November 2010, S. 649–653.

Forlin C. & Chambers, D. (2011). Teacher preparation for inclusive education: increasing knowledgebut raising concerns. In: Asia-Pacific Journal of Teacher Education, Vol. 39, No. 1, February 2011, S. 17–32.

Hänsel, D. (2004). Integriertes sonderpädagogisches Bachelor- und Masterstudium an der Universität Bielefeld. Strukturverschlechterung statt Qualitätsverbesserung? In: U. Carle & A. Unckel (Hrsg.), *Entwicklungszeiten. Forschungsperspektiven für die Grundschule.* Wiesbaden: Verlag für Sozialwissenschaften, S. 81–90.

Hänsel, D. & Miller, S. (2014). Kritische Analyse der Ansprüche der inklusiven Sonderpädagogik aus allgemeinpädagogischer und professionstheoretischer Perspektive. In: M. Lichtblau, D. Blömer, A.-K. Jüttner, K. Koch, M. Krüger & R. Werning (Hrsg.), *Forschung zu inklusiver Bildung.* Bad Heilbrunn: Klinkhardt, S. 91–104.

Heinrich, M., Urban, M. & Werning, R. (2013). Grundlagen, Handlungsstrategien und Forschungs- perspektiven für die Ausbildung und Professionalisierung von Fachkräften für inklusive Schulen. In: H. Döbert & H. Weishaupt (Hrsg.), *Inklusive Bildung professionell gestalten.* Münster: Waxmann.

Hillenbrand, C. & Melzer, C. (2013). Aufgaben sonderpädagogischer Lehrkräfte für die inklusive Bildung: Empirische Befunde internationaler Studien. In: Zeitschrift für Heilpädagogik, 5.

Hinz, A. (2009). Inklusive Pädagogik in der Schule – veränderter Orientierungsrahmen für die schulische Sonderpädagogik!? Oder doch deren Ende? In: Zeitschrift für Heilpädagogik 5, S. 171–179.

Hinz, A. (2013). Inklusion – von der Unkenntnis zur Unkenntlichkeit!? – Kritische Anmerkungen zu einem Jahrzehnt Diskurs über schulische Inklusion in Deutschland. Zeitschrift für Inklusion, 1.

Jürgens, E. & Miller, S. (Hrsg.) (2013). Ungleichheit in der Gesellschaft und Ungleichheit in der Schule. Eine interdisziplinäre Sicht auf Inklusions- und Exklusionsprozesse. Weinheim: Beltz Juventa.

König, J. (2014). Kompetenzen in der Lehrerbildung aus fächerübergreifender Perspektive der Bildungswissenschaften. In: A. Bresges, B. Dilger, T. Hennemann, J. König, H. Lindner, A. Rhode & D. Schmeinck (Hrsg.), *Kompetenzen diskursiv – Terminologische, exemplarische und strukturelle Klärungen in der Lehrerbildung.* Münster/New York: Waxmann.

Köpfer, A. (2013). Inclusion in Canada – Analyse inclusiver Unterrichtsprozesse, Unterstützungsstrukturen und Rollen am Beispiel kanadischer Schulen in den Provinzen New Brunswick, Prince Edward Island und Quebec. Bad Heilbrunn: Klinkhardt.

Kottmann, B. & Hofauer, F. (2014). »Ich habe einen anderen Blick auf die Arbeit und die Kinder« – Ergebnisse der Absolventenbefragung des Bielefelder Studiengangs »Integrierte Sonderpädagogik«. In: I. Schnell (Hrsg.), Bad Heilbrunn: Klinkhardt, i. E.

KMK Kultusministerkonferenz (2014a). Standards für die Lehrerbildung: Bildungswissenschaften (Beschluss der Kultusministerkonferenz vom 16.12.2004 i. d. F. vom 12.06.2014. Online unter: http://www.kmk.org/fileadmin/veroeffentlichungen_beschluesse/2004/2004_12_16-Standards-Lehrerbildung-Bildungswissenschaften.pdf. Zugriff: 10.10.2014.

KMK Kultusministerkonferenz (2014b). Inklusion: KMK aktualisiert Standards für die Lehrerbildung. Presseerklärung. Online unter: http://www.kmk.org/presse-und-aktuelles/meldung/inklusion-kmk-aktualisiert-standards-fuer-die-lehrerbildung.html. Zugriff: 10.10.2014

KMK Kultusministerkonferenz (2014c). Ländergemeinsame inhaltliche Anforderungen für die Fachwissenschaften und Fachdidaktiken in der Lehrerbildung (Beschluss der Kultusministerkonferenz vom 16.10.2008 i. d. F. vom 12.06.2014). Online unter: http://www.kmk.org/fileadmin/veroeffentlichungen_beschluesse/2008/2008_10_16_Fachprofile-Lehrerbildung.pdf. Zugriff: 10.10.2014.

Kretschmann, R. (1993). Methodik und Didaktik integrativen Unterrichtens. Integration verändert Grundschule. Konzepte der Arbeit sonderpädagogischer Förderzentren. Hamburg: Buchwerkstatt.

Lindmeier, C. (2009). Sonderpädagogische Lehrerbildung für ein inklusives Schulsystem? In: Zeitschrift für Heilpädagogik, 10, S. 416–427.

Lindmeier, C. (2012). Heilpädagogik als Pädagogik der Teilhabe und Inklusion. Sonderpädagogische Förderung heute, 1, S. 25–44.

Löser, J. M. & Werning, R. (2013). Inklusion aus internationaler Perspektive – ein Forschungsüberblick. In: Zeitschrift für Grundschulforschung. Bildung im Elementar- und Primarbereich, 6. Jhg., H1, S. 21–33.

Lütje-Klose, B. (2011). Müssen Lehrkräfte ihr didaktisches Handeln verändern? Inklusive Didaktik als Herausforderung für den Unterricht. In: Lernende Schule 55 (2011), S. 13–15.

Lütje-Klose, B. & Miller, S. (2012). Der Studiengang Integrierte Sonderpädagogik an der Universität Bielefeld – aktuelle Entwicklungen. In: S. Seitz, N.-K. Finnern, N. Korff & K. Scheidt (Hrsg.), *Inklusiv gleich gerecht? Inklusion und Bildungsgerechtigkeit.* Bad Heilbrunn: Klinkhardt, S. 235–240.

Lütje-Klose, B., Miller, S. & Ziegler, H. (2014). Professionalisierung für die inklusive Schule als Herausforderung für die LehrerInnenbildung. Soziale Passagen, 6, S. 69–84.

Lütje-Klose, B. & Neumann, P. (2014). Die Rolle der Sonderpädagogik im Rahmen der Lehrerinnen- und Lehrerprofessionalisierung für eine inklusive schulische Bildung. In T. Häcker & M. Walm (Hrsg.), *Inklusion als Entwicklung – Konsequenzen für Schule und Lehrerbildung.* Bad Heilbrunn: Klinkhardt (im Druck).

Merz-Atalik, K. (2014). Der Forschungsauftrag aus der UN-behindertenrechtskonvention, nationale und internationale Probleme und ausgewählte Erkenntnisse der Integrations-/Inklusionsforschung zur inklusiven Bildung.

In: S. Trumpa, S. Seifried, E. Franz & T. Klauß (Hrsg.), *Inklusive Bildung: Erkenntnisse und Konzepte aus Fachdidaktik und Sonderpädagogik*. Weinheim und Basel: Beltz Juventa.

Oelkers, J. (2013). Allgemeine Pädagogik und Sonderpädagogik. In: H.-R. Müller, S. Bohne & W. Thole (Hrsg.), *Erziehungswissenschaftliche Grenzgänge. Beiträge zum 23. Kongress der DGfE*. Opladen, Berlin, Toronto.

Prengel, A. (2007). Pädagogik der Vielfalt. Grundlagen und Handlungsperspektiven in der Kita. In: Theorie und Praxis der Sozialpädagogik. 2/2007, S. 6–9.

Prenzel, M. (2004). PISA 2003. Der Bildungsstandard der Jugendlichen in Deutschland – Ergebnisse des zweiten internationalen Vergleichs. Münster [u.a.]: Waxmann.

Prenzel, M. (2007). PISA 2006. Die Ergebnisse der dritten internationalen Vergleichsstudie. Münster [u.a.]: Waxmann.

Preuss-Lausitz, U. & Klemm, K. (2011). Auf dem Weg zur schulischen Inklusion in Nordrhein-Westfalen. Empfehlungen zur Umsetzung der UN-Behindertenrechtskonvention. Essen/ Berlin: Ministerium für Schule und Weiterbildung.

Reich, K. (Hrsg.) (2012). Inklusion und Bildungsgerechtigkeit. Standards und Regeln zur Umsetzung einer inklusiven Schule. Weinheim: Beltz.

Rösner, E. (2007). Hauptschule am Ende – Ein Nachruf. Münster [u.a.]: Waxmann.

Rouse, M. (2012). Foreword. In: C. Forlin (Hrsg.), *Future Directions For Inclusive Teacher Education – An international perspective*. London and New York: Routledge Taylor & Francis Group.

Seitz, S. & Scheidt, K. (2011). Professionalisierung von Lehrkräften für inklusiven Unterricht. In: B. Lütje-Klose, M. T. Langer, B. Serke & M. Urban (Hrsg.), Inklusion in Bildungsinstitutionen. Eine Herausforderung an die Heil- und Sonderpädagogik. Bad Heilbrunn: Klinkhardt, S. 157–163.

Tillmann, K.-J. (2006). Viel Selektion – wenig Leistung: Ein empirischer Blick auf Erfolg und Scheitern in deutschen Schulen. In: D. Fischer & V. Elsenbast (Hrsg.), *Zur Gerechtigkeit im deutschen Schulsystem*. Münster: Waxmann, S. 25–37.

Trautmann, M. & Wischer, B. (2011). Heterogenität in der Schule. Eine kritische Einführung. 1. Auflage. Wiesbaden: VS Verl. für Sozialwissenschaften.

UN-Konvention (2006). Übereinkommen über die Rechte von Menschen mit Behinderungen. Online unter: http://www.un.org/Depts/german/uebereinkommen/ar61106-dbgbl.pdf. Zugriff: 10.10.2014.

UNESCO (1994). Die Salamanca Erklärung und der Aktionsrahmen zur Pädagogik für besondere Bedürfnisse, angenommen von der Weltkonferenz »Pädagogik für besondere Bedürfnisse: Zugang und Qualität«. Salamanca, Spanien, 7.-10 Juni 1994. Paris: United Nations Educationla, Scientific and Cultural Organization.

UNESCO (2005). Guidelines for Inclusion: Ensuring Access to Education for All. Paris: Unesco.

UNESCO (Hrsg.) (2009). Inklusion: Leitlinien für die Bildungspolitik. Policy guidelines on inclusion in education. Bonn: Deutsche UNESCO-Kommission.

Winkler, M. (2014). Inklusion – Nachdenkliches zum Verhältnis pädagogischer Professionalität und politischer Utopie. In: Neue praxis Zeitschrift für Sozialarbeit, Sozialpädagogik und Sozialpolotik, 2/14, S. 108–123.

Wocken, H. (2011). Das Haus der inklusiven Schule. Baustellen – Baupläne – Bausteine. Hamburg: Feldhaus.

Wocken, H. (2011). Über die Entkernung der Behindertenrechtskonvention – Ein deutsches Trauerspiel in 14 Akten, mit einem Vorspiel und einem Abgesang. In: Zeitschrift für Inklusion. 4 (2012).

Wocken, H. (2012). Das Haus der inklusiven Schule. Baustellen – Baupläne – Bausteine. 3. Aufl, Hamburg: Feldhaus. Ed. Hamburger Buchwerkstatt.

Wocken, H. (2013). Unwörter der Sonderpädagogik. Anstiftung zu einer Flurbereinigung. In: K. D. R. Schuck, W. Rath & U. Bleidick (Hrsg.), *Zum Haus der inklusiven Schule. Ansichten – Zugänge – Wege.* Hamburg: Feldhaus.

Ziemen, K. (2012). Inklusion Lexikon. Universität zu Köln.

4. Inklusion durch individuelle Förderung

INA DÖTTINGER

»Inklusion durch individuelle Förderung« – ein sehr sperriger Titel. Überhaupt nicht inklusiv dazu. Zwei von vier Worten sind Fremdwörter, und das Wort »Förderung« hat im Kontext des Deutschen Schulsystems häufig keinen guten Klang. Da springen die Gedanken schnell von »Förderung« zu »Förderunterricht«, von »Förderunterricht« zu »Fördergruppe«, von »Fördergruppe« zu »Förderschule«, zu »Sonderschule«. Da allerdings sollen sie in diesem Zusammenhang nun gerade nicht hinspringen.

Zwei Fremdworte also, eine Präposition und ein deutsches Wort mit einem etwas zweischneidigen Klang. Was verbirgt sich nun dahinter?

4.1 Die Gesichter hinter den Fremdworten

Hinter »Inklusion durch individuelle Förderung« verbergen sich zum Beispiel Yasmina. Oder Sophie. Oder Finn. Oder Marlon, Lea, Mert und Lukas. Sie alle verbindet, dass sie Schulen besuchen, die es sich auf die Fahne geschrieben haben, eine Schule für jedes Kind zu sein. Schulen, die überzeugt sind, dass jedes Kind, jeder Jugendliche, das Recht hat, als einzigartiger Mensch wahrgenommen zu werden und auf seinem Lern- und Lebensweg begleitet zu werden.

Yasmina besucht die achte Klasse der Erich-Kästner-Stadtteilschule in Hamburg. Ihre Klassenkameraden haben ein gemeinsames Ziel: sie wollen dazu beitragen, dass Yasmina am Ende der 10. Klasse lesen kann.

Sophie ist eine Klassenkameradin von Yasmina – sie ist Schülervertreterin der Klasse und sehr eloquent.

Finn rechnet sicher im Zehnerbereich und hat donnerstags Tischdienst. Wenn er redet, muss man gut zuhören, denn er spricht leise. Aber er spricht. Und rechnet. Und kann seine Hände so kontrollieren, dass die Teller, die auf seinem Rolltablett abgestellt werden, auch stehenbleiben. Als er in die Schule kam, konnte er nicht schlucken, nicht sprechen und seine Hände nicht kontrolliert bewegen. Heute kann er das alles – und noch viel mehr.

Marlon ist ein gewandter Rechner, Lea eine gute Künstlerin, und Lukas weiß alles über die Ninja Turtles. Mert toppt alle an Freundlichkeit.

Sieben Kinder. Sieben Persönlichkeiten. Sieben unterschiedliche Bedürfnislagen.

Etliche – nicht alle – von ihnen haben sonderpädagogischen Förderbedarf. Förderbedarf an sich, würden ihre Lehrer sagen, haben sie alle: Jedes Kind hat Förderbedarf. Und jedes Kind hat die Aufgabe, seinen nächsten Entwicklungsschritt zu gehen. Und es hat das Recht darauf, dabei nach Kräften unterstützt zu werden.

Und darauf läuft die Wirklichkeit, die hinter dem Titel »Inklusion durch individuelle Förderung« steht, hinaus: Wenn nicht mehr derselbe Stoff zum selben Zeitpunkt derselben Klasse präsentiert wird und später zum selben Zeitpunkt getestet wird, sondern der Fokus darauf liegt, dass der Stoff beherrscht wird, ehe der nächste Schritt in Angriff genommen wird, dann ist das der zweite Teil des Titels individuelle Förderung.

Da kann sich dann Marlon komplexe Rechenaufgaben zum Kopfrechnen ausdenken, während Finn zeitgleich die Grundrechenarten im Zehnerbereich übt. Lukas kann wunderbar präsentieren, tut sich aber bei der Auswahl der relevanten Themen und in der Gruppenarbeit schwer, so dass das für ihn auf dem Plan steht. Mert übt sich gerade im Schreiben. Und Lea hat ihre Präsentation über Dinosaurier sehr gut strukturiert, ist allerdings im Vortrag noch unsicher: Der zweite Teil des Titels bedeutet also: Jeder widmet sich dem Bereich, in dem er sich weiterentwickeln will. Und zwar von dem Punkt ausgehend, an dem er steht.

Das ist kein neuer Gedanke, im Gegenteil. Dorothy Canfield Fisher hat in ihrem Buch »Understood Betsy«, das 1916 erschienen ist, den Gedanken wunderbar auf den Punkt gebracht. Betsy wird von zwei wohlmeinenden, sehr behütenden Tanten aufgezogen. Auf einmal muss sie überraschend zu Verwandten aufs Land, und dort ist alles anders, auch die Schule. An ihrem ersten Schultag überprüft die Lehrerin, wo sie in den einzelnen Fächern steht, und hinterlässt Betsy völlig verwirrt:

»If I'm second-grade arithmetic and seventh grade reading and third grade spelling, what grade am I?«

»You aren't any grade at all, no matter where you are in school. You're just yourself, aren't you? What difference does it make what grade you're in? And what's the use of your reading little baby things too easy for you just because you don't know your multiplication tables?«

In diesem Sinne kann jedes Kind zieldifferent unterrichtet werden. Und dann ist der Schritt sehr klein, sich davon zu verabschieden, dass unterschiedliche (Lern-)Bedürfnisse separate Beschulung bräuchten. Insofern ist der erste Teil des Titels Inklusion fast eine natürliche Folge des zweiten, der individuellen Förderung:: Wenn der Fokus nicht mehr darauf liegt, Stoff »durchzubekommen«, sondern echte Lernerfolge für jedes Kind zu erreichen, dann ist es auch nicht mehr notwendig, dafür zu sorgen, dass es möglichst homogene Lerngruppen gibt, damit ein gleichmäßiger Fortschritt im Lernstoff möglich ist. Dann kann man sich vielmehr die Unterschiedlichkeit der Kinder zunutze machen und dafür sorgen, dass Marlon mit Finn rechnen übt und dabei gleichzeitig lernt, das Multiplizieren im 10er-Raum zu erklären, Lea Lukas beibringt, wie er seine Präsentation strukturiert und Lukas Lea, wie sie bei der Präsentation sicherer auftreten kann.

Damit das so funktioniert, braucht es allerdings eine Schulkultur, in der die inklusive Lehr- und Lernkultur verankert ist und in der Inklusion Motor für individuelle Förderung ist.

4.2 Inklusion als Motor für individuelle Förderung

Ich möchte deshalb das, was Finn und Marlon, Lea und Lukas, Sophie und Yasmina täglich erleben, noch einmal etwas abstrakter betrachten, und zwar in der Kombination aus zwei Sichtweisen: Zum einen vor dem Hintergrund der Definition »individueller Förderung« und zum anderen vor dem Hintergrund des Jakob Muth-Preises.

Hinter dem Begriff »individuelle Förderung« kann sich sehr viel verbergen. Darum haben sich zwischen den Jahren 2010 und 2013 Vertreter aller Bundesländer in der »Reformgruppe Individuelle Förderung« unter der Moderation der Bertelsmann Stiftung getroffen, um bundeslandübergreifend über das Thema zu diskutieren. Aus dieser Zusammenarbeit ist unter anderem eine Definition hervorgegangen, wie der Begriff der individuellen Förderung zu füllen sei. Vollständig lautet sie:

»Individuelles Fördern heißt, jeder Schülerin und jedem Schüler im Kontext einer Lerngruppe die Chance zu geben, ihr bzw. sein motorisches, kognitives, emotionales und soziales Potenzial umfassend zu entwickeln.

Ein von individueller Förderung geprägter Unterricht zielt auf die Kompetenzen, die die Schülerinnen und Schüler als selbstständig Lernende in der Auseinandersetzung mit dem Unterrichtsgegenstand erwerben sollen.

Um das Lernen der Schülerinnen und Schüler zu unterstützen, anzuregen und zu begleiten, müssen die individuellen Lernvoraussetzungen, Lernbedürfnisse und Lernmöglichkeiten berücksichtigt werden. Die Schülerinnen und Schüler sollen sukzessive befähigt werden, Experten für ihr eigenes Lernen zu werden.

Auf diesem Weg benötigen sie in anregenden Lernumgebungen Raum für ihre eigene Kompetenzentwicklung, auch im gegenseitigen Austausch und im Rahmen kooperativer Lernformen.

Unverzichtbar sind hierbei diagnostisch fundierte Rückmeldung, Ermutigung, Beratung, bedarfsgerechte Unterstützung sowie die Vertrautheit im Umgang mit grundlegenden Methoden des eigenständigen Lernens einschließlich der Selbstbeobachtung des Lernens« (Bertelsmann Stiftung 2013, S. 8).

Zusammengefasst bedeutet das, dass Schülerinnen und Schüler:

- In anregenden Lernumgebungen
- mit verschiedenen, auch kooperativen, Lernformen und
- mit Methoden des eigenständigen Lernens
- unter Berücksichtigung der individuellen Voraussetzungen
- mit Hilfe diagnostisch fundierter Rückmeldungen
- in Auseinandersetzung mit dem Unterrichtsgegenstand und
- im Kontext einer Lerngruppe
- Kompetenzen als selbstständig Lernende erwerben.

Auch hier ist manches noch reichlich abstrakt formuliert. Deshalb ist es Wert, die Abstraktion mit den konkreten Erfahrungen der Preisträgerschulen des Jakob Muth-Preises 2014 zu illustrieren. .

Seit 2009 loben die Beauftragte für die Belange behinderter Menschen, die Bertelsmann Stiftung und die Deutsche UNESCO-Kommission den Jakob Muth-Preis für inklusive Schule aus. Schulen aus dem ganzen Bundesgebiet können sich für den Preis bewerben und legen, bisher, ihre Konzepte und Praxis in fünf Bereichen dar:

- Inklusion und Leistung: Wie gut gelingt es Schulen, ein inklusives und gleichzeitig herausforderndes und leistungsstarkes Lernumfeld zu schaffen?
- Qualitätsmanagement mit inklusivem Leitbild: Wie formulieren Schulen ihre Mission und ihr Motto mit Blick auf Inklusion, wie fördern sie alle in der Schule Tätigen und wie managen und evaluieren sie ihre Bemühungen, möglichst viel Inklusion zu erreichen?
- **Inklusive Lehr- und Lernkultur: Wie setzen die Schulen inklusives Lehren und Lernen um?**
- Inklusion durch Teilhabe: Wie trägt die Partizipation von Schülern und Eltern zur Umsetzung von Inklusion in der Schule bei?
- Inklusion durch Zusammenarbeit: Wie trägt die Schule Inklusion durch Zusammenarbeit mit anderen Einrichtungen und Partnern nach außen?

Von diesen fünf großen Bereichen interessiert uns hier insbesondere der dritte Bereich: Wie gelingt es den Bewerber- und Preisträgerschulen des Jakob Muth-Preises, die einzelnen Aspekte der individuellen Förderung im inklusiven Lehren und Lernen umzusetzen?

Betrachten wir einmal die Preisträgerschulen 2014 unter den Gesichtspunkten der verdichteten Definition.

4.3 Atelierarbeit in der Brüder-Grimm-Schule

Während der Atelierarbeit, die fest im Stundenplan verankert ist, arbeiten die Schülerinnen und Schüler klassenübergreifend im ganzen Jahrgang. Jeweils zu einem Oberthema – z. B. Erdzeitalter, Mittelalter, Wetter – sucht sich jeder aus, in welchem Atelier er welche Aufgabe bearbeiten möchte. Im Atelier Sprache können sich die Kinder etwa auswählen:»Schreibe ein Gedicht mit vier Strophen«, im Atelier Mathe kann es heißen:»Denke Dir drei kniffelige Kopfrechenaufgaben aus« oder im Atelier Kunst:»Male ein Bild zum Thema«. Die Aufgaben sind so gestellt, dass sie auf unterschiedlichen Schwierigkeitslevels und verschiedenen Abstraktionsstufen gelöst werden können. Praktisch kann das dann so etwas bedeuten:»Ein Dinosaurier hat Geburtstag und lädt fünf Freunde ins Kino ein. Jede Eintrittskarte kostet 4,50 €. Wieviel bezahlt er für alle zusammen?«. Die ausgeknobelten Aufgaben werden dann in der Klasse in der Präsentationszeit von allen gemeinsam gelöst.

Wer sich schwer für eine Aufgabe entscheiden kann, bekommt Hilfe. Wer seine Arbeit selbst noch nicht überblickt, wird unterstützt. Für Lukas, der sich hervorragend in seinem Thema auskennt, ist es eine große Herausforderung, jemanden anders dort hineinzulassen und sich auf eine gemeinsame Arbeit einzulassen. Auch das ist ein Thema: Gruppenarbeit – nicht nur, aber besonders für Kinder mit herausforderndem Verhalten.

Hier wird also an einem Unterrichtsgegenstand, den alle Kinder bearbeiten, das selbstständige Lernen in vielfältigster Weise geübt – von allen.

4.4 Mathematikunterricht und Werkstätten in der Grundschule Wolperath-Schönau

In Wolperath-Schönau lernen alle Kinder nach einem eigens entwickelten Mathematikkonzept (vgl. www.grundschule-wolperath.de). Innerhalb eines Schuljahres werden allen Kindern in einem Schuljahr alle arithmetischen Grundthemen der ersten zwei Jahre angeboten, insbesondere der Aufbau des Zahlenraums sowie alle vier Grundoperationen.

Das Konzept wird den Kindern in einem fünfstufigen Kompetenzraster (KORA) angeboten. Durch die Lehrkräfte beraten, ordnen sie sich hier ein und bearbeiten selbstständig Arbeitsaufträge. Die Qualität der Bearbeitung ist zugleich ein Hinweis auf die Leistungsfähigkeit der Kinder zu einem bestimmten Zeitpunkt. Auf diese Weise lernen auch Kinder des ersten Schulbesuchsjahres über den Lehrplan hinaus auf angemessenem Niveau alle Rechenoperationen kennen (auch Multiplikation und Division) und können, wenn es ihre Möglichkeiten zulassen, zügig voranschreiten. Für langsame Kinder ist dies eine Chance, Lernstoff immer wieder wiederholen und zugleich in angemessenen Schritten erweitern zu können. Rechenstarke Kinder machen ihre Rechenstrategien auch anderen Kindern sichtbar. Jeder Schüler hat einen KORA-Plan mit den Kompetenzen, die in bestimmten Themenbereichen jeweils erreicht werden; bei Bedarf sind die KORA-Pläne auch noch einmal individualisiert. Diese Pläne bearbeiten die Kinder in ihrem eigenen Tempo; am Ende steht eine KORA-Überprüfung, deren Zeitpunkt der Schüler selbst bestimmt. Nach bestandener Prüfung darf er die nächste Arbeitsstufe in Angriff nehmen.

Die Unterrichtsstunden sind klassenübergreifend parallelisiert. Dadurch ist es möglich, dass wechselnd Kinder einer Kompetenzstufe zu einer gemeinsamen mündlichen Erarbeitungsphase zusammengefasst werden können, während die zweite Lehrkraft die anderen Kinder in ihren selbstständigen Lernprozessen begleitet.

Alle Kinder lernen in der Flex, der jahrgangsübergreifenden flexiblen Eingangsstufe, als Erarbeitungsmaterial Mengenbilder kennen (entwickelt von Lilo Gührs, Ginko Akademie Bonn). Das Material erlaubt, den Unterricht von einer Veranschaulichung stärker hin zu einer selbstständigen Erarbeitung zu entwickeln. Für Kinder, die von einer Fehlentwicklung bedroht sind, erlaubt das Material einen hohen Grad an Kompensation von Grundstörungen. Alle Kinder besitzen eine Grundausstattung des Materials; darüber hinaus gibt es eine umfangreiche Klassenausstattung sowie Demonstrationsmaterial.

Leistungsstarke Kinder nutzen das Material ebenfalls und können daran für andere ihre Rechenstrategien sichtbar machen. Es wird also nicht nur als »Hilfsmittel für schwache Rechner« erlebt, sondern zugleich auch als »Verdeutlichungsmittel für starke Rechner«. Damit führt die Vereinheitlichung des Materials zu besonders breiter Differenzierung und beugt dem vor, dass Materialien als negativ oder selbstwertschädigend wahrgenommen werden: Alle Schülerinnen und Schüler rechnen damit, auf der Stufe, auf der sie sich individuell gerade befinden. Ihre individuellen Voraussetzungen werden berücksichtigt und sie können ihre Potenziale gezielt entwickeln. Durch die ständige Rückkopplung mit den Lehrkräften und die Überprüfung durch die Kompetenzraster erhalten die Kinder dabei stetiges Feedback, wo sie stehen, und sie erlangen Souveränität über ihren Lernfortschritt.

Unterstützend wirkt hier die Dokumentation in den Lerntagebüchern, die die Schülerinnen und Schüler ab der zweiten Klasse verwenden. In den Tagebüchern dokumentieren und bewerten sie jede Woche ihre curriculare Arbeit, durch täglich Selbst- und Fremdeinschätzung und wöchentliche Reflexion. Dazu passt, dass die Ziffernzeugnisse so weit wie möglich ausgesetzt sind und die Bewertung anhand von anzukreuzenden Kompetenzen und individuell angepassten Textrückmeldungen erfolgt. Bei Bedarf können die Zeugnisse auch noch weiter individualisiert und einem zieldifferenten Lehrplan und dem jeweiligen Lernstand angepasst werden.

Dem Grundprinzip Think-Pair-Share folgend werden in allen Jahrgängen sukzessive Arbeitsformen und Methoden des kooperativen Lernens eingeführt und eingeübt, so dass die Ausrichtung auf die individuellen Bedürfnisse und Voraussetzungen nicht in eine Vereinzelung mündet, im Gegenteil. Ein besonderer Höhepunkt der Unterrichtswoche ist dabei die Werkstattarbeit, die immer freitags stattfindet. Alle Schüler ordnen sich jahrgangsübergreifend einer Werkstatt zu, in der sie gemeinsam ein Thema bearbeiten und so übers Jahr nach und nach alle Werkstätten durchlaufen – in diesem Jahr: Kunst, Mathematik, Bauen, Erdkunde und Theater.

4.5 Erich-Kästner-Schule: achtsam sein – sich beweisen können – sich selbst beobachten[1]

An der Erich-Kästner-Schule (EKS) gilt: Unbedingte Präferenz haben gemeinsame Lernsituationen und das Lernen am Modell hat eine wichtige Funktion in der Entwicklung aller Schüler im gemeinsamen Lernen.

In fast allen Fächern findet individualisiertes Lernen auf unterschiedlichen Niveaus und mit unterschiedlichen Aufgabenformaten statt. Neben dem gemeinsamen Lernen werden auch Kleingruppen gefördert – und zwar alle Schülerinnen und Schüler einer Lerngruppe, für die ein bestimmter Entwicklungsschritt ansteht, unabhängig von diagnostiziertem Förderbedarf.

Das gemeinsame Lernen nimmt immer wieder unterschiedliche Gestalt an. So stand etwa für Yasmina, ein Mädchen mit Down-Syndrom, auf dem Plan, an den Wochentagen und den Begriffen gestern – heute – morgen zu arbeiten. Aus der Diskussion, wie man diese Konzepte am besten vermittelt, entspann sich eine lebhafte Diskussion um Zeit und Logik – denn wie soll man so einfach verstehen, dass gestern »Mittwoch« war, aber heute »Donnerstag« ist?

Die Schüler arbeiten abwechselnd mit Yasmina – es ist Teil der Lernzeit. Die Lernzeit ist Teil eines von der Schule entwickelten Lernkonzeptes, das auf Individualisierung und Kompetenzorientierung setzt. Zu den Bausteinen dieses Konzeptes zählen individuelle Lernzeiten in den Fächern Deutsch, Mathematik und Englisch, kooperatives Lernen im Projektunterricht und, in den fünften und sechsten Klassen, das Fach »Soziales Lernen«. Der Lehrplan für dieses Fach wurde eigens an der Schule entwickelt und behandelt auch Themen wie Inklusion.

In der Lernzeit entscheiden die Kinder selbst, an welchen Fächern und Aufgabenstellungen sie arbeiten und sie bestimmen auch die Reihenfolge selbst. Wer dabei Unterstützung und Anleitung benötigt, bekommt sie – keiner wird

---

1 Vgl. auch Portrait der Erich-Kästner-Schule auf der Seite des Jakob Muth-Preises, auf der Teile des vorliegenden Textes basieren.

sich selbst überlassen. Entscheidend ist immer die Lernausgangslage des Kindes und nicht ein festgestellter Förderbedarf. Das gilt auch für die Arbeit in Kleingruppen, die immer denjenigen Schülerinnen und Schülern angeboten wird, für die ein bestimmter Entwicklungsschritt angebahnt wird.

Ihre Lernziele und Lernfortschritte halten die Schüler in ihrem »Logbuch« fest. Das Logbuch gibt es in verschiedenen Ausführungen, um den individuellen Bedürfnissen gerecht zu werden. Alle zwei bis drei Wochen besprechen die Schüler in »Logbuchgesprächen« ihre Fortschritte und Schwierigkeiten mit den Lehrkräften. Zweimal im Jahr finden außerdem ausführlichere Lernentwicklungsgespräche zwischen Schülern, Eltern und Lehrern statt, in denen Vereinbarungen über die nächsten Lernziele getroffen werden. Notenzeugnisse gibt es an der Erich-Kästner-Schule erst ab der 9. Klasse.

Inklusion lebt von Teamarbeit. An der Erich-Kästner-Schule gilt das sowohl für die Klassenleitung als auch für die Vorbereitung der notwendigen differenzierten Materialien. So werden alle Inklusionsklassen von einem Team aus Regelschullehrern, Sonderpädagogen und Sozialpädagogen bzw. Erzieherinnen geleitet. Der Unterricht wird – durch Rückgriff auf verschiedene Ressourcen – immer von mindestens zwei Mitgliedern des Teams durchgeführt. Zur Vorbereitung und Koordination stehen feste Funktions- und Teamzeiten zur Verfügung. Alle arbeiten auf Augenhöhe zusammen. Auch das Schulleitungsteam setzt sich aus Regel- und sonderpädagogischen Lehrkräften zusammen. Teamarbeit und der Blick auf die Voraussetzungen und Bedürfnisse des Einzelnen – Angebote, die fordern und fördern zugleich – das sind Voraussetzungen für eine individuelle Förderung, die dann automatisch inklusiv ist. Inklusion bedeutet nichts anderes als – gemeinsam – in den Blick zu nehmen, was der Einzelne braucht, um seine Potenziale entwickeln zu können.

In der EKS geschieht das nicht nur im Klassenzimmer. Die Lernräume sind vielfältig und umfassen z. B. die Schulzoos und das »Prisma«, einer Art Lernlaboratorium, das eine Fülle von spannenden und anregenden Materialien enthält, mit denen sich die Kinder und Jugendlichen jenseits ihres gewöhnlichen Unterrichts beschäftigen können.

Achtsam sein – sich beweisen können – sich selbst beobachten – auch das sind Aspekte, die zu dem Komplex Inklusion durch individuelle Förderung gehören. Aaron zum Beispiel sitzt im Klassenzimmer an der Seite, vor einer weißen Wand. So kann er am besten mit den Eindrücken fertig werden, die während des Unterrichts auf ihn einprasseln. Er ist Autist und hochbegabt in Mathematik. Oft kann er das nicht zeigen – im Prisma gelingt es, und er lässt sich häufig auch auf die sonst ungeliebten Deutschaufgaben ein.

4.6 Farbflecke auf einem großen Fußball – Teile eines Ganzen

Allen drei Schulen ist gemeinsam, dass sie die genannten Kriterien der individuellen Förderung gekonnt und konsequent umsetzen – auf sehr vielfältige und unterschiedliche Weise.

Inklusion durch individuelle Förderung. Dahinter verbirgt sich eine große Chance für unsere Schulen – eine Chance, die viele Schulen schon nutzen. Es ist die Chance, dass sich Schule zu einem System wandelt, das sich an die Bedürfnisse des Einzelnen anpasst und gleichzeitig dazu beiträgt, dass sich jeder als Teil des Ganzen versteht – als Farbfleck auf dem großen Fußball, den Sophie von der Erich-Kästner-Schule[2] beschreibt – wobei es eher ein dehnbarer Ball sein müsste, der seine Form verändern kann!

Dafür gibt es keine Geheimrezepte, keine Einheitsgröße, die allen passt. Schon die drei Beispiele zeigen, wie unterschiedlich Inklusion durch individuelle Förderung ausfallen kann. Denn so wie alle Schülerinnen und Schüler verschieden sind, sind auch Schulen und nicht zuletzt Schulleitungen verschieden. Aber es gibt Fragen, die sich jede Schule stellen kann, die sich auf den Weg machen will:

- Wer sind meine Schülerinnen und Schüler?
- Was brauchen sie – alle gemeinsam und jeder für sich, damit sie ihre Potenziale entwickeln können?
- Wie können wir das leisten?
- Wie sind wir als Schule aufgestellt?
- Wie verstehen wir Inklusion? Was ist für uns individuelle Förderung? Wie stehen wir dazu?
- Wie steht unsere Elternschaft dazu?
- Was ist unser Selbstverständnis als Lehrkräfte und als Schulleitung?

Mit welchen – ruhig kleinen – Schritten wollen wir anfangen? Denn jeder Weg beginnt mit dem ersten Schritt. Auch wenn es mir nicht gelungen ist, herauszufinden, wem der folgende Gedanke zuzuschreiben ist, macht es ihn nicht weniger wahr: Wege entstehen erst im Gehen. Ich wünsche uns allen die Zuversicht, uns auf diesen Weg zu machen und auf seine Entstehung zu vertrauen!

4.7 Literatur

Bertelsmann Stiftung (Hrsg.). Individuelle Förderung. Ergebnisse der Reformgruppe und des Arbeitskreises Individuelle Förderung und Steuerungsimpulse der Länder. Gütersloh 2013.

---

2 S. Film auf der Jakob Muth-Website: http://www.jakobmuthpreis.de/preistraeger/preistraeger-20132014/erich-kaestner-schule-in-hamburg/

Anmerkung:

Der Artikel basiert auf dem gleichnamigen Vortrag im Rahmen des DSLK 2014. Weitere Einblicke in die Arbeit der Preisträgerschulen finden Sie auf der Webpage des Jakob Muth-Preises: www.jakobmuthpreis.de.

Teil II: Schwerpunkt: lernwirksam unterrichten und fördern

1. Lernwirksamkeit des Lehrerhandelns – Forschungsergebnisse und Diagnostik[1]

ANDREAS HELMKE & GERLINDE LENSKE

Nicht zuletzt seit Erscheinen der monumentalen Studie »Visible Learning« (Hattie 2009, 2014) wird der Blick der Öffentlichkeit, insbesondere auch der Bildungspolitik und der Lehreraus- und -fortbildung wieder auf das Kerngeschäft der Schule, nämlich auf den Unterricht gelenkt, und damit auf die wichtigsten Protagonisten in diesem Geschäft, die Lehrerinnen und Lehrer. Mit der Wirksamkeit ihres Handelns für das Lernen und den Lernfortschritt von Schülern beschäftigen sich vor allem die Lehr-Lern-Forschung als Teilgebiet der Pädagogischen Psychologie sowie die empirische Unterrichtsforschung. Während sich erstere stärker auf die *Mikroprozesse* des Lernens und Gedächtnisses einschließlich der dabei beteiligten motivationalen, emotionalen, volitionalen und affektiven Faktoren konzentriert und diese mit Hilfe experimenteller oder quasi-experimenteller Methoden untersucht (Klauer & Leutner 2007; Wellenreuther 2005), gilt das Augenmerk der Unterrichtsforschung und der Lehrerwirksamkeitsforschung der empirischen Erfassung des realen Unterrichtsgeschehens in regulären Klassen, seiner Bedingungen und Wirkungen.

In begrifflicher Hinsicht werden unter *Lehrerhandeln* gelegentlich nur »konkret beobachtbare Lehreraktivitäten und Unterrichtspraktiken« (Lipowsky 2006, S. 55) verstanden. Diese etwas enge Fokussierung erweiternd umfasst der folgende Artikel neben konkreten Lehreraktivitäten vor allem auch (fachübergreifende) *Merkmale des Unterrichts*; Lipowsky bezeichnet sie als »eher verdichtete und komplexere Kennzeichen des unterrichtlichen Interaktionsgeschehens«.

Nach der Beschreibung lernwirksamer Merkmale des Unterrichtshandelns, werden Werkzeuge und Prozeduren evidenzbasierter Methoden der Unterrichtsdiagnostik vorgestellt, anhand welcher die skizzierten Merkmale in der Praxis zum Zwecke der Unterrichtsentwicklung analysiert und reflektiert werden können.

1.1 Lernwirksame Merkmale des Unterrichtshandelns

Der Forschungsstand zu lernwirksamen Unterrichtsmerkmalen ist Gegenstand zahlreicher Übersichts- und Handbuchartikel, von Monographien und von Metaanalysen. Allerdings wurden dabei sehr unterschiedliche Strategien

---

[1] Gekürzter Wiederabdruck des bereits in der Zeitschrift »Beiträge zur Lehrerinnen- und Lehrerbildung« veröffentlichten Textes »Unterrichtsdiagnostik als Grundlage für Unterrichtsentwicklung« (Helmke & Lenske 2013) und des im Waxmann Verlag erschienenen Beitrages »Forschung zur Lernwirksamkeit des Lehrerhandelns« (Helmke 2014).

verwendet, so dass eine kohärente und eindeutige Bestandsaufnahme schwierig erscheint. Anstelle einer synoptischen Darstellung dieser unterschiedlichen Ansätze wird im Folgenden pragmatisch vorgegangen, indem wesentliche Qualitätsbereiche des Lehrerhandelns skizziert werden. Die Fokussierung auf fachliches Lernen und auf fachliche Leistungen ist ebenfalls pragmatischer Art und soll keinesfalls so verstanden werden, als seien überfachliche und erzieherische Wirkungen des Unterrichts irrelevant. Alternative Klassifikationen und detailliertere Darstellungen finden sich beispielsweise bei Dubs (2009), Helmke (2014), Lipowsky (2006, 2007a, 2007b), Marzano et al. (2001, 2005), Marzano, Marzano & Pickering (2003).

Auf dieser Grundlage lassen sich mindestens drei große Bereiche lernförderlichen Lehrerverhaltens voneinander unterscheiden:

- effiziente Klassenführung als notwendige Voraussetzung jedes anspruchsvollen Unterrichts,
- Prozessmerkmale, die sich direkt auf die Initiierung und Förderung der Informationsverarbeitung beziehen, z. B. Klarheit und Strukturiertheit, kognitive Aktivierung, sowie
- Merkmale, die sich primär auf die Förderung der Lernbereitschaft und somit mittelbar und indirekt auf den Lernerfolg beziehen, z. B. lernförderliches Klima, Motivierung, Unterstützung, Schülerorientierung.

Aus diesen drei Bereichen sollen im Folgenden die wichtigsten Komponenten benannt werden.

Klassenführung

Eine effiziente Klassenführung hat sich in zahlreichen Untersuchungen als lernförderlich herausgestellt, zuletzt in der PISA-Ergänzungsstudie COACTIV (Kunter, Klusmann & Baumert 2009) (Mathematik, 9. Klasse), in der KMK-Studie DESI (Helmke et al. 2008b) sowie in der Grundschul-Videostudie »VERA Gute Unterrichtspraxis« (Helmke et al. 2008a). In der Metaanalyse von Wang, Haertel & Walberg (1993) war die Klassenführung das am stärksten mit der Lernentwicklung zusammenhängende Unterrichtsmerkmal. Die Hattie-Studie (2009) unterstreicht ebenfalls die Wirksamkeit eines effizienten »classroom management« auf den Lernerfolg (Effektstärke von $d = 0{,}52$) und mehr noch auf die Anstrengungsbereitschaft ($d = 0{,}62$) der Schüler.

Obwohl die Terminologie nicht ganz einheitlich ist, wird von den meisten Autoren unter effizienter Klassenführung ein Verhaltensmuster verstanden, das im Wesentlichen drei Komponenten umfasst:

- **Nutzung der Unterrichtszeit für Lernen**, d. h. Vermeidung dysfunktionalen Zeitverlusts etwa bei Übergängen (Reibungslosigkeit), Vermeidung von Leerlauf z. B. bei Stillarbeit durch Anpassung der Aufgabenmenge und -schwierigkeit an die Lernvoraussetzungen und bei Frontalunterricht durch die Ansprache der gesamten Gruppe anstelle einzelner Schüler (Gruppenaktivierung). Es zeigt sich somit ein enger Zusammenhang zur Quantität von Lerngelegenheiten: Je mehr Lernzeit zur Verfügung steht und desto intensiver diese Lernzeit genutzt wird, desto größer ist die Wahrscheinlichkeit eines Lernerfolges. Allerdings ist die Beziehung zwischen Lernzeit und Lernerfolg nicht sehr stark: Hattie (2009, S. 184) fand eine Effektstärke von d = 0,39. Außerdem ist die Beziehung nicht linear: Wenn Lernzeit massiv fehlt, dann ist dies ein Risikofaktor; es gibt jedoch auch eine Sättigungsgrenze nach oben, ab der eine weitere Steigerung der Lernzeit nur noch minimal zur Steigerung des Lernerfolges beiträgt (Fisher 1995).

- **Rechtzeitige Einführung, gelegentliche Rekapitulation und konsequente Durchsetzung verbindlicher Regeln, Rituale und Routinen.** Der Schwerpunkt auf der Vorbeugung von Störungen durch die Etablierung von Regeln, Ritualen und Routinen ist im letzten Jahrzehnt, vor allem in der angloamerikanischen Literatur, zum Dreh- und Angelpunkt einer effizienten Klassenführung geworden (Evertson & Weinstein 2006; Marzano et al. 2003, 2005).

- **Withitness (Allgegenwärtigkeit) und konstruktiver Umgang mit Regeln.** Effiziente Klassenführung wurde im deutschen Sprachraum lange Zeit auf den erfolgreichen Umgang mit Disziplinstörungen in Form von Ermahnungen, Strafen, Sanktionen reduziert. Dies macht vielleicht einen Teil der Erklärung für die mangelnde Attraktivität des Themas in der Forschung sowie in der Lehrerbildung aus. Dieses Bild des *Classroom Management* als Reaktion auf Verhaltensstörungen und »schlechtes Betragen« einzelner Schüler spiegelt jedoch ein veraltetes Denken wider, wie es in der Blütezeit behavioristischer Konzeptionen en vogue war, seinerzeit stark munitioniert durch die Lernpsychologie und die Klinische Psychologie (Stichwort: Verhaltensmodifikation). Die Verkürzung der Klassenführung auf den Umgang mit Disziplinproblemen ist weit entfernt vom aktuellen internationalen Diskussionsstand zum *Classroom Management*. Trotzdem spielt ein effizienter Umgang mit Störungen immer noch eine Rolle, und althergebrachte Techniken der Verhaltensmodifikation sind nicht bereits deshalb unzulässig oder unangebracht, weil sie einen lerntheoretisch-behavioristischen Hintergrund aufweisen. Hattie (2009) konnte unter Berufung auf Marzano (2000) zeigen, dass das Merkmal »withitness« (übersetzbar mit Allgegenwärtigkeit) von allen Facetten des Klassenmanagements den stärksten lernförderlichen Effekt hatte (d = 1,42): »the teacher had the ability to identify and quickly act on potential behavior problems, and retained an emotional objectivity« (S. 102). »Die Schüler bekommen das Gefühl vermittelt, dass die Lehrkraft alle ihre Aktivitäten im Blick hat, dass sie sozusagen auch auf ihrem Rücken Augen und Ohren hat, dass störende Vorfälle nicht ›übersehen‹ und heikle Entwicklungen nicht toleriert werden« (Helmke 2014, S. 178).

Klarheit & Strukturiertheit des Unterrichts

Die Hattie-Studie unterstreicht die Lernwirksamkeit von »clarity« (Effekt-stärke von d = 0,75; siehe Hattie 2009, S. 126). Meyer (2004) stellt das Merkmal »Klare Strukturierung« an den Anfang seiner zehn Merkmale der Unterrichtsqualität. Sie umfasst für Meyer: Stimmigkeit von Zielen, Inhalten und Methoden, Folgerichtigkeit des methodischen Gangs, Angemessenheit des methodischen Grundrhythmus, Regel- und Rollenklarheit – ein breites Konzept, das auch Elemente der Klassenführung einschließt. Begrifflich sollte man Klarheit, Verständlichkeit und Strukturiertheit auseinanderhalten, auch wenn sie in der Realität oft eng zusammenhängen.

- Klarheit hat vier Komponenten: akustisch (Verstehbarkeit), sprachlich (Prägnanz und Verständlichkeit), inhaltlich (Kohärenz) und fachlich (Korrektheit).
- Klarheit ist eher sender-, Verständlichkeit und Verstehbarkeit eher empfängerbezogen. Verständlichkeit und Verstehbarkeit hängen von Merkmalen der Sprache und des Sprechens ab, also von der angemessenen Ausprägung von Lautstärke, Tonhöhe, Sprechgeschwindigkeit, Pausen, Artikulation, Modulation, Timbre, der Unterstützung durch Gestik und Mimik und nicht zuletzt davon, ob Standardsprache (Hochdeutsch), Dialekt oder Regiolekt gesprochen wird und inwiefern die verwendete Sprache an das Sprachniveau der Schüler angepasst ist.
- Strukturiertheit hat zwei Bedeutungen: Aus gedächtnispsychologischer Sicht umfasst sie alle Merkmale des Informationsangebots, die darauf abzielen, den Aufbau einer gut organisierten Wissensbasis zu unterstützen. Aus didaktischer Perspektive heißt Strukturiertheit, dass der Unterricht so geplant und sequenziert ist, dass er dieses Ziel erreicht.

Kognitive Aktivierung

Der lernförderliche Effekt der *kognitiven Aktivierung* wurde in zahlreichen Studien nachgewiesen. Unter »kognitive Aktivierung« fallen Lehrerverhaltensweisen wie das Stellen herausfordernder Aufgaben, die Provokation kognitiver Konflikte, die Initiierung selbstreflexiver Prozesse auf Seiten der Schüler. Über der vielsagenden Überschrift »*What works in classroom instruction?*« werteten Marzano u. a. (Marzano et al. 2005; Marzano, Gaddy & Dean 2000) alle relevanten Studien und Metaanalysen aus und leiteten daraus Merkmale lernförderlichen Unterrichts ab. Die Hälfte dieser Merkmale beinhaltet Varianten und Spielarten der kognitiven Aktivierung: *Identifying similarities and differences, summarizing and note taking, nonlinguistic representations, generating and testing hypotheses* sowie *cues, questions and advance organizers*. Allerdings bezieht sich die Mehrzahl der Befunde auf mathematisch-naturwissenschaftliche Fächer; in den Fächern Deutsch und Englisch konnte die DESI-Studie *kein* entsprechendes Befundmuster feststellen (DESI-Konsortium 2008).

Hatties Metaanalyse (2009) zeigte die außerordentlich starke Lernwirksamkeit von metakognitiven Strategien (d = 0,69) und »study skills« (d = 0.59) für den Lernerfolg, wobei diejenigen Komponenten besonders vorhersagestark waren, die typisch für einen aktiven und vorausschauenden Zugang zu Lernaufgaben sind: Zielsetzung, Selbstevaluation, Aufschuborientierung und – an der Spitze – Lernstrategien wie Zusammenfassen, Paraphrasieren, Entwurfsfassung herstellen etc. (»organizing and transforming«; die Effektstärke beträgt hier beachtliche d = 0,85; Hattie 2009, S. 190).

Lernförderliches Klima, Motivierung, Unterstützung, Schülerorientierung

Mit »lernförderlichem Klima« ist eine Lernumgebung gemeint, in der das Lernen der Schülerinnen und Schüler erleichtert, begünstigt oder auf andere Weise positiv beeinflusst wird. In allen wichtigen Klassifikationen der Unterrichtsqualität taucht dieser Qualitätsbereich auf, so auch bei Meyer (2004, S. 17: »Lernförderliches Klima – durch gegenseitigen Respekt, verlässlich eingehaltene Regeln, Verantwortungsübernahme, Gerechtigkeit und Fürsorge«). In der Beschreibung der Kategorien des Unterrichtsbeobachtungsbogens der Bayerischen Qualitätsagentur wird das »Unterrichtsklima« so skizziert: »Eine positive Grundeinstellung gegenüber Lernen und Leisten sowie ein vertrauensvolles Klima zwischen Lehrkräften und Schülern und zwischen den Schülern sind Grundlagen für Lernbereitschaft und Lernvermögen.« Brophy (2000) legt den Schwerpunkt auf den Aspekt der *Unterstützung*: »To create a climate for moulding their students into a cohesive and supportive learning community, teachers need to display personal attributes that will make them effective as models and socializers: a cheerful disposition, friendliness, emotional maturity, sincerity, and caring about students as individuals as well as learners. The teacher displays concern and affection for students, is attentive to their needs and emotions, and socializes them to display these same characteristics in their interactions with one another« (S. 8). Hattie (2012) hebt vor allem die Wichtigkeit einer fehlertoleranten Lernumgebung und eines konstruktiven Umgangs mit Fehlern hervor: »An optimal classroom climate for learning is one that generates a climate in which it is understood that it is okay to make mistakes, because mistakes are the essence of learning [...] Expert teachers create classroom climate that welcome admission of errors; they achieve this by developing a climate of trust between teacher and student, and between student and student. The climate is one in which ›learning is cool‹, worth engaging in, and everyone – teachers and students – is involved in the process of learning« (S. 26).

Zusammenfassend lassen sich die folgenden Aspekte als wichtig für ein lernförderliches Klima herausstellen: Umgang mit Fehlern, angemessene Wartezeiten, entspannte Lernatmosphäre und Abbau von Angst. Auf Lehrerseite sind Merkmale wie Geduld, Humor und Toleranz für Langsamkeit von Bedeutung; für Details siehe Helmke (2014). Das Unterrichts- oder Lernklima wirkt sich allerdings nicht direkt auf Lernprozesse aus, sondern indirekt, indem es die sozial-emotionale Befindlichkeit, die Lernmotivation und das Selbstvertrauen fördert, die ihrerseits Determinanten des Lernerfolgs sind (Helmke & Weinert, 1997); daher sind die direkten Zusammenhänge mit der Lernentwicklung auch meist relativ schwach.

Formative Evaluation

Die Hattie-Studie hat gezeigt, dass es einen weiteren sehr lernwirksamen Aspekt der Unterrichtsqualität und des Lehrerverhaltens gibt, der in der bisherigen wissenschaftlichen Diskussion über Unterrichtsqualität und Lehrerprofessionalität kaum gesehen wurde: die formative Evaluation. Von den 138 Einzelfaktoren belegt diese Variable immerhin Rang 3! Steffens & Höfer (2012) bringen das Wesentliche der formativen Evaluation auf den Punkt, wenn sie schreiben: »Darunter kann man sich eine systematische Nutzung aller zugänglichen Informationen vorstellen, die Auskunft über Lernmöglichkeiten, Lernstand, Lernprozesse und Lernerträge der Schülerinnen und Schüler liefern. Das können ganz kleine Informationsbestandteile sein, z. B. hinsichtlich noch bestehender Schwächen und Stärken in einer Lernsequenz, oder Ergebnisse aus Lernstandsgesprächen mit Kindern und Jugendlichen, kleine Leistungstests oder Klassenarbeiten, aber auch systematisch generierte Daten im Rahmen standardisierter Lernstandserhebungen.« Außerdem weist die Hattie-Studie darauf hin, dass Lehrkräfte bei der Unterrichtsentwicklung das Feedback ihrer Schülerschaft zu lernwirksamen Merkmalen der Unterrichtsqualität einbeziehen sollten: »A key is not whether teachers are excellent, or even seen to be excellent by colleagues, but whether they are excellent as seen by students – the students sit in the classes; they know whether the teacher sees learning through their eyes, and they know the quality of relationship« (Hattie 2009, S. 116).

1.2 Unterrichtsdiagnostik

Diagnostische Kompetenzen werden von der Pädagogischen Psychologie (Schrader 2011) wie von der Bildungspolitik seit jeher für wichtig, ja unabdingbar gehalten. Für Weinert (Weinert & Helmke 1996) ist diagnostische Kompetenz – neben didaktischer Kompetenz, fachlicher Kompetenz und Klassenführungskompetenz – eine der vier Kernkompetenzen des Lehrerberufs. Ähnlich hoch wird die diagnostische Kompetenz in der Bildungspolitik eingeschätzt (siehe die Professionsstandards der Kultusministerkonferenz 2004); hier sind die vier zentralen Kompetenzbereiche: Unterrichten, Erziehen, Beurteilen und Innovieren. Allerdings ist mit »Diagnostik« in diesem Zusammenhang meist Individualdiagnostik gemeint. Wie Abbildung 1 zeigt, kann sich Diagnostik jedoch auf sehr unterschiedliche Sachverhalte und Gegenstände beziehen: von Schülerleistungen und -kompetenzen über andere lernrelevante Schülermerkmale, beobachtbares Lern- und Aufmerksamkeitsverhalten (z. B. Helmke & Renkl 1992) bis hin zu Merkmalen der Lehrerpersönlichkeit (Herlt & Schaarschmitt, 2007) und Lehrerprofessionalität (z. B. in der Studie COACTIV, Kunter et al. 2011). Darüber hinaus kann Diagnostik auch auf die Qualität der unterrichtlichen Prozesse bezogen sein.

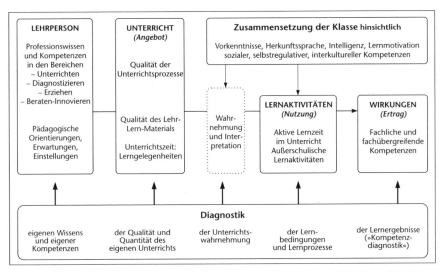

Abb. 1:   Gegenstandsbereiche der Pädagogischen Diagnostik (Quelle: www.unterrichtsdiagnostik.info)

Folgt man dem Konzept einer Evidenzbasierung pädagogischer Praxis, wie es – keineswegs nur, aber besonders prononciert – von Hattie vertreten wird, dann setzt eine gezielte Weiterentwicklung des Unterrichts eine geeignete Standortbestimmung, also »Daten«, voraus. Hierzu gibt es in der Forschung und in der Schulpraxis vielfältiges Material, das in zunehmendem Maße auch im Internet zugänglich ist. Für die gezielte Nutzung empirischer Informationen über Unterricht entwickelte das Landauer Forschungsteam das Konzept »Unterrichtsdiagnostik«. Während man bei Diagnostik im alltäglichen Sprachgebrauch häufig zunächst an die Medizin denkt, ist doch festzuhalten, dass dieses aus dem Griechischen stammende Wort ursprünglich keinen bereichsspezifischen Charakter hatte, sondern nur die Erforschung eines Sachverhaltes mit dem Ziel meint, beobachtete Merkmale einem Klassifikationssystem zuzuordnen; wer dies kann, ist ein diagnostikos (zum Unterscheiden begabt).

Ähnlich wie beim Konzept des »forschenden Lehrers« bei Altrichter und Posch (2007) und der »unterrichtsintegrierten Selbstevaluation« (Beywl 2013) geht es auch bei der Unterrichtsdiagnostik darum, sich in forschender Absicht dem eigenen Unterricht zu nähern – zusätzlich beinhaltet das im Folgenden skizzierte Konzept der Unterrichtsdiagnostik den systematischen und expliziten Abgleich unterschiedlicher Perspektiven, unter Verwendung kriteriengeleiteter Werkzeuge.

Von »Unterrichtsdiagnostik« sollte man erst dann sprechen, wenn die Erfassung von Merkmalen des Unterrichts und der Lehr-Lern-Situation bestimmten methodischen und inhaltlichen Qualitätsansprüchen genügt. Dazu gehört vor allem eine Auswahl von Gegenstandsbereichen (hier: Merkmale der Unterrichtsqualität), die sich am wissenschaftlichen Forschungsstand orientiert; wichtig ist auch eine empirische Erprobung.

Die Unterrichtsdiagnostik lässt eine große Bandbreite von Methoden, Werkzeugen und Perspektiven zu (für eine ausführliche Übersicht vgl. Helmke, Helmke und Pham 2012). So kann die Diagnostik des Unterrichts

- überwiegend quantitativ (mit Einschätzskalen, Checklisten, Fragebögen) oder aber auch qualitativ erfolgen wie z. B. beim Werkzeug »Fokus Unterricht« (Broszewski & Maeder 2007);
- auf einen längeren Zeitraum gerichtet sein, also auf Schülerseite kumulative Urteile erfordern (wie im Falle der Large Scale-Studien und Lernstandserhebungen vom Typ PISA, TIMSS, IGLU, aber auch in den meisten Schülerfragebögen der Schulinspektionen und Qualitätsagenturen) oder nur eine konkrete Unterrichtsstunde (oder eine Lerneinheit) betreffen;
- aus unterschiedlichen Perspektiven erfolgen, d. h. Urteile der unterrichtenden Lehrperson, der Schülerschaft, anwesender Gäste (Hospitanten), im Falle der Videoanalyse auch Urteile einer Gruppe einbeziehen;
- sich auf fachübergreifende (»generische«) Aspekte der Unterrichtsqualität beziehen oder auf fachspezifische (fachdidaktische, fachwissenschaftliche) Merkmale.

Evidenzbasierte Methoden der Unterrichtsdiagnostik und -entwicklung

Die Unterrichtsforschung hat gezeigt, dass Urteile über Unterricht aus verschiedenen Perspektiven oft nicht übereinstimmen und jeweils unterschiedliche blinde Flecken aufweisen. Deshalb wird gefordert, bei der Unterrichtsdiagnostik ausdrücklich unterschiedliche Perspektiven einzubeziehen und verstärkt auf Perspektivenabweichungen zu fokussieren (vgl. Clausen 2002).

Genau dieser Forderung kommt das in Landau entwickelte Werkzeug EMU (»Evidenzbasierte Methoden der Unterrichtsdiagnostik und -entwicklung«) nach (vgl. Helmke et al. 2012, S. 133 ff.). Das gesamte Material ist im Internet über die Website www.unterrichtsdiagnostik.info zugänglich, wo es uneingeschränkt, kostenlos und ohne irgendwelche Anmeldungen, Registrierungen, Pass- oder Kennwörter heruntergeladen und genutzt werden kann. Es richtet sich primär an Schulen, daneben aber auch an die Lehreraus- und -fortbildung. Häufig kommt der Anstoß dazu von den Schulen selbst, immer öfter empfiehlt auch die Schulaufsicht – im Rahmen von Zielvereinbarungen nach einer externen Evaluation – EMU als Verfahren der Selbstevaluation zu verwenden. EMU hat sich in der Schulpraxis sowie in der Lehrerausbildung und -fortbildung bewährt und ist in mehreren deutschen Bundesländern bereits Teil des regulären Aus- und Fortbildungsangebotes im Lehramtsstudium sowie für berufstätige Lehrpersonen, Schulleitungen und Schulaufsichtsbeamte.

EMU orientiert sich, was die Auswahl von Qualitätsbereichen anbelangt, an der internationalen Unterrichtsforschung (Marzano & Pickering 2005; Hattie 2009; Helmke 2012) und sieht eine Reihe von Qualitätsbereichen vor:

- *Basisbereiche*: Effiziente Klassenführung, Lernförderliches Klima und Motivierung, Klarheit und Strukturiertheit und Aktivierung als Merkmale prozessualer Unterrichtsqualität. Hinzu kommt ein Bilanzbereich, d. h. eine Einschätzung der Stunde in emotionaler (Wohlfühlen), motivationaler (Interessantheit) und kognitiver Hinsicht (Lernertrag, Passung).
- *Zusatzbereiche*: Das o. g. Fundamentum kann um Zusatzbereiche (»Additum«) ergänzt werden. Hierfür stehen gegenwärtig Itempools zu folgenden Bereichen zur Verfügung: Kognitive Aktivierung, Umgang mit Vielfalt/Individualisierung, kooperatives Lernen/Gruppenarbeit, Lehrersprache, fachliche/fachdidaktische Qualität sowie Kompetenzorientierung/Orientierung an den Bildungsstandards (alle derzeit geltenden Bildungsstandards).
- Zusätzlich können Instrumente zum Unterricht der Externen Evaluation/Schulinspektion des Bundeslandes eingesetzt werden, selbst entwickelte Items zu Bereichen, die der Schule wichtig sind, oder es können Beobachtungsaufträge individuell vereinbart werden.

Den Kern von EMU stellt der Abgleich unterschiedlicher Perspektiven auf ein und den gleichen Urteilsgegenstand dar, dies ist üblicherweise eine konkrete Unterrichtsstunde. Dadurch bietet EMU Anlässe, miteinander über Konsens sowie Dissens – und die Gründe dafür – ins Gespräch zu kommen. Die jeweils identischen Formate und äquivalenten Formulierungen gewährleisten, dass die Urteile des unterrichtenden Lehrers, des hospitierenden Gastes und der Schüler auf den gleichen Gegenstand gerichtet sind und somit gefundene Unterschiede zwischen den drei Ansätzen nicht auf die Unterschiedlichkeit der eingesetzten Werkzeuge, sondern auf unterschiedliche Sichtweisen zurückzuführen sind. Erst diese wechselseitige Anschlussfähigkeit macht einen Abgleich von Perspektiven möglich.

Zur Veranschaulichung der Architektur von EMU hier ein Beispielitem aus drei Perspektiven (4-stufiges Antwortformat: stimme nicht zu/stimme eher nicht zu/stimme eher zu/stimme zu):

- Unterrichtende Lehrerin:»Wenn ich eine Frage gestellt habe, hatten die Schüler/-innen ausreichend Zeit zum Nachdenken.«

- Hospitierende Lehrperson: »Wenn die Kollegin eine Frage gestellt hat, hatten die Schüler/-innen ausreichend Zeit zum Nachdenken.«
- Schülerfragebogen: »Wenn die Lehrerin in dieser Unterrichtsstunde eine Frage gestellt hat, hatte ich ausreichend Zeit zum Nachdenken.«

EMU bietet die Möglichkeit einer Messwiederholung (z. B. in der gleichen Klasse, im gleichen Fach und mit äquivalentem Stundentypus), um durch eine Follow-up-Erhebung Veränderungen visualisieren zu können. Wenn Unterrichtsentwicklung erfolgreich war, dann sollte sich das auch in den Daten niederschlagen, beispielsweise in einer veränderten Schülerwahrnehmung des Unterrichts.

Die Verbesserung der Kooperation und des kollegialen Austauschs innerhalb des Kollegiums, die Überwindung von Einzelkämpfertum und Isolation gehören nicht zu den Primärzielen, sind aber außerordentlich erwünschte Nebenwirkungen von Maßnahmen der Unterrichtsdiagnostik. Zudem gibt es Belege dafür, dass die Qualität der kollegialen Kooperation positive Effekte auf das Kompetenzniveau der Schülerinnen und Schüler hat, siehe Huber, Ahlgrimm und Hader-Popp (2012) und Fussangel und Gräsel (2012).

Das EMU-Team hat zusätzlich eine Software entwickelt, mit deren Hilfe viele individuelle EMU-Daten (aus Kollegialfeedback und/oder Schülerfeedback) auf Schulebene aggregiert und visualisiert werden. Auf diese Weise nutzen die Ergebnisse nicht nur individuellen Lehrpersonen und ihren Klassen, sondern die gesamte Schule kann in einen Lernprozess eingebunden werden, dem im Idealfall ein Dreischritt zugrunde liegt: (1) Diagnose der Ausgangslage, (2) Intervention, also vor allem Unterrichtsentwicklung, (3) Evaluation, d. h. Wiederholung der Messung, wobei der Schwerpunkt auf einer Veränderung des Unterrichtsprofils der gesamten Schule liegt.

Ein Beispiel aus der Praxis von EMU

Zur Illustration des Einsatzes von EMU in der Schulpraxis ein (reales) Beispiel. In einer Schule hatte sich das Jahrgangsstufenteam der 7. Klasse darauf verständigt, gemeinsam die Qualität des Unterrichts zu sichten, um ihn – wo nötig – gezielt zu verbessern. Dazu wird das EMU-Werkzeug eingesetzt. Bei einem Tandem kommt es zu einem Dissens zwischen der Einschätzung der unterrichtenden und der hospitierenden Lehrkraft. Erstere nennt als Grund für ihre Einschätzung von Item 24 (»Die Unterrichtsstunde war für die Schüler/-innen interessant«), dem sie »eher nicht« zustimmt, dass sich nur wenige Schüler aktiv durch Meldungen am Unterricht beteiligen – insbesondere bei schwierigeren Fragen. Durch ihre bisherige persönliche Erfahrung ist sie der Ansicht, auch eine alltagsnahe Problemstellung führe zu keinem höheren Engagement in dieser Klasse. Die Lehrkraft glaubt, dass Schüler in diesem Alter einfach weniger Interesse an Schule und Unterricht haben. Die hospitierende Lehrkraft hingegen teilt diese subjektive Theorie nicht. Ihrer Einschätzung zufolge haben die Schüler einen durchaus anregenden und für sie interessanten Unterricht erlebt. Die geringe Anzahl sich beteiligender Schüler, gerade bei schwierigeren Fragestellungen hat die hospitierende Lehrkraft auch wahrgenommen: Sie führt die geringe Anzahl an Meldungen nicht auf mangelndes Interesse, sondern auf die zur Verfügung stehende Antwortzeit zurück. Sie glaubt, die Schüler hätten schlichtweg zu wenig Zeit, um die Fragestellungen zu lösen, da die unterrichtende Lehrkraft stets nach kurzer Zeit einen Schüler aufgerufen hat.

Die Lehrkräfte ziehen in einem entscheidenden zweiten Schritt die Schülerperspektive hinzu, um ihre Hypothesen zu verifizieren bzw. falsifizieren und inspizieren die Verteilung der Schülerantworten. Im Ergebnis stellt sich heraus, dass etwa zwei Drittel der Schüler nicht genügend Zeit zum Nachdenken hatten.

Durch den Perspektivabgleich wird der unterrichtenden Lehrkraft bewusst, dass ihre eigene Annahme auf einer subjektiven Theorie beruhte, diese jedoch nicht der Realität entspricht. Sie sieht ihre Lerngruppe nun mit anderen Augen und kann sich aufgrund des Feedbacks besser auf sie einstellen, indem sie ihnen zum Beispiel mehr Zeit zum Nachdenken gewährt. EMU unterstützt also Lehrkräfte darin, das Lernen der Schüler – ganz nach Hatties Motto – durch die Augen der Schüler zu sehen. Ohne den Abgleich mit anderen Perspektiven und deren expliziter Thematisierung bleiben subjektive Theorien meist implizit. Die Wahrnehmung des eigenen Lehrhandelns und der eigenen Person unterscheidet sich in der Regel von der Fremdwahrnehmung und der Realität (Clausen 2002). Illustriert wird dies durch das sogenannte Johari-Fenster (Abb. 2), eine Denkfigur aus der Gruppendynamik; der Name leitet sich aus den Initialen der beiden »Erfinder« ab, Joseph Luft und Harry Ingham (Luft & Ingham, 1955).

A öffentlich mir bekannt, anderen bekannt	C blinder Fleck mir nicht bekannt, anderen bekannt
B geheim mir bekannt, anderen nicht bekannt	D unbekannt mir nicht bekannt, anderen nicht bekannt

Abb. 2: Die vier Felder des Johari-Fensters

Wie Abbildung 2 verdeutlicht, gibt es Bereiche, die der eigenen Wahrnehmung verborgen bleiben/sind (C, D). Während der Bereich des Unbewussten (D) weder der Selbst- noch der Fremdwahrnehmung zugänglich ist, beinhaltet der blinde Fleck (C) den Anteil des Verhaltens, den man selbst wenig wahrnimmt, obwohl er anderen offenkundig ist. Feedback kann helfen, die Fenstergrößen zu verändern bzw. den blinden Fleck zu reduzieren und damit die Handlungsfähigkeit zu steigern.

1.3 Ausblick

Zurück zu Hattie: Die aus unserer Sicht vielleicht überzeugendste Botschaft der Hattie-Studie ist, dass Methoden und Organisationsformen des Unterrichts per se eher unbedeutend sind. Man kann sehr viele unterschiedliche Szenarien des Unterrichts so anlegen, dass sie lernwirksam werden. Mit anderen Worten, der Einsatz bestimmter Methoden und die Nutzung bestimmter Werkzeuge per se ist nicht automatisch lernförderlich; es kommt auf das WIE an und weniger auf das OB. Diese Kernaussage gilt selbstverständlich auch für die EMU-Unterrichtsdiagnostik. Das heißt: Kollegiale Hospitation unter Nutzung der EMU-Werkzeuge ist nicht automatisch ertragreich: Wird sie als Wellness-Veranstaltung betrachtet, verbunden mit gegenseitiger Schmeichelei (nach dem Motto »Nenn mich Goethe, dann nenn ich dich Schiller« – eine originelle Metapher, die von H. G. Rolff stammt), dann verfehlt sie ihren Zweck. Wird sie dagegen ernsthaft und verantwortungsvoll angegangen, dann erfordert sie die strikte Beachtung von Feedbackregeln und die Fähigkeit, konstruktive Kritik zu geben und auch zu ertragen. Dabei soll nicht verschwiegen werden, dass das Verlassen »bewährter« Routinen, die Öffnung und vielleicht Revision subjektiver Theorien im Einzelfall schon mal anstrengend sein kann – »Lernen ist schmerzhaft«, so titelten Oser und Spychiger (2005) ihr folgenreiches Buch. Obwohl kollegiale Hospitation im Rahmen von EMU belastende Aspekte beinhalten kann, überwiegen klar die entlastenden Aspekte. Das Entlastungspotenzial lässt sich wie folgt beschreiben: Es kann erleichternd sein zu sehen, dass andere auch nur »mit Wasser kochen« und vielleicht mit ähnlichen Problemen zu kämpfen haben wie man selbst, und dass man diese Probleme jetzt gemeinsam angehen kann statt alleine. Außerdem ist regelgestütztes Feedback niemals destruktiv und nur negativ. Auch dies ist für Lehrkräfte eine Quelle für positive Motivation, denn in der Regel erhalten sie eher Feedback, wenn etwas nicht so gut läuft, als wenn es reibungslos und glatt läuft. Dazu kommt, dass es befriedigend sein kann, einmal schwarz auf weiß zu erfahren, dass man etwas gut kann, von dem man bislang lediglich vage vermutete, es zu können.

1.4 Literatur

Altrichter, H. & Posch, P. (2007). Lehrerinnen und Lehrer erforschen ihren Unterricht (4. Aufl.). Bad Heilbrunn: Klinkhardt.

Beywl, Wolfgang (2013). Mit Taten zu Daten. Der Ansatz der unterrichtsintegrierten Selbstevaluation. Journal für Schulentwicklung – Themenheft: Mit Daten zu Taten – Wenn Schulen Wissen nutzen. 17. Jg. (1). S. 7–14.

Brophy, J. E. (2000). Teaching (*Educational Practices Series, Vol. 1*). Brussels: International Academy of Education & International Bureau of Education (www.ibe.unesco.org).

Brosziewski, A. & Maeder, C. (2007). Fokus Unterricht. Unterrichtsentwicklung durch Beobachtung. Zürich: Seismo.

Clausen, M. (2002). Unterrichtsqualität: Eine Frage der Perspektive? Münster: Waxmann.

DESI-Konsortium (Hrsg.) (2008). *Unterricht und Kompetenzerwerb in Deutsch und Englisch. Ergebnisse der DESI-Studie.* Weinheim: Beltz Verlag.

Dubs, R. (2009). *Lehrerverhalten. Ein Beitrag zur Interaktion von Lehrenden und Lernenden im Unterricht* (2. Aufl.). Stuttgart: Franz Steiner Verlag.

Evertson, C. M. & Weinstein, C. S. (Hrsg.) (2006). *Handbook of classroom management. Research, practice, and contemporary issues.* Mahwah, NJ: Lawrence Erlbaum.

Fisher, C. W. (1995). Academic learning time. In Anderson, L. W. (Ed.): *International encyclopedia of teaching and teacher education* (2. Aufl.). Oxford: Pergamon, S. 430–434.

Fussangel, K. & Gräsel, C. (2012). Lehrerkooperation aus Sicht der Bildungsforschung. In: E. Baum, Till-Sebastian & H. Ullrich (Hrg.) (2012), Kollegialität und Kooperation in der Schule: Theoretische Konzepte und empirische Befunde (S. 29–40).

Hattie, J. (2009). Visible Learning. A synthesis of over 800 meta-analyses relating to achievement. London: Routledge.

Hattie, J. (2012). Visible Learning for Teachers. Maximizing impact on Learning. London: Routledge.

Hattie, J. (2013). Lernen sichtbar machen. Von W. Beywl und K. Zierer überarbeitete deutsche Ausgabe von »Visible learning«. Hohengehren: Schneider.

Hattie, J. (2014). Lernen sichtbar machen für Lehrpersonen. Von W. Beywl und K. Zierer überarbeitete deutsche Ausgabe von »Visible learning for teachers«. Hohengehren: Schneider.

Helmke, A. (2014). Forschung zur Lernwirksamkeit des Lehrerhandelns. In: E. Terhart, H. Bennewitz & M. Rohland (Hrsg.), Handbuch der Forschung zum Lehrerberuf (2. Aufl.). Münster: Waxmann, S. 807–821.

Helmke, A. (2014). *Unterrichtsqualität und Lehrerprofessionalität. Diagnose, Evaluation und Verbesserung des Unterrichts* (5. Auflage). Seelze: Klett-Kallmeyer.

Helmke, A. & Lenske, G. (2013). Unterrichtsdiagnostik als Grundlage für Unterrichtsentwicklung. Beiträge zur Lehrerinnen- und Lehrerbildung, 31 (2), 2013, 214–233.

Helmke, A. (2012). Unterrichtsqualität und Lehrerprofessionalität. Diagnose, Evaluation und Verbesserung des Unterrichts (4. überarbeitete Aufl., Schule weiterentwickeln – Unterricht verbessern. Orientierungsband). Seelze: Klett-Kallmeyer.

Helmke, A., Helmke, T., Lenske, G., Pham, G., Praetorius, A.-K., Schrader, F.-W. & Ade-Thurow, M. (2012). Unterrichtsidagnostik – Voraussetzung für die Verbesserung der Unterrichtsqualität. In S. G. Huber (Hrsg.), Jahrbuch Schulleitung 2012. Befunde und Impulse zu den Handlungsfeldern des Schulmanagements. Köln: Carl Link, S. 133–144.

Helmke, A., Helmke, T., Heyne, N., Hosenfeld, A., Hosenfeld, I., Schrader, F.-W. & Wagner, W. (2008a). Zeitnutzung im Grundschulunterricht: Ergebnisse der Unterrichtsstudie »VERA – Gute Unterrichtspraxis«. *Zeitschrift für Grundschulforschung*, 1, S. 23–36.

Helmke, A., Helmke, T., Schrader, F.-W., Wagner, W., Klieme, E., Nold, G. & Schröder, K. (2008b). Wirksamkeit des Englischunterrichts. In: DESI-Konsortium (Hrsg.), *Unterricht und Kompetenzerwerb in Deutsch und Englisch. Ergebnisse der DESI-Studie*. Weinheim: Beltz, S. 382–397.

Helmke, A. & Renkl, A. (1992). Das Münchener Aufmerksamkeitsinventar (MAI): Ein Instrument zur systematischen Verhaltensbeobachtung der Schüleraufmerksamkeit im Unterricht. Diagnostika, 38, 130–141.

Helmke, A. & Weinert, F. E. (1997). Bedingungsfaktoren schulischer Leistungen. In F. E. Weinert (Hrsg.): *Psychologie des Unterrichts und der Schule (Enzyklopädie der Psychologie, Pädagogische Psychologie, Bd. 3)*. Göttingen: Hogrefe, S. 71–176.

Helmke, A., Helmke, T. & Pham, G. (2012). Von der externen zur internen Evaluation des Unterrichts. Hamburg macht Schule, 3, 31–32.

Herlt, S. & Schaarschmidt, U. (2007). Fit für den Lehrerberuf?! In: U. Schaarschmidt & U. Kieschke (Hrsg.), Gerüstet für den Schulalltag. Psychologische Unterstützungsangebote für Lehrerinnen und Lehrer (S. 157–181). Weinheim: Beltz Verlag.

Huber, S. G., Ahlgrimm, F. & Hader-Popp, S. (2012). Kooperation in und zwischen Schulen sowie mit anderen Bildungseinrichtungen: Aktuelle Diskussionsstränge, Wirkungen und Gelingensbedingungen. In: S. G. Huber & F. Ahlgrimm (Hrsg.), Kooperation: Aktuelle Forschung zur Kooperation in und zwischen Schulen sowie mit anderen Partnern (S. 323–372). Münster: Waxmann.

Klauer, K. J. & Leutner, D. (2007). *Lehren und Lernen. Einführung in die Instruktionspsychologie*. Weinheim: Beltz Psychologie Verlags Union.

Kultusministerkonferenz (2004). Standards für die Lehrerbildung: Bildungswissenschaften. Bonn: KMK.

Kunter, M., Klusmann, U. & Baumert, J. (2009). Professionelle Kompetenz von Mathematiklehrkräften: Das COACTIV-Modell. In: Zlatkin-Troitschanskaia, O., Beck, K., Sembill, D., Nickolaus, R. & Mulder, R. (Hrsg.), *Lehrprofessionalität. Bedingungen, Genese, Wirkungen und ihre Messung*. Weinheim: Beltz Verlag, S. 153–165.

Kunter, M., Baumert, J., Blum, W., Klusmann, U., Krauss, S., & Neubrand, M. (Eds.) (2011). Professionelle Kompetenz von Lehrkräften – Ergebnisse des Forschungsprogramms COACTIV. Münster: Waxmann.

Lipowsky, F. (2006). Auf den Lehrer kommt es an. Empirische Evidenzen für Zusammenhänge zwischen Lehrerkompetenzen, Lehrerhandeln und dem Lernen der Schüler. In: Allemann-Ghionda, C./Terhart, E. (Hrsg.), *Kompetenzen und Kompetenzentwicklung von Lehrerinnen und Lehrern: Ausbildung und Beruf* (51. Beiheft der Zeitschrift für Pädagogik). Weinheim: Beltz, S. 47–70.

Lipowsky, F. (2007a). Unterrichtsqualität in der Grundschule – Ansätze und Befunde der nationalen und internationalen Forschung. In: Möller, K., Hanke, P., Beinbrech, C., Hein, A. K., Kleickmann, T. & Schages, R. (Hrsg.), *Qualität von Grundschulunterricht entwickeln, erfassen und bewerten* (Jahrbuch Grundschulforschung, Band 11). Wiesbaden: VS Verlag für Sozialwissenschaften, S. 35–49

Lipowsky, F. (2007b). Was wissen wir über guten Unterricht? Im Fokus: die fachliche Lernentwicklung. In: Becker, G., Feindt, A., Meyer, H., Rothland, M., Stäudel, L. & Terhart, E. (Hrsg.), *Guter Unterricht. Maßstäbe & Merkmale – Wege & Werkzeuge* (Friedrich Jahresheft XXV). Seelze: Erhard Friedrich Verlag, S. 26–30.

Luft, J. & Ingham, H. (1955). The Johari Window, a graphic model for interpersonal relations. Western Training Laboratory in Group Development, August 1955; University of California at Los Angeles, Extension Office.

Marzano, J. S., Pickering, D. J. & Pollock, J. E. (2005). *Classroom instruction that works.* Upper Saddle River, NJ: Merrill Prentice Hall.

Marzano, R. J., Gaddy, B. B. & Dean, C. (2000). *What works in classroom instruction.* Aurora, CO: Midcontinent Research for Education and Learning (McREL).

Marzano, R. J., Gaddy, B. B., Foseid, M. C., Foseid, M. P. & Marzano, J. S. (2005). *A handbook for classroom management that works.* Alexandria, VA: Association for Supervision and Curriculum Development (ASCD).

Marzano, R. J., Marzano, J. S., Pickering, D. J. (2003). *Classroom management that works. Research-based strategies for every teacher.* Alexandria, VA: Association for Supervision and Curriculum Development (ASCD).

Marzano, R. J., Norford, J. S., Paynter, D. E., Pickering, D. J. & Gaddy, B. B. (2001). *A handbook for classroom instruction that works.* Alexandria, VA: Association for Supervision and Curriculum Development (ASCD).

Meyer, H. (2004). *Was ist guter Unterricht?* Berlin: Cornelsen.

Oser, F. & Spychiger, M. (2005). Lernen ist schmerzhaft. Zur Theorie des Negativen Wissens und zur Praxis der Fehlerkultur. Weinheim und Basel: Beltz.

Schrader, F.-W. (2011). Lehrer als Diagnostiker. In: E. Terhart, H. Bennewitz & M. Rothland (Hrsg.), Handbuch der Forschung zum Lehrerberuf (S. 683–698). Münster: Waxmann.

Steffens U. & Höfer, D. (2012). Die Hattie-Studie. Forschungsbilanz zu den Ursachen von Lernerfolg. *HLZ (Hessische Lehrerzeitung),* 12/2012, S. 24–26.

Wang, M. C., Haertel, G. D. & Walberg, H. J. (1993). Toward a knowledge base for school learning. *Review of Educational Research,* 63, S. 249–294.

Weinert, F. E. & Helmke, A. (1996). Der gute Lehrer: Person, Funktion oder Fiktion? In: A. Leschinsky (Hrsg.), Die Institutionalisierung von Lehren und Lernen. Beiträge zu einer Theorie der Schule (Zeitschrift für Pädagogik, 34. Beiheft, S. 223–233). Weinheim: Beltz.

Wellenreuther, M. (2005). *Lehren und Lernen – aber wie? Empirisch-experimentelle Forschungen zum Lehren und Lernen im Unterricht* (2. korrigierte und überarbeitete Aufl.). Baltmannsweiler: Schneider Verlag Hohengehren.

2. Alle gleich – alle unterschiedlich: Heterogenität in der Schule und die Rolle von Schulleitungen

ALOIS BUHOLZER & THOMAS MÜLLER

Kinder sind verschieden in Bezug auf ihre schulischen Lernvoraussetzungen und dennoch sind sie alle gleich! Sie alle sind Kinder und haben das Recht auf eine faire Beurteilung und bestmögliche schulische Förderung (Gesetz über die Volksschulbildung Luzern 1999). Der Anspruch, die Heterogenität der Kinder und Jugendlichen anzuerkennen und sie gleichzeitig miteinander lernen zu lassen, fordert nicht nur Lehrerinnen und Lehrer heraus, sondern ist auch ein zentrales Thema für Schulleitungen: Welche Schulstrukturen ermöglichen einen möglichst optimalen Umgang mit Heterogenität? Was zeichnet guten Unterricht im Hinblick auf den Umgang mit Heterogenität aus? Wie können Lehrpersonen in dieser herausfordernden Aufgabe unterstützt werden? Das alles sind Fragen, die Schulleitungen betreffen und denen im Rahmen dieses Artikels nachgegangen werden soll.

2.1 Ausgangslage

Die Forderung nach einem Unterricht, der sich an *alle Lernenden* richtet, ist zwar nicht neu, klarer denn je weist jedoch die aktuelle Schulpädagogik auf die Einzigartigkeit des Individuums hin und hinterfragt ihre Praxis zum Umgang mit Verschiedenheit einerseits und Gleichheit anderseits. Zudem entziehen zahlreiche Studien aus dem Bereich der Bildungsforschung der Vorstellung, Jahrgangsklassen sollten in Bezug auf die Lernvoraussetzungen der Schülerinnen und Schüler homogen zusammengesetzt sein, jegliche empirische Basis. So konnte in einer Studie mit 2700 Kindern der ersten Klasse bei einem Viertel der Kinder festgestellt werden, dass ihr Vorsprung, gemessen am Lehrplan, mindestens ein halbes Jahr betrug. Ungefähr 10% der Kinder erreichten bereits zu Beginn des Schuljahres die Ziele der betreffenden Klasse (Stamm 1998).

Nach Guldimann hängt die Heterogenität von Schulleistungen mit weiteren (kognitiven) Unterschieden (2012, S. 109–111) zusammen:

- Schülerinnen und Schüler wissen unterschiedlich viel und bringen demzufolge auch für die Fachinhalte der Schule *unterschiedliches Vorwissen* mit. Dieses bereichsspezifische Vorwissen ist der beste Vorhersagewert für die Lernleistung.
- Beim Bearbeiten von Aufgabenstellungen wenden Schülerinnen und Schüler *verschiedene Lernstrategien* an. Lernstrategien erleichtern die Aufnahme, Verarbeitung und Speicherung neuer Informationen. Kinder unterscheiden sich

nicht nur im Repertoire von Lernstrategien sondern auch in deren flexiblen Anwendung.

- Schülerinnen und Schüler einer Klasse unterscheiden sich in der *Lernzeit*. Für dieselbe Lernaufgabe benötigt eine Schülerin bzw. ein Schüler 10 Minuten, ein anderer aber 40 Minuten.

- Schülerinnen und Schüler bewegen sich zwischen *konkretem und abstraktem Denken*. Sie benötigen je nach Entwicklungsstand und kognitiver Anforderung der jeweiligen Aufgabenstellung eine unterschiedlich abstrakte beziehungsweise konkrete Repräsentation des Lerninhaltes (Handlung, Symbol oder Sprache).

- *Motivation, Interesse und Selbstwirksamkeitserwartungen* sind wesentlich am Erbringen einer Lernleistung beteiligt, denn die Aneignung von Lerninhalten erfordert die Mobilisierung von Anstrengungen und die Bereitstellung der entsprechenden Ressourcen (etwa Zeit zum Üben und Verarbeiten von Lernmaterial). Es ist erwiesen, dass auch diese Merkmale bei den Schülerinnen und Schülern unterschiedlich ausgeprägt sind.

- Schülerinnen und Schüler verfügen über *unterschiedliches metakognitives Wissen*. Unter Metakognition versteht man das Wissen über das eigene Denken und Lernen. Metakognitives Wissen beeinflusst das eigene Lernen und folglich auch die Lernleistung.

Den Lehrpersonen sind die genannten Differenzen bekannt. Allerdings fehlen auf der Unterrichtsebene offensichtlich die richtigen Mittel und Konzepte, um mit dieser Vielfalt auch konstruktiv umgehen zu können. Leidtragende sind dabei neben den Schülerinnen und Schülern auch die Lehrpersonen selber. So gaben in der TIMSS-II-Studie (vgl. TIMSS 1997, S. 30) 55 Prozent der Lehrpersonen die Leistungsheterogenität der Schülerinnen und Schüler als größte Berufserschwernis an, und in einer Untersuchung von Buholzer (2000, S. 240) verorten Lehrpersonen die größten Schwierigkeiten beim Unterrichten in der Berücksichtigung der Leistungsunterschiede in der Klasse. Diese Belege machen offensichtlich, dass Lehrpersonen im Umgang mit der Heterogenität nicht nur auf Unterstützung angewiesen sind, sondern diese auch wünschen.

Trotz des Wissens von der Unterschiedlichkeit der Schülerinnen und Schüler haften ihren Konzepten und Unterrichtsmodellen noch stark das Ideal der homogenen Lerngruppe und die Ausrichtung am sogenannten »imaginären Durchschnittsschüler« an. So geht das mentale Modell vieler Lehrpersonen auch heute davon aus, dass Lernen nur mit Schülerinnen und Schülern, die ähnliche Lernvoraussetzungen und das gleiche Lernziel haben, optimal gelingen kann (vgl. Krainz-Dürr & Schratz 2003, S. 5). Dementsprechend ist der Unterricht oft so gestaltet, dass allen Schülerinnen und Schülern die identischen Lerninhalte in kleinen Lernschritten, auf gleichem Niveau angeboten werden.

So verschieden Schülerinnen und Schüler sind, so verschieden sind auch Lehrerinnen und Lehrer. Dies wird unter anderem am Umgang der Lehrpersonen mit kognitiver Heterogenität deutlich. Weinert (1997) teilte das unterrichtliche Handeln von Lehrpersonen in die folgenden vier Gruppen ein:

- *Ignorieren der Lern- und Leistungsunterschiede:* Als Bezugspunkt dient die Orientierung an einem »Durchschnittsschüler«. Dessen Lernvoraussetzungen wie auch Lern- und Leistungsfortschritte bilden den Maßstab für das Anforderungsniveau und die methodische Gestaltung des Unterrichts.

- *Anpassung der Schülerinnen und Schüler an die Anforderungen des Unterrichts:* Mit dieser substitutiven Reaktionsform wird mit schulorganisatorischen Maßnahmen oder psychologischen Trainings (zum Beispiel zur Aufmerksamkeit) versucht, die Schülerinnen und Schüler an den (bestehenden) Unterricht anzupassen.

- *Anpassung des Unterrichts an die lernrelevanten Unterschiede zwischen den Schülerinnen und Schülern:* Durch diese Reaktionsweise wird mit einer differenziellen Anpassung der Lehrstrategien (zum Beispiel durch vielfältige Formen der inneren Differenzierung) bei möglichst vielen Schülerinnen und Schülern ein Optimum an erreichbaren Lernfortschritten erzielt.

- *Gezielte Förderung der einzelnen Schülerinnen und Schüler durch adaptive Gestaltung des Unterrichts:* Grundlegend für diese vierte Reaktionsart sind gemäß Weinert (1997) differenzielle Lernziele, ein adaptiver Lernstil sowie »genügend nachhelfende (remediale) Instruktion zur Realisierung der basalen Lernziele« (ebd., S. 52).

Diese vier Gruppen unterrichtlichen Handelns gehen nicht nur auf persönliche Überzeugungen und individuelle Fähigkeiten zurück, sie sind auch stark an Systembedingungen gebunden. Mit gesetzlichen Vorgaben und schulischen Strukturen wird vorgegeben, wie Lehrpersonen auf die heterogene Zusammensetzung von Lerngruppen reagieren können und/oder müssen (vgl. Buholzer & Kummer Wyss 2012). Den Schulleitungen kommt somit die Aufgabe zu, die strukturellen Rahmenbedingungen zu klären und sie nach Möglichkeit so anzupassen, dass gewinnbringende Reaktionsweisen von Lehrpersonen möglich werden.

2.2 Perspektiven für unterrichtliches Handeln

Suchen wir nach Möglichkeiten im Unterricht, den unterschiedlichen Lernvoraussetzungen gerecht zu werden und gleichzeitig die Gemeinsamkeit der Schülerinnen und Schüler zu stärken, so ist die Beschäftigung mit dem Lehr-Lern-Verständnis unerlässlich. Dieses Verständnis bestimmt zu wesentlichen Teilen mit, wie Lehrpersonen auf Unterschiedlichkeit reagieren und wie Differenz als Ausgangspunkt für adaptive Lehr-Lern-Prozesse genutzt wird.

Als gewinnbringend hat sich vor dem Hintergrund eines heterogenitätssensiblen Unterrichts ein Lehr-Lern-Verständnis erwiesen, das sich an *konstruktivistischen Grundlagen* orientiert. Dementsprechend kann Aneignung von Wissen nie ein Abbild von Instruktionen oder Belehrung sein, sondern ist immer das Resultat einer Auseinandersetzung des handelnden Subjekts mit seiner Umwelt (Reich 1996, S. 199). Entsprechend konstruieren Schülerinnen und Schüler ihr individuelles Wissen, das seinerseits von Vorwissen und bereits gewonnenen Einsichten abhängt. Sie lernen nicht einfach auswendig, sondern recherchieren, sammeln Informationen, analysieren, vergleichen, bewerten und reflektieren ihre Lernergebnisse. So gelingt es ihnen, neues Wissen aufzubauen und mit dem Vorwissen zu verknüpfen.

Ein heterogenitätssensibler Unterricht anerkennt Unterschiede bei Schülerinnen und Schülern sowie Lehrpersonen und unterstützt unterschiedliche Voraussetzungen, Entwicklungslinien und -perspektiven. Er betont die subjektive Perspektive der Schülerinnen und Schüler und orientiert sich an ihren individuellen Lernfortschritten, was sich unter anderem positiv auf die Lern- und Leistungsmotivation und langfristig auch auf das Selbstkonzept der Lernenden auswirkt (vgl. Rheinberg 2008). Schülerinnen und Schüler können an einem gemeinsamen Lerninhalt in unterschiedlicher Geschwindigkeit lernen, wobei der individuelle Lernfortschritt und nicht seine Rangposition in Bezug auf erworbene Fertigkeiten oder die Bearbeitungszeit als Maßstab dient.

»Normal« sind in diesem Verständnis nicht mehr die Schülerinnen und Schüler mit sogenannter »durchschnittlicher Schulleistung«, sondern normal ist, dass alle Lernenden unterschiedliche Lernvoraussetzungen mitbringen.

Heterogenität gilt es wo immer möglich zu nutzen – nicht nur in der Schulklasse sondern auch im Kollegium: In professionellen Lerngemeinschaften (Kollegien, Fach- und Unterrichtsteams, Projektgruppen) werden Unterrichtssituationen reflektiert, Herausforderungen diskutiert und mögliche Lösungsansätze erarbeitet.

Aus der Forderung nach Zusammenarbeit in professionellen Lerngemeinschaften wird ersichtlich, dass ein konstruktiver Umgang mit Heterogenität nicht einfach als Kompetenz angesehen werden darf, die man erworben hat oder nicht. Vielmehr ist der Umgang mit Heterogenität als tägliche Herausforderung zu betrachten, auf die es immer wieder neue, individuell auf die Situation angepasste Antworten braucht. Dazu sind Handlungsmöglichkeiten erforderlich, die in vielen unterschiedlichen Situationen helfen, auf solche herausfordernde Situationen zu reagieren. Nachfolgend sollen zwei davon vorgestellt werden.

2.2.1 Mit pädagogischen Diagnosen das Lernen unterstützen

Das Lernen von Schülerinnen und Schülern zu diagnostizieren und daraus Konsequenzen für ein förderliches Lernangebot zu ziehen, ist eine der zentralen Aufgaben von Lehrpersonen. Die Hattie-Studie (2012, 2013) bestätigt, dass Lehrpersonen, die sich in die Perspektive der Lernenden hineinversetzen und von hier aus anspruchsvolle und differenzierte Lernmöglichkeiten gestalten, das Lernen ihrer Schülerinnen und Schüler besonders erfolgreich fördern. Eine erfolgreiche Lehrperson sieht ihre zentrale Aufgabe somit nicht darin, die Inhalte eines abstrakten Lehrplans im Unterricht zu behandeln, sie thematisch »durchzunehmen«, sondern bei all ihren Schülerinnen und Schülern Lernen anzuregen und sie durch vielfältige Formen der Rückmeldung zu begleiten.

Diagnosen über Lernverläufe und -ergebnisse bilden gemäß empirischer Belege eine wichtige Grundlage für eine wirksame Lernbegleitung (vgl. Hattie 2013). In der Schule besteht allerdings die Gefahr, sehr viel Energie für eine Diagnostik für Selektionszwecke aufzuwenden. Die traditionelle Leistungsmessung nimmt so zu viel Platz ein und stützt ein Lehr- und Lern-Verständnis, welches sich nicht an der Vielfalt der Kinder und Jugendlichen orientiert. Noten, die das Ergebnis eines Lernprozesses zusammenfassend zu beurteilen haben, erhalten so eine zu große Bedeutung. Trotz großem Aufwand werden insgesamt wenige Hinweise zur Förderung von Lernprozessen erbracht. Zudem wird mit der Rückgabe von Prüfungen (inkl. Note) der Lernprozess häufig abrupt beendet, statt die Resultate zu analysieren und darauf aufbauend die nächsten Lernschritte zu planen. Die diagnostischen Aufwendungen erschöpfen sich in der Notengebung und in der allgemeinen Aussage, ob die Lernleistung der erwarteten Norm entspricht.

Ganz anders pädagogische Diagnosen, die erhoben werden, um den Lernstand zu erkunden und anschließend die Förderung möglichst gut auf die Schülerinnen und Schüler abzustimmen. Um solche Diagnosen zu erstellen, wird zunächst genau beobachtet, es werden Gespräche mit Lernenden, Erziehungsberechtigen und weiteren Fachpersonen geführt, es werden lernzielorientierte Tests durchgeführt und Schülerarbeiten analysiert. Aus den gesammelten Daten wird dann einerseits eine Diagnose im Sinne einer zusammenfassenden Beurteilung des beobachteten Verhaltens erstellt, andererseits werden auch Hypothesen über mögliche Gründe für dieses Verhalten aufgestellt (Buholzer 2014).

Unter dieser Perspektive werden nicht nur Fehler oder Lücken herausgestellt, sondern insbesondere das festgehalten, was vorhanden ist. Pädagogische Diagnosen decken – so verstanden – den individuellen Aneignungsgrad eines Lerninhalts auf oder liefern Informationen für Vermutungen und Annahmen, die hinter dem Lernverhalten liegen können.

Der Nutzen einer solchen Diagnostik besteht darin, Informationen für die individuelle Lernbegleitung und auch zur gesamten Planung und Steuerung des Unterrichts zu gewinnen. Insbesondere werden Lehrpersonen darin unterstützt, ein auf die unterschiedlichen Lernvoraussetzungen ihrer Schülerinnen und Schüler abgestütztes Lernangebot zu entwickeln. Darüber hinaus bieten solche Diagnosen Gesprächsanlässe, um über das beobachtete Lernverhalten zu sprechen: Schülerinnen und Schüler beraten gemeinsam mit ihrem Lehrer oder ihrer Lehrerin, wie die Arbeit verbessert werden könnte und welche Schritte jetzt anstehen, damit der Einzelne und auch die Klasse vorankommen. Beide Seiten beschäftigen sich so mit Diagnose und Förderung (vgl. Winter 2006).

2.2.2 Lernende auf unterschiedlichen Lernwegen begleiten

Das Wissen über die unterschiedlichen Lernausgangslagen bildet die Grundlage, Schülerinnen und Schüler auf ihren Lernwegen zu begleiten. Ein differenzierendes Lernangebot wird nötig, um die Anforderungen und die Voraussetzungen der Schülerinnen und Schüler miteinander abzustimmen. Bei der Realisierung dieser Passung ist von einem »Zusammenwirken von Individualisierung und Differenzierung unter besonderer Berücksichtigung der Gemeinsamkeit« auszugehen (Prengel 1995, S. 160). Eingelöst wird dieser Anspruch mit individualisierenden Lehr- und Lernformen sowie mit einer kooperativen Unterrichtsgestaltung. Wir orientieren uns bei der folgenden Zusammenstellung an den vorne genannten Aspekten der kognitiven Heterogenität, die von Vorwissen, Lernstrategien, Lernzeit bis hin zu Persönlichkeitsmerkmalen und Metakognition reichen.

- Das unterschiedliche Vorwissen der Schülerinnen und Schüler ist bei der Entwicklung von Aufgabenstellungen bzw. Lernumgebungen zu berücksichtigen. Durch die Diagnose der Lernausgangslage wird beispielsweise festgestellt, welche Aufgaben (der Lerneinheit) von einzelnen Schülerinnen und Schülern nicht mehr bearbeitet werden müssen, weil sie bereits über die erforderlichen Kompetenzen verfügen oder aber, wer auf Grund sehr geringer Vorkenntnisse besonders unterstützt werden muss. Offene Lehr- und Lernformen (wie z. B. Planarbeit oder Werkstattunterricht) eignen sich besonders gut, Lernaufgaben adaptiv auf die Voraussetzungen der Schülerinnen und Schüler abzustimmen, bedingen aber gleichzeitig großes diagnostisches Wissen der Lehrperson, um diese Abstimmung auch dann vornehmen zu können, wenn die Lernenden selber noch nicht über diese Kompetenz verfügen.
- Schülerinnen und Schüler sind darin zu unterstützen, ihre individuellen respektive unterschiedlichen Lernstrategien (weiter) zu entwickeln. In der Auseinandersetzung mit ihrem Lernen und am konkreten Fachinhalt können neue Lernstrategien angewendet werden. Mittels Lernreflexionen werden sie sensibilisiert, ihre eigenen Stärken wahrzunehmen, auszubauen und allfällige Lücken damit zu kompensieren.

- Schülerinnen und Schülern soll unterschiedlich viel Zeit eingeräumt werden, eine Aufgabe, eine Aufgabensammlung oder auch Lernkontrolle(!) zu bearbeiten. Was bei Erwachsenen mühelos akzeptiert wird (man denke nur an die unterschiedliche Dauer zur Vorbereitung von Lektionen bei Lehrpersonen), wird in der Schule immer noch verkannt – jede Schülerin und jeder Schüler arbeitet in seinem je eigenen Tempo! Die Unterrichtsgestaltung soll so konzipiert sein, dass unterschiedliche Lernzeiten möglich sind. Schnellere Schülerinnen und Schüler können sich neuen (ergänzenden, vertiefenden oder auch völlig anderen) Lerninhalten zuwenden – Schülerinnen und Schüler, die langsamer arbeiten, können entlastet werden, indem Kernlernziele fokussiert und andere, weniger bedeutende Lernziele weggelassen werden.
- Auch die unterschiedlichen Abstraktionsfähigkeiten sind zu berücksichtigen: Der Einsatz unterschiedlicher Repräsentationsformen ist bei der Ausarbeitung des Lernangebots einzuplanen, damit möglichst alle Schülerinnen und Schüler (also nicht nur der berühmte »Durchschnittsschüler«) angesprochen werden. Bei der Nutzung werden die Lernenden darin unterstützt, den passenden Zugang zu wählen, damit Lernfortschritte möglich werden. Auch diese Begleitung erfordert entsprechendes diagnostisches Wissen über den Lernstand der den Lehrpersonen anvertrauten Schülerinnen und Schüler.
- Unterschiedliche Motivationslagen, Interessen und Selbstwirksamkeitserwartungen werden einerseits in Reflexionen aufgegriffen und in Lehr-Lern-Gesprächen thematisiert, andererseits bei der Unterrichtsgestaltung berücksichtigt. Mit Freiarbeit, Projektarbeit, Werkstattunterricht oder Mitbestimmung bei der Wahl von Unterrichtsthemen kann beispielsweise den Interessen der Schülerinnen und Schüler Rechnung getragen werden.
- Die metakognitive Ungleichheit kann produktiv genutzt werden, indem die Kinder unter anderem in die verschiedenen Formen der Lernreflexion eingeführt werden.

Die Ausführungen zeigen, dass es für einen konstruktiven Umgang mit Heterogenität einerseits ein umfassendes Methodenrepertoire, andererseits aber auch ausgeprägte diagnostische Fähigkeiten braucht, um dieses Repertoire nutzen zu können. Wichtig ist schließlich auch, welches Lehr- und Lernverständnis hinter dem Einsatz solcher Methoden steckt: Werden die genannten Unterrichtsformen nur eingesetzt, weil es »modern« oder gar obligatorisch ist, so dürften sie wohl kaum zielführend sein. Das Fundament für einen erfolgversprechenden Einsatz solcher Methoden dürfte viel mehr ein konstruktivistisches Lehr- und Lernverständnis sein.

2.3 Handlungsmöglichkeiten für Schulleitungen

Schulleitungen kommt bei der Weiterentwicklung eines heterogenitätssensiblen Unterrichts eine besondere Bedeutung zu. Sie können durch ihre Einflussmöglichkeiten die Weiterentwicklung hemmen oder gar verunmöglichen oder sie können Voraussetzungen schaffen, welche einen möglichst gewinnbringenden Umgang mit Heterogenität für Lehrpersonen erleichtern. Im Folgenden sollen einige Handlungsmöglichkeiten auf der Ebene des Personals und auf der Ebene der Schulstrukturen aufgezeigt werden.

2.3.1 Ebene Personal

Ein erster Bereich, auf den Schulleitungen direkt Einfluss nehmen können, ist der Personalbereich an der Schule. Das Personal ist bedeutungsvoll, hängt es doch vor allem von den Lehrpersonen, ihren Einstellungen und Kompetenzen ab, wie in Schule und Unterricht auf die verschiedenen Herausforderungen der Heterogenität reagiert wird. Da viele Handlungsansätze zur Förderung der Heterogenität nur in Zusammenarbeit realisiert werden können, richten sich unsere Überlegungen nicht nur auf die einzelne Lehrperson, sondern auch auf Unterrichts- und Unterstützungsteams.

Als Ausgangslage für die Planung von Maßnahmen, schlagen wir – ebenso wie auf Ebene des Klassenunterrichts – eine Diagnose im Sinne einer Ist-Stand-Erhebung vor. Folgende Fragen können helfen, eine erste »Diagnose« zu erstellen:

(1) Wo stehen die Lehrpersonen in Bezug auf ihr Lehr- und Lernverständnis? Inwiefern orientiert sich dieses an konstruktivistischen Grundlagen?

(2) Wo stehen die Lehrpersonen in Bezug auf ihren Umgang mit Heterogenität? In welcher Form (vgl. Weinert 1997) reagieren sie darauf?

(3) Welches Methodenrepertoire haben sie, um darauf zu reagieren? Kennen sie offene Unterrichtsformen und werden diese auch angewendet? Kennen sie Formen der Lernreflexion?

(4) Welche Lehrpersonen verfügen über ein besonders ausgeprägtes Wissen und/oder Können im Umgang mit Heterogenität? Wie kann dieses Wissen ins Team gebracht werden? Welche Inputs braucht es von außen?

Wie sehen die konkreten Einflussmöglichkeiten von Schulleitungen aus? Bei Neuanstellungen von Lehrerinnen und Lehrern können Schulleitungen ihre Erwartungen in Bezug auf den Umgang mit Heterogenität einbringen und das Anforderungsprofil der Lehrpersonen an ihrer Schule entsprechend definieren. Lehrpersonen mit einer Affinität für einen heterogenitätssensiblen Unterricht und eventuellen Zusatzqualifikationen können so passend für das Schul- oder Unterrichtsteam berücksichtigt werden. Bei Lehrpersonen im Dienst kann der heterogenitätssensible Unterricht zum Beispiel im Rahmen von Hospitationen und bei gegenseitigen Unterrichtsbesuchen thematisiert werden. Dafür sind Beobachtungsinstrumente erforderlich, welche den Umgang mit Heterogenität auf einer beschreibbaren Ebene konkretisieren. Ein Beispiel für ein empirisch gestütztes Beobachtungsraster zur Unterrichtsqualität ist EMU (evidenzbasierte Methoden der Unterrichtsdiagnostik und -entwicklung) von Helmke und Mitarbeitenden (vgl. Helmke 2013). Hier finden sich im Zusatz »Umgang mit Vielfalt/Individualisierung« verschiedene Kriterien zur Selbst- und Fremdbeobachtung von Lehrpersonen sowie Schülerinnen und Schülern (http://www.unterrichtsdiagnostik.info/). Weiter können Hospitations- oder Q-Gruppen so zusammengestellt werden, dass Lehrpersonen, die für bestimmte Heterogenitätsaspekte stehen (schulische Heilpädagogen, IF-Lehrpersonen, Daz-Lehrpersonen etc.) gleichermaßen in diesen Gruppen berücksichtigt werden. Lehrpersonen mit spezifischen Funktionen bilden somit nicht eine »spezifische« Hospitationsgruppe, sondern sind zusammen mit den anderen Lehrpersonen in den jeweiligen Gruppen vertreten. Damit Lehrpersonen in ihren Kompetenzen für einen heterogenitätssensiblen Unterricht gestärkt werden und praktikable Lösungen bei zuweilen widersprüchlichen Anforderungen an den Umgang mit Heterogenität finden, sind gemeinsam vereinbarte Entwicklungsschwerpunkte wichtig. Im Rahmen der Unterrichts- und Schulentwicklung werden entsprechende Schwerpunkte gesetzt. Als besonders wirksam haben sich längerfristige Entwicklungsprojekte erwiesen, die eng mit schulinternen Weiterbildungsmodulen verzahnt sind (vgl. Lötscher & Kummer Wyss 2014). Schließlich ist es auch möglich, Lehrpersonen bei der Wahl der individuellen Weiterbildungsangebote zu beraten und hier Lücken zu schließen oder Stärken zu pflegen. Individualisierung wird so nicht nur auf der Ebene der Schülerinnen und Schüler, sondern ebenso auf der Ebene der Lehrpersonen umgesetzt.

2.3.2 Schulische Strukturen

Weitere Einflussmöglichkeiten hat die Schulleitung bei den schulischen Strukturen. Obwohl verschiedene Vorgaben durch kantonale bzw. länderrechtliche Bestimmungen geregelt sind, existieren auch hier Handlungsspielräume, welche durch die Schulleitung genutzt werden können. Zur Analyse des Ist-Zustandes in Bezug auf heterogenitätssensible Strukturen können folgende Fragen dienen:

(1) Welche zeitlichen, räumlichen und finanziellen Ressourcen stehen zur Verfügung, um der Heterogenität gerecht werden zu können? Gibt es die Möglichkeit für Teamteaching, individuelle Förderung und Zusammenarbeit im Team? Was wünschen und brauchen die Lehrpersonen in diesem Zusammenhang?

(2) Wie wird Diagnostik betrieben? Zielt diese vor allem auf die Selektion oder wird sie vor allem genutzt, um die anstehenden Lernschritte darauf abstimmen zu können? Gibt es Zeitgefäße (z. B. zwischen Klassenlehrperson und SHP), um pädagogische Diagnosen erstellen und gemeinsam besprechen zu können?

(3) Wie werden die unterschiedlichen Erfahrungshintergründe und Sichtweisen im Kollegium für die gemeinsame Arbeit an der Schule genutzt? Gibt es Gefäße für den Austausch in Fachteams?

(4) Wo behindern strukturelle Barrieren wie Stundenpläne, Regelungen zur Leistungsbewertung oder architektonische Hindernisse inklusives Lernen und wie kann ihnen begegnet werden?

(5) Wie können innerhalb der gesetzlichen Bestimmungen flexible Lösungen der Beschulung gefunden werden (z. B. Anspruch auf Unterstützung durch SHP, außerschulische Lernangebote, Überspringen von Klassen …)?

(6) Inwiefern ist der Umgang mit Heterogenität im Leitbild der Schule verankert? Braucht es hier eine Überarbeitung?

(7) Inwiefern tragen die Schulbehörden, die politischen Parteien und die breite Öffentlichkeit die Bemühungen zu einem konstruktiven Umgang mit Heterogenität mit? Braucht es hier zusätzliche Aufklärungs- und Überzeugungsarbeit?

Schulleiterinnen und Schulleiter können vor dem Hintergrund der oben genannten Fragen Einfluss auf die strukturellen Vorgaben an ihrer Schule nehmen, insbesondere auf die konkrete Ausgestaltung von zeitlichen, räumlichen und finanziellen Ressourcen. Zwar werden durch die Bildungsbehörden verschiedene Vorgaben gemacht, so zum Beispiel Rahmenvorgaben für die SHP-Pensen an einer Schule, die interne Verteilung (zum Beispiel auf Schulklassen) liegt jedoch vielerorts in der Verantwortung der Schulteams und der Schulleitung. Das Gleiche gilt auch in Bezug auf die Strukturen der Zusammenarbeit, zum Beispiel zwischen Regelklassenlehrperson und Schulischer Heilpädagogin. Die Zusammenarbeit kann dem Zufall oder der Initiative der Lehrpersonen überlassen werden oder sie kann durch strukturelle Vorgaben verbindlicher geregelt werden. Diese Vorgaben lassen sich in der strategischen Ausrichtung der Schule oder im Schulkonzept einschreiben.

Um tradierte Strukturen und Gepflogenheiten konsequent zu verändern, muss auch das Umfeld einbezogen werden. Es gilt Partner zu finden, die diese neuen Strukturen mittragen und aktiv mitgestalten. Allfällige Verunsicherungen bspw. von Eltern oder Behörden müssen ernst genommen werden, was eine intensive Pflege der Elternkontakte und/oder eine offensive Öffentlichkeitsarbeit durch die Schulleitung verlangen. Auch auf diesen Bereich kann die Schulleitung gemäß ihren Kompetenzen einwirken und nicht nur als »Türöffnerin« sondern als Gestalterin für einen konstruktiven Umgang mit Heterogenität in der Schule fungieren.

2.4 Literatur

Buholzer, A. (2000). Das Innovationsklima in Schulen. Aarau: Sauerländer.

Buholzer, A. (2014). Von der Diagnose zur Förderung. Grundlagen für den integrativen Unterricht. Zug: Klett und Balmer.

Buholzer, A. & Kummer Wyss, A. (2012). Heterogenität als Herausforderung für Schule und Unterricht. In: Buholzer, A. & Kummer, A. (Hrsg.) Alle gleich –

alle unterschiedlich. Zum Umgang mit Heterogenität in Schule und Unterricht. Seelze/Zug: Kallmeyer & Klett, S. 7–13.

Gesetz über die Volksschulbildung Luzern (1999). Systematische Rechtssammlung des Kantons Luzern.

Guldimann, T. (2012). Lernen verstehen und eigenständiges Lernen fördern. In: Buholzer, A. & Kummer, A. (Hrsg.) Alle gleich – alle unterschiedlich. Zum Umgang mit Heterogenität in Schule und Unterricht. Seelze/Zug: Kallmeyer & Klett, S. 109–121.

Hattie, J. (2012). Visible Learning for Teachers: Maximizing impact on learning. London, New York. Routledge.

Hattie, J. (2013). Lernen sichtbar machen. Überarbeitete deutschsprachige Ausgabe von »Visible Learning« besorgt von Wolfgang Beywl und Klaus Zierer. Hohengehren: Schneider Verlag.

Helmke, A. (2013). Unterrichtsqualität. Erfassen, Bewerten, Verbessern. Seelze: Kallmeyer.

Krainz-Dürr, M. & Schratz, M. (2006). Heterogenität. Es ist normal, verschieden zu sein. Editorial. Journal für Schulentwicklung, 4, 4–7.

Lötscher, H. & Kummer Wyss, A. (2014). Mit Fachtandems den Unterricht entwickeln. Münster: Lit.

Prengel, A. D. (1995). Pädagogik der Vielfalt. Verschiedenheit und Gleichberechtigung in Interkultureller, Feministischer und Integrativer Pädagogik. 2. Aufl. Opladen.

Reich, K. (1996). Systemisch-konstruktivistische Pädagogik. Einführung in Grundlagen einer interaktionistisch-konstruktivistischen Pädagogik. Neuwied: Luchterhand.

Rheinberg, F. (2008). Bezugsnormen und die Beurteilung von Lernleistung. In: Schneider, W. & Hasselhorn, M. (2008), Handbuch der Pädagogischen Psychologie (178–186). Göttingen u. a.: Hogrefe.

Stamm, M. (1998). Frühlesen und Frührechnen als soziale Tatsache? Eine Längsschnittstudie (1995–1998). Aarau: Institut für Bildungs- und Forschungsfragen im Schulbereich.

TIMSS (1997). TIMSS Mathematisch-naturwissenschaftlicher Unterricht im internationalen Vergleich. Zusammenfassung deskriptiver Ergebnisse. Berlin: Max-Planck-Institut für Bildungsforschung, Berlin, Institut für die Pädagogik der Naturwissenschaften, Kiel, Humboldt-Universität Berlin.

Weinert, F. (1997). Notwendige Methodenvielfalt: Unterschiedliche Lernfähigkeit der Schüler erfordern variable Unterrichtsmethoden des Lehrers. In: Friedrich Jahresheft, 50–52.

Winter, F. (2006). Diagnosen im Dienst des Lernens. Diagnostizieren und Fördern gehören zum Unterrichten. In: Friedrich Jahresheft XXIV, 22–25.

3. Das Entwicklungsprogramm für Unterricht und Lernqualität – E. U.LE.

Peter Fauser, Jens Rissmann & Axel Weyrauch

Das Entwicklungsprogramm für Unterricht und Lernqualität – E. U.LE. ist als berufsbegleitendes dreijähriges Fortbildungsprogramm für Lehrpersonen im Jahr 2004 eingerichtet worden. In wechselnden Praxis- und Präsenzphasen qualifizieren sich Lehrpersonen zu »Beratern für Verständnisintensives Lernen«. Das Programm soll landesweit in Thüringen Qualifikationsprozesse schulnah anregen. Bisher wurden über 120 Lehrkräfte in jährlich ausgeschriebenen Fortbildungsgruppen mit je 24 Teilnehmern qualifiziert. Für die Ausbildung der Lehrpersonen und deren Begleitung wurde parallel eine Gruppe von Trainerinnen und Trainer aufgebaut, auf die hier nicht näher eingegangen wird. Auf der Ebene der Schulen sollen sich Lehrergruppen zu professionellen Lerngemeinschaften (Bonsen/Rolff 2006) entwickeln. An E. U.LE. sind mehrere Partner beteiligt: eine Konzeptgruppe am Lehrstuhl für Schulpädagogik und Schulentwicklung der Friedrich-Schiller-Universität Jena, das Thüringer Ministerium für Bildung, Wissenschaft und Kultur, die Imaginata e. V. Jena, das Thüringer Institut für Lehrerfortbildung, Lehrplanentwicklung und Medien und ganz besonders die Robert Bosch Stiftung GmbH, Stuttgart, durch ihr Programm »Verstehen lehren – Unterrichtsentwicklung durch Verständnisintensives Lernen«.

Im Folgenden werden wir zunächst den kultur- und professionstheoretischen Hintergrund und Rahmen des Programms darstellen, danach seinen Ansatz und sein Konzept – seine lerntheoretische Basis, die Fortbildungsdidaktik und seine Einbettung ins berufswissenschaftliche und berufspraktische Feld. Ergebnisse der Evaluation und zusammenfassende Überlegungen zur Lehrerbildung insgesamt beschließen den Beitrag.

3.1 Hintergrund und Rahmen: »Kultur« als professions- und wissenschaftstheoretischer Grundbegriff

Zunächst ist wesentlich, »Kultur« nicht als rein additive Sammelkategorie zu verstehen, der sich einzelne Erscheinungen zuordnen lassen, die einer Epoche oder Stilrichtung oder einer Domäne, etwa der Kunst angehören. Uns interessiert vielmehr die grundlegende Perspektive, die mit dem Begriff der »Kultur« für die Konstruktion des Gegenstandsbereichs eröffnet wird – im Unterschied etwa zu »Organisation« oder »Institution« oder auch »Gesellschaft« (Fauser 1989). Wir heben vier Aspekte besonders heraus:

- »Kultur« ist ein Synthesebegriff. Er bezieht sich auf das Gesamt der (fachlichen und beruflichen) Handlungs- und Praxisverhältnisse, die als Ergebnis und als Prozess menschlicher Leistung gesehen werden. »Kultur« fragt ganzheitlich – nach dem, was die Teile zusammenhält und das Ganze in anderer Qualität als die Summe der Teile beschreibt, und zwar spezifisch und historisch bestimmt.

- Die Betrachtung von Schulen als Kulturen lässt einen zweiten wesentlichen Aspekt erkennen: Für Kulturen ist die Verschränkung individueller und kollektiver Lernprozesse im Kontext spezifischer Aufgaben charakteristisch. Das gilt ganz besonders für professionelle Kulturen: Erst durch diese Verschränkung ergeben sich geteilte Normen, Werte, Denkweisen, Anschauungen und Traditionen und kollektive Bedeutung .

- Ein dritter Aspekt ergibt sich aus dem Wandel von Professionalität im Prozess der Modernisierung (Fauser 1996). Hier werden berufliches Handeln und Wissen mit besonderen Ansprüchen an methodisch kontrollierte Qualität (Standards, »Regeln der Kunst«) verbunden: Das Handeln soll rational im Sinne solcher Normen sein. Traditionsbestimmtes, erfahrungsgeprüftes Wissen und Können wird ergänzt oder sogar ersetzt durch den Zusammenhang von wissenschaftlich legitimierter Theorie und Methode.

- Im beschleunigten Wandel der Moderne wird noch ein vierter Aspekt wichtig: Professionelle Kulturen bewahren und entwickeln nicht nur Kompetenzen zum »Wie«, sondern sie sind auch maßgeblich am »Was« beteiligt. So wenden Juristen nicht nur herrschendes Recht nach den Regeln der Kunst an (»das Wie«), sondern sie beeinflussen maßgeblich, was wir unter Recht verstehen (das »Was«). Professionelle Kulturen bestimmen nicht nur darüber, wie Aufgaben gelöst werden, sondern auch darüber, worin die Aufgabe überhaupt besteht. Moderne professionelle Kulturen zeichnen sich, zusammenfassend, dadurch aus, dass sie die theoretische Kompetenz (Was) mit der methodischen Kompetenz (Wie) unter einem fachlich-rationalen Anspruch koppeln und dynamisieren. Profis erkennt man an einer adaptiven exzellenten Routine.

Vor diesem Hintergrund lässt sich nun das Entwicklungsprogramm für Unterricht und Lernqualität (E. U.LE.) skizzieren. Wir erläutern diese vier Aspekte nun in umgekehrter Folge, beginnen also mit der pädagogischen »Mikropolitik« – dem Zusammenspiel von Theorie und Methode im professionellen Handeln.

3.2 Das Entwicklungsprogramm für Unterricht und Lernqualität: Ansatz und Konzept

3.2.1 Ansatz: Theorie und Methode

E. U.LE. soll einen langfristig wirksamen Beitrag zur thüringischen Schul- und Unterrichtsentwicklung leisten. In diesem Gesamtrahmen konzentriert sich E. U.LE. auf die pädagogische Mikroebene: Es geht um die handlungsleitenden Prozesse in den Köpfen der Lehrpersonen, um das Wechselspiel zwischen »Theorie« und »Methode«, das deren Interaktion mit den Lernenden steuert.

Ein Beispiel: Franz gibt im Mathematikunterricht bei einer Flächenberechung als Ergebnis statt 2451,64 qm – was richtig wäre – 245,164 qm an. Wie die Lehrperson auf diesen Fehler reagiert, hängt davon ab, wie sie ihn interpretiert: Wenn Franz normalerweise bei Flächenberechungen keinen Fehler macht, liegt zunächst die Vermutung nahe, das es sich um einen »Flüchtigkeitsfehler« handelt, eine Lappalie, die einfach wie ein Druckfehler behandelt werden kann. Wenn Franz indessen keine Vorstellung von der Fläche hat, also nicht einschätzen kann, ob es sich um eine Fläche von ungefähr 40m Länge und 50m Breite handeln könnte – oder um eine Fläche mit rund 15 m Seitenlänge, dann muss vor allem an den Vorstellungen gearbeitet werden. Da könnte es hilfreich oder sogar notwendig sein, verschiedene Flächen (Klassenzimmer, Pausenhof, Tafel, Fußballplatz usw.) auszumessen und zu berechnen. Die Beurteilung des Fehlers und die Wahl der Methode hängen also davon ab, wie der Fehler theoretisch interpretiert wird: Dem Flüchtigkeitsfehler liegt ein anderer Lernprozess zu Grunde als der Vorstellungstäuschung. Voraussetzung für eine solche differenzierte Unterscheidung ist die anwendungstaugliche Beherrschung einer Lerntheorie. In unserem Programm ist das die Theorie des Verständnisintensiven Lernens (s. u.).

In solchen Interaktionen mit Lernenden stößt man auf ein Grundproblem, das die Veränderung von Institutionen wie der Schule wie auch professioneller Routinen kennzeichnet – also eines Handelns, das als Ergebnis anspruchsvoller Lernprozesse und permanenter Ausübung, oft in Situationen »unter Druck« (Wahl 1991), ausgebildet worden ist: Lehrpersonen können mithin gerade durch ihre (berufsnotwendigen) Handlungsroutinen (Methode) und durch ihre Vorstellungen vom Lernen (Theorie) daran gehindert werden, pädagogisch wesentliche Veränderungen im Lernen und Aufwachsen der Kinder und Jugendlichen wahrzunehmen oder angemessen darauf zu reagieren.

Benötigt wird daher ein Fortbildungsansatz, der sowohl durch seine theoretische wie auch durch seine methodische Ausrichtung Routinen öffnen und ihre adaptive Dynamik steigern kann, also so flexibel ist, dass er inhaltlich und methodisch den individuellen Ausgangslagen und Lernwegen der Lehrpersonen gerecht werden kann. Bei E. U.LE. wird dies durch die konstruktivistische Orientierung der dem Programm zu Grunde liegenden Lerntheorie (3.2.2) und einer entsprechenden Fortbildungsdidaktik (3.2.3) zu gewährleisten versucht.

3.2.2 Konzept: Lerntheorie: Verständnisintensives Lernen

Verständnisintensives Lernen ist eine pädagogische Lerntheorie, die den Ertrag mehrerer aufeinander aufbauender Schulreformansätze bündelt und in die gegenwärtige Lern- und Bildungsforschung einbettet. Wurzeln liegen im Programm »Praktisches Lernen«, das seit den frühen 80er Jahren die Bedeutung eigener Erfahrung und eigenen Handelns für das Lernen herausgearbeitet hat.

Im Projekt »Imaginatives Lernen« und der Imaginata (vgl. www.imaginata.de) steht die Bedeutung der Vorstellungsbildung für das Lernen im Zentrum. »Verständnisintensives Lernen« ist eine Synthese der in jahrelanger enger Kooperation mit Lehrpersonen und Schulen gewonnenen Einsichten im Kontext gegenwärtiger kompetenztheoretischer Lern- und Bildungsforschung (Fauser u. a. 1992, Projektgruppe 1998, Beutel/Fauser 2007, Fauser/Madelung 1996, Rentschler/Madelung/Fauser 2003).

Was bedeutet Verständnisintensives Lernen? Wir erläutern dies induktiv am Bau einer Seifenkiste – einem Beispiel aus der Schule.

Der Seifenkistenbau – Struktur des Lernens

Wer an eine »Seifenkiste« denkt, hat Bilder im Kopf – vielleicht zeigt das »Kopfkino« auch ein Seifenkisten-Rennen mit Fahrzeugen unterschiedlichsten Aussehens: manche ähneln Rennwagen, andere Go-Carts. Kurz: Wir bilden eine Vorstellung von »Seifenkiste«. Wer eine Seifenkiste bauen will, der braucht mehr als die bloße Vorstellung – er braucht einen Plan, der jedes einzelne Element beschreibt, der erkennen lässt, woher man es bekommt und wie die Teile zusammengehören: Räder vom Kinderwagen, Roller, oder Handwagen; Kugellager, Achsen, Lenkung (wie beim Bob, Auto?), Sitz (Brett oder Fahrradsattel?), Karosserie (Sperrholz?), Bremsen (braucht man die?). Planen ist eine Aufgabe für die Vorstellungskraft. Am Ende aber braucht es wirkliche Gegenstände, die ihre Funktion erfüllen: Die Vorstellungen müssen realitätstauglich werden, müssen Erfahrung und Handeln und unseren besonderen Ansprüchen genügen.

Freilich: Aus Rädern, Sperrholz, Achsen, Seilzügen, können auch ganz andere Objekte entstehen – Bewegungsmaschinen, Kunstwerke, wie Jean Tinguely sie gebaut hat. Hier aber geht es um ein Fahrzeug, eine Maschine, die eine bestimmte Leistung auf abschüssiger Straße bringen muss. In das Wechselspiel zwischen Vorstellung und Erfahrung mischt sich daher ein zielbezogenes, rationales Denken ein, eine andere Art zu Denken als das Vorstellungsdenken – in seiner strengsten Form nennen wir es »Begreifen«. Hier geht es um Kriterien und Kategorien, um Urteile, um fach- und sachgerechte Erwägungen. In unserem Fall stammen diese Kategorien vor allem aus dem Maschinenbau und der Mechanik. Wenn dann gebaut wird, beginnt ein direktes Wechselspiel mit der physischen Realität, und es gilt, Widerstände zu überwinden, Unklarheiten zu ertragen und am Ziel festzuhalten. Schließlich müssen wir entscheiden, ob und wann wir den Test riskieren wollen. Zur Struktur des Lernens, die wir hier beleuchten, gehört also – neben der Vorstellung, dem Begreifen, der Erfahrung – eine gleichsam übergeordnete, begleitende, organisierende, kritische Aufmerksamkeit die reflektiert, optimiert und steuert (vgl. Abb. 1). Wir nennen das Metakognition.

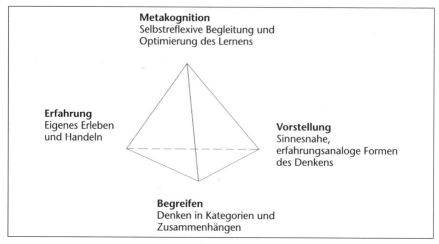

Abb. 1: Struktur des Lernens

Im Zusammenspiel dieser vier Dimensionen – Erfahrung, Vorstellung, Begreifen und Metakognition – gewinnt das Lernen eine ganz besondere Qualität – es wird verstehenstief, anwendungstauglich, wirklichkeitsfest – wir sprechen von »Verständnisintensivem Lernen«. Ein solches Lernen ist nicht reproduktiv und auf die Wiedergabe isolierter Fakten angelegt, sondern aktiv-konstruktiv, auf Zusammenhänge, Sinnbezüge ausgerichtet. Diese Qualität ist gemeint, wenn wir heute in der Bildungs-, Schul- und Lernforschung fordern, das Lernen solle auf Kompetenz – d. h. auf Anwendbarkeit, Problemerkennung und -lösung, eigenständiges Denken – und nicht auf bloße Informationsaufnahme und -wiedergabe ausgerichtet sein.

Lernen als Prozess: Was Lernen bewegt und beweglich hält

Wer so mit anderen zusammen lernt, erlebt ein Lernen mit besonderen Qualitäten. In der neueren Forschung zur Selbstbestimmungs- und Interessentheorie wird deutlich, dass es die Erfüllung von drei miteinander verbundenen Bedürfnissen ist, die dazu ermutigt, sich auf neue Fragen, Aufgaben, Herausforderungen aktiv und zuversichtlich einzulassen. »Neben dem Bedürfnis nach Kompetenzerfahrung sind zwei weitere Bedürfnisse entscheidend, nämlich das Bestreben nach sozialer Eingebundenheit und der Wunsch nach autonomer Handlungsregulation.« (Krapp/Ryan 2002, S. 72, vgl. Krapp 2005, Deci/Ryan 1993). Dies finden wir auch in unserem Beispiel:

- Kompetenzerleben. Das ist die Erfahrung, die Welt der Gegenstände und Aufgaben besser verstehen, in ihr handeln und die eigenen Grenzen erweitern zu können: Die Seifenkiste fährt wirklich!

- Autonomieerleben. Das ist die Erfahrung, auf die Wirksamkeit eigenen Denkens und Handelns vertrauen zu können: Dieses Fahrzeug haben wir in eigener Leistung nach eigener Vorstellung gebaut!
- Eingebundenheit. Das ist die Erfahrung, die Welt mit der Gemeinschaft anderer Menschen zu teilen und dieser Gemeinschaft anzugehören – andere zu verstehen und von ihnen verstanden zu werden: Auch die anderen, nicht zuletzt die Lehrer, verstehen und anerkennen diese Leistung.

3.2.3 Konzept: Fortbildungsdidaktik

Lehrerinnen und Lehrer sollen darin geschult werden, das Lernen der Schülerinnen und Schüler immer besser verstehen und fördern zu können. Im Zentrum steht dabei das »Verstehen zweiter Ordnung«, das neben dem – ganz individuellen – eigenen Verstehen der Lehrpersonen das – ganz individuelle – Verstehen der Lernenden und die Wahrnehmung der Unterschiede zwischen beiden einschließt. Die Theorie des Verständnisintensiven Lernens erfüllt hierbei die Funktion, die professionellen Lernprozesse der Lehrpersonen auf spezifische Weise an das Lernen, genauer: das Verstehen der Schülerinnen und Schüler co-konstruktiv zu binden und den »Umbau« der Handlungsroutinen zugleich anzuregen und in eine bestimmte Richtung zu lenken.

Dazu genügt allerdings nicht die Aneignung einer Theorie im Sinne deklarativen Wissens (als Theorie »großer Reichweite«), sondern es bedarf eines Umbaus der handlungsleitenden Kognitionen und der damit verbundenen Handlungsroutinen – der Interaktion mit den Lernenden, aber auch der methodisch-didaktischen Aktivitäten und Entscheidungen –, der »Theorien kurzer Reichweite« (Wahl 1991). Es handelt sich also um einen Ansatz, der didaktische und unterrichtsmethodische Entscheidungen einschließt, selbst aber auf einer theoretischen Ebene liegt, auf der solche Entscheidungen getroffen und begründet werden (s. oben das Beispiel mit Franz). Diese Verankerung in der Theorie begründet die besondere Qualität von E. U.LE als theoriegeleiteter Intervention.

Das E. U.LE.-Curriculum versucht, die inhaltliche und methodische Systematisierung des Programms mit individuellen Ausgangslagen und Verläufen zu verbinden. Abbildung 2 soll dies verdeutlichen. Sie unterscheidet in der vertikalen Dimension unter einem theoretisch-systematischen Blickwinkel die Ebenen beruflichen Lernens und Handelns, horizontal die (empirischen) Felder der Berufspraxis, in denen das Handeln situiert ist. Das Bild einander überlagernder Ellipsen soll andeuten, dass die Fortbildung sozusagen konzentrisch von innen nach außen angelegt ist, die Felder sich beim individuellen Lernen aber nicht in einer linearen Abhängigkeit oder Abfolge ordnen, sondern systemisch gekoppelt sind und individuell unterschiedlich durchlaufen werden. Die regelmäßigen Portfolio-Gespräche mit den Teilnehmerinnen und Teilnehmern zeigen, dass dies tatsächlich der Fall ist. Sie bilden zugleich ein wichtiges Hilfsmittel dafür, individuelles und kollektives Lernen aufeinander abzustimmen. Einerseits gehen wir also davon aus, dass alle Lehrpersonen sich mit ihrer eigenen Lernbiografie auseinandersetzen und ebenso üben sollten, mit anderen zusammenzuarbeiten. Reihenfolge und Intensität sind aber individuell geprägt. Zwei Beispiele: (1) Im Rollenspiel (Thema: Schulleiter hospitiert und nimmt danach zum Unterricht Stellung) wird einer Lehrerin bewusst, dass ihr immer wieder eine Situation emotional »in die Quere« kommt, bei der sie in ihrer eigenen Referendarzeit von ihrem damaligen Schulleiter unfair kritisiert worden war. Das veranlasst sie, sich mit dieser Phase ihres beruflichen Werdegangs intensiv zu beschäftigen; dazu gehört beispielsweise, dass sie die Schule wieder aufsucht, an der sie als Referendarin gearbeitet hat. (2) Eine pädagogische Aufstellungsübung. (Aufgestellt werden wie im »didaktischen Dreieck« im Raum Lehrperson, Lernende und Fach) Eine Lehrerin, die für ihr Fach (Geschichte) »brennt« und nicht verstehen kann, dass die Schülerinnen und Schüler sich nicht »anstecken« lassen, sondern mit Distanzierung reagieren, nimmt erst die Position der Lehrperson ein und wechselt dann in die Position der Lernenden. Sie ist schockiert, weil sie zum ersten Mal selbst das Gefühl empfindet, von der Begeisterung der Lehrperson als Lernende »überwältigt« zu werden. Sie beschließt, mit ihrer Klasse über dieses Problem zu sprechen, sich mit Interessenstheorien zu beschäftigen und regelmäßiges Schüler-Feedback einzuführen.

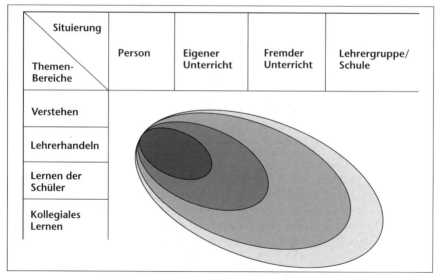

Abb. 2:   E. U.LE.-Curriculum

Für unsere Fortbildungsdidaktik ist daher, zusammenfassend, charakteristisch, dass sie Training und Reflexion von Lehrpersonen in unterschiedlichen Situierungen miteinander verbindet, dass also das gleiche Thema – etwa »Ostern« – zuerst im kollegial besetzten Rollenspiel und dann im gemeinsam geplanten Unterricht gemeinsam bearbeitet wird. Sie kombiniert nicht nur Reflexion und Training, sondern auch handlungsentlastete mit alltagsnahen Sequenzen. Ein solcher Wechsel hat sich nicht nur bei uns als wirksam erwiesen, um dauerhafte Veränderungen der sehr veränderungsresistenten Unterrichtsroutinen zu erreichen (vgl. Wahl 2001).

Verstehen zweiter Ordnung kann nicht nur in der direkten Arbeit mit Schülerinnen und Schülern gelernt werden. Gerade die Zusammenarbeit von Lehrpersonen bietet dafür günstige Trainingsmöglichkeiten. Sie können gegenseitig wie Modelle für Lernende fungieren. Die schulart- und fachbezogene Heterogenität von kollegial lernenden Gruppen erleichtert dabei den Zugang zur Schülerperspektive, weil bei fachfremden Kollegen spezielle fachliche und fachdidaktische Aspekte in den Hintergrund treten und oft sehr elementare Fragen gestellt werden, die es begünstigen, das eigene »Fach« und die eingespielten Wahrnehmungsroutinen ganz neu zu betrachten. Die dabei wahrgenommenen Differenzen dienen als Erfahrungsbasis für den schrittweisen und immer stärker reflektierten Aufbau des Verstehens zweiter Ordnung.

Weitere Elemente für die theoriegeleitete Auseinandersetzung mit der eigenen Lern- und Lehrerbiografie sind Rollenspiele, Aufstellungen (analog zur systemischen Familientherapie) und Lerntagebücher. Sie unterstützen die gezielte Bearbeitung der handlungsleitenden Kognitionen und Routinen. Dabei verschiebt sich der Schwerpunkt im Laufe der Fortbildung vom eigenen Lernen und Unterricht auf die Arbeit mit Kolleginnen und Kollegen. Zu Beginn findet die Arbeit in Kleingruppen wechselnder Besetzung statt; später werden Projektgruppen aus 5–6 Teilnehmern gebildet, die je eigene Themen und Arbeitsformen wählen. Hinzu kommen kollegiale Unterrichtsplanung, -hospitation und -analyse. Schon während der dreijährigen Ausbildung sind die Lehrpersonen Teilnehmer in regional arbeitenden Intervisionsgruppen für alle Berater im Programm und initiieren in Tandems kollegial lernende Lehrergruppen.

3.2.4 Konzept: Berufswissenschaft und Berufspraxis, Schule und Praxisfeld

Für die Arbeitsformen, die wir im letzten Abschnitt beschrieben haben, gilt ganz allgemein, dass die Auseinandersetzungen mit eigenen Erfahrungen, dem eigenen Handeln sowie der Planung und Analyse von Unterricht immer stärker mit den entsprechenden pädagogischen Bezugstheorien – Lerntheorie, (Fach-)Didaktik, Theorien des Lehrerhandelns und des Lehrerberufs –, verknüpft werden. Nicht zuletzt ist die Entwicklung von wissenschaftlichen Werkzeugen zur Selbstevaluation des Lehrerhandelns Teil des Programms. Für die intensive Verknüpfung von Berufswissenschaft und Berufspraxis hat sich die Ansiedelung des Programms an die Universität Jena als sehr günstig erwiesen.

Seit Beginn des Fortbildungsprogramms wurde das Konzept besonders im Hinblick auf den Zusammenhang zwischen individuellen, kollegialen und institutionellen Lern- und Entwicklungsprozessen mehrfach revidiert. Im Sinne einer »kulturtheoretischen« Perspektive hat sich dabei die »Situierung« des individuellen Lernens im gemeinsamen Praxiskontext kollegialer Lerngruppen als immer wichtiger erwiesen. Insbesondere die Stabilisierung von Veränderungen in der einzelnen Schule als dem wesentlichen Gesamtrahmen der beruflichen Praxis scheint sehr stark davon abzuhängen, ob es gelingt, kollegiale Lernprozesse in Gruppen von Lehrpersonen in Gang zu bringen und aufrecht zu erhalten, die, um die für diesen Band gewählte Perspektive noch einmal zu zitieren, die Prinzipien des Verständnisintensiven Lernens »als Referenzpunkte für Einstellungen und Handlungen von Akteuren dienen und diesen jenseits ihrer individuellen Dimension auch eine kollektive Bedeutung verleihen«. Während am Anfang des Programms die Vorstellung bestand, zwischen individuellen, kollegialen und institutionellen Veränderungen (also der Entwicklung einzelner Schulen als ganzer), könne eine Art Parallelität erreicht werden, gehen wir heute davon aus, dass die Lernprozesse auf diesen drei Ebenen unterschiedlich verlaufen und dass dabei die kollegialen Lernprozesse eine Schlüsselstellung einnehmen – sowohl für die Stabilisierung von Veränderungen beim individuellen Handeln als auch für eine Dynamisierung auf institutioneller Ebene, also für Unterrichtsentwicklung und Schulentwicklung gleichermaßen. Dies unterstreicht eine kulturtheoretische-holistische Sicht, weil damit auf die Bedeutung der je spezifischen Handlungskontexte und -ebenen und der von Schule zu Schule verschiedenen kollektiven Konstellationen, Traditionen usw. aufmerksam gemacht wird.

3.3 Erfahrungen, Erkenntnisse, Perspektiven

Wir haben das Fortbildungskonzept von E. U.LE. aus einer kultur- und professionstheoretischen Perspektive dargestellt und seine konstruktivistisch-humanistische Orientierung begründet. Sein theoretischer Kern ist die Theorie des Verständnisintensiven Lernens, sein didaktischer Kern ist eine theoriegeleitete situierte Koppelung von Training und Reflexion. Wesentliches Ziel ist ein »Verstehen zweiter Ordnung«, das neben dem eigenen Verstehen der Lehrpersonen das Verstehen der Lernenden und die Wahrnehmung der Unterschiede zwischen beiden einschließt. Lehrpersonen sollen dadurch immer besser in der Lage sein, das individuelle Lernen der Schülerinnen und Schüler durch ihr pädagogisches Handeln co-konstruktiv zu fördern sowie die dazu notwendigen methodisch-didaktischen Arrangements zu treffen und flexibel zu verändern. Wir haben die direkte, das Handeln dynamisierende Verbindung aus Theorie und Methode und die damit verbundene Ausbildung von adaptiven Routinen als ein wesentliches Merkmal professioneller Kompetenz bezeichnet. Der beschleunigte gesellschaftliche Wandel verlangt eine solche Adaptivität freilich nicht allein auf der Ebene des individuellen Handelns der Lehrpersonen. Vielmehr müssen kollegiale und institutionelle Lernprozesse hinzukommen. Im Fortbildungsprogramm wird der Interdependenz der Veränderungen auf den verschiedenen Ebenen dadurch Rechnung getragen, dass die professionellen Lernprozesse von vornherein kollegial eingebettet sind und auf unterschiedliche Weise auf die tatsächliche Praxis in der Schule ausgerichtet werden.

Der bisherige Verlauf des Programms zeigt zunächst auf sehr elementare Weise, dass der Ansatz und seine Realisierung im professionellen System auf positive Resonanz stoßen. Davon unabhängig wird das Programm evaluiert und es liegen belastbare Ergebnisse über die Wirkung bei Teilnehmern der Fortbildung und in ihrer Praxis vor. Von besonderem Interesse muss aus unserer Sicht sein, ob sich Hinweise auf die Wirksamkeit des programmspezifischen Interventionskerns – also die Verbindung von Theorie und Methode und die Verschränkung von individuellen und kollegialen Lernprozessen – finden lassen. Darauf werden wir auf der Grundlage von Evaluationsergebnissen des Programms zusammenfassend eingehen, ehe wir zum Schluss weiterführende Perspektiven zur Lehreraus- und -fortbildung skizzieren.

3.3.1 Evaluationsergebnisse

E. U.LE. kombiniert verschiedene Instrumente formativer und summativer Evaluation. Formative Elemente der Evaluation sind offene und geschlossene Formate einer zyklischen Lehrerbefragung. Sie dienen als direktes Feedback zu den einzelnen Fortbildungssequenzen und bilden einen mitwachsenden Fundus für die Wahrnehmung der individuellen und kollegialen Lernprozesse sowie für neue Themen und Arbeitsformen. Rund 600 Lehrer-Äußerungen wurden textanalytisch ausgewertet (Mayring, 1992). Dabei ergibt sich der wichtige Befund, dass die Lehrpersonen in unserer Fortbildung über Erfahrungen berichten, die sich im Sinne der »grundlegenden Bedürfnisse« – Autonomieerleben, Kompetenzgefühl und Eingebundenheit – verstehen lassen. Grundlegend scheint dabei zu sein, dass die Lehrpersonen bei der Fortbildung gemeinsam mit Kolleginnen und Kollegen in einem Klima gegenseitiger Wertschätzung regelmäßig und systematisch an beruflichen Themen arbeiten und dass dabei ihre ganz eigenen Erfahrungen und Einsichten gefragt sind.

Hinzu kommt eine summativ angelegte Vergleichsuntersuchung mit anschließenden Einzelfallstudien auf Lehrer- und auf Schülerebene. Die Untersuchung fand in Zusammenarbeit mit dem Deutschen Institut für Internationale Pädagogische Forschung in Frankfurt am Main statt. Sie wurde in einem quasi-experimentellen Längsschnittdesign über zwei Jahre (2006–2008) mit vier Messzeitpunkten angelegt (mit je 67 Lehrerpersonen und 1.500 Schülern). Vergleichsgruppe und Interventionsgruppe wurden per Ausschreibung generiert. Die Ergebnisse der ersten Erhebungswelle zeigen durch ihre hohe Übereinstimmung, dass die beiden Gruppen durch das Verfahren sehr gut parallelisiert werden konnten.

Die Vergleichsuntersuchung belegt, dass im Verlauf der Ausbildung die Selbstwirksamkeitsüberzeugungen der Lehrpersonen bedeutsam steigen und die Belastungs- und Beanspruchungsgefühle sinken. In Klassen mit mehr als vier Unterrichtsstunden pro Woche und Fach, in denen Lehrkräfte auch durch die organisatorischen Rahmenbedingungen größere Handlungsspielräume besitzen, beschreiben die Schüler in der Erhebung, dass Lehrpersonen die Lernprozesse genauer wahrnehmen (Diagnostische Kompetenz, Rakoczy/Tkalenko 2008), dass sie den Unterricht umbauen, schüleraktiver gestalten (Schülerbeteiligung, Fehler- und Prozessorientierung, Konstruktivistische Unterrichtsgestaltung, ebenda) und damit auch der Unterrichtsdruck sinkt.

Zusammenfassend zeigen die Ergebnisse der Evaluation, dass die Lehrpersonen sowohl aus ihrer individuellen und subjektiven Sicht als auch in der Wahrnehmung der Lernenden und der Trainer die Fähigkeit zur Anpassung des professionellen Handelns an das Lernen der Schülerinnen und Schüler verbessern konnten. Diese Verbesserung ist im Sinne eines Verstehens zweiter Ordnung zum einen auf der Ebene des Umgangs und der Wahrnehmung individueller Lern- und Verstehenswege wirksam, wie die Ergebnisse der Schülerbefragung zeigen, zum anderen bei Entscheidungen über inhaltliche oder methodische Arrangements. Zumindest tendenziell wird auf diese Weise immer mehr die co-konstruktive Wahrnehmung und Förderung der individuellen Lernprozesse der Schülerinnen und Schüler steuerungs- und gestaltungswirksam für die pädagogische Interaktion und die methodisch-didaktische Choreografie.

Wir beobachten außerdem, dass es für die Lehrerinnen und Lehrer besonders wichtig ist, in der Ausbildung einen Ort zu finden, an dem sie ihr berufliches Lernen als kollegialen Prozess im geschützten Raum gegenseitigen Vertrauens und wechselseitiger Wahrnehmung erleben können. Nimmt man die Ergebnisse der verschiedenen Evaluationselemente zusammen, ergibt sich, dass kollegiales Lernen dreifach bedeutsam ist: erstens als anregende und förderliche »Umgebung« des individuellen Lernens, zweitens für die Entwicklung und Stabilisierung von beruflichen Kompetenzen und Qualitätsstandards in der Fachgemeinschaft und schließlich als selbstverständliches Strukturelement pädagogischer Professionalität, das im traditionellen Berufsverständnis von Lehrerinnen und Lehrern weitgehend fehlt.

Die Veränderung von individuellen Handlungsroutinen und der damit oft verbundene Umbau des eigenen Unterrichts führen nicht selten zu Reibungen im Kollegium. Dies sind auch Indizien für einen sich vollziehenden institutionellen Lernprozess, der als solcher begleitet und Teil der reflektierten, professionellen Praxis der Schule werden muss. Die Verbindung und Verschränkung mit Lernprozessen der Schulleitungen ist dabei nach unserer Beobachtung und Erfahrung besonders wichtig. Nur eine selbst aktiv lernende und an der Entwicklung professioneller Formen kollegialen Lernens interessierte Schulleitung kann die Dynamik solcher Prozesse produktiv nutzen und befördern.

3.3.2 Perspektiven für die Lehrerbildung

Wir möchten, freilich im vorgegebenen Rahmen nur sehr knapp, einige Folgerungen für Lehramtsstudium und Berufseinstieg formulieren – also für die beiden »Phasen« des Lehrerberufs, an die unsere Fortbildung dann als berufliches Lernen in der dritten Phase anschließt.

Lehramtsstudium: vom Schüler zum Lehrer – Perspektivwechsel, Rollenwechsel und Paradigmenwechsel

Lehrer- und Schülerrolle sind in der Schule komplementär aufeinander bezogen und werden durch Interaktionsroutinen während der gesamten Schulzeit ausgebildet und stabilisiert. Lehramtsstudierende bringen eine umfassende Schulerfahrung ins Studium mit und mit dieser Erfahrung sind umfassende Handlungsroutinen zum Schülerhandeln im Verhältnis zum Lehrerhandeln verbunden – Niederschlag unzähliger Situationen. Bei den meisten Schülerinnen und Schülern dürften dabei die Erfahrungen mit der »alten« Buch- und Stoffschule, der Schule der Belehrung, überwiegen. Stellen wir uns in einem Gedankenexperiment vor, dass Schülerinnen und Schüler von heute auf morgen in die Rolle von Lehrpersonen wechseln und eine volle Berufstätigkeit aufnehmen. Es ist zu erwarten, dass sie dann – schon um ihr »Überleben« in einer komplexen Umgebung mit hohem Entscheidungs-, Handlungs- und Verantwortungsdruck zu sichern, unbewusst auf die Routinen zurückgreifen werden, die sie in der »alten Schule« selbst komplementär erfahren haben. Die Untersuchungen zur beruflichen Sozialisation und zum Praxisschock zeigen eindrucksvoll, wie schnell unter dem Druck der Verhältnisse gute Vorsätze, es besser zu machen, den selbst erlebten und vollzogenen, oft durch Disziplindruck geprägten Interaktionsmustern weichen (Händle 1987, Hänsel 1975, Ulich 1996).

Das macht sehr deutlich, dass der Übergang von der Schule ins Lehrerstudium in einer Zeit, in der die Schule insgesamt einen Paradigmenwechsel vollziehen muss, außerordentlich anspruchsvolle, je individuelle Lernprozesse der Studierenden verlangt: den Wechsel der Perspektive vom eigenen Lernen und Verstehen zum Verstehen zweiter Ordnung, den Rollenwechsel von der Schülerrolle zur Rolle der Lehrperson und den pädagogischen Paradigmenwechsel von der Schule des Lehrens zur Schule des Lernens. Wir sind der Überzeugung, dass auch für diese erste Phase der Lehrerbildung unser Postulat einer »situierten Koppelung von Training und Reflexion« richtig ist und ebenso kollegialen Lernprozessen eine grundlegende Bedeutung zukommt.

Für die erste Phase ergeben sich vor diesem Hintergrund folgende Schwerpunkte (vgl. auch Rißmann/Feine/Schramm 2013): Grundlegend ist die wissenschaftlich instrumentierte Analyse und Begleitung von eigenen und fremden Lernprozessen und von Unterricht, besonders der eigenen Schulerfahrung. Darüber hinaus geht es um die Ermöglichung erster experimentell ausgerichteter Praxis- und Handlungserfahrungen. Hierzu gehören beispielsweise: individuelle Lernbegleitung einzelner Schülerinnen und Schüler, Fehlerinterviews, lernbiografische Berichte, Analysen von videografiertem und besuchtem Unterricht; Austausch mit Anderen über Lösungs- und Lernstrategien, über Verstehenserfahrungen und Verstehensprobleme, biografische Interviews mit Lehrpersonen, Rollenspiele, Unterstützung von Lehrpersonen im Unterricht, Schulexkursionen. Nicht zuletzt sollte die Hochschule alle Möglichkeiten nutzen, die Lernprozesse der Studierenden selbst als Reflexions- und Trainingsfeld für die künftige Berufspraxis zu nutzen. Es ist selbstverständlich, dass die hier postulierte Ausrichtung der Lehrerbildung nicht ohne längere betreute Praxisphasen möglich ist und dass die berufswissenschaftlichen Inhalte vom Beginn des Studiums an einen erheblichen Anteil des Curriculums ausmachen müssen. Im Blick auf das fachwissenschaftliche Studium – also die Bezugsdisziplinen der Schulfächer – scheint uns die wichtigste Frage zu sein, wie es gelingen kann, den konstruktivistischen Ansatz, der die gegenwärtige Auffassung von Lernen und Lehrerhandeln bestimmt, auch hier bei der Vermittlung und Aneignung der Inhalte zum Tragen zu bringen. Mehr noch, die Konstruktion und Rekonstruktion von Verstehensprozessen muss in den Fachdisziplinen – sowohl aus fachlicher Sicht der Konstituierung der Inhalte als auch aus der individuellen Sicht des Lernens der Studierenden einen eigenen Stellenwert erhalten.

Berufseinstieg: Professionelle Kompetenzkerne

Aus der Sicht unseres Fortbildungsansatzes lässt sich das Ziel für die Berufseinstiegsphase so beschreiben: Der traditionelle »Normalverlauf« des Berufseinstiegs von Lehrpersonen führt dazu, dass Routinen ausgebildet werden, die es ermöglichen, den alltäglichen Handlungsdruck im Unterricht zu bewältigen und sich ihm Rahmen der kollegialen Konventionen der jeweiligen Schule einen anerkannten Stand zu sichern. Dabei ist kollegiale Zusammenarbeit im Unterricht und sind professionelle Lernprozesse unter Lehrpersonen – also die langfristige, wissenschaftlich orientierte Zusammenarbeit bei der Vorbereitung, Durchführung, Auswertung und Verbesserung von Unterricht – noch immer die Ausnahme. Berufsanfängerinnen und -anfänger sind weitgehend auf sich gestellt. In dieser Situation ist es eher unwahrscheinlich, dass adaptive Routinen entstehen können. Dazu ist der Handlungsdruck zu groß und der Raum für entlastende Reflexion und Training zu klein.

Aus unserer Sicht könnte die Ausbildung von professionellen Kompetenzkernen – also der Vorform oder Vorstufe adaptiver Routinen – durch eine Kombination folgender Elemente begünstigt werden:

- Am wichtigsten erscheint uns die assistierende Mitarbeit bei Experten und Expertinnen des Berufs, also bei erfahrenen Lehrerinnen und Lehrern, die über adaptive Routinen verfügen. In einer solchen Umgebung besteht die Chance, bei vermindertem Handlungsdruck in zunehmendem Umfang eigene Routinen aufzubauen. Die enge Zusammenarbeit mit diesen Lehrpersonen entspricht dabei den kollegialen Lernprozessen im Rahmen unseres Fortbildungsansatzes.
- Neben der Mitarbeit bei Experten messen wir der Zusammenarbeit bzw. Mitarbeit von Berufsanfängern in kollegialen Lerngruppen große Bedeutung bei. Besonders wichtig ist dabei allerdings, dass sich diese Zusammenarbeit nicht auf praxisferne, seminarähnliche oder supervisorische Treffen beschränkt, sondern die theoriegeleitete Reflexion, Planung, Durchführung und Evaluation des Unterrichts einschließt. Auf diese Weise kann die kollegiale Zusammenarbeit zu einem normalen Bestandteil der beruflichen Praxis werden.
- Schließlich sollte die (im Umfang begrenzte) selbstständige Unterrichtstätigkeit ergänzt werden durch Möglichkeiten, das eigene Handlungsrepertoire durch Trainings und Experimente zu erweitern und zu verbessern.

Für alle drei Elemente wäre eine enge Zusammenarbeit von Praxis und Wissenschaft zu wünschen. Uns ist bewusst, dass hier erhebliche Engpässe bestehen, und dass es insbesondere nicht genügend Lehrerinnen und Lehrer gibt, die als Expertinnen und Experten ihres Berufs über die Art von adaptiver Routine verfügen, die wir mit unserem Fortbildungsansatz zu fördern versuchen. Dies wiederum ist das wichtigste Motiv dafür, dass das Entwicklungsprogramm für Unterricht und Lernqualität überhaupt ins Leben gerufen wurde.

3.4 Literatur und Quellen

Beutel, W. & Fauser, P. (Hrsg.) (2007). Demokratiepädagogik. Lernen für die Zivilgesellschaft. Schwalbach/Ts.: Wochenschau Verlag.

Boettcher, W. & Bremerich-Vos, A. (Hrsg.) (1987). ›Kollegiale Beratung‹ in Schule, Schulaufsicht und Referendarausbildung. Frankfurt/M.

Bonsen, M. & Rolff., H.-G. (2006). Professionelle Lerngemeinschaften von Lehrerinnen und Lehrern. Zeitschrift für Pädagogik, 52 (2), 167–184.

Deci, E. L. & Ryan, R. M. (1993). Die Selbstbestimmungstheorie der Motivation und ihre Bedeutung für die Pädagogik. Zeitschrift für Pädagogik, 39 (2), 223–238.

Fauser, P. (1989). Nachdenken über pädagogische Kultur. Die Deutsche Schule 81 (2), 5–25.

Fauser, P. (1992). Erfahrene Aufklärung. Zur Rationalität und Anthropologie der Schule als Institution. (unveröff. Habil.). Tübingen.

Fauser, P. (1996). Personalität oder Professionalität? Zum Berufsethos von Lehrerinnen und Lehrern. Beiträge zur Lehrerbildung 14 (1), 9–28.

Fauser, P. & Madelung, E. (Hrsg., unter Mitarbeit von G. Irmert-Müller) (1996). Vorstellungen bilden. Beiträge zum imaginativen Lernen. Seelze-Velber: Friedrich.

Händle, C. (1987). Unterschiedliche Prioritäten von Lehrern für ihren Unterricht und Folgerungen für Beratung. In W. Boettcher & A. Bremerich-Vos (Hrsg.), »Kollegiale Beratung« in Schule, Schulaufsicht und Referendarausbildung, Frankfurt/Bern/New York: Lang, S. 297–319.

Hänsel, D. (1975). Die Anpassung des Lehrers – Zur Sozialisation in der Berufspraxis. Weinheim, Basel: Beltz.

Krapp, A. (2005). Das Konzept der grundlegenden psychologischen Bedürfnisse: Ein Erklärungsansatz für die positiven Effekte von Wohlbefinden und intrinsischer Motivation im Lehr-Lerngeschehen. Zeitschrift für Pädagogik, 51 (5), 626–641.

Krapp A. & Ryan R. M. (2002). Selbstwirksamkeit und Lernmotivation. In M. Jerusalem & D. Hopf (Hrsg.), Zeitschrift für Pädagogik. Selbstwirksamkeit und Motivationsprozesse in Bildungsinstitutionen. 44. Beiheft. 54–68.

Mayring, Ph. (1992). Analytische Schritte bei der Textinterpretation. In G. L. Huber (Hrsg.), Qualitative Analyse. Computereinsatz in der Sozialforschung. (S. 11–41), München: Oldenbourg.

Projektgruppe Praktisches Lernen (Hrsg.) (1998). Bewegte Praxis. Praktisches Lernen und Schulreform. Weinheim und Basel: Beltz.

Rackoczy, K. & Tkalenko, O. (2008). Evaluation der Schulpartnerausbildung von »E. U.LE.- Entwicklungsprogramm für Unterricht und Lernqualität«. Abschlussbericht über die vier Erhebungswellen für das Thüringer Kultusministerium. (unveröffentlicht).

Rentschler, I., Madelung, E. & Fauser, P. (Hrsg.) (2003). Bilder im Kopf. Beiträge zum imaginativen Lernen. Seelze-Velber: Kallmeyer.

Rißmann, J., Feine, U. & Schramm, U. (2013). Vom Schüler zum Lehrer – Biografische Selbstreflexion in der Lehramtsausbildung. In B. Jürgens und G. Krause (Hrsg.), Professionalisierung durch Trainings. Aachen: Shaker Verlag.

Ulich, K. (1996). Beruf Lehrer/in. Arbeitsbelastungen, Beziehungskonflikte, Zufriedenheit. Weinheim und Basel: Beltz.

Wahl, D. (1991). Handeln unter Druck. Der weite Weg vom Wissen zum Handeln bei Lehrern, Hochschullehrern und Erwachsenenbildnern. Weinheim: Deutscher Studien Verlag.

Wahl, D. (2001). Nachhaltige Wege vom Wissen zum Handeln. Beiträge zur Lehrerbildung, 19 (2), 157–174.

http://www.VerstehenLernen.de

4. Feedback – Schülerfeedback – Feedbackkultur

Dietlinde Granzer & Regine Berger

Feedback war und ist zentrales pädagogisches Element des Unterrichts. Es umfasst Rückmeldungen aller Art an die Schülerinnen und Schüler. In den vergangenen 20 Jahren haben sich – ausgehend von der Frage nach der Qualität von Schule und Unterricht – viele weitere Formen des Feedbacks herausgebildet, die weit über die direkte, einseitige Rückmeldung der Lehrkraft an die Schüler hinausgehen und mehr und mehr auch Rückmeldungen durch die Schülerinnen und Schüler mit einschließen. Einer der Ausgangspunkte für die Entwicklung einer Rückmeldekultur auf System- und Personenebene war im Jahr 1997 der sogenannte »Konstanzer Beschluss« der Kultusministerkonferenz, an internationalen Vergleichsuntersuchungen teilzunehmen und damit das deutsche Bildungssystem mit anderen Ländern regelmäßig in Wettbewerb treten zu lassen. Auslöser waren die Ergebnisse der TIMS-Studie (Third International Mathematics and Science Study) aus dem Jahr 1997 (Baumert et al. 1998), die für erhebliche Ernüchterung in Bezug auf die Leistungsfähigkeit des deutschen Bildungssystems gesorgt hatte, ein Ergebnis, das durch PISA 2000 (Baumert et al. 2002) bestätigt wurde. Ein weiterer Ausgangspunkt waren die durchaus mit dem ersten Punkt in Zusammenhang stehende Implementierung der länderübergreifenden Bildungsstandards und die regelmäßige Evaluation ihrer Erreichung auf nationaler Ebene und der Ebene der Länder. In diesem Kontext wurde auch den Landesinstituten die Aufgabe übertragen, die Qualität von Schulen durch externe Evaluation regelmäßig zu überprüfen und Materialien für Selbstevaluation bereitzustellen.

Mit diesen Maßnahmen wurde also das Feedback institutionell auf unterschiedlichen Ebenen des Bildungssystems verankert mit der Folge, dass mittlerweile Feedback auf Organisationsebene und Individualebene eingesetzt wird. Einige seiner Formen werden im folgenden Abschnitt dargestellt, bevor der Frage nachgegangen wird, wie der Aufbau einer Feedback-Kultur erfolgen kann.

4.1 Feedback auf unterschiedlichen Ebenen

Wie bereits erwähnt kann sich Feedback auf unterschiedliche Ebenen und auch Rollenträger beziehen (siehe Tabelle 1). Für die Entwicklung einer Schule können alle Formen einen wichtigen Beitrag leisten, sie unterscheiden sich aber bezüglich der Intention, der Möglichkeit der Weiterarbeit und der Perspektiven, die in den Feedbacks abgebildet werden.

Ebene/Rolle	Rückmeldung erfolgt beispielsweise über ...
Schule	• externe Evaluation • Selbstevaluation
Schulleitung	• Feedback der Schulleitung im Rahmen einer Personalführungs-maßnahme • Feedback an die Schulleitung im Rahmen einer Mitarbeiterbefra-gung
Unterricht	• kollegiales Feedback im Rahmen einer Unterrichtshospitation • Fragebögen der Landesinstitute der Bundländer zur Selbstevalua-tion • Evidenzbasierte Methoden der Unterrichtsdiagnostik und -entwick-lung (EMU)
Lehr-Lernprozess	• formatives Feedback durch die Lehrkraft • Feedback der Schüler an die Lehrkraft • Feedback der Schüler zum eigenen Lernen (schuldialog.org) • Feedback nach Hattie/Timperley

Tabelle 1: Ebenen des Feedback

4.1.1 Schule

Einen gewissen Bekanntheitsgrad haben mittlerweile die Fragebögen der Bundesländer zur externen Evaluation erreicht. Diese liefern ein Feedback aus unterschiedlichen Perspektiven bezogen auf die Schule, die Lehrkräfte und den Unterricht.

Die meisten Bundesländer bieten ihren Schulen darüber hinaus die Möglichkeit, eine Selbstevaluation durchzuführen und stellen dazu Materialien und Fragebögen beispielsweise auf Systemebene bereit.

4.1.2 Schulleitung

Feedback durch die Schulleitung im Rahmen der Personalführung ist ein vielgenutztes Instrument, das auf unterschiedliche Aspekte der Lehrerrolle – also nicht nur den Unterricht – abstellt. Grundsätzlich ist dabei auch eine Rückmeldung der Lehrkraft an die Schulleitung möglich. Vielfach umgesetzt wird auch ein Verfahren, bei dem sich die Schulleitung eine Rückmeldung vom Kollegium einholt, um ihr professionelles Handeln weiter zu optimieren.

4.1.3 Unterricht

Eine interessante Möglichkeit stellt das **kollegiale Feedback** dar, bei dem Einzelaspekte des Unterrichts in den Fokus gerückt werden. Häufig erfolgt die Einschätzung über Beobachtung oder Fragebögen, über deren Ergebnisse sich dann die Kolleginnen und Kollegen austauschen. Der Kollege bzw. die Kollegin fungiert in diesem Falle als kritischer Freund. Das Verfahren ist niedrigschwellig, da von den Beteiligten entschieden wird, welcher Fokus und welche Form der Datengewinnung gewählt wird.

Inzwischen liegen in vielen Bundesländern Materialien und Fragebögen zur Selbstevaluation bereit, die auch auf Unterrichtsprozesse fokussieren. Die Daten können genutzt werden, um Feedback zum System als auch ein Individualfeedback zu geben.

Eine weitere Möglichkeit stellen die »Evidenzbasierten Methoden der Unterrichtsdiagnostik und -entwicklung (EMU)« dar: Es ist ein handlungsorientiertes Programm, das basierend auf einer Unterrichtsdiagnostik – hier verstanden als Bestandsaufnahme – Unterrichtsentwicklung über Reflexion und Austausch im kollegialen Umfeld initiiert. EMU verfolgt dabei unter anderem folgende Ziele (Helmke/Helmke u. a. 2014, S. 4, vgl. auch Helmke, S. 253 ff. in diesem Band):

- »Erkennen von Stärken und Schwächen des eigenen Unterrichts
- Datenbasierte Weiterentwicklung des Unterrichts
- Sensibilisierung für Heterogenität in der Klasse
- Bewusstmachung eigener subjektiver Theorien des Lehrens und Lernens
- Verständigung über ein gemeinsames Bild von Unterricht im Team/Kollegium
- Schulentwicklung: Kollegialer Austausch und »Öffnung der Klassenzimmertüren«.

Während die externe Evaluation zur »Bewertung« führt, die unterschiedliche Perspektiven einbezieht und berücksichtigt, zielt EMU über Reflexionsprozesse bei der unterrichtenden Lehrkraft und den Kolleginnen und Kollegen auf Unterrichtsentwicklung ab. Daher werden alle Akteure der Lehr- Lernprozesse, d. h. die unterrichtende Lehrkraft, die Schüler sowie der Kollege bzw. die Kollegin, der/die beobachtet, befragt.

4.1.4 Lehr-Lernprozess

Das Lehrverhalten beeinflusst entscheidend das Lernverhalten der Schülerinnen und Schüler. Wenn es Lehrkräften gelingt, zu erfahren, wo die einzelnen Schüler gerade im Lernprozess stehen, welche Herausforderungen sie zu bewältigen versuchen, können Lehrkräfte schnell reagieren und ihr Lehrverhalten entsprechend ausrichten. Welche Methoden hier wirksam sind, wird nachfolgend ausführlicher vorgestellt.

4.1.4.1 Formatives Feedback

Ein wichtiges Werkzeug ist dabei die formative Evaluation gekoppelt mit dem formativen Feedback.

Die formative Evaluation ist einer der wirkungsmächtigsten Aspekte für das kognitive Lernen (Hattie 2009). Darunter wird vorwiegend die unterrichtsbegleitende Erhebung und Auswertung von Daten aus dem Unterricht durch die Lehrkraft verstanden. Als Basis dienen etwa Beobachtungen zum Schülerverhalten, aber auch schriftliche Dokumente wie Schülerarbeiten, Hefteinträge, Klausuren oder Vergleichsarbeiten/Lernstandserhebungen. Über diese »Daten« verschafft sich die Lehrkraft einen Eindruck vom aktuellen Stand im Lernprozess des einzelnen Schülers und zieht daraus Erkenntnisse und Schlussfolgerungen für die weitere Gestaltung des Lernprozesses des einzelnen Schülers bzw. der einzelnen Schülerin oder der gesamten Lerngruppe. Zielsetzung ist es, die Schülerinnen und Schüler im Lernprozess zu halten oder sie wieder kognitiv zu aktivieren. Dies kann beispielsweise dadurch erfolgen, dass ein Feedback dazu gegeben wird, welche Lernschritte als nächstes zu absolvieren sind, Gruppen gebildet werden, die vor der gleichen kognitiven Herausforderung stehen, Schüler sich in einer Partnerarbeit gegenseitig ihr Vorgehen erläutern oder indem neue weiterführende Übungs- oder Lernaufgaben zur Verfügung gestellt werden.

Die formative Evaluation liegt ausschließlich in der Hand der Lehrkraft und stellt hohe Anforderungen an deren Wahrnehmung und Fähigkeit, im Lehr-Lernprozess schnell auf der Basis von Beobachtungen zu reagieren. Beim (formativen) Feedback durch die Schüler an die Lehrkraft kann sie sich dagegen eine Einschätzung aus der Perspektive der Schülerinnen und Schüler zu unterschiedlichen Aspekten ihres Lehrverhaltens und des Unterrichts holen. Der Vorteil dieses Verfahrens ist, dass sich die Lehrkraft einen Eindruck davon verschaffen kann, wie sich der Unterricht aus der Schüler-Perspektive darstellt, wo diese die Stärken und vielleicht auch Optimierungspotenziale sehen. Im Unterschied zur formativen Evaluation, die individuumsbezogen ist, handelt es sich beim Schülerfeedback in der Regel um ein Gruppenverfahren.

4.1.4.2 Schüler-Feedback zum eigenen Lernverhalten

Beim Feedback der Schülerinnen und Schüler zu ihrem eigenen Lernverhalten wird ein anderer Schwerpunkt gesetzt. Ausgangspunkt ist nicht eine Lehrkraft sondern die Schülerinnen und Schüler, die sich dazu äußern, wie sie lernen, unter welchen Bedingungen im Klassenzimmer sie besser lernen, welche Rückmeldung der Lehrkraft ihnen beim Lernen weiterhilft (Berger, Granzer et al. 2013). Die Schüler artikulieren sich zu ihrem Lernverhalten und machen es somit transparent und sichtbar für die Lehrkraft. Diese Form der Rückmeldung eignet sich als Ausgangspunkt zur »Schärfung der formativen Evaluation« durch die Lehrkraft, weil lernförderliche Aspekte im Fokus dieser Rückmeldeform stehen bzw. im Nachgang als gute Vergleichsmöglichkeit zur formativen Evaluation herangezogen werden können. Decken sich die Eindrücke und Einschätzung der formativen Evaluation mit denen des Feedbacks, dann stimmt die Richtung, im anderen Fall kann die Lehrkraft notwendige Anpassungen vornehmen. Das Feedback der Lernenden zu ihrem eigenen Lernverhalten beurteilt also nicht die Lehrkraft, sondern gibt Hinweise darauf, welche Aspekte im Lernprozess förderlich sind. Konsequent wird mit dieser Form der Rückmeldung die Lerner-Perspektive betont und sie hilft der Lehrkraft, das Lernen aus den Augen der Schülerinnen und Schüler zu betrachten.

4.1.4.3 Feedback zum kognitiven Lernen

In Hatties Metastudie zur Wirksamkeit von strukturellen und pädagogischen Maßnahmen auf das kognitive Lernen rangiert das Feedback zum kognitiven Lernen unter den TOP-Ten (vgl. Hattie 2009). Grund genug, sich diese Methode genauer anzuschauen und zu klären, worin sich dieses Feedback von den oben genannten Rückmeldeverfahren unterscheidet.

John Hattie im Interview

Es gibt zwei Dinge, die ich über Feedback gelernt habe und die wichtig sind – erstens, ich denke bei Feedback an etwas, das man erhält, nicht gibt. Und zweitens, während die Lehrer Feedback als Korrektur, Kritik, Anmerkung und Klarstellung ansehen, gilt für die Schüler: wenn Feedback keine Information zu den nächsten Schritten enthält, neigen sie dazu, es nicht zu nutzen. Schüler wollen Feedback ganz für sich selbst, genau zur richtigen Zeit, so dass es ihnen einen Schubs gibt und hilft weiterzukommen. Wir müssen uns mehr Gedanken darüber machen, wie das Feedback beim Schüler ankommt, anstatt einfach die Menge an Feedback zu erhöhen. Und ein dritter wichtiger Befund lautet: wenn Lehrkräfte mehr Feedback über die eigene Wirksamkeit erhalten, dann sind die Schüler die größten Nutznießer.

Sich so über Feedback zu äußern, ist auf den ersten Blick durchaus ungewöhnlich. Hattie verpackt in diesen Interview-Abschnitt nicht nur unterschiedliche Facetten des Feedbacks sondern skizziert zugleich auch seinen Ansatz eines lernwirksamen Feedbacks an die Lernenden. Worum handelt es sich genau?

An erster Stelle kommt: Sich ein Feedback holen

Hattie versteht unter Feedback etwas anderes als es Lehrkräfte üblicherweise tun. Sie verbinden mit dem Begriff ihre Rückmeldung zum Lernen oder zum Verhalten an die Schülerinnen und Schüler. Dass Lehrkräfte ein Feedback von Schülern erhalten ohne mit gemischten Gefühlen darauf zu reagieren, es sich vielleicht sogar explizit einzuholen, ist noch nicht Alltag. Eine Form, die schon verbreiteter ist, ist die Kartenabfrage. Am Ende einer Stunde wird mit Karten z. B. abgefragt, welche Inhalte der Lernende bereits verstanden hat oder welche Fragen noch offen sind. Solche Formen sind ein erster wichtiger Schritt, weil das von den Lernenden eingeholte Feedback der Lehrkraft konkrete Hinweise dazu gibt, was sie gelernt haben und an welchen Punkten noch nachgearbeitet werden muss. Das Einholen einer Rückmeldung kann auch über formative Evaluation, über das Erheben von Daten zur Wirkung der Lehrkraft auf das Lernen oder über Befragung der Lernenden erfolgen.

Feedback mit weiterführenden Informationen koppeln

Besonders wirkungsmächtig in Bezug auf kognitives Lernen ist es, Feedback angereichert mit weiterführenden Informationen zu geben. Hattie und Timperley (2007) befassen sich vor allem mit der Frage, welche Formen des Feedbacks lernförderlich für das kognitive Lernen sind. Darauf liegt explizit der Schwerpunkt bei der Metastudie von Hattie. Er unterscheidet dabei drei Ebenen:

- Aufgabe,
- Lernprozess und
- Selbstorganisation.

Beim **Feedback zur (Teil-)Aufgabe** geht es vor allem darum zu spiegeln, ob diese richtig oder falsch gelöst ist, ob die Erfolgskriterien erfüllt worden sind und die Aufgabe komplett abgearbeitet ist. Damit eine solche Rückmeldung gegeben werden kann, muss zu Beginn transparent gemacht werden, wann eine Aufgabe als gelöst betrachtet werden kann. Wenn die Kriterien nicht benannt sind, wird eine wichtige Chance vertan, denn der Lernende kann nicht lernen, seinen Lernfortschritt selbst einzuschätzen und zu kontrollieren.

Beim **Feedback zum Lernprozess** liegt der Fokus auf den einzelnen Teilschritten und kognitiven Werkzeugen bei der Aufgabenbewältigung. Es kann sich auf die Abfolge von Bearbeitungsschritten bei der Bewältigung der Aufgabe beziehen aber auch auf die Strategien, die genutzt werden können, um zu einer Lösung zu kommen. Zu den Strategien zählen z. B. Informationsbeschaffung, Notizen erstellen aber auch sich Hilfe suchen und die Ressource von Lernpartnern zu nutzen. Auch kognitive Prozesse werden gezielt angesprochen, die sich auf Analyse und Vernetztheit beziehen. Das Feedback enthält in diesem Fall immer einen Hinweis darauf, wie es weitergeht, was als nächstes kommt und soll ein Tiefenverständnis anbahnen.

Beim **Feedback zur Selbstorganisation** steht das (Selbst-)Monitoring im Vordergrund. Die Lernenden erhalten Hinweise dazu, ob alle Teilschritte abgearbeitet sind. Diese Hinweise beziehen sich auf Metastrategien sowie auf kognitive Prozesse wie die Analyse, die Anwendung des Gelernten auf andere Sachverhalte oder auf das Konzeptverstehen. Das Feedback umfasst ebenfalls immer einen Hinweis darauf, wie es weitergeht, was als nächstes kommt und soll dazu beitragen, Tiefenverständnis auszubauen.

Das Feedback nach Hattie und Timperley zielt also auf die systematische kognitive Aktivierung des Lernenden auf unterschiedlichen Verstehensebenen ab und erfolgt in der Regel unterrichtsbegleitend.

Im Folgenden wird nun anhand dreier Beispiele – EMU, Schuldialog und Visible learning – der Frage nachgegangen, wie durch diese jeweiligen Ansätze eine Rückmelde-Kultur etabliert wird, die als Ausgangspunkt von Unterrichts- und Schulentwicklung dienen.

4.2 Eine Feedback-Kultur implementieren und Lernen sichtbar machen

Schulen können als Systeme gemeinsam geteilter Muster des Denkens, Fühlens und Handelns sowie der sie vermittelnden Normen, Werte und Symbole verstanden werden und verfügen somit über eine eigene Kultur. Mit Blick auf die Implementation von Feedback stellt sich die Frage, wann man von einer Feedback-Kultur sprechen kann und wie über diese Lernen sichtbar gemacht wird. Sofern Feedback lediglich punktuell in einer Klasse durchgeführt wird, handelt es sich nach diesem Verständnis noch nicht um eine Kultur.

Beispiel: EMU

Der Ansatz EMU (vgl. Helmke, Helmke et al. 2011) geht aufgrund der datenbasierten Bestandsaufnahme über eine intuitive Eindrucksbildung hinaus und fokussiert dabei auf Prinzipien des effektiven Lehrens und Lernens mit den vier zentralen fachübergreifenden Prozessmerkmalen der Unterrichtsqualität: effiziente Klassenführung, lernförderliches Klima und Motivierung, Klarheit und Strukturiertheit und kognitive Aktivierung. Hinzu kommt ein Bilanzbereich, d. h. eine Einschätzung der Stunde in emotionaler (Wohlfühlen), motivationaler (Interessantheit) und kognitiver Hinsicht (Lernertrag, Passung). Die Datenbasis ermöglicht den Abgleich von bis zu drei Perspektiven (Schüler, Kollege, Unterrichtender) und bildet den Ausgangspunkt für Gespräche über gemeinsame Schnittstellen aber auch Unterschiede bei der Einschätzung von unterrichtsrelevanten Aspekten. Die Rückmeldung im kollegialen Setting stößt Reflexionsprozesse an, die den Unterrichtenden zu einer Weiterentwicklung des Lehrverhaltens motivieren können. Darüber hinaus kann sie dazu führen, dass an den »Knackpunkten« gemeinsam im Tandem oder in professionellen Lerngemeinschaften weitergearbeitet und regelmäßig die Entwicklung über das fragebogenbasierte Feedback überprüft wird. Durch die Einbindung aller Kolleginnen und Kollegen in EMU und der Berücksichtigung der Einschätzung der Schülerinnen und Schüler wird Feedback zum tragenden Element der Schulentwicklung.

Beispiel: Zielgerichteter Dialog

Ausgangsbasis für einen zielgerichteten Dialog über das Lernen ist ein online von den Schülerinnen und Schülern durchgeführtes Feedback zu ihrem eigenen Lernen, bei dem das Ergebnis nicht einzelnen Schülern oder einem Kollegen, sondern der Klasse insgesamt zurückgemeldet wird. Bei dieser Form steht der Schüler bzw. die Schülerin an erster Stelle. Im Dialog darüber wird in der Regel nur der Lernaspekt mit der höchsten Nennung gemeinsam mit den Schülern besprochen In einem ersten Schritt wird zuerst über die Bedeutung dieses jeweiligen Aspektes für die Schüler und die Lehrkraft gesprochen. Melden die Lernenden zurück, dass sie besser lernen können, wenn ihnen zu Beginn der Stunde die Anforderungen transparent gemacht werden, untermauern sie dies im anschließenden Gespräch mit konkreten Beispielen.

Um die unterschiedlichen Perspektiven abzugleichen erläutert anschließend die Lehrkraft aus ihrer Sicht, warum die Nennung von Anforderung wichtig ist, vielleicht aber auch, dass sie der Meinung gewesen sei, auf das Thema hingewiesen zu haben. Der Dialog in der Klasse verläuft also zielgerichtet und dient dazu, zu klären, was die Beteiligten unter diesem Begriff genau verstehen und wie sie es bislang umgesetzt haben. In einem weiteren Schritt überlegen sich die Lernenden und die Lehrkraft getrennt, was sie, um an dem konkreten Beispiel zu bleiben, dazu beitragen können, um sicherzustellen, dass die Anforderungen in jeder Stunde transparent gemacht werden. Die Schülerinnen und Schüler könnten zum Beispiel Unterstützung leisten, indem sie – sofern die Lehrkraft die Anforderungen nicht benennt – nachfragen, worauf sie sich konkret in der Unterrichtsstunde einstellen müssen, die Lehrkraft schlägt vor, dass sie diese am Anfang einer jeden Stunde an die Tafel hängt. Diese gemeinsamen Vorschläge finden ihren Niederschlag in einer Vereinbarung, auf die in den kommenden Wochen immer wieder fokussiert wird.

Der Dialog über die Ergebnisse wird optimalerweise auch in das Kollegium hineingetragen, Vorschläge und Möglichkeiten der Umsetzung in der Klasse mit den betroffenen Kolleginnen und Kollegen reflektiert. Durch den Austausch und das Gespräch über das Lernen der Schüler wird genau an dem Punkt angesetzt, der Hattie wichtig ist: Das Lernen wird aus der Perspektive der Lernenden betrachtet, damit diese es besser verstehen. (vgl. Hattie 2013 S. 139), Ausgangspunkt dieses Feedbacks ist der Schüler bzw. die Schülerin, deren qualifizierte Einschätzung zu ihrem eigenen Lernen einen zielgerichteten Dialog der Lehrkräfte über das Lernen auf unterschiedlichen Ebenen auslöst. Damit bilden die Lernenden den Motor für die Etablierung einer lernförderlichen Feedback-Kultur.

Beispiel: Visible learning

Im Prozess des Sichtbarmachens von Lernprozessen ist das Feedback für Hattie ein wichtiger Bestandteil. Die Implementierung kann aus seiner Sicht besser gelingen, wenn weitere Aspekte mit in den Blick genommen werden. In seinem Modell unterscheidet er folgende Elemente:

* Der sichtbar Lernende
  Wenn ein Schüler sichtbar lernt, ist er in der Lage, Auskunft über seinen Lernfortschritt zu geben, kann anderen ein Feedback zu deren Lernen auf der Basis von transparent gemachten Kriterien geben. Die Lernenden sind darüber hinaus – je nach Alter – mehr oder weniger in der Lage, datengestützte Ergebnisse zu interpretieren bezogen darauf, welche Konsequenzen sie für ihr Lernen aus diesen Daten ziehen müssen.
* Sich der eigenen Wirkung bewusst sein
  Die Lehrkraft, die ihre Wirkung auf das Lernen der Schülerinnen und Schüler regelmäßig erhebt, sorgt dafür, dass sie aussagekräftige Daten zusammenstellt, die die Entwicklung auf Seiten der Lernenden deutlich werden lässt. Sie ist jederzeit in der Lage, auf dieser Basis darüber Auskunft zu geben, wo und wann sie wirksam geworden ist. Auf diesem Wege holt sich die Lehrkraft eine Rückmeldung zu ihrer eigenen Wirksamkeit ein und passt ihren Unterricht bzw. ihr Lehrverhalten an die jeweiligen Gegebenheiten an.
* Feedback zum kognitiven Lernen als lernprozessbegleitende Methode (s. o.).
* Mentale Modelle und Überzeugung der Lehrkraft
  Die Einstellungen und Haltungen der Lehrkraft beeinflussen das Unterrichtsgeschehen. Lehrkräfte, die beispielsweise davon überzeugt sind, dass alle Schüler lernen können – und nicht nur die kognitiv stärkeren – werden sich auch eher bemühen, Differenzierungen im Unterricht vorzunehmen als Lehrkräfte, die eine gegenteilige Einstellung haben. Lehrkräfte, die sichtbares Lernen fördern; interessieren sich für das Lernen der Schüler, und das wird sichtbar vor allem durch das Lehren.

Alle drei oben genannten Ansätze verbindet, dass mithilfe der Lernenden eine Feedback-Kultur aufgebaut wird, die alle Ebenen umfasst, sofern diese Verfahren regelmäßig eingesetzt werden. Das Visible learning von Hattie stellt dabei einen umfassenden Ansatz dar, der den Zusammenhang zwischen den Elementen thematisiert. In den Einstellungen und Haltungen der Lehrkraft schlagen sich deren Bedeutung und Professionalität nieder, lernförderliche Einstellungen auf Seiten der Schüler werden angesprochen.

4.3 Literatur

Altrichter, H., Messner, E. & Posch, P. (2004). Schulen evaluieren sich selbst. Ein Leitfaden. Seelze: Kallmeyer.

Baumert, J., Artelt, C., Klieme, E., Neubrand, M., Prenzel, M., Schiefele, U., Schneider, W., Tillmann, K. & Weiß, M. (Hrsg.) (2002). PISA 2000 – Die Länder der Bundesrepublik Deutschland im Vergleich. Opladen.

Baumert, J., Lehmann, R., Lehrke, M., Schmitz, B., Clausen, M., Hosenfeld, I., Köller, O. & Neubrand, J. (1997). TIMSS – Mathematisch-naturwissenschaftlicher Unterricht im internationalen Vergleich: deskriptive Befunde. Opladen.

Berger, R., Granzer, D., Looss, W. & Waack, S. (2013). »Warum fragt ihr nicht einfach uns?« Mit Schülerfeedback lernwirksam unterrichten. Weinheim und Basel: Beltz.

Hattie, J. A. (2012). Visible Learning for Teachers: Maximizing Impact on Learning. London: Routledge.

Hattie, J. A. (2009). Visible Learning: A Synthesis of Over 800 Meta-Analyses Relating to Achievement. London: Routledge.

Hattie, J. A. & Timperley, H. (2007). The Power of Feedback. In: Review of Educational Research 77/1, S. 81–112.

Helmke, A., Helmke, T., Lenske, L., Pham, G. H., Praetorius, A.-K., Schrader, F.-W. & Ade-Thurow, M. (2011/2014). Studienbrief Unterrichtsdiagnostik. Projekt EMU (Evidenzbasierte Methoden der Unterrichtsdiagnostik) der Kultusministerkonferenz. Landau: Universität Koblenz-Landau. Download am 07.07.14: http://www.unterrichtsdiagnostik.info/media/files/Broschuere%20Version%204.2_22.01.14.pdf

Helmke, A., Piskol, K., Pikowky, B. & Wagner, W. (2009). Schüler als Experten von Unterricht. In: Lernende Schule, Jg. 46, Hf. 47, S. 98–105.

Klieme, E., Avenarius, H., Blum, W., Döbrich, P., Gruber, H., Prenzel, M., Reiss, K., Riquarts, K., Rost, J., Tenorth, H.-E. & Vollmer, H. J. (2003). Zur Entwicklung nationaler Bildungsstandards. Eine Expertise. Bonn: Bundesministerium für Bildung und Forschung. Online: http://www.bmbf.de/pub/zur_entwicklung_nationaler_bildungsstandards.pdf, Download am 28.02.07.

Landesinstitut für Schulentwicklung (LS) (2007). Leitfaden zur Selbstevaluation an Schulen. Stuttgart.

Schuldialog.org: https://www.schuldialog.org/was-schuldialog-org-ist.html.

Sekretariat der Ständigen Konferenz der Kultusminister der Länder in der Bundesrepublik Deutschland & Institut zur Qualitätsentwicklung im Bildungswesen (2006). Gesamtstrategie der Kultusministerkonferenz zum Bildungsmonitoring. München Bonn: Wolters Kluwer & KMK.

Timperley, H. (2013). Feedback. In: Hattie, J./Anderman, E. M. (Hrsg.), International guide to student achievement. London: Routledge (S. 402–405).

5. Fördern im Unterricht: Unterrichtskonzepte setzen den Rahmen, aber die Qualität steckt im Detail!

Thorsten Bohl

5.1 Vorklärungen: Weshalb sind Unterrichtskonzepte hilfreich?

Gibt es besonders geeignete Förderstrukturen innerhalb des Unterrichts? Ja, auf jeden Fall! Aber: Achtung – damit ist noch nichts erreicht, indes manches ermöglicht. Der Beitrag hat zwei Anliegen: erstens soll versucht werden, grundsätzlich zur Förderung geeignete Unterrichtskonzepte vorzustellen und voneinander abzugrenzen. Zweitens wird – in aller Kürze zum Ende des Beitrags – davor gewarnt, diese Konzepte an sich als gut oder weniger gut einzuschätzen. Die Frage der Qualität und der Wirkung zeigt sich bei allen Konzepten im Detail und in der Rahmung durch die jeweilige Unterrichts- und Schulkultur.

Die in diesem Beitrag vorgestellten Unterrichtskonzepte bieten in unterschiedlicher Weise Förder- und Lernmöglichkeiten und können auch als Konzepte zum Umgang mit Heterogenität verstanden werden (vgl. Bohl 2013). Sie sind insbesondere für Schulentwicklungsprozesse wichtig: Wenn für die gesamte Schule klassenstufenspezifisch bestimmte Unterrichtskonzepte angelegt werden, dann stellt sich die Frage, wie das gesamte Kollegium (oder ein Teil des Kollegiums) sich auf grundlegende Strukturen, Organisationsformen und Ziele für Unterricht einigen kann. Die im Folgenden dargestellten Unterrichtskonzepte bieten für solche Problemstellungen Orientierung. Zunächst sei die begriffliche Hierarchie vorgestellt, in die sich Unterrichtskonzepte einfügen (Abb. 1).

Damit bieten Unterrichtskonzepte auf einem mittleren Abstraktionsniveau eine Klärung über die grundlegende Ausrichtung des Unterrichts mit Blick auf Organisation, Zeitstruktur, vorbereitetes Angebot und vorgesehene Nutzung, Raumstruktur u. a. Gemeinsam ist diesen Konzepten, dass es keinen »Gleichschritt« des Lernens gibt, sondern immer unterschiedliche Passungsmöglichkeiten zwischen den Voraussetzungen der Lernenden und dem von der Lehrperson vorbereiteten Lernangebot bestehen, womit in unterschiedlicher Weise dem Fördergedanken Rechnung getragen wird.

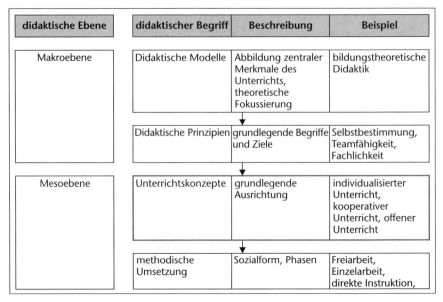

didaktische Ebene	didaktischer Begriff	Beschreibung	Beispiel
Makroebene	Didaktische Modelle	Abbildung zentraler Merkmale des Unterrichts, theoretische Fokussierung	bildungstheoretische Didaktik
	Didaktische Prinzipien	grundlegende Begriffe und Ziele	Selbstbestimmung, Teamfähigkeit, Fachlichkeit
Mesoebene	Unterrichtskonzepte	grundlegende Ausrichtung	individualisierter Unterricht, kooperativer Unterricht, offener Unterricht
	methodische Umsetzung	Sozialform, Phasen	Freiarbeit, Einzelarbeit, direkte Instruktion,

Abb. 1:   *Didaktische Grundbegriffe: Ebenen, Beschreibung, Beispiele*

5.2 Darstellung: Sechs Unterrichtskonzepte

5.2.1 Offener Unterricht

Offener Unterricht ist als Begriff und Umsetzung seit Jahrzehnten im deutschsprachigen Raum geläufig, insbesondere in den methodischen Umsetzungen Freiarbeit, Wochenplanarbeit, Stationenarbeit oder Projektunterricht. Historisch wird vielfach eine Anbindung an die sog. Epoche der Reformpädagogik vorgenommen. Protagonisten der Reformpädagogik haben vielfach Varianten oder Elemente des offenen Unterrichts realisiert, die auch heute noch wertvolle Anregungen bieten, etwa Maria Montessoris vorbereitete Lernumgebung, Celestin Freinets Freier Ausdruck und seine vielfältigen Varianten der Schülermitbestimmung; Helen Parkhurst mit ihrer Planarbeit oder Carleton Washburne mit seinen für damalige Kontexte innovativen didaktischen und diagnostischen Instrumenten und Verfahren.

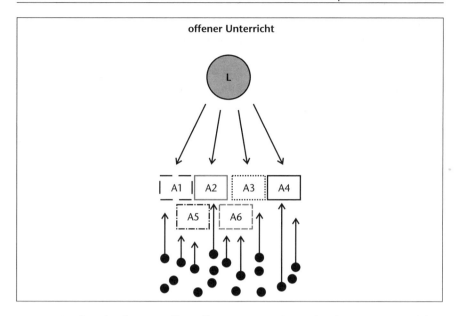

Im Mittelpunkt des Begriffs ›Offener Unterricht‹ steht die Frage, in welcher Weise und Intensität Schülerinnen und Schüler mitbestimmen können:

Offener Unterricht ist definiert durch ein hohes Ausmaß an Selbst- und Mitbestimmungsmöglichkeiten für die Schülerinnen und Schüler, etwa in organisatorischer, methodischer, inhaltlicher oder politisch-partizipativer Hinsicht (Bohl/Kucharz 2010).

In der Grafik wird die Mitbestimmung über die Richtung der Pfeile verdeutlicht: Hier entscheiden die Schülerinnen und Schüler – je nach Umsetzung in unterschiedlicher Intensität – was sie wann, wie, mit wem und zu welchem Ziel bearbeiten. Häufig steht dabei die methodische und organisatorische Mitbestimmung im Mittelpunkt – eine inhaltliche oder politisch-partizipative Beteiligung (zur weiteren Unterscheidung: Bohl/Kucharz 2010) ist selten und wird insbesondere in Reformschulen oder in radikaleren Konzepten umgesetzt (z. B. Peschel 2005a, 2005b). Es erscheint dementsprechend sinnvoll, zwischen »offenem« Unterricht als eine deutlich weitergehende Form der Mitbestimmung und »geöffnetem« Unterricht mit begrenzteren Mitbestimmungsmöglichkeiten zu unterscheiden. Die Grenzlinie (vgl. Bohl/Kucharz 2010) könnte an der Frage der inhaltlichen Beteiligung gezogen werden, wenn also Lernende selbst entscheiden können, mit welchem Thema sie arbeiten und welche Ziele sie sich setzen. Zur Vermeidung von Missverständnissen sei direkt angefügt, dass Offenheit kein Qualitätskriterium darstellt, jedoch analytisch wertvoll sein kann, um die pädagogischen und didaktischen Potenziale einer Lernumgebung zu verstehen.

Mit Blick auf erwünschte und unerwünschte Effekte offenen Unterrichts wurde deutlich, dass eher schulleistungsschwache Lernende mit dem Grad der Freiheit und den Wahlmöglichkeiten sowie der selbstständigen Bearbeitung der Aufgaben überfordert sein können und klare Strukturierungs- sowie Unterstützungsmaßnahmen erforderlich sind.

Der Fördergedanke ist hier zum einen in Differenzierungsmaßnahmen enthalten, zum anderen wird er auch in weiten Teilen an die Lernenden übergeben, die selbst entscheiden, was sie lernen möchten.

5.2.2 Differenzierender Unterricht

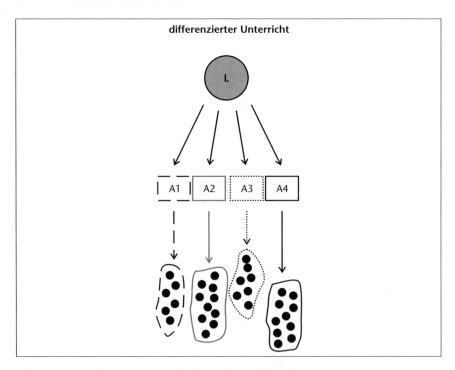

Differenzierender Unterricht orientiert sich an möglichst homogenen Gruppen innerhalb der Klasse. Das Angebot wird also nicht mit Blick auf einzelne Lernende konzipiert, vielmehr wird versucht – zumeist um den Aufwand zu begrenzen – für mehrere Lernende mit ähnlichen oder denselben Voraussetzungen oder Interessen – ein gemeinsames Angebot bereitzustellen.

Differenzierung besteht darin, geeignete Lernangebote für diese Gruppen auszuwählen und bereitzustellen. Die Lernvoraussetzungen, nach denen die Gruppen unterschieden werden, können vielfältiger Art sein (z. B. Geschlecht, Vorwissen, Leistung oder Interesse) und immer wieder neu bestimmt werden (Bohl, Kohler & Kucharz 2013).

Differenzierungsmaßnahmen im Unterricht sind historisch betrachtet alt und seit langem bekannt. Im deutschsprachigen Raum wurde Differenzierung insbesondere seit den 1970er-Jahren intensiv diskutiert und in der Lehrerbildung vermittelt, insbesondere auch in der zweiten Phase. Bekannt ist das Differenzierungsraster von Klafki und Stöcker (Klafki 1993, S. 187 ff.), mit welchem flexibel in methodischen Umsetzungen und Phasen nach unterschiedlichen Gesichtspunkten (z. B. Schwierigkeitsgrad, Interesse, Geschlecht, Grad der Selbstständigkeit) differenziert werden kann. Didaktische Differenzierungsmaßnahmen sind integraler Bestandteil anderer Unterrichtskonzeptionen, beispielsweise beim Offenen Unterricht, wenn im Rahmen von Stationenarbeit unterschiedlich schwierige Aufgabenformate angeboten werden, oder beim individualisierenden Unterricht, wenn im Rahmen von Kompetenzplänen dieselben Aufgabenformate für einen bestimmten Teil der Lernenden angeboten werden.

5.2.3 Individualisierender Unterricht

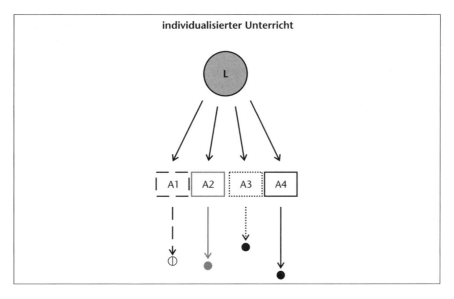

Nimmt man den Begriff der »Individualisierung« ernst, so fokussiert dieser in der Tat die Entwicklung jedes einzelnen Schülers und jeder einzelnen Schülerin. Damit ist Individualisierung die stärkste Ausprägung der Differenzierung. In Abgrenzung zum Begriff des »Offenen Unterrichts« geht es hier zunächst nicht um Mitbestimmungsmöglichkeiten, sondern um die optimale Passung des Lernangebots an die individuellen Voraussetzungen, Möglichkeiten und Interessen der Kinder und Jugendlichen in der Schule. Demnach kann ein individualisierender Unterricht im Extremfall absolut fremdbestimmt sein: Der Schüler bzw. die Schülerin erhält dann die für ihn bzw. sie passenden Aufgaben ohne weitere Mitbestimmungsmöglichkeiten, wodurch die Distanz zum Begriff des Offenen Unterrichts deutlich wird.

Die Passung an die individuellen Voraussetzungen ist schlichtweg kaum möglich, wenn nicht zuvor diagnostisch geklärt wurde, welche Aufgaben und Angebote »passend« sind. D. h. individualisierender Unterricht setzt diagnostische Verfahren voraus, anhand derer regelmäßig überprüft wird, auf welchem Stand sich die Lernenden jeweils befinden und welches Angebot sich entsprechend anschließt. Demzufolge bietet sich folgende Definition an:

Individualisierung umfasst – im Rahmen einer systemischen Gesamtkonzeption – das Auswählen und Bereitstellen individuell passender Lernangebote auf der Basis einer zuvor erfolgten Erfassung der Lernvoraussetzungen einzelner Schülerinnen und Schüler. Dabei wird die individuelle Entwicklung in geeigneter Weise systematisch erfasst (Bohl, Kohler & Kucharz 2013).

Die methodische Umsetzung kann über Planarbeit, über Kompetenzpläne oder über Rubrics (Birri/Smitt 2013) erfolgen. Die individuelle Entwicklung wird, etwa über Kompetenzpläne, systematisch erfasst und ist zudem in bestimmte Coachingkonzeptionen eingebunden. Genau hier – mittels Kompetenzplänen und Coaching – erfolgt die Verbindung der individuellen Entwicklung mit den extern vorgegebenen Bildungsstandards.

Ähnlich wie beim Offenen Unterricht ist es unabdingbar, die Lernumgebung systematisch vorzubereiten: Regeln, Materialien, Aufgaben, Beratung, Hilfen u. a. müssen in einem systemischen Ansatz an der Einzelschule und im Team der Lehrenden geklärt werden. Eine konsequente Individualisierung geht damit deutlich über die Möglichkeiten einer einzelnen Lehrperson hinaus, sie ist Teil eines umfassenden Schulentwicklungsprozesses an der Einzelschule. Die Förderung erfolgt hier sehr gezielt entlang von exakt vorgegebenen Aufgaben, die mit Blick auf bestimmte zu erreichende Standards ausgewählt sind.

5.2.4 Adaptiver Unterricht

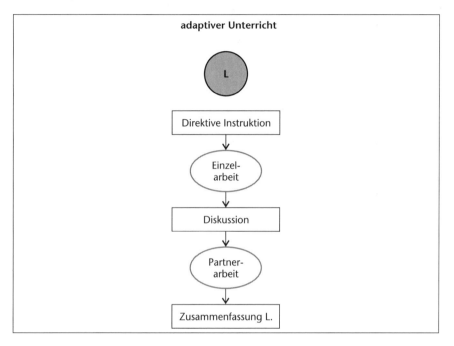

Adaptiver Unterricht unterscheidet sich *in der praktischen Umsetzung* nicht zwangsläufig von den bisher genannten Unterrichtskonzepten und hat insbesondere große Ähnlichkeit zu einem differenzierenden Unterricht. Deutliche Unterschiede bestehen jedoch in der Tradition und in der disziplinären Anbindung des Begriffes. Adaptiver Unterricht ist ein Begriff der pädagogisch-psychologisch geprägten Lehr-Lernforschung (z. B. Schwarzer & Steinhagen 1975). Hier geht es schlicht um die Entwicklung eines wirksamen Unterrichts, nicht um die Realisierung reformpädagogischer Visionen oder intensiver Mitbestimmungsmöglichkeiten (wie beim Offenen Unterricht).

Mit Adaptivität ist die Anpassung des Lernangebots an die individuellen Voraussetzungen der Lernenden gemeint. Adaptive Instruktion kann als »Sammelbezeichnung für den unterrichtlichen Umgang mit interindividuellen Differenzen« (Hasselhorn & Gold 2009, S. 253) bezeichnet werden.

Hinter dem Begriff des adaptiven Unterrichts steht ein methodisch flexibles, fachlich anspruchsvolles und dabei deutlich lehrergesteuertes Vorgehen. Über unterschiedliche Methoden versucht die Lehrkraft den Lernvoraussetzungen der Lernenden gerecht zu werden. Eine methodische Umsetzung ist ATI und die damit verbundene ATI-Forschung (»aptitude-treatment-interaction«), wobei »aptitude« für die Passung an die Voraussetzungen der Lernenden und »treatment« für die realisierte Methode steht. Auch kybernetische Konzepte und individualisierende Ansätze der Programmierten Instruktion können dem Adaptiven Unterricht zugeordnet werden (Leutner 1992).

In der Diskussion um Unterrichtsentwicklung wird der Begriff der Adaptivität häufig gezielt mit weiteren Begrifflichkeiten verbunden, beispielsweise in der Bezeichnung »Adaptiver Unterricht mit Arbeitsplänen« (Krammer, Hugener & Reusser 2007) oder im Zusammenhang mit dem Ansatz der »Adaptiven Lehrkompetenz« (Beck et al. 2008). Das Förderungsmoment erfolgt im adaptiven Unterricht dadurch, dass die Lehrperson den Überblick über den Lernstand bewahrt und über gezielte Methodenwechsel und adaptive Aufgabenformate die Lernenden unterstützt.

5.2.5 Selbstorganisierter Unterricht

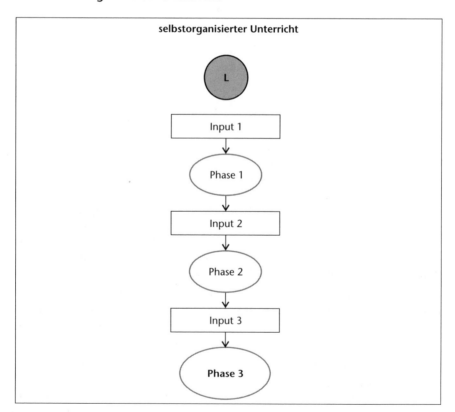

selbstorganisierter Unterricht

Unterrichtskonzepte im Kontext des »selbstorganisierten Unterrichts« speisen sich aus unterschiedlichen Traditionen, Forschungsrichtungen und Theorien. Sie sind beispielsweise stark beeinflusst von lernpsychologischen Erkenntnissen, aber auch von reformpädagogischen Traditionen. Theoretische Bezüge werden zur Systemtheorie, zu system-konstruktivistischen und zu neurowissenschaftlichen Ansätzen deutlich (Herold & Herold 2011). In vielfältiger Hinsicht bestehen Parallelen zu Konzepten wie »Eigenständiges Lernen« (Beck, Guldimann & Zutavern 1995). Exemplarisch sei daher eine breitere Zielvorgabe für selbstorganisiertes Lernen verdeutlicht:

»Schüler haben das Ziel, selbstorganisiert zu lernen, dann erreicht, wenn sie eine ganze Themen- oder Unterrichtseinheit selbstverantwortlich und eigenständig erfolgreich bearbeiten können, der zur Bearbeitung erforderliche Zeitraum über einige Unterrichtsstunden bis hin zu mehreren Wochen dauern kann und sich ausschließlich aus der zu bearbeitenden Aufgabenstellung ergibt, die Lehrkräfte die von den Lernenden organisierten Arbeits- und Lernprozesse nur noch beraten und begleiten, die Sozialformen und Methoden gemäß der Aufgabenstellung von den Lernenden variabel eingesetzt werden können« (Landesakademie für Fortbildung und Personalentwicklung an Schulen Baden-Württemberg 2012).

Eine wichtige Abgrenzung besteht zwischen den Begriffen »Selbstorganisation« und »Selbstbestimmung«. Der Begriff »Selbstbestimmung« beinhaltet Mitbestimmungsmöglichkeiten der Lernenden, die sich eher an Offenen Unterricht anlehnen, im Kern daher auch die Option des »Nein-Sagens«, d. h. eine wirkliche Selbstbestimmung auch mit Blick auf Zielsetzungen umfassen. »Selbstorganisation« geht hingegen von deutlichen Vorgaben der Lehrperson aus; den Lernenden obliegt es, insbesondere organisatorisch zu bestimmen, wie sie arbeiten.

Selbstorganisierter Unterricht ist damit ein Unterricht, der einen klaren Rahmen vorgibt, in welchem sich die Lernenden – methodisch variabel und mit einem kumulativen Aufbau versehen – die vorgegebenen Themen selbst aneignen, wobei immer wieder lehrerzentrierte Plenumsphasen integriert sind. Dazu sind bis ins Detail durchdachte Methoden vorhanden, etwa Advance Organizers, Gruppenpuzzle oder das Sandwich-Prinzip (Herold & Herold 2011). Der Fördergedanke wird über die dabei entstehenden Interaktionen, Kooperationen und stark strukturierten methodischen Maßnahmen realisiert.

5.2.6 Kooperativer Unterricht

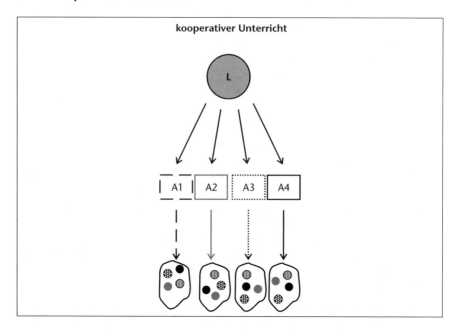

kooperativer Unterricht

Die Begrifflichkeiten Gruppenarbeit, Gruppenunterricht und kooperatives Lernen sind bekannt und werden vielfältig realisiert. Während all diese Begriffe häufig synonym verwandt werden, verweisen sie indes auf unterschiedliche inhaltliche Ausprägungen. Insbesondere wird in vielfältigen Varianten des kooperativen Lernens ein Anspruch betont, der deutlich über gelegentliche Gruppenarbeit als variierende Sozialform hinausgeht und von einem umfassenden und langfristigen Verständnis ausgeht. Im Kern wird dabei die doppelte Verantwortung betont, die an Lernende gerichtet ist: Sie sind erstens für ihren eigenen Lernprozess und ihren eigenen Beitrag im Rahmen des kooperativen Settings verantwortlich, zweitens wird ihnen für den gesamten Beitrag ihrer Gruppe Verantwortung übertragen. Es handelt sich also um einen anspruchsvollen Umgang mit heterogenen Lerngruppen zur nachhaltigen Entwicklung fachlicher und überfachlicher Kompetenzen. Insofern verweist dieser Ansatz auf eine systematische Unterrichts- und Schulentwicklung an der Einzelschule, um kooperativen Unterricht im Schulprogramm fest zu verankern. Bekannte methodische Umsetzungen sind Gruppenrallye, das Team-Kleingruppenmodell oder Lernen durch wechselseitiges Lehren.

Die Literatur- und Forschungslage ist vielfältig und bietet zahlreiche Hinweise zur Entwicklung und Verbesserung kooperativer Settings (z. B. Nürnberger Projektgruppe 2001; Huber 2004). Der Fördergedanke besteht darin, gerade über die Interaktionen und gemeinsamen Lösungswege innerhalb des Teams gegenseitig von den vorhandenen Kompetenzen zu profitieren.

5.3 Das Wichtigste zum Schluss: Qualität und Erfolg sind von der Umsetzung und der Detailarbeit abhängig!

Keines der genannten Unterrichtskonzepte ist an sich »gut« oder »besser als andere«. Die Qualität zeigt sich immer erst in der alltäglichen Umsetzung. Sie ist abhängig von der Mikroebene (z. B. Qualität der angebotenen Aufgaben), von der Kompetenz der Lehrperson (z. B. Klassenführung), von den Einstellungen und Überzeugungen der Lehrperson (z. B. Commitment für das Konzept), aber auch von der Qualität und dem Programm der Einzelschule und der gegenseitigen kollegialen Unterstützung. So macht es einen großen Unterschied, ob ein Unterrichtskonzept vom gesamten Kollegium mit großer Überzeugung realisiert, von systematischer und arbeitsteiliger Fortbildung gestärkt und offensiv als Teil des Schulprogramms in der Öffentlichkeit dargestellt wird, oder ob ein einzelner Kollege alleine versucht, ein besonderes Unterrichtskonzept umzusetzen. Ein weiteres Beispiel: Wenn die Lehrer-Schüler-Beziehung nicht intakt ist, wird davon auch der Erfolg des Unterrichtskonzepts beeinflusst; gleiches gilt, wenn die Qualität im Detail nicht stimmt, wenn etwa die formulierten Aufgaben unverständlich oder nicht adaptiv sind. Aus der Forschung ist bekannt, dass derartig anspruchsvolle Konzepte sehr voraussetzungsreich sind und in einem kumulativen Aufbau entwickelt werden müssen (Pietsch u. a. 2009). Bevor diese Details geklärt werden, ist jedoch im Kollegium eine Grundstruktur des Unterrichts zu vereinbaren – die Verständigung darüber kann über die genannten Unterrichtskonzepte erfolgen.

Die genannten Unterrichtskonzepte bieten damit eine Grundstruktur für die gemeinsame Unterrichtsentwicklung im Kollegium, in diesem Rahmen kann dann gezielt Förderung stattfinden.

5.4 Literatur

Beck, E., Baer, M., Guldimann, T., Bischoff, S., Brühwiler, C., Müller, P., Niedermann, R., Rogalla, M. & Vogt, F. (2008). Adaptive Lehrkompetenz. Analyse von Struktur, Veränderbarkeit und Wirkung handlungssteuernden Lehrerwissens. Münster: Waxmann.

Beck, E., Guldimann, T. & Zutavern, M. (Hrsg.) (1995). Eigenständig lernen. (Kollegium. Schriften der Pädagogischen Hochschule St. Gallen) Konstanz.

Birri, T. & Smit, R. (2013). Lernen mit Rubrics. Kompetenzen aufbauen und beurteilen. Pädagogik (3), S. 34–39.

Bogner, D., Bohl, T. & Richey, P. (2012). Unterrichtsmethoden und Unterrichtsformen. In: Erziehungswissenschaftliche Enzyklopädie Online (EEO). URL:

http://www.erzwissonline.de/fachgebiete/
schulpaedagogik/beitraege/09120276.htm.

Bohl, T. (2013). Umgang mit Heterogenität im Unterricht. In: T. Bohl & S. Meissner (Hrsg.), Expertise Gemeinschaftsschule. Forschungsergebnisse und Handlungsempfehlungen für Baden-Württemberg. Weinheim und Basel: Beltz, S. 243–260.

Bohl, T. & Kucharz, D. (2010). Offener Unterricht heute. Konzeptionelle und didaktische Weiterentwicklung. Weinheim und Basel: Beltz.

Herold, C. & Herold, M. (2011). Selbstorganisiertes Lernen in Schule und Beruf. Gestaltung wirksamer und nachhaltiger Lernumgebungen. Weinheim und Basel: Beltz.

Huber, A. (Hrsg.) (2004). Kooperatives Lernen – kein Problem! Effektive Methoden der Partner- und Gruppenarbeit. Leipzig: Klett.

Klafki, W. (1994). Grundzüge eines neuen Allgemeinbildungskonzepts. Im Zentrum: Epochaltypische Schlüsselprobleme. In: W. Klafki (Hrsg.), Neue Studien zur Bildungstheorie und Didaktik. 4. Auflage. Weinheim/Basel: Beltz, S. 43–81.

Krammer, K., Hugener, I. & Reusser, K. (2007). Adaptiver Unterricht mit Arbeitsplänen. In: K. Reusser, C. Pauli & K. Krammer (Hrsg.), Unterrichtsvideos mit Begleitmaterialien für die Aus- und Weiterbildung von Lehrpersonen. DVD 3. Universität Zürich.

Leutner, D. (1992). Adaptive Lehrsysteme – Instruktionspsychologische Grundlagen und experimentelle Analysen. Weinheim: Beltz.

Nürnberger Projektgruppe (2001). Erfolgreicher Gruppenunterricht. Praktische Anregungen für den Schulalltag. Stuttgart: Klett.

Peschel, F. (2005a). Offener Unterricht. Idee, Realität, Perspektive und ein praxiserprobtes Konzept zur Diskussion. Teil I: Allgemeindidaktische Überlegungen. Baltmannsweiler: Schneider Verlag Hohengehren.

Peschel, F. (2005b). Offener Unterricht. Idee, Realität, Perspektive und ein praxiserprobtes Konzept zur Diskussion. Teil II: Fachdidaktische Überlegungen. Baltmannsweiler: Schneider Verlag Hohengehren.

Pietsch, M., Schnack, J. & Schulze, P. (2009). Unterricht gezielt entwickeln. In: Pädagogik. Heft 2, S. 38–43.

Schwarzer, R. & Steinhagen, K. (Hrsg.) (1975). Adaptiver Unterricht. München: Kösel.

Anmerkung:

6. Direkte Instruktion: »Paukunterricht« alter Schule oder forschungsbasierte Lehrstrategie?[1]

Martin Wellenreuther

6.1 Pädagogischer Zeitgeist und direkte Instruktion

Lehrergeleiteter Unterricht war lange Zeit das hässliche Entlein der Pädagogik. Wer etwas auf sich hielt, propagierte offenen Unterricht, Stationenarbeit, Wochenplan und Freiarbeit. Lehrer wurden zu Beratern im Sinne der Parole von M. Montessori: »Hilf mir, es selbst zu tun!« Pädagogen, die dem pädagogischen Zeitgeist trotzten und für einen lehrergeleiteten Unterricht eintraten, galten als konservativ, altbacken und unwissend. Entsprechend beklagte Giesecke (1999, S. 89): »Die ›veränderte Kindheit‹... hat in der tonangebenden Schulpädagogik ... dazu geführt, ... die Kernaufgabe der Schule zu demontieren: das Unterrichten.«

Was das konkret für das Lehrerdasein bedeutet, erläutert Felten (1999, S. 110 f.):

> »Ohne festen Plan, aber gutgelaunt betritt er die Klasse; schließlich will er nicht das Risiko eingehen, die Kinder als Wissender zu erdrücken oder ihre spontanen Lernaktivitäten in ein fremdbestimmtes Schema zu pressen. Stattdessen erkundet er zunächst einmal die aktuellen Lernbedürfnisse seiner Schüler: Möchten sie selbstbestimmt an ihrem Wochenplanpensum arbeiten?«

Trotz dieses pädagogischen Zeitgeistes scheint in den Schulen ein lehrergestützter Unterricht den Schulalltag zu bestimmen. Roeder und Sang (1991, S. 161) fanden in 90% der 307 untersuchten 45-Minuten Stunden lehrergeleiteten Unterricht. In ähnlicher Weise fasst N. Gage (2009) die Forschungen über praktizierte Unterrichtsmethoden zusammen. Danach werden *in Lehrerausbildungsstätten* entdeckendes Lernen bzw. offener Unterricht präferiert, während Lehrer im Unterricht weit überwiegend lehrergeleiteten Unterricht praktizieren.

Nicht jeder lehrergeleitete Unterricht ist qualitativ »schlechter« oder »guter« Unterricht. Hans Aebli (1968) unterschied in seiner Doktorarbeit[2] zwei verschiedene Formen lehrergeleiteten Unterrichts:

- Einmal den *traditionellen Unterricht*, der den Schülern Rezepte anbietet, die sie auswendig zu lernen haben, ohne für ein tieferes Verständnis zu sorgen.

---

1 Bei dem folgenden Aufsatz handelt es sich um eine erweiterte Version eines Aufsatzes, der in der Zeitschrift »Pädagogik« veröffentlicht wurde (Heft 1, 2014, S. 8–11).
2 Aebli veröffentlichte seine Doktorarbeit (Doktorvater Jean Piaget) 1950 in französischer Sprache.

Dieser traditionelle Unterricht entspricht dem, was gemeinhin als *bornierter Frontalunterricht* bezeichnet wird.

- Zum anderen den *modernen Unterricht*, in dem sorgfältig neue Inhalte in schülergemäßer Form eingeführt, erklärt, geübt und angewendet werden. Dieser »moderne« Unterricht enthält im Wesentlichen die Merkmale direkter Instruktion.

Aeblis moderner Unterricht war kein offener Unterricht, auch wenn Aebli von den neuen Reformpädagogen als ein Vertreter handlungsorientierten Unterrichts vereinnahmt wurde (vgl. Gudjons 1992). Aebli betonte *geistiges Operieren und Durcharbeiten*, eine untergeordnete Rolle spielten bei ihm handlungsorientierte Methoden wie Projektunterricht oder handelnder Umgang mit Materialien.

6.2 Direkte Instruktion – was ist das eigentlich?

Von den vielen Modellen direkter Instruktion (vgl. Magliaro, Lockee & Burton 2006) ist das Modell DISTAR (Direct Instruction System for Teaching and Remediation; vgl. Adams & Engelmann 1986), das hauptsächlich in den USA bei lernschwachen Schülern eingesetzt wird, am bekanntesten. Die Grundannahme von DISTAR ist: Wenn Schüler nicht lernen, dann liegt das nicht an den Schülern, sondern am Unterricht. DISTAR-Programme sind empirisch erprobte, kommerziell vertriebene Unterrichtsprogramme, die für die verschiedensten Gebiete wie Lesen und Schreiben, Mathematik, Geschichte und Sozialkundeunterricht entwickelt wurden. Die Lernwirksamkeit dieser DISTAR-Programme ist mit einer durchschnittlichen Effektstärke von 0,87 sehr hoch (vgl. Adams & Engelmann 1996).

Direkte Instruktion im Sinne von DISTAR lässt sich durch folgende Merkmale charakterisieren:

1. Scripted instruction: Die einzelnen Lektionen sind schriftlich ausgearbeitet und wurden sorgfältig durch Diskussionen im Team und durch Erprobungen im Unterricht entwickelt. Lehrer haben sich im Unterricht genau an diese Lektionen zu halten.

2. Lehrergeleiteter Unterricht: Interaktionen in der Klasse werden vom Lehrer geleitet, Schüler-Schüler-Interaktionen sind selten.

3. Fehlerfreie, eindeutige Kommunikation durch den Lehrer (faultless communication): Erklärungen sollten so strukturiert sein, dass sie für alle Schüler verständlich sind. Dies ist allerdings nur dadurch möglich, dass leistungshomogene Gruppen bzw. Klassen gebildet werden.

4. Antworten im Chor: Der Lehrer signalisiert den Schülern, wann die Antwort auf eine Frage gegeben werden soll. Dabei orientiert er sich an der Zeit, die der leistungsschwächste Schüler für das Antworten benötigt.

5. Angeleitetes und unabhängiges Üben, um das Gelernte zu festigen. Selbstständiges Üben wird erst dann praktiziert, wenn Schüler in der Phase des angeleiteten Übens gezeigt haben, dass sie dazu in der Lage sind.

6. Zügiges Tempo: Die Lektionen werden in zügigem Tempo absolviert; dadurch wird Zeit gewonnen, um Inhalte später nochmals zu wiederholen.

7. Strukturiertheit: Insbesondere die schwächeren Schüler benötigen einen hoch-strukturierten Unterricht mit ausgiebiger Praxis.

Neben DISTAR ist das *Explicit Teaching Modell* von B. Rosenshine (vgl. Rosenshine & Stevens 1986; Rosenshine 2009) auf großes Interesse gestoßen, das sechs Lehrfunktionen (»teaching functions«) unterscheidet, und zwar

1. tägliche Wiederholungsübungen,
2. Einführung neuer Inhalte,
3. vom Lehrer geleitetes Üben,
4. inhaltlich Rückmeldungen geben und zu Korrekturen falscher Lösungen auffordern,
5. selbstständige Übungen organisieren und
6. wöchentliche und monatliche Wiederholungen und Zusammenfassungen durchführen.

Der hier vertretene Ansatz der direkten Instruktion orientiert sich am Modell von B. Rosenshine, strukturiert die Unterrichtsmethoden jedoch stärker nach bestimmten Phasen, wobei neuere Ergebnisse der Lernforschung berücksichtigt werden. Es handelt sich bei direkter Instruktion um adaptiven, schülerorientierten Unterricht, der sich am Anfang, in der Mitte oder am Ende einer Lektion ganz unterschiedlicher Methoden bedient: Direkte Instruktion betont nicht nur die Phase des Erklärens, Vorstellens und Modellierens neuer Inhalte, sondern umfasst auch die Phase der ersten Erprobung des neu gelernten Wissens und die Phase der Anwendung und des Transfers des neu gelernten Wissens.

Zusammenfassend kennzeichnet Weinert direkte Instruktion als *schülerzentrierten Unterricht* (Weinert 1999, S. 33):

»Die zweckmäßigste Lehrstrategie zur Steuerung des systematischen Lernens ist die ›direkte Instruktion‹; eine Methode, die fälschlicherweise mit dem zu Recht kritisierten Frontal- oder Paukunterricht verwechselt wird. Das Gegenteil ist der Fall: Direkte Instruktion wird zwar vom Lehrer gesteuert, ist aber schülerzentriert! Der Lehrer legt unter Berücksichtigung der in seiner Klasse verfügbaren Vorkenntnisse

> *die Lernziele fest. Er (oder sie) stellt Fragen unterschiedlicher Schwierigkeit, orga-*
> *nisiert, strukturiert, kontrolliert, korrigiert und evaluiert die Lernfortschritte der*
> *Schüler beständig und sorgt dafür, dass Fehlinformationen und Wissenslücken*
> *vermieden oder schnell beseitigt werden.«*

Insbesondere bedient sich direkte Instruktion je nach Lernphase ganz unterschiedlicher Methoden:

1. *Einführung:* Explizite Darlegung aller relevanten Lösungsschritte und ihrer Begründung: Wenn ein Lehrer in einen neuen Inhalt einführen will, sollte er eine Überlastung des Arbeitsgedächtnisses vermeiden. Er kümmert sich deshalb um möglichst einfache Erläuterungen mit Hilfe von Visualisierungen und Beispielen bzw. Lösungsbeispielen (vgl. Renkl, Schworm & Hilbert 2004). Clark, Kirschner und Sweller (2012) charakterisieren diese Phase des Lernens auch als »fully guided instruction«.

> *»Der Ansatz mit teilweiser Anleitung hat verschiedene Namen erhalten, u. a.*
> *entdeckendes Lernen, problembasiertes Lernen, forschendes Lernen, Erfah-*
> *rungslernen oder konstruktivistisches Lernen … Forschungen über das letzte*
> *halbe Jahrhundert haben überwältigende und eindeutige empirische Belege ge-*
> *liefert, dass für alle Menschen außer Experten partielle Anleitung während des*
> *Unterrichts signifikant weniger effektiv ist als vollständige Anleitung«* (Clark,
> Kirschner und Sweller 2012, S. 7).

2. *Üben mit Hilfen:* Wenn Schüler erste grobe Schemata gebildet haben, kann der Lehrer einfache Aufgaben zum selbstständigen Lösen stellen. Bei Bedarf gibt er den Schülern kleine unspezifische Hilfen. Die dabei verwendete Methode nennt man »*Scaffolding*«. Wenn die Schüler die einfachen Aufgaben lösen können, werden zunehmend schwierigere Aufgaben im Rahmen ihrer »*Zone der nächsten Entwicklung*« (Wygotsky) gestellt. Dabei fragt sich der Lehrer: (1) Was können die Schüler schon? (2) Was müssen sie lernen? und (3) Was können sie als Nächstes lernen?
3. *Anwendung und Transfer:* In diesem Stadium ist die *selbstständige Bearbeitung von Anwendungsaufgaben* wichtig. Die Rolle des Lehrers konzentriert sich auf inhaltliches Feedback zum Lösungsprozess und zur gegebenen Lösung. Hinweise, ob die Aufgabe richtig oder falsch oder gut oder weniger gut gelöst wurde, reichen hier nicht aus. In dieser Phase können auch kleine Projekte und Exkursionen durchgeführt werden. Hier ist die neuere Forschung über verteiltes und vermischtes Lernen, über effektives Feedback sowie über den lernwirksamen Einsatz von Tests zu berücksichtigen (vgl. Karpicke 2012; Wellenreuther 2014).

Direkte Instruktion betont somit in gleicher Weise wie offene Unterrichtsmethoden selbstständiges Arbeiten und Können, wobei der Lernprozess von der Phase des Einführens mit massiven Hilfen bis hin zur Phase ohne Hilfen strukturiert wird. Am Anfang des Lehr-Lernprozesses wird selbstständiges Problemlösen vom Lehrer anhand von Lösungsbeispielen modelliert. Schüler internalisieren dieses Problemlösen in dem Maße, in dem sie die Kernelemente des neuen Wissens in ihrem Langzeitgedächtnis abgespeichert haben.

6.3 Empirische Belege

Methoden direkter Instruktion liegen folgende Annahmen zu Grunde:

1. Der Lehrer hat den Unterrichtsprozess aktiv unter Berücksichtigung aktuellen Wissens über die Funktionsweise des Gedächtnisses zu organisieren (*Lehrer als Regisseur*).
2. Beim Erwerb neuen Wissens sollte der Lehrer Wissen *vollständig* durch Verwendung von Beispielen, Lösungsbeispielen und Veranschaulichungen präsentieren (*explizites Darbieten von Inhalten*).
3. Für die feste Verankerung des Wissens sollte der Lehrer sein Wissen über Methoden der festen Verankerung von Wissen im Langzeitgedächtnis anwenden (*Angeleitetes und selbstständiges Üben, Anwenden und Transfer*).

6.3.1 Der Lehrer als Regisseur

Hattie verdeutlicht den Zusammenhang zwischen der Rolle des Lehrers und seiner Lernwirksamkeit an einer in Abbildung 1 dargestellten Gegenüberstellung (Hattie 2013, S. 287).

Lehrperson als Regisseur	Effekt-stärke d	Lehrperson als Moderator	Effekt-stärke d
Reziprokes Lernen	0,74	Simulationen und Simulations-	0,33
Feedback	0,73	spiele	0,31
Lautes Denken	0,64	Forschendes Lernen	0,23
Meta-kognitive Strategien	0,69	Individualisierung	0,15
Direkte Instruktion	0,59	Problembasiertes Lernen	0,18
Mastery Learning	0,58	Webbasiertes Lernen	0,06
Herausfordernde Ziele	0,56	Ganzheitsmethoden	0,33
Taktung von Leistungstests	0,34	Induktives Vorgehen	
Verhaltensziele/Advance Organizers	0,41		
Durchschnitt: Lehrperson als Regisseur	0,59	Durchschnitt: Lehrperson als Moderator	0,23

Abb. 1: Gegenüberstellung von Methoden direkter Instruktion

Offene Methoden mit dem Lehrer als Moderator sind danach insgesamt deutlich weniger lerneffizient als Methoden, die den Lehrer als Regisseur des Lernens einsetzen. Als Regisseur führt der Lehrer in Inhalte ein, verdeutlicht Kernideen an Beispielen und strukturiert Übungen von leicht nach schwer.

Zwei quasi-experimentelle Studien, die wir in Lüneburg durchgeführt haben, belegen ebenfalls die Wirksamkeit des Lehrers als Regisseur. In der ersten Studie (vgl. Hinrichs 2003) wurde direkte Instruktion mit langer Stationenarbeit (etwa 20 Lernstationen) verglichen; in der zweiten Studie wurde in einer weiteren Gruppe die Lernwirksamkeit von segmentierter Stationenarbeit[3] überprüft. In beiden Studien ergab sich mit einer Effektstärke von etwas über d = 1,0 eine erheblich höhere Lernwirksamkeit von direkter Instruktion im Vergleich zu langer Stationsarbeit. Dieser statistisch signifikante Unterschied war über eine längere Zeitphase stabil. In der zweiten Studie (vgl. Gruber & Nill 2012) zeigte sich, dass segmentierte Stationsarbeit ähnlich lernwirksam ist wie direkte Instruktion. Segmentierte Stationsarbeit ist in Doppelstundenblöcke unterteilt, wodurch Lehrer wieder im Klassenunterricht mehrfach Erklärungen, Zusammenfassungen und ein gezieltes Feedback geben können.

Wie ist dieses Ergebnis zu erklären? Wichtige Gründe für dieses positive Abschneiden direkter Instruktion sind

- eine *mehrfache vertiefte Herausarbeitung des wesentlichen Kerns* (Wiederholung am Anfang der Stunde; Zusammenfassung am Ende der Stunde, inhaltliches zeitnahes Feedback zu den bearbeiteten Aufgaben) und
- *eine direkte Instruktion hilfsbedürftiger Schüler,* die als Gruppe zusammengefasst und direkt instruiert werden können. Auch bei segmentierter Stationsarbeit können zeitnah die Lösungen zu den Stationen besprochen werden.

6.3.2 Explizites Darbieten von Inhalten[4]

Vertreter offener Methoden betonen Methoden entdeckenden Lernens. Die Forschungsgruppe um D. Klahr hat in zwei Lernexperimenten geprüft, ob direkte Instruktion zu einer höheren Lernwirksamkeit als entdeckendes Lernen führt. Im Experiment von Klahr und Nigam (2004) zeigte sich, dass Grundschüler der dritten und vierten Klasse durch direkte Instruktion eher lernten, gültige Experimente zu planen als durch entdeckendes Lernen. Im zweiten Experiment (Matlen & Klahr 2012) erstreckte sich die Erklärphase auf zwei Trainingseinheiten, die eine Woche auseinander lagen. Dabei wurden zwei Faktoren variiert: (1) der Umfang der Anleitung und (2) die Reihenfolge starker bzw. geringer Anleitung. Entsprechend wurden vier Gruppen gebildet HH, HL, LH, und LL, wobei

---

3 Bei segmentierter Stationsarbeit wird der Unterricht in Doppelstundenblöcke unterteilt. Der Lehrer führt hier in neue Inhalte ein, wiederholt Inhalte, lässt dann die Schüler die hierzu ausgearbeiteten Stationen bearbeiten, gibt Rückmeldungen und fasst die Inhalte zusammen.

4 Ich verweise hier nur auf zwei Experimente zur Bedeutung von »fully guided instruction«. Zum Beleg hätte man hier auch Experimente zur Lernwirksamkeit von Lösungsbeispielen (vgl. Renkl, Schworm & Hilbert 2004) sowie zu geeigneten Visualisierungen vorstellen können.

H für großes Ausmaß, L für geringes Ausmaß an Anleitung (bzw. für entdeckendes Lernen) steht. HH bedeutete z. B., dass Schüler zwei Trainingseinheiten mit hohem Umfang an Anleitung über gutes Experimentieren erhielten, wobei zwischen diesen Trainingseinheiten eine Woche lag. Man wählte diese Reihenfolgen, um prüfen zu können, ob die Reihenfolge LH, die nach Meinung einiger Konstruktivisten am ehesten nachhaltiges Lernen verspricht, der Reihenfolge HL überlegen ist.

Fünf Monate nach dem Training wurde ein Behaltenstest durchgeführt. Dabei wurde ein Schüler zum Experten erklärt, wenn er von vier Versuchen drei gültige Versuche plante. In Bedingung HH wurden alle Schüler zu Experten, in Bedingung HL 91 Prozent, in Bedingung LH 86 Prozent und in Bedingung LL 54 Prozent (p $\leq$ 0,01). Bei starker, expliziter Instruktion (HH) wurde somit deutlich mehr als in den übrigen Bedingungen gelernt.

Matlen und Klahr (2012) fassen ihre Ergebnisse am Ende ihres Artikels in folgender Weise zusammen:

> »*Die Ergebnisse stimmen insgesamt mit den aus der kognitiven Belastungstheorie abgeleiteten Prognosen überein, dass Novizen von einem hohen Maß an Anleitung profitieren* ...
>
> *Abschließend ist festzuhalten, dass die Ergebnisse deutlich der These widersprechen, direkte Instruktion reiche nicht aus, um robustes Lernen zu erzeugen und oberflächlicher Transfer sei ein Kennzeichen dieses Ansatzes. Stattdessen bestätigen die Ergebnisse, dass Novizen* ... *mit minimal angeleiteter Instruktion ohne direktes Instruieren kein optimales Lernergebnis erzielen.*«

Für den hohen Lernerfolg direkten Instruierens könnten zwei Faktoren verantwortlich sein:

(1) die Wiederholung des Gelernten nach einer Woche (»*verteiltes Lernen*«, vgl. Wellenreuther 2014, S. 118–122) und

(2) das Durchführen mehrerer Tests (»*Testeffekt*«, vgl. Wellenreuther 2014, S. 124–129). Sich Testen fördert das Behalten.

Ohne verteiltes Üben und ohne diese Tests wäre die Vergessensrate höher gewesen.

Am Anfang einer Lektion sollte ein Lehrer *alle relevanten Lösungsschritte zusammen mit ihrer Begründung explizit darlegen*. Gerade Experten gelingt dies oft nicht, weil sie alle wichtigen Lösungsschritte schon automatisiert haben (vgl. Clark 2009), so dass die erforderlichen Lösungsschritte einer bewussten Kontrolle nicht mehr ohne weiteres zugänglich sind. Gerade lernschwächere Schüler sind jedoch darauf angewiesen, dass *alle* relevanten Lösungsschritte im Sinne einer »fully guided instruction« (Clark, Kirschner & Sweller 2012) unterrichtet werden. Lehrer sind deshalb auf empirisch erprobte Unterrichtsmaterialien angewiesen, in denen alle wesentlichen Schritte explizit berücksichtigt werden. Deshalb ist eine sorgfältige Entwicklung, empirische Erprobung und Zertifizierung von Schulbüchern im Hinblick auf Kohärenz, Verständlichkeit, Vollständigkeit u. a. m. unerlässlich, wenn das Kompetenzniveau aller Schüler verbessert werden soll (vgl. Wellenreuther 2014, S. 221–240).

6.3.3 Angeleitetes und selbstständiges Üben, Anwenden und Transfer

In der letzten Lernphase geht es um ein festes Verankern des Gelernten im Langzeitgedächtnis (vgl. Wellenreuther 2014, S. 380 f.). Entscheidend ist hier das möglichst selbstständige Anwenden und Transferieren des Gelernten in komplexeren Anwendungsaufgaben, kleinen Projekten oder in Exkursionen. Zu den Ergebnissen sollte dann inhaltliches Feedback gegeben werden; danach überarbeiten die Schüler die falschen Lösungen.

In einem Experiment von MacKenzie und White (1982) wurde mit Schülern der Sekundarstufe I die Wirksamkeit zweier Exkursionsformen untersucht. Alle Schüler hatten zunächst ein zweistündiges Lernprogramm zu absolvieren. Danach wurden die Schüler per Zufall auf zwei Exkursionsgruppen aufgeteilt. In der *traditionellen Exkursion* sollten die Schüler fünf Orte aufsuchen und dazu jeweils die Informationen in einem Feldführer durchlesen. In der anderen »*prozessorientierten*« *Exkursionsform* sollten die Schüler wie in einer Rallye bestimmte Aufgaben selbstständig lösen, wobei sie das im Lernprogramm gelernte Wissen anwenden mussten. Diese zweite Form der Exkursion erwies sich für das langfristige Behalten als hoch wirksam (vgl. Wellenreuther 2014, S. 380–382).

Die hohe Behaltensleistung bei der prozessorientierten Exkursion erinnert an den *Testeffekt*: Danach ist zur Konsolidierung der schon vorhandenen Gedächtnisspuren ein *Abruf* der vorhandenen Informationen entscheidend. Nochmaliges Studieren entspricht hier dem passiven Zuhören, wenn der Lehrer Vorträge hält oder die Schüler Beschreibungen im Feldführer lesen (Karpicke 2012; Karpicke & Roediger 2007; Roediger & Karpicke 2006).

6.4 Diskussion

Auch wenn die Belege zu Gunsten direkter Instruktion mittlerweile erdrückend erscheinen, werden immer noch Vorbehalte gegen direktes Instruieren vorgebracht. Insbesondere handelt es sich dabei um zwei Argumente (vgl. Ewing 2011):

1. Direkte Instruktion fördere nicht das kritische Denken, sondern erwarte vom Schüler vielmehr die kritiklose Übernahme der Ideen, die vom Lehrer bzw. vom Schulbuch vertreten werden.
2. Direkte Instruktion fördere durch häufige Wiederholungen und zügige Behandlung der Inhalte in den Lektionen mechanisches Lernen und vernachlässige sinnverstehendes Lernen.

Beide Einwände sind nach meiner Überzeugung wenig stichhaltig.

Es macht wenig Sinn, von Novizen bei der Einführung neuer Inhalte Kritikfähigkeit bezüglich der neuen Inhalte zu erwarten. Stattdessen setzt Kritikfähigkeit einen flexiblen Umgang mit Wissen voraus, nachdem z. B. an verschiedenen Lösungsbeispielen und Erläuterungen die neuen Inhalte eingeführt wurden. Die kritische Diskussion von Lösungswegen und Leistungen hat ihren Platz, wenn das neue Wissen im Langzeitgedächtnis verankert ist. Auch im Rahmen direkter Instruktion können Vor- und Nachteile verschiedener Lösungswege kritisch diskutiert werden.

Verteilte Übungen bzw. Wiederholungen und das häufige Testen des Gelernten sind unverzichtbar, wenn Kompetenzen entwickelt werden sollen. Komplexes Wissen setzt eine breite Wissensbasis voraus (z. B. Faktenwissen, Wissen über die Bedeutung von Fachbegriffen und Wissen über Zusammenhänge). Wie eine Studie von Metcalfe et al. (2007) gezeigt hat, ist gerade beim Lernen solcher Fachbegriffe ein generatives Üben und Testen des eigenen Wissens unverzichtbar. Das Gelernte wird weitgehend sofort wieder vergessen, wenn es nicht wiederholt und auf neue Gebiete übertragen und angewendet wird. Zur Bedeutung einer breiten Wissensbasis bemerkt Hirsch (2002, S. 61 f.):

> »Eines der Themen, das derzeit vorrangig in Lehrerbildungsstätten diskutiert wird, ist, dass Lernen sich eher auf die Meisterung formaler Denkgewohnheiten als auf die Anhäufung ›bloßer Fakten‹ kümmern sollte. Dass Lernen zu denken viel wichtiger sei als bloßes ›Ansammeln des Faktischem‹ … Nachdem ein Schüler ein gewisses Maß an Wissen erreicht hat, sei die Aneignung kritischen Denkens wichtiger als der Erwerb von noch mehr Fakten.
>
> Aber es wäre ein großes Missverständnis, dass Meisterschaft unabhängig von einer breiten Wissensbasis erworben werden kann. Der Fehlschluss beim Abwerten von Inhalten ist in der Mathematik offenkundig, wo jedermann zugesteht, das Fertigkeit und Verstehen der Multiplikation vom Wissen über die zuvor behandelte Addition abhängt« (vgl. auch Ma 1999).

6.5 Zusammenfassung und Ausblick

Direkte Instruktion ist eine lernwirksame Unterrichtsmethode, die den Lernprozess vom Erwerb neuen Wissens bis hin zur festen Verankerung des Wissens im Langzeitgedächtnis strukturiert. Im Gegensatz zu borniertem Frontalunterricht ist direkte Instruktion in dreifacher Hinsicht adaptiv:

(1) Sie macht die Auswahl von Methoden vom Lernstand der Schüler abhängig,

(2) sie ermöglicht eine Zusammenfassung von Schülern zu einer lernhomogenen Gruppe, die gezielt gefördert und gefordert werden kann und

(3) sie berücksichtigt die mit der Sozialisation sich verändernden Lernmöglichkeiten der Schüler.

Jüngeren Schülern werden mehr Fragen gestellt, mehr Lob verteilt und möglichst sofort Feedback gegeben. Ferner wird der Unterricht stärker strukturiert und Schülern höherer Klassenstufen wird mehr Platz für selbstständiges Arbeiten eingeräumt (vgl. Ewing 2011).

Damit bietet direkte Instruktion bessere Fördermöglichkeiten als bestimmte offene Methoden (z. B. lange Stations- oder Wochenplanarbeit). Bei diesen offenen Methoden arbeiten Schüler an verschiedenen Aufgaben und können deshalb nicht in Gruppen gefördert werden. Individuelle Hilfen überfordern die Möglichkeiten eines Lehrers, wenn dieser die Lernbedürfnisse von ca. 25 Schülern zu berücksichtigen hat.

Direkte Instruktion lässt die Verantwortung für die Strukturierung von Inhalten beim Lehrer. Viele Schüler sind mit einer eigenständigen Strukturierung des Lehr-Lernprozesses heillos überfordert. Ein neueres Experiment von Metcalfe et al. (2007) demonstriert dies sehr deutlich: Lernschwache Schüler, die ein nach bekannten Lernprinzipien gesteuertes Programm absolvierten, lernten etwa 70% der behandelten Fachbegriffe. Bei *Selbststeuerung* lernten sie bei gleicher Lernzeit nur 10% der geübten Fachbegriffe.

Leistungsstarke Schüler sind in der Grundschule am wenigsten auf vollständige, explizite Erklärungen angewiesen. Sie lernen auch viel im offenen Unterricht. Im Zweifel können sie die fehlenden Erklärungen zu Hause erhalten. Lernschwache Schüler aus bildungsfernen Familien können dies nicht. Sie sind die Leidtragenden des offenen Unterrichts.

Auch wenn wir die Lernprozesse, die direkter Instruktion zu Grunde liegen, in wesentlichen Punkten kennen, bleibt die Frage der Umsetzbarkeit dieser Gesichtspunkte durch Lehrer im Unterricht ein offenes Problem. Offensichtlich steigt die Qualität des Unterrichts, wenn sich Lehrer auf sorgfältig entwickelte schriftliche Materialien stützen können. Wie anders wäre zu erklären,

– dass die Lernwirksamkeit der DISTAR-Programme mit d = 0,87 unglaublich hoch ist, und
– dass ferner asiatische Länder wie Japan, China, Süd-Korea und Singapur mit ihren sorgfältig entwickelten Schulbüchern in Mathematik ein erheblich höheres Leistungsniveau erzielen als westliche Staaten (z. B. BRD und die USA)?

Wenn Schulbücher zu einem Gemischtwarenladen verkommen, in dem möglichst viel möglichst billig angeboten wird, können Lehrer, die möglicherweise mehrere Fächer zu unterrichten haben, nur noch begrenzt effektiven Unterricht durchführen. US-amerikanischen Mathematikschulbüchern wird vorgeworfen, sie seien »eine Meile breit und ein Inch tief« (Schmidt, McKnight & Raizen 1997).

Die spontane Entwicklung geeigneter Erklärungen und aufeinander aufbauender Übungen überfordert Lehrer, wenn sie mehrere Klassenstufen und Fächer unterrichten. Glaubt man den Ausführungen von L. Ma, herrschen in China im Vergleich zu Deutschland fast paradiesische Lernbedingungen für Mathematiklehrer der Grundschule (Ma 1999, S. 129):

> Viele Mathematiklehrer unterrichten in China ausschließlich Mathematik. Dabei konzentrieren sie sich auf den Stoff der Klassen 1–3 oder 4–6. Sie unterrichten etwa 20 Stunden. Die restliche Arbeitszeit bleiben sie in der Schule, bereiten hier den Unterricht vor, besprechen ihn mit anderen Lehrern und korrigieren Tests. Ihnen bleibt somit erheblich mehr Zeit für die Unterrichtsvorbereitung und für einen Gedankenaustausch mit ihren Kollegen. Außerdem scheinen die chinesischen Schulbücher für die Vorbereitung des Unterrichts weit besser geeignet zu sein als die US-Schulbücher.

Viele asiatischen Länder haben eine Schulbuchphilosophie, die den schriftlich ausgearbeiteten Unterrichtsplanungen von DISTAR entspricht (explizite, ausführliche und möglichst verständliche Erklärung; strenge Zertifizierung von Schulbüchern). Mathematikschulbücher westlicher Länder mit guten Ergebnissen bei internationalen Vergleichsstudien (Schweiz[5] und Finnland) verwenden Schulbücher, die sich stärker am asiatischen als am westlichen Schulbuchmodell orientieren. Ohne Hilfen durch sorgfältig entwickelte und überprüfte Schulbücher können höhere Leistungsniveaus offensichtlich kaum erreicht werden (vgl. Ma 1999; Wellenreuther 2014, S. 221–240).

Im Kern markiert die Betonung der Methoden direkter Instruktion eine Abwendung von einem rein theoretischen Argumentieren hin zu einer forschungsbasierten Schulpädagogik. Eine solche evidenzbasierte Schulpädagogik sollte

---

5 Im Kanton Zürich entscheidet z. B. ein Gremium über die Zulassung von Schulbüchern, in dem verschiedene gesellschaftliche Gruppen repräsentiert sind.

sich auch um »technische Probleme« kümmern, z. B.um eine sukzessive Optimierung von Schulbüchern durch Entwicklungsforschung.

6.6 Literatur

Adams, G. L. & Engelmann, S. (1996). *Research on direct instruction: 25 years beyond DISTAR*. Seattle, WA: Educational Achievement Systems.

Aebli, H. (1968[3]). *Psychologische Didaktik*. Stuttgart.

Clark, R. E., Kirschner, P. A. & Sweller, J. (Spring 2012). Putting Students on the Path to Learning. The Case of Fully Guided Instruction. *American Educator*, S. 6–11.

Clark, R. E. (2009). How much and what type of guidance is optimal for learning from instruction. In: Tobias, S. and Duffy, T. M. (Eds., 2009), *Constructivist Instruction. Success or Failure*. Routledge: New York, S. 158–183.

Ewing, B. (2011). »Direct Instruction In Mathematics: Issues For Schools With High Indigenous Enrolments: A Literature Review«, Australian Journal of Teacher Education: Vol. 36: Iss. 5, Article 6. Available at: http://ro.ecu.edu.au/ajte/vol36/iss5/6.

Felten, M. (1999). Auf den Lehrer kommt es an. In: Felten, M. (Hrsg.): *Neue Mythen in der Pädagogik. Warum eine gute Schule nicht nur Spaß machen kann*. Auer: Donauwörth, S. 109–121.

Gage N. L. (2009), *A Conception of Teaching*. Springer Science + Business Media, LLC.

Giesecke, H. (1999). Erziehung statt Unterricht. In: Felten, M. (Hrsg.), *Neue Mythen in der Pädagogik. Warum eine gute Schule nicht nur Spaß machen kann*. Auer: Donauwörth, S. 77–93.

Good, T. L., Grouws, S. A. & Ebmeier, H. (1983). Active mathematics teaching. New York, Longman.

Gruber, J. & Nill, F. (2012). Zur Problematik von Unterrichtsmethoden – Ein empirischer Vergleich dreier Lernarrangements direkte Instruktion, Stationenlernen und segmentiertes Stationenlernen am Beispiel der Unterrichtseinheit »Die Spinne«. Masterarbeit Leuphana Universität Lüneburg.

Gudjons, H. (1992[3]). *Handlungsorientiert lehren und lernen*. Klinkhart.

Hattie, J. A. C. (2013). *Lernen sichtbar machen*. (von W. Beywl und K. Zierer überarbeitete deutschsprachige Ausgabe)-Hohengehren: Schneider Verlag.

Hinrichs, T. (2003). Stationenarbeit oder direkte Instruktion – ein empirischer Vergleich zweier Lernarrangements in vierten Grundschulklassen am Beispiel der Unterrichtseinheit »Die Spinne«. Unveröffentlichte Examensarbeit, Universität Lüneburg.

Hirsch, E. D. J. (2002). Classroom research and cargo cults. *Policy Review*, Oct/Nov (115), 51–70.

Karpicke, J. D. (2012). Retrieval-Based Learning: Active Retrieval Promotes Meaningful Learning. Current Directions in Psychological Science, 21 (3), 157–163.

Karpicke, J. D. & Roediger, H. L. (2007). Repeated retrieval during learning is the key to long-term retention. Journal of Memory and Language, Bd. 57, 2, S. 151–162.

Klahr, D. & Nigam, M. (2004). The Equivalence of Learning Paths in Early Science Instruction: Effects of Direct Instruction and Discovery Learning. Psychological Sience, Vol. 15, No.10, 661–667.

Ma, L. (1999). Knowing and Teaching elementary Mathematics. Teachers' Understanding of Fundamental Mathematics in China and the United States. Mahwah, New Jersey.

MacKenzie, A. A. & White, R. T. (1982). Fieldwork in Geography and Long-term Memory Structures. American Educational Research Journal, Vol. 19, No. 4, 623–632.

Matlen, B. J. & Klahr, D. (2012). Sequential effects of high and low instructional guidance on children's acquisition of experimentation skills: Is it all in the timing? Instructional Science DOI 10.1007/s11251–012–9248-z.

Metcalfe, J., Kornell, N. & Son, L. (2007). A cognitive science based programme to enhance study efficacy in a high and low risk setting. European Journal of Cognitive Psychology, Vol. 19, No. 4/5, 743–768.

Renkl, A., Schworm, S. & Hilbert, T. S. (2004). Lernen aus Lösungsbeispielen: Eine effektive, aber kaum genutzte Möglichkeit, Unterricht zu gestalten. In: J. Doll & M. Prenzel (Hrsg.), Bildungsqualität von Schule. Lehrerprofessionalisierung, Unterrichtsentwicklung und Schülerförderung als Strategien der Qualitätsverbesserung. Münster: Waxmann, S. 77–92.

Roeder, P. M. & Sang, F. (1991). Über die institutionelle Verarbeitung von Leistungsunterschieden. Zeitschrift für Entwicklungspsychologie und Pädagogische Psychologie, Band XXIII, No. 2, 159–170.

Roediger, H. L. & Karpicke, J. D. (2006). Test-Enhanced Learning. Taking Memory Tests Improves Long-Term Retention. Psychological Science, Vol. 17/3, 249–255.

Rosenshine, B. (2009). Direct Instruction. In: Tobias, S. and Duffy, T. M. (Eds., 2009), Constructivist Instruction. Success or Failure. Routledge: New York, S. 201–220.

Rosenshine, B. & Stevens R. (1986). Teaching functions. In: M. C. Wittrock (Ed.), Handbook of Research on Teaching. 3rd Edition. New York, Macmillan.

Schmidt, W. H., McKnight, C. C. & Raizen, S. A. (1997). A Splintered vision: An investigation of U. S. mathematics and science education. Norwel, MA: Kluwer Academic Publishers.

Weinert, F. E. (1999). Die fünf Irrtümer der Schulreformer. Welche Lehrer, welchen Unterricht braucht das Land? Psychologie heute, 26 (7), S. 28–34.

Wellenreuther, M. (2014[7]). *Lehren und Lernen – aber wie? Empirisch-experimentelle Forschungen zum Lehren und Lernen im Unterricht.* Hohengehren: Schneider Verlag.

7. Selbstwertgefühl, Interesse und Motivation: Die Förderung von Kompetenzen jenseits der Fachlichkeit

ANNETTE SCHEUNPFLUG

Überfachliche Kompetenzen stellen wichtige Bedingungen für den fachlichen Lernerfolg bereit, gehören aber auch generell zum Zielkatalog schulischer Fördermaßnahmen. Doch welche Kompetenzen sind hier relevant und wie lassen sie sich fördern? Ein Modellversuch in bayerischen Realschulen zeigt, dass sich diesbezügliche Anstrengungen lohnen können.

Die Förderung von überfachlichen und sozialen Kompetenzen sowie des Selbstwertgefühls wird häufig gefordert. Man weiß, dass z. B. ein enger Zusammenhang zwischen dem schulischen Selbstvertrauen und den schulischen Leistungen einer Person besteht (z. B. Möller & Köller 2004). Gleichzeitig ist dieses selten Thema gezielter Förderung. Im Gegenteil: Viele Schülerinnen und Schüler erleben gerade die Sekundarstufe als wenig selbstwertdienlich; vielmehr nehmen sie umgekehrt eher eine Häufung des individuellen Defiziterlebens wahr.

Hier gezielt zu intervenieren und überfachliche Kompetenzen systematisch zu fördern war Gegenstand eines von 2007 bis 2012 durchgeführten Modellversuchs in Bayern. Über diesen soll im Folgenden berichtet werden. Dazu wird zunächst der theoretische Zusammenhang zwischen der Leistung von Schülerinnen und Schülern und der Förderung überfachlicher Kompetenzen entfaltet, dann über den Modellversuch berichtet und abschließend werden Ergebnisse der wissenschaftlichen Begleitung dargelegt.

7.1 Überfachliche Kompetenzen als Bedingung des Lernens

Unter »überfachlichen Kompetenzen« bezeichnet man eine Vielzahl sozialer Kompetenzen wie motivationale Faktoren, Einstellungen, Werthaltungen, Fähigkeiten und Wissensstrukturen, die wichtige Bedingungen für fachliche Lernprozesse darstellen.

Die Forschung dazu ist vielfältig, und je nach Forschergruppe werden die unterschiedlichen Faktoren unterschiedlich benannt und gruppiert (vgl. z. B. Rose-Krasnor 1997; Silbereisen 1995; Welsh & Biermann 2001; Schoon 2009). Der Forschung ist gemeinsam, dass es sich um kognitive, emotionale und motivationale Aspekte sowie um Werthaltungen handelt, die sich auf die eigene Person und die Mitmenschen gleichermaßen beziehen. In Anlehnung und Weiterführung eines Vorschlags von Stanat & Kunter (2001) lassen sich darunter folgende Kompetenzen zusammenfassen:

- kognitive Fähigkeiten wie Perspektivenübernahme anderer oder das Selbstwertgefühl (bzw. Selbstwirksamkeit)
- emotionale und motivationale Faktoren wie Selbstregulation, Respekt und Anerkennung, Empathie, soziale Orientierung und soziale Ziele wie die Unterstützung anderer
- das Einhalten von Normen oder Einhalten von Versprechen und Zusagen
- Werthaltungen wie Verantwortungsübernahme, Einstellungen gegenüber Gewalt, Toleranz, Partizipation, gerechtigkeitsbezogenen Überzeugungen und Einstellungen gegenüber Minderheiten

Im hier dargestellten Modellversuch standen die Stärkung des Selbstwertgefühls, der Perspektivenübernahme, der Selbstregulation und der Verantwortungsübernahme – sozusagen in Umkehrung schulischer Defiziterfahrungen – im Vordergrund.

Die schulische Förderung dieser Kompetenzen ist zum einen bedeutsam, da die schulische Leistungsentwicklung mit Selbstvertrauen bzw. dem Selbstkonzept zusammenhängt (vgl. zusammenfassend Zeinz 2006). Dabei stärkt sowohl das Selbstvertrauen die Leistung als auch die Leistung das Selbstvertrauen. Selbstkonzept und schulische Leistung beeinflussen sich also wechselseitig (vgl. Moschner 2001, S. 632; Krupitschka 1990). Dieses Verhältnis prägt zudem die Zuversicht des Lernenden in sein eigenes Können und lässt die Erfolgserwartung steigen bzw. sinken. Dementsprechend werden sich auch das Anspruchsniveau und die Zielsetzung verändern. Außerdem wird so entschieden, wie viel Anstrengung, Ehrgeiz und Ausdauer in der Folgezeit in die schulischen Aufgaben investiert wird.

Eine eher negative Selbsteinschätzung zieht oft Anstrengungsvermeidung bei mangelnder Erfolgszuversicht nach sich und kann damit in eine negative Spirale zwischen Selbstkonzept und Leistung führen. Zum anderen ist die Förderung dieser Kompetenzen bedeutsam, da sie wichtige Grundlagen für ein sinnerfülltes und autonomes Leben legen und für eine verantwortungsvolle Tätigkeit in der Arbeitswelt grundlegend sind.

7.2 Der Modellversuch KOMPASS

Der Modellversuch »KOMPASS – Kompetenz aus Stärke und Selbstbewusstsein« wurde durch die Stiftung Bildungspakt Bayern in Kooperation mit dem Bayerischen Staatsministerium für Unterricht und Kultus und dem Stiftungspartner Sparda-Bank München eG an insgesamt zwölf oberbayerischen Realschulen im Zeitraum von 2007 bis 2011 durchgeführt und 2012 auf weitere Realschulen ausgedehnt.

Ziel der Maßnahme war es, die Aufmerksamkeit von Lehrkräften auf die Wertschätzung und Stärkung vorhandenen Wissens und Könnens zu lenken und das

Selbstwertgefühl von Schülerinnen und Schülern systematisch zu fördern. Der »Defizitblick« sollte einer Stärkenorientierung weichen und damit das Lernklima, das Selbstwertgefühl und die Kompetenzen der Lernenden nachhaltig positiv beeinflusst werden.

Zielgruppe des Modellversuchs waren überwiegend die Schülerinnen und Schüler, aber auch für die Lehrkräfte ging es darum, positive Erfahrungen aufzubauen, den eigenen Blick auf das Lernen, die Schule und sich selbst zu verändern. Dazu wurden Teile der Kollegien der beteiligten Schulen in insgesamt mehr als 15 Tagen gezielt in den Themen Motivations-, Lernpsychologie und Unterrichtsmethodik sowie Diagnose und individuelle Förderung (z. B. Anleitung zur Erstellung individueller Stärkenprofile, Erarbeitung von Förderstrategien) fortgebildet. Zudem wurden Steuerungsgruppen in Teamentwicklung und unterrichtlicher Qualitätssicherung geschult. Sehr wichtig für den Projektverlauf erwies sich die Peer-Beratung der Schulen untereinander über ihre jeweiligen Veränderungsstrategien.

Die Maßnahmen auf Schülerebene wurden durch die Lehrerkollegien entwickelt. Im Zentrum stand die Veränderung hin zu einem Unterricht, der in hohem Maße selbsttätiges Lernen und differenzierendes Fördern auch in heterogenen Klassen ermöglicht und Transparenz und Klarheit bezüglich des Lernfortschritts (Anerkennung und Sichtbarmachen des Erreichten) und der zu erreichenden Lernziele durch individuelle Förderung schafft. Konkrete Maßnahmen waren beispielsweise:

- die Erstellung und der Einsatz von Kompetenzrastern, Selbsteinschätzungs- und Rückmeldungsbögen über den Kompetenzstand und Lernfortschritt
- die Förderung der Selbsteinschätzung und Eigenreflexion z. B. durch Lerntagebücher
- Coachinggespräche bzw. Schülersprechstunden zur individuellen Lernberatung
- die Auflösung des Klassenverbands in ausgewählten Fächern zur besseren Differenzierung (verschiedene Modelle z. B. nach Leistungsniveau; Lernen in Kleingruppen)
- die Erhöhung der Anteile an Portfolio-, Frei- und Projektarbeit sowie an selbstständigen Lern- und Arbeitsphasen, teilweise in eigens eingerichteten Lernzimmern mit Förder- und Freiarbeitsmaterialien sowie Aufgaben- und Übungskatalogen
- klasseninternes und jahrgangsstufenübergreifendes Tutoring
- die Erweiterung des Spektrums bei Leistungserhebungen (Ersatz einer traditionellen Schulaufgabe durch eine Portfolioarbeit etc.)
- Module zur fundierten Entscheidung für die Wahlpflichtfächer
- feste Freiarbeitsstunden

- ein zusätzliches Fächer- und Kursangebot zur fachlichen Weiterqualifizierung, z. B. zur Förderung des Interesses an Naturwissenschaften bei Mädchen, zum Erwerb von Zusatzzertifikaten (Computerführerschein, Wirtschaftsenglisch etc.) oder für Angebote im musisch-ästhetischen, sportlichen oder sozialen Bereich.

Zudem wurde Wert auf ein förderliches Miteinander, eine stärkenorientierte Lernkultur sowie den Aufbau von Selbst- sowie Sozialkompetenzen gelegt. Dazu wurden Tutoren-, Mentoren- und Streitschlichterprogramme, Orientierungs- und Besinnungstage sowie ein zusätzliches Fächer- und Kursangebot zur Förderung der Persönlichkeitsentwicklung, z. B. zu den Themen »Erwachsen werden«, »Lebenskompetenz« oder »Umgangsformen«, zu Wahlfachangeboten im musischen, künstlerischen und sozialen Bereich und eine Zusammenarbeit mit außerschulischen Einrichtungen (individuelles Fitnesstraining; Sportbetreuung in der Pause etc.) sowie Theatergruppen und Musicalkurse eingerichtet.

7.3 Ergebnisse der wissenschaftlichen Begleitung

Konnten mit diesen von den Schulen entwickelten Maßnahmen die Ziele des Modellversuchs erreicht werden? Dieser Frage wurde im Rahmen der Evaluation von KOMPASS nachgegangen[1]. Es ging darum zu ermitteln, ob das Selbstbewusstsein, das Interesse am Lernen und die Teamfähigkeit der Schüler an den Modellschulen im Vergleich zur durchschnittlichen Entwicklung bei Gleichaltrigen gesteigert werden konnte. Dazu wurden neben den Schülern der Modellschulen auch jene an Kontrollschulen mit vergleichbaren Merkmalen – wie z. B. im Hinblick auf das Lehrerengagement, die Förderung der Schule, die Trägerschaft oder das Einzugsgebiet der Schule – in die Untersuchung einbezogen. Lehrkräfte und Schüler wurden zu drei Messzeitpunkten mit Hilfe von Fragebögen befragt (vgl. ausführlich zur Evaluation Scheunpflug u. a. 2012, S. 159–180).

In der Evaluation des Modellversuchs zeigte sich, dass die Maßnahmen der Schulen das pubertätsbedingte Abflauen des Selbstwertgefühls und der Motivation in der Sekundarstufe I auffangen können, d. h. die Werte dieser motivationalen Aspekte blieben bei Schülern der Modellschulen höher als bei Gleichaltrigen der Kontrollschulen.

Diesbezügliche Effekte der KOMPASS-Maßnahmen ließen sich bis auf die Ebene der Schüler feststellen: So nahmen die Schüler des Modellversuchs eine günstigere Entwicklung im Hinblick auf den Umgang mit Misserfolgen und Fehlern; denn sie hatten gelernt, diese konstruktiv in das eigene Lernen zu integrieren. Es zeigten sich signifikante Effekte in der Präferenz kooperativer

---

1 Wissenschaftlich begleitet und evaluiert wurde der Modellversuch von Annette Scheunpflug und Markus Dresel (Leitung) in Kooperation mit Valerie Berner, Ulrike Stadler-Altmann und Horst Zeinz.

Lernformen und damit eine wichtige Voraussetzung für die spätere berufliche Teamfähigkeit. Weiter konnte ein signifikanter Anstieg des Interesses und des Selbstwertgefühls im Hinblick auf die Erwartungen an die eigenen Fähigkeiten nachgewiesen werden. Dies sind wichtige Voraussetzungen, um in der Arbeitswelt selbstständig und problemlösend denken und handeln zu können.

Damit erfüllen sich die in den Modellversuch gesetzten Erwartungen. Es zeigt sich: Es lohnt sich, auf die Stärken der Schüler zu setzen, denn sie haben damit nicht nur eine sinnerfüllte Schulzeit, größere Freude an der Schule und bessere Lernergebnisse, sondern sie werden auch auf das lebenslange Lernen in einer Wissensgesellschaft vorbereitet.

7.4 Literatur

Krupitschka, M. (1990). Selbstbild und Schulleistung, Salzburg.

Möller, J./Köller, O. (2004). Die Genese akademischer Selbstkonzepte. Effekte dimensionaler und sozialer Vergleiche. Psychologische Rundschau, 55, S. 19–27.

Moschner, B. (2001). Selbstkonzept. In: D. H. Rost (Hrsg.), Handwörterbuch Pädagogische Psychologie. Weinheim: Beltz. S. 629–635.

Rose-Krasnor, L. (1997). The Nature of Social Competence: A Theoretical Review. Social Development. 6, DOI 10.1111/j.1467–9507.1997.tb00097.x. S. 111–135.

Scheunpflug, A., Stadler-Altmann, U. & Zeinz, H. (2012). Bestärken und fördern – Wege zu einer veränderten Kultur des Lernens in der Sekundarstufe I. Erarbeitet und erprobt im Modellversuch KOMPASS – Kompetenz aus Stärke und Selbstbewusstsein. Seelze: Klett-Kallmeyer.

Schoon, I. (2009). Measuring social competencies. Working paper no 58. Council for Social and Economic Data (RatSWD), Berlin.

Silbereisen, R. K. (1995). Soziale Kognition: Entwicklung von sozialem Wissen und Verstehen. In: R. Oerter & L. Montada (Hrsg.), Entwicklungspsychologie, Weinheim: Psychologie Verlags Union, S. 823–861.

Stanat, P. & Kunter, M. (2001). Kooperation und Kommunikation. In: Deutsches PISA-Konsortium (Hrsg.), PISA 2001. Opladen. S. 300–321.

Welsh, J. & Biermann, K. L. (2001). Social Competence. In: Encyclopedia of Childhood and Adolescence. Downloaded 20 April 2011 http://findarticles.com/p/articles/mi_g2602/is_0004/ai_2602000487/.

Zeinz, H. (2006). Schulische Selbstkonzepte und soziale Vergleiche in der Grundschule: Welche Rolle spielt die Einführung von Schulnoten? Dissertation. Erlangen-Nürnberg.

Anmerkung:

Aus: Friedrich Jahresheft 2014, © Friedrich Verlag GmbH, Seelze

Teil III: Praxishilfen

Praxishilfen

Die in diesem Teil aufgenommenen Praxishilfen ergänzen die Themenbereiche und Beiträge des Jahrbuchs Schulleitung 2015. Sie stellen Angebote für die Diagnose und Selbstreflexion, Konzepte und Methoden sowie Checklisten und Ablaufplanungen zur Verfügung. Sie sind aber keine Rezepte, die generell angewandt werden können. Um sie für den eigenen Führungsalltag und die eigene Schule zu nutzen, müssen sie vielmehr passend zur Situation und zur Person umgestaltet werden.

Alle Praxishilfen stehen auch online unter www.schulverwaltung.de zur Verfügung.

(Quelle: Bartz, A., Dammann, M., Huber, S. G., Klieme, T., Kloft, C., Schreiner, M., von der Gathen, J., PraxisWissen SchulLeitung, Köln: Carl Link Wolters Kluwer Deutschland, 2005 ff.)

1. Führung und Management von Schule

Führung aus dem Hintergrund

Praxishilfe 601201: Formen der Kontrolle in sich selbst organisierenden sozialen Systemen

---

Formen der Kontrolle in sich selbst organisierenden sozialen Systemen

Grundsätze:

- Die Schulleitung kann und muss nicht alles wissen, aber sie muss an allem interessiert sein, was in der Schule abläuft.
- Die Kontrolle in sich selbst organisierenden sozialen Systemen ist vor allem Selbstkontrolle. Aufgabe der Schulleitung ist es, die Selbstkontrolle anzuregen und zu ermöglichen.

Formen der Kontrolle:

- Beobachten und Zuhören: Was nehme ich als Schulleiter/-in an Bewegung, Leben, Energie, Interesse und Motivation wahr? Wo sehen die Akteure – die Lehrkräfte, die Schüler/-innen und die Eltern – Chancen und wo gibt es Probleme und Schwierigkeiten, die sie blockieren? Welche Sichtweisen prägen die einzelnen Akteure und ihre Gruppen und Vertretungen? Wie kann ich ein multiperspektivisches Bild der Schule gewinnen?
- Rückmeldung und Feedback: Die Lehrkräfte geben sich wechselseitig kollegiales Feedback und nutzen Schüler- und Elternfeedback. Anregungen und Instrumente für das Feedback werden entwickelt und ausgetauscht. Die Schulleitung holt sich von allen Akteuren Feedback ein.
- One-leg-Gespräche (die so kurz sind, dass man sie auf einem Bein stehend führen könnte): Die Schulleitung zeigt durch Nachfrage und Rückmeldung ihr Interesse an den Initiativen und Problemen der Lehrkräfte, indem sie z. B. in der Pause im Lehrerzimmer oder im Vorbeigehen auf dem Flur nachfragt, wie das Projekt einer Lehrkraft in ihrer Klasse läuft, wie es mit der Lern- und Leistungsentwicklung in einer schwierigen Lerngruppe oder wie es um die Probleme eines Schülers steht. Sie macht auf diese Weise deutlich, dass sie das, was die Lehrkräfte leisten und was sie bewegt, im Blick hat.
- Präsentation: Die Schulleitung sorgt für Orte und Gelegenheiten, damit Lehrkräfte oder Lerngruppen ihre Vorhaben und Initiativen im Kollegium oder in der Schulöffentlichkeit vorstellen können. Die Ergebnisse und Produkte werden in Veranstaltungen präsentiert und in Räumen oder Fluren ausgestellt. Sie werden zum Anlass für kollegialen Austausch.
- Einblick in der Unterricht geben: Die Lehrpersonen öffnen ihre Klassentüren für kollegiale Unterrichtshospitationen, an die sich Feedback und wechselseitige kollegiale Beratung anschließen. Sie tauschen Unterrichtsmaterial und die Planung von Unterrichtsvorhaben sowie die Aufgabenstellungen und Bewertungsraster für Lernkontrollen aus.
- Evaluation: Die Evaluationsergebnisse werden so präsentiert, dass sie zum Anlass für den kollegialen Austausch darüber werden, wie sie zu deuten und zu bewerten sind und wie sie in die Weiterentwicklung und Verbesserung der pädagogischen Arbeit umgesetzt werden können.
- Portfolio: Die Lehrkräfte vergewissern sich ihrer Kompetenzen, Potenziale und Leistungen und dokumentieren sie in einem Portfolio, das als Grundlage für die Kommunikation zwischen Schulleitung und Lehrkraft und für die weitere Laufbahngestaltung genutzt wird.
- Selbst- statt Fremdkontrolle: Für die Selbstkontrolle als Vergewisserung der Wirksamkeit der eigenen pädagogischen Arbeit stehen Instrumente zur Verfügung. Die Schüler/-innen werden dazu angeregt, ihren Lernfortschritt und ihren Leistungsstand selbst zu kontrollieren. Die Selbstkontrolle wird durch kollegiale Kommunikation und Rückmeldung der Lehrpersonen und der Schüler/-innen untereinander ergänzt.

(Aus: Adolf Bartz, Bildungsorganisationen bilden und entwickeln sich selbst, 60.12. In: A. Bartz et al. PraxisWissen SchulLeitung, Köln: Carl Link Wolters Kluwer Deutschland, 2005 ff.)

Umgang mit Ungewissheit

Praxishilfe 671802: Wie kann die Schulleitung unterschiedlichen Formen von Unsicherheit begegnen?

Wie kann die Schulleitung unterschiedlichen Formen von Unsicherheit begegnen?	
Art der Unsicherheit	**Vorgehen der Schulleitung, um dieser Unsicherheit zu begegnen**
Wissensunsicherheit	Kluge Informationspolitik, die Wissensunsicherheit begegnet; dabei möglichst alle gleichzeitig und umfassend informieren
Unsicherheit über die Folgen	Ausführliches Ausleuchten von kommenden Veränderungen hinsichtlich ihrer möglichen Risiken und Nebenwirkungen; nicht Leugnen, sondern Benennen von noch nicht endgültig abschätzbaren Aspekten
Sozial- und Systemunsicherheit	Explizite Verknüpfung neuer Vorhaben Entwicklungen mit dem gegenwärtigen Stand der Schulentwicklung, Aufzeigen der Stärken und Bearbeitungskompetenzen im Kollegium; Auffordern zur gemeinsamen Reflexion und Bearbeitung
Handlungsunsicherheit	Möglichst klare Benennung, was unberührt bleibt – und wo sich Handlungsspielräume, aber auch Handlungsnotwendigkeiten ergeben

(Aus: Maja Dammann, Umgang mit Unsicherheit, 67.18. In: A. Bartz et al. PraxisWissen SchulLeitung, Köln: Carl Link Wolters Kluwer Deutschland, 2005 ff.)

Praxishilfe 671803: Sieben Tipps, um das Verlangen nach Sicherheit zu befriedigen

Sieben Tipps, um das Verlangen nach Sicherheit zu befriedigen
1. Geben Sie Gewissheit darüber, was Sie wissen, und Sicherheit über das, was Sie nicht wissen.
2. Geben Sie zu, dass Unsicherheit besteht, und verdeutlichen Sie, dass es ein Vorteil für die gemeinsame Arbeit ist, wenn man das anerkennt.
3. Geben Sie Gewissheit über die Werte, denen Sie auch und gerade im Umbruch treu bleiben werden.
4. Geben Sie Gewissheit, dass Sie mit Ihren Mitarbeiterinnen und Mitarbeitern, mit den Schülerinnen und Schülern, mit den Eltern im Prozess des Umbruchs im engen Kontakt stehen und sie so umfassend und so häufig wie möglich informieren werden.
5. Vergewissern Sie sich an Ihrer Schule über Ihre Ziele und geben Sie Gewissheit darüber, welche dieser Ziele verfolgt werden können und sollen – auch in Zeiten der Unsicherheit.
6. Erarbeiten Sie zusammen mit den Menschen an Ihrer Schule die Gewissheit, dass die Schul- und Unterrichtsentwicklung nicht abbricht, egal was passiert – denn es gibt viele Teile daran, die Sie auch unabhängig von den Detailentwicklungen politisch gesetzter Reformen verfolgen und weiter betreiben können.
7. Identifizieren Sie Chancen der neuen Entwicklung und kommunizieren Sie sie.

(Aus: Maja Dammann, Umgang mit Unsicherheit, 67.18. In: A. Bartz et al. PraxisWissen SchulLeitung, Köln: Carl Link Wolters Kluwer Deutschland, 2005 ff.)

2. Schulische Erziehung

Trainingsraum

Praxishilfe 451001: Grundregeln des Trainingsraums als Klassenplakat

Wir übernehmen Verantwortung für unser eigenes Handeln

Wir beachten dabei drei Regeln:

- Jede Lehrerin/jeder Lehrer hat das Recht, ungestört zu unterrichten, und die Pflicht, für einen guten Unterricht zu sorgen.
- Jede Schülerin/jeder Schüler hat das Recht, guten Unterricht zu bekommen, und die Pflicht, für einen störungsfreien Unterricht zu sorgen.
- Alle müssen die Rechte der anderen akzeptieren und ihre Pflichten erfüllen.

(Aus: Gabriele R. Winter, Der Trainingsraum – Förderung des selbst bestimmten Handelns, 45.10. In: A. Bartz et al. PraxisWissen SchulLeitung, Köln: Carl Link Wolters Kluwer Deutschland, 2005 ff.)

Praxishilfe 451003: Formular: Mein Plan

Mein Plan
1. Schreibe genau auf, was passiert ist, bevor du in den Trainingsraum geschickt wurdest:
2. Wen hast du mit deinem Verhalten gestört? Wobei?
3. Warum hast du etwas anderes gemacht und nicht das, was von dir erwartet wurde?
4. Was hat die Lehrerin/der Lehrer in diesem Moment von dir erwartet?
5. Mein Plan: In der gleichen Situation werde ich das nächste Mal so reagieren:
6. Wenn ich an die Störung zurückdenke, dann habe ich folgende Regel nicht genügend beachtet:
7. Was bietest du selbst als Wiedergutmachung für deine Störung an?
8. Bei dreimal oder öfter im Trainingsraum: Mache einen Vorschlag, was dir helfen könnte, deine Vorsätze besser umzusetzen:

Meine Unterschrift heute	Datum	Trainer/-in	Uhrzeit

Rückmeldung: Mit diesem Plan bin ich einverstanden
Ja
Nein

Lehrer/-in:

Ich werde den Plan nochmals überarbeiten am:	Uhrzeit

(Aus: Gabriele R. Winter, Der Trainingsraum – Förderung des selbst bestimmten Handelns, 45.10. In: A. Bartz et al. PraxisWissen SchulLeitung, Köln: Carl Link Wolters Kluwer Deutschland, 2005 ff.)

Konfliktmanagement

Praxishilfe 762002: Leitfaden für die Konfliktmoderation

Leitfaden für die Konfliktmoderation

Phase 1: Ermutigung und Klärung der gemeinsamen Arbeitsweise

- Vertrauen schaffen – Verantwortung hervorheben
- Rolle und Aufgaben des Moderators klären
- Regeln einführen

Phase 2: Formulierung der eigenen Sichtweise

- Keine Unterbrechungen

Phase 3: Wiederholung der Positionen und Interessen der anderen Partei

- Perspektivenwechsel
- Bestätigung der Richtigkeit der Wiedergabe

Phase 4: Visualisierung von Gemeinsamkeiten und Unterschieden

- Konfliktstruktur aufzeigen
- Zwischenbilanz ziehen

Phase 5: Erhellung der Konflikthintergründe

- Mit Rückfragen und Spiegeln unterstützen
- Regelverletzungen unterbinden

Phase 6: Erarbeitung von Lösungsmöglichkeiten

- Brainstorming
- Einigungsprozess

Phase 7: Vereinbarung von Lösungen und deren Umsetzung

- Aktionsplan
- Abschluss

(Aus: Carmen Kloft/Heinz-Jürgen Krell, Konflikte moderieren – Führen durch schwieriges Gelände, 76.20. In: A. Bartz et al. PraxisWissen SchulLeitung, Köln: Carl Link Wolters Kluwer Deutschland, 2005 ff.)

Praxishilfe 701105: Das Schlichtungsgespräch

Das Schlichtungsgespräch	
Ziele	• Konfliktklärung und -entscheidung, gegebenenfalls durch Machteingriff, oder • Vereinbarung einer für beide Konfliktparteien akzeptablen Lösung
Roll der Schulleitung	*Entscheiderrolle:* Die Schulleiterin oder der Schulleiter bearbeitet einen Konflikt ohne Auftrag durch die Konfliktbeteiligten, weil sie oder er eine Konfliktlösung für erforderlich hält. Sollte eine Lösung über die Konfliktmoderation nicht möglich sein, entscheidet sie oder er den Konflikt durch Machteingriff. *Unterstützerrolle:* Die Schulleiterin oder der Schulleiter ist als Schlichterin oder Schlichter durch eine oder beide Konfliktparteien beauftragt und beschränkt sich auf die Konfliktmoderation.
Gesprächsebene	Sachebene und/oder Beziehungsebene Voraussetzung: Die Schulleiterin oder der Schulleiter hat als Schlichter/-in in Sondierungsgesprächen mit den Beteiligten die inhaltlichen und interaktionellen Voraussetzungen für das Schlichtungsgespräch geklärt.
Orientierungsphase	• Die Schulleiterin oder der Schulleiter erläutert den Anlass für das Gespräch, die eigene Rolle und das von ihr oder ihm angestrebte Gesprächsergebnis. Sie oder er macht gegebenenfalls deutlich, ob sie oder er den Konflikt moderiert, sodass das Ergebnis in der Verantwortung der Konfliktbeteiligten liegt, oder ob sie oder er gegebenenfalls den Konflikt durch Machteingriff entscheidet, wenn keine Einigung zwischen den Beteiligten möglich ist. • Die Schulleiterin oder der Schulleiter erläutert das Verfahren der Konfliktmoderation und den Gesprächsablauf sowie die Gesprächsregeln. • Die Konfliktparteien äußern ihre Erwartungen: Was soll am Ende des Gesprächs erreicht sein? • Die Schulleiterin oder der Schulleiter schlägt Formulierungen für das Gesprächsziel vor, bis beide Parteien ihr Einverständnis mit der Zielformulierung erklären. • Zeitrahmen für das Gespräch
Klärungsphase	• Die Konfliktparteien äußern ihre Problem- und Konfliktsicht – die jeweils andere Konfliktpartei hört zu. • Die Schulleiterin oder der Schulleiter bringt durch sondierende Prozessfragen die unterschiedlichen Sicht- und Erlebnisweisen in einen Austausch.
Veränderungsphase	• Die Schulleiterin oder der Schulleiter fordert die Konfliktbeteiligten dazu auf, Lösungsideen für den Konflikt zu entwickeln. • Die Konfliktbeteiligten bewerten die Lösungen und die Schulleiterin oder der Schulleiter schlägt diejenigen Lösungen vor, die für beide Seiten am ehesten vertretbar erscheinen. • Die Konfliktbeteiligten erläutern, was sie zur Konfliktlösung beitragen können und wollen und welchen Beitrag sie von ihrem Konfliktpartner erwarten.

Das Schlichtungsgespräch	
Abschlussphase	• Die Schulleiterin oder der Schulleiter markiert den erreichten Konsensstand und klärt, in welchen Punkten weiterhin Dissens besteht.
	• Die Schulleiterin oder der Schulleiter teilt gegebenenfalls ihre Entscheidung als Konfliktlösung durch Machteingriff mit.
	• Die Schulleiterin oder der Schulleiter vereinbart mit den Konfliktparteien die nächsten Schritte und klärt gegebenenfalls, wie mit dem verbleibenden Dissens umgegangen werden kann.
	• Die Schulleiterin oder der Schulleiter vereinbart mit den Konfliktparteien die Umsetzung der Konfliktlösung und die Überprüfung des Erfolgs der Umsetzung: Wie und (bis) wann wird überprüft, ob die Schlichtungsvereinbarung für beide Parteien zufriedenstellend umgesetzt ist? Wer informiert wen, wenn aus seiner Sicht Probleme auftreten?
	• Die Schulleiterin oder der Schulleiter vereinbart gegebenenfalls ein Folgegespräch, in dem die Umsetzung der vereinbarten Maßnahmen und die Tragfähigkeit der Konfliktlösung überprüft und geklärt werden.

(Aus: Adolf Bartz, Gespräche mit Lehrkräften führen, 70.11. In A. Bartz et al. PraxisWissen SchulLeitung, Köln: Carl Link Wolters Kluwer Deutschland, 2005 ff.)

3 Lernen und Unterricht

Diagnostizieren

Praxishilfe 341208: Kompetenzraster für Lehrkräfte zu Diagnostizieren – Fördern – Beurteilen

Kompetenzraster zu Diagnostizieren – Fördern – Beurteilen
Kernkompetenz: Ich plane und realisiere förderdiagnostisch begleitete Lernprozesse.

Ich erkenne unterschiedliche Lernprozesse von Schülern und beschreibe diese.

	Praxisbeispiele	Arbeits- und Entwicklungsbedarf
Ich habe Lernprozesse Einzelner ... bewusst wahrgenommen		
... beschrieben		
... didaktisch und lernpsychologisch verortet		

Ich plane an den unterschiedlichen Lernprozessen orientierten differenzierenden Unterricht und initiiere ihn.

	Praxisbeispiele	Arbeits- und Entwicklungsbedarf
Ich kenne Möglichkeiten zur Differenzierung im Unterricht.		
Ich schaffe prozessbegleitende diagnostische Situationen.		
Ich initiiere eigenständiges Lernen.		

Ich begleite die unterschiedlichen Lernprozesse und ermögliche wertschätzende Rückmeldung.

	Praxisbeispiele	Arbeits- und Entwicklungsbedarf
Ich kenne Möglichkeiten wertschätzender Rückmeldungen.		
Ich fördere die Selbstreflexion der Schülerinnen und Schüler.		
Ich biete unterwegs Orientierung.		

Ich kann förderdiagnostische und standardisierte Verfahren situationsangemessen einsetzen.

	Praxisbeispiele	Arbeits- und Entwicklungs-bedarf
Ich kenne Verfahren und kann sie einschätzen.		
Ich kann die Verfahren lernpsy-chologisch begründet einset-zen, auswerten und Förderun-gen daraus ableiten.		

Ich unterscheide beurteilende Begleitung und summative Leistungsmessung (Lern- und Leistungssituationen).

	Praxisbeispiele	Arbeits- und Entwicklungs-bedarf
Ich trenne zwischen Lern- und Leistungssituation.		
Ich biete Raum für Transparenz und Kommunikation.		
Ich schaffe eine dialogische Lernkultur auf der Basis verläss-licher Leistungsmessung.		

(Aus: Gabriele Schiff, Unterrichten heißt Fördern – Umgang mit heterogenen Lernvoraussetzungen mittels prozessbegleitender Diagnostik, 34.12. In: A. Bartz et al. PraxisWissen SchulLeitung, Köln: Carl Link Wolters Kluwer Deutschland, 2005 ff.)

Praxishilfe 341303: Checkliste: Mein Lernen

Checkliste: Mein Lernen im Schuljahr ____/___

Mit dieser Checkliste sollte jeder Schüler von Zeit zu Zeit die Qualität des eigenen Lernens über-prüfen, zum Beispiel am Ende einer Unterrichtseinheit, auf jeden Fall rechtzeitig vor den nächsten Zeugnissen. Die Checkliste beinhaltet alle wichtigen Merkmale, die notwendig sind, um erfolgreich selbstständig zu lernen. Um diese Checkliste regelmäßig, also mehrmals nutzen zu können, muss sie kopiert werden, bevor man dort etwas einträgt, am besten vom Lehrer.

++	+	−	−−
Stimmt überwiegend	Stimmt oft	Stimmt weniger	Stimmt selten oder gar nicht

Name: **Datum:**

Ich habe mich aktiv und konzentriert selbst darum gekümmert, . . .

... das Thema des Unterrichts zu **verstehen.**   ++   +   −   −−

... den Inhalt zu **üben.**   ++   +   −   −−

... die Aufgaben erfolgreich zu bearbeiten/zu lösen.   ++   +   −   −−

Ich habe mich aktiv an **Unterrichtsgesprächen** mit eigenen Beiträgen beteiligt.   ++   +   −   −−

Ich habe mich aktiv und gleichberechtigt an **Partner- oder Gruppenarbeit** beteiligt.   ++   +   −   −−

Ich habe Partner- oder Gruppenarbeit durch meine Beiträge

und durch meine Arbeit **voran gebracht.**   ++   +   −   −−

Ich habe mich an die Unterrichtsregeln und an die **Regeln**

der selbstständigen Arbeit gehalten.   ++   +   −   −−

Ich habe mein Lernen **gut organisiert:**

... durch vollständiges Arbeitsmaterial   ++   +   −   −−

... durch saubere und übersichtliche Heft- und Mappenführung   ++   +   −   −−

(Aus: Jochen Schnack/Thomas Unruh, Individualisierter Unterricht, 34.13. In: A. Bartz et al. PraxisWissen SchulLeitung, Köln: Carl Link Wolters Kluwer Deutschland, 2005 ff.)

4. Organisation

Informationsmanagement

Praxishilfe 631106: Standards eines wirksamen Informationssystems

Standards eines wirksamen Informationssystems
• Die in der Schule eintreffenden Informationen werden von den zuständigen Schulleitungsmitgliedern ausgewertet. Sie entscheiden über die Weiterleitung an das Kollegium oder einzelne Lehrkräfte.

• Die Informationen stehen in einer Weise zur Verfügung, dass ihre Kenntnis bei allen Lehrkräften erwartet werden kann. Das ist in der Regel besser gewährleistet, wenn sie individuell an die Lehrkräfte weitergegeben werden und nicht nur über Aushang bekannt gemacht werden. Wird über Aushang am schwarzen Brett informiert, dann muss für die nötige Pflege gesorgt werden, damit auf einen Blick klar ist, dass und welche Informationen neu hinzugekommen sind.

• Der Aktenplan der Schule ist soweit möglich überschneidungsfrei kategorisiert; die Standorte (Sekretariat, Büros von Schulleitungsmitgliedern, Lehrerzimmer) sind angegeben (Beispiel für einen Aktenplan Praxishilfe Nr. 63 15 02)

• Für alle Lehrerinnen und Lehrer steht eine Übersicht zu den Standorten von Informationsblättern und (Fach-)Zeitschriften sowie zu fachlich und pädagogisch relevanten Internetangeboten zur Verfügung. Dieses Angebot wird von einer Lehrkraft im Zusammenarbeit mit den Fachkonferenzvorsitzenden koordiniert und gepflegt.

• Unterrichtsmaterialien und Unterrichtsvorhaben sind als fachspezifische Sammlungen dokumentiert und archiviert; für alle Fachlehrerinnen und Fachlehrer gibt es eine Übersicht zu den vorhandenen Materialien. Die Fachkonferenzen bzw. die Jahrgangsfachgruppen sichten dieses Material, wenn sie zu Beginn des Schul(halb)jahrs die Umsetzung des schulinternen Lehrplans in einen unterrichtlichen (Halb-)Jahresplan beraten und vereinbaren.

• Die Übersichten und Materialien werden fortlaufend ergänzt und aktualisiert; über die entsprechenden Änderungen werden die Lehrerinnen und Lehrer informiert.

(Aus: Adolf Bartz, Das Informations- und Kommunikationssystem unterstützt die pädagogische Arbeit, 63.11. In: A. Bartz et al. PraxisWissen SchulLeitung, Köln: Carl Link Wolters Kluwer Deutschland, 2005 ff.)

Aktenablage

Praxishilfe 631502: Aktenplan

Aktenplan		
		Farben Rückenschilder und Standort
0 Übergeordnete Bereiche	0.0 Ministerium 0.1 Schulbehörde 0.2 Schulträger 0.3 Schulinspektion	
1 Schulorganisation	1.0 Organisationsplan 1.1 Prozessbeschreibungen 1.2 Aktenplan 1.3 Raumpläne 1.4 Adressen- und Telefonverzeichnis 1.5 Personaltableau 1.6 Personalrat 1.7 Beauftragte 1.8 Jahresterminplan 1.9 Masterplan der Schulleitung 1.10 Notfallplan	
2 Schulentwicklung und Qualitätsmanagement	2.0 Leitbild und Schulprogramm 2.1 Maßnahmen zum Schulprogramm 2.2 Qualitätsmanagement 2.3 Interne Evaluation 2.4 Externe Evaluation 2.5 Kooperationspartner 2.6 Presse über Schule 2.7 Pressemitteilungen der Schule 2.8 Wettbewerbe 2.9 Zertifizierungen	
3 Lehrer und sonstige Beschäftigte	3.0 Personalnebenakten 3.1 Lehrer-Stundenpläne 3.2 Mitarbeitergespräche 3.3 Unterrichtsbesuche 3.4 Sonderurlaub 3.5 Krankmeldungen 3.6 Fortbildung 3.7 Nebentätigkeiten 3.8 Bewährungsfeststellung 3.9 Stellenbewerbungen 3.10 Abordnungen 3.11 Versetzungen	
4 Schüler	4.0 Einschulung 4.1 Klassenlisten 4.2 Zeugnisurschriften 4.3 Zeugnisse/Bescheinigungen 4.4 Förderpläne/Gutachten	

Aktenplan			Farben Rückenschilder und Standort
	4.5	Prüfungsunterlagen	
	4.6	Preise und Ehrungen	
	4.7	Schülerbeförderung	
	4.8	Mahnungen Absentismus	
	4.9	Ordnungsmaßnahmen	
	4.10	Unfallmeldungen	
5 Schulstufen bzw. Schulformen	5.0	Organisationserlasse	
	5.1	Rahmenrichtlinien	
	5.2	Schulinterne Curricula	
	5.3	Prüfungspläne/Aufgaben	
	5.4	Klassen-Stundenpläne	
	5.5	Klassenakten/-bücher	
	5.6	Klassenfahrten	
	5.7	Praktika	
6 Haushalt und Beschaffungswesen	6.0	Haushaltspläne	
	6.1	Ausgaben	
	6.2	Einnahmen	
	6.3	Barkasse	
	6.4	Lernmittel	
	6.5	Ausschreibungen/Vergabe	
	6.6	Lieferscheine/Rechnungen	
	6.7	Inventarisierung	
7 Gremien	7.0	Gesamt- bzw. Lehrerkonferenz	
	7.1	Schulvorstand	
	7.2	Fachkonferenzen	
	7.3	Schülervertretung	
	7.4	Elternvertretung	
	7.5	Förderverein	
8 Statistik	8.0	Verfügungen/Vorschriften	
	8.1	Statistik lfd. Jahr	
	8.2	Statistik Vorjahre	
	8.3	Lehrerarbeitszeitkonten	
	8.4	Lehrerarbeitszeitblätter	
	8.5	Kennzahlen	
9 Sonstiges	9.0	Öffentlichkeitsarbeit	
	9.1	Arbeitsgemeinschaft Schulleiter	
	9.2	Anzeigen/jur. Auseinandersetzungen	
	9.3	Projekttage/Sportturniere u. Ä.	
	9.4	Sprechtage	
	9.5	Homepage	
	9.6	Cafeteria	

(Aus: Helmut Lungershausen, Aktenablage: mit Schriftgut effizient und ökonomisch umgehen, 63.15. In: A. Bartz et al. PraxisWissen SchulLeitung, Köln: Carl Link Wolters Kluwer Deutschland, 2005 ff.)

Praxishilfe 631504: Posteingangsbearbeitung (Schema)

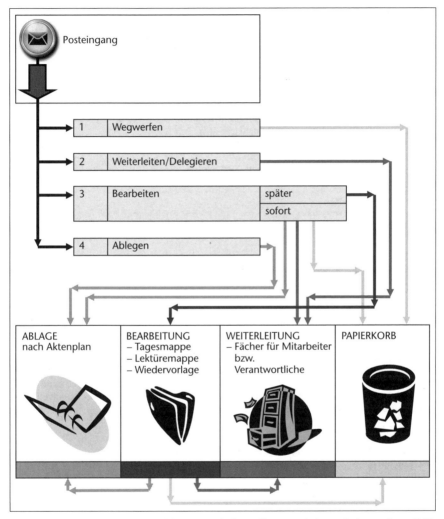

(Aus: Helmut Lungershausen, Aktenablage: mit Schriftgut effizient und ökonomisch umgehen, 63.15. In: A. Bartz et al. PraxisWissen SchulLeitung, Köln: Carl Link Wolters Kluwer Deutschland, 2005 ff.)

5. Personal

Selbstdiagnose und Fortbildung

Praxishilfe 531002: Selbsteinschätzungsbogen zu Führungskompetenzen

Selbsteinschätzungsbogen zu Führungskompetenzen						
Führungskompetenzen	Selbsteinschätzung 4 = entspricht den Anforderungen in vollem Umfang 3 = entspricht teilweise den Anforderungen 2 = entspricht den Anforderungen kaum 1 = entspricht überhaupt nicht den Anforderungen				Fremdeinschätzungen/Feedbacks	Entwicklungsbedarf
0. Fachliche Fähigkeiten						
In den eigenen und angrenzenden Aufgabenbereichen gemäß GVP der Schulleitung	4	3	2	1		
Strukturen und Abläufe der Verwaltung	4	3	2	1		
Einschlägige Rechtsgebiete, insbesondere aus Verwaltungs- und Schulrecht	4	3	2	1		
Datenverarbeitung, Kommunikationsmedien	4	3	2	1		
1. Belastbarkeit heißt, regelmäßig auftretenden sowie nicht planbaren Anforderungssituationen physisch und psychisch stabil zu begegnen, unklare Situationen zu strukturieren und Prioritäten bzgl. gebotener Aktivitäten zu setzen, dabei das eigene Kräfte- und Kompetenzpotenzial planvoll, zielorientiert und ökonomisch einzusetzen. Die Person ...						
... stellt sich Anforderungen	4	3	2	1		
... unterscheidet wichtige, dringliche und nachrangige Aufgabenstellungen	4	3	2	1		
... kennt ihr eigenes Kräfte- und Kompetenzpotenzial und setzt ihre Ressourcen zielorientiert ein	4	3	2	1		
... verliert auch in Stresssituationen nicht die Übersicht	4	3	2	1		
... bleibt handlungsfähig – auch bei Störungen und ungelösten Konflikten	4	3	2	1		
... scheut sich nicht, in schwierigen Situationen Hilfe und Unterstützung zu suchen und anzunehmen	4	3	2	1		

Selbsteinschätzungsbogen zu Führungskompetenzen

2. Dialog- und Kommunikationsfähigkeit
heißt, einen aufeinander bezogenen Gesprächsaustausch aufzunehmen und aufrechtzuerhalten, in dem die Gesprächspartner ihre Einstellungen, Ideen und Handlungsabsichten einander näher bringen und eine Verständigung miteinander anstreben. Die Person ...

... hört mit ungeteilter Aufmerksamkeit zu	4	3	2	1		
... nimmt das Anliegen des Gegenübers ernst	4	3	2	1		
... drückt sich klar, verständlich und adressatenadäquat aus	4	3	2	1		
... begründet ihre Position	4	3	2	1		
... vergewissert sich, dass sie verstanden wurde bzw. hat	4	3	2	1		
... nutzt Informations- und Kommunikationsmedien und reflektiert diese kritisch und analytisch	4	3	2	1		

3. Rollenbewusstsein
heißt, sich des eigenen Rollenverhaltens bewusst zu sein und sich im Denken und Handeln in spezifische Berufsrollen hinein zu versetzen und sie zu reflektieren, die Rolle des anderen zu erkennen und sich evtl. davon abzugrenzen. Die Person ...

... überdenkt das eigene Rollenverständnis und -verhalten	4	3	2	1		
... übernimmt entsprechend ihrer Rolle Verantwortung	4	3	2	1		
... argumentiert und handelt in vorgegebenen Situationen rollenspezifisch	4	3	2	1		
... vertritt übergeordnet getroffene Entscheidungen nach außen	4	3	2	1		
... vertritt die Schule/Organisation angemessen nach außen gegenüber den verschiedenen Zielgruppen	4	3	2	1		

4. Entscheidungs- und Urteilsfähigkeit
heißt, zwischen verschiedenen Alternativen auszuwählen und entsprechend zu handeln, ggf. auch unter Zeitdruck.
Die Person ...

... sichtet, analysiert Informationen und verschafft sich schnell einen Überblick	4	3	2	1		
... setzt Prioritäten	4	3	2	1		
... erläutert transparent Entscheidungsprozesse	4	3	2	1		

Selbsteinschätzungsbogen zu Führungskompetenzen

... antizipiert Konsequenzen einer Entscheidung	4	3	2	1			
... steht zu ihren Entscheidungen	4	3	2	1			
... revidiert getroffene Entscheidungen, wenn neue Informationen dies erfordern	4	3	2	1			

5. Einsatzbereitschaft und Initiative
heißt, aus eigenem Antrieb Handlungsnotwendigkeiten und -gelegenheiten zu erkennen und in geeigneter Weise aktiv zu werden, Impulse zu setzen und Veränderungen voran zu bringen. Die Person ...

... erkennt Zusammenhänge und benennt Handlungsbedarf	4	3	2	1			
... entwickelt Ideen bzw. greift Ideen anderer auf	4	3	2	1			
... bietet ihre Mitarbeit an	4	3	2	1			
... erklärt sich bereit, zusätzlich neue Aufgaben zu übernehmen	4	3	2	1			
... verfolgt Aufgaben und Ziele energisch und ausdauernd	4	3	2	1			
... zeigt sich im erforderlichen Umfang flexibel	4	3	2	1			

6. Motivationsfähigkeit
heißt, auch aus eigenem Antrieb engagiert aktiv zu werden und/oder Menschen durch Überzeugung für die Beteiligung an Arbeitsprozessen zu gewinnen und zu dauerhafter Mitarbeit und besonderem Engagement zu bewegen. Die Person ...

... bringt Visionen ein und versteht, andere dafür zu interessieren	4	3	2	1			
... knüpft an erkennbare Stärken von Personen oder Gruppen an	4	3	2	1			
... erfasst Wünsche und Probleme anderer Menschen und bezieht sich auf sie	4	3	2	1			
... kann das eigene Interesse artikulieren und das des Gegenübers wecken und aufrechterhalten	4	3	2	1			

7. Planungs- und Organisationsfähigkeit
heißt, Aufgaben im übergreifenden Zusammenhang zu sehen und unter Berücksichtigung aller Rahmenbedingungen in angemessener Zeit zu planen, zu organisieren und so zu lösen, dass der eingeschlagene Weg der Sache gerecht und von den Beteiligten nachvollzogen wird. Die Person ...

... geht mit Komplexität überlegt, strukturierend und handlungsorientiert um	4	3	2	1			

Selbsteinschätzungsbogen zu Führungskompetenzen					
... analysiert und strukturiert eine Aufgabe gemäß Wichtigkeit und Dringlichkeit	4	3	2	1	
... betreibt eine systematische Lösungssuche	4	3	2	1	
... setzt Lösungsansätze in Relation zu Rahmenbedingungen und Ressourcen	4	3	2	1	
... erarbeitet Vorschläge und koordiniert den Ablauf von Handlungsschritten	4	3	2	1	
... evaluiert die erreichten Ergebnisse	4	3	2	1	

8. Konzeptionelles Denken und strategische Kompetenz
heißt, Prozesse u. a. auf der Grundlage von Zielvereinbarungen, Teilzielen und vorhandenen Ressourcen zu steuern, Ergebnisse zu sichern und zu evaluieren (intern und extern), Möglichkeiten des Handelns zu erkennen sowie sensibel zu sein für mögliche Abwehrreaktionen und diese in die Strategieentwicklung einzubeziehen. Die Person ...

... analysiert Ausgangslage, Einflussfaktoren und Zusammenhänge	4	3	2	1	
... zieht aus Analysen angemessene Konsequenzen	4	3	2	1	
... wägt Chancen und Risiken ab	4	3	2	1	
... entwickelt klare Aufgabenstellungen und realitäts-angemessene Lösungswege	4	3	2	1	
... steuert die erforderlichen Arbeitsprozesse transparent, ergebnis- und ressourcenorientiert	4	3	2	1	
... sorgt für Ergebnissicherung und Evaluation	4	3	2	1	

9. Teamfähigkeit
heißt, die eigene Kompetenz und Arbeitsleistung für die Erreichung der Anforderungen und gemeinsamen Ziele einzusetzen, die der anderen Teammitglieder zu respektieren, Entscheidungen des Teams nach außen zu vertreten und gemeinsam umzusetzen. Die Person ...

... greift Beiträge anderer Teammitglieder auf und entwickelt sie weiter	4	3	2	1	
... bringt ihr Wissen ein und macht konstruktive Vorschläge	4	3	2	1	
... verliert das gemeinsame Ziel nicht aus den Augen	4	3	2	1	
... wahrt das Verhältnis zwischen dem Einbringen eigener Ideen und dem Akzeptieren anderer Vorschläge	4	3	2	1	

Selbsteinschätzungsbogen zu Führungskompetenzen

10. Delegationsfähigkeit
heißt, Aufträge, Ziele, Aufgaben, zeitliche Rahmenbedingungen, Ressourcen und Kriterien der Zielerreichung darzulegen, Aufgaben an geeignete Personen zu übertragen, Zuständigkeiten für alle Beteiligten transparent festzulegen und für die Einhaltung von evtl. Vereinbarungen zu sorgen. Die Person ...

... entwickelt klare Aufgabenstellungen	4	3	2	1		
... kennt die für die Aufgabenerledigung erforderlichen Kompetenzen und Qualifikationen	4	3	2	1		
... überträgt Aufgaben an geeignete Personen	4	3	2	1		
... gibt Gestaltung und Verantwortung für übertragene Aufgaben ab	4	3	2	1		
... legt Zuständigkeiten transparent fest	4	3	2	1		
... prüft Arbeitsergebnisse auf der Grundlage vorher fest-gelegter Kriterien	4	3	2	1		

11. Innovationsfähigkeit
heißt, sowohl aufgrund äußerer Rahmenbedingungen als auch aufgrund selbst erkannten Veränderungsbedarfs die gewohnten Verhaltensweisen in Frage zu stellen und neue anzunehmen sowie für kontinuierliche Verbesserung zu sorgen. Die Person ...

... öffnet sich für neue Anforderungen, übernimmt neue Aufgaben und gibt – falls erforderlich – Gewohntes auf	4	3	2	1		
... entwickelt vielfältige und kreative Ideen bzw. greift Ideen anderer auf	4	3	2	1		
... erwägt Chancen und Risiken sowie Nutzen und Aufwand verschiedener Handlungsoptionen und wählt begründet aus	4	3	2	1		
... kann andere Personen von der Notwendigkeit neuer Abläufe überzeugen	4	3	2	1		

12. Konfliktfähigkeit
heißt, die Anzeichen konfliktträchtiger Situationen zu erkennen, Meinungs- und Interessenunterschiede offen und sachlich anzusprechen, transparent zu machen und nach Lösungen zu suchen, die von allen Beteiligten mitgetragen werden. Die Person ...

... spricht kritische Situationen frühzeitig an	4	3	2	1		
... äußert Kritik klar, konstruktiv und fair	4	3	2	1		
... bleibt bei Auseinandersetzungen ruhig und sachlich	4	3	2	1		

Selbsteinschätzungsbogen zu Führungskompetenzen

... erkennt Ursachen von Konflikten (sachliche und emotionale Ebene)	4	3	2	1	
... findet Lösungsschritte, die der Zielsetzung und den Beteiligten gerecht werden	4	3	2	1	
... nimmt Kritik an eigener Person an	4	3	2	1	
... sucht Kompromisse	4	3	2	1	

13. Empathie und emotionale Kompetenz
heißt, neben den fachlich-sachlichen Aspekten der Aufgaben auch die emotionalen und sozialen Belange anderer Menschen zu sehen und zu berücksichtigen, anderen Zugewandtheit und Achtsamkeit entgegen zu bringen, die Würde des einzelnen zu beachten, ggf. Fürsorgeverantwortung wahrzunehmen und für ein gesundheitsförderliches Arbeitsklima zu sorgen.
Die Person ...

... nimmt menschliche Problemsituationen frühzeitig wahr und geht darauf ein	4	3	2	1	
... antizipiert Konsequenzen des eigenen Handelns für andere und übernimmt dafür Verantwortung	4	3	2	1	
... trägt zu einem positiven Arbeitsklima bei	4	3	2	1	
... sorgt für Gendergerechtigkeit in der Schule	4	3	2	1	
... fördert die Verständigung zwischen den in der Schulgemeinde vertretenen Kulturen	4	3	2	1	
... nimmt Stärken und Grenzen bei sich selbst und anderen wahr und erkennt diese an	4	3	2	1	
... handelt entsprechend der eigenen Vorbildfunktion	4	3	2	1	

(Aus: Carmen Kloft, Das eigene Führungshandeln gezielt verbessern, 53.10. In: A. Bartz et al. Praxis-Wissen SchulLeitung, Köln: Carl Link Wolters Kluwer Deutschland, 2005 ff.)

Praxishilfe 752402: Empfehlungen zur Konzeption und Durchführung von Fort- und Weiterbildungsangeboten als Checkliste zur Auswahl und Bewertung von Fort- und Weiterbildungen

Checkliste zur Auswahl und Bewertung von Fort- und Weiterbildungen			
Fort- oder Weiterbildungsveranstaltung:			
Teilnehmerin/Teilnehmer:			
Dozentin/Dozent:			
Zeit/Ort:			

Merkmal	**Bedeutung** Fort- und Weiterbildung ...	**Check** ✓	**Notizen** (z. B. Verbesserungs- möglichkeiten etc.)
zielorientiert	geht von der Zielvorstellung aus		
schulsystemorientiert	ist ausgerichtet auf aktuelle Entwicklungen im Schulsystem (und bildungspolitische Vorhaben)		
kontextorientiert	geht von der jeweiligen Situation der Einzelschule aus (kontext-extern: Umfeld der Schule; kontext-intern: spezifische Merkmale der Organisation/des pädagogischen Handlungsfelds)		
werteorientiert	legt Werte und pädagogische Prämissen zugrunde		
prozessorientiert bzw. mehrphasig	ermöglicht eine systematische, längerfristige Unterstützung		
modularisiert	gewährt Flexibilität und Teilnehmerorientierung und stellt dennoch Verbindlichkeiten her und sichert Qualität		
wissenschaftsorientiert	basiert auf aktuellen nationalen und internationalen Erkenntnissen		
theorieorientiert	greift geeignete Theorie auf		
praxisorientiert	ist ausgerichtet an der Schulpraxis/-wirklichkeit		
reflexionsorientiert	bietet den Teilnehmenden vielfältige Möglichkeiten, ihre speziellen Kompetenzen und Interessen zu reflektieren und entsprechende persönliche Lern- und Handlungsziele abzuleiten		

kompetenzorientiert	berücksichtigt Wissen, Fähigkeiten und Fertigkeiten sowie Aspekte der individuellen Motivation der Teilnehmenden		
teilnehmerorientiert	trägt durch Wahlmöglichkeiten individuellen Lernanforderungen wie Lernzeit und Lerntempo Rechnung		
partizipationsorientiert	strebt eine Mitbestimmung durch Teilnehmende an		
aktivitätsorientiert	strebt eine aktive Beteiligung und Mitwirkung der Teilnehmenden an		
selbstorganisations- bzw. handlungsorientiert	lässt die Teilnehmer Verantwortung für ihr Lernen übernehmen und bestimmte Phasen der Fort- und Weiterbildung selbst gestalten		
kooperations- und kommunikationsorientiert	ist orientiert an kollegialem Lernen und intensiver Kooperation		
methoden- und inhaltsorientiert	versucht, durch ein abwechslungsreich und angemessen anspruchsvoll gestaltetes Lehr-Lern-Arrangement den verschiedenen Lernvoraussetzungen, Lerngewohnheiten und Lernbiografien der Teilnehmenden und deren z. T. heterogenen Bedarfen gerecht zu werden und zugleich Monotonie und damit Ermüdung bzw. Langeweile vorzubeugen		
anforderungsorientiert	ist am aktuellen und zukünftigen Anforderungsspektrum der Teilnehmer ausgerichtet		
leistungs- und rückmeldeorientiert	ermöglicht den Teilnehmern, zu erbrachten Leistungen vertrauliches Feedback zu erhalten		
schulentwicklungsorientiert	will nicht nur einzelne Teilnehmende qualifizieren, sondern verfolgt das Ziel von systematischer Schulentwicklung in den Schulen der Teilnehmenden		
transferorientiert	fördert durch die begleitende Unterstützung die Umsetzungskompetenz der Teilnehmenden und sichert somit die Nachhaltigkeit der Fort- und Weiterbildungsmaßnahme		

wirksamkeits- und nachhaltigkeits- orientiert	fokussiert verschiedene Aspekte von Wirkungsmöglichkeiten bei den Teilnehmenden sowie eine Brücke zwischen Theorie und Praxis bzw. zwischen Wissen und Handeln		
relevanzorientiert	erhöht durch Zertifizierung der Teilnehmenden die Akzeptanz und Bedeutung des Fort- und Weiterbildungsangebots		
qualitätsorientiert	ist unter Berücksichtigung von didaktischen Merkmalen optimal gestaltet		
referentenorientiert	wird gestaltet von Referenten und Trainern, die sorgfältig ausgewählt werden, da sie als Verantwortliche des Lehr-Lern-Arrangements von zentraler Bedeutung für die Qualität der Fort- und Weiterbildungsmaßnahme sind		
evaluationsorientiert	sieht in ihrer Konzeption für die Umsetzung eine Prozess- und Wirksamkeitsevaluation vor, die ermöglicht, die Einzelmaßnahmen hinsichtlich ihrer Qualität zu bewerten, auf der Basis der Evaluationsergebnisse Entwicklungs- bzw. Optimierungsmöglichkeiten zu identifizieren und die Nachhaltigkeit der Fortbildungswirkung in der Alltagspraxis zu überprüfen		

(Aus: Stephan Gerhard Huber, Merkmale guter Fortbildung, 75.24. In: A. Bartz et al. PraxisWissen SchulLeitung, Köln: Carl Link Wolters Kluwer Deutschland, 2005 ff.)

Führungsnachwuchs

Praxishilfe 1300105: Assessment-Center – geeignet für Schulleitung?

Assessment-Center – geeignet für Schulleitung?	
Im Assessment-Center können die Teilnehmer und Teilnehmerinnen anhand praktischer Übungen zu typischen Aufgaben von Schulleitungsmitgliedern ihre Potenziale und ihren Entwicklungsbedarf ermitteln.	
Assessment-Center-Elemente	
Gruppendiskussion (geleitet, nicht geleitet)	Rollenwahrnehmung Teamfähigkeit Kommunikationsfähigkeit Strategische Kompetenz
Postkorb (Schulorganisation und Schulverwaltung)	Delegationsvermögen Entscheidungsfähigkeit Planungs-/Organisationsfähigkeit Belastbarkeit
Rede zu verschiedenen Anlässen	Rollenwahrnehmung Kommunikationsfähigkeit
Mitarbeitergespräch (anlassbezogen, Konfliktgespräch)	Rollenwahrnehmung Dialogfähigkeit Konfliktfähigkeit
Konzept- und Strategieentwicklung	Innovationsfähigkeit Strategische Kompetenz
Präsentation der Konzepte	Kommunikationsfähigkeit verbale Präsentation visuelle Präsentation

Beratungsgespräch
Bündelung der Fremd- und Selbsteinschätzungen → Kompetenzprofil
Einschätzung und Präzisierung des Fortbildungsbedarfs

(Aus: Carmen Kloft, Schulen brauchen gute Nachwuchsführungskräfte – eine gemeinsame Aufgabe für Schulleitung und Schulaufsicht – Überblicksbeitrag, 130.01. In: A. Bartz et al. PraxisWissen Schul-Leitung, Köln: Carl Link Wolters Kluwer Deutschland, 2005 ff.)

363

Praxishilfe 1300503: Leitfaden für Entwicklungsgespräche

Leitfaden für Entwicklungsgespräche
Der nachfolgende Vorschlag für die Strukturierung von Entwicklungsgesprächen versteht sich nicht als Leitfaden, der in allen Einzelheiten »abgearbeitet« werden soll, sondern er zeigt vielmehr vielfältige Zugangsmöglichkeiten für eine Laufbahnberatung auf.

Schritt 1: Entwicklungsstand erkunden
Rückblick

- Schilderung von Erfahrungen, Situationen, Erkenntnissen ...
- In welchen Situationen, bei welchen Aufgaben erleben Sie besondere Zufriedenheit? Was waren Erfolge?
- Wo gab/gibt es Probleme? Wo haben Sie Ihre Grenzen entdeckt? Was fällt Ihnen eher schwer?

Bilanz
Auswertung und Würdigung der bisherigen Arbeitsleistung

- Was wollten/möchten Sie erreichen? Was konnten Sie bisher verwirklichen?
- Was hat Ihr erfolgreiches Arbeiten befördert oder behindert?

Standortbestimmung
Abgleich von Selbsteinschätzung und Feedback mit Fokussierung auf die für Führungskräfte besonders wichtigen Kompetenzen, ggf. unterschiedliche Einschätzungen offen formulieren und »stehen lassen«

- Wo stehen Sie jetzt in Bezug auf Ihre Erwartungen, Ansprüche und Ziele?
- Wo liegen Ihre Stärken – wo liegen sie nicht?
- Welche Rückmeldungen bekommen Sie von anderen? Zu welchen Themen oder Problemen werden Sie von Ihren Kolleginnen und Kollegen gefragt oder hinzugezogen?

Schritt 2: Entwicklungsperspektiven ausloten
Motivation
Persönliche Wünsche und Vorstellungen klären

- Die Sach- und Emotionsebene berücksichtigen: Was streben Sie an und warum? Wie stellen Sie sich am liebsten Ihre berufliche Zukunft vor? Was ist Ihnen dabei besonders wichtig?

Alternativen

- Welche beruflichen Entwicklungsmöglichkeiten stehen Ihnen offen?
- Welche dieser Aufgaben bzw. Funktionen passen am besten zu Ihren Stärken (z. B. Leitung und Führung; Organisation und Management; Beratung und Fortbildung)?
- Was ist in naher Zukunft realistisch – was könnte ein Fernziel sein?

Zielbestimmung
Formulierung eines konkreten Entwicklungsziels (Beschreibung eines gewünschten Zustands) und Bestimmung von Teilzielen

- Wie heißt Ihr Ziel hinsichtlich Ihrer beruflichen Entwicklung?
- Was genau wollen Sie als Nächstes erreichen?

Umsetzungsmodalitäten
Klärung der Voraussetzungen und des Unterstützungsbedarfs

- Was brauchen Sie, um Ihr Ziel zu erreichen? In welchen Bereichen besteht Entwicklungsbedarf?
- Welche Unterstützung erwarten Sie von mir?
- Welchen Beitrag können und wollen Sie leisten?

Schritt 3: Konkrete Entwicklungsschritte planen
Vereinbarung von Fördermaßnahmen und Klärungen zur Umsetzung

- Wer ist in der Schulleitung Ansprechpartner für die Unterstützung und Beratung?
- Welche Kapazitäten stehen für die Teilnahme an Qualifizierungen oder die Übernahme von Aufgaben zur Verfügung? Wo liegt die Belastungsgrenze? Welche schulischen Belange sind zu berücksichtigen?
- Was soll/kann in der Schulöffentlichkeit bekanntgegeben werden?
- Welche Unterstützung kann das private Umfeld leisten? Wie können die beruflichen Entwicklungswünsche und familiären Aufgaben »unter einen Hut gebracht« werden?

Evaluation
Formulierung von Ergebniskriterien, Verabredungen zur Bilanzierung

- Woran können wir erkennen, dass die angestrebten Ziele erreicht worden sind?
- Wann sollen wir eine Zwischenbilanz vornehmen oder nach der Teilnahme an einer Qualifizierung ein Transfergespräch führen?

(Aus: Carmen Kloft/Liane Seibert, Wie kann Schulleitung Führungsnachwuchskräfte entdecken, gewinnen und fördern? 130.05. In: A. Bartz et al. PraxisWissen SchulLeitung, Köln: Carl Link Wolters Kluwer Deutschland, 2005 ff.)

6. Kooperation

Gelingensbedingungen

Praxishilfe 811001: Diagnose- und Reflexionsinventar zu den Bedingungen für Kooperation im Kollegium

Diagnose- und Reflexionsinventar zu den Bedingungen für Kooperation im Kollegium
Die nachfolgend aufgeführten Bedingungen sind aus Platzgründen nicht in die Spaltensystematik integriert. Sie können in einer individuellen Bearbeitung in Spalte 1 gelistet und die Reflexionsergebnisse eingetragen werden.

Bedingungen	Ist-Stand	Soll-Stand	Möglichkeiten der Intervention	Analyse von Hemmnissen	Einschätzung der Machbarkeit	Einschätzung der Dringlichkeit
Was ist notwendig, damit Zusammenarbeit erfolgreich stattfinden kann?	Inwieweit ist diese Bedingung erfüllt?	Wie sollte es an der eigenen Schule sein?	Wie lässt sich das verbessern?	Was fehlt oder stört, ggf. wo liegen Stolpersteine?	Wie leicht ist diese Veränderung herbeizuführen?	Wie dringlich ist diese Veränderung?

Institutionelle Bedingungen für Kooperation

- Die Beteiligung des Kollegiums an Entscheidungs- und Gestaltungsprozessen, ein Führungsstil der Schulleitung, der dies aktiv anstrebt
- Das Vorhandensein (oder die Bildung) von Teamstrukturen im Lehrerkollegium, zum Beispiel Klassenteams (die gemeinsam für die Erziehungsarbeit in einer Klasse verantwortlich sind), Fachschaftsteams, Jahrgangsteams (bestehend aus Lehrkräften von Parallelklassen), Arbeitskreisen für die Projekte der Schulentwicklung etc.)
- Ein »echtes Thema«, ein sinnvoller Anlass, der die Notwendigkeit und Zweckhaftigkeit der Zusammenarbeit erkennen lässt, eine »konkrete von allen Beteiligten akzeptierte Aufgabe«, an deren erfolgreicher Bewältigung alle Beteiligten interessiert sind
- Ein erkennbarer Nutzen der Zusammenarbeit für alle Beteiligten
- Gemeinsam getragene Zielvorstellungen
- Zielklarheit und Transparenz
- Freiwilligkeit (auf der Grundlage von Verbindlichkeit für alle Lehrkräfte einer Schule, zur Entwicklung von Schule und Unterricht beizutragen)
- Die Übertragung einer gemeinsamen Verantwortlichkeit für das Gelingen der Zusammenarbeitsprozesse und für das Ergebnis
- Anerkennung und Bewahrung der Autonomie des Einzelnen
- Verbindlichkeit, klare Regeln der Zusammenarbeit
- Gemeinsame Zeitfenster
- Geeignete Räumlichkeiten
- Freiräume (auch im übertragenen Sinn)
- Ausstattung, Ressourcen (z. B. geeignetes Mobiliar, Arbeitsmaterial, EDV- Technik)
- Interne Unterstützung (etwa durch die Schulleitung), gegebenenfalls auch externe Beratung
- Transparenz der Vorgehensweise (dazu gehört auch Aufgabenklarheit bzw. eine klare Rollenaufteilung, die von der zusammenarbeitenden Gruppe getragen wird)
- Eine gerechte Arbeitsaufteilung innerhalb der zusammenarbeitenden Gruppe
- Rückkopplung aller Partner bei der Erreichung von Teilzielen bzw. dem Endziel
- Regelmäßiges Feedback

- Eine durchdachte Ergebnissicherung
- Möglichkeit zur Präsentation von Ergebnissen
- Würdigung und Anerkennung
- Entlastung an anderer Stelle
- ...

Personelle Bedingungen für Kooperation

- Inhaltliche Kompetenzen (für das Thema der Zusammenarbeit)
- Kommunikative und soziale Kompetenzen mit den dazugehörigen Fähigkeiten/Fertigkeiten und Einstellungen/Haltungen (z. B. die Kompetenz, Feedback zu geben und anzunehmen, Kritik konstruktiv zu formulieren und auch selbst zu akzeptieren, aber auch über Kooperationstechniken, Prozess- und Moderationskompetenzen etc. zu verfügen)
- Die Bereitschaft zur Reflexion der eigenen Rolle
- Die Bereitschaft zur Vereinbarung von Regeln und Ritualen
- Das Erleben von Zufriedenheit, Effektivität und Effizienz durch konkrete Ergebnisse
- Positive Einstellungen, Mut und Kreativität (die Bereitschaft, anderen zu vertrauen)
- Initiative
- Ein grundsätzliches Interesse an Austausch und Verbesserungsmöglichkeiten
- Eine grundsätzliche Haltung der Anerkennung und des Respekts gegenüber den Kolleginnen und Kollegen
- Selbstdisziplin (z. B. im eigenen Zeitmanagement, im Einhalten von Vereinbarungen, auch von Gesprächsregeln) und Verlässlichkeit
- ...

Organisationskulturelle Bedingungen für Kooperation

- Ein professionelles Rollenverständnis im Kollegium
- Ein Klima der Unterstützung statt der Konkurrenz
- Eine solide Kritik- und Fehlerkultur sowie ein konstruktiver Umgang mit Konflikten im Kollegium
- Eine Führungskultur der Schatzsuche statt der Fehlerfahndung
- Gemeinsam getragene grundsätzliche Wert- und Zielvorstellungen über die Art kollegialer Arbeit
- Eine konstruktive Kultur der Kollegialität mit Respekt, Anerkennung und Vertrauen (gegenseitige Akzeptanz und Toleranz)
- Ein Klima der Offenheit für Innovationen und der Veränderungsbereitschaft
- ...

(Aus: S. G. Huber/F. Ahlgrimm, Was Lehrkräfte davon abhält zusammenzuarbeiten – Bedingungen von Kooperation, 81.10. In: A. Bartz et al. PraxisWissen SchulLeitung, Köln: Carl Link Wolters Kluwer Deutschland, 2005 ff.)

Elterngespräche

Praxishilfe 442210: Das Gespräch bei Elternsprechtagen (Sekundarstufe I)

Das Gespräch bei Elternsprechtagen (Sekundarstufe I)

Die Gespräche an Elternsprechtagen dienen an Schulen der Sekundarstufe I in der Regel als Beurteilungsgespräche dazu, dass die Fachlehrerinnen und -lehrer in einem engen Zeitrahmen Eltern über den Leistungsstand und das Arbeits- und Sozialverhalten ihres Kindes informieren. Sinnvoller wäre aber, die Elternsprechtage für eine Laufbahnberatung zu nutzen. Das setzt voraus, dass am Gespräch neben den Eltern auch ihr Kind teilnimmt und dass der Klassenlehrer und nicht die Fachlehrer die Gespräche führt, nachdem er in einer Klassenkonferenz die Leistungs- und Potenzialeinschätzung der Fachlehrer/-innen seiner Klasse eingeholt hat.

Das setzt zudem eine Gesprächsstruktur voraus, in der zunächst der Schüler seine Ziele und seine Selbsteinschätzung mitteilt, bevor dann der Klassenlehrer seine Sichtweise und Einschätzung erläutert. Der Vorteil solcher Schüler-Eltern-Gespräche an Elternsprechtagen ist, dass der Schüler sich über seine Ziele klar werden und für deren Erreichen selbst Verantwortung übernehmen muss. Diese Selbstverpflichtung und ihre Verbindlichkeit werden durch einen Dreieckskontrakt zwischen dem Schüler, seinen Eltern und dem Klassenlehrer verstärkt.

Ziel

• Aufzeigen von Entwicklungsbedarf und -möglichkeiten, um angestrebte Übergänge in die nächsthöhere Jahrgangs- oder Schulstufe bzw. Schulabschlüsse zu erreichen
• Vereinbarung von Maßnahmen im Dreieck von Schüler, Eltern und Lehrkraft

Gesprächsphasen
Orientierungsphase:

• Thema: Die Entwicklung und die Übergangs- und Abschlussperspektiven des Schülers
• Zielsetzung des Gesprächs: Was soll und kann am Ende des Gesprächs erreicht sein?
• Zeitrahmen für das Gespräch

Klärungsphase:
Sicht des Schülers:

• Wie schätzt er seinen aktuellen Leistungsstand und seine Potenziale ein? Wo sieht er Stärken? Wo sieht er Schwächen?
• Wie schätzt er seine Entwicklungsmöglichkeiten und seinen Entwicklungsbedarf ein?
• Welche Informationen über die Voraussetzungen und Regelungen bei den Übergängen und Abschlüssen sind ihm bekannt? Wo braucht er weitere Informationen durch den Lehrer?
• Welche Unterstützung erwartet er von den Lehrpersonen und von seinen Eltern? Welches Lehrerverhalten hat ihn bei seiner bisherigen Lern- und Leistungsentwicklung gefördert und unterstützt, welches Verhalten hat ihm das Lernen und Leisten eher schwer gemacht?
• In welchen Bereichen möchte sich der Schüler weiter entwickeln?

Hinweis: Lehrer und Eltern hören zu und dürfen nicht unterbrechen oder sogleich zu einzelnen Punkten Stellung nehmen.
Sicht der Lehrkraft:

• Wo sieht sie die Stärken und die Schwächen des Schülers?
• Wie schätzt sie die Entwicklungsmöglichkeiten und den Entwicklungsbedarf im Abgleich mit den Anforderungen ein, die bei den Übergängen und Abschlüssen gefordert werden?

Sicht der Eltern:

• Wie schätzen sie den Leistungsstand und das Leistungspotenzial ihres Kindes ein?

Abgleich der Sichtweisen:

* Wo stimmen die Lehrkraft, der Schüler und die Eltern überein?
* Wo gibt es unterschiedliche Sichtweisen?

Hinweis: Unterschiedliche Sichtweisen nebeneinander stehen lassen!

Veränderungsphase:
Übergangs- und Abschlussziele:

* Welche Ziele setzt sich der Schüler? Was möchte er erreichen?
* Was für Entwicklungsmöglichkeiten sieht die Lehrkraft? Was sollte oder muss aus ihrer Sicht der Schüler tun, um die angestrebten Übergänge oder Abschlüsse zu erreichen?
* Welche Abschlussziele sollte ihr Kind aus der Sicht der Eltern anstreben?

Mögliche Schritte:

* Was sind aus der Sicht des Schülers mögliche Schritte zur Erreichung seiner Ziele?
* Was sind aus der Sicht der Lehrperson mögliche oder nötige Schritte, wenn der Schüler seine Ziele erreichen will?
* Welche Möglichkeiten sehen die Eltern, ihr Kind bei der Zielerreichung zu unterstützen?

Abschlussphase:

* Was ist das Ergebnis?
* Was sind die nächsten Schritte (Maßnahmenplan)?
* Absprache zu Verfahrensverpflichtungen, z. B. Angebot oder Einfordern von Unterstützung für den Schüler durch die Lehrkräfte oder die Eltern; Warnung durch die Lehrpersonen, wenn sie den angestrebten Übergang oder Abschluss gefährdet sehen

(Aus: Adolf Bartz, Schwierige Elterngespräche professionell führen, 44.22. In: A. Bartz et al. PraxisWissen SchulLeitung, Köln: Carl Link Wolters Kluwer Deutschland, 2005 ff.)

Praxishilfe 442211: Formular für die Dokumentation von Elterngesprächen

---

Formular für die Dokumentation von Elterngesprächen

Wie die Absprachen und der Stand der Verständigung zwischen den Lehrkräften und den Eltern dokumentiert werden, ist je nach Gesprächstyp unterschiedlich zu gestalten. Das folgende allgemeine Formular für die Dokumentation ist entsprechend an den Gesprächstyp und den Gesprächsverlauf anzupassen.

Von Gesprächstyp und -verlauf hängt auch ab, ob nur die Lehrkraft für sich einen Vermerk anfertigt, ob der Vermerk auch von den Eltern unterschrieben wird und ob der Vermerk in die schulinterne Schülerakte aufgenommen wird. Was als Absprache festgehalten wird, muss den Eltern auf jeden Fall bekannt sein. Deshalb setzt jedes Gespräch voraus, dass am Ende Einvernehmen über das Ergebnis und das weitere Verfahren hergestellt und von der Lehrkraft zusammengefasst wird.

Elterngespräch – Dokumentation der Absprachen	
Termin:	Beteiligte:
Entscheidungen/Maßnahmen:	
Ziele – angestrebte Wirkungen:	
Beitrag/Verpflichtung der Lehrkraft:	
Beitrag/Verpflichtung der Eltern:	
Weiteres Verfahren (Erfolgs- und Wirkungsüberprüfung, ggf. Termin für Folgegespräch):	
Verfahrensverpflichtungen (Verschwiegenheit oder Information weiterer Personen, Umgang mit Schwierigkeiten und Störungen bei der Umsetzung):	
Ggf. Unterschrift	
Lehrer/Lehrerin	Eltern

(Aus: Adolf Bartz, Schwierige Elterngespräche professionell führen, 44.22. In: A. Bartz et al. PraxisWissen SchulLeitung, Köln: Carl Link Wolters Kluwer Deutschland, 2005 ff.)

Schulaufsicht und Schulleitung

Praxishilfe 1001001: Systemischer Bezug bei Kontrakten und Zielvereinbarungen

Systemischer Bezug bei Kontrakten und Zielvereinbarungen
In der »Verhandlungspartnerschaft« zwischen Schulleitung und Schulaufsicht sehen Lohmann und Minderop (2008) das neue Rollenverständnis von Schulleitungen und Schulaufsicht im systemischen Bild des Reißverschlussverfahrens, in dem idealerweise in einem dialogischen Prozess ohne Herrschaftsansprüche auf gleicher Augenhöhe Zielvereinbarungen und bilanzierende Feedbacks einander abwechseln:

Rolle der Schulleiterinnen und Schulleiter	Rolle der Schulaufsicht
Wertet Inspektionsbericht mit schulischen Gremien aus	Wertet alle Inspektionsberichte für eine Qualitätslandkarte des eigenen Aufsichtsbereiches aus
Identifiziert Handlungsschwerpunkte für schulinterne Entwicklung	Identifiziert Schulen, mit denen Vereinbarungen zur Qualitätsverbesserung zu treffen sind
Stimmt mit den schulischen Gremien den Auftrag zur Entwicklung eines Schulprogramms ab	Initiiert Zielvereinbarungen für Schulen mit Entwicklungsbedarf
Berät sich möglicherweise mit Schulentwicklungsberatung	Nimmt Einfluss auf die Rahmenbedingungen schulischer Initiativen – stärkt Unterstützung
Formuliert Erfolgskriterien, messbare Ziele für eine Kontrakt mit der Schulaufsicht	Setzt Standards für eine regionales Bildungsmonitoring
Verhandelt mit der Schulaufsicht und schließt einen gemeinsamen Kontrakt	Verhandelt mit Einzelschulen und setzt regionale Entwicklungsimpulse
Betreibt Prozessmanagement zur Umsetzung des Schulprogramms	Entwickelt ein regionales Schulentwicklungsprogramm
Gleicht das Gesamtvorhaben mit den Referenzrahmen ab	Evaluiert die eigene Arbeit der systemischen Schulentwicklung
Evaluiert eigene Arbeit; evtl. schulinterne Zwischenbilanz mit der Schulaufsicht	Bietet Feedback über regionale Entwicklungen – führt regionale Bildungskonferenzen durch
Reflektiert die schulische Arbeit	Überprüft einzelne Schulkontrakte auf Erfolg
Legt Rechenschaft vor schuleigenen Gremien, evtl. (entsprechend der Vereinbarung) vor der Schulaufsicht	Nutzt Bildungsmonitoring – betreibt externe Meta-Evaluation

(Aus: Stephan Gerhard Huber, Die Rolle der Schulaufsicht in der Schulentwicklung, 100.10. In: A. Bartz et al. PraxisWissen SchulLeitung, Köln: Carl Link Wolters Kluwer Deutschland, 2005 ff.)

Praxishilfe 1101101: Beispiel Beschwerdemanagement

Beispiel Beschwerdemanagement
Grundsatz: Die Bearbeitung aller Beschwerden (außer den Beschwerden über die Schulleiterin bzw. den Schulleiter) ist Angelegenheit der Schule.
Schule/Schulleitung *Verfahrensverpflichtungen* • Die Schule hat ein Beschwerdemanagement einzurichten und das Konzept, die Regelungen und die Einzelfälle zu dokumentieren. • Die Schule muss bei Widerspruchsverfahren die verwaltungsfachliche Aufsicht beteiligen und kann nur im Einvernehmen mit ihr einen Widerspruch bescheiden. • Die Schule muss bei einzelnen Sachverhalten, zum Beispiel Beschwerden wegen sexueller Übergriffe, Fachleute beteiligen. *Unterstützung/Service* • Für die Schulleiterinnen oder Schulleiter sollte eine Fortbildung/Qualifizierung sowie gegebenenfalls Coaching angeboten werden. • Die Schulen müssen auf ortsnahe Beratung im Rahmen eines regionalen Netzwerks und einer regionalen Beratungsagenturzurückgreifen können.
Schulaufsicht *Grundsatz*: Die Schulaufsicht ist für Beschwerden über die Schulleitung und für die Qualität und Wirksamkeit des schulischen Beschwerdemanagements zuständig. • Die Schulaufsicht entwickelt und implementiert Standards und Vorgaben zum Beschwerdemanagement und zu den Ansprüchen an die Beschwerdeführung. • Das Beschwerdemanagement und seine Dokumentation werden im Rahmen von Schulinspektionen überprüft. • Die Schulaufsicht überprüft auf der Grundlage der Inspektion, ob die Vorgaben und Standards in der Einzelschule umgesetzt werden, und gibt gegebenenfalls eine Weisung, dass und wie das Beschwerdemanagement zu verbessern ist.
Ergebnis Geteilte Verantwortung zwischen Schule/Schulleitung und Schulaufsicht: • Die Schule ist für die Einrichtung, Durchführung und die Ergebnisse ihres Beschwerdemanagements verantwortlich; sie ist zur Dokumentation und Rechenschaftslegung (interne Evaluation, Rechenschaft im Rahmen eines Dialogs mit der Schulaufsicht) verpflichtet. • Die Schulaufsicht ist für die Festsetzung der (Mindest-)Standards und für die Entwicklung von Indikatoren, mit denen die Standards überprüft werden können, verantwortlich; sie kontrolliert die Einrichtung und Gestaltung des Beschwerdemanagements an den einzelnen Schulen (Qualitätssicherungsauftrag) und sie stellt den Schulen auf der Grundlage der Inspektionen Beispiele für »Good Practice« zur Verfügung. • Der Wegfall der Aufgabe, einzelne Beschwerden (Leistungsbewertung, dienstliches Verhalten u. a.) zu bearbeiten, führt zu einer Systemoptimierung, weil die Aufgaben auf die Ebene verlagert werden, wo sie wirksam bearbeitet werden können und wo sich die Folgen der Entscheidungen und der Qualität des Beschwerdemanagements auswirken.

(Aus: Adolf Bartz, Als Schulaufsicht als systemisch führen und Verantwortung teilen, 110.11. In: A. Bartz et al. PraxisWissen SchulLeitung, Köln: Carl Link Wolters Kluwer Deutschland, 2005 ff.)

7. Qualitätsmanagement

Schulentwicklung

Praxishilfe 671204: Die Dramaturgie eines einschneidenden Veränderungsprozesses

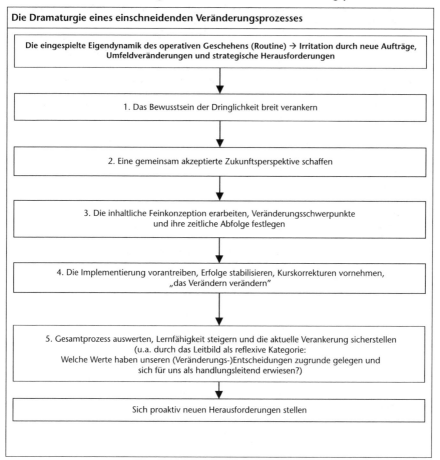

Die Dramaturgie eines einschneidenden Veränderungsprozesses

Die eingespielte Eigendynamik des operativen Geschehens (Routine) → Irritation durch neue Aufträge, Umfeldveränderungen und strategische Herausforderungen

1. Das Bewusstsein der Dringlichkeit breit verankern

2. Eine gemeinsam akzeptierte Zukunftsperspektive schaffen

3. Die inhaltliche Feinkonzeption erarbeiten, Veränderungsschwerpunkte und ihre zeitliche Abfolge festlegen

4. Die Implementierung vorantreiben, Erfolge stabilisieren, Kurskorrekturen vornehmen, „das Verändern verändern"

5. Gesamtprozess auswerten, Lernfähigkeit steigern und die aktuelle Verankerung sicherstellen (u.a. durch das Leitbild als reflexive Kategorie: Welche Werte haben unseren (Veränderungs-)Entscheidungen zugrunde gelegen und sich für uns als handlungsleitend erwiesen?)

Sich proaktiv neuen Herausforderungen stellen

(Aus: Adolf Bartz, Mentale Professionsbilder: Wie kann die Schulleitung für eine zielführende Entwicklung sorgen, 67.12. In: A. Bartz et al. PraxisWissen SchulLeitung, Köln: Carl Link Wolters Kluwer Deutschland, 2005 ff.)

Pädagogische Tage

Praxishilfe 674002: Pädagogische Tage für die Erzeugung von Gleichsinnigkeit, Loyalität und Sogwirkung der Schulentwicklung nutzen

Pädagogische Tage für die Erzeugung von Gleichsinnigkeit, Loyalität und Sogwirkung der Schulentwicklung nutzen

Erfolgreiche Schulentwicklung mit nachhaltiger Wirksamkeit setzt voraus, dass es auf der einen Seite eine viel- fältige und lebendige Initiierung von Vorhaben und andererseits eine gemeinsame Zielrichtung und eine kohärente Gestalt aller Innovationsprojekte gibt. Schulentwicklung vollzieht sich deshalb im Spannungsfeld von Ordnungsrahmen und Eigensinn, von Gemeinschaftlichkeit und Individualität, von Verbindlichkeit und Beliebigkeit, von Bindung und Freiheit, von Zugehörigkeit und Autonomie. Sie gelingt nur dann, wenn immer beide Seiten in einer guten Balance berücksichtigt werden: auf der einen Seite die Vorgabe gemeinsamer Ziele, die Orientierung an gemeinsamen Werten und Normen und die Verpflichtung, sich an kollegiale Absprachen und Vereinbarungen sowie an Konferenzbeschlüsse zu halten, auf der anderen Seite die Freiheit, Gestaltungsspielräume zu nutzen und das eigene Handeln situativ passend und flexibel gestalten zu können. Eine gute Balance zu finden setzt voraus, mit Dissens sowie Widerstand und Verweigerung im Kollegium umgehen zu können.

Grundsätze für den Umgang mit Dissens

Dissens muss offengelegt werden. Dafür sind insbesondere in Austauschforen Bedenkenphasen sinnvoll. Nachdem Ideen und Vorschläge gesammelt worden sind, werden alle Beteiligten aufgefordert, ihre Bedenken zu äußern, damit sie im weiteren Entwicklungsprozess berücksichtigt werden können. Diese Bedenken haben eine wichtige Funktion: Sie ermöglichen, problematische Folgewirkungen schon präventiv im Blick zu haben. Führt die Klärung, wie mit den Bedenken umgegangen werden kann und ob sie Anlass für eine Revision der Projektinitiierung und -planung sind, nicht zu einem Konsens, darf der Konsens nicht erzwungen werden. Wer im Dissens bleibt, hat das Recht auf seine abweichende Meinung und Einschätzung. Ihn unter Zustimmungsdruck zu setzen und überzeugen zu wollen, ist nicht hilfreich. Umgekehrt ist es nicht sinnvoll, den Bedenkenträgern durch Zugeständnisse entgegenzukommen, um um jeden Preis einen Konsens zu erreichen. Denn das würde sie mit Erpressungsmacht ausstatten.

Kommt kein Konsens zustande, geht es vielmehr darum, den Dissens zu klären: Wo genau bleibt es bei unterschiedlichen Meinungen? Auf welcher Ebene liegt der Konflikt: auf der Ebene der Mittel oder der Ziele? Und es geht darum, den Umgang mit dem Dissens so zu vereinbaren, dass er auf der einen Seite die weitere Entwicklung nicht blockiert und auf der anderen Seite erlaubt bleibt und akzeptiert wird.

Der Dissens befreit nicht von der Verpflichtung zur Loyalität. Denn jede Lehrperson ist zur Beachtung der Rechts- und Verwaltungsvorschriften ebenso wie zur Umsetzung der Konferenzbeschlüsse und kollegialen Vereinbarungen verpflichtet, unabhängig davon, ob sie sie für gut oder schlecht hält. Diese Verpflichtung setzt voraus:

- Die Lehrpersonen sind zur Loyalität gegenüber den Organisations-, Standard- und Zielvorgaben verpflichtet, aber nicht dazu, sie für gut und wirksam zu halten. Sie können deshalb nicht zum Konsens gezwungen werden, sondern haben das Recht auf Dissens und auf die Äußerung und Vertretung dieses Dissenses.

- Sie sind berechtigt, gewerkschaftlich oder politisch auf andere Organisations-, Standard- und Zielvorgaben des Bundeslandes hinzuwirken, wenn sie dies im Interesse von Qualität und Wirksamkeit für erforderlich halten.

- Sie sind berechtigt, im Rahmen der Schulmitwirkung auf eine Revision des Schulprogramms und der Konferenzbeschlüsse hinzuwirken, wenn sie dies im Interesse von Qualität und Wirksamkeit für erforderlich halten.

- Sie dürfen als Gegenleistung zu ihrer Loyalität erwarten, dass ihre Kritik von den Vorgesetzten angehört und ernst genommen wird. Dies schließt das Recht auf eine (Dienstaufsichts-)Beschwerde ein, wenn die Schulleitung oder die Schulaufsicht nicht bereit sind, ihre Kritik anzuhören, und ihnen die Möglichkeit nehmen, sich für ihre Vorstellungen im Rahmen gewerkschaftlicher oder politischer Einflussnahme oder im Rahmen der Schulmitwirkung einzusetzen.
- Sie haben einen Anspruch darauf, dass die Einzelschule und das Bundesland die Wirksamkeit der von ihnen gesetzten normativen Vorgaben überprüfen und sie revidieren, wenn sie sich als nicht zielführend und positiv wirksam erweisen.
- Die Perspektive einer Revision der Konzepte und Vorgaben, bei denen es einen Dissens gibt, ist so aussichts- reich, dass die loyale Umsetzung dessen, was den Vorstellungen und Werten der betroffenen Lehrpersonen widerspricht, für sie erträglich und vertretbar ist. Dies setzt voraus, dass das, was die Schulgemeinde im Schulprogramm und was die Lehrkräfte in kollegialer Verständigung und Vereinbarung festgelegt haben, einen »Kompromiss auf Zeit« darstellt.

Grundsätze für den Umgang mit Widerstand
Im Widerstand stecken Energien. Ihm geht es um Werte, die durch die Innovation als gefährdet erfahren werden. Der Umgang mit Widerstand erfordert deshalb Respekt. Für die Schulleitung heißt das, Widerstand willkommen zu heißen und mit dem Widerstand, nicht gegen ihn zu gehen:

- Druck wegnehmen, dem Widerstand Raum geben, Phasen der Sammlung von Bedenken vorsehen
- In den Dialog treten und Ursachen sondieren, z. B.:»Mir ist offenbar nicht gelungen, Sie vom Sinn zu überzeugen. Ich brauche Ihre Hilfe, um zu verstehen, . . .«
- In der Phase der Umsetzung und Erprobung prüfen, ob eine Revision bei den nächsten Schritten erforderlich ist, weil sich Bedenken bestätigt haben
- Spielräume für Abweichungen bei der Umsetzung und Erprobung zugestehen und ihre Grenzen verbindlich festlegen
- Als Gegenleistung Loyalität bei der Beachtung der Vorgaben und der Umsetzung von Schulentwicklungsvorhaben einfordern

Grundsätze für den Umgang mit Verweigerung
In der Verweigerung steckt keine Energie und es geht nicht um einen Wertekonflikt. Auch wenn es sinnvoll ist, zu verstehen und ggf. individuell zu klären, wie es zur Haltung der Verweigerung gekommen ist, sollte ihr bei der Gestaltung der Schulentwicklung keine Aufmerksamkeit geschenkt werden. Statt auch noch die Verweigerer in Bewegung bringen – also motivieren – zu wollen, geht es vielmehr darum, der positiven Sogwirkung von Innovationen im Kollegium den Raum zu verschaffen, der erforderlich ist, um andere mitzuziehen und für die Innovation zu gewinnen.

Zwischen Widerstand und Verweigerung unterscheiden
Widerstand ernst zu nehmen ist mit der Erwartung verbunden, dass sich der Widerstand selbst ernst nimmt. Das heißt z. B.:

- Wer Bedenken gegenüber Schulentwicklungsvorhaben hat, ist verpflichtet, sie zu äußern. Deshalb können die Schulleitung und alle Akteure, die sich für eine Veränderung und Verbesserung der pädagogischen Arbeit engagieren, erwarten, dass all die, die die Innovation ablehnen, die Möglichkeit nutzen, ihre Bedenken und ihren Widerstand in Austauschforen zu offenbaren.
- Wer in den Widerstand geht, weil er z. B. fürchtet, dass neue Lern- und Unterrichtskonzepte zu schlechteren Leistungsergebnissen führen, muss bereit sein, diese Innovationen zu übernehmen, wenn die Evaluation zeigt, dass sie bessere Ergebnisse zur Folge haben.
- Wer die Möglichkeit hatte, seine Bedenken einzubringen und zu erfahren, dass sie zu einer Revision des Innovationskonzepts geführt haben, muss dann auch bereit sein, die Innovation mitzutragen – und das auch dann, wenn sie weiterhin nicht völlig seinen (Wert-)Vorstellungen entspricht.

Wer nicht bereit ist, sich auf diese Verfahrensverpflichtungen einzulassen, zeigt, dass er seinen Widerstand selbst nicht ernst nimmt, und wechselt vom Widerstand zur Verweigerung.

Gleichsinnigkeit und Loyalität durch Erleben schaffen und ermöglichen
Gleichsinnigkeit und Loyalität können nicht angeordnet werden. Sie können nur von unten her entstehen und wachsen, indem im Schulentwicklungsprozess Selbstverpflichtungen entstehen und kollegiale Vereinbarungen Bindungswirkung entfalten. Deshalb muss Schulentwicklung als Selbstentwicklung konzipiert werden.
Was wesentlich für Gleichsinnigkeit und Loyalität sorgt, ist die Sogwirkung erfolgreicher Innovationen dadurch, dass der Zielzustand attraktiv ist und Selbstwirksamkeit erfahren, das Engagement als lohnend erlebt, der Nutzen höher als der Aufwand eingeschätzt und die Gemeinschaftlichkeit gestärkt wird.

(Aus: Adolf Bartz, Pädagogische Tage für die Schulentwicklung nutzen, 67.40. In: A. Bartz et al. Praxis-Wissen SchulLeitung, Köln: Carl Link Wolters Kluwer Deutschland, 2005 ff.)

Externe Schulentwicklungsberatung

Praxishilfe 672307: Checkliste: Kontrakt zwischen Schulleitung und Schulentwicklungsbegleitung

---

Kontrakt zwischen Schulleitung und Schulentwicklungsbegleitung

Bei dem Kontrakt zwischen der Schulleitung und der Schulentwicklungsbegleitung sollten die folgen den Aspekte geklärt werden. Welche Aspekte mündlich vereinbart und welche schriftlich dokumentiert werden, liegt in der Entscheidung der beiden Kontraktpartner. In der Regel sind schriftlich mindestens festzuhalten, welche Leistungen die Schulentwicklungsbegleitung in welchem Zeitraum mit welchen Kosten erbringt.

1. **Themen und Ziele**
   - Was genau ist der Anlass für Anfrage der Schulentwicklungsbegleitung? Was soll am Ende der Begleitung erreicht sein?
   - Auf welche Themen und Aufgabenbereiche bezieht sich die Schulentwicklungsbegleitung? Welche Themen und Aufgaben sollen dabei im Blick sein und bei Bedarf bearbeitet werden? Welche Themen und Aufgaben werden von der Schule geleistet und sind nicht Bestandteil der Begleitung?

2. **Rollen- und Aufgabenklärung**
   - Welche Personen und Gruppen sind an der Schulentwicklung und ihrer Begleitung beteiligt? Welche Aufgaben nehmen sie wahr?
   - Welche Erwartungen haben diese Personen und Gruppen jeweils an die anderen Beteiligten?
   - Welche Zuständigkeiten und Entscheidungskompetenzen werden diesen Personen und Gruppen zugewiesen? Wie werden im Prozess die Rollen und Aufgaben der Schulleitung und der Schulentwicklungsbegleitung voneinander abgegrenzt?

3. **Verfahrensverpflichtungen**
   - Zu welchen Zeitpunkten wird Feedback vorgesehen, um sich zu vergewissern, ob der Schulentwicklungsprozess auf dem richtigen Weg ist und ob neue Themen und Aspekte in die Schulentwicklungsbegleitung einbezogen werden müssen? Ist dabei ein wechselseitiges (berufs)persönliches Feedback zwischen Schulleitung und Schulentwicklungsbegleitung zulässig – und das auch dann, wenn es um ein kritisches Feedback geht? Wie werden Probleme und Störungen im Prozess der Schulentwicklung und ihrer Begleitung kommuniziert und bearbeitet?
   - In welchem Maß hat die Schulentwicklungsbegleitung gegenüber der Schulleitung das Recht oder die Pflicht zur Information, für welche Aspekte gilt ihr Recht und ihr Pflicht zur Verschwiegenheit?
   - Welche wechselseitigen Informationsrechte und -pflichten haben die Personen und Gruppen? Welche Entscheidungen und Maßnahmen dürfen nur nach Absprache mit anderen Personen und Gruppen getroffen und durchgeführt werden? Welche Genehmigungsvorbehalte der Schulleitung sind zu beachten?
   - Welche Räumlichkeit und welche mediale Ausstattung stellt die Schule für die Durchführung von Gesprächen, Besprechungen und Konferenzen zur Verfügung? Welche Vorgaben muss die Schulentwicklungsbegleitung bei der Terminierung beachten (z. B. Gespräche mit Lehrpersonen oder Lehrergruppen nur außerhalb der Unterrichtszeit oder mit der Möglichkeit der Freistellung)?
   - Wer hat in welcher Weise bei einem schwierigen Prozessverlauf das Recht auf eine vorzeitige Vertragsänderung oder -kündigung? Kann eine Kündigung einseitig oder nur im Einvernehmen erfolgen?

4. Leistungen und Honorierung der Schulentwicklungsbegleitung

Welche Leistungen (Analyse und Recherche der schulischen Bedingungen, Gespräche mit Schulleitung und Lehrpersonen oder weiterem Personal, Moderation von Besprechungen, Konferenzen und Pädagogischen Tagen ...) nimmt die Schulentwicklungsbegleitung wahr?

- Welcher Zeitraum wird für die Schulentwicklungsbegleitung vorgesehen? Nach welcher Frist wird über eine Fortsetzung oder Verlängerung der Schulentwicklungsbegleitung und eine entsprechende Nachkontraktierung entschieden?
- Welche Leistungen soll bzw. will die Schulentwicklungsbegleitung nach dem Abschluss der Schulentwicklungsbegleitung bei Bedarf auf Anfrage der Schule zur Verfügung stellen?
- Wie werden die Leistungen der Schulentwicklungsbegleitung honoriert (Stundensatz, Honorar gemäß Leistungskatalog, Honorarpauschale)? Wie werden die Zusatzleistungen nach dem Abschluss der Schulentwicklungsbegleitung honoriert?
- Wer übernimmt die Kosten für Materialien, Kopien und weitere Sachkosten? Werden die Fahrtkosten gesondert erstattet? Wenn ja: Nach welchem Satz?

(Aus: Adolf Bartz, Alfons Doehler, Gabriele Roentgen, Schulentwicklungsbegleitung – Qualifizierung, Konzept und Wirkungen, 67.23. In: A. Bartz et al. PraxisWissen SchulLeitung, Köln: Carl Link Wolters Kluwer Deutschland, 2005 ff.)

Praxishilfe 672301: Das Anforderungsprofil »Schulentwicklungsbegleiterin/Schulentwicklungsbegleiter«

Anforderungsprofil »Schulentwicklungsbegleiter/-in«

Die folgenden Kompetenzen sind Voraussetzung für eine wirksame und verantwortbare Schulentwicklungsbegleitung. Die Qualifizierung von Schulentwicklungsbegleiterinnen und -begleitern setzt die Mehrzahl dieser Kompetenzen voraus. Sie grundlegend zu vermitteln würde den Zeitrahmen und die Möglichkeit der Qualifizierung überfordern. Das Anforderungsprofil bietet deshalb nicht nur den Schulen eine Orientierung bei der Akquise von Schulentwicklungsbegleitung, sondern zugleich eine Orientierung bei der Auswahl der Teilnehmerinnen und Teilnehmer für einen Qualifizierungskurs. Besonders wichtig sind dabei eine grundlegende Feldkenntnis und Erfahrung mit Schulentwicklungsprozessen – als Beteiligte oder als Beraterin – und vor allem eine angemessene Haltung auf der Basis von Wertschätzung und Vertrauen in die Bereitschaft und Fähigkeit der Partner, sich selbst entwickeln zu wollen und zu können. Der Ausprägungsgrad, in dem diese Kompetenzen vorhanden sind, ist Grundlage für die Auswahlentscheidung.

Beratungskompetenzen

- Wünschenswert: Ausbildung und/oder Erfahrungen in Prozessbegleitung (OE-Beratung, Supervision, Mediation, Coaching o. Ä.)
- Methodisches Know-how in externer Beratungstätigkeit (Auftragsklärung, Kontraktgestaltung, Gestaltung von Prozessarchitekturen)
- Erfahrungen im Umgang mit Widerständen und Konflikten
- Methodisches Know-how in der Gestaltung von Prozessbegleitung (Einzelberatung, Arbeit mit Steuergruppen, Konferenzmoderation, ggf. Großgruppenverfahren)

Feldkompetenzen

- Erfahrung mit internen Schulentwicklungsprozessen (Lehrpersonen)
- Erfahrung in der Begleitung und Beratung von Schulen (Berater/-innen)
- Kenntnis aktueller Themenfelder von Schul- und Unterrichtsentwicklung
- Verständnis der besonderen Merkmale von Schule als sozialem System

Personale und soziale Kompetenzen

- Professionelles Standing
- Ruhe, Gelassenheit, Verbindlichkeit
- Konfliktfähigkeit und Kritikfähigkeit
- Grundhaltung der wertschätzenden Kommunikation
- Einfühlungsvermögen und analytische Fähigkeiten zur Einschätzung von Prozessen und Dynamiken
- Gute Kommunikationsfähigkeiten (Zuhören, Erfassung komplexer Zusammenhänge und klare, einfache Sprache)
- Leitungs- und Moderationskompetenzen bei der Leitung von Besprechungen und Pädagogischen Tagen
- Teamfähigkeit

(Aus: Adolf Bartz, Alfons Doehler, Gabriele Roentgen, Schulentwicklungsbegleitung – Qualifizierung, Konzept und Wirkungen, 67.23. In: A. Bartz et al. PraxisWissen SchulLeitung, Köln: Carl Link Wolters Kluwer Deutschland, 2005 ff.)

8. Inklusion

Praxishilfe 421302: Vorschlag zur Kontraktgestaltung

Kontraktgestaltung in multiprofessionellen Teams

Folgende Aspekte sind für die Lehrkräfte zur Strukturierung ihrer Zusammenarbeit zu klären. Diese Auflistung erhebt keinen Anspruch auf Vollständigkeit – vielmehr wird die für das Team persönlich wichtige Ergänzung gewünscht:

Zeitlicher Rahmen	z. B. für gemeinsame Unterrichtsplanungen
Räumliche Bedingungen	in der inneren und äußeren Differenzierung, Arbeits- plätze etc.
Materielle Bedingungen	in der sächlichen Ausstattung, im Differenzierungs- material etc.
Persönliche Erwartungen an die Kooperation	»Arbeitsmoral« – Verpflichtungen und Bedingungen; Werte- und Zielvorstellung für den gemeinsamen Unterricht
Persönliche Stärken und Schwächen	Welcher Arbeitstyp bin ich? Welche Rolle kann ich übernehmen?
Ziele der Kooperation	für die eigene Person, für den Unterricht etc.
Formen der Zusammenarbeit	Informationsfluss, Aufteilung gemeinsamer und einzelner Arbeiten etc.
Verantwortlichkeiten	Wer bearbeitet welchen Bereich federführend? Was wird gemeinsam getragen?
Entscheidungen	Wer entscheidet was? Wie werden Entscheidungen getroffen?
Umgang mit Kritik, Konflikten, Veränderungen	Verständigung auf eine gemeinsame Basis der Gesprächsführung
Zusammenarbeit mit den Eltern	»zwischen Tür und Angel«, Elternarbeit
Zusammenarbeit mit den Kollegen	evtl. Aufteilung der Ansprechpartner
Zusammenarbeit mit der Schulleitung	Wie schaffen wir regelmäßige Transparenz?

(Aus: Diana Fallier, Multiprofessionelle Teams in einer inklusiven Schule – eine Herausforderung für Schulleitungen in der Qualitätsentwicklung ihrer Schulen, 42.13. In: A. Bartz et al. PraxisWissen SchulLeitung, Köln: Carl Link Wolters Kluwer Deutschland, 2005 ff.)

Praxishilfe 342204: Arbeiten mit Kompetenzrastern

Arbeiten mit Kompetenzrastern (das Beispiel der Max-Brauer-Schule Hamburg)

Das Lernbüro in der MBS

Arbeiten mit Kompetenzrastern:

1. Schritt: Die Schülerinnen und Schüler stufen ihr Können selber ein.

2. Schritt: Sie beginnen an der entsprechenden Kompetenzstufe.

3. Schritt: Alle Schülerinnen und Schüler machen den „Eingangstest" in D-M-E.

4. Schritt: Selbsteinschätzung und das Ergebnis der Tests werden überprüft. Im Gespräch wird – wenn nötig – die neue/endgültige Einstufung vorgenommen. Diese wird mit einem **großen Punkt** markiert.

5. Schritt: Die Schülerinnen und Schüler arbeiten an den von ihnen gewählten Schwerpunkten und den vom L. angeregten Schwerpunkten. So erhalten sie im Laufe des Schuljahres viele Punkte und für alle ist der Lernfortschritt sichtbar.

6. Schritt: Die Schülerinnen und Schüler machen am Anfang des nächsten Schuljahres wieder einen Test und können so feststellen, ob sie das Gelernte auch über einen langen Zeitraum behalten haben und anwenden können.

(Aus: Barbara Riekmann/Maja Dammann, Schulen auf dem Weg zum individualisierten Lernen – das Beispiel Max-Brauer-Schule Hamburg, 34.22. In: A. Bartz et al. PraxisWissen SchulLeitung, Köln: Carl Link Wolters Kluwer Deutschland, 2005 ff.)

Teil IV: Zentrale Befunde aus Bildungsberichten

Bildungsberichte der deutschsprachigen Länder

Im Folgenden werden die Ergebnisse der aktuellen Bildungsberichte 2014 aus Deutschland und der Schweiz zusammengefasst und ausgewählte Ergebnisse dargestellt. Der Bildungsbericht Deutschland 2014 ist der fünfte seiner Art; erstmals wurde er 2006 publiziert, dann jeweils im zweijährigen Rhythmus.[1] In der Schweiz erschien nach 2006 und 2010 im Jahr 2014 mittlerweile der dritte Bildungsbericht.[2] Der Bildungsbericht Österreich erscheint seit dem Jahr 2009 im dreijährigen Rhythmus.[3]

Unter www.bildungsmanagement.net/Jahrbuch-Schulleitung finden Sie Linksammlungen zu folgenden Themen:

- Bildungsberichte
- Ministerien und Kultusbehörden
- Bildungsserver
- Schulleitungsverbände

1. Bildungsbericht Deutschland 2014[4]

Autorengruppe Bildungsberichterstattung der Ständigen Konferenz der Kultusminister der Länder in der Bundesrepublik Deutschland und des Bundesministeriums für Bildung und Forschung (Hrsg.) (2014). Bildung in Deutschland 2014. Ein indikatorengestützter Bericht mit einer Analyse zur Bildung von Menschen mit Behinderungen. Bielefeld: W. Bertelsmann Verlag.

Mit dem Bildungsbericht 2014 legt eine unabhängige Gruppe von Wissenschaftlerinnen und Wissenschaftlern eine umfassende und empirisch fundierte Bestandsaufnahme des deutschen Bildungswesens vor. Zu der Autorengruppe gehören neben dem federführenden Deutschen Institut für Internationale Pädagogische Forschung (DIPF) das Deutsches Jugendinstitut (DJI), das Deutsche Zentrum für Hochschul- und Wissenschaftsforschung (DZHW), das Soziologische Forschungsinstitut an der Universität Göttingen (SOFI) sowie die Statisti-

---

1 Vgl. http://www.bildungsbericht.de/.
2 Vgl. http://www.skbf-csre.ch/de/bildungsmonitoring/.
3 Vgl. https://www.bifie.at/nbb. Im Jahrbuch Schulleitung 2013 stellten Barbara Herzog-Punzenberger und Michael Bruneforth eine Zusammenfassung der Ergebnisse des Nationalen Bildungsberichts Österreichs 2012 vor.
4 Quelle aller Zusammenfassungen und Abbildungen der Seiten 385–402:
   Autorengruppe Bildungsberichterstattung der Ständigen Konferenz der Kultusminister der Länder in der Bundesrepublik Deutschland und des Bundesministeriums für Bildung und Forschung (Hrsg.) (2014). Bildung in Deutschland 2014. Ein indikatorengestützter Bericht mit einer Analyse zur Bildung von Menschen mit Behinderungen. Bielefeld: W. Bertelsmann Verlag.
   http://www.bildungsbericht.de/zeigen.html?seite=11123
   http://www.bildungsbericht.de/daten2014/wichtige_ergebnisse_presse2014.pdf
   http://www.bildungsbericht.de/daten2014/bb_2014.pdf

schen Ämter des Bundes und der Länder (Destatis, StLÄ) an.[5] Die Erarbeitung des Berichts»Bildung in Deutschland 2014« wurde von der Ständigen Konferenz der Kultusminister der Länder in der Bundesrepublik Deutschland (KMK) und dem Bundesministerium für Bildung und Forschung (BMBF) gefördert.

1.1 Wichtige Ergebnisse im Überblick

Im Folgenden werden wichtige Ergebnisse im Überblick[6] zum Zustand des deutschen Bildungssystems vorgestellt, dessen Entwicklung in den vergangenen Jahren aufgezeigt und aktuelle Herausforderungen benannt.

Rahmenbedingungen für Bildung

Trotz höherer Bildungsausgaben der öffentlichen Gesamthaushalte im Jahr 2012 ist der Anteil am Bruttoinlandsprodukt (BIP) leicht rückläufig: Die Gesamtausgaben für Bildung, Forschung und Wissenschaft beliefen sich 2012 auf insgesamt 247,4 Milliarden Euro bzw. 9,3% des BIP. Das Ziel, die Ausgaben bis zum Jahr 2015 auf 10% des BIP zu steigern, wurde somit bisher nicht erreicht.

Der Anteil an Personen mit Migrationshintergrund an der Bevölkerung steigt in den jüngeren Altersgruppen weiter an: Von den unter 6-Jährigen hat gut ein Drittel der Bevölkerung einen Migrationshintergrund. Insbesondere in Westdeutschland haben in dieser Altersgruppe einige Länder Anteile von mehr als 40% zu verzeichnen. Dies führt in einzelnen Bildungsinstitutionen, wie z. B. in Kindertageseinrichtungen, zu sich verstärkenden Segregationstendenzen.

Der Anteil der Kinder, die in einer Risikolage aufwachsen, verringert sich leicht, bleibt aber immer noch bei annähernd 30%: Während es 2005 noch 32,4% der Kinder waren, die in mindestens einer Risikolage – erwerbsloses, armutsgefährdetes oder bildungsfernes Elternhaus – aufwuchsen, ist der Anteil bis 2012 auf 29,1% gesunken, der Anteil an Kindern aus Elternhäusern mit allen drei Risikolagen von 4,0% auf 3,4%. Auffällig bleiben die großen Unterschiede zwischen den Ländern; insbesondere in den Stadtstaaten und einigen ostdeutschen Ländern kumulieren die Probleme.

Bildungsteilnahme

Im schulischen Bereich hält der Zustrom zum Gymnasium weiter an. Trotz abnehmender Zahl der Neuzugänge zur beruflichen Ausbildung hat sich die Lage auf dem Ausbildungsstellenmarkt 2013 gegenüber den beiden Vorjahren

---

5 Der Autorengruppe Bildungsberichterstattung gehören an: Prof. Dr. Marcus Hasselhorn (DIPF), Sprecher der Autorengruppe, Prof. Dr. Martin Baethge (SOFI), Prof. Dr. Hans-Peter Füssel (DIPF), Leitender Regierungsdirektor Heinz-Werner Hetmeier (Destatis), Prof. Dr. Kai Maaz (DIPF), Prof. Dr. Thomas Rauschenbach (DJI), Prof. Dr. Ulrike Rockmann (StLÄ), Prof. Dr. Susan Seeber (Universität Göttingen), Prof. Dr. Horst Weishaupt (DIPF), Prof. Dr. Andrä Wolter (HU Berlin/DZHW).
6 Vgl. http://www.bildungsbericht.de/daten2014/wichtige_ergebnisse_presse2014.pdf

für die Jugendlichen verschärft. Die Gesamtquote der Weiterbildungsteilnahme ist 2012 erstmals seit 15 Jahren deutlich erhöht, fast ausschließlich wegen des Anstiegs betrieblicher Weiterbildung.

Erstmalig verzeichnen die duale Ausbildung und der Hochschulbereich eine gleich große Zahl an Anfängerinnen und Anfängern, das Verhältnis dieser beiden Ausbildungsbereiche zueinander bedarf einer Neubestimmung: 2011 haben sich die Anfängerzahlen in den beiden großen Berufsbildungsbereichen mit jeweils ca. 500.000 Personen erstmalig in der Bildungsgeschichte Deutschlands angeglichen, auch bedingt durch die seit längerem rückläufige Zahl der Neuzugänge zur dualen Berufsausbildung.

Trotz leichter Verbesserung bleibt weiterhin eine starke soziale Ungleichheit bei der Bildungsbeteiligung bestehen; besonders prekär ist die Bildungssituation von Personen mit Migrationshintergrund: Schülerinnen und Schüler mit einem niedrigen sozioökonomischen Status besuchen weiterhin erheblich seltener das Gymnasium als diejenigen mit hohem sozioökonomischen Status. Die Ausbildungsperspektiven für bildungsbenachteiligte Jugendliche bleiben weiterhin prekär. Auch 2013 mündet noch über eine viertel Million ausbildungsinteressierter Jugendlicher in das Übergangssystem ein. Nach wie vor sind dies vor allem Jugendliche mit maximal Hauptschulabschluss in den westdeutschen Flächenländern sowie ausländische Jugendliche.

Bildungsprozesse

Der Erfolg schulischer Ganztagsbetreuung bestimmt sich maßgeblich über pädagogische Konzepte; Modelle der Beteiligung und auch einer zeitlichen Flexibilisierung müssen sich hieran ausrichten: Mehr als jede zweite deutsche Schule macht inzwischen Ganztagsangebote, die allerdings nur von einem Drittel aller Schülerinnen und Schüler genutzt werden. Die aktuelle Debatte verkürzt die Frage nach der pädagogischen Qualität der Ganztagsschule stark auf Organisationsmodelle, die aber ihrerseits nur den Rahmen für entsprechende pädagogische Zielvorstellungen abgeben können. Es erscheint fraglich, ob mit dem gegenwärtig dominierenden offenen Organisationsmodell, d. h. einer freiwilligen Teilnahme der Schülerinnen und Schüler, die pädagogischen Möglichkeiten von Ganztagsschulen hinreichend ausgeschöpft werden können.

Hohe Wechsel- und Abbrecherzahlen im Schulbereich, in der dualen Ausbildung und in der Hochschule stellen nach wie vor eine besondere Aufgabe für die einzelnen Bildungsbereiche dar: Trotz schulstruktureller Veränderungen hin zu Schularten, die unter einem Dach mehr als einen Bildungsgang anbieten und damit den Schülerinnen und Schülern mehrere Abschlussoptionen eröffnen, gibt es weiter Schulartwechsel in erheblichem Umfang. Im Laufe der Jahrgangsstufen 5 bis 9 verringern sich die Schülerzahlen an Gymnasien durch Wechsel um insgesamt 10%, während die Schülerzahlen an sonstigen weiterführenden Schularten anwachsen. In der dualen Berufsausbildung besteht eine durchschnittliche Vertragsauflösungsquote von 22%, diese verteilt sich sehr unterschiedlich auf Ausbildungsbereiche und Berufe. Sie unterscheidet sich auch nach schulischem Vorbildungsniveau: Auszubildende mit maximal Hauptschulabschluss haben eine mehr als doppelt so hohe Vertragsauflösungsquote (31%) wie diejenigen mit einer Studienberechtigung (12,5%). Der Studienabbruch im Erststudium stagniert etwa auf dem Niveau der Vorjahre; mehr als ein Viertel der Studierenden im Bachelorstudium bricht nach wie vor ab. Die in der Vergangenheit stark überdurchschnittlichen Abbruchquoten in den MINT-Fächern liegen trotz eines leichten Rückgangs immer noch über dem Durchschnitt. Im Masterstudium bricht nur noch knapp ein Zehntel das Studium ab.

Bildungsergebnisse

Der Bildungsstand der Bevölkerung erhöht sich, der Trend zu höheren Abschlüssen setzt sich fort: Der Anteil der Personen mit Hochschulreife fällt bei den 30- bis unter 35-Jährigen mit 43% rund doppelt so hoch aus wie bei den 60- bis unter 65-Jährigen (22%). Aktuell zeigen sich schulartübergreifend ein Trend zu höheren Abschlüssen und ein kontinuierlicher Rückgang der Abgängerzahl ohne Hauptschulabschluss auf nunmehr 5,9% der gleichaltrigen Bevölkerung. Die Zahl der Personen, die die Hochschulen mit einem ersten Abschluss verlassen, hat sich seit 2002 fast verdoppelt. Junge Frauen erwerben inzwischen häufiger einen Hochschulabschluss als junge Männer; unter den 30- bis unter 35-Jährigen sind es 24% der Frauen und 22% der gleichaltrigen Männer. Der Bachelorabschluss ist mittlerweile zum häufigsten Abschluss geworden. Aufgrund der hohen Übergangsquoten in das Masterstudium steigt auch die Zahl der Absolventinnen und Absolventen mit einem Masterabschluss.

Zum Schwerpunktthema »Menschen mit Behinderungen im Bildungssystem«

Die Behindertenrechtskonvention der Vereinten Nationen stellt bindendes Recht dar: Sie verpflichtet zur Schaffung eines inklusiven Bildungssystems auf allen Ebenen. In Umsetzung dessen sieht sich das bestehende deutsche Bildungssystem mit der Anforderung konfrontiert, Heterogenität und Individualität zum leitenden Handlungsprinzip zu entwickeln. Damit verändern sich die Rollen, Aufgaben und Funktionen aller beteiligten Akteure.

Die Umsetzung hin zu einem inklusiven Bildungssystem stößt auf eine Reihe von strukturellen Problemen, die sich insbesondere aus den grundlegenden Unterschieden zwischen dem Bildungs- und dem Sozialsystem ableiten: Aus der Verschiedenartigkeit von begrifflichen Zuordnungen, aus gewachsenen institutionellen Bedingungen, aus unterschiedlichen professionellen Selbstverständnissen ergeben sich strukturelle Gegensätze, die den Prozess der Inklusion erschweren. So bedingen die angewandten Diagnoseverfahren – entwicklungs-diagnostische Verfahren im vorschulischen Bereich; die pädagogisch orientierte Feststellung eines sonderpädagogischen Förderbedarfs im Schulalter; überwiegend arbeitsmedizinisch orientierte Gutachtenverfahren im Rahmen der beruflichen Bildung – unterschiedliche und miteinander kaum vergleichbare Ergebnisse. Darüber hinaus sind diese Verfahren zwischen Ländern, Regionen und nach Art der Behinderungen verschieden, so dass die daran anknüpfenden Fördermaßnahmen höchst unterschiedlich ausgestaltet sind.

Immer mehr Kinder und Jugendliche mit und ohne Behinderungen besuchen gemeinsam Kindertageseinrichtungen und Schulen; der Anteil nimmt aber mit zunehmendem Alter deutlich ab: Beträgt der Anteil der Kinder mit Eingliederungshilfen oder sonderpädagogischem Förderbedarf, die in Einrichtungen der frühkindlichen Bildung gemeinsam mit Kindern ohne Behinderungen betreut werden, mehr als zwei Drittel, so sind es im Grundschulbereich rund 44% der Kinder mit sonderpädagogischem Förderbedarf, die gemeinsam mit Kindern ohne einen solchen Förderbedarf unterrichtet werden. Im Sekundarbereich I sind es nur noch ungefähr 23%. Es zeigt sich, dass sich mit jeder Bildungsstufe der Anteil der gemeinsam betreuten und unterrichteten Kinder bzw. Jugendlichen deutlich verringert.

Bei rund 493.000 Schülerinnen und Schülern wurde in Deutschland ein sonderpädagogischer Förderbedarf im Schulbereich festgestellt: Die Quote ist dabei, bedingt durch demografische Veränderungen, auf nunmehr 6,6% der Gesamtschülerschaft gestiegen; dabei schwankt sie im Ländervergleich erheblich, zwischen 4,9% und 10,5%. Von allen Schulanfängerinnen und -anfängern werden 3,3% direkt in Förderschulen eingeschult. Noch immer stellen Schülerinnen und Schüler mit einem Förderbedarf im Bereich »Lernen« mit 40% die größte Gruppe dar, wenngleich sich in den letzten Jahren deutliche Verschiebungen zwischen den Förderschwerpunkten ergeben haben. Auch im Rahmen der beruflichen Ersteingliederung werden mit 57% am häufigsten Personen mit einer Lernbehinderung gefördert.

Allgemeine Bildungsabschlüsse sind für Schülerinnen und Schüler mit sonderpädagogischem Förderbedarf teilweise nur eingeschränkt erreichbar: Bundesweit haben fast drei Viertel derjenigen, die eine Förderschule verlassen, keinen allgemeinbildenden Schulabschluss erworben, sondern lediglich einen spezifischen Abschluss der Förderschule; teilweise ist dies dadurch bedingt, dass die schulrechtlichen Vorgaben des Landes den Erwerb eines allgemeinbildenden Schulabschlusses nicht vorsehen.

Innerhalb der beruflichen Ausbildung bestehen eigene Ausbildungsgänge für Menschen mit Behinderungen; deren Einbeziehung in Regelausbildungen tritt demgegenüber zurück: Rund 10.000 Jugendliche münden in die entsprechenden, gesonderten Ausbildungsgänge ein; dabei verfügen 57% über einen Hauptschulabschluss, 40% haben die Ausbildung ohne einen solchen aufgenommen. Auffällig ist die hohe Quote der Ausbildungsabbrecher.

An den Hochschulen studieren Menschen mit und ohne Behinderungen zielgleich; Studierende mit Beeinträchtigungen haben besondere Unterstützungsbedarfe, die an den Hochschulen nicht immer erfüllt werden: Studierende, die gesundheitlich im Studium beeinträchtigt sind, haben häufig eine längere Studiendauer und ein höheres Risiko, das Studium abzubrechen.

Das für Bildung und Förderung von Menschen mit Behinderungen eingesetzte Personal ist gegenwärtig nicht immer fachlich einschlägig qualifiziert; Aus-, Fort- und Weiterbildung für das pädagogische Personal erklären zunehmend Inklusion zum Bestandteil der Ausbildung: Das pädagogische Personal, das in Kindertageseinrichtungen im Rahmen der Förderung von Kindern mit einer einrichtungsgebundenen Eingliederungshilfe eingesetzt wird, ist deutlich einschlägiger qualifiziert als das Personal in anderen Arbeitsbereichen. Beim pädagogischen Personal an Förderschulen verfügt ein Drittel nicht über einen entsprechenden sonderpädagogischen Lehramtsabschluss. Das bestehende Angebot, um das bei der Bildung von Menschen mit Behinderungen tätige Fachpersonal in der Erstausbildung sowie durch Maßnahmen der Fort- und Weiterbildung zu qualifizieren, entspricht nicht dem erklärten Bedarf.

Ressourcen stehen gegenwärtig aus unterschiedlichen Bereichen zur Verfügung, es fehlt ein abgestimmtes Konzept ihrer Nutzung: Beim Zusammenspiel von Sozial- und Bildungssystem bei Maßnahmen der Bildung und Förderung von Menschen mit Behinderungen wirkt sich die Unterschiedlichkeit der Zuständigkeiten und inhaltlichen Ansätze belastend aus. Das betrifft besonders die Bewilligung und Zuordnung von Ressourcen. Personenbezogene Zuweisungen und solche systemischer Art bedürfen einer eindeutigen Abstimmung.

1.2 Zentrale Herausforderungen: Das deutsche Bildungswesen zwischen Bewegung und Stillstand[7]

Die in diesem Bildungsbericht dargestellten Befunde zeigen, dass das Bildungswesen in den letzten Jahren von viel Bewegung gekennzeichnet ist und eine ganze Reihe von Reformen begonnen wurde. Am deutlichsten tritt dies im Ausbau und der institutionellen Differenzierung in der frühkindlichen Bildung, Betreuung und Erziehung, in der weiteren Differenzierung innerhalb des allgemeinbildenden und des beruflichen Schulwesens sowie bei der Ausweitung von Ganztagsschulangeboten zutage, aber auch in der starken Zunahme der Studienberechtigtenquote und schließlich auch bei der Zahl der Hochschulabsolventen. Am ehesten ausgespart von dieser Bewegung sind die Bereiche der

---

7 Vgl. http://www.bildungsbericht.de/daten2014/wichtige_ergebnisse_web2014.pdf, S. 11–12.

Berufsausbildung und der Weiterbildung, wenn man bei letzterer vom Anstieg der Gesamtteilnehmerquote absieht.

Ein Problem dieser verstärkten Dynamik im Bildungswesen lässt sich darin sehen, dass die vielfältigen Aktivitäten jeweils stark auf bestimmte Bildungsinstitutionen und/oder Regionen bezogen sind. Dabei drängt sich die Frage auf, wie bei dieser Vielzahl von Aktivitäten hinreichend Transparenz und Übersichtlichkeit innerhalb von Ländern sowie über Ländergrenzen und Bildungsbereiche hinweg hergestellt werden kann.

In vielen Bildungsbereichen stand unter dem Druck verstärkter Nachfrage der quantitative Ausbau der Institutionen des Bildungssystems im Vordergrund. Auch vor dem Hintergrund der demografischen Perspektive, die eine bessere Entwicklung und Nutzung aller Bildungspotenziale dringend erforderlich macht, gewinnen zunehmend qualitative Aspekte der Gestaltung von Bildungsinstitutionen und Bildungsprozessen an Bedeutung. Diese Gesichtspunkte lassen sich als Herausforderungen für die Politik beispielhaft an fünf, im Bildungsbericht dargestellten Handlungsfeldern verdeutlichen:

- Ein *erstes Handlungsfeld* stellt die frühkindliche Bildung, Betreuung und Erziehung dar. Im Zuge des quantitativen Ausbaus sind Fragen der Qualität weitgehend offen geblieben, etwa die nach einem kind- und altersgerechten Personalschlüssel oder die nach der für die Förderung der Kinder am besten geeigneten Altersstruktur in den Gruppen. Auch die auffälligen regionalen und kommunalen Unterschiede in der Bereitstellung und der (zeitlichen) Ausgestaltung der Angebote verdienen Aufmerksamkeit.
- Die Gestaltung der Ganztagsschule betrifft ein *zweites Handlungsfeld*. Der Wunsch nach Ganztagsbeschulung ist in der Bevölkerung in den letzten Jahren deutlich gestiegen. Er folgt auch einem internationalen Trend. Eltern, die bei Ganztagsbeschulung einen Teil ihrer Bildungs-, Betreuungs- und Erziehungsaufgaben an die Schule.abtreten, werden die Ganztagsschulen kritisch im Auge haben und kontrollieren. Ein klares pädagogisches Konzept für die Gestaltung von Schulen im Ganztagsbetrieb, das schultyp- und regionenübergreifend Standards verbindlich macht, zugleich aber auch auf die Spezifika der einzelnen Schule eingeht und diese nutzt, erscheint als ein Gebot der Stunde. Dies setzt unter anderem eine Verständigung einerseits über das zukünftige Verhältnis der Schularten und Bildungsgänge des allgemeinbildenden Schulwesens voraus, insbesondere im Sekundarbereich I, sowie andererseits über die gezielte Einbeziehung außerschulischer Akteure.
- Als *drittes Handlungsfeld* bleibt die Organisation des Übergangs von den allgemeinbildenden Schulen in die Berufsausbildung aktuell. Wenn trotz demografisch bedingter Rückläufigkeit der Ausbildungsnachfrage und einer relativen Entspannung auf dem Ausbildungsmarkt immer noch über eine viertel Million Jugendliche nach dem Schulabschluss zunächst in einer der vielen

Maßnahmen des Übergangssystems einmündet, gilt es, verstärkt die Frage nach der inhaltlichen Systematisierung und zugleich der politischen Koordinierung des Übergangssystems zu stellen. Sie ist in früheren Bildungsberichten im Zusammenhang der Ressourceneffizienz für die ins Übergangssystem fließenden Mittel bereits thematisiert worden.[8] Heute stellt sich die Frage nach der Verbindlichmachung von institutionenübergreifenden Gestaltungskonzepten; institutionenübergreifend bedeutet hier einen weiten Radius, weil neben unterschiedlichen Bildungsinstitutionen (allgemeinbildende und berufliche Schulen) auch solche des Sozialsystems (Jugendhilfe) und des Arbeitsmarktes (Betriebe, Arbeitsverwaltung) mit ihren je eigenen Leitbildern eingebunden sind und mitgestalten.

• Als *viertes Handlungsfeld*, in dem der Systemhorizont ebenfalls weit gespannt ist, lässt sich die Schnittstelle zwischen Berufsausbildung und Hochschulausbildung identifizieren. Durch die Verschiebung der Schulabsolventenströme zum Hochschulstudium ist in den letzten Jahren eine neue Konstellation im Verhältnis der beiden großen Ausbildungsbereiche, der dualen Berufsausbildung und dem Hochschulstudium, eingetreten. Sie führt gegenwärtig mehr oder weniger naturwüchsig ansatzweise auch zu neuen Zwischenformen (Hybridisierung) zwischen Berufsausbildung und Studium, über deren Entwicklungsdynamik wenig Transparenz herrscht. Sicher erscheint nur: Soll es nicht zu einer dysfunktionalen Konkurrenz um – demografisch bedingt – zurückgehende Schulabsolventenzahlen zwischen den großen Ausbildungssektoren kommen, bedarf es eines neuen ausbildungspolitischen Konzepts für beide Bereiche. Ein solches ins Leben zu rufen, erscheint wegen der grundlegenden institutionellen Differenz zwischen diesen beiden Bereichen extrem schwierig. Wie marktmäßige sowie korporatistische (duale Ausbildung) und politische Steuerung (Hochschule) zu gemeinsamen Konzepten kommen sollen, ist im Augenblick schwer ersichtlich – bleibt aber erforderlich.

• Die Probleme übergreifender Bildungskonzeptionen kumulieren im *fünften Handlungsfeld*, der Inklusion von Menschen mit Behinderungen auf allen Stufen und in allen Bereichen des Bildungssystems. Neben den in diesem Bericht beschriebenen institutionellen Fragen der Ausgestaltung von Bildung für Menschen mit Behinderungen dürfen bei der anstehenden Entwicklung Fragen der Qualität der Bildungsangebote nicht aus dem Blick geraten.

Diese beispielhaft aufgeführten Handlungsfelder lassen sich ohne übergreifende Bildungskonzepte nicht angemessen gestalten, weil institutionelle Veränderungen in einem Bildungsbereich nicht-intendierte Folgewirkungen in anderen nach sich ziehen können. Hier stellt sich die Frage, wie die notwendigen Abstimmungsprozesse zwischen verschiedenen Bildungsebenen und -akteuren organisiert werden können. Wichtig erscheint dabei, dass Bund und Länder

---

8 Vgl. Autorengruppe Bildungsberichterstattung (2008), Bildung in Deutschland 2008, S. 166f.

sich auf konsensfähige, operationalisierbare Ziele verständigen, die es mittelfristig gestatten, zumindest die genannten Handlungsfelder zusammenzuführen.

1.3 Exemplarische Ergebnisse

Im Folgenden werden ausgewählte Inhalte des Bildungsberichts kurz benannt.

Einschulung: Zeitpunkt und Kompetenzen im Bereich Sprache

Obwohl Eltern unter gewissen Voraussetzungen beeinflussen können, zu welchem Zeitpunkt ihre Kinder in die Schule übergehen, wird im Rahmen der Schuleingangsuntersuchung grundsätzlich auf Basis des kindlichen Entwicklungsstands über eine vorzeitige, fristgerechte oder spätere Einschulung entschieden. Zudem können pädagogische Fachkräfte in Kindertageseinrichtungen die Eltern hinsichtlich des Einschulungszeitpunktes beraten. Auf Basis von NEPS-Daten[9] wird deutlich, dass die subjektive Einschätzung zum möglichen Einschulungszeitpunkt des Kindes durch die pädagogische Fachkraft in der Kindertageseinrichtung sehr stark mit den gemessenen sprachlichen Kompetenzen des Kindes in Zusammenhang steht (**Abb. C6-1**). Kinder, die nach Einschätzung der Fachkräfte vorzeitig eingeschult werden können, weisen höhere Wortschatz- und Grammatikkompetenzen in der deutschen Sprache auf als Kinder, von denen angenommen wird, dass sie verspätet eingeschult werden sollten. Dies verdeutlicht, dass es eine hohe Übereinstimmung zwischen dem von der Erzieherin beobachteten Entwicklungsstand und den gemessenen Sprachfähigkeiten gibt. Dies ist nicht nur ein Hinweis auf die Einschätzungskompetenz der Fachkräfte, sondern auch eine wichtige Bedingung dafür, dass diese die Kinder bis zur Einschulung individuell fördern können. Um die bisherige Förderung fortsetzen zu können und Kindern den Übergang in die Schule zu erleichtern, erscheint vor diesem Hintergrund eine stärkere Kooperation zwischen Erzieherinnen und Grundschullehrkräften im Vorfeld des Übergangs in die Schule von Vorteil.

---

9 Das Nationale Bildungspanel (National Educational Panel Study) ist eine Längsschnittstudie am Leibniz-Institut für Bildungsverläufe e. V. (LIfBi, Bamberg) zur Erforschung von Bildungsprozessen und Kompetenzentwicklung in Deutschland beginnend von früher Kindheit bis ins hohe Erwachsenenalter (Blossfeld, H.-P., Roßbach, H.-G. & von Maurice, J. (Hrsg.) (2011). Education as a lifelong process. Wiesbaden: VS Verlag.).

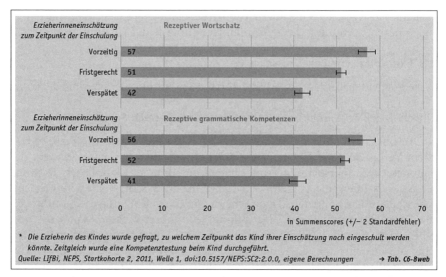

Abb. C6-1: *Mittelwerte im rezeptiven Wortschatz und den Grammatikkompetenzen bei 5-Jährigen 2011 differenziert nach der Einschätzung der Erzieherin zum möglichen Einschulungszeitpunkt* (in standardisierten Werten M)*

Quantitative Entwicklung des Schulangebots

Ein wohnortnahes Schulangebot für Kinder und Jugendliche sicherzustellen wird angesichts der demografischen Entwicklung in vielen Regionen außerhalb städtischer Ballungsräume zu einer Herausforderung. Dies gilt für den Primarbereich, und mehr noch für den gegliederten Sekundarbereich, in dem die Schülerinnen und Schüler unterschiedliche Schularten besuchen. Seit 2006 ist die Zahl der Grundschulen, die mit knapp 16.000 Einrichtungen das dichteste Standortnetz unter allen Schularten aufweisen, nur noch leicht rückläufig. Gleichwohl ist die Schülerzahl im selben Zeitraum von 3,2 auf 2,7 Millionen Kinder weiter gesunken, was eine Verkleinerung der durchschnittlichen Schulgröße bedeutet. Da die Schülerzahlen im Primarbereich bis 2025 voraussichtlich um weitere 15% zurückgehen werden, wird sich diese Entwicklung vor allem in den westdeutschen Flächenländern mittelfristig fortsetzen.

Im Sekundarbereich wird bis 2025 sogar eine Verringerung der Schülerschaft um 22% erwartet, was die Aufrechterhaltung eines wohnortnahen, mehrgliedrigen Schulartangebots vielerorts erschwert. Neben der demografischen Entwicklung sind auch die Finanzsituation der öffentlichen Haushalte, der im veränderten Schulwahlverhalten der Eltern zum Ausdruck kommende Trend zu höheren Abschlüssen sowie die bildungspolitischen Ziele zur Erhöhung der Durchlässigkeit im Schulwesen ausschlaggebend dafür, dass die klassische dreigliedrige Schulstruktur aus Hauptschule, Realschule und Gymnasium inzwischen in keinem Land mehr zu finden ist. Die Zahl von Schulen mit mehreren Bildungsgängen ist allein zwischen 2006 und 2012 um ca. 50% auf beinahe 2.000 Schulen gestiegen (**Abb. D1-1**). Bei den Gesamtschulen entspricht die Steigerung auf gut 1.200 Einrichtungen – einschließlich der in vier Ländern neu geschaffenen Gemeinschaftsschulen – fast einer Verdopplung. Die Schülerzahlen haben sich für diese beiden Schularten zusammengenommen um 35% auf knapp eine Million erhöht. Erhebliche Rückgänge verzeichnen hingegen eigenständige Hauptschulen und Realschulen. Bei den Hauptschulen haben sowohl die Zahl der Einrichtungen als auch die der Schülerinnen und Schüler seit 2006 um etwa ein Drittel abgenommen. Mit insgesamt 3.400 Schulen handelt es sich gleichwohl auch im Jahr 2012 um die Sekundarschulart mit den meisten Schulstandorten, wenn auch nicht mit der höchsten Schülerzahl.

Weitgehend stabil bleibt trotz ebenfalls rückläufiger Schülerzahlen die Anzahl der Förderschulen und der Gymnasien. Die Einschätzung ihrer weiteren Entwicklung ist jedoch schwierig, da unklar ist, in welchem Umfang mit der Verbreitung von Gesamtschulen und sonstigen Schularten mit drei Bildungsgängen alternative Wege zur Hochschulreife nachgefragt werden, die – im Unterschied zur meist verkürzten Schulbesuchsdauer der Gymnasien (G8) – in neun Jahren zum Abitur führen. Zudem konnten an beruflichen Schulen in den letzten Jahren vollzeitschulische Bildungsgänge, die auf den Erwerb der Hochschulreife ausgerichtet sind, stetig mehr Schülerinnen und Schüler für die Fortsetzung ihrer Schulausbildung gewinnen.

Beim allgemeinbildenden Schulangebot sind auch Veränderungen in der Trägerstruktur zu beobachten. Während öffentliche Schulen in den vergangenen zwei Jahrzehnten aus demografischen Gründen vielerorts nicht aufrechterhalten werden konnten, hat sich die Anzahl der Schulen in freier Trägerschaft allein seit 2006 um 25% auf gut 3.700 Schulen erhöht. Die deutlichsten Steigerungen verzeichnen, neben den Grundschulen (+ 32%), die Schularten mit mehreren Bildungsgängen (+ 135%) und vor allem die Integrierten Gesamtschulen (+ 283%). Gleichwohl sind – von Schulen des Zweiten Bildungsweges abgesehen – die Förderschule mit 19% und das Gymnasium mit 14% am häufigsten in freier Trägerschaft.

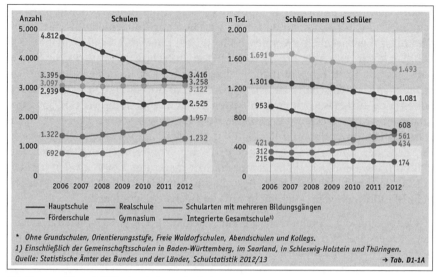

Abb. D1-1: Allgemeinbildende Schulen und Schülerinnen und Schüler an diesen Schulen im Sekundarbereich I (Jg. 5–10) 2006 bis 2012 nach Schularten* (Anzahl)

Pädagogisches Personal: Rahmenbedingungen des Personaleinsatzes

Im Rahmen der IQB-Erhebungen[10] wurde unter anderem erfasst, in welchem Umfang Unterricht von Lehrkräften in Fächern erteilt wird, die sie nicht studiert haben. Diese Ergebnisse sind deshalb von besonderem Interesse, weil aufgezeigt wurde, dass sich fachfremd erteilter Unterricht auf die Schülerleistungen im Mathematikunterricht sowohl in der Grundschule als auch im Sekundarbereich I bedeutsam auswirkt. Im Sekundarbereich I erreichen fachfremd unterrichtete Schülerinnen und Schüler auch bei Berücksichtigung anderer Merkmale deutlich schlechtere Mathematikleistungen.

Der hohe Anteil von Lehrkräften, der in einigen Ländern ohne entsprechende Lehrbefähigung Mathematikunterricht erteilt, und der bundesweite Durchschnitt von 27% in der Grundschule und von 14% in Sekundarschulen (**Abb. D4-2**) sollte Anlass sein, die fachliche Qualifikation der Lehrkräfte bei deren Unterrichtseinsatz mehr zu beachten.

Ein zentraler Kennwert für bildungspolitische Planungen und die Versorgung von Schulen mit Lehrpersonal ist die Schüler-Lehrer-Relation. Sie beträgt für den Primarbereich 16,6 sowie den Sekundarbereich I 14,3 Schülerinnen bzw.

---

10 Stanat, P., Pant, H. A., Böhme. K. et. al. (Hrsg.) (2011). Kompetenzen von Schülern am Ende der vierten Jahrgangsstufe in den Fächern Deutsch und Mathematik. Ergebnisse des IQB-Ländervergleichs 2011. Münster: Waxmann; Pant, H. A., Stanat, P., Schroeders, U. et al. (Hrsg.) (2012). IQB-Ländervergleich 2012. Mathematik und naturwissenschaftliche Kompetenzen am Ende der Sekundarstufe I. Münster: Waxmann.

Schüler je Lehrervollzeitäquivalent. Im Primarbereich streut die Schüler-Lehrer-Relation[11] zwischen 13,7 in Hamburg und 17,8 in Baden-Württemberg. Thüringen hat mit 11,2 die niedrigste und Nordrhein-Westfalen mit 15,4 die höchste Schüler-Lehrer-Relation im Sekundarbereich I.

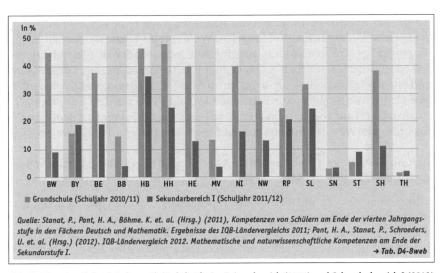

Grundschule (Schuljahr 2010/11)   Sekundarbereich I (Schuljahr 2011/12)

Quelle: Stanat, P., Pant, H. A., Böhme. K. et. al. (Hrsg.) (2011), Kompetenzen von Schülern am Ende der vierten Jahrgangsstufe in den Fächern Deutsch und Mathematik. Ergebnisse des IQB-Ländervergleichs 2011; Pant, H. A., Stanat, P., Schroeders, U. et. al. (Hrsg.) (2012). IQB-Ländervergleich 2012. Mathematische und naturwissenschaftliche Kompetenzen am Ende der Sekundarstufe I.   → Tab. D4-8web

Abb. D4-2: Anteil der (Mathematik-)Lehrkräfte im Primarbereich (2011) und Sekundarbereich I (2012) ohne Lehrbefähigung im Fach Mathematik nach Ländern (in %)

Kinder mit Behinderungen: Übergang in die Schule

Wirft man einen Blick auf die Gruppe der noch nicht eingeschulten Kinder im Einschulungsalter, so fällt auf, dass die Anteile derjenigen, die eine einrichtungsgebundene Eingliederungshilfe in Kindertageseinrichtungen erhalten, deutlich ansteigen: mit einem Anteil von 5,4% bei den 6-Jährigen bzw. 22,9% bei den rund 1.500 Kindern, die älter als 6 Jahre sind. Auch in Förderschulkindergärten und schulvorbereitenden Einrichtungen befinden sich teilweise Kinder mit einem sonderpädagogischen Förderbedarf, die vom Schulbesuch zurückgestellt wurden. So sind beispielsweise von den rund 7.700 Kindern in schulvorbereitenden Einrichtungen in Bayern 29% vom Schulbesuch zurückgestellt.[12]

Am Übergang zwischen dem Elementar- und dem Primarbereich ändert sich die Diagnose von Behinderungen von einem vorwiegend medizinisch geprägten Verfahren hin zu einer eher pädagogischen Feststellung. Dieser Wechsel der Di-

---

11 die sich mathematisch aus drei Komponenten herleiten lässt: der Klassenfrequenz, dem Angebot an Lehrerstunden sowie den erteilten Unterrichtsstunden (Stunden je Klasse):
SLR = Klassenfrequenz × (Erteilte) Unterrichtsstunden je Lehrer/Erteilte Unterrichtsstunden je Klasse.
12 *Eigene Berechnung nach: Bayerisches Landesamt für Statistik und Datenverarbeitung (2013). Volksschulen zur sonderpädagogischen Förderung und Schulen für Kranke in Bayern. Stand: 1. Oktober 2012. München.*

agnostik und damit der Zuordnung erschwert die Vergleichbarkeit zwischen denjenigen Kindern, die eine Eingliederungshilfe in Kindertageseinrichtungen erhalten oder sich in einer schulvorbereitenden Einrichtung oder einem Förderschulkindergarten befinden, und jenen Kindern mit einem für den Schulbesuch festgestellten sonderpädagogischen Förderbedarf. Der Vergleich der Bedingungen für die Teilhabe von Kindern mit Behinderungen in beiden Bildungsbereichen erscheint dennoch aufschlussreich: Während im Elementarbereich knapp ein Drittel der Kinder mit Eingliederungshilfe oder sonderpädagogischem Förderbedarf unterschiedlichen Alters in eher separierenden Settings betreut wird, sind es bei der Einschulung von Kindern mit sonderpädagogischem Förderbedarf zwei Drittel, die direkt in eine Förderschule eingeschult werden. Demnach geht mit dem Übergang von der Kindertagesbetreuung in die Schule eine deutliche Reduzierung des Anteils gemeinsamer Bildung, Betreuung und Erziehung einher.

Bildungsbeteiligung von Kindern mit sonderpädagogischem Förderbedarf im Schulalter

Insgesamt besucht in Deutschland von den etwa 493.000 Schülerinnen und Schülern mit sonderpädagogischem Förderbedarf nach wie vor der Großteil eine Förderschule. Allerdings haben sich sowohl die Zahl als auch der Anteil der Schülerinnen und Schüler mit sonderpädagogischem Förderbedarf, die keine Förderschule besuchen, seit dem Schuljahr 2000/01 mehr als verdoppelt: 2012/13 wurde gut jedes vierte Kind mit sonderpädagogischer Förderung an sonstigen allgemeinbildenden Schulen unterrichtet.

Die Spannbreite der Anteile reicht dabei im Ländervergleich von 15 bis zu mehr als 50%. Zu berücksichtigen ist jedoch, dass die Vergleichbarkeit zum einen aufgrund uneinheitlicher Erfassungskriterien für sonderpädagogische Förderung eingeschränkt ist (**Abb. H3-2**). Zum anderen verbergen sich je nach Land unterschiedliche Konzepte hinter den statistisch erfassten Maßnahmen der schulischen Integration.

Solche Unterschiede in der Umsetzung der gemeinsamen Beschulung ergeben sich z. B. hinsichtlich der Anbindung und Zusammensetzung der Klassen, der Anzahl der anwesenden Lehr- und sonderpädagogischen Fachkräfte, der Differenzierung zwischen zielgleichem und zieldifferentem Lernen sowie mit Blick auf Umfang bzw. Dauer der Förderung.[13] Die konkrete Ausgestaltung kann insofern zwischen und innerhalb der Einzelschulen variieren, so dass es schwer ist, klar und eindeutig zwischen Integration (gemeinsamer Besuch einer Einrichtung) und Inklusion (gemeinsames Lernen in heterogenen Lerngruppen) zu unterscheiden.

---

13 *Für einen aktuellen Überblick über Umsetzungsformen von Integration bzw. Inklusion in den Ländern vgl. Gresch, C., Piezunka, A. & Solga, H. (2014). Eine Ergänzungsstichprobe von Integrationsschülerinnen und -schülern im Rahmen des Nationalen Bildungspanels: Möglichkeiten und Perspektiven. NEPS Working Paper No. 37.*

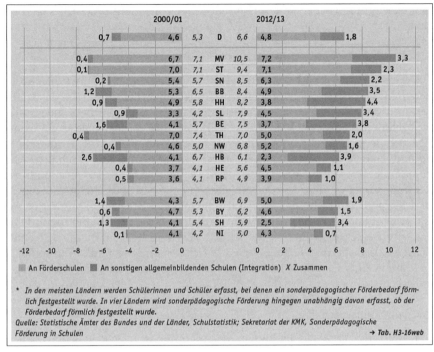

Abb. H3-2: Sonderpädagogische Förderung* 2000/01 und 2012/13 nach Ländern und Förderort (in %)

Die Schülerschaft mit sonderpädagogischem Förderbedarf ist wie im frühkindlichen Bereich zu etwa zwei Dritteln männlich, ihr Anteil fällt in den Förderschwerpunkten »Emotionale und soziale Entwicklung« (84%) und »Sprache« (69%) am höchsten aus. Es bestehen allerdings keine nennenswerten Unterschiede mit Blick auf den Förderort, das heißt, sowohl an Förder- als auch an sonstigen allgemeinbildenden Schulen sind männliche Schüler in vergleichbarem Ausmaß überrepräsentiert. Anders stellt sich die Verteilung nach ethnischer Herkunft dar: Unter allen Schülerinnen und Schülern mit sonderpädagogischem Förderbedarf sind jene mit ausländischer Staatsangehörigkeit nicht nur überrepräsentiert. Sie werden auch in fast allen Förderschwerpunkten (teils deutlich) seltener integrativ gefördert. Große Unterschiede bestehen auch mit Blick auf die sozioökonomische Lage von Schülerinnen und Schülern an Förderschulen gegenüber jenen an sonstigen allgemeinbildenden Schulen.[14] Insbesondere der große Anteil an Förderschülerinnen und -schülern, deren Eltern un-

---

14 Müller, K., Prenzel, M., Sälzer, C., Mang, J. & Gebhardt, M. (eingereicht). Wie schneiden Schülerinnen und Schüler an Sonder- und Förderschulen bei PISA ab? Analysen aus der PISA 2012-Zusatzerhebung zu Jugendlichen mit sonderpädagogischem Förderbedarf. Unterrichtswissenschaft 2014.

und angelernte Arbeiter sind, verweist auf ein weniger lernförderliches familiäres Umfeld.

Schullaufbahnen und Schulabschlüsse

Vor dem Hintergrund des Zusammenhangs zwischen Förderort und Kompetenzentwicklung ist es als problematisch anzusehen, dass im Verlauf der Schulzeit nur wenige Schulartwechsel stattfinden, und überdies mehr Schülerinnen und Schüler an Förderschulen wechseln als von einer Förderschule an eine sonstige Schule zurückkehren: Auf jeden zweiten Wechsel in eine Förderschule kommt eine Rücküberweisung an sonstige allgemeinbildende Schulen. Mit der Sonderauswertung der Statistischen Ämter nach Förderschwerpunkten kann aufgezeigt werden, dass die Zahl der Schülerinnen und Schüler mit Sinnes- und Körperbeeinträchtigungen erwartungsgemäß weitgehend konstant bleibt, während für Förderschulen mit dem Schwerpunkt »Lernen« bis zur 9. Jahrgangsstufe eine stete Zunahme der Schülerzahl zu beobachten ist, mit dem deutlichsten Zuwachs in Jahrgangsstufe 3.[15] Im Förderschwerpunkt »Emotionale und soziale Entwicklung« ist die größte Steigerung bereits nach der 1. Jahrgangsstufe beobachtbar. Mit 6.900 bzw. 8.000 Kindern stellt gleichwohl der Bereich »Sprache« den häufigsten sonderpädagogischen Schwerpunkt in den ersten beiden Jahrgangsstufen dar.

Korrespondierend zu den im Lauf der Schulzeit ansteigenden Schülerzahlen an Förderschulen zeigen sich auch für die integrative Beschulung nach dem Übergang in den Sekundarbereich I sinkende Beteiligungsquoten: Während im Primarbereich 44% aller Schüler mit Förderbedarf (ohne Schulen für »Geistige Entwicklung«) integrativ unterrichtet werden, sind es im Sekundarbereich I nur noch halb so viele (23%).

Die Tatsache, dass nach wie vor die sonderpädagogische Förderung in Sondereinrichtungen überwiegt und deutlich mehr Schülerinnen und Schüler im Laufe der Schulzeit auf eine Förderschule wechseln als von dort zurückkehren, erhält mit Blick auf die erreichbaren Abschlüsse besondere Relevanz. Bei allen zielgleich unterrichteten Förderschwerpunkten besteht die Möglichkeit, einen der üblichen Schulabschlüsse zu erwerben. Für die Schülerinnen und Schüler mit Schwerpunkt »Lernen« und »Geistige Entwicklung« stellt sich die Situation jedoch anders dar, denn an Förderschulen mit Schwerpunkt »Lernen« ist in manchen Ländern die Erteilung eines Hauptschul- oder höher qualifizierenden Abschlusses nicht vorgesehen. An Förderschulen des Schwerpunkts »Geistige Entwicklung« besteht in keinem Land eine solche Möglichkeit. Es kann aber am Ende des Förderschulbesuchs ein spezifisches Abschlusszertifikat zuerkannt

---

15 *Nach der Sonderauswertung werden Schülerinnen und Schüler, deren Förderschwerpunkt beim Übergang in die Schule noch nicht endgültig festgelegt wurde, ab Jg. 2 oder 3 zumeist den Förderschwerpunkten »Lernen« oder »Emotionale und soziale Entwicklung« zugeordnet.*

werden – beim Förderschwerpunkt »Lernen« in jedem Land, im Bereich »Geistige Entwicklung« in fast allen Ländern. Insofern wird mit der Zuweisung zum jeweiligen Förderschwerpunkt und -ort auch eine Prognose darüber ausgesprochen, welchen Schulabschluss das Kind später erreichen kann.

Von den 37.108 Schülerinnen und Schülern, die 2012 eine Förderschule verlassen haben, gingen fast drei Viertel ohne (mindestens) Hauptschulabschluss ab. Der Großteil dieser Jugendlichen stammt aus Förderschulen mit den Förderschwerpunkten »Lernen« bzw. »Geistige Entwicklung«, sie erlangten zu 85 bzw. 91% den spezifischen Abschluss des jeweiligen Förderschwerpunktes. Aber auch mit Blick auf zielgleich unterrichtete Schülerinnen und Schüler zeigt sich, dass z. B. ein Drittel von Förderschulen für »Emotionale und soziale Entwicklung« abgeht, ohne zumindest den Hauptschulabschluss erreicht zu haben. Dass auch in den anderen Förderschwerpunkten nur wenige höher qualifizierende Abschlüsse als der Hauptschulabschluss vergeben werden, verdeutlicht die insgesamt eingeschränkten formalen Anschlussoptionen für Förderschülerinnen und -schüler.

Personal in Schulen

Derzeit arbeiten 57.000 Lehrerinnen und Lehrer mit einem sonderpädagogischen Lehramt im allgemeinbildenden Schuldienst, mit etwa 85% ist der Großteil an Förderschulen tätig. Insgesamt sind an Förderschulen gut 71.000 Lehrkräfte beschäftigt, von denen aber lediglich 48.400 bzw. 68% einen Lehramtsstudiengang Sonderpädagogik absolviert haben. 8.600 Lehrkräfte mit einem sonderpädagogischen Lehramt sind an sonstigen allgemeinbildenden Schulen tätig, davon zu zwei Dritteln an Grundschulen und weitere knapp 15% an Integrierten Gesamtschulen.

Der Frauenanteil sonderpädagogischer Lehrkräfte in allgemeinbildenden Schulen ist kontinuierlich auf derzeit 77% angestiegen und fällt damit doppelt so hoch aus wie der Anteil an Schülerinnen mit sonderpädagogischem Förderbedarf (36%).

Sonderpädagogische Lehrkräfte sind – neben der Tätigkeit als Klassen- und Fachlehrkräfte an Förderschulen – zunehmend an allgemeinen Schulen als Kooperationslehrkräfte und als sonderpädagogisch qualifizierte Lehrkräfte tätig, ebenso für sonderpädagogische (mobile) Dienste, an Sonderpädagogischen Kompetenzzentren und als externe Beratungslehrkräfte. Im Unterricht der allgemeinen Schulen übernehmen sonderpädagogische Lehrkräfte zudem erweiterte Rollen (z. B. Beratung und Unterstützung von Lehrkräften ohne sonderpädagogische Qualifikation sowie des nicht-pädagogischen Personals, Organisation von inklusiven Lehr- und Lernprozessen, Beteiligung an Diagnoseverfahren, Mitwirkung an der Schulentwicklung), sodass sich erweiterte Anforderungen an deren Professionalität stellen, die sich auch in der Neuausrichtung der

Ausbildung niederschlagen. Der seit Jahren kontinuierlich steigende Anteil an Schülerinnen und Schülern mit Bedarf an sonderpädagogischer Förderung sowie insbesondere der steigende Anteil an Schülerinnen und Schülern, die in allgemeinen Schulen unterrichtet werden, führt zur Notwendigkeit einer weiteren sonderpädagogischen Professionalisierung aller Lehrkräfte, sei es im Rahmen der Erstausbildung oder im Rahmen der Fort- und Weiterbildung. Hier besteht allerdings noch ein erkennbarer Nachholbedarf. So gaben in den IQB-Erhebungen 2011 und 2012[16] lediglich 9,5% der Grundschullehrkräfte an, in den letzten zwei Jahren (mindestens) eine Fortbildungsveranstaltung zu »Integration/ Inklusion von Schülerinnen und Schülern mit sonderpädagogischem Förderbedarf« besucht zu haben. Einen entsprechenden Fortbildungsbedarf artikulierten demgegenüber 68%. Die Diskrepanz zwischen Teilnahme und Bedarf fällt damit unter den 20 erfassten Fortbildungsthemen am größten aus. Im Sekundarbereich I haben sich in den letzten zwei Jahren nur 1,7% der Gymnasiallehrer und 6,2% der Lehrkräfte an sonstigen Schularten in dieser Richtung fortgebildet.

2. Bildungslandschaft Schweiz: Die wichtigsten Baustellen bestehen nach wie vor[17]

STEFAN C. WOLTER

Der Bildungsbericht 2014 beschreibt das Erreichte, thematisiert aber auch Wissenslücken und offene Baustellen. Diese Gesamtschau ermöglicht es, die Herausforderungen bewusst zu machen, die als Folge gesellschaftlicher und wirtschaftlicher Veränderungen auf das Bildungswesen zukommen. Eine bestimmende Rolle spielen vor allem die großen demografischen Veränderungen.

Gemeinsame bildungspolitische Ziele von Bund und Kantonen

In der Erklärung »Chancen optimal nutzen« vom 30. Mai 2011 einigten sich der Bund und die Kantone auf sechs prioritäre Ziele für das Schweizer Bildungswesen. Eine der Aufgaben des Bildungsberichtes ist es, periodisch Bericht über den Zielerreichungsgrad bei diesen Auskunft zu geben:

1. Obligatorische Schule: Die Bundesverfassung (Art. 62 Abs. 4) verpflichtet die Kantone, Ziele und wichtige Strukturen der Bildungsstufen zu harmonisieren.

16 Stanat, P. u. a. (2012), IQB-Ländervergleich 2011, S. 247 f.; Pant, H. A. u. a. (2013), IQB-Ländervergleich 2012, S. 378 ff.
17 Anmerkung: Erstabdruck in Der Volkswirtschaft 1/2–2014, S. 44–47

2. Nachobligatorischer Abschluss: Die Zahl der Erwachsenen mit Abschluss auf Sekundarstufe II soll auf 95% gesteigert werden.
3. Gymnasiale Maturität: Bund und Kantone prüfen gemeinsam Maßnahmen, wie die Studierfähigkeit der Maturandinnen und Maturanden und damit der prüfungsfreie Zugang zur Universität langfristig sichergestellt werden kann.
4. Abschlüsse der höheren Berufsbildung: Die Vergleichbarkeit der Abschlüsse in der höheren Berufsbildung soll im internationalen Kontext sichergestellt werden.
5. Wissenschaftlicher Nachwuchs: Die Attraktivität einer Karriere für junge Forschende an universitären Hochschulen soll verbessert werden.
6. Validierung von Bildungsleistungen: Den zunehmend flexiblen Laufbahngestaltungen mit Umorientierungen, Familienpausen und Wiedereinstiegen soll vermehrt Rechnung getragen werden. Nicht in der Schule erworbene Lernleistungen sollen zunehmend im formalen Bildungssystem als Vorleistungen angerechnet werden können.

Mit den Bildungsverfassungsartikeln hat der Souverän im Jahr 2006 Bund und Kantonen eine gemeinsame Verantwortung für die Qualität und die Durchlässigkeit des schweizerischen Bildungswesens übertragen. Seither erscheint als Teil des Qualitätssicherungsprozesses alle vier Jahre der Bildungsbericht Schweiz. Der Bildungsbericht analysiert alle Bildungsstufen von der Vorschule bis zur Weiterbildung nach den drei Evaluationskriterien Effektivität, Effizienz und Equity (siehe Kasten 2). Darüber nimmt er für jede Bildungsstufe einzeln und das Bildungswesen gesamthaft eine Kontextbeschreibung vor.

Wie beeinflussen demografische Schwankungen die Bildungsausgaben?

Die Zahl der im schulfähigen Alter stehenden Jugendlichen schwankt in langen Zyklen und erreicht derzeit gemessen an der Gesamtbevölkerung einen historischen Tiefstand. Da die Geburtenzahlen seit einigen Jahren aber wieder steigen, nimmt die Zahl der 6- bis 16-Jährigen an der Gesamtbevölkerung bis 2030 zu; danach sinkt sie voraussichtlich wieder. Diese demografischen Schwankungen haben zwei wichtige Auswirkungen auf die Bildungsausgaben:

– Zum einen verändert sich bei steigenden oder sinkenden Schülerzahlen die Finanzierungslast für die erwerbstätige Bevölkerung. Nachdem diese Belastung vor rund fünfzehn Jahren einen Tiefstand erreicht hat, wird sie in den nächsten zwanzig Jahren wieder zunehmen, da den steigenden Schülerzahlen stagnierende und später sogar sinkende Zahlen von Erwerbstätigen gegenüberstehen werden. Auf dem Höchststand der Schülerzahlen werden fünf Erwerbstätige für die Kosten eines Schülers in der Volksschule aufzukommen haben.

– Zum Andern verändern die demografischen Schwankungen die Ausgaben pro Schüler, da das Schließen oder Öffnen von Schulen und Klassen nicht proportional zu diesen Schwankungen verläuft. In Zeiten rückläufiger Schülerzahlen führt dies tendenziell zu steigenden Kosten und umgekehrt. Nicht zuletzt aus diesem Grund waren die öffentlichen Ausgaben zwischen 2000–2010 im Vergleich mit der Dekade davor mit jährlichen realen Kostensteigerungen von über 800 Mio. Franken alleine für die Primarstufe verbunden. Dass die Schülerzahlen auf dieser Stufe wieder steigen, dürfte sich im gegenwärtigen Jahrzehnt eher kostendämpfend auswirken.

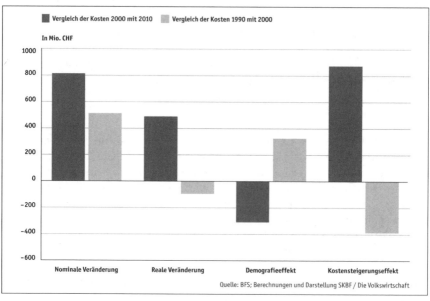

Abb. 1: Entwicklung der öffentlichen Bildungsausgaben für die Primarstufe, 1990–2010
Bildungsausgaben der Kantone und Gemeinden (Primarschule; Personal- und Sachaufwand), nominal und real

Monitoring und Berichterstattung

Um bildungspolitische Entscheide auf rationale Grundlagen zu stellen und sicherzustellen, dass Bund und Kantone bei einschlägigen Entscheiden am selben Strick ziehen, installierten die Behörden schon vor zehn Jahren einen kontinuierlichen Monitoringprozess. Dessen Erkenntnisse münden alle vier Jahre in einen Bildungsbericht (siehe Wolter & Kull 2007 sowie Wolter 2010). Auf der Basis des ersten offiziellen Bildungsberichts von 2010 einigten sich Bund und Kantone auf eine gemeinsame Erklärung zu Bildungszielen (2011), deren Erreichung in den Bildungsberichten thematisiert und dokumentiert wird. Einige dieser sechs Ziele und Herausforderungen werden in diesem Artikel näher beleuchtet. Neben der Beschreibung der Bildungsstufen und -typen nach den Kriterien Effektivität der Zielerreichung, Effizienz des Mitteleinsatzes (sowohl monetär wie nichtmonetär) sowie Equity (also der Frage, wie sehr alle Bevölkerungsgruppen und -schichten an der Bildung partizipieren und dabei erfolgreich sein können) werden für alle Bildungsstufen die wichtigsten institutionellen Merkmale beschrieben. Dies dient in einem föderal aufgebauten Bildungssystem dem besseren Verständnis des Systems, aber auch dem spezifischen Monitoring des Fortschrittes beim Harmonisierungsprozess, welcher durch das HarmoS-Konkordat der Kantone angestoßen worden ist.

Trend zu Teilzeitarbeit erhöht den Mehrbedarf an Lehrpersonen

Für die Qualität des Unterrichts auf allen Bildungsstufen sind gut ausgebildete Lehrpersonen zentral und müssen deshalb in genügender Zahl ausgebildet werden. Zu dieser in der gemeinsamen Erklärung von Bund und Kantonen beschriebenen Herausforderung hat schon der Bildungsbericht 2010 festgehalten, dass die Zahl der neu ausgebildeten Lehrpersonen längerfristig nur etwa die Hälfte des Bedarfs zu decken vermag, der alljährlich aus Pensionierungen, Berufswechseln und anderen Gründen entsteht. Zwar haben es die pädagogischen Hochschulen erfreulicherweise in den vergangenen Jahren geschafft, ihre Studierendenzahlen laufend zu erhöhen. Aber die für eine nachhaltige Versorgung mit Lehrpersonen notwendige Studierendenzahl ist noch lange nicht erreicht. Dazu kommt, dass bei den Lehrpersonen gemäß den verfügbaren Zahlen kein Ende des Trends zu mehr Teilzeitarbeit abzusehen ist (siehe Grafik 2), was den stetigen Mehrbedarf an neuen Lehrpersonen noch zusätzlich erhöht. Neben Programmen für Quereinsteiger in den Lehrberuf müssten deshalb insbesondere auch Rahmenbedingungen und Anreize geschaffen werden, die geeignet sind, die durchschnittlichen Beschäftigungsgrade der aktiven Lehrerschaft zu erhöhen.

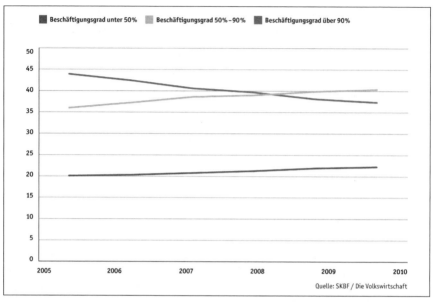

Abb. 2: Anteile von Lehrpersonen der Volksschule nach Beschäftigungsgrad, 2005–2010

Das 95%-Ziel wird bei der eingewanderten Bevölkerung verfehlt

Ein wichtiges Bildungsziel wurde schon 2006 von den Behörden und den Organisationen der Arbeitswelt gesetzt und von Bund und Kantonen 2011 bekräftigt. Dieses sieht vor, dass bis 2015 95% der 25-Jährigen in der Schweiz mindestens einen Abschluss auf Sekundarstufe II haben sollten. Verfeinerte Analysen zur Zielerreichung nach Kantonen oder engen Altersklassen sind derzeit aus statistischen Gründen noch nicht möglich (siehe Kasten 3). Für die gesamte Schweiz zeigt sich aber, dass die Quote seit zwanzig Jahren zwischen 90% und 92% oszilliert und somit die Grenze von 95% noch verfehlt wird. Differenziert man weiter, wird ersichtlich, dass das 95%-Ziel für Personen, die erst nach der Geburt in die Schweiz kamen, noch in weiter Ferne liegt, während es für die in der Schweiz geborenen Jugendlichen schon seit Jahren erreicht ist. In der Debatte um die Einwanderung hochqualifizierter Migranten wird zu häufig ausgeblendet, dass der Anteil der Personen mit einem tiefen Qualifikationsprofil bei den Einwanderern immer noch höher ist als bei der ansässigen Bevölkerung. Dass das 95%-Ziel noch verfehlt wird, ist demnach nur teilweise dem hiesigen Bildungswesen zuzuschreiben. Lösungen müssen nicht nur, aber auch außerhalb des Bildungswesens gesucht werden.

Prüfungsfreier Zugang zur Universität im Fokus

Nach den etwas durchzogenen Resultaten der Kompetenzmessungen bei Maturanden (Evamar II) sind auch die Sicherung des prüfungsfreien Zugangs und die praktisch uneingeschränkte Studienfachwahl in der Schweiz zu einem bildungspolitischen Ziel erklärt worden. Die EDK (Schweizerische Konferenz der kantonalen Erziehungsdirektoren) hat hierzu eine Reihe von Projekten gestartet. Der Bildungsbericht zeigt, dass diese Frage nicht losgelöst von der Frage der »richtigen« Maturitätsquote betrachtet werden kann. Auch wenn es die einzig richtige Maturitätsquote nicht gibt, lässt sich doch der Zusammenhang zwischen den kantonalen Maturitätsquoten und dem Studienerfolg belegen. Kantone mit hohen Maturitätsquoten erlauben deutlich mehr Schülerinnen und Schülern den Zutritt zum Gymnasium, die gemessen an den Pisa-Testergebnissen nicht wirklich über eine genügende schulische Vorbereitung verfügen. Und trotz teilweise sehr hoher Abbruchquoten an den Gymnasien zeigten sowohl die Evaluation der Maturität als auch neuere Untersuchungen zum Studienabbruch an Schweizer Universitäten (s. Wolter et al. 2013), dass in Kantonen mit hohen Maturitätsquoten Maturanden sowohl schlechtere Leistungen zum Zeitpunkt der Maturität aufweisen, wie auch einem höheren Risiko des Studienabbruchs an der Hochschule unterliegen. Will man den prüfungsfreien Zugang zu den Hochschulen nicht durch Beschränkungen bei den Maturitätsquoten sichern, ist vor allem dafür zu sorgen, dass alle Maturanden die Mindeststandards bei den Kompetenzen erreichen und somit von einer wirklichen – und nicht nur einer theoretischen – Studierfähigkeit ausgegangen werden kann.

Modernisierung der Statistik und Messung der Grundkompetenzen

Zwei große Reformprojekte werden sich positiv auf die Möglichkeiten der Bildungsberichterstattung auswirken, allerdings erst ab dem Bildungsbericht 2018. Das erste betrifft die Modernisierung der Bildungsstatistik, welche durch die Einführung des Schüleridentifikators in der Lage sein wird, individuelle Bildungsverläufe nachzuzeichnen und so Aufschluss darüber zu geben, welche Faktoren einen erfolgreichen und reibungslosen Verlauf begünstigen oder hemmen. Wie groß der Erkenntnisgewinn ausfallen wird, hängt aber entscheidend davon ab, welche Daten mit diesem Identifikator verknüpft werden dürfen. Dies betrifft nicht zuletzt die zweite Neuerung, nämlich die erstmalige Messung der Grundkompetenzen in der Schweiz nach nationalen Standards. Erst wenn die individuellen Testergebnisse mit dem Identifikator zu Bildungskarrieren verknüpft werden dürfen, wird man über die Folgen guter oder fehlender Grundkompetenzen mehr erfahren können. Und nur die Verknüpfung wird es erlauben, rückwirkend Erkenntnisse zur Tauglichkeit der Grundkompetenzmodelle zu gewinnen.

Dem Fachkräftemangel früher begegnen

Außer zu quantitativen und qualitativen Zielen bei der Ausbildung äußerten sich Bund und Kantone auch zur Rolle des Bildungswesens bei der Linderung des Fachkräftemangels insbesondere an Absolventen eines Studiums in den Bereichen Mathematik, Informatik, Naturwissenschaften und Technik (Mint). Die Detailanalysen des Bildungsberichtes zeigen deutlich, dass vor allem die Wahl eines Studienfachs im Mint-Bereich stark durch die Schwerpunktwahl am Gymnasium vorgeprägt ist. Wer den naturwissenschaftlichen und mathematischen Schwerpunkt am Gymnasium gewählt hat, studiert mit großer Wahrscheinlichkeit ein Mint-Fach oder Medizin; hingegen kommen nur wenige Studierende von Mint-Fächern aus anderen Schwerpunkten. Da im Durchschnitt nur rund ein Fünftel der Gymnasiasten den Mint-Schwerpunkt wählen, ist das Potenzial für Studierende in einem Mint-Fach begrenzt.

Weiter fällt bei der Betrachtung auf, dass die Schwerpunktwahl an den Gymnasien von Kanton zu Kanton recht große Unterschiede aufweist. So wählen beispielsweise im Kanton Zürich praktisch die Hälfte der Gymnasiasten einen sprachlichen Schwerpunkt, während dies im Kanton Bern nur gerade ein Fünftel tun. Nur mit unterschiedlichen Präferenzen der Maturanden sind so große Unterschiede schwer zu erklären; sie müssen auch durch die unterschiedlichen Angebote zustande kommen (angebotsinduzierte Nachfrage). Für die Bildungspolitik wiederum bedeutet dies, dass sie über ihre Angebotssteuerung selber einen entscheidenden Einfluss auf die Studienfachwahl hat und somit den Fachkräftemangel willentlich oder unwillentlich beeinflusst.

Akademische Karriere lohnt sich für inländische Forschende wenig

Ein spezifischer Aspekt des Fachkräftemangels wurde mit dem fünften bildungspolitischen Ziel angesprochen. Es besteht darin, die Attraktivität für eine akademische Karriere an universitären Hochschulen nachhaltig zu steigern. Damit ist gemeint, dass es um die Attraktivität einer akademischen Karriere – und damit zuallererst eines Doktorats – für Schweizer Studierende geht und nicht etwa um die Attraktivität einer Professur an einer Schweizer Universität für ausländische Akademiker. Betrachtet man die monetären Aussichten für Studierende, die eine akademische Karriere wählen, zeigt sich, dass sie nicht nur in der Zeitperiode des Verfassens der Dissertation – meistens wegen Teilzeitbeschäftigung an der Universität – deutlich weniger verdienen: Ihr Jahreslohn beträgt auch noch fünf Jahre nach Abfassen der Dissertation im Median rund 20 000 Franken weniger, verbunden mit einem großen Risiko nach unten. Die Faktoren, welche diese Differenz erklären, sind einerseits die häufig noch befristeten, weil projektgebundenen Arbeitsverträge (Habilitation, Assistenzprofessur ohne Tenure usw.), eine größere Wahrscheinlichkeit, die akademische Karriere im Ausland mit tiefen Löhnen fortsetzen zu müssen, und der Umstand, dass Karrieren außerhalb der Universität häufiger mit hierarchischen Verantwortlichkeiten einhergehen, die sich dort positiv auf den Lohn auswirken.

Die Lohndaten zeigen also, dass eine akademische Karriere nicht nur während der Dissertationsphase mit Lohnverzicht verbunden ist (dies könnte noch als Investition in bessere Erwerbsaussichten verstanden werden), sondern auch längere Zeit darüber hinaus. Angesichts dieser Situation ist es offensichtlich, warum eine akademische Karriere an Schweizer Universitäten eher für ausländische Akademiker attraktiv ist als für Schweizer Studierende.

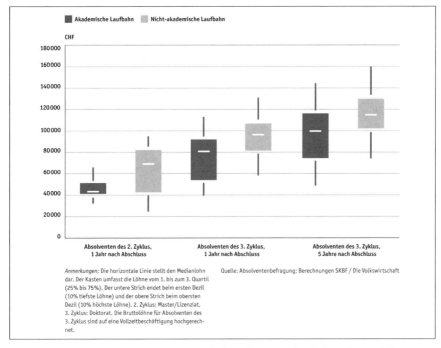

Abb. 3: Löhne von Universitätsabsolventen mit akademischer und nicht-akademischer Laufbahn, 2011

Bildungspolitische Ziele: Ein laufender Prozess

Der Bildungsbericht 2014 ist der erste Bildungsbericht nach einem vollständigen Monitoring-Zyklus. Gestützt auf die Erkenntnisse der Bestandsaufnahme von 2010 einigten sich Bund und Kantone auf gemeinsame bildungspolitische Ziele, deren Erreichungsgrad nun wieder evaluiert worden ist. Für einige der Ziele (s. Kasten 1), war allerdings eine Überprüfung nicht möglich, weil dafür notwendige Handlungsschritte noch ausstehen. Trotzdem wird schon heute deutlich, dass eine periodische Berichterstattung notwendig und zweckdienlich ist. Denn sie zeigt nicht nur, ob die mit der Zielsetzung verbundenen Änderungen oder Verbesserungen eingetreten sind und das Ziel als erreicht gelten kann, sondern auch, ob sich in der Zwischenzeit neue Problemfelder aufgetan haben, die eine Adjustierung bei den bildungspolitischen Zielen selbst erfordern. Aufgrund der Erkenntnisse des Bildungsberichtes 2014 lässt sich verkürzt schlussfolgern, dass die 2011 beschlossenen Ziele immer noch die wichtigsten Baustellen des schweizerischen Bildungswesens darstellen, und dass die Zielerreichung bei nahezu all diesen Bereichen noch ein laufender Prozess ist.

Literatur

Wolter, Stefan C., Kull, Miriam (2007): Bildungsbericht 2006 – Grundlagen für die Systemsteuerung. In: Die Volkswirtschaft 1/2, S. 15–18.

Wolter, Stefan C. (2010): Bildung in der Schweiz unter der Lupe. In: Die Volkswirtschaft 3/2010, S. 54–57.

Wolter, Stefan C., Diem, Andrea, Messer, Dolores (2013): Studienabbrüche an Schweizer Universitäten. Aarau: SKBF (Staff Paper Nr. 11).

Autorenverzeichnis Jahrbuch Schulleitung 2015

Prof. Dr. Bettina Amrhein
Universität Hildesheim, Fachbereich 1, Institut für Erziehungswissenschaft, Abteilung Angewandte Erziehungswissenschaft

Adolf Bartz
Schulleiter des Couven Gymnasiums Aachen a. D.

Regine Berger
Institut für angewandtes Schulmanagement (IfaS), Stuttgart

Prof. Dr. Thorsten Bohl
Professor für Erziehungswissenschaft mit dem Schwerpunkt Schulpädagogik an der Eberhard Karls Universität Tübingen

Susann Bongers
Mediatorin, bcompanion gmbh Mediation Coaching Organisationsentwicklung, Luzern

Prof. Dr. Georg Breidenstein
Erziehungswissenschaftler an der Martin-Luther-Universität Halle-Wittenberg

Prof. Dr. Alois Buholzer
Leiter des Instituts für Schule und Heterogenität (ISH) der Pädagogischen Hochschule Luzern

Maja Dammann
Referatsleiterin Personalentwicklung, Landesinstitut für Lehrerbildung und Schulentwicklung, Hamburg

Dr. Ina Döttinger
Project Manager bei der Bertelsmann Stiftung im Programm Integration und Bildung, Projektleitung für den Jakob Muth-Preis

Robert Erlinghagen
Organisationsberater, Coach und Trainer; Inhaber von erlinghagen consulting & coaching, Betzdorf; Partner der inscapegroup, Köln

Prof. em. Dr. Peter Fauser
Bis 2013 Professor für Schulpädagogik und Schulentwicklung, Friedrich-Schiller-Universität Jena

Ute Glathe
Referentin für Lehrerbildung, Führungskräftefortbildung und Lehrerfortbildung für Lehrkräfte mit besonderen Aufgaben am Sächsischen Bildungsinstitut, Radebeul

Martin Goecke
Wissenschaftlicher Mitarbeiter, Landtag Nordrhein-Westfalen, Düsseldorf/Bielefeld

Dr. Dietlinde Granzer
Institut für angewandtes Schulmanagement (IfaS), Stuttgart

Prof. em. Dr. Uwe Hameyer
Direktor am Institut für Pädagogik, Christian-Albrechts-Universität zu Kiel i. R.; Begründer von Hameyer|Systemberatung

Dr. Christiane Hartig
Referentin für Lehrerbildung, Führungskräftefortbildung und Lehrerfortbildung für Lehrkräfte mit besonderen Aufgaben am Sächsischen Bildungsinstitut, Radebeul

Prof. em. Dr. Andreas Helmke
Professor an der Universität Koblenz-Landau

Prof. Dr. Andreas Hinz
Professor für Allgemeine Rehabilitations- und Integrationspädagogik, Martin-Luther-Universität Halle-Wittenberg

Prof. Dr. Stephan Gerhard Huber
Leiter des Instituts für Bildungsmanagement und Bildungsökonomie (IBB) an der Pädagogischen Hochschule Zug

Ursula Huber
Leiterin des Schweizer Zentrums Service-Learning, Migros-Kulturprozent, Zürich

Prof. Dr. Klaus Hurrelmann
Professor of Public Health and Education, Hertie School of Governance, Berlin

Carmen Kloft
Leiterin der Führungsakademie, Landesschulamt und Lehrkräfteakademie Wiesbaden

Dr. Andreas Köpfer
Dozent in der Professur für Inklusive Didaktik und Heterogenität, Fachhochschule Nordwestschweiz, Basel

Robert Kruschel
Wissenschaftlicher Mitarbeiter, Arbeitsbereich Allgemeine Rehabilitations- und Integrationspädagogik, Martin-Luther-Universität Halle-Wittenberg

Kerstin Lenz
Prozessbegleiterin für das Pädagogische Qualitätsmanagement an Deutschen Auslandsschulen

Dr. Gerline Lenske
Geschäftsführung Zentrum für Lehrerbildung (ZLB), Universität Koblenz-Landau

Prof. Dr. Birgit Lütje-Klose
Professorin für Sonderpädagogik mit dem Schwerpunkt Heterogenität an der Universität Bielefeld

Dr. Helmut Lungershausen
Schulleiter i. R., Trainer und Coach für Schulleitungen

Prof. Dr. Susanne Miller
Professorin für Grundschulpädagogik mit dem Schwerpunkt Heterogenität, Universität Bielefeld, Fakultät für Erziehungswissenschaft

MA Thomas Müller
Dozent und Wissenschaftlicher Mitarbeiter im Studiengang Schulische Heilpädagogik der Pädagogischen Hochschule Luzern

Dr. Jens Rißmann
Arbeitsstelle für Verständnisintensives Lernen, Jena

Prof. em. Dr. Hans-Günter Rolff
Vorsitzender des Akademierates der Deutschen Akademie für Pädagogische Führungskräfte (DAPF) in Dortmund

Prof. Dr. Annette Scheunpflug
Lehrstuhl für Allgemeine Pädagogik, Otto-Friedrich-Universität Bamberg

Bernhild Schrand
Managementberatung und -coaching, Supervision

Prof. Dr. Michael Schratz
Professor am Institut für LehrerInnenbildung und Schulforschung, Dekan der School of Education an der Leopold-Franzens-Universität Innsbruck

Prof. Dr. Tanja Sturm
Professorin für Inklusive Didaktik und Heterogenität, Fachhochschule Nordwestschweiz, Basel

Prof. em. Dr. Klaus-Jürgen Tillmann
Professor für Schulpädagogik an der Universität Bielefeld i. R.

Dr. Martin Wellenreuther
Mitarbeiter am Institut für Bildungswissenschaft, Leuphana Universität Lüneburg

Axel Weyrauch
Schulleiter der Gemeinschaftsschule Jena-Ost

Gabriele Winter
Lehrerin und Pädagogische Leiterin der Theo-Koch-Schule in Grünberg i. R., Fortbildnerin an der Hessischen Führungsakademie

Prof. Dr. Stefan C. Wolter
Direktor der Schweizerischen Koordinationsstelle für Bildungsforschung, Aarau

Stichwortverzeichnis

- Diagnostik 258 ff.
- differenzierender 308 f.
- Direkte Instruktion 317 ff.
- EMU 260 ff., 301
- Entwicklungsprogramm E. U.LE. 280 ff.
- Feedback 295 ff.
- Fördern 305 ff.
- Heterogenität der Schüler 269 ff.
- individualisierender 309 f.
- individuelle Förderung 241 ff.
- kooperativer 314 f.
- Lehr-Lernprozess 297 ff.

- Leistungsbewertung 60 ff.
- Lernangebote 73 ff.
- Lernwirksamkeit 253 f.
- offener 306 ff.
- selbstorganisierter 312 f.
- Service Learning 49 ff.
- Unterrichtsstörungen 30 ff.
Unterrichtsentwicklung 16, 177 ff., 185, 253, 262, 280 ff., 297, 312

Veränderungsprozesse, schulische
- Wandel zu einer Ganztagsschule 169 ff.